A FORÇA DAS COISAS

BIBLIOTECA ÁUREA

A FORÇA DAS COISAS

SIMONE DE BEAUVOIR

7ª EDIÇÃO
PREFÁCIO DE MAGDA GUADALUPE DOS SANTOS
TRADUÇÃO DE MARIA HELENA FRANCO MARTINS

EDITORA
NOVA
FRONTEIRA

Título original: *La force des choses*
Copyright © Éditions Gallimard 1958

Direitos de edição da obra em língua portuguesa no Brasil adquiridos pela Editora Nova Fronteira Participações S.A. Todos os direitos reservados. Nenhuma parte desta obra pode ser apropriada e estocada em sistema de banco de dados ou processo similar, em qualquer forma ou meio, seja eletrônico, de fotocópia, gravação etc., sem a permissão do detentor do copirraite.

Editora Nova Fronteira Participações S.A.
Rua Candelária, 60 — 7º andar — Centro — 20091-020
Rio de Janeiro — RJ — Brasil
Tel.: (21) 3882-8200

Tradução do texto da p. 5 de Alcida Brant

CIP-Brasil. Catalogação na fonte
Sindicato Nacional dos Editores de Livros, RJ

B352f
7. ed.   Beauvoir, Simone de, 1908-1986
            A força das coisas / Simone de Beauvoir; tradução Maria Helena Franco Martins. – 7. ed. – Rio de Janeiro: Nova Fronteira, 2021. (Biblioteca Áurea)
            648 p.; 23 cm.

            Tradução de: La force des choses
            ISBN 978-65-5640-302-1

            1. Beauvoir, Simone de, 1908-1986. 2. Escritoras francesas - Biografia. I. Martins, Maria Helena Franco. II. Título. III. Série.

17-45064   CDD: 928.4
                            CDU: 929:811.133.1

Simone de Beauvoir, em suas memórias, nos dá a conhecer sua vida e sua obra. Quatro volumes foram publicados entre 1958 e 1972: *Memórias de uma moça bem-comportada*, *A força da idade*, *A força das coisas* e *Balanço final*. A estes se uniu a narrativa *Uma morte muito suave*, de 1964. A amplitude desse empreendimento autobiográfico encontra sua justificativa numa contradição essencial ao escritor: a impossibilidade de escolher entre a alegria de viver e a necessidade de escrever; de um lado, o esplendor do contingente; do outro, o rigor salvador. Fazer da própria existência o objeto de sua obra era, em parte, solucionar esse dilema.

Simone de Beauvoir nasceu em Paris, a 9 de janeiro de 1908. Até terminar a educação básica, estudou no Curso Désir, de rigorosa orientação católica. Tendo conseguido o certificado de professora de filosofia em 1929, deu aulas em Marseille, Rouen e Paris até 1943. *Quando o espiritual domina*, finalizado bem antes da Segunda Guerra Mundial, só veio a ser publicado em 1979. *A convidada*, de 1943, deve ser considerado sua estreia literária. Seguiram-se então *O sangue dos outros*, de 1945, *Todos os homens são mortais*, de 1946, *Os mandarins* — romance que lhe valeu o Prêmio Goncourt em 1954 —, *As belas imagens*, de 1966, e *A mulher desiludida*, de 1968.

Além do famoso *O segundo sexo*, publicado em 1949 e desde então obra de referência do movimento feminista mundial, a obra teórica de Simone de Beauvoir compreende numerosos ensaios filosóficos, e por vezes polêmicos, entre os quais se destaca *A velhice*, de 1970. Escreveu também para o teatro e relatou algumas de suas viagens ao exterior em dois livros.

Depois da morte de Sartre, Simone de Beauvoir publicou *A cerimônia do adeus*, em 1981, e *Cartas a Castor*, em 1983, o qual reúne uma parte da abundante correspondência que ele lhe enviou. Até o dia de sua morte, 14 de abril de 1986, colaborou ativamente para a revista fundada por ambos, *Les Temps Modernes*, e manifestou, de diferentes e incontáveis maneiras, sua solidariedade total ao feminismo.

Sumário

Prefácio 9

PRIMEIRA PARTE

Capítulo I 19
Capítulo II 52
Capítulo III 133
Capítulo IV 174
Capítulo V 239

Interlúdio 276

SEGUNDA PARTE

Capítulo VI 283
Capítulo VII 337
Capítulo VIII 363
Capítulo IX 384
Capítulo X 447
Capítulo XI 562

Epílogo 627

Prefácio

Simone de Beauvoir retoma, em sua obra, períodos de sua vida e da história do século XX. Entre diários e cartas, situam-se os cinco volumes de seus escritos autobiográficos. *A força das coisas*, de que se apresenta esta nova edição em português, foi publicado há quase sessenta anos (em 1963) pela Editora Gallimard, em Paris, quando a autora já gozava de notoriedade. Para algumas estudiosas, como Lisa Appignanesi, a "pulsão autobiográfica" se faz presente em grande parte da obra de Beauvoir, mesmo em *O segundo sexo*, promovendo um dinamismo entre sua ficção, os ensaios e a autobiografia. Contudo, não se deve pensar que isso se deva a um impulso de autorrevelação na escrita. Pelo contrário, seus textos mostram certa resistência à revelação de si mesma, de um eu interior, psíquico ou psicológico, que, pelo contrário, cede lugar aos acontecimentos, dando a voz a um eu intelectual e filosófico que se lança a aventuras quase épicas. Não se trata da escrita como recusa de si, mas como demonstração de que o eu não pode se revelar plenamente na escritura, embora se exiba nos modos de se recontar.

Em *A força das coisas* o que mais se destaca é o envolvimento de Beauvoir com os acontecimentos políticos após a Segunda Guerra. Compreender uma época é saber ligar-se ao mundo e a história havia ensinado as bases desta relação. Após a libertação, descobriram-se as salas de tortura da Gestapo, revelaram-se os ossuários e os relatos de massacres foram publicados. Era como se a alegria de viver cedesse à vergonha de sobreviver num mundo devastado. Destaca-se, nesse contexto, o julgamento dos colaboracionistas, o que Beauvoir abordou no artigo "Olho por olho", publicado em 1946 em *Les Temps Modernes*, a propósito do julgamento do jornalista Robert Brasillach: ainda que tenha circulado entre os intelectuais um abaixo-assinado pela comutação de sua pena, Beauvoir recusa-se a subscrevê-lo, em nome não de uma indiferença, mas de sua responsabilidade frente à vida. Surgiram os curta-metragens sobre os trens da morte, as seleções, as câmaras de gás, os crematórios e as experiências dos médicos nazistas. A bomba de Hiroshima anunciava a paz perpétua e, talvez, o fim do mundo.

Em outra etapa, após sua primeira viagem à Tunísia e à Argélia, Beauvoir não poupa esforços em descrever o absurdo da colonização francesa na África. O colonialismo é visto como uma afronta radical à dignidade humana. Campos de estupro são identificados como sistematicamente organizados", as mulheres argelinas se mostram reificadas e sofrem com a violência colonialista francesa. Mesmo que estudantes denunciassem a prática de tortura e padres escrevessem sobre isso a seus bispos, tudo era coberto de sigilo, o final da década de 1950, na Argélia, sendo dominado pela violência. Após o fim da ocupação nazista na Europa, os países que mantinham colônias faziam outro tanto e a situação da Argélia exigia uma nova forma de engajamento social. A leitura beauvoiriana ressalta os aspectos éticos que envolviam a exploração e a falta radical de liberdade, visando a duas metas: relatar ao povo francês as atrocidades cometidas em seu nome e trazer à tona as reivindicações éticas e existenciais do caso vivido por Djamila Boupacha, injustamente acusada de terrorista e torturada de modo cruel por soldados a isso autorizados. Um interesse especial que há neste volume, para o leitor brasileiro, é que nele Beauvoir relata sua viagem ao nosso país, ocorrida em 1960. Depois de passar por Cuba, Beauvoir e Sartre, ao lado de escritores como Jorge Amado, conhecem pontos atrativos da natureza e clima tropicais, tomando também conhecimento, com perplexidade, das nossas diferenças sociais e culturais. Enfim, o tom de *A força das coisas* parece estar dado pela autora já no texto de abertura: aos 55 anos, ser ela uma escritora em processo de envelhecimento, que não se furta ao reconhecimento, bastante crítico, do privilégio de sua situação cultural e política, debatendo-se contra os rótulos, mas sentido o peso e a força das coisas que movem o mundo.

Magda Guadalupe dos Santos
Professora de filosofia da Faculdade
de Educação da Universidade do Estado de
Minas Gerais e da PUC Minas

Eu disse por que, depois de *Memórias de uma moça bem-comportada*, decidi prosseguir com minha autobiografia. Parei, exausta, quando cheguei à liberação de Paris; precisava saber se meu projeto interessava. Pareceu-me que sim; entretanto, antes de retomá-la, hesitei de novo. Amigos e leitores me instigavam: "E então? E depois? Como vão os trabalhos? Em que pé está agora? Termine. Você nos deve a continuação..." Mas, tanto dos outros como de mim mesma, não faltaram objeções: "É cedo demais, você ainda não tem uma obra suficientemente rica..." Ou então: "Espere poder dizer tudo: lacunas, silêncios, são coisas que desvirtuam a verdade." E também: "Falta-lhe distanciamento." E ainda: "Afinal, você se revela mais nos seus romances." Nada disso é falso: mas não tenho escolha. A indiferença, serena ou aflita, da velhice não me permitiria mais apreender o que desejo captar: aquele momento em que, na orla de um passado ainda ardente, começa o declínio. Desejei que meu sangue circulasse nessa narrativa; desejei lançar-me nela, viva ainda, e me pôr em questão, antes que todas as questões estivessem extintas. Talvez seja ainda muito cedo; mas amanhã certamente será tarde demais.

"Conhecemos sua história", disseram-me também, "pois a partir de 1944 ela se tornou pública". Mas essa publicidade não passou de uma dimensão da minha vida privada e, já que um dos meus objetivos é dissipar mal-entendidos, parece-me útil contá-la em sua verdade. Mais envolvida do que antes nos acontecimentos políticos, falarei mais deles; nem por isso minha narrativa será mais impessoal; se a política é a arte de "prever o presente", não sendo especialista, é de um presente imprevisto que darei um depoimento: a maneira como a história se apresentou a mim no dia a dia é uma aventura tão singular quanto a minha evolução subjetiva.

No período do qual vou falar, tratava-se mais da minha realização do que da minha formação. Rostos, livros, filmes, encontros que tive, importantes no seu conjunto, quase nenhum me foi essencial; quando os evoco, são muitas vezes os caprichos da minha memória que dirigem minha escolha, não implica necessariamente um julgamento de valor. Por outro lado, não irei me demorar nas experiências que descrevi alhures — minhas viagens aos EUA, à China —, mas relatarei detalhadamente minha visita ao Brasil. Certamente, com isso, este livro acabará ficando desequilibrado: tanto pior. De qualquer modo, não pretendo que ele seja — não mais que o precedente — uma obra de arte: essa palavra me faz pensar em uma estátua que se entedia no jardim de uma mansão; é um termo de colecionador, de consumidor, e não de criador. Nunca pensaria em dizer que Rabelais, Montaigne, Saint-Simon ou Rousseau realizaram obras de arte, e pouco me importa que recusem esse rótulo às minhas memórias. Não, não uma obra de arte, mas minha vida em seus impulsos, suas aflições, seus sobressaltos, minha vida que tenta dizer-se, e não servir de pretexto a ademanes.

Mais uma vez, cortarei o mínimo possível. Espanta-me sempre que se reprove um memorialista por se estender; se ele me interessa, irei segui-lo por volumes; se me aborrece, dez páginas já são demais. A cor de um céu, o gosto de uma fruta, não os sublinho por complacência para comigo mesma; ao contar a vida de outra pessoa, eu anotaria com a mesma abundância, se os conhecesse, aqueles detalhes que se dizem triviais. Não só é por meio deles que sentimos uma época e uma pessoa em carne e osso, mas, por sua não significância, eles são, numa história verídica, a própria marca de verdade; nada indicam além deles próprios, e a única razão de evidenciá-los é o fato de estarem ali: isso basta.

Apesar das minhas reservas, que valem também para este último volume — impossível dizer tudo —, críticos acusaram-me de indiscrição; não fui eu que comecei: prefiro esquadrinhar eu mesma meu passado a deixar que outros o façam.

Em geral, reconheceram em mim uma qualidade à qual eu tinha me apegado: uma sinceridade tão distante da presunção quanto do masoquismo. Espero tê-la conservado. Exercito-a há mais de trinta anos em minhas conversas com Sartre, me investigando no dia a dia, sem vergonha nem vaidade, como investigo as coisas que me cercam. Essa qualidade me é natural, não por uma graça singular, mas por causa da maneira como encaro as pessoas, inclusive a mim mesma. Acredito na nossa liberdade, na nossa responsabilidade, mas, qualquer que seja a sua importância, essa dimensão da nossa existência escapa a qualquer descrição; o que se pode alcançar é apenas o nosso condicionamento; apareço aos meus próprios olhos como um objeto, um resultado, sem que intervenham nessa apreensão as noções de mérito ou de erro; se, por acaso, com a ajuda do distanciamento, um ato me parece mais ou menos feliz ou lamentável, para mim é muito mais importante, em todo caso, compreendê-lo do que apreciá-lo; tenho mais prazer em me descobrir do que em me lisonjear, pois meu gosto pela verdade ganha, de longe, da preocupação que tenho com a minha pessoa: esse mesmo gosto explica-se pela minha história, e não me vanglorio. Em suma, pelo fato de que não faço qualquer julgamento sobre mim, não sinto nenhuma resistência em revelar minha vida e eu mesma; pelo menos à medida que me situo no meu próprio universo: talvez minha imagem projetada num mundo diverso — o dos psicanalistas, por exemplo — pudesse desconcertar-me ou constranger-me. Mas, se sou eu que me retrato, nada me amedronta.

Evidentemente, é preciso entender o que significa minha imparcialidade. Um comunista ou um gaullista contariam de outro modo esses anos; e também um operário, um camponês, um coronel, um músico. Mas minhas opiniões, convicções, perspectivas, interesses, compromissos estão declarados: fazem parte do testemunho que dou a partir deles. Sou objetiva, é claro, à medida que minha objetividade me envolve.

Como o anterior, este livro solicita a colaboração do leitor: apresento, em ordem, cada momento da minha evolução, e é preciso ter a paciência de não fechar a conta antes do fim. Não se tem o direito, por exemplo — como fez um crítico — de concluir que Sartre gosta de Guido Reni porque o admirou aos dezenove anos. Na verdade, só a malevolência dita esses despropósitos e contra ela não pretendo precaver-me; ao contrário, este livro tem tudo o que é preciso para suscitá-la, e eu ficaria decepcionada se ele não desagradasse. Ficaria também decepcionada se não agradasse a ninguém, e é por isso que advirto que sua verdade não se exprime em nenhuma de suas páginas, mas somente na sua totalidade.

Apontaram-me em *A força da idade* muitos erros de pouco significado, e dois ou três sérios; apesar de todos os meus cuidados, também neste livro certamente terei errado com frequência. Mas repito que nunca trapaceei deliberadamente.

PRIMEIRA PARTE

Capítulo I

Estávamos livres. Nas ruas, as crianças cantavam:

*Não vamos mais revê-los
Acabou, eles se ferraram.*

E eu repetia para mim mesma: acabou, acabou. Acabou: tudo está começando. Walberg, o amigo americano dos Leiris, nos levou para passear de jipe no subúrbio: era a primeira vez, em anos, que eu andava de carro. De novo, vaguei depois da meia-noite na suavidade de setembro; os bistrôs fechavam cedo, mas quando deixávamos o terraço da Rhumerie ou aquele pequeno inferno vermelho e esfumaçado, o Montana, tínhamos as calçadas, os bancos, as ruas. Ainda havia atiradores sobre os telhados, e eu me entristecia quando entrevia em cima da minha cabeça aquele ódio de tocaia; certa noite, ouviram-se as sirenes: um avião, cuja procedência nunca se soube, sobrevoava Paris; bombas V1 caíram sobre o subúrbio parisiense e esburacaram pavilhões. E Walberg, geralmente muito bem-informado, dizia que os alemães acabavam de aperfeiçoar temíveis armas secretas. O medo reencontrava em mim um lugar ainda muito quente. Mas a alegria o varria rápido. Dia e noite com nossos amigos, conversando, bebendo, vagando, rindo, festejávamos nossa libertação. E todos que a comemoravam, como nós, tornavam-se nossos amigos, próximos ou distantes. Que orgia de fraternidade! As trevas em que a França fora envolvida se dissipavam. Soldados altos, de uniforme cáqui, que mascavam chicletes, provavam que se podia de novo atravessar os mares. Andavam com ar despreocupado e muitas vezes cambaleavam; cantavam e assobiavam cambaleando pelas calçadas e nas plataformas dos metrôs; cambaleando, dançavam à noite nos bares, e suas gargalhadas deixavam à mostra os dentes infantis. Genet, que não tivera nenhuma simpatia pelos alemães, mas que não gostava dos idílios, declarou ruidosamente no terraço da Rhumerie que faltava postura àqueles civis fantasiados: empertigados em suas carapaças verdes e negras, os soldados das forças de ocupação tinham outra cara! Para mim, era a própria liberdade que se encarnava na displicência dos jovens americanos: a nossa e aquela — não duvidávamos — que iam espalhar pelo mundo. Abatidos Hitler e Mussolini, expulsos Franco e Salazar, a Europa iria limpar-se definitivamente do fascismo. Pela carta do CNR,[1] a França engajava-se no caminho do socialismo; pensávamos que o país fora abalado em profundidade suficiente para poder realizar, sem novas convulsões, um remanejamento radical de suas estruturas. *O Combat* exprimia nossas esperanças, ostentado como emblema: *da Resistência à Revolução*.

Essa vitória apagava nossas antigas derrotas, era nossa, e o futuro que ela abria nos pertencia. As pessoas que estavam no poder eram resistentes que, mais ou menos diretamente, conhecíamos; entre os responsáveis pela imprensa e pelo rádio, contávamos numerosos amigos: a política se tornara coisa de família, e pretendíamos nos meter nela. "A política não está mais dissociada dos indivíduos", escrevia Camus no *Combat*, no início de setembro. "Ela é a via direta do homem a outros homens." Dirigir-nos aos homens era o nosso papel, o papel dos que escreviam. Poucos intelectuais, antes da guerra, haviam tentado compreender sua época; todos — ou quase — haviam fracassado, e aquele que estimávamos mais, Alain, fora desprezado: devíamos garantir o revezamento.

Eu sabia agora que meu destino estava ligado ao de todos; a liberdade, a opressão, a felicidade e o sofrimento dos homens me diziam respeito intimamente. Mas eu disse que não tinha ambição filosófica; Sartre esboçara em *O Ser e o Nada*, e pretendia prosseguir, uma descrição totalizadora da existência, cujo valor dependia da sua própria situação; ele precisava estabelecer sua posição, não só através de especulações teóricas, mas também por opções práticas: assim, viu-se engajado na ação de um modo bem mais radical do que eu. Discutíamos sempre juntos suas atitudes, e, por vezes, eu o influenciei. Mas era através dele que os problemas se colocavam para mim, em sua urgência e em suas nuances. Nesse âmbito, é dele que devo falar para falar de nós.

---

[1] *Conseil National de la Résistance* (Conselho Nacional da Resistência). (N.T.)

Na juventude, nós nos sentíramos próximos do Partido Comunista (PC), à medida que o negativismo deste estava de acordo com o nosso anarquismo. Desejávamos a derrota do capitalismo, mas não o advento de uma sociedade socialista, que nos teria privado, pensávamos, da nossa liberdade. É nesse sentido que, no dia 14 de setembro de 1939, Sartre anotava no seu diário: "Eis-me curado do socialismo, se é que precisava curar-me." Em 1941, entretanto, tendo criado um grupo de resistência, ele associou, para batizá-lo, as duas palavras: socialismo e liberdade. A guerra havia operado nele uma decisiva conversão.

Primeiro, ela lhe havia revelado sua historicidade; com o choque, ele compreendeu o quanto estivera apegado à ordem estabelecida, embora condenando-a. Em todo aventureiro há algo de conservador: para construir sua imagem, para projetar nos tempos futuros sua lenda, ele precisa de uma sociedade estável. Entregue até a medula à aventura de escrever, tendo cobiçado desde a infância *ser* um grande escritor e obter a glória imortal, Sartre apostava numa posteridade que retomaria a seu cargo, sem ruptura, a herança deste século; no fundo, ele permanecia fiel à "estética de oposição" dos seus vinte anos: obstinado em denunciar os defeitos dessa sociedade, não desejava subvertê-la. De repente, tudo se desmantelou; a eternidade fez-se em pedaços: ele se reencontrou, vagando à deriva, entre um passado de ilusões e um futuro de trevas. Defendeu-se com sua moral de *autenticidade*: do ponto de vista da liberdade, todas as situações podiam ser igualmente salvas, se fossem assumidas por meio de um projeto. Essa solução permanecia muito próxima do estoicismo, já que as circunstâncias muitas vezes não permitem outra superação além da submissão. Sartre, que detestava os ardis da vida interior, não podia comprazer-se durante muito tempo cobrindo sua passividade com protestos verbais. Compreendeu que, vivendo não no absoluto mas no transitório, devia renunciar a *ser* e decidir *fazer*. Essa passagem lhe foi facilitada por sua evolução anterior. Pensando, escrevendo, sua preocupação primordial era apreender significações; mas, depois de Heidegger, Saint-Exupéry, lido em 1940, convenceu-o de que as significações nasciam com os empreendimentos dos homens: a prática levava a melhor sobre a contemplação. Ele me dissera durante a *drôle de guerre*[2] — tinha até escrito isso numa carta a Brice Parain — que, assim que a paz retornasse, faria política.

---

[2] Nome dado à primeira fase da II Guerra, devido à inatividade que reinava no front. (N.T.)

Sua experiência de prisioneiro marcou-o profundamente: ensinou-lhe a solidariedade; longe de se sentir maltratado, participou com alegria da vida comunitária. Detestava os privilégios, e seu orgulho exigia que ele conquistasse com as próprias forças seu lugar na Terra: perdido na massa, um número entre outros, experimentou uma imensa satisfação em ser bem-sucedido em seus projetos partindo do zero. Ganhou amizades, impôs suas ideias, organizou ações, mobilizou o campo inteiro para montar e aplaudir, no Natal, a peça que escrevera contra os alemães, *Bariona, ou o filho do trovão*. Os rigores e o calor da camaradagem desfizeram as contradições de seu anti-humanismo: na verdade, ele se rebelava contra o humanismo burguês, que reverencia no homem uma natureza; mas, se o homem está para fazer, nenhuma tarefa podia apaixoná-lo mais. Daquele momento em diante, em vez de opor individualismo e coletividade, ele os concebeu apenas ligados um ao outro. Realizaria sua liberdade, não assumindo subjetivamente a situação dada, mas modificando-a objetivamente, com a edificação de um futuro de acordo com suas aspirações; esse futuro, em nome mesmo dos princípios democráticos aos quais ele estava ligado, era o socialismo, do qual só fora afastado pelo medo que tivera de se perder nele: agora, via nesse sistema, ao mesmo tempo, a única chance da humanidade e a condição da sua própria realização.

O fracasso do movimento Socialismo e liberdade deu a Sartre uma lição de realismo; ele só foi fazer um trabalho sério mais tarde, no seio do FN, em colaboração com os comunistas.

Em 1941, como eu disse,[3] eles viravam a cara para os intelectuais pequeno-burgueses, e faziam circular o boato de que Sartre comprara a liberdade propondo-se a servir de espião para os alemães. Em 1943, eles queriam a unidade de ação. Houve até um folheto, atribuído a comunistas e impresso no sul da França, no qual o nome de Sartre figurava numa lista negra, entre Châteubriant e Montherlant; ele o mostrou a Claude Morgan, que exclamou: "É lamentável!", e deram o incidente por encerrado. As relações de Sartre com os resistentes comunistas foram perfeitamente amistosas. Quando os alemães partiram, ele pretendeu manter esse acordo. Os ideólogos de direita explicaram sua aliança com o PC a golpes de pseudopsicanálise; imputaram-lhe complexos de abandono ou de inferioridade, de ressentimento, de infantilismo, a nostalgia de uma Igreja. Quanta tolice! As massas marchavam com o PC; o socialismo

---

[3] Em *A força da idade*.

só podia triunfar por meio dele; por outro lado, Sartre sabia então que sua relação com o proletariado colocava a si mesmo radicalmente em questão. Sempre considerou essa categoria como a classe universal; mas, enquanto pensou atingir o absoluto através da criação literária, seu ser para outrem só teve uma importância secundária. Ele descobriu, com sua historicidade, sua dependência; nada mais de eternidade, nem de absoluto; a universalidade, à qual aspirava enquanto intelectual burguês, só lhe podia ser conferida pelos homens nos quais ela se encarnava na Terra. Ele já pensava o que exprimiu mais tarde:[4] o verdadeiro ponto de vista sobre as coisas é o do menos favorecido; o carrasco pode ignorar o que faz: a vítima experimenta de maneira inevitável seu sofrimento, sua morte; a verdade da opressão é o oprimido. Seria pelos olhos dos explorados que Sartre ficaria sabendo o que era: se eles o rejeitassem, ele se veria encerrado em sua singularidade de pequeno-burguês.

Nenhuma reticência atrapalhava a amizade que tínhamos pela URSS; os sacrifícios do povo russo haviam provado que em seus dirigentes encarnava-se a sua própria vontade. Era, portanto, fácil, em todos os âmbitos, querer colaborar com o PC. Sartre não teve intenção de filiar-se; primeiro, era demasiado independente; e, sobretudo, tinha com os marxistas sérias divergências ideológicas. A dialética, tal como a concebia na época, o abolia enquanto indivíduo; ele acreditava na intuição fenomenológica, que apresenta imediatamente a coisa "em carne e osso". Embora ligado à ideia de práxis, ele não renunciou ao seu antigo e constante projeto de escrever uma moral: aspirava ainda ao *ser*; viver moralmente era, segundo ele, atingir um modo de existência absolutamente significante. Não queria abandonar — nunca abandonou — as concepções da negatividade, da interioridade, da existência, da liberdade, elaboradas em *O Ser e o Nada*. Contra um certo marxismo — aquele que o PC professava —, ele fazia questão de salvar a dimensão humana do homem. Esperava que os comunistas concretizassem os valores do humanismo; tentaria, graças aos instrumentos que tomaria emprestado deles, arrancar o humanismo dos burgueses. Apreendendo o marxismo do ponto de vista da cultura burguesa, ele a situaria, inversamente, numa perspectiva marxista. "Oriundos das classes médias, nós tentávamos fazer o traço de união entre a pequena burguesia intelectual e os intelectuais comunistas."[5] No plano político, ele achava que os

---

[4] Em 1952, em *Os comunistas e a paz*.
[5] *Merleau-Ponty vivant*.

simpatizantes deviam representar, fora do PC, o papel que a oposição assume no interior dos outros partidos: apoiar tudo criticando.

Esses sonhos amáveis haviam nascido da Resistência; se nos tivesse revelado a história, teria mascarado a luta de classes. Parecia que a reação havia sido politicamente liquidada junto com o nazismo; da burguesia, apenas a fração ligada à Resistência participava da vida pública, e esta aceitava os princípios do CNR. Por seu lado, os comunistas apoiavam o governo de "unanimidade nacional". Ao voltar da URSS, Thorez orientou a classe trabalhadora no sentido de reerguer a indústria, trabalhar, esperar com paciência e renunciar provisoriamente a qualquer reivindicação. Ninguém falava em retroceder: e, em sua marcha para a frente, reformistas e revolucionários trilhavam os mesmos caminhos. Nesse clima, todas as oposições se diluíam. A hostilidade de Camus aos comunistas era um pormenor subjetivo de pouca importância, já que, lutando para fazer com que fosse aplicada a carta do CNR, seu jornal defendia as mesmas posições do partido: Sartre, simpatizante do PC, aprovava, no entanto, a linha do *Combat*, chegando mesmo a escrever uma vez seu editorial. Gaullistas, comunistas, católicos e marxistas confraternizavam. Em todos os jornais exprimia-se um pensamento comum. Sartre dava uma entrevista a *Carrefour*. Mauriac escrevia em *Les Lettres Françaises*; nós cantávamos todos em coro a canção do amanhã.

Logo *Les Lettres Françaises* descambaram para o sectarismo. *Action* demonstrava maior abertura; parecia possível entender-se com a jovem equipe que a animava. Hervé e Courtade chegaram mesmo a pedir a Sartre que colaborasse: ele recusou porque *Action* havia desancado Malraux de um modo que nos parecia injusto. Ficamos muito surpresos quando Ponge, que dirigia a seção cultural, disse-nos que um punhado de artigos dirigidos contra Sartre se amontoava sobre sua mesa. Ele publicou alguns deles. Sartre respondeu uma Nota de Esclarecimento. Reprovavam-no por se inspirar em Heidegger: a atitude política tomada por Heidegger não condenava retrospectivamente todas as suas ideias. Por outro lado, longe de ser um quietismo e um niilismo, o existencialismo definia o homem pela ação; se o condenava à angústia, era na medida em que o sobrecarregava de responsabilidades; a esperança que recusava ao ser humano era a confiança preguiçosa em algo diferente dele mesmo: ele a chamava à sua vontade. Sartre estava convencido de que, depois disso, os marxistas não o considerariam mais como adversário. Tantos obstáculos haviam sido superados que nenhum outro nos parecia intransponível. Esperávamos tudo dos outros e de nós mesmos.

Nosso círculo mais íntimo compartilhava essa euforia: era em primeiro lugar a família e a velha guarda. Alguns jovens haviam se ligado ao nosso grupo. Rolland, que se tornara comunista aos vinte anos no maqui, convencido das virtudes do partido, tolerava com simplicidade nossos desvios. Scipion ria tão alto que pensávamos que fosse alegre; era brilhante na paródia, no trocadilho, na troca de sílabas e na anedota picaresca. Astruc, com seu grande sorriso cordial, escrevia a todo vapor em todos os jornais e, quando não escrevia, falava: sobretudo dele próprio. Com um narcisismo enternecedor, fazia confissões ingênuas e cruas sobre sua vida pessoal. Ter vinte ou vinte e cinco anos em setembro de 1944 parecia uma enorme sorte: todos os caminhos se abriam. Jornalistas, escritores, cineastas estreantes discutiam, projetavam, decidiam com paixão, como se seu futuro só dependesse deles. Sua alegria fortificava a minha. Junto deles, eu tinha a sua idade, sem entretanto nada perder de uma maturidade pela qual pagara um preço tão alto, que quase a tomava por sabedoria; assim eu conciliava — numa fugaz ilusão — os contraditórios privilégios da juventude e da velhice: achava que sabia muito e podia quase tudo.

Logo retornaram exilados. Bianca passara um ano escondida em Vercors, com os pais e o marido: casara-se com um colega de estudos. Raymond Aron partira para Londres em 1940; dirigira com André Labarthe uma revista, *La France Libre*, malvista pelos gaullistas; embora não fosse dado a efusões, quando ele apareceu certa manhã no café de Flore, caímos nos braços um do outro. Mais tarde, também Albert Palle fora para a Inglaterra; tendo descido de paraquedas na França, lutara no maquis. Eu reencontrava com emoção os rostos antigos; houve outros novos. Camus nos apresentou o padre Bruckberger, capelão das FFI,[6] que acabava de rodar com Bresson *Anjos do pecado*; ele tinha jeito de *bon vivant*; sentava-se de batina branca na Rhumerie, fumando cachimbo, bebendo ponche e falando grosso. Aron nos levou para almoçar na casa de Corniglion-Molinier, que fora condenado à morte por Vichy; tinham confiscado seus móveis, e ele estava acampado num apartamento luxuoso e vazio, na avenida Gabriel; afável e sedutor, sabia de muitos casos sobre os franceses de Londres. Também Romain Gary nos contou histórias, certa noite, no terraço da Rhumerie. Num coquetel dado por *Les Lettres Françaises*, vi Elsa

---

[6] *Forces Françaises de l'Interieur* (Forças Francesas do Interior). (N.T.)

Triolet e Aragon. O escritor comunista que encontrávamos com mais prazer era Ponge; ele falava como escrevia, em pequenas frases, com muita malícia e alguma complacência. Em Versailles, durante uma festa patrocinada pelas Editions de Minuit, na qual fora representada uma peça de La Fontaine, conversei com Lise Deharme. Não me lembro mais de todos os apertos de mão, de todos os sorrisos trocados, mas sei o quanto esse fervilhar me agradava.

Esses encontros me revelavam uma história que era a minha e que eu não conhecera. Aron nos descreveu em detalhes os bombardeios de Londres, o sangue-frio dos ingleses, sua firmeza; as bombas V1, que eu vira passar em Neuilly-sous-Clermont, vermelhas no céu negro, eram lá um assobio invisível, uma explosão e mortos. "Quando as ouvíamos, a recomendação era deitar-se na calçada", contou-nos Aron. "Uma vez, ao me levantar, vi uma senhora velhíssima que permanecera em pé e que me media com os olhos. Fiquei tão envergonhado que a repreendi: 'Senhora, em situações assim, a gente se deita!'" Ele me emprestou a coleção de *La France Libre* e eu decifrei a guerra, não mais a partir de Paris, mas a partir de Londres, pelo avesso. Eu vivera enclausurada; o mundo me estava sendo devolvido.

Um mundo devastado. Desde o dia seguinte ao da libertação, descobriram-se as salas de tortura da Gestapo, revelaram-se os ossuários. Bianca me falou de Vercors; contou-me as semanas que seu pai e seu marido tinham passado, escondidos numa gruta; os jornais deram detalhes sobre os massacres, sobre a execução de reféns; publicaram relatos sobre o aniquilamento de Varsóvia. Esse passado brutalmente desvendado jogava-me de novo no horror; a alegria de viver cedia à vergonha de sobreviver. Alguns não se resignaram. Enviado para o front pelo *Franc-Tireur* como correspondente de guerra, Jausion[7] não retornou, e sua morte provavelmente não foi acidental. A vitória tinha um preço alto. Em setembro, a aviação aliada fez do Havre um campo de escombros, houve milhares de mortos. Os alemães aferravam-se à Alsácia e às cercanias de Saint-Nazaire. Em novembro, pesados mecanismos silenciosos, as V2, muito mais eficazes que as V1, abateram-se sobre Londres: seriam as armas secretas de que falava Walberg ou existiam outras, ainda mais temíveis? As tropas de Von Rundstedt inundavam a Holanda, trazendo a fome. Na Bélgica,

---

[7] Sua noiva, como eu disse, fora deportada. Preso na praça da Concorde durante a insurreição, ele fora trocado por um oficial alemão na véspera da entrada dos Aliados. Deixou um romance: *Un homme marche dans la ville*.

retomaram uma parte do terreno perdido e massacraram os habitantes; por momentos, eu as imaginava retornando vitoriosamente a Paris. E não se ousava pensar no que se passava nos campos de concentração, agora que os alemães sabiam que estavam perdidos.

Materialmente, a situação piorara desde o ano anterior; os transportes estavam desorganizados; faltavam víveres, carvão, gás, eletricidade. Quando o frio chegou, Sartre usava uma velha japona que estava perdendo os pelos. Comprei de um de seus companheiros de cativeiro, que fazia curtimento, um casaco de pele de coelho, que me esquentava bem; mas, a não ser um *tailleur* preto que reservava para as grandes ocasiões, eu só tinha velharias para usar por baixo, e continuava a usar sapatos de sola de madeira. Aliás, eu não me incomodava absolutamente com isso. Depois que caíra da bicicleta, faltava-me um dente, o buraco estava visível e eu não pensava em compensá-lo: para quê? De qualquer modo eu estava velha, tinha trinta e seis anos; não havia nenhuma amargura nessa constatação; arrastada para longe de mim mesma pela onda dos acontecimentos e por minhas atividades, eu era a menor das minhas preocupações.

Por causa dessa penúria, não acontecia grande coisa no âmbito da literatura, das artes, dos espetáculos. Entretanto, os organizadores do Salão de Outono fizeram deste uma grande manifestação cultural: uma retrospectiva da pintura de antes da guerra. Rechaçada pelos alemães para a sombra dos ateliês, ou para os porões dos *marchands*, era um acontecimento vê-la exposta às claras. Uma seção inteira era dedicada a Picasso; nós o visitávamos com bastante frequência, conhecíamos seus quadros mais recentes, mas, ali, toda a obra dos últimos anos estava reunida. Havia belas telas de Braque, Marquet, Matisse, Dufy, Gromaire, Villon e o espantoso Job de Francis Guber; surrealistas também expunham: Domínguez, Masson, Miró, Max Ernst. Fiel ao Salão de Outono, a burguesia afluiu, mas dessa vez não lhe era oferecido seu pasto habitual: diante dos Picassos, deram-lhe sorrisos sarcásticos.

Poucos livros eram publicados; eu me entediei com o *Aurélien*, de Aragon, e não menos com *Les Noyers d'Altenburg*, publicado na Suíça um ano antes, e que fez com que o velho Groethuysen dissesse: "Malraux está em plena posse de seus defeitos." *L'Arbalète* reuniu textos traduzidos em sua maioria por Marcel Duhamel, de autores americanos desconhecidos — Henry Miller, Mac Coy, Nathanaël West, Damon Runyan, Dorothy Baker — e conhecidos

— Hemingway, Richard Wright, Thomas Wolfe, Thornton Wilder, Caldwell e, naturalmente, Saroyan; não se podia abrir um jornal sem encontrar seu nome. Havia também nesse número um inglês, Peter Cheney. Falava-se de vários novos escritores ingleses: Auden, Spender, Graham Greene, mas eles ainda eram ignorados. Alguém me emprestou *The Last Enemy*, de Hillary; abatido do outro lado do canal da Mancha, o jovem piloto, um dos últimos oxfordianos de cabelos compridos, contava, com um riso meio dissonante, as operações e os enxertos que lhe haviam devolvido os olhos, o rosto e as mãos; por sua recusa a qualquer humanismo e qualquer heroísmo, a narrativa ultrapassava de longe o episódio que lhe servia de pretexto. Li também um grande número de livros de guerra — de qualidade inferior — especialmente impressos nos EUA para os países de além-mar; na capa branca, com filete vermelho, a Liberdade brandia sua tocha. Harry Brown contava em *A Walk in the Sun* o desembarque de um punhado de homens na Itália. Em *GI Joe*, Ernie Pyle traçava o retrato do combatente americano. Os americanos adoravam "aquele homenzinho de uniforme amarrotado, que odeia as guerras, mas que ama e compreende os soldados".[8] Ele descrevia a guerra cotidiana: "A guerra de homens que lavam suas meias dentro de seus capacetes."[9]

No teatro, *Entre quatro paredes* foi reprisada. Dullin montou *A vida é um sonho*. O "Espetáculo dos Aliados" no Pigalle era, antes de tudo, uma cerimônia patriótica, as peças apresentadas eram pouco interessantes. Assisti, em sessão privada, a *A esperança*, de Malraux, que me tocou tanto quanto o livro. Com exceção das montagens de Capra, *Por que combatemos* e, aqui e ali, velhos Mack Sennett, o cinema nada oferecia de aceitável. Paciência! Contavam-se mundos e fundos sobre Hollywood. Um jovem gênio de vinte e sete anos, Orson Welles, revolucionara o cinema; conseguira dar aos segundos planos a mesma nitidez que aos primeiros planos e, em suas fotos de interiores, os tetos eram visíveis. Dizia-se que a revolução técnica ia tão longe que, para projetar os novos filmes americanos, seriam necessários aparelhos especiais.

Entreguei à Gallimard *O sangue dos outros*; Sartre levou-lhe os dois primeiros volumes de *Caminhos da liberdade*. *Pyrrhus et Cinéas* foi publicado: uma das primeiras obras saídas depois da libertação; na euforia geral, e também porque tínhamos sido privados de ideologia e de literatura durante esses

---

[8] Steinbeck.
[9] Idem.

quatro anos, esse magro ensaio foi muito bem acolhido. Recomecei a escrever. Tinha todo o tempo para mim, pois, graças ao cinema e ao teatro, Sartre, que pedira licença na Universidade, ganhava dinheiro; sempre juntáramos nossos recursos, o que continuávamos a fazer e, assim, não fiquei mais sujeita a tarefas culinárias. Tantas vezes aconselhei às mulheres a independência, declarando que esta começa pela carteira de dinheiro, que preciso explicar uma atitude que naquele momento parecia natural. Minha autonomia material estava resguardada, pois, em caso de necessidade, eu podia retomar imediatamente meu cargo de professora;[10] eu teria julgado estúpido e até culpável sacrificar horas preciosas para provar a mim mesma, no dia a dia, que era independente. Nunca agi de acordo com princípios, mas com fins; ora, eu tinha o que fazer; escrever tornara-se para mim um ofício exigente. Garantia minha autonomia moral; na solidão dos riscos corridos, das decisões a tomar, eu praticava a minha liberdade bem melhor do que se me curvasse a rotinas lucrativas. Via em meus livros a minha verdadeira realização, e eles me dispensavam de qualquer outra afirmação de mim mesma. Dediquei-me, então, inteiramente e sem escrúpulos a *Todos os homens são mortais*. Todas as manhãs ia à biblioteca Mazarine para ler narrativas dos tempos antigos; ali fazia um frio glacial, mas a história de Carlos V, a aventura dos anabatistas me transportavam para tão longe do meu corpo que eu me esquecia de tremer.

    No ano anterior, como disse, havíamos concebido dois projetos: uma enciclopédia e uma revista. Sartre não deu continuidade ao primeiro, mas fazia questão do segundo. Por falta de papel, só estavam autorizadas as publicações que já existiam antes da guerra ou que haviam sido fundadas em zona livre durante a ocupação. *Esprit, Confluences, Poésie 44* eram interessantes, mas exprimiam insuficientemente o nosso tempo. Era preciso inventar outra coisa. Sartre explicou quais eram suas intenções: "Se a verdade é uma, pensava eu, é preciso, como Gide disse de Deus, não procurá-la em nenhum outro lugar senão por toda parte. Cada produto social e cada atitude — a mais íntima e a mais pública — são encarnações alusivas a ela. Uma anedota reflete toda uma época da mesma maneira que uma Constituição Política. Seríamos caçadores de sentido, diríamos a verdade sobre o mundo e sobre nossas vidas."[11] Constituímos, a partir de setembro, um comitê diretor; Camus estava

---

[10] Reintegrada na Universidade, pedi uma licença.
[11] *Merleau-Ponty vivant*.

absorvido demais pelo *Combat* para participar; Malraux recusou; entraram Raymond Aron, Leiris, Merleau-Ponty, Albert Ollivier, Paulhan, Sartre e eu: na época, esses nomes não combinavam.

Procuramos um título. Leiris, que guardara de sua juventude surrealista o gosto pelo escândalo, propôs um nome escandaloso: *Le Grabuge*;[12] não o adotamos porque queríamos revolucionar, é verdade, mas também construir. O título devia indicar que estávamos positivamente engajados na atualidade: tantos jornais, durante tantos anos, tinham tido o mesmo objetivo, que quase não restava escolha; decidimo-nos por *Temps Modernes*; era morno, mas a lembrança do filme de Carlitos nos agradava. (Aconteceu muitas vezes, depois que a revista foi fundada, de o Argus nos enviar recortes que diziam respeito ao filme.) E depois, como dizia Paulhan, com seu tom falsamente sério (do qual o sério não estava excluído), é importante que se possa designar uma revista por suas iniciais, como se fizera com a NRF;[13] ora, TM soava bastante bem. O segundo problema foi a escolha da capa. Picasso desenhou uma, muito bonita, mas que conviria mais a *Cadernos de arte* do que a *Temps Modernes*; era impossível incluir nela um sumário; no entanto, ela teve partidários e, no seio do comitê, desenrolaram-se querelas muito vivas, embora sem animosidade. Finalmente, um maquetista da Gallimard apresentou um projeto que reconciliou todos. Nossas discussões eram sobre ninharias, mas eu já sentia muito prazer com elas: essa comunidade de empresa me parecia a forma mais perfeita de amizade. Em janeiro, quando Sartre viajou, fui em nome dele pedir a Soustelle, então ministro da Informação, que nos cedesse papel. Leiris, que o conhecia do museu do Homem, me acompanhou. Soustelle foi muito amável, mas a composição do comitê de redação o fez torcer o nariz: "Aron? Por que Aron?" Reprovava sua atitude antigaullista. Terminou por nos fazer promessas que foram cumpridas alguns meses mais tarde.

Assim que os trens começaram a circular, fomos passar três semanas na casa da Mme Lemaire; sentados num compartimento abarrotado, rodamos de oito horas da manhã às oito da noite; o trem não seguia o itinerário habitual; deixamos nossas malas no Lion d'Angers e fizemos a pé, sem parar, os dezessete quilômetros que nos separavam de La Pouèze. Essa permanência foi, como as outras, feliz e sem problemas.

---

[12] Banzé, briga, tumulto. (N.T.)
[13] *Nouvelle Revue Française*. (N.T.)

De volta a Paris, preocupei-me com a representação de *Bouches inutiles*. Sartre havia enviado uma cópia a Raymond Rouleau. Este me disse que eu "pensara pequeno demais": a concisão do diálogo beirava a secura. Passei minha peça para Vitold; ele teria prazer em encená-la, disse-me. Badel, o diretor do Vieux Colombier, aceitou montá-la. Vitold começou a fazer leituras e distribuiu papéis: eu destinara a Olga o de Clarice. Decidiu-se que Douking faria os cenários e eu os discuti com ele. Nessa ocasião, fui muitas vezes jantar na casa de Badel, com Sartre. Certa noite, brincamos de *murder-party*, e, para meu grande orgulho, fui o único detetive a descobrir o assassino. Tinha simpatia por Gaby Sylvia, cujo talento e beleza a deixavam insatisfeita. Ela desejava instruir-se: tinha como preceptor Robert Kanters, que a preparava seriamente para o ingresso à universidade. Mas sentia-me pouco à vontade naquele salão demasiado rico, onde as pessoas não falavam a minha língua. Gaby Sylvia usava vestidos de Rochas, de uma astuciosa e deslumbrante simplicidade, e perto deles meu *tailleur* negro, de uma simplicidade sem malícia, que eu acabara de mandar fazer em La Pouèze, parecia quase uma indelicadeza. Eu era muito sociável naquela época, mas o ritual mundano me entediava.

"Será que gostariam, Sartre e você, de conhecer Hemingway?", perguntou-me Lise certa noite. "Claro!", disse eu. Eis o tipo de proposta que me agradava. Essa não me surpreendeu demais. A principal distração de Lise, desde a libertação, era o que ela chamava de "caça ao americano". Os americanos distribuíam facilmente seus cigarros e suas "rações", e Lise, sempre esfomeada, pretendia se aproveitar dessa prodigalidade. Na maior parte das vezes sozinha e, outras, nos primeiros tempos, em companhia de Scipion, ela sentava-se à noite no terraço do café de la Paix ou no Champs-Élysées, esperando que um GI[14] lhe dirigisse a palavra; os pretendentes não lhe faltavam: se encontrasse um que lhe parecesse ao mesmo tempo discreto e interessante, aceitava uma bebida, um passeio de jipe, um jantar; em troca de uma promessa de encontro que geralmente não cumpria, trazia para o hotel chá, cigarros Camel, pó de café, latas de spam.[15] O jogo tinha seus riscos. Nas avenidas, os soldados gritavam para ela: "Zig-Zig Blondie"; ela ria e se afastava; se eles insistiam, ela lhes lançava injúrias de fazer corar um velho soldado, pois seu vocabulário era tão eloquente em inglês quanto em francês; um deles,

---

[14] Nos EUA, soldado raso, pracinha. (N.T.)
[15] Alimento enlatado de procedência norte-americana. (N.T.)

na praça do Opéra, zangou-se: bateu com força a cabeça dela num lampião, deixando-a desmaiada. Mas acontecia-lhe também ter encontros agradáveis: ligara-se a um jovem gigante, louro e alegre, irmão caçula de Hemingway; ele mostrava-lhe fotos de sua mulher e dos seus filhos, trazia-lhe caixas de ração, falava-lhe do *best-seller* que tinha intenção de escrever: "Conheço a receita", dizia ele.

Naquela noite, Hemingway, que era correspondente de guerra e que acabara de chegar a Paris, ia encontrar-se com o irmão no Ritz, onde estava hospedado; o irmão sugerira a Lise que o acompanhasse, e que eu e Sartre fôssemos também. O quarto onde entramos não se parecia de modo algum com a ideia que eu fazia do Ritz. Era grande, mas feio, com duas camas de barras de cobre; numa delas estava deitado Hemingway, de pijama, os olhos protegidos por uma viseira verde; sobre uma mesa, ao alcance da mão, em quantidade respeitável, garrafas de uísque pela metade ou inteiramente vazias. Ele se ergueu, pegou Sartre e estreitou-o nos braços: "Você é um general!", disse ele, apertando-o. "Eu sou apenas um capitão: você é um general!" (Quando bebia, ele sempre acentuava a modéstia.) A conversa, entrecortada por muitos copos de uísque, foi marcada pelo entusiasmo; apesar da gripe, Hemingway transbordava vitalidade. Sartre, tomado pelo sono, partiu titubeando por volta das três da manhã; eu fiquei até o dia clarear.

Bost desejava fazer jornalismo; Camus leu o manuscrito do livro que ele escrevera durante a guerra, sobre sua experiência de soldado da infantaria: *Le Dernier des métiers*. Guardou-o para a coleção *Espoir*, que dirigia na Gallimard, e enviou Bost para o front, como correspondente de guerra. Quando lhe pediam um favor, Camus o fazia com tanta simplicidade que não se hesitava em pedir outro: nunca em vão. Vários jovens do nosso círculo mais próximo desejavam, também eles, entrar para o *Combat*: ele contratou todos. Abrindo o jornal de manhã, parecia-nos quase como abrir nossa correspondência pessoal. Por volta do fim de novembro, os EUA quiseram divulgar na França seu esforço de guerra e convidaram uma dezena de repórteres. Nunca vi Sartre tão alegre quanto no dia em que Camus o convidou para representar o *Combat*. Para arranjar documentos, ordem de missão, dólares, ele teve que tomar uma série de providências chatas; conseguiu resolver tudo, em meio ao frio de dezembro, com uma alegria perturbada por uma ponta de preocupação: naquela época, nunca havia nada certo. E, com efeito, durante dois ou três dias, pensou-se que o projeto ia por água abaixo: pela consternação de Sartre, avaliei seu desejo.

Significava tantas coisas, a América! E, em primeiro lugar, o inacessível; jazz, cinema, literatura, ela havia nutrido nossa juventude, mas também fora um grande mito: um mito não se deixa tocar. A travessia devia ser feita de avião; parecia incrível que o feito de Lindbergh estivesse então ao nosso alcance. A América era também a terra de onde nos viera a libertação; era o futuro em marcha; era a abundância e o infinito dos horizontes; era um amontoado confuso de imagens lendárias: ao pensar que se poderia vê-las com os próprios olhos, ficava-se com a cabeça virada. Eu me regozijava não só por Sartre, mas também por mim mesma, pois, com esse caminho bruscamente aberto, estava certa de segui-lo um dia.

Eu esperava que os festejos de fim de ano ressuscitassem a alegria de outrora, mas em 24 de dezembro a ofensiva alemã mal acabara de ser sustada e ainda havia angústia no ar. Bost estava no front, e Olga, inquieta; passamos na casa de Camille e Dullin um momento bastante melancólico; por volta de uma hora da manhã, descemos a pé, com Olga e um pequeno grupo, para Saint-Germain-des-Prés, e terminamos a noite na casa da bela Évelyne Carral; comemos peru; Mouloudji cantou seus habituais sucessos, e Marcel Duhamel — que ainda não dirigia a *Série noire* — interpretou com muito charme canções americanas. Festejamos a corrida de São Silvestre na casa de Camus, que ocupava, na rua Vaneau, o apartamento de Gide; havia uma bateria e um piano. Logo depois da libertação, Francine Camus chegara da África, muito loura, muito fresca, bela no seu *tailleur* azul ardósia; mas nós não a tínhamos encontrado muitas vezes; muitos dos convidados nos eram desconhecidos. Camus nos mostrou um que não disse uma palavra durante a festa: "Foi ele", disse-nos, "que serviu de modelo para *O estrangeiro*". Para nós, faltava intimidade à reunião. Uma mulher jovem me acuara num canto e me acusou, em tom vingativo: "Você não acredita no amor!" Por volta de duas da manhã, Francine tocou Bach. Ninguém bebeu muito, com exceção de Sartre, convencido de que aquela noitada se parecia com as de outrora: o álcool o tornara logo alegre demais para que notasse a diferença.

Ele partiu em 12 de janeiro, num avião militar. Não havia correio privado entre os EUA e a França: só tive notícias dele ao ler seus artigos. Ele inaugurou a carreira de jornalista com uma gafe que fez Aron tremer: pintou com tanta complacência o antigaullismo dos dirigentes americanos durante a guerra que quase o mandaram de volta para a França.

Segundo um acordo feito entre Camus e Brisson, ele devia dar a este último alguns artigos; enviou-lhe então impressões, reflexões, notas escritas ao correr da pena, reservando para o *Combat* os artigos que lhe custavam tempo e esforço: Camus, que na véspera lera no *Figaro* uma descrição desenvolta e alegre das cidades da América, recebia, consternado, um estudo aplicado sobre a economia do Tennessee Valley.

Eu também tive minha oportunidade. Minha irmã se casara com Lionel, que era agora adido do Instituto Francês de Lisboa; ele dirigia uma revista franco-portuguesa, *Affinidades*. Convidou-me, em nome do Instituto, para fazer conferências em Portugal sobre a ocupação. Precipitei-me para os escritórios das Relações Culturais e pedi uma ordem de missão. Tive que fazer solicitações a um grande número de pessoas; todos me faziam promessas, e eu me consumi em esperanças.

Começou-se a ensaiar, no Vieux Colombier, o 3º e o 4º atos de *Bouches inutiles*. Eu juntava documentos para a *Temps Modernes*, fazia contatos. Encontrei, no Deux Magots, Connolly, diretor da revista inglesa *Horizon*, na qual tinham sido publicadas durante a guerra obras de escritores da Resistência, entre as quais o *Crève-Cœur*, de Aragon. Falou-me da nova literatura inglesa, e de Kœstler, que vivia em Londres. Eu havia gostado do *Testamento espanhol*; na noite de Natal, Camus me emprestara *O zero e o infinito*, que li de uma só vez durante toda a noite seguinte; fiquei contente ao saber que Kœstler apreciava os livros de Sartre. No almoço e no jantar, eu encontrava sempre amigos; íamos ao Chéramy, ao Vieux Paris, ao Armagnac, ao Petit Saint-Benoît; passava minhas noites com um ou outro, no Montana, no Méphisto, no Deux Magots. Bost me fez almoçar uma vez no restaurante Scribe, frequentado pelos correspondentes de guerra; era um território americano no coração de Paris: pão branco, ovos frescos, geleias, açúcar, spam.

Fiz novas amizades. Antes da guerra, uma desconhecida enviara a Sartre um livrinho, *Tropismes*, que passara despercebido e cuja qualidade nos impressionou; era Nathalie Sarraute; ele lhe escrevera e a encontrara. Em 1941, ela trabalhara num grupo de resistência com Alfred Péron; Sartre a revira e eu lhe fora apresentada. Naquele inverno, saí muito com ela. Filha de russos israelitas expulsos de seu país no início do século pelas perseguições czaristas, ela devia a essas circunstâncias, suponho, sua sutileza inquieta. Sua visão das coisas concordava espontaneamente com as ideias de Sartre: era hostil a todo essencialismo, não acreditava nos temperamentos radicais, nem nos sentimentos definidos, nem em nenhuma noção pronta. No livro que escrevia no momento, *Portrait d'un inconnu*, empenhava-se em apreender de novo, através dos lugares-comuns, a equívoca verdade da vida. Abria-se pouco, falava sobretudo de literatura, mas com paixão.

Durante o outono, encontrei, na fila de um cinema no Champs-Élysées, em companhia de um conhecido comum, uma mulher alta e loura, elegante, de rosto brutalmente feio, mas resplandecente de vida: Violette Leduc. Alguns dias mais tarde, no Flore, ela me entregou um manuscrito. "Confidências de uma mulher da sociedade", pensei. Abri o caderno: "Minha mãe nunca me deu a mão." Li de uma só vez a metade da narrativa; acabava de repente, e o fim não passava de um enchimento. Disse isso a Violette Leduc, ela suprimiu os últimos capítulos e escreveu outros tão bons quanto os primeiros; não só tinha o dom, como sabia trabalhar. Propus a obra a Camus; ele a aceitou imediatamente. Quando *L'Asphyxie* foi publicado, alguns meses mais tarde, o livro, se não atingiu o grande público, obteve o sufrágio de juízes exigentes; valeu à autora a amizade de Jean Genet e de Jouhandeau, entre outras. Violette Leduc, na verdade, nada tinha de mulher da sociedade; quando a conheci, ganhava a vida indo buscar nas fazendas da Normandia quilos de carne e manteiga, que carregava para Paris no braço. Convidou-me várias vezes para jantar em restaurantes do mercado negro, os quais ela abastecia; era alegre e muitas vezes estranha, com algo de violento e desconfiado, sob uma aparência de bonomia; falava-me orgulhosamente dos seus tráficos, de suas duras andanças pelo campo, dos bistrôs de aldeia, dos caminhões, dos trens clandestinos; naturalmente, ela se sentia muito à vontade com os camponeses, os vagabundos e os feirantes. Fora Maurice Sachs, a quem fora muito ligada, quem a encorajara a escrever. Ela vivia numa grande solidão. Eu lhe apresentei Colette Audry, que encontrava com muita frequência, e também Nathalie Sarraute. Uma amizade nasceu entre elas, desfeita muito rapidamente pelo choque dos temperamentos.

***

A depuração logo criou divisões entre os antigos resistentes; todos concordavam em culpar a maneira como ela era conduzida; mas enquanto Mauriac pregava o perdão, os comunistas exigiam o rigor; no *Combat*, Camus procurava um equilíbrio; Sartre e eu compartilhávamos seu ponto de vista: a vingança é vã, mas certos homens não tinham lugar no mundo que tentávamos construir. Praticamente, não me envolvi em nada; tinha-me inscrito no CNE[16] por princípio, mas nunca pus os pés em nenhuma de suas reuniões; julgava que a presença de Sartre tornava a minha supérflua. Entretanto, conhecendo por intermédio de Sartre as decisões do comitê, aprovava que seus membros se comprometessem a não escrever para revistas e jornais que aceitassem textos de antigos colaboracionistas. Não queria mais ouvir a voz das pessoas que haviam consentido na morte de milhões de judeus e de resistentes; não queria encontrar em publicações seu nome perto do meu. Disséramos: "Não esqueceremos"; eu não esquecia.

Assim, caí das nuvens quando, poucos dias antes do processo de Brasillach, alguém — não sei mais quem — pediu-me para pôr meu nome numa lista que os advogados de Brasillach faziam circular: os signatários declaravam que, enquanto escritores, eles se solidarizavam com ele e que reivindicavam a indulgência do tribunal.[17] De modo algum, sob nenhuma hipótese, eu era solidária com Brasillach; quantas vezes, lendo seus artigos, chorei de raiva! "Nada de piedade para com os assassinos da pátria", escrevera Brasillach; ele reivindicara o direito "de denunciar os traidores", e usara amplamente desse direito; sob sua direção, a equipe de *Je Suis Partout* denunciava, exigia cabeças, pressionava Vichy para instituir em zona livre o porto da estrela amarela. Tinham feito mais do que colaborar: pediram a morte de Feldman, Cavaillès, Politzer, Bourla, a deportação de Yvonne Picard, de Péron, de Kaan, de Desnos; era com esses amigos, mortos ou moribundos, que eu era solidária; se tivesse levantado um dedo a favor de Brasillach, eu teria merecido que eles me cuspissem no rosto. Não hesitei um instante sequer, a questão nem mesmo se colocou. Camus teve a mesma reação: "Nós não temos nada a ver com essas pessoas", disse-me ele. "Os juízes decidirão: isso não nos diz respeito."

No entanto, eu quis assistir ao processo; minha assinatura não tinha nenhum peso, minha recusa era simbólica: mas até mesmo num gesto empenhamos

---

[16] Comité National des Écrivains (Comitê Nacional de Escritores). (N.E.)
[17] Não me lembro dos termos exatos dessa petição, mas era esse o sentido.

nossa responsabilidade, e me parecia cômodo demais esquivar-me da minha por indiferença. Consegui um lugar na tribuna da imprensa; não foi uma experiência agradável. Os jornalistas anotavam tudo com desenvoltura, faziam desenhos em seus papéis, bocejavam; os advogados declamavam; os juízes ouviam, o presidente presidia; era uma comédia, era uma cerimônia: para o acusado, era o momento da verdade que colocava em jogo sua vida, sua morte. Face à pompa fútil do tribunal, só ele, seu destino subitamente presente, existia em carne e osso. Brasillach enfrentou calmamente seus acusadores e ouviu a sentença sem pestanejar. A meu ver, aquela coragem não apagava nada; são os facistas que dão mais importância à maneira de morrer do que aos atos. Eu também não aceitava que o tempo fosse suficiente para transformar minha cólera em resignação: ele não ressuscita os mortos, não lava seus assassinos. Mas, como a tantos outros, incomodava-me um aparato que transformava o carrasco em vítima, dando à sua condenação a aparência de desumanidade. Ao sair do palácio de Justiça, encontrei amigos comunistas e falei de meu mal-estar. "Você devia ter ficado em casa", responderam-me secamente.

Alguns dias depois, Camus me confiou com certo embaraço que, cedendo a certas pressões e a razões que me explicou mal, finalmente assinara um texto apoiando um pedido de clemência. Quanto a mim, embora na manhã da execução não tenha conseguido desviar meu pensamento dela, nunca me arrependi da minha abstenção. Reprovou-se a depuração por ter atingido mais duramente aqueles que falavam com aprovação do muro do Atlântico do que aqueles que o construíam. Acho perfeitamente injusto que se tenha desculpado a colaboração econômica, mas não que se tenha usado de rigor contra os propagandistas de Hitler. Por ofício e por vocação, atribuo enorme importância às palavras. Simone Weil exigia que se levasse ao tribunal aqueles que se servem da escrita para mentir aos homens, e eu a entendo. Há palavras tão mortíferas quanto uma câmara de gás. Palavras armaram o assassino de Jaurès, palavras empurraram Salengro para o suicídio. No caso de Brasillach, não se tratava de um "delito de opinião"; através de suas denúncias, seus apelos ao assassinato e ao genocídio, ele colaborou diretamente com a Gestapo.

Os alemães haviam perdido a partida; mas não desistiam. A fome: eles haviam trazido de volta à Europa o antigo flagelo. Esgravatando a terra, roendo a casca das árvores, milhares de holandeses haviam se debatido em vão contra essa morte medieval. Bost trouxe da Holanda fotos que Camus me mostrou. "Não podemos publicar isso!", disse-me ele, espalhando sobre sua mesa imagens de crianças sem corpo nem rosto: nada além dos olhos, enormes e loucos. Os jornais só mostraram as mais amenas, e mesmo assim era duro olhar para elas.

***

Em 27 de fevereiro, à tarde, entrei no trem de Hendaye, munida de escudos e de uma ordem de missão: um pedaço de papel, com listras tricolores, a meus olhos tão prestigioso quanto um velho pergaminho selado com cera espessa. Meu vizinho lia atentamente a vida de Stalin: "É árido", dizia ele; durante toda a noite ele trocou com duas jovens mulheres considerações sobre o bolchevismo: de um modo geral, eles eram a favor. Quanto a mim, acabei *Poison Ivy*, de Peter Cheney, comecei *Brighton Rock*, de Graham Greene, e adormeci de madrugada. De repente, o céu ficou azul: Hendaye. A não ser para mim e para um velhinho que também ia para Madri, era o ponto final: atravessar uma fronteira tornava-se um raro privilégio. Fazia seis anos que isso não me acontecia e quinze que eu dissera adeus à Espanha. Tive de esperar uma hora na casa do comandante militar. Enfim, a barreira ergueu-se, revi os reluzentes chapéus de dois bicos dos carabineiros. Na beira da estrada, uma mulher vendia laranjas, bananas, chocolate, e senti um nó na garganta, de cobiça e revolta: aquela abundância, a dez metros de nós, por que nos era negada? De repente, nossa penúria deixou de me parecer fatal; eu tinha a impressão de que nos impunham uma penitência: quem? Com que direito? Na alfândega, trocaram-me os escudos e recusaram meus francos. Com a mala na mão, percorri a pé os dois quilômetros que me separavam de Irun, reduzida pela guerra civil a um amontoado de escombros. No trem, reencontrei o velhinho; ele me contou que, ao me ver passar na estrada, alguns espanhóis haviam dito: "É uma pobre mulher: nem tem meias!" Pois bem, sim, éramos pobres: sem meias, sem laranjas, nosso dinheiro não valia nada. Nas plataformas das estações, mulheres jovens passeavam tagarelas e risonhas, com as pernas vestidas de seda; nas cidades que atravessávamos, percebi nas vitrines das lojas montes de comestíveis. Nas paradas, vendedores ambulantes ofereciam frutas, balas, presunto; os bufês regurgitavam de comida. Eu me lembrava da estação de Nantes, onde estávamos tão famintos, tão cansados, e onde só havíamos encontrado para comprar, por um preço exorbitante, broas mirradas. Eu me sentia raivosamente solidária com a miséria francesa.

Depois, dormi. Quando acordei, a França estava longe; acima dos planaltos cobertos de gelo branco estendia-se um céu de um azul triunfante. A Espanha. O Escurial, tal como era quinze anos antes; outrora, eu contemplava, sem surpresas, pedras seculares; agora, a permanência me desconcertava; o que me parecia normal eram aquelas aldeias em ruínas e, nos bairros de Madri, aquelas casas desmoronadas.

Em Madri, não reconheci meu passado; havia na Gran Via os mesmos cafés sombrios, em torno da praça Mayor o mesmo odor de óleo quente, mas meus olhos tinham mudado; a abundância, invisível outrora, parecia-me inteiramente nova e me deslumbrava. Seda, lã, couro, víveres! Eu andava até perder o fôlego e, enquanto caminhava, comia; sentava e comia: passas, brioches, *gambas*, azeitonas, doces, ovos fritos, chocolate com creme; bebia vinho, café de verdade. Através das ruas populosas da velha Madri, através dos belos bairros, eu olhava todos os passantes para os quais a dramática história que eu acabava de viver não passara de boato. Quase caí para trás diante de uma vitrine: ela exibia fotos soberbas, com legendas alusivas à glória da "mulher alemã durante a guerra", à glória da "Volksturm"; era um centro de propaganda alemã. Eu estava ali, via com meus próprios olhos as imagens de soldados da SS apresentados como heroicos cruzados. Um pouco mais tarde, Madri inundou-se de luz; misturei-me à onda que subia e descia indolentemente a Alcalá, como outrora; aqui, reatara-se o fio do tempo: não era o meu tempo, o meu estava rompido para sempre. De repente, fui tomada de angústia; certo dia, em Rouen, uma outra consciência havia tomado meu lugar no centro das coisas; em Alcalá, o mesmo escândalo me aturdiu. Até aquele minuto, o sujeito da história era a França; agora, a Espanha, separada, estrangeira, impunha-me com tanta força a sua presença que o sujeito era ela; a França tornara-se um objeto nebuloso no horizonte; e eu, sem amarras naqueles lugares onde meu corpo se movia, deixara de existir. Um espesso cansaço, que não era o de ninguém, arrastava-se através da multidão.

Reencontrei-me no dia seguinte; mas percorri o Prado como visitante distraída: estava separada de El Greco, de Goya, dos séculos passados, da eternidade; meu século me colava aos meus pés; só voltei a mim mesma quando ele me foi devolvido na colina pelada, corcovada, fendida, onde antes se erguia a cidade universitária; havia pessoas sentadas naquele terreno baldio, crianças brincavam, homens dormiam; em todo lugar erguiam-se prédios novos e canteiros de obras; no centro, escombros de casas, pedaços de muros, portas que não davam para lugar algum; nas cidades destruídas da Normandia, eu andara no meio de caliça fresca; mas estes tijolos aqui tinham a dignidade que, desde Volney e Horace Vernet, a literatura e a arte conferem às ruínas; entretanto, sua história se inscrevia no interior de minha vida; aquilo também era uma mudança. Ontem, eu avançava como numa estrada ao longo do tempo universal; agora, havia dentro de mim uma dimensão da minha experiência; de longe em longe, uma inscrição: "Viva Franco"; em todos os edifícios novos flutuavam bandeiras amarelas e vermelhas. Eu usava um lenço amarelo e vermelho, e um homem cuspira: "Nada disso aqui!" Eu observava, a meus pés, o desdobramento dos secos planaltos castelhanos, ao longe as montanhas nevadas, e acabei de me estabelecer de novo na realidade: 1945, a Espanha de Franco. Havia falangistas, policiais, soldados em todas as esquinas; nas calçadas passavam em procissão padres e crianças vestidos de negro, carregando cruzes. Os burgueses bem-nutridos com os quais eu cruzava na Gran Via haviam desejado a vitória alemã. E o luxo de suas avenidas não passava de uma fachada.

Uma amiga me dera o endereço de espanhóis antifranquistas. A conselho deles, fui a Tetuan, a Vallecas. Bem ao norte de Madri, eu vi, pendurado numa colina, um bairro vasto como uma grande povoação e sórdido como uma periferia miserável: casebres de telhados vermelhos, com paredes de pau a pique, cheios de crianças nuas, cabras e galinhas; sem esgotos, sem água: menininhas iam e vinham, curvadas sob o peso dos baldes; as pessoas andavam descalças ou de chinelos, quase sem roupas; por vezes, um rebanho de carneiros atravessava uma das ruelas, levantando uma nuvem de poeira vermelha. Vallecas era menos campestre, ali se respirava um odor de fábrica, mas era a mesma miséria; as ruas serviam de campo de despejo; as mulheres lavavam farrapos nas portas de seus casebres; todas vestidas de negro, a miséria endurecia seus rostos, que pareciam quase malvados. Um operário ganha de nove a doze pesetas por dia, disseram meus informantes; eu olhava o preço das coisas e compreendia por que, nos mercados, ninguém sorria. As pessoas recebiam de cem a duzentos gramas de pão por dia e um punhado de grãos-de-bico; estes custavam no mercado negro dez pesetas o quilo. Ovos e carne eram inacessíveis para o povo dos bairros modestos. Era preciso ser rico para comprar os pãezinhos e filhós que as mulheres vendiam em cestos, nas esquinas das ruas bem-frequentadas. Era gente rica que eu vira nas estações de trem, e só eles tiravam proveito dessa abundância que eu invejara.

Eu olhava, escutava. Contaram-me como, durante aqueles anos de guerra, a Falange havia colaborado com a Alemanha; a polícia estava nas mãos da Gestapo; o regime tentara propagar o antissemitismo, mas em vão, pois a palavra "judeu" hoje não despertava nenhum eco entre os espanhóis. Estes suportavam cada vez com mais impaciência a ditadura. Na semana anterior, três bombas haviam explodido num local falangista; dois falangistas haviam sido mortos; em represália, Franco mandara fuzilar, oficialmente, dezessete comunistas; muitos outros eram abatidos sem estardalhaço e havia tortura nas prisões. O que esperavam os americanos para expulsar Franco?, eu me perguntava. Mas não duvidava de que eles logo se decidiriam a fazê-lo.

Em Lisboa, encontrei na estação de trem minha irmã e Lionel; de táxi, a pé, em pé, sentados, nas ruas, no restaurante, no apartamento deles, falamos até o sono me vencer. Descrevi a alegria dessa chegada em *Os mandarins*. Reencontrava Marseille, Atenas, Nápoles, Barcelona: uma cidade ardente, fustigada pelo odor do mar; o passado ressuscitava de repente, na novidade de suas colinas e seus promontórios, de suas cores pálidas, seus barcos de velas brancas.

Como em Madri, o luxo das lojas me pareceu de uma outra época; entrei nelas. "Que tamancos são esses?!", disse-me minha irmã, olhando para meus pés; e imediatamente decidiu me vestir. Eu nunca havia me entregado a um tal esbanjamento; minha série de conferências foi generosamente paga e em uma tarde fiz um enxoval completo: três pares de sapatos, uma bolsa, meias, roupa de baixo, pulôveres, vestidos, saias, camisas, um casaco de lã branco, um casaco de pele. Estava de roupa nova no coquetel dado pelo Instituto Francês. Encontrei ali amigos portugueses de Lionel, todos contrários ao regime; falaram-me com raiva de Valéry, que em Portugal só quisera ver o céu azul e os gerânios em flor. E todas aquelas baboseiras sobre o mistério e a melancolia da alma portuguesa! Em sete milhões de portugueses, há setenta mil que comem até se saciarem: as pessoas são tristes porque têm fome.

Com minha irmã e Lionel, ouvi fados, assisti a uma tourada à portuguesa. Passeei nos jardins de Sintra, entre as camélias e as samambaias gigantes. A despeito dos "dias sem carro", e do racionamento de gasolina, fizemos uma grande viagem pelo Algarve, num carro emprestado pelo Instituto Francês; o tempo não tinha embaçado essa alegria: descobrir dia após dia, de hora em hora, os rostos novos do mundo. Vi uma terra de cores africanas, florida de mimosas e eriçada de agaves, falésias ab-ruptas ferindo um oceano acalmado pela suavidade do céu, aldeias caiadas, igrejas de um barroco mais comedido que o da Espanha; muitas vezes, por trás da sóbria fachada, de linhas inclinadas, abria-se uma caixa de surpresas: as paredes e as colunas ostentavam pinturas de mau gosto, assim como os confessionários, o púlpito, o altar; da sombra, emergiam estranhos objetos de madeira, de tecido, de pelos, de cera, que eram Cristos ou santos. Nas estradas, eu cruzava com camponeses que usavam calças de pele de carneiro e traziam nos ombros uma capa pintada; as mulheres usavam vestidos espalhafatosos e, sobre o lenço amarrado embaixo do queixo, colocavam amplos chapéus; muitas traziam uma jarra equilibrada na cabeça ou então na anca. Eu enxergava, de longe em longe, grupos de homens e mulheres curvados sobre o solo, o qual revolviam com a enxada, num mesmo movimento ritmado: vermelhos, azuis, laranja, seus trajes brilhavam ao sol. Mas eu não me deixava mais iludir: havia uma palavra cujo peso eu começava a avaliar: a fome. Sob os tecidos coloridos, aquelas pessoas tinham fome; andavam descalças, com a cara fechada, e nas aldeias falsamente elegantes notei seus olhares esgazeados; sob o sol escaldante, um desespero selvagem os queimava. Na semana seguinte, tomamos o trem para o Porto; em todas as estações, mendigos invadiam os vagões. À noite, a cidade do Porto cintilava; de manhã, era vermelha e bela, sob o tépido nevoeiro branco que subia do Douro; mas não demorei a descobrir a sujeira úmida das "ilhas insalubres" formigando de crianças escrofulosas; garotinhas esfarrapadas vasculhavam avidamente as lixeiras. Não me concentrava no nojo, nem na compaixão; bebia vinho verde, aguardente de medronho, perdia-me na alegria do meu sangue e do céu; levantávamos cedo, para ver a aurora clarear o mar; olhávamos os faróis se acenderem à noite, enquanto o oceano tragava lentamente o sol incandescente; eu acolhia alegremente a beleza das paisagens e das pedras: as colinas floridas do Minho, Coimbra, Tomar, Batalha, Leiria, Óbidos. Mas por toda parte a miséria era flagrante demais para que a esquecêssemos por muito tempo. Em Braga, era feriado religioso: havia procissões e uma feira; comprei lenços, vasos, cântaros, galos de cerâmica; admirei os bois magníficos, de chifres em forma de lira, emparelhados por cangas de madeira trabalhada; mas, impossível ignorar os mendigos, as crianças cobertas de erupções, as filas de camponeses descalços, as mulheres curvadas sob fardos. Em Nazaré, o pitoresco do porto, dos barcos, dos trajes, não mascarava a tristeza dos olhos. A burguesia portuguesa suportava muito serenamente a miséria dos outros. Às crianças exangues que lhes pediam esmola, as senhoras de casaco de pele respondiam com impaciência: "Tenha paciência." Em V., pequeno porto do Minho, almoçamos num terraço com o agente consular, um português; algumas crianças nos olhavam comer, em silêncio; ele as expulsou; uma delas voltou e eu lhe dei cinco escudos; o português se sobressaltou: "É muito! Ele vai comprar balas!"

Durante a guerra, Portugal tinha concedido todas as suas simpatias e alguns apoios à Alemanha; derrotado Hitler, aproximava-se da França, e foi assim que autorizou o Instituto Francês a patrocinar aquela excursão. Eu já tinha lecionado, falar não me amedrontava, mas havia uma distância que, às vezes, me desanimava entre a experiência que eu evocava e o meu público; este vinha me ouvir por ócio, por esnobismo e muitas vezes com malevolência, muitos ouvintes ainda conservando toda a afeição pelo fascismo; em V., a sala se manteve gélida; os campos de concentração, as execuções, as torturas, ninguém queria acreditar naquilo; o agente consular me disse, quando me levantei: "Muito bem! Agradeço-lhe por ter contado essas coisas que ignorávamos completamente"; e sublinhou com ironia essa última palavra. Os francófilos, entretanto, substituíam meus relatos por epopeias; fiquei envergonhada quando li num jornal ilustrado: "Simone de Beauvoir nos diz: Cozinhávamos batatas com papel de jornal; guardávamos o querosene para lançá-lo nos tanques alemães." Paris sofrera mais e menos do que se imaginava aqui; fora menos complacente e menos heroica; todas as perguntas que me faziam soavam falsas.

Em compensação, fiquei muito interessada nos meus encontros com os antifascistas portugueses; encontrei sobretudo antigos professores, antigos ministros, de idade madura ou avançada; usavam duros colarinhos postiços, chapéus-coco ou de feltro escuros, confiavam na França eterna e em Georges Bidault; mas me comunicaram uma grande quantidade de documentos sobre o nível de vida da população, a organização econômica do país, o orçamento, os sindicatos, o analfabetismo e também sobre a polícia, as prisões, a repressão. Um jovem médico me introduziu em casas operárias: pardieiros, onde se comiam sardinhas já passadas; deu-me números precisos sobre a insuficiência de hospitais, de assistência médica, de higiene; aliás, bastava andar por Lisboa com os olhos abertos para perceber isso. O povo era deliberadamente mantido na sujeira e na ignorância: estava-se começando a lançar Fátima. "O mal é que Salazar só cairá se Franco cair", diziam meus interlocutores. E acrescentavam que os dois ditadores se viam, infelizmente, muito pouco ameaçados pela derrota do Eixo. Os capitalistas ingleses tinham grandes interesses em Portugal, a América estava negociando a compra de bases aéreas nos Açores: Salazar podia contar com o apoio dos anglo-saxões; era por isso que se fazia necessário movimentar a opinião francesa. Um antigo ministro me pediu para entregar uma carta a Bidault: se ele ajudasse a estabelecer um novo governo, este cederia Angola à França. Esse arranjo colonialista me teria desagradado fortemente, se o tivesse levado a sério; mas eu sabia que a carta seria jogada no lixo. Levei-a ao Quai d'Orsay.

***

Voltei para Paris no início de abril, num belo dia de sol. Trazia cinquenta quilos de víveres: presuntos, chouriço cor de ferrugem, doces do Algarve, cremes de açúcar e ovos, chá, café, chocolate. Distribuí-os triunfante à minha volta. Dei pulôveres e echarpes às minhas amigas; a Bost, Camus, Vitold, camisas coloridas de pescadores de Nazaré. E me pavoneava com meus novos enfeites. Uma elegante desconhecida me abordou na praça Saint-Augustin: "Onde achou esses sapatos?", perguntou-me, apontando para meus sapatos de sola de crepe. "Em Lisboa", respondi, não sem orgulho, pois é muito difícil não nos vangloriarmos da nossa sorte. Vitold me contou uma notícia desagradável; brigara com Badel, que não queria mais montar minha peça; mas ele me garantia que arranjaríamos facilmente outro teatro.

Redigi minhas reportagens; a que fiz sobre Madri foi publicada no *Combat Magazine*, com meu nome; a rádio espanhola me acusou de ter forjado todo tipo de calúnias por dinheiro, e sem ter saído de Paris. O *Combat* começou a publicar uma série de artigos sobre Portugal, os quais assinei com pseudônimo, para não comprometer meu cunhado; Camus, na época, encontrava-se no norte da África, e Pia, que o substituía, interrompeu bruscamente essa publicação; ela foi retomada por *Volontés*, dirigido por Collinet. Recebi cartas calorosas de um certo número de portugueses, enquanto os serviços de propaganda protestavam. Retornei ao meu romance; no momento, via através das janelas da Mazarine as folhagens e o céu azul e muitas vezes lia as antigas histórias pelo prazer de ler, sem me preocupar com o meu herói.

Dullin montou *Rei Lear*. Camille fez uma boa adaptação, e ajudou Dullin na direção. Os figurinos e os cenários — dos quais eu pessoalmente gostava bastante — eram de uma extravagância um tanto agressiva; mas o elenco era bom, em uma deslumbrante Cordélia, Ariane Borg; alternadamente odioso, patético, decrépito, iluminado, desumano, humano demais, Dullin, como Lear, conseguiu uma de suas melhores criações. Entretanto, a crítica caiu violentamente sobre o espetáculo. O público lhe torceu o nariz. Para Dullin, esse fracasso era um desastre, pois falavam em tirar-lhe a direção do Sarah Bernhardt. Ele me pediu para defender o *Rei Lear*. Escrevi um artigo que Ponge mandou publicar na *Action*. Acusava os críticos de má-fé: eles haviam atacado a direção porque não ousavam confessar que era Shakespeare que os entediava. Esse pequeno panfleto era mais violento que inspirado; eu não esperava grande coisa dele e não deu em nada. Valeu-me apenas alguns sólidos rancores.

Era primavera, a primeira primavera de paz. Estava passando em Paris *O boulevard do crime*, de Prévert, e, finalmente, filmes americanos: *Casei-me com uma feiticeira*, *Jejum de amor*, *Eu soube amar* — este com Bette Davis. Fiquei um tanto decepcionada: onde estava a revolução que transformava o cinema?

Aquele mês de abril cintilava, eu me sentava com meus amigos nos terraços dos cafés; ia passear na floresta de Chantilly com Herbaud, que voltara de Londres: nossa briga acabou por si mesma. No 1º de maio nevava, mal se vendiam nas esquinas das ruas alguns magros raminhos de junquilhos. Mas o ar estava de novo suave naquela noite em que grandes V's cortavam o céu, em que todos os parisienses estavam nas ruas e cantavam.

Sartre ainda estava em Nova York; Bost, na Alemanha. Passei a noite com Olga, Mme Lemaire, Olga Barbezat, Vitold, Chauffard, Mouloudji, Roger Blin e alguns outros. Tomamos juntos o metrô, descemos para a Concorde; estávamos de braços dados, mas ao desembocar na praça nosso grupo foi desfeito; eu me agarrei à Mme Lemaire e a Vitold, que resmungava alegremente: "Que brincadeira babaca!", enquanto algumas contracorrentes humanas nos empurravam para a praça do Opéra; o teatro estava inundado de luzes tricolores, bandeiras estalavam, trechos da *Marselhesa* arrastavam-se no ar, era sufocante: um passo em falso e poderíamos ser pisoteados ali mesmo.

Subimos para Montmartre e paramos na Cabane Cubaine; que multidão! Revi a Mme Lemaire andando por cima das mesas para chegar até o banco onde eu conseguira me instalar; Olga Barbezat me falava, com lágrimas nos olhos, dos meus amigos mortos. Reencontramo-nos na rua, um tanto desamparados: aonde ir? Vitold e Mouloudji sugeriram o ateliê de uma de suas amigas. Pusemo-nos a caminho; um jipe parou junto à calçada, oferecendo-se para nos transportar. Dois GIs e duas WACs[18] subiram conosco para a casa de Christiane Lainier; sentadas sobre uma cômoda, as WACs dormitaram, enquanto Mouloudji cantava e Blin recitava, muito bem, um poema de Milosz. A lembrança que guardei dessa noite é muito mais nebulosa do que a das nossas antigas festas, talvez por causa da confusão dos meus sentimentos. Aquela vitória fora conseguida muito longe de nós; não a esperáramos, como a liberação, na febre e na angústia; ela estava prevista há muito tempo e não abria novas esperanças: apenas punha um ponto final na guerra; de certo modo, aquele fim se assemelhava a uma morte; quando um homem morre, quando o tempo para para ele, a vida coagula-se num só bloco, no qual os anos se sobrepõem e se amontoam; assim coagulavam-se atrás de mim, numa massa indistinta, todos os momentos passados: alegria, lágrimas, raiva, luto, triunfo, horror. A guerra terminara: permanecia nos nossos braços como um grande cadáver incômodo, e não havia no mundo lugar onde enterrá-lo.

E agora, o que ia acontecer? Malraux afirmava que a Terceira Guerra Mundial acabava de ter início. Todos os anticomunistas se precipitavam para o "catastrofismo". Alguns otimistas, no entanto, prediziam a paz eterna; graças ao progresso técnico, todos os países logo se aglomerariam em um único bloco não dividido. Ainda se estava longe disso, pensava eu, mas também não acreditava que se recomeçasse a lutar amanhã. Certa manhã, vi no metrô uniformes desconhecidos, decorados com estrelas vermelhas: soldados russos. Fabulosa presença. Lise, que falava correntemente sua língua nativa, tentou conversar com eles. Perguntaram-lhe o que fazia na França, e o entusiasmo dela arrefeceu.

Pouco tempo depois do dia V, o dia da vitória, passei uma noite muito alegre com Camus, Chauffard, Loleh Bellon, Vitold, e uma deslumbrante portuguesa chamada Viola. De um bar de Montparnasse que acabava de fechar, descemos para o hotel da Louisiane; Loleh andava descalça no asfalto, dizendo: "É meu aniversário, tenho vinte anos." Compramos garrafas de

---

[18] Women's Auxiliary Corps (Unidade Auxiliar Feminina). (N.T.)

vinho e bebemos no quarto redondo; a janela estava aberta para a suavidade de maio, e os noctívagos nos gritavam palavras de amizade; para eles também era a primeira primavera de paz. Paris continuava íntima como uma aldeia; eu me sentia ligada a todos os desconhecidos que haviam compartilhado meu passado, e que se emocionavam comigo pela nossa libertação.

Entretanto, nem tudo ia bem. A situação material não melhorava. Mendès--France pedira demissão. A carta do CNR permanecia letra morta. Camus, ao voltar da Argélia, descreveu no *Combat* a superexploração da população local, sua miséria, sua fome; os europeus tinham direito a trezentos gramas de pão por dia, os muçulmanos, a duzentos e cinquenta, e os nativos mal conseguiam cem. Tivemos poucas notícias dos acontecimentos de Sétif: em 8 de maio, durante as festas da vitória, o *Humanité* dizia que provocadores e fascistas haviam atirado nos muçulmanos; estes tinham revidado e o exército restabelecera a ordem: falava-se em uma centena de vítimas. Só muito mais tarde se soube da enormidade dessa mentira.[19]

Boatos sinistros corriam sobre os campos libertados pelos americanos; antes, eles haviam distribuído desordenadamente pão, conservas, salsichão. Os deportados morriam imediatamente; agora, tomavam-se precauções, mas a mudança de regime ainda matava muito. O fato é que nenhum médico sabia tratar o tipo de subalimentação encontrado nos campos: era um caso novo; talvez nesse ponto os americanos fossem menos culpados do que se pensou na época. Eram reprovados também pela lentidão no repatriamento dos internos. Havia tifo em Dachau, ali se morria em massa; morria-se em todos os campos; a Cruz Vermelha francesa pedira para entrar neles, e nossos aliados haviam recusado: essa proibição nos irritava. Por outro lado, não admitíamos que os prisioneiros alemães fossem bem-alimentados, enquanto a população francesa morria de fome. Nossos sentimentos para com nossos salvadores tinham esfriado desde dezembro.

Os deportados retornaram, e descobrimos que não tínhamos sabido de nada. Fotografias de ossuários cobriram as paredes de Paris. Bost entrara em Dachau algumas horas antes dos americanos: faltavam-lhe palavras para descrever o que vira. Um outro correspondente de guerra me falou pela primeira vez dos muçulmanos. "E o pior", concluiu ele, num tom um tanto desnor-

---

[19] Cerca de oitenta europeus foram massacrados, em consequência da provocação por parte deles. O exército devastou a região; quarenta mil mortos.

teado, "é que eles dão nojo". Logo vi suas imagens nos jornais. Houve alguns curtas-metragens rodados pelos americanos, e relatos, testemunhos, escritos e orais: os trens da morte, as "seleções", as câmaras de gás, os crematórios, as experiências dos médicos nazistas, as lentas exterminações cotidianas. Quando, quinze anos mais tarde, o processo Eichmann e uma súbita profusão de filmes e livros ressuscitaram tempos já distantes, as pessoas ficaram transtornadas, soluçaram, desmaiaram; em 1945, recebemos essas revelações ainda frescas, elas diziam respeito a nossos amigos, companheiros, nossa própria vida. O que mais me angustiava era a luta encarniçada e vã dos condenados para respirarem por mais um segundo: os vagões blindados, os homens se esticando meio asfixiados para o ar de fora, pisoteando os cadáveres, caindo mortos; os moribundos se arrastando para o trabalho, desmoronando, e logo abatidos; a recusa, a imensidade vazia da recusa, e essa última chama brutalmente apagada: nada mais, nem mesmo a noite.

Yvonne Picard não voltou; Alfred Péron morreu na Suíça, poucos dias após a evacuação. Pierre Kaan foi libertado de Buchenwald em 10 de maio; "Apesar de tudo, terei visto isso: a derrota alemã", disse ele. Morreu em 20 de maio. Correu o boato de que Robert Desnos ia voltar; o tifo o levou, em 8 de junho, em Kerenice. De novo, tive vergonha de viver. A morte me amedrontava tanto quanto outrora: mas aqueles que não morrem, eu dizia a mim mesma, com repulsa, aceitam o inaceitável.

Sartre voltou a Paris e me contou sua viagem. Primeiro, a chegada ao Waldorf; a japona dele, perto dos trajes dos outros jornalistas, causara sensação. Um alfaiate foi logo convocado. Depois me falou das cidades, das paisagens, dos bares, do jazz; um avião o levou a percorrer a América; no cânion do Colorado, o piloto perguntava de vez em quando: "Será que eu passo? A asa não vai esbarrar?" Sartre estava estonteado com tudo o que vira. Além do regime econômico, a segregação, o racismo, várias coisas na civilização do outro lado do Atlântico o chocavam: o conformismo dos americanos, sua escala de valores, seus mitos, seu falso otimismo, sua fuga diante do trágico; mas sentiu muita simpatia pela maioria daqueles dos quais se aproximou; achava emocionantes as multidões de Nova York, e pensava que os homens valiam mais do que o sistema. A personalidade de Roosevelt o impressionou, durante a entrevista que este concedeu à delegação francesa pouco antes de morrer. Sartre ouviu com surpresa certos intelectuais se preocuparem com a ascensão do fascismo; aqui e ali, com efeito, ouviu discursos pouco tranquilizadores. Durante um almoço, o diretor das *Public Relations* da Ford mencionou com bom humor a próxima guerra contra a URSS. "Mas vocês não têm fronteira em comum: onde será a luta?", perguntou um jornalista do PC. "Na Europa", respondeu ele, com naturalidade. A palavra fez os franceses se sobressaltarem, mas não o levaram a sério. O povo americano nada tinha de belicoso. Sartre, então, se entregou sem reservas aos prazeres da viagem. Falou-me dos exilados que reviu lá: em Nova York, Stépha e Fernando, que fazia uma pintura belíssima; em Hollywood, Rirette Nizan, que ganhava a vida fazendo legendas para os filmes franceses. Foi apresentado a Breton: era alguém; também a Léger, cujo estilo mudara bastante: Sartre preferia seus novos quadros aos antigos. Alguns dias depois de sua volta, fizemos subir para o meu quarto uma grande mala negra abarrotada de roupas e de comida.

Continuávamos a encontrar muita gente. Nós nos misturávamos com prazer ao "Tout-Paris" para assistir aos ensaios gerais, às estreias, porque a palavra "resistência", politicamente bem desgastada, conservava um sentido entre os intelectuais; reencontrando-se lado a lado, eles afirmavam sua solidariedade, e o espetáculo assumia o valor de uma manifestação. Vimos, assim, *Crime na catedral*, muito bem montada e representada por Vilar no Vieux-Colombier, mas enfadonha. E *O ditador*, que esperáramos com impaciência; quase todo mundo ficou decepcionado; Hitler não fazia mais rir. René Leibovitz nos convidou certa tarde com os Leiris, e tocou ao piano música dodecafônica; não entendi nada; mas ela fora proibida pelos nazistas. Leibovitz vivera escondido durante quatro anos; cada instante tinha algo de milagroso. Foi na mesma época, parece-me, que assistimos no Quartier Latin à inauguração do Gipsy, onde Mouloudji dava os primeiros passos como cantor profissional.

Certa noite, fui com Sartre e os Leiris à casa de Dora Marr, que pintava bons quadros. Ela acreditava em mesas que se moviam; nós, não; propôs uma experiência. Pousamos nossas mãos sobre uma mesa redonda bastante volumosa. Nada aconteceu e a coisa começou a ficar bastante aborrecida; de repente, o móvel começou a tremer, se mover e correr: corremos atrás dele, com as mãos sempre unidas e chapadas no tampo. O espírito comunicou que era o avô de Sartre; a mesa soletrou sincopadamente a palavra "inferno". Durante quase uma hora, sacudindo-se no mesmo lugar ou rodopiando, ele nos condenou a todos ao fogo eterno, e contou sobre Sartre fatos que só eu e ele conhecíamos. Dora exultava; os Leiris e Sartre riam, estupefatos. À saída, eu lhes disse que era eu quem tinha manobrado a mesa. Como eu tinha apostado firmemente que ela permaneceria imóvel, ninguém suspeitara.

Em junho, o prêmio da Pleiade foi conferido pela segunda vez. Convidaram-me a tomar café com os membros do júri, que seriam reunidos em um almoço na casa de Gallimard. Não sei quem impusera a premiação, mas eles pareciam todos consternados. Terminada a refeição, as pessoas se espalharam pelo jardim. Havia muita gente, um sol forte, champanhe, gim e uísque em abundância. Pelo fim da tarde, sentada na grama ao lado de Queneau, discuti com ele sobre o "fim da história". O tema retornava com frequência às conversas. Havíamos descoberto a realidade da história e seu peso: nos interrogávamos sobre seu sentido. Queneau, iniciado em Hegel por Kojève, achava que um dia todos os indivíduos se reconciliariam na unidade triunfante do Espírito. "Mas se eu sentir dor no pé?", dizia eu. "Sentirão dor no seu pé", respondia-me Queneau. Brigamos durante bastante tempo, com tanto mais calor quanto os vapores do álcool que nos embaçavam agradavelmente o cérebro. Decidimos continuar no dia seguinte e marcamos um encontro. Queneau me propôs um último trago; eu conhecia meus limites: recusei; ele insistiu: "Só uma taça de champanhe." Concordei. Ele me estendeu a taça, eu bebi e me vi deitada num divã, a cabeça ardendo e o estômago embrulhado. Queneau enchera de gim, pela metade, o copo que eu esvaziei de uma só vez. Perdi logo os sentidos; era muito tarde, todos os convidados haviam partido; só tinham ficado Sartre e a família Gallimard; eu estava envergonhada, e Jeanne me reconfortava como podia. Reconduziram-me ao hotel de carro, e eu me deitei logo. Quando acordei, doze horas depois, ainda não me sentia bem e tinha esquecido completamente meu encontro com Queneau. Ele também não se lembrou.

Bebíamos bastante na época; primeiro, porque havia álcool; e depois, precisávamos desabafar, era festa, uma festa esquisita; próximo, medonho, o passado nos perseguia; diante do futuro, a esperança e a dúvida nos dividiam; a serenidade não podia ser o nosso quinhão; o mundo contrariava nossas paixões. Era preciso esquecê-lo, e até mesmo esquecer que esquecíamos.

Minha irmã e Lionel voltaram para Paris por volta do fim de maio. Durante todos aqueles anos, ela trabalhara muito. Expôs na galeria Jeanne Castel composições inspiradas em cenas que vira no hospital de Lisboa. Revi com ela as coleções do Louvre, que reabria suas portas. Sartre partiu para o campo com a mãe, cujo marido morrera durante o inverno. Resolvi fazer uma viagem de bicicleta; como Vitold tirava férias naquele momento, rodamos durante alguns dias lado a lado, de Paris a Vichy, ao longo das gargantas do Creuse, depois pelo planalto de Millevaches e pelo Auvergne. Falávamos de *Bouches inutiles*, para a qual havia um teatro em vista; discutíamos sobre as modificações possíveis e sobre detalhes de encenação. Vitold tinha problemas de coração e me falava deles. Era ainda muito difícil alimentar-se e viver; tínhamos levado conservas americanas que completavam utilmente nossas refeições. Aconteceu-nos dormir nos fundos de uma padaria, em bancos de café, e mesmo, uma vez, quase ao relento, numa cabana de carvoeiro. Em Vichy, deixei Vitold, e subi para o Vercors, o qual desejava ver com meus próprios olhos; foi então que assisti à grande festa da aldeia que descrevi em *Os mandarins*.[20]

Em 7 de agosto — eu acabava de voltar a Paris —, a bomba atômica caiu sobre Hiroshima. Era o fim definitivo da guerra, e um massacre revoltante; ele anunciava talvez a paz perpétua, talvez o fim do mundo. Discutimos o fato por muito tempo.

Passamos um mês em La Pouèze; estávamos lá quando a segunda bomba foi lançada, quando os russos entraram na Manchúria e o Japão capitulou. Sartre teve notícias, através de cartas, da celebração do *V-Day* pelos americanos. Para nós a vitória datava de maio.

Pela primeira vez, voltei ao estrangeiro com Sartre: a Bruges, a Anvers, a Gand. As coisas sempre ultrapassaram minha imaginação: constatei que elas ultrapassavam também minha memória. Comecei a saborear o prazer de "rever". Eu realmente mudara de idade.

---

[20] Há apenas uma inexatidão: eu situei o episódio depois da explosão da bomba atômica, quando, na realidade, ele ocorreu alguns dias antes.

Capítulo II

O sangue dos outros foi publicado em setembro; o tema principal do livro era, como eu disse, o paradoxo dessa existência vivenciada por mim como minha liberdade e apreendida como objeto por aqueles que se aproximam de mim. Essas intenções escaparam ao público; o livro foi catalogado como "um romance sobre a Resistência".

Por alguns momentos, esse mal-entendido me aborreceu, mas acabei me conformando, pois o sucesso superou de longe a minha expectativa. Foi muito mais retumbante do que o de *A convidada*; todos os críticos colocaram meu segundo romance acima do primeiro; ele suscitou editoriais comovidos em vários jornais. Recebi, por carta e de viva voz, chuvas de cumprimentos. Camus, embora gostasse do livro, não me escondeu sua surpresa; quanto a Aron, declarou-me com a franqueza da amizade: "Para dizer a verdade, acho esse sucesso nojento!" Ele culpava, acho, a admiração bem-pensante que me garantia essas aprovações. Escritores, jornalistas, intelectuais, ainda estreitamente ligados pelo passado próximo, estávamos inclinados a nos adularmos mutuamente; além disso, meu romance era o primeiro que falava, abertamente, da Resistência. Entretanto, o público não obedece a uma ordem exterior, os elogios que fez sobre mim eram sinceros. O público leu *O sangue dos outros* com os mesmos óculos que eu usara para escrevê-lo.

Tecnicamente, eu tivera a impressão de inovar; uns me felicitaram por isso, outros se queixaram do "longo túnel" que abre a narrativa; todos concordaram que nele a forma era original, de tanto que o romance francês tinha até então respeitado as rotinas. O que me impressiona mais é que minha narrativa tenha parecido "repleta de sangue e de vida". Um livro é um objeto coletivo: os leitores contribuem tanto quanto o autor para criá-lo; ora, os meus tendiam, como eu, para o moralismo; a perspectiva que adotei era-lhes tão natural, que eles pensavam que ela lhes oferecia a própria realidade; sob a capa dos conceitos abstratos e das frases edificantes, perceberam a emoção que ali estava desajeitadamente submersa; ressuscitaram-na; foi o sangue e a vida deles que emprestaram aos meus personagens. Depois, o tempo passou; as circunstâncias mudaram, assim como nossos corações; juntos, desfizemos a obra que havíamos imaginado juntos. Resta um livro cujos defeitos hoje saltam aos olhos.

Romance sobre a Resistência, ele foi também catalogado como romance existencialista. Essa palavra estava doravante automaticamente ligada às obras de Sartre e às minhas. Durante um colóquio organizado no verão pelas edições do Cerf — isto é, pelos dominicanos —, Sartre recusara que Gabriel Marcel lhe aplicasse esse rótulo: "Minha filosofia é uma filosofia da existência; o existencialismo, eu não sei o que é." Eu compartilhava de sua contrariedade. Escrevera meus romances antes mesmo de conhecer esse termo, inspirando-me na minha experiência, e não num sistema. Mas protestamos em vão. Acabamos por assumir o epíteto que todo mundo usava para nos designar.

Foi, portanto, uma "ofensiva existencialista" que, sem termos premeditado, desencadeamos naquele início de outono. Nas semanas que se seguiram à publicação do meu romance, os dois primeiros volumes de *Os caminhos da liberdade* foram publicados, assim como os primeiros números da *Temps Modernes*.[21] Sartre fez uma conferência — "O existencialismo é um humanismo?" — e eu fiz outra no Club Maintenant, sobre o romance e a metafísica. *Les Bouches inutiles* foi encenada. O tumulto que provocamos nos surpreendeu. De repente, como se vê, em certos filmes, a imagem escapar de seu quadro e invadir a tela inteira, minha vida ultrapassou suas antigas fronteiras. Fui projetada na luz pública. Minha bagagem era leve, mas meu nome foi associado ao de Sartre, brutalmente apanhado pela celebridade. Não se passava uma semana sem que se falasse de nós nos jornais. O *Combat* comentava favoravelmente tudo o que saía de nossas penas e de nossas bocas. *Terre des Hommes*, semanário criado por Herbart, e que teve apenas alguns meses de vida, dedicava-nos em cada número abundantes colunas amistosas, ou agridoces. Por toda parte apareciam notícias sobre nossos livros, sobre nós. Nas ruas, fotógrafos nos

---

[21] "Na mesma semana, assistiu-se à conferência de Sartre, ao ensaio geral de *Bouches inutiles* e se leu o primeiro número da *Temps Modernes*", escrevia em *Arts* um crítico ligeiramente irritado.

metralhavam, pessoas nos abordavam. No Flore, olhavam-nos, cochichavam. Compareceu à conferência de Sartre uma multidão tão grande que não coube na sala: foram empurrões desenfreados, e algumas mulheres desmaiaram.

Esse estrépito se explicava em parte pela "inflação" que Sartre denunciou no mesmo instante;[22] ao se tornar uma potência de segunda ordem, a França se defendia exaltando, para fins de exportação, os produtos da terra: alta costura e literatura. O mais modesto escrito suscitava aclamações, fazia-se um grande alvoroço em torno do autor: os países estrangeiros se comoviam com benevolência com esse estardalhaço e o ampliavam. Entretanto, se as circunstâncias contaram tanto a favor de Sartre, não foi por acaso; havia, pelo menos à primeira vista, uma notável coincidência entre aquilo que ele levava ao público e o que este reivindicava. Os pequeno-burgueses que o liam também tinham perdido a fé na paz eterna, num calmo progresso, em essências imutáveis; haviam descoberto a História sob a sua aparência mais medonha. Precisavam de uma ideologia que integrasse essas revelações sem, no entanto, obrigá-los a jogar fora suas antigas justificações. O existencialismo, esforçando-se por conciliar história e moral, autorizava-os a assumir sua condição transitória, sem renunciar a um certo absoluto, a enfrentar o horror e o absurdo, conservando ao mesmo tempo sua dignidade de homem, a preservar sua singularidade. Parecia fornecer-lhe a solução sonhada.

Na verdade, não; e foi por isso que o sucesso de Sartre foi tão ambíguo quanto volumoso, inflado dessa mesma ambiguidade. As pessoas se lançaram avidamente sobre uma comida da qual tinham fome; quebraram os dentes e soltaram gritos cuja violência intrigava e atraía. Sartre os seduzia mantendo, no nível do indivíduo, os direitos da moral; mas a moral que ele indicava não era a deles. Seus romances lhes devolviam uma imagem da sociedade que eles recusavam; acusaram-no de realismo sórdido, de miserabilismo. Estavam dispostos a ouvir sobre eles mesmos algumas verdades brandas, mas não a se olhar de frente. Contra a dialética marxista, reivindicavam a liberdade; mas Sartre exagerava: a liberdade que ele lhes oferecia implicava fatigantes responsabilidades; voltava-se contra as instituições, os costumes, destruía sua segurança. Convidava-os a usá-la para se aliar ao proletariado: eles queriam entrar para a História, mas não por essa porta. Categorizados, catalogados, os intelectuais comunistas os incomodavam muito menos. Em

---

[22] "La nationalisation de la littérature": *Temps Modernes*, novembro de 1945.

Sartre, os burgueses se reconheciam, sem consentir na superação da qual ele lhes dava o exemplo; ele falava a língua deles, usando-a para lhes dizer o que não queriam ouvir. Eles vinham e voltavam a Sartre porque ele lhes fazia perguntas que eles mesmos se faziam: fugiam porque as respostas os chocavam.

Ao mesmo tempo célebre e escandaloso, Sartre não acolheu sem mal-estar uma fama que, assim como ultrapassava suas antigas ambições, as contradizia. Embora tivesse desejado as aprovações da posteridade, pensava atingir em vida apenas um público reduzido: um fato novo, a aparição do *oneworld* transformou-o num autor cosmopolita; ele não imaginara que *A náusea* seria traduzida tão cedo: graças às técnicas modernas, à rapidez das comunicações e das transmissões, suas obras eram publicadas em doze línguas. Era chocante para um escritor formado à antiga, que vira na solidão de Baudelaire, de Stendhal, de Kafka, o resgate necessário do gênio deles. A difusão dos livros de Sartre estava longe de lhes garantir valor: tantas obras medíocres faziam sucesso que o sucesso aparecia quase como um sinal de mediocridade. Comparada à obscuridade de Baudelaire, a glória idiota que se derramara sobre Sartre tinha algo de vexaminoso.

Essa glória custava caro. Sartre conquistava um público inesperado no mundo inteiro: via-se frustrado do público dos séculos futuros. A eternidade desmoronara; os homens do amanhã haviam se transformado naqueles caranguejos aos quais Franz se dirige em *Os sequestrados de Altona*: impermeáveis, herméticos, radicalmente outros. Os livros de Sartre, mesmo lidos, não seriam aqueles que ele escrevera: sua obra não permaneceria. Foi realmente para ele a morte de Deus, que até então sobrevivia sob a máscara das frases. Sartre devia ao seu próprio orgulho a assunção de uma catástrofe tão completa. Foi o que fez, na *Apresentação* que abriu, em outubro, o primeiro número da *Temps Modernes*. A literatura despojara-se de seu caráter sagrado, é verdade; doravante, ele colocaria o absoluto no efêmero; encerrado em sua época, ele a escolheria, em vez da eternidade, aceitando perecer inteiro com ela. Essa resolução tinha mais de um sentido. Quando criança, adolescente, o fantasma favorito de Sartre era o do poeta maldito, desconhecido de todos, que a glória atinge além-túmulo, ou, para que ele apesar de tudo ainda possa gozar um pouco dela, em seu leito de morte; de novo ele apostava na transformação do fracasso em triunfo. Desmesuradamente favorecido, ganhando tudo ele perdera tudo: consentindo em perder tudo, nutria a esperança secreta de que tudo lhe fosse devolvido. "A recusa da posteridade devia dar-me a posteridade."[23] Por outro lado, aos quarenta anos, suas ambições mais audaciosas estavam, de certo modo, satisfeitas: por mais equívoco que fosse o seu sucesso, ele nunca o superaria. A repetição o entediava; convinha modificar seus objetivos. Detestando a passividade, se tivesse preferido a obra aos atos, não a teria concebido sob a aparência da contemplação, do sonho, da fuga de si mesmo, mas como construção. Descobrira no Stalag, com *Bariona*, e sob a Ocupação, com *As moscas*, o papel vivo que ela podia ter. Quando renunciou a *ser*, e decidiu *fazer*, exigiu que doravante ela fosse sempre apelo e engajamento. Isso de modo algum implicava que ele desprezasse a literatura, mas, ao contrário, evidenciava a vontade de devolver a esta a sua dignidade; se ela era por essência divina, podia-se, brincando distraidamente com a pena, produzir um objeto sagrado: sendo humana, para que não se degradasse em divertimento, era preciso que o homem a confundisse com sua própria existência, sem fazer de sua vida várias partes. O engajamento, afinal, não é outra coisa senão a presença total do escritor no escrito.

Vê-se como Sartre podia ao mesmo tempo convencer e indignar: seu artigo gerou discussões apaixonadas que ainda perduram. Naquele período conturbado, em que os rumores do mundo violavam os mais silenciosos retiros, o público só desejava eliminar o fosso que separava a imprensa da literatura, e seus interesses cotidianos de suas preocupações culturais; estava ávido por conhecer esse mundo mudado, onde ele se reencontrava: satisfaria nobremente sua curiosidade, se a arte apreendesse essas realidades vivas, ardentes, que nenhum acadêmico jamais abordara. Só que ele não queria renunciar à eternidade. A leitura devia transportá-la para esferas superiores onde reina, soberana, a obra de arte. Sartre respeitava a literatura a ponto de confundir o seu destino com o da humanidade: acharam um sacrilégio ele ter feito o céu descer à terra. E assim foi em todos os âmbitos. O que ele propunha a seus leitores enriquecia-os, mas incomodava-os; e eles nutriam por ele mais rancor do que gratidão.

Ele se expunha, pelo fato de ter permanecido fiel à regra que nos tínhamos fixado: reagir à situação sem representação de si. Não mudou seus hábitos: vivia no hotel e no café, vestia-se de qualquer maneira, esquivava-se das frivolidades; não só não era casado, mas nossas vidas eram demasiado independentes para que se pudesse considerar nossas relações como uma

---

[23] Notas inéditas.

clássica "união livre". Essas singularidades teriam sido desculpadas, se Sartre se tivesse abrigado por trás do seu personagem de escritor. Nunca fez isso; e, na surpresa de sua metamorfose, não pensou que precisava pelo menos levar em consideração sua nova condição. Essa naturalidade valeu-lhe muitas amizades. Mas a opinião pública ficou chocada. Ignorando a seriedade do trabalho do escritor, ela só lhe perdoa os privilégios se ele lhe aparece como o Outro, o que lisonjeia seu gosto pelos mitos e ídolos, e desarma a inveja. Mas o Outro é o inumano; as comédias da vaidade e da presunção não bastam para esconder que o autor célebre é um homem, um semelhante; ele boceja, come, anda — tudo provas de sua impostura. Só se alça o escritor sobre um pedestal para melhor conhecê-lo e concluir que se errou ao colocá-lo ali. De qualquer modo, enquanto ele se agarra ao lugar, a distância embaça a malevolência. Sartre não entrava no jogo, permanecia no nível da multidão: uma pessoa qualquer. Então, obstinando-se em tomá-lo por Outro, ao mesmo tempo que constatavam que ele era seu semelhante, as pessoas denunciavam nele o mais despudorado dos mistificadores. Certa noite, quando saíamos do Golfe-Juan, um cliente, que não parava de olhar para Sartre com malevolência, disse à mulher: "Veja só! O quê? Ele está assoando o nariz..." Todas essas ofensas se reforçavam entre si. A simplicidade que demonstravam voltava-se contra Sartre à medida que ele não se dobrava aos costumes burgueses. O fato é que ela tinha algo de suspeito: implicava convicções democráticas demasiado extremas para que a elite não sentisse suas superioridades contestadas.

O idílio do outono de 1944 se desgastou rapidamente. Nenhuma obra séria fora escrita sobre *O Ser e o Nada*, mas já em revistas, cursos, conferências, os bem-pensantes o atacavam. Em 3 de junho de 1945, *La Croix* denunciara no existencialismo ateu "um perigo mais grave que o racionalismo do século XVIII e o positivismo do século XIX". A extrema direita começava, ainda com algumas precauções, a sair de sua reserva: por meio de panfletos, notícias, mexericos, ela se estendia em calúnias contra Sartre. Em novembro de 1945, um jovem de olhos azuis me pediu, no Flore, que lhe falasse de Sartre; devia escrever um artigo sobre ele num semanário sensacionalista que vinha sendo publicado fazia pouco tempo, o *Samedi-Soir*; recusei-me; de qualquer maneira, ele ia fazer o artigo, disse-me; era melhor que obtivesse as informações de mim. Muito bem. Eu o informei. Alguns dias mais tarde, um monte de lixo caía sobre Sartre: sórdida, frívola, sua filosofia convinha a um povo doente.

Moral e fisicamente, ele só gostava de sujeira. Ficamos desconcertados com esse jato de lama. Mas enfim, bem, essas pessoas não podiam gostar de nós; aprenderíamos a nos proteger contra seus insultos. Quando Boutang se perguntava se Sartre era um possuído, não ligávamos. Sartre se apartava de sua classe, a animosidade que esta lhe manifestava era normal. Em compensação, a animosidade dos comunistas o atingiu como uma injustiça.

Sartre participara, ao lado deles, em junho de 1945, de um leilão da CNE ("Senhor Sartre", perguntou-lhe uma senhora de certa idade, "na sua opinião, o inferno são os outros?" "Sim..." "Então, eu sou o paraíso", disse ela, com um sorriso maravilhado.) Ele imaginava que a sua Nota de Esclarecimento tivesse acertado todas as diferenças: enganava-se. Num artigo publicado na *Action*, Henri Lefebvre, num tom muito desagradável, acusou Sartre de perder seu tempo demonstrando em *O Ser e o Nada* coisas que, para um marxista, eram óbvias; ele barrava o caminho a qualquer filosofia da história e mascarava aos seus leitores os verdadeiros problemas. Kanapa apresentou um artigo no primeiro número da *Temps Modernes*. "Venha comigo à casa de Maublanc", disse ele a Sartre. "Garaudy e Mougin gostariam de conversar com você." Na manhã da entrevista, ele telefonou, dizendo embaraçado que não iria. Sartre foi sozinho à casa de Maublanc, onde ouviu as descomposturas de Garaudy e Mougin: era um idealista, desviava os jovens do marxismo; nenhum comunista escreveu mais para nós. No entanto, desejávamos não romper com eles. Politicamente, aquela falaciosa entidade, a Resistência, não existia mais; em dezembro de 1945, quando Malraux a evocou na Câmara, suscitou mal-estar, quando, um ano antes, a palavra desencadeava automaticamente aplausos. Cindida em três partidos, apenas o PC perpetuava suas esperanças revolucionárias; a SFIO,[24] estática, anacrônica, era hostilizada pelas massas. Quando o país, depois de votar uma Constituinte com poderes limitados, procedeu às eleições, estas foram um triunfo para os comunistas. Nós tínhamos os mesmos objetivos que eles, e só eles podiam realizá-los. No conflito que opôs Thorez a De Gaulle, nós apoiamos o primeiro.[25] Continuamos nosso diálogo com os marxistas. Merleau-Ponty explicou-se no número de novembro da *Temps Modernes*. Em dezembro, a *Action*, num artigo intitulado

---

[24] Seção Francesa da Internacional Operária. (N.T.)
[25] Thorez reivindicava para seu partido um dos três grandes ministérios; De Gaulle recusava; chegou-se a uma conciliação, mas em 22 de janeiro de 1946 De Gaulle pediu demissão porque desaprovava a Constituição que estava sendo elaborada pela Câmara, de maioria socialista e comunista.

Ou bien-ou bien, respondeu-lhe asperamente, assim como a Beaufret, que falara do existencialismo em *Confluences*. No início de 1946, tendo Merleau-Ponty publicado em *Action* um artigo sobre a figura moderna do herói, retorquiram-lhe, nos *Cahiers d'Action*, que o "comunista é o herói permanente do nosso tempo". Hervé atacou um outro artigo de Merleau-Ponty, publicado na *Temps Modernes*, sobre o realismo político. Alquié e Naville discutiram num tom mais moderado, em março, na *Revue Internationale*. Como a voga do existencialismo não diminuía — um grande público compareceu em massa à conferência que Beaufret fez sobre o assunto, no Vieux-Colombier, em abril —, *Action* acabou abrindo uma enquete: "Deve-se queimar Kafka?", dirigida contra a literatura "negra"; a questão, felizmente, indignou muitos leitores; entre as respostas, houve apenas um único sim. Quando encontrávamos privadamente Courtade, Hervé, Rolland e Claude Roy, discutíamos jovialmente, sobre uma base aparente de estima: essa campanha pública só conseguia nos irritar ainda mais.

Sem dúvida, Sartre estava ainda longe de compreender a fecundidade da ideia dialética e do materialismo marxista; as obras que publicou naquele ano provam isso. Seu prefácio aos *Escritos íntimos* de Baudelaire,[26] elaborado dois anos antes, é uma descrição fenomenológica: falta ali o estudo psicanalítico que teria explicado Baudelaire a partir do seu corpo e dos fatos de sua história. As *Reflexões sobre a questão judaica* abrandam e enriquecem, por meio de um constante apelo ao social, o método fenomenológico: fazem falta ali as bases concretas de uma história do antissemitismo. O artigo *Matérialisme et révolution*, publicado na *Temps Modernes*, colocava diretamente em questão o marxismo ortodoxo. Sartre criticava — com argumentos menos válidos que os de hoje, mas inspirados nos mesmos princípios — a ideia de uma dialética da natureza; ele analisava, em sua força e em suas fraquezas, o materialismo enquanto mito revolucionário. Indicava o lugar que a revolução reserva necessária e efetivamente à ideia de liberdade. Naquele momento, seu pensamento mudava bruscamente de direção, pois ele oscilava quanto à relação liberdade-situação, e mais ainda quanto à história.

Menos profunda em certos pontos, e em outros mais exigente que a doutrina marxista, a filosofia de Sartre não a contradizia radicalmente; Sartre

---

[26] Foi publicado em volume um pouco mais tarde, com prefácio de Leiris. A intenção de Sartre — compreender os momentos de uma vida a partir de sua totalidade — escapou aos críticos — menos a Blanchot —, que o acusaram de desconhecer o caráter da poesia.

desejava trocas. Os comunistas recusaram-se a isso. É verdade que, pela maneira como o público burguês interpretou o existencialismo, perverteu-lhe o sentido: viu nele — como no moralismo de Camus — uma ideologia sobressalente. Os comunistas fizeram o mesmo. A conjuntura política lhes impunha esse sectarismo? Pouco importa aqui. O fato é que intelectualmente um diálogo com Sartre era possível, e eles preferiram assumir os insultos da direita: vate da lama, filósofo do nada e do desespero. O que tocou Sartre foi que eles o transformavam, assim, num inimigo das massas. "A celebridade, para mim, foi o ódio", anotou ele, mais tarde. Desconcertante experiência; Sartre começou a existir espalhafatosamente para outrem, para além de todas as suas expectativas; mas enquanto odioso e odiado. Esperava ainda, em 1945-1946, modificar essa situação: não imaginava mais que fosse ser fácil.

Perguntei-me muitas vezes qual teria sido minha posição se eu não estivesse ligada a Sartre. Próxima dos comunistas, certamente, por horror a tudo aquilo que eles combatiam; entretanto, eu amava demais a verdade para não exigir poder procurá-la livremente: nunca teria entrado para o PC; tendo menos importância objetiva do que Sartre, as dificuldades dessa atitude teriam sido atenuadas, mas ela se teria assemelhado à atitude dele. Encontrei-me, então, em perfeito acordo com ele. Só que, como não era a mim que os comunistas reprovavam, insultavam, denunciavam, como eu não estava comprometida pessoalmente pela inimizade deles, ficava tentada a não lhe atribuir importância: a tenacidade de Sartre no sentido de desarmá-la me espantava; algumas vezes, eu o incitava à impaciência. Por vezes, ao contrário, ao sabor de um encontro ou de uma leitura, eu me perguntava se não deveríamos passar por cima dos nossos escrúpulos de intelectuais e militar no PC. Sartre também passava por oscilações que ora coincidiam com as minhas, ora não. Discutíamos muito.

Nunca acreditei no caráter sagrado da literatura. Para mim, Deus morreu quando eu tinha quatorze anos, nada o substituiu: o absoluto só existia em negativo, como um horizonte perdido para sempre. Desejei tornar-me, como Emily Brontë ou George Eliot, uma lenda; mas estava demasiado convicta de que, assim que fechasse os olhos, nada mais teria força para sustentar com firmeza esses sonhos. Eu pereceria com a minha época, já que morria: não há duas maneiras de morrer. Eu desejava ser lida enquanto viva por muita gente, desejava que me estimassem, que me amassem. Estava pouco ligando para a posteridade. Ou quase não ligava.

Eu me habituara à minha pele de escritora, e quase não me acontecia olhar para aquele personagem novo, dizendo a mim mesma: sou eu. Mas divertia-me ver meu nome nos jornais e, durante algum tempo, todo o alarido que se fazia à nossa volta e meu papel de "figura muito parisiense" me divertiram. Ele também me desagradava em muitos aspectos. A suscetibilidade não me sufocava; eu ria por me chamarem de "a grande Sartreuse" ou "Notre-Dame de Sartre"; mas certos olhares masculinos me feriam; eles ofereciam uma cumplicidade debochada à mulher existencialista, e, portanto, desencaminhada, que eu era. Alimentar mexericos, espicaçar curiosidades, era coisa que me repugnava. Enfim, naquele momento, a malevolência mal chegava a me arranhar, e eu aproveitava a minha fresca notoriedade. Esta não me espantava: parecia-me normal que a Liberação, ao transformar o mundo, tivesse mudado minha vida. Também não a sentia exageradamente: ela era muito débil, comparada com a de Sartre. Eu constatava essa distância sem inveja, porque queria bem demais a ele para ter ciúme, e porque achava que sua fama era justa. Nem mesmo lamentava não ter merecido mais: meu primeiro livro só tinha dois anos, não era hora de me precipitar. Eu tinha o futuro e confiava nele. Até onde o futuro me levaria? Sobre o valor da minha obra, tanto no futuro quanto no presente, eu evitava interrogar-me: não queria acalentar ilusões, nem assumir os riscos de uma lucidez talvez cruel.

Em suma, ao contrário de Sartre, nem na minha realidade social, nem enquanto escritora eu me questionava. Podia vangloriar-me de me ter deixado levar menos do que ele pela miragem do ser, tendo pago na adolescência o preço dessa renúncia; poderia também me reprovar por ter-me recusado a enfrentar minha existência objetiva; é certo que meu ceticismo me serviu para eludir as dificuldades com as quais Sartre lutava. Essa fuga me era facilitada pelo meu temperamento. Sempre tive mais que ele o gosto pelo imediato. Gostava de todos os prazeres do corpo, da cor do tempo, dos passeios, das amizades, das tagarelices, e de conhecer, e de ver. E depois, longe de me sentir, como ele, saturada pelo sucesso, eu não via limites para minhas esperanças: estava satisfeita, não desencantada. As circunstâncias garantiam a qualquer esforço, ao menor sucesso, uma ressonância que me estimulava; ofereciam-se tarefas, e os meios para cumpri-las. O presente e seus próximos horizontes me bastavam.

Durante algum tempo, a revista me cativou. Graças à fama de Sartre, e à querela provocada por sua teoria do engajamento, ela teve numerosos leitores; esforçava-se por refletir uma época que tinha vontade de se conhecer, e seu sucesso durou. Paulhan, que durante muito tempo dirigia a NRF, fazia-nos aproveitar sua competência; era ele, geralmente, quem se encarregava da paginação; ensinou-me a receita. Aron, que adquirira experiência com a *France Libre*, dava-nos também conselhos técnicos; supervisionava bem de perto o andamento da *Temps Modernes*; acho que ele imaginava que Sartre não teria perseverança suficiente para se interessar durante muito tempo pela revista e que ele a herdaria. Ocupava-se particularmente do setor político e encontrava hábeis motivos para recusar os artigos favoráveis ao comunismo. Excelente em análise, ele era lamentável na previsão: anunciou o triunfo dos socialistas na véspera das eleições que deram a vitória ao MRP[27] e uma bofetada na SFIO. Leiris era encarregado da poesia, e nossos gostos raramente combinavam. O comitê se reunia frequentemente e ali discutíamos acaloradamente.

Eu disse o que a revista representava para Sartre. Tudo nesse mundo é um sinal que nos remete a tudo: nossa originalidade era a de pesquisar os fatos anódinos e reveladores. Por outro lado, pela escolha dos textos, pela orientação dos artigos, esperávamos influenciar nossos contemporâneos. E também era-nos muito útil ter ao alcance da mão o meio de dizer sem demora nossas impaciências, nossas surpresas, nossas adesões. Um livro demora a ser escrito, e, naquele tempo, demorava a ser publicado; numa revista, pode-se apreender a atualidade no ar; pode-se, quase tão rapidamente quanto numa correspondência privada, dirigir-se aos amigos, refutar os adversários. Eu lia um artigo irritante, e me dizia logo: "Vou responder!" Foi assim que escrevi os ensaios que publiquei na *Temps Modernes*. Naquele período de renascimento, hesitante, fervilhante, havia sempre questões que se colocavam, desafios a levantar, erros a retificar, mal-entendidos a dissipar, críticas a rechaçar. Poucas obras e poucas revistas eram publicadas: nossas polêmicas de intelectuais tinham a intimidade, a urgência e o calor das querelas de família.

Eu tinha um grande desejo de ver encenada *Les Bouches inutiles*. No ensaio geral de *Entre quatro paredes*, o estrépito dos aplausos me perturbara: era mais presente, mais embriagador que o rumor esparso levantado por um livro. Assistira ao *Calígula* de Camus, cuja leitura me deixara fria: Gérard Philipe

---

[27] Mouvement Républicain Populaire (Movimento Republicano Popular). (N.T.)

transfigurava a peça. Eu desejava que a minha sofresse uma metamorfose tão lisonjeira quanto aquela. E, depois, cedi ainda a miragens: meu nome nas paredes do metrô seria o de uma autora dramática, e aquela autora seria eu. Quando Vitold me propôs encontrar Serge, que dirigia o teatro do Carrefour, corri.

Em Rouen, dez anos antes, eu ouvira falar de um belo rapaz que despedaçava todos os corações; ele se casara com a mais bonita das minhas alunas do terceiro ano; chamava-se Serge: era ele. Olga o conhecia; quando o reviu, exclamou: "Serge, é você!" "É, sou eu!", disse ele, num tom de desculpa. Envelhecera, engordara e perdera muito cabelo. Divorciado, casara-se de novo com Jacqueline Morane, a quem interessava o papel de Catherine. Ela tinha presença e uma bela voz. Serge decidiu montar minha peça; mal começáramos os ensaios, ele me disse que seria obrigado a interrompê-los: não tinha fundos; poderia eu arranjá-los? Não era fácil. A tiragem dos livros, por falta de papel, não passava de cinco mil exemplares; nossos recursos normais nos permitiam viver bem, sem sobras. Pensei que tudo estivesse perdido quando, inopinadamente, uma fortuna me caiu do céu.

Néron[28] saíra de Fresnes no início do ano, e eu o revira três ou quatro vezes no Lipp, no Flore, no Deux Magots. Ele desejava trabalhar, de um modo ou de outro, na *Temps Modernes*; mas nós não tínhamos nenhuma tarefa a lhe confiar. "Então, a única salvação, para mim, seria escrever", dizia-me ele; a insipidez dos textos que me mostrou quase não deixava esperança. Contou-me, entretanto, com arte, uma de suas últimas tentativas de suicídio: cem comprimidos de aspirina engolidos um depois do outro, a lentidão, a melancolia dessa operação que acabou em vômito. Fizera outras tentativas com barbitúricos. A cada vez arranjava uma porta de saída, mas de qualquer modo corria riscos consideráveis. "Não é nem uma brincadeira, nem uma comédia", explicava-me. "Estamos em estado de indiferença com relação à vida e à morte: damos à morte suas oportunidades."

Certa manhã de outubro, ele empurrou a porta do Flore: "Sei que você precisa de dinheiro", disse-me. Provavelmente soubera por Renée, que eu encontrava de vez em quando. Pousou sobre a minha mesa um maço de notas: cem mil francos; era muito na época: "Não tenha medo, são meus. Ganhei-os honestamente." Renée me dissera que ele alcançara uma boa situação, e era tão esperto que eu quase não me espantei; estava empregado no ministério

---

[28] Cf. *A força da idade*.

encarregado da reconstrução das regiões destruídas, e controlava orçamentos. Ao financiar *Les Bouches inutiles*, esperava resgatar de certo modo a sujeira que havia feito com Sartre. Levei logo o dinheiro para Serge.

Às sete horas, na manhã seguinte, bateram à minha porta: "Polícia!" Dois tiras entraram no meu quarto e ordenaram-me que os acompanhasse ao Quai des Orfèvres; eu era acusada de receptação, e devia restituir os cem mil francos. Vesti-me e corri ao outro lado do corredor para prevenir Sartre: ele iria pedir emprestado a quantia a Gallimard. Estávamos intrigados. Que nova tramoia teria Nero inventado? Por que ele me teria metido na encrenca? Em todo caso, eu tinha culpa: o governo não podia confiar o controle de orçamentos a um escroque notório; meu desejo de ver minha peça encenada obscurecera minha capacidade de discernimento.

No Quai des Orfèvres, fizeram-me sentar numa grande sala mobiliada com mesas e bancos. Eu levara trabalho e durante três ou quatro horas escrevi. Inspetores iam e vinham, traziam acusados e os interrogavam; cestas de sanduíches circulavam; entre um interrogatório e outro, comiam e tagarelavam. Por volta de meio-dia, um deles me disse para segui-lo; fez-me entrar no gabinete de um juiz de primeira instância, a quem Sartre acabara de entregar o dinheiro e que nos pediu autógrafos. No dia seguinte, toda a imprensa comentava essa aventura. Um jornalista intitulou engenhosamente seu artigo: "Tão cruel quanto seu homônimo, Nero entrega os existencialistas aos tiras."

Nero se explicou. Ele conseguia — não disse como — o nome de sinistrados suspeitos de fazer declarações abusivas. Munido de documentos falsos, ameaçava-os de pesadas multas e de prisão, depois dava a entender que eles podiam comprar sua discrição. A outros, que ainda não haviam estabelecido seus orçamentos, sugeria ele mesmo alterá-los: uma gratificação, e eles os ratificaria. Daquela vez ainda, a cumplicidade de suas vítimas garantia-lhe — pensava — a impunidade; entretanto, a tramoia foi descoberta. Ele não fizera falsificações, apenas chantagens, pois, cuidando de não imitar exatamente os documentos oficiais, mudou a disposição da tarja tricolor que os marcava. Apreendido inopinadamente, pressionado para reembolsar, achou mais honroso aplicar seus lucros num empreendimento artístico do que dissipá-los; e me meteu no negócio: pelo menos foi o que me disse. Não ficou muito tempo na prisão; encontrei-o de novo, mas raramente. Só conseguiu dar golpes sem envergadura. De vez em quando, tentava a morte. Um dia, decidiu não falhar.

Encontraram-no em seu quarto de hotel, deitado na cama, a foto de Renée sobre o peito, fulminado por uma dose maciça de ácido prússico.

Les Bouches inutiles foi encenada. Assisti aos ensaios; tudo me parecia perfeito, e eu ficava maravilhada ao ouvir minhas frases se tornarem vozes vivas. Só num ponto me decepcionei. Imaginava que um dispositivo permitiria passar num relâmpago de um quadro a outro; cada um deles ficou encerrado num quadro construído; o teatro não era rico, faltavam maquinistas: quando Sartre veio ver a peça "fluir", a lentidão das mudanças o inquietou; quando chegar a hora, serão mais rápidas, garantiram-me. Mas, na tarde do último ensaio, as esperas irritantes fragmentaram a representação, agravando meu mal-estar, eu me diverti, na intimidade, com um jogo anódino; de repente, testemunhas e juízes faziam dele um objeto público pelo qual eu me via responsável; eu os convocara, palavras saídas da minha pena respingavam-lhes os ouvidos: eu tinha vergonha da minha indiscrição; ao mesmo tempo, o olhar deles se sobrepunha ao meu, e minha vista se enevoava. Em certas réplicas, inspiradas com demasiada ingenuidade no existencialismo, alguns amigos trocaram piscadelas de olhos. Eu estava sentada ao lado de Genet, que não poupa muito suas severidades: "O teatro não é isso! Não é isso de jeito nenhum!", cochichava-me. Eu sofri. Apesar de tudo, quando o pano desceu felicitaram-me, e minha confiança se restabeleceu. Na noite do ensaio geral, espiando por um buraco na cortina a sala que se enchia, eu estava ansiosa, mas otimista. Novamente meus amigos encorajaram-me e pareceu-me que se aplaudia bastante. Uma peça não é inerte como um livro; alguma coisa acontecera, por meu intermédio, a um grande número de pessoas: diretor, atores, maquinistas; alguma coisa feliz, eu pensava. Eu havia organizado uma ceia no apartamento de Gégé, meus convidados estavam muito alegres e, com a ajuda do uísque, senti-me inteiramente alegre. Jacques Lemarchand me chamou de lado: ele deplorava aqueles quadros estáticos, aqueles tempos mortos; e depois, com poucas exceções, achara os atores incompetentes; as qualidades da peça mal ultrapassavam a ribalta, e os defeitos, bem mais. Conhecendo sua benevolência, perdi minha segurança. Que iriam achar críticos menos amistosos?

Os jornais me desancaram quase que unanimemente; foi uma decepção bastante brutal. Os semanários foram menos hostis; tive mesmo alguns calorosos defensores: Philippe Hériat, que me dedicou dois artigos, o crítico das *Lettres Françaises*, que falou de teatro corneliano, e o de *Terre des Hommes. Action* reprovava a moral da peça, mas tendia mais para uma apreciação benevolente. A crítica falada não era desfavorável; durante algumas semanas, o público compareceu. Mas o frio começou e o teatro era mal aquecido; era também mal situado: de vez em quando, o barulho do metrô de superfície abafava a voz dos atores. A bilheteria baixou; ao fim de umas cinquenta representações, o teatro fechou. Engoli facilmente esse fracasso. Sem me cegar demais a respeito de minha peça, achei que ela não tinha tido todas as oportunidades. Havia pessoas que gostavam dela; eu era evidentemente levada a lhes dar mais crédito do que àquelas que não gostavam. Sobretudo, havia interesse demais que me puxavam para a frente, para que eu me detivesse em lamentações.

Bost retornou da América, onde fora enviado para fazer uma reportagem para o *Combat*: estava exultante. Lise ficara noiva de um GI, a quem se preparava para ir se juntar, nos EUA; tinha pressa em fugir da França, onde o futuro lhe estava barrado e onde sentia fome. Sartre também ia partir de novo para Nova York. Em janeiro, ele encontrara uma jovem, meio separada do marido e, apesar de uma situação brilhante, mediocremente satisfeita com sua vida; sentiram-se muito atraídos um pelo outro. Advertida da minha existência, ela decidiu que, quando ele voltasse para a França, eles se esqueceriam; ele estava muito ligado a ela para consentir nisso; escreveu-lhe de Paris, e ela respondeu. Para revê-la, fez-se convidar por universidades americanas e embarcou no dia 12 de dezembro, num *Liberty ship*.

Eu bem gostaria de deixar Paris. Continuávamos a ser mal abastecidos; nos pequenos restaurantes que eu frequentava, não comia o suficiente para matar a fome. Não sabia mais onde me instalar para trabalhar; no meu quarto, sentia frio; no Flore, gente demais me conhecia; depois da criação da *Temps Modernes*, cujos escritórios ficavam na casa Gallimard, frequentávamos o bar Pont-Royal bem próximo; o ambiente era tépido e calmo naquele subsolo dourado, mas não era cômodo escrever sobre os tonéis que serviam de mesas. Tive um carbúnculo na perna, que me paralisou durante vários dias. A Aliança Francesa me convidara para fazer conferências em Túnis e em Argel, mas dessa vez as Relações Culturais não me facilitavam a viagem: nunca havia lugar para mim nos navios nem nos aviões, aliás raríssimos, que partiam para Túnis.

Assisti ao ensaio geral dos *Irmãos Karamazov*: Vitold fazia Ivan, Dufilho, Smerdiakov, Casarès era uma deliciosa Grutchenka. Eu encontrava Camus com bastante frequência. Certa noite, depois de jantarmos ambos no Lipp, e de bebermos no bar Pont-Royal até fechar, ele comprou uma garrafa de champanhe, e nós a esvaziamos na Louisiane, conversando até três horas da manhã. Pelo fato de eu ser mulher — e portanto, como ele era feudal, não inteiramente uma igual —, acontecia-lhe confiar-se intimamente a mim: mandava-me ler passagens de seus caderninhos de anotações, falava-me de seus problemas particulares. Voltava muitas vezes a um tema que o preocupava: seria preciso um dia escrever a verdade! O fato é que nele havia um fosso mais profundo que em muitos outros entre a vida e a obra. Quando saíamos juntos, bebendo, conversando, rindo, tarde da noite, ele era engraçado, cínico, meio canalha e muito gaulês em suas falas; confessava suas emoções, cedia aos seus impulsos; podia sentar-se na neve, à beira de uma calçada às duas da manhã e meditar pateticamente sobre o amor: "É preciso escolher: o amor dura ou queima; o drama é que não pode durar e queimar ao mesmo tempo!" Eu gostava do "ardor esfaimado" com o qual ele se entregava à vida e aos prazeres, e sua extrema gentileza: no tempo em que Bost era correspondente de guerra, cada vez que Camus recebia um telegrama dele, telefonava a Olga. Entretanto, no interior do jornal, reprovavam-no por ser arrogante e brusco. Nas discussões sérias, ele se fechava, ficava afetado, opunha aos argumentos frases nobres, sentimentos elevados, santas cóleras sabiamente dirigidas. Caneta na mão, assumia com dureza a condição de um moralista em quem eu não reconhecia mais nada do nosso alegre companheiro noturno. Ele percebia que sua figura pública não coincidia de modo algum com sua verdade privada e por vezes isso o incomodava.

    Cansada de me aborrecer em Paris, fui esquiar em Megève; voltei ao chalé Idéal-Sport. Fiquei emocionada quando, ao abrir os olhos de manhã, reencontrei a brancura da neve das grandes altitudes e lembranças de uma outra época. Pois naqueles tempos, todos hoje antigos e esmagados por essa distância como são esmagados os relevos quando os sobrevoamos do alto, minha memória discernia profundidades desiguais; o passado ainda fresco, já estranho, espantava-a. "Há seis anos", escrevi a Sartre, "eu escrevia para você daqui, e estávamos em plena guerra. Parece-me que se passaram muito mais de seis anos. Sinto-me um pouco além, como numa segunda vida; não mais reconheço bem nem a mim, nem o mundo de antes. No entanto, há as lembranças, as lembranças com você, dessa primeira vida. Isso tem um efeito esquisito, um tanto angustiante, de tal modo essas lembranças se ligam mal ao presente."

Eu tinha companhia: Lefèvre-Pontalis, antigo aluno de Sartre, que fora amigo de Bourla, estava instalado com a mulher num pequeno hotel, na encosta do monte de Arbois; logo Bost chegou ao Idéal-Sport, com Olga e Wanda; estas só raramente se aventuravam nas pistas, preferindo tomar banhos de sol. Salacrou estava hospedado mais alto, no *Chez ma tante*. Ele esquiava muito melhor que nós todos, mas muitas vezes tomava uma bebida conosco. Acontecia-me, de manhã cedo, quando os teleféricos ainda dormiam e a montanha estava deserta, de descer solitariamente até Saint-Gervais, no silêncio e no frio. Mas em geral eu só saía à tarde; antes do almoço, trabalhava em *Todos os homens são mortais*, no coração de uma vasta paisagem cintilante. Até então eu tinha sido obsessiva demais para misturar trabalho e lazer; agora, descobria muito prazer nessa associação. Depois da agitação de Paris, saboreava o recolhimento do chalé: "Sinto-me tão bem sem ninguém me olhando ou falando comigo!", escrevi a Sartre. Apesar de tudo, fiquei lisonjeada quando a proprietária disse a Bost: "Mas ela é muito conhecida, a Mlle De Beauvoir; há um monte de gente que pergunta se é ela: é como o M. Salacrou."

Enfim, um telegrama me avisou que eu tinha lugar reservado num avião que decolava de Marignane daí a três dias; voltei a Paris às pressas, e achei-a lúgubre. "Paris está gelada, o hotel não tem aquecimento, e parece que não se consegue de jeito algum encher o bucho. Não clareia antes das nove da manhã e não se tem eletricidade; todos os bares fecham às dez da noite; as pessoas estão melancólicas, é um tédio intolerável", escrevi a Sartre. Subi alegremente no trem, que me conduziu a Pas des Lanciers, de onde um ônibus me levou ao aeródromo; era de madrugada. Eu estava um tanto apreensiva: pegava um avião pela primeira vez; mas como estava feliz por haver de novo primeiras vezes para mim!

Infelizmente, alguém me roubara o lugar, e o próximo avião só partiria três dias depois. Eu estava sem um tostão, chuviscava, contavam comigo em Túnis, e a impaciência exasperava minha confusão. Supliquei; os pilotos se enterneceram; instalaram-me perto deles, na carlinga; eu nunca imaginara um tal batismo do ar. À direita e à esquerda, diante de mim, no infinito, o Mediterrâneo brilhava, e me parecia um prodígio olhá-lo do alto do céu. Dizíamos: um dia, quando formos ricos, tomaremos o avião para Londres; mas parece que ficamos doentes durante toda a viagem e que, de qualquer modo, não vemos quase nada. Passei por cima das montanhas da Córsega, sem ter feito o esforço de escalá-las; distingui pessoas, carneiros. E a Sardenha recortou-se sobre o azul do mar, tão precisamente quanto nos meus atlas de criança. De repente, apareceram casas de taipa, telhados chatos, palmeiras, camelos: a África e minha primeira aterrissagem.

Ninguém me esperava no aeródromo; tanto melhor; essa liberdade imprevista e esse anonimato me encantaram; ao sair do cinza de Paris, os suks[29] tinham tanto frescor quanto os de Tetuán, outrora.

No dia seguinte, o representante da Aliança Francesa, M.E., tomou conta de mim; sua mulher se parecia com Kay Francis. Instalaram-me no Tunisia Palace; levaram-me para passear de carro em Cartago, em Hammamet. Em Sidi Bu Said, era preciso andar dez metros a pé para descobrir o mar e uma paisagem soberba; tinham trazido Benda, que se recusava a sair do carro: "Eu imagino, imagino...", respondeu ele. Eu desejava que aquela indiferença nunca se apoderasse de mim.

Eu estava muito longe disso. Passava em excursões todas as horas que não dedicava às minhas conferências e às frivolidades impostas. Fui sozinha visitar as ruínas romanas de Dugga; meus anfitriões ficaram preocupados: um ano antes, uma professora fora estuprada e degolada naquela estrada. Aconselharam-me para o meu passeio do dia seguinte Gramat, bem perto de Túnis; havia um pequeno hotel, à beira-mar, e dunas ensolaradas onde me estendi com um livro, depois do almoço. Adormeci e, meio sonhando, pensei: "Olha! Há gatos nessas dunas." Abri os olhos: não havia gatos, mas um velho árabe muito sujo sentado quase em cima de mim; na areia, ao lado da sua cesta, uma faca. "Antes ser estuprada que degolada", disse a mim mesma, mas estava quase desmaiando de terror. Enquanto o repelia, ofereci-lhe pressurosamente dinheiro; ele hesitou: esvaziei minha bolsa nas suas mãos e pus sebo nas canelas pelas dunas abaixo; felizmente eu deixara no Tunisia Palace o grosso da minha fortuna. Disse à dona do hotel que encontrara um velho vagabundo; ela o conhecia; ele roubava um pouco, e a faca era usada para cortar aspargos. Achei que ele me agredira sem muita convicção, só para não perder a oportunidade.

Passei uma temporada agradável em Túnis; os E. me levavam aos mais belos restaurantes. Certa noite jantamos em casa de Bernard Zherfuss, o ar-

---

[29] Mercado fechado, que reúne, num labirinto de ruelas, lojas e oficinas. (N.T.)

quiteto, irmão de uma de minhas colegas do curso Désir; era casado. Eu fizera progressos em psicologia; apesar da perfeita discrição dos dois, pareceu-me que entre ele e a Mme E. havia algo de impalpável. Um ou dois anos mais tarde, eu saberia que cada qual se divorciara e então tinham-se casado.

Os E. achavam inábil a política francesa na Tunísia; desejavam uma aproximação entre as burguesias francesa e muçulmana. Encontrei na casa deles tunisianas vestidas, maquiadas, penteadas e perfumadas à moda parisiense; só usavam o véu de manhã, para ir ao mercado; tinham sede de liberdade. Entre os homens, os jovens estavam de acordo com elas; sofriam por verem seus pais lhes imporem esposas ignorantes e mal-educadas. Ninguém me informou sobre o conjunto da questão franco-tunisiana, e eu não insisti. O demônio da aventura se apoderara novamente de mim. Eu me dispunha a explorar a Tunísia e subir de novo para Argel, pelo Saara; a irregularidade dos transportes tornava ousado esse empreendimento, e isso fazia com que ele me seduzisse ainda mais.

Saus, Sfax, o grande circo romano de El Djem, Cairuán, Djerba: fui a esses lugares sem dificuldades, de trem, de ônibus e de barco. Em Djerba, Ulisses esquecera Penélope e Ítaca: a ilha merecia sua lenda. Era um fresco pomar atapetado de relva matizada; as palmeiras abrigavam, com suas copas lustrosas, a fragilidade das árvores em flor; o mar fustigava com violência esse jardim. Eu estava sozinha no hotel e a dona me cercava de atenções. Contou-me que, no último verão, uma de suas hóspedes, uma inglesinha, tomava longos banhos de sol, cada dia numa praia deserta; um dia voltara para almoçar com a expressão transtornada, e não tocara na comida. "O que há?", perguntara a dona; a moça caíra em pranto: três árabes, que a vigiavam há vários dias, estupraram-na, cada um de uma vez. "Tentei consolá-la", disse-me a dona. Dizia-lhe: "Ora, vamos, senhorita, levante a cabeça! Vamos, acalme-se: ânimo!" Mas na mesma noite ela fez as malas. Decididamente, aqui o estupro não é um mito, pensei; muitos homens vivem numa miséria tão extrema, que o casamento e, portanto, a mulher, lhes são proibidos: seu ventre grita; e depois, habituados ao véu e à reserva das muçulmanas, uma mulher que se estende na areia sozinha, seminua, é uma mulher oferecida, é uma mulher para ser possuída. Imediatamente aceitei me deixar escoltar por um velho barbudo cuja virtude me foi garantida pela dona, para ir no dia seguinte a uma aldeia onde havia feira.

Para continuar minha viagem, precisava utilizar transportes militares; parei em Médenine, onde vi aqueles curiosos celeiros abobadados e colados uns sobre os outros, a que chamam "gorfa"; o capitão me prometeu que dali a dois dias um caminhão me levaria aos Matmata; tomei outro ônibus para Tatuine: esse nome apavorante me atraía. Quando desci do ônibus, um spahi em trajes pomposos ordenou-me cerimoniosamente que o seguisse. Acompanhou-me até a mansão, mobiliada com tapetes e almofadas, onde morava o comandante dos AI,[30] um bretão barbudo, de olhos muito azuis; de Médenine, haviam-no prevenido da minha visita, e ele me informou que eu não podia circular a pé e sozinha no seu território: isso significaria atentar contra o prestígio da França. Iria circular com escolta e de jipe. Que seja. Fez-me sentar à mesa, onde jantava com os outros oficiais dos AI, e uma doutora cujo marido, também médico, estava ausente; ela me chocou com a crueza da linguagem e com os gracejos que os convivas machos engoliam com risos escandalizados: que mulher-macho! Dormi num quarto contíguo ao dela; seu tom mudou. Ela me explicou que essa aspereza a protegia contra os galanteios e grosserias. Trabalhava muito; tratava sobretudo das doenças venéreas que infestavam a população; fizera inseminação artificial nas esposas do alcaide, incapaz de fazer ele mesmo seus filhos. Vida estranha, que ela levava com energia, mas não sem cansaço. Disse-me que os oficiais dos AI não se davam com os da Legião; formavam um pequeno círculo fechado. Montavam a cavalo; de vez em quando, iam a Gabes. Entediavam-se enormemente.

Por aí se explica provavelmente o calor de sua acolhida: qualquer diversão era boa para eles. Levaram-me a passear de manhã pelas paisagens cujo cintilante despojamento já anunciava o deserto; organizaram ao meio-dia um grande *mechui*.[31] Visitei com eles aldeias trogloditas cavadas em falésias cor de aurora; os notáveis nos convidavam para suas grutas forradas de luxuosos tapetes, ofereciam-nos ovos duros que teria sido ofensivo recusar e que eu era incapaz de engolir: enfiei-os na bolsa. À noite, tendo o capitão sido informado sobre mim, pediram-me para falar do existencialismo: tinham convidado o professor. Não sei mais o que balbuciei.

Em Médenine, o caminhão prometido me esperava. Eu era a única passageira. O motorista devia reconhecer a estrada dos Matmata, danificada pela guerra.

---

[30] Air Intelligence: serviço de informação de inteligência aeronáutica.
[31] Carneiro inteiro besuntado de manteiga, assado sobre brasas em espeto rotativo. (N.T.)

Em dois ou três lugares, pontes haviam ruído, mas ele conseguiu atravessar os uádis e me levou até a aldeia singular onde dez mil pessoas moram sob a terra. A praça do mercado fervilhava; só homens, envolvidos em alvos albornozes, tagarelas e alegres; as mulheres, morenas, de olhos azuis, por vezes jovens e belas, mas de ar melancólico, estavam espalhadas ao fundo dos poços para os quais davam as grutas; visitei um desses antros: em sombrias cavernas enegrecidas pela fumaça, vi uma criançada seminua, uma velha desdentada, duas mulheres de idade incerta, malcuidadas; e uma bela moça coberta de joias, que tecia um tapete. Ao subir de novo para o ar livre, cruzei com o dono da casa, que voltava do mercado, resplandecente de brancura e saúde. Lamentei meu sexo.

Dormi em Gabes; o dono do hotel enfiou sob a minha porta um poema no qual deplorava, entre dois cumprimentos galantes, que eu fosse existencialista. O oásis, a princípio, me decepcionou: eu andava entre muros de terra, por caminhos lamacentos, e não via nada além de palmeiras sobre a minha cabeça. E depois me insinuei nos pomares e conheci a alegria das fontes entre as árvores em flor. Os jardins de Nefta eram ainda mais suaves. Num dos lados da grande praça havia um hotel encantador. No livro de ouro, Gide escrevera: "Se eu tivesse conhecido Nefta, teria sido ela, em vez de Biscra, que teria amado."[32] De manhã, enquanto lia o *Espártaco* de Kœstler, esperei no terraço, ao sol, o caminhão que me levaria ao coração do deserto. O motorista, um tunisiano, fez-me sentar perto dele: nenhuma outra mulher, em sua carga; nenhum europeu. Logo vi com surpresa a pista se apagar e o carro ir cavando as areias. Para rodar na areia, explicaram-me, é preciso primeiro esvaziar os pneus, e depois ter destreza; os novatos enguiçam ao fim de cem metros. O motorista parecia experiente; mesmo assim, cada vez que ele enfrentava uma duna, eu pensava: "Ele não chegará ao alto." No alto, o caminhão, perigosamente inclinado, como que fazia uma parada: "Ele vai cair", pensei. E depois ele descia; e recomeçava tudo. As dunas ondulavam a perder de vista à minha volta e me perguntei: "Por que isso é tão bonito?" Aquela areia infinita sugeria um mundo liso e seguro, feito, da superfície ao núcleo, de uma única substância; um jogo delicioso de curvas e de luz se exalava, como uma música, da serenidade do Um.

Passei ao luar de El Ued; o solo estava sulcado por vastos funis onde submergiam os jardins; de longe, eram docemente fantásticos aqueles topos

---

[32] Cito de memória.

de palmeiras à flor da terra. Passei o dia no cume de uma duna; as mulheres de um aduar vizinho escalaram-na e me cercaram; abriram minha bolsa, brincaram com meu batom, desdobraram meu turbante, enquanto as crianças rolavam na areia gritando alto. Eu não me cansava de contemplar a calma monotonia das altas vagas imóveis. Em um banco da praça pública, mostraram-me o nome de Gide, gravado de próprio punho.

Uargla reteve-me por três dias. Eu queria ir a Gardhaia. Um negociante de tâmaras esperava um caminhão que devia transportar sua mercadoria para lá; toda manhã, eu atravessava as delirantes esplanadas inventadas por um coronel pederasta — o coronel Carbillet — que visivelmente se tomara por Lyautey. Eu perguntava ao negociante: "O caminhão chegou?" "Não. Mas amanhã, certamente..." Eu retornava ao hotel, onde era a única hóspede e onde me alimentavam com carne de camelo; gostava de me sentar no terraço ancorado na orla das areias encapeladas. Não tinha mais nada para ler, e só encontrei na aldeia um velho número de *La Bataille*; por alguns momentos, o tempo me parecia sem fundo, e eu me sentia desfalecer; então caminhava, com as sandálias na mão, por entre o eriçado das dunas cor de damasco, barradas ao longe por duras falésias rosa; sob as palmeiras passava silenciosamente uma mulher de túnica, um velho com um asno: é belo um passo humano que atravessa a imobilidade das coisas sem perturbá-la; eu retornava ao hotel, comovida por perceber na suavidade da areia a marca dos meus pés. Após anos de vida coletiva, aquele tête-à-tête comigo mesma me tocava tão fortemente, que eu pensava descobrir nele a aurora de uma sabedoria: era apenas uma parada, mas retive por muito tempo no coração as palmas, as areias e seu silêncio.

Esperavam-me em Argel; renunciei a Gardhaia. Num bar do Grand Hôtel de Touggourt, encontrei com mal-estar uma civilização esquecida: agitada, verborrágica, glutona. Parti no dia seguinte, não na rápida micheline utilizada pelos europeus, mas — como desejava parar em Biskra por algumas horas — num trem muito mais matinal, mais lento, e ocupado quase que exclusivamente por árabes. Todos os vagões estavam repletos; cachos humanos se comprimiam nos degraus; consegui subir numa plataforma onde permaneci em pé; chicoteada por rajadas de areia; não tivera tempo de comprar passagem; pedi uma ao cobrador. "Uma passagem? Tem?" Ele riu e sacudiu a cabeça: "Vejam só: uma europeia! Não vou fazer você pagar." Admirei aquela lógica: como eu tinha dinheiro, ele não o exigia de mim. Entretanto, injuriava os nativos; com um soco, jogava por terra os que se agarravam aos estribos: o trem não andava rápido, e eles não se machucavam, mas olhavam com desespero o deserto à sua volta, gritavam e mostravam o punho.

Biskra era menos sedutora do que nos livros de Gide. Constantina, chuvosa, odiosa, gelou-me. Em Argel, nunca me deixaram sozinha, e só vi cenários. O norte pareceu-me melancólico depois do deslumbramento do Saara.

Voltei de avião. Encontrei Paris vazia. Sartre não voltara, Lise fora embora, Olga passava uma temporada na Normandia, na casa dos pais, Bost viajara para a Itália com um grupo de jornalistas, Camus estava de partida para Nova York. Eu trabalhava e esmorecia um pouco. Fui apresentada por Queneau a Boris Vian: engenheiro de formação, ele escrevia e tocava trompete; fora um dos animadores do movimento *zazou*,[33] gerado pela guerra e pelo colaboracionismo: como seus pais ricos passavam a maior parte do tempo em Vichy, filhos e filhas de boas famílias organizavam nos apartamentos abandonados festas "terríveis"; esvaziavam as adegas e quebravam os móveis, imitando os saques guerreiros; traficavam no mercado negro. Anarquistas, apolíticos, ostentavam contra os pais partidários de Pétain uma anglofilia provocante; imitavam a elegância afetada, o sotaque e as maneiras dos esnobes ingleses. Pensavam tão pouco na América, que ficaram desconcertados quando Paris se encheu de americanos; no entanto, tinham com estes uma ligação muito forte: o jazz, pelo qual eram fanáticos. A orquestra do Abadie, onde Vian tocava, foi contratada pelo "French Welcome Committee", no mesmo dia da entrada dos GI em Paris, e agregada ao "Special Service Show". Assim se explica o modo de trajar dos ex-zazous durante três anos; vestiam-se com os estoques americanos: *blue jeans* e camisas de xadrez. Reuniam-se na avenida Rapp, no bairro dos Champs-Élysées e também no Champoo, na esquina da rua Champollion, que na época era um *dancing*. Um punhado deles gostava, além do jazz, de Kafka, de Sartre e dos romances americanos: durante a guerra, vasculhavam os sebos dos cais e triunfavam quando desencavavam ali as obras proibidas de Faulkner ou de Hemingway. Para ler e discutir, vinham a Saint-Germain-des-Prés. Foi assim que encontrei Vian, no bar Pont-Royal; ele tinha na Gallimard um manuscrito em leitura que agradava muito a Queneau; tomei uma bebida com eles e com Astruc; achei que Vian era afetado e que

---

[33] "Belo rapaz": nome dado, durante a Segunda Guerra Mundial, a jovens que se destacavam por sua paixão pelo jazz americano e pela elegância espalhafatosa. (N.T.)

cultivava com demasiada complacência o paradoxo. Em março ele deu uma "festinha"; quando cheguei, todos já tinham bebido muito; a mulher dele, Michelle, com os longos cabelos de seda louros espalhados pelos ombros, transbordava de alegria; Astruc dormia no divã, descalço; eu também bebi valentemente, enquanto ouvia os discos vindos da América. Por volta de duas horas, Boris me propôs uma xícara de café; sentamo-nos na cozinha, e falamos até de madrugada: do seu romance, do jazz, da literatura, de sua profissão de engenheiro. Eu não descobria mais nada de afetado naquele longo rosto liso e branco, mas uma extrema gentileza, e uma espécie de candura obstinada; Vian punha tanto ardor em detestar "os horrores" quanto em amar o que amava: tocava trompete, apesar de estar proibido pelo coração. ("Se continuar, vai morrer dentro de dez anos", dissera-lhe o médico.) Falávamos, e a aurora chegou rápido: eu atribuía o maior valor a esses momentos fugazes de amizade eterna, quando me era dado colhê-los.

Um mês depois, aconteceu o primeiro coquetel Gallimard; Astruc adormeceu atrás de um sofá; quando acordou, o salão estava deserto; ele procurou a saída às apalpadelas, entrou na sala de jantar onde os Gallimard acabavam de se reunir para jantar e mergulhou as mãos na sopeira.

Uma pessoa que eu encontrava sempre era Merleau-Ponty, com quem me ocupava da *Temps Modernes*. Eu fizera na revista a resenha da sua tese, *La Phénoménologie de la perception*. Nossas piedosas infâncias burguesas criavam uma ligação entre nós; mas reagíamos de maneiras diferentes. Ele conservava a nostalgia dos paraísos perdidos: eu não. Ele se sentia bem com as pessoas idosas, e desconfiava dos jovens, que eu preferia de longe aos velhos. Nos seus escritos, tinha o gosto pelas nuanças e falava com hesitação: eu era a favor das opções definidas. Ele se interessava pelas franjas do pensamento, pelas nebulosidades da existência mais do que por seu duro núcleo; comigo, era o contrário. Eu apreciava muito seus livros e ensaios, mas achava que ele compreendia mal o pensamento de Sartre. Eu demonstrava em nossas discussões uma veemência que ele suportava sorrindo.

Em meados de março, Olga voltou da Normandia; o médico da família, espantando-se com sua febre e seu cansaço, pedira uma radiografia: os dois pulmões estavam comprometidos. O fracasso das *Bouches inutiles* a contrariara profundamente, e os banhos de sol em Megève não lhe tinham feito bem. Telegrafei a Bost, que voltou logo para Paris. Cada especialista tinha uma opinião. Sem pneumotórax, Olga ia morrer; um pneumotórax significava morte certa. Era preciso mandá-la para um sanatório, ou então isso era a última coisa a fazer. Finalmente, ela foi internada no hospital Beaujon e foi submetida a um pneumotórax. Tudo isso era ainda mais desolador porque Dullin se preparava para retomar *As moscas*. O projeto foi abandonado, pois nem ele nem Sartre queriam saber de outra Electra.

***

Eu acabara em Megève *Todos os homens são mortais*, começado em 1943. De volta da América, Sartre leu a última parte na adega barulhenta e enfumaçada do Méphisto, onde passávamos naquele tempo a maioria de nossas noites.

"Como se pode consentir em não ser tudo?", pergunta-se Georges Bataille, em *L'Expérience intérieure*. Essa frase me impressionara, pois era essa, em *A convidada*, a devoradora esperança de Françoise: ela quisera ser tudo. Eu lamentava não ter posto mais em evidência essa ilusão e o seu fracasso; decidi retomar esse tema. Roído de ambição e de inveja, meu novo herói pretenderia identificar-se com o universo; e depois descobriria que o mundo se resolve em liberdades individuais, das quais cada uma está fora do alcance. Enquanto em *O sangue dos outros* Blomart se acha responsável por tudo, o novo herói sofreria por não poder nada. Assim, sua aventura seria o complemento do meu primeiro romance e a antítese do segundo. Mas eu não queria que ele se parecesse com os outros. Em 1943-44, eu estava investida da História, e era no nível dela que pretendia colocar-me: não contente de conhecer a fortuna e a glória, meu herói reivindicaria atuar sobre a evolução do mundo. Veio-me a ideia de dar-lhe imortalidade: assim, seu fracasso seria ainda mais retumbante. Pus-me a explorar de cabo a rabo a condição de imortal. Continuei aquela meditação sobre a morte para a qual a guerra me arrastara; interroguei-me sobre o tempo; ele me fora brutalmente revelado, e eu percebi que ele podia, tanto quanto o espaço, arrancar-me de mim mesma. Às questões que eu levantava não dei respostas. *O sangue dos outros* fora concebido e construído abstratamente; mas, em relação à história de Fosca, eu estava sonhando.

O tema dominante que retorna, com uma obstinação um tanto exagerada, talvez, através de todo o livro, é o conflito do ponto de vista da morte, do absoluto, de Sirius, com o da vida, do indivíduo, da terra; já aos vinte anos, nas minhas anotações íntimas, eu oscilava de um ao outro; eu os opusera em *Pyrrhus et Cinéas*, em *A convidada*, acontece a Françoise, por cansaço ou prudência, renegar o mundo vivo e deslizar na indiferença da morte; contra um presente inaceitável, Hélène, em *O sangue dos outros*, tenta tomar como álibi o infinito do futuro; dessa vez ainda, eu confrontava o relativo e o absoluto através da História; mas nós estávamos ligados à vitória, o presente nos satisfazia: era o futuro que nos preocupava. Desdenháramos as vozes rabugentas que sussurravam, em agosto de 1944: "E depois?"; e também o "catastrofismo" daqueles que anunciavam em 1945: "A terceira guerra mundial acaba de começar." Eu não imaginava que futuramente a bomba atômica fosse fazer a terra explodir. Entretanto, o sentido da vitória aliada estava sendo questionado, e eu me perguntava: qual é a verdadeira densidade do presente? Entre o niilismo dos falsos profetas e o desatino dos extravagantes, onde situar-se?

A princípio, engajei Fosca num empreendimento limitado: a glória, de Carmona; é para levá-la a termo que ele escolhe a imortalidade; mas esse terrível privilégio lhe revela as contrafinalidades que roem e destroem qualquer sucesso singular; o orgulho de partidário do particularismo, encarnado por Fosca, divide a Itália e a entrega sem defesa ao rei da França e depois ao imperador da Áustria. Então ele renuncia à sua pátria, torna-se a eminência parda de Carlos V; se conseguisse, através deste, reunir o mundo inteiro, sua obra escaparia — ele pensa — aos desmentidos do tempo, mas como totalizar a humanidade, se cada homem é único? Amedrontado pelos massacres e pelas desditas que a busca do Bem universal acarreta, ele duvida desse mesmo Bem; os homens recusam, nem que seja como os anabatistas, à custa de destruições selvagens, essa plenitude imóvel que não lhes deixaria mais nada a *fazer*. O universo não está em parte alguma, constata ele: "Há apenas homens, homens para sempre divididos"; ele renuncia a governá-los: "Nada se pode fazer pelos homens; seu bem só depende deles mesmos... Não é a felicidade que desejam: o que eles desejam é viver. Nada se pode fazer, nem por eles nem contra eles; não se pode nada."

A experiência infeliz de Fosca cobria o fim da Idade Média e o início do século XVI; guerras estúpidas, uma economia caótica, revoltas vãs, inúteis massacres, um crescimento das populações que não era acompanhado por nenhuma melhora de sua sorte, tudo nesse período me parecia confusão e atraso: eu o escolhera de propósito. A concepção da história que se desprende dessa primeira parte é propositalmente pessimista; é bem verdade que eu não a considerava como cíclica, mas negava que sua evolução fosse progresso. Como pensar que minha época valia mais que as anteriores, enquanto nos campos de batalha, nos campos de concentração e nas cidades bombardeadas ela multiplicara os horrores do passado? O romantismo e o moralismo que contrabalançam esse pessimismo vinham também das circunstâncias; nossos amigos mortos na Resistência; todos aqueles resistentes que se haviam tornado nossos amigos por sua morte, sua ação servira para pouca coisa, ou mesmo para nada; era preciso admitir que suas vidas tinham adquirido sua própria justificação; era preciso acreditar no valor de uma dedicação, de uma febre, de um orgulho, de uma esperança. Ainda creio nisso. Mas a dispersão dos homens interdita a humanidade de toda conquista coletiva? Isso é outra questão.

Aliás, eu não o afirmava. A negra visão proposta no início do romance é contestada pelo último capítulo. As vitórias colhidas pela classe trabalhadora desde o início da Revolução Industrial eram uma verdade que eu também reconhecia. Na verdade, eu não fiz filosofia da história, e meu romance não se prende a nenhuma filosofia. Na marcha triunfal que fecha suas recordações, Fosca só vê uma estagnação: mas este não detém a chave do enigma. No princípio, ele considerou o mundo com os olhos do político que fica fascinado com formas: cidade, nação, universo; em seguida, deu-lhe um conteúdo: os homens; mas quis governá-los de fora, como demiurgo; quando compreende enfim que eles são livres e soberanos, que se pode servi-los, mas não dispor deles, fica por demais cansado para conservar amizade por eles; sua defecção não recusa à História o seu sentido: ela indica apenas que a ruptura das gerações é necessária para seguir adiante. Os comunistas, depois de Hegel, falam da Humanidade e do futuro desta como de uma individualidade monolítica: investi contra essa ilusão encarnando em Fosca o mito da unidade; as voltas, os recuos, as desgraças da História, seus crimes são demasiados duros de aceitar, para que uma consciência possa, pelos séculos afora, conservar sua memória sem ceder ao desespero; felizmente a vida recomeça indefinidamente, de pai para filho. Mas essa novidade implica também a dor da separação: se os desejos que animaram os homens do século XVIII não se realizam no século XX, os mortos não colhem seus frutos; Fosca, arrastado para um desfile tumultuado, pensa na mulher que amara cem anos antes: o que acontece hoje, diz a si mesmo, é exatamente o que ela desejava, não é de modo algum o que ela teria desejado. Essa descoberta completa a sua derrota: ele não pode criar uma ligação viva entre os séculos, já que estes só se ultrapassam renegando-se; indiferente às pessoas que os habitam, nada o ligaria a esses projetos; embora os ame, não poderá suportar a infidelidade à qual seu destino o condena.

Pois Fosca é o lugar maldito do esquecimento e da traição; eu senti cruelmente a minha impotência para apreender de algum modo a morte dos outros; todas as ausências são contraditas pela imutável presença do mundo. No meu segundo romance, Blomart se interroga, a propósito de um companheiro morto aos vinte anos: "Quem não foi ele?"; Fosca se interroga, a propósito de uma mulher amada: "Onde não está ela?" Por várias vezes, emprestei-lhe esta frase, que retorna também em *Os mandarins*: "Os mortos estavam mortos; os vivos viviam." Ele nem mesmo pode acalentar a esperança de se lembrar sempre: essa palavra não tem sentido para ele. Todas as suas relações com todos os homens estão pervertidas por isso; nunca atinge em sua verdade o amor nem a amizade, já que a base de nossa fraternidade é que todos morremos: só um ser efêmero é capaz de encontrar o absoluto no tempo. A beleza não poderia existir para Fosca, nem qualquer dos valores vivos fundados na finitude humana. Seu olhar devasta o universo: é o olhar de Deus, tal como eu o recusei aos quinze anos, o olhar daquele que transcende e nivela tudo, que sabe tudo, pode tudo e transforma o homem em verme da terra. Daqueles dos quais se aproxima, Fosca rouba o mundo, sem reciprocidade; joga-os na desoladora indiferença da eternidade.

Nisso consiste o drama de Régine, que concebi como contraponto ao de Fosca. A um imortal eu podia emprestar a mais vasta das ambições, mas não — já que ele não tem similar — esse sentimento feito de fascínio e de rancor, a inveja; dotei dele uma mulher ávida por dominar seus semelhantes e revoltada contra todos os limites: a glória dos outros, sua própria morte; quando ela encontra Fosca, quer habitar seu coração imortal: então irá tornar-se, pensa, a Única; ao contrário: diante dele ela se dissolve; seus projetos e suas virtudes só recobrem um derrisório esforço para ser, idêntico ao de todos os outros homens; ela vê com espanto sua vida se degradar em comédia;[34] cai na loucura. No entanto, entreviu uma salvação, mas não teve a força de se deter

---

[34] A cena da festa, na qual ela toma consciência da comédia, lembra aquela na qual, em *A convidada*, Elisabeth, ao receber o trio, tem a impressão de se entregar a uma paródia; mas sua perturbação era de natureza psicológica; em Régine, ela tem um sentido metafísico.

nela: teria sido preciso agarrar-se à sua finitude. Um dos heróis, Armand, enfrenta o olhar de Fosca, sem ficar petrificado por ele, porque está engajado de corpo e alma em sua época. Essa moral vai de encontro às conclusões de *Pyrrhus et Cinéas*, mas não é lançada sob a forma de lição; serve antes de pretexto a uma experiência imaginária. Alguns críticos, os mesmos que se irritam quando um romance demonstra, reprovaram neste o fato de não provar nada; é justamente por isso que, apesar da prolixidade, das repetições, das sobrecargas, tenho amizade por ele. Ao relê-lo, perguntei-me: mas o que é que eu quis dizer? Não quis dizer nada além da aventura que inventei. A narrativa se contesta sem trégua; se pretendêssemos tirar dela alegações, estas se contradiriam; nenhum ponto de vista prevalece definitivamente; o de Fosca e o de Armand são verdadeiros juntos. Eu disse no meu ensaio anterior que a dimensão dos empreendimentos humanos não é o finito nem o infinito, mas o indefinido: esta palavra não se deixa encerrar em nenhum limite fixo; a melhor maneira de abordá-la é divagar sobre suas possíveis variações. *Todos os homens são mortais* é essa divagação organizada; os temas ali não são teses, mas pontos de partida para deambulações incertas.

Ao voltar de Túnis, comecei um ensaio no qual abordava as mesmas questões. A ideia me veio um ano antes. Havia feito, em fevereiro de 1945, uma conferência em casa de Gabriel Marcel, diante de estudantes quase todos católicos; levei comigo um antigo aluno de Sartre, Misrahi, existencialista e sionista: pertencia ao grupo Stern; cada vez que Gabriel Marcel me atacava, ele se adiantava para me defender com arrebatamento e pertinência: conseguiu ser detestado por todos. Ao sair dali, conversei com ele no primeiro andar do Flore; disse-lhe que, na minha opinião, podia-se fundar uma moral em *O Ser e o Nada*, se se convertesse o vão desejo de ser numa assunção da existência. "Então escreva isso!", disse-me ele. Nesse inverno, Camus me pediu, não sei mais para que coleção, um estudo sobre a ação; a acolhida dada a *Pyrrhus et Cinéas* me encorajava a retornar à filosofia. Por outro lado, quando lia Lefebvre, Naville, Mounin, eu tinha vontade de lhes responder. Comecei a trabalhar, então, em parte contra eles, em *Por uma moral da ambiguidade*.

De todos os meus livros, este é talvez o que hoje mais me irrita. Sua parte polêmica me parece válida. Perdi tempo em combater objeções derrisórias; mas, na época, chamava-se o existencialismo de filosofia niilista, "miserabilista", frívola, licenciosa, desesperada, ignóbil: era preciso defendê-la adequadamente. Critiquei, para mim, de uma maneira convincente, o engodo de *uma* humanidade monolítica que os escritores comunistas usam — muitas vezes sem confessá-lo —, a fim de escamotear a morte e o fracasso; indiquei as antinomias da ação, a transcendência indefinida do homem opondo-se à sua exigência de recuperação, o futuro ao presente, a realidade coletiva à interioridade de cada um; retomando o debate, tão acalorado na época, sobre os meios e os fins, demoli certos sofismas. Sobre o papel do intelectual no seio de um regime que eles aprovam, levantei problemas ainda atuais. Concordo também com o trecho sobre o estetismo e a conciliação que indiquei entre a distante imparcialidade da obra de arte e o engajamento do artista. Pouco importa: no conjunto, esforcei-me muito para colocar mal uma questão à qual dei uma resposta tão oca quanto as máximas kantianas. Minhas descrições do niilista, do aventureiro, do esteta, evidentemente influenciadas pelas de Hegel, são ainda mais arbitrárias e abstratas do que as dele, já que nem mesmo há entre elas a ligação de um desenvolvimento histórico; as atitudes que examino explicam-se por condições objetivas; limitei-me a destacar delas as significações morais, de tal modo que meus retratos não se situam em nenhum nível da realidade. Era aberrante pretender definir uma moral fora de um contexto social. Eu podia escrever um romance histórico sem ter filosofia da história, mas não fazer uma teoria da ação.

Eu tinha enviado à *Temps Modernes* quatro artigos que o editor Nagel reuniu em volume e dos quais três tratam também de moral; logo depois de uma guerra que recolocara tudo em questão, era normal que se tentasse reinventar regras e razões. A França estava esmagada entre dois blocos, nosso destino era jogado sem nós; essa passividade nos impedia de tomar a prática por lei; não me espanto, portanto, do meu moralismo. O que não compreendo muito bem é o idealismo que mancha esses ensaios. Na verdade, para mim os homens se definiam por seu corpo, suas necessidades, seu trabalho; não coloquei nenhuma forma, nem qualquer valor acima dos indivíduos de carne e osso. Ao voltar de Portugal, como eu reprovava à Inglaterra sua cumplicidade com um regime condenado, entre outras imperfeições, pela trágica porcentagem da mortalidade infantil, Herbaud me disse: "Está bem, é lamentável que crianças morram de miséria; mas talvez não seja um preço alto demais para esse milagre que é a democracia inglesa." Fiquei revoltada. Briguei também com Aron, que justificava com interesses superiores da Inglaterra as medidas que esta tomava contra a imigração em Israel: as belezas da democracia inglesa não eram nada perto daqueles homens amontoados nos campos de concentração, errando em barcos, desesperados. Mas então, para justificar a fundamental importância que eu lhe reconhecia, por que passava eu pelo desvio de valores outros que não a própria necessidade? Por que escrevia *liberdade concreta* em vez de *pão* e subordinava a vontade de viver ao sentido da vida? Nunca me limitava a dizer: é preciso que essas pessoas comam porque têm fome. No entanto, era o que eu pensava. Em *Œil pour œil*, eu justificava a depuração sem invocar o único argumento sólido: milicianos, matadores, torturadores, era preciso abatê-los, não para manifestar que o homem é livre, mas para impedi-los de recomeçar; com um Brice liquidado, quantas vidas teríamos poupado! Eu estava — como Sartre — insuficientemente libertada das ideologias da minha classe; no mesmo momento em que as rejeitava, servia-me ainda de sua linguagem. Esta se tornou odiosa para mim, pois — agora sei — procurar as razões pelas quais não se deve pisar no rosto de um homem é aceitar que lhe pisem no rosto.

***

Ao voltar da América, Sartre me falou muito de M. Agora a afeição deles era recíproca, e pensavam em passar três ou quatro meses juntos a cada ano. Tudo bem. As separações não me amedrontavam. Mas ele evocava com tanta alegria as semanas passadas com ela em Nova York que eu me preocupei; pensei que ele tivesse ficado seduzido sobretudo pelo romanesco dessa aventura; perguntava-me, de repente, se ele não gostava mais de M. do que de mim; não tinha mais o otimismo ancorado no coração: tudo podia me acontecer. Numa união que durava mais de quinze anos, que parcela cabe ao hábito? Que concessões este implica? Eu tinha minha resposta: não a de Sartre. Eu o compreendia melhor do que outrora, e por causa disso ele me era mais opaco; havia grandes diferenças entre nós; a mim elas não incomodavam, ao contrário, mas e a ele? Segundo seus relatos, M. compartilhava exatamente as reações dele, suas emoções, suas impaciências, seus desejos. Quando eles passeavam, ela tinha vontade de parar, de continuar a andar, exatamente no mesmo momento que ele. Talvez isso marcasse entre eles um acordo em profundidade — nas próprias fontes da vida, em seu jorro e seu ritmo

—, que Sartre não tinha comigo, e que lhe era mais precioso que o nosso entendimento. Quis tirar tudo a limpo. Muitas vezes acontece, quando uma questão perigosa nos queima os lábios, escolhermos mal o momento de nos livrarmos dela: saíamos do meu quarto para ir almoçar em casa dos Salacrou, quando lhe perguntei: "Francamente, de quem você gosta mais: de M. ou de mim?" "Gosto muitíssimo de M.", respondeu-me Sartre, "mas é com você que eu vivo". Perdi o fôlego. Eu compreendia o que ele quisera dizer: "Respeito nosso pacto, não me peça nada mais." Tal resposta punha todo o futuro em questão. Tive muita dificuldade de apertar mãos, de sorrir, de comer; eu via que Sartre me observava com preocupação, endireitava-me, mas me parecia que eu não chegaria nunca ao fim daquele almoço. À tarde, Sartre se explicou: havíamos sempre atribuído mais verdade aos comportamentos do que às frases, e era por isso que, em vez de se perder em discursos, ele invocara a evidência de um fato. Acreditei nele.

Pouco depois de sua volta, Sartre teve caxumba. Foi para a cama, no quarto redondo; um médico untou-lhe o pescoço e o rosto com uma pomada negra. Ao fim de alguns dias, pôde receber os amigos. Nem todos vinham: a doença amedrontava. De qualquer modo, havia muita gente no quarto, e eu tinha dificuldade de defendê-lo dos enfadonhos.

Durante esse período, mantive um diário. Eis aqui extratos dele; revelam aquilo que minha memória não consegue ressuscitar: a poeira cotidiana da minha vida.

30 de abril de 1946
Quando saí, às cinco horas, havia uma grande animação na praça Buci; as mulheres compravam couves-flores, aspargos, os primeiros morangos; vendiam-se raminhos de junquilhos, em pequenos potes envolvidos em papel prateado. Nas paredes, grandes SIM e NÃO escritos a giz.[35] No ano passado, a primavera tinha algo de maravilhoso, era a primeira primavera da libertação. Esta de agora já está instalada na paz. Há comida nas lojas, tâmaras, por exemplo, e tecidos, e livros; nas ruas, ônibus e táxis; uma grande mudança, desde maio passado.

Na *Temps Modernes*, reencontrei Merleau-Ponty, Leiris, Ponge. Ponge deixou a *Action* (por que motivo?). Disse que é muito embaraçoso para ele

---

[35] Tratava-se de aceitar ou recusar a Constituição proposta pela Constituinte e apoiada pelos comunistas.

escolher entre todos os objetos que gostaria de descrever: por que não falar durante vinte anos da espuma? Ou, ao contrário, abordar indiferentemente tudo o que encontramos no nosso caminho? Ele tem mais de duzentos poemas começados, e pretende um dia publicá-los sob a forma de um alfabeto ilustrado. Mando a Festy, para que ele os mande imprimir, os poemas de Genet e de Laronde, e digo-lhe que decididamente não publicarei meu romance na revista. Bebo um trago no Pont-Royal com Merleau-Ponty e Suzou. Volto para casa. Em casa de Sartre, que ainda está envolto em bandagens e com um gorro pontudo na cabeça, encontro Lefèvre-Pontalis. Sartre vai muito melhor; trago-lhe livros, revistas, e lhe dou o jantar. Vou ao Petit Saint-Benoît com Bost e Pontalis; Giacometti chega ao mesmo tempo que nós e senta-se à mesma mesa. Está mais em forma do que nunca e conta um monte de histórias. No fim da refeição, um saleiro vira. Bost ergue-o; G. retoma seu ar brejeiro: "Estava me perguntando quem o iria erguer; e foi você!" "Eu é que não o teria erguido", diz Pontalis. "Alguém sempre os ergue", diz G. E Bost: "Claro, isso não foi feito para ser derrubado." Giacometti, compenetrado: "Ah! Se você tivesse dito isso diante de Breton, ia haver barulho!" Fala do pintor Bérard: "Acho-o tão belo!" Pergunto: "Tão belo quanto Sartre?" Ele responde, muito sério: "É outra coisa. Sartre é a beleza clássica, apolínea; Bérard é dionisíaco." Final da noitada no Chéramy.

Hoje de manhã, Boubal me abordou com ar radiante: "Se você ler no jornal que o M. Sartre está à morte, não se preocupe; um jornalista o estava procurando, então eu disse: ele está doente, tememos por sua vida." "O que tem ele?" "Uma doença secreta."

Na escada, encontrei B.,[36] que subia para ir ver Sartre; detive-o; ele me disse que sabia que Sartre era vítima de um monte de importunos, que não queria aborrecê-lo, mas tinha algo apaixonante a lhe dizer: um amigo seu, Patrix, conseguira fazer "um transplante plástico do tecido viscoso". Parece que é "uma avó, uma avó velhinha que se transforma em círio".

1º de maio
No ano passado, nevava, eu me lembro. Esta manhã é toda azul. Não saio do meu quarto. Bebo uma caneca de Nescafé, e trabalho na *Moral*. Sartre está melhor, não usa mais as ataduras na cabeça, nem gorro de algodão, mas grandes

---
[36] Antigo aluno de Sartre, formado em medicina.

costeletas negras e uma barba crescida; ainda está inchado, com uma espinha no nariz. No quarto, amontoam-se, dia após dia, louça suja, velhos papéis, livros, não se sabe mais onde meter os pés. Ele me lê poemas de Cocteau, muito bonitos. Lá fora, o sol está forte: sente-se bem o cheiro da rua, com os vendedores de junquilhos, os revendedores de meias e de combinações de seda artificial. Para sair, não uso mantô, nem meias. Junquilhos por toda parte, e todos os castanheiros da avenida Pasteur estão carregados de flores brancas e vermelhas, que já começam a perder as pétalas. Almoço em casa de minha mãe, que lê *O zero e o infinito*. Na volta, no metrô, vejo os cartazes de Dullin, nos quais não estão anunciadas *As moscas*, e sinto um aperto no coração.

Nos painéis, os primeiros cartazes do referendo: Vote sim, vote não. Todos os *não* estavam riscados.

Trabalho. Às seis horas, bebo algo com Bost e Rolland, no bar Vert, que faz uma concorrência desastrada ao Chéramy, com belos cartazes, mas feias mesas vermelhas e paredes demasiado verdes. Yuki está lá, enfiada num belo vestido de xadrez preto e branco; ela me fala do poeta belga que me enviou à revista. "Sabe", disse-me, com sua habitual displicência, "minha casa é a casa dos poetas".

2 de maio
Um dia ainda mais belo, mais quente que o de ontem. Junquilhos por toda parte; nunca se viu uma primavera tão florida. Acompanho Bost a Beaujon. De longe, enxergamos o hospital de tijolinho, com suas grandes cruzes vermelhas; é muito alto, grande e austero, faz-me pensar em Drancy. Há muita gente diante da porta, sobretudo mulheres, que capricharam na toalete; dir-se-ia que para elas aquelas visitas são uma espécie de festa: ficam rindo no elevador que sobe lentamente os onze andares. A sala do 11º é reservada aos doentes dos pulmões; as mulheres jovens ficam de um lado, as velhas do outro; há uma única fileira de leitos que ficam em frente de uma larga varanda gradeada (para tolher os suicidas, pois certos doentes, sobretudo entre os jovens, realmente gostariam de se jogar pela janela); pode-se ver uma grande paisagem de subúrbio, tendo no primeiro plano um campo de prisioneiros alemães e, mais adiante, Paris inteira. O quarto de Olga é um grande cubo branco que também dá para essa varanda. Ela diz que a vista é extraordinariamente bela à noite, quando todas as luzes se acendem. Está com uma boa cara, hoje,

bem-penteada, maquiada. Fizeram-lhe uma terceira insuflação. Faz quinze dias que está de cama, e começa a se impacientar.

No ônibus, leio *La Vie de Pouchkine*, de Troyat, que me interessa, e olho o *Samedi-Soir*. Eles falam de *O zero e o infinito*. "Kœstler entendeu pateticamente a inquietude do tempo presente; mas ele é incapaz de nos fornecer qualquer meio de sair dela." Esse tipo de crítica vai longe. Ouvi pelo menos cem discussões sobre o *Zero*. A crítica mais justa é a que fez Giacometti, outro dia: é em nome de uma outra objetividade que Roubacheff deveria se opor ao nº 1, e não por subjetivismo; deveria haver entre eles uma diferença precisa, de ordem política e técnica; sem o que lhe falta veracidade.

Trabalho. Às oito horas, vou à casa de Sartre; ele lê *Prête-moi ta plume*, de Scipion, que acaba justamente de receber hoje o prêmio da sátira, atribuído pelo jornal *Le Clou*, e cuja foto está estampada no *Combat*. Ele esteve com Pontalis, que gosta muito do livro de Bost,[37] e também Genet, que desejava uma carta de Sartre pedindo ao ministro para autorizá-lo a visitar as casas de recuperação. Bost procura um tema de artigo para o *Combat*; sugiro-lhe que faça um sobre o hotel Chaplain. Ele nos fala do *Combat*, da paixão com que Pia se aplica em matar o jornal, matando-se a si mesmo, de Ollivier, que todo mundo detesta e que percebe isso, de Aron, que granjeia inimizades à custa de compreender intensamente o *Combat* e de dizê-lo. Todos felicitaram Bost por seu artigo sobre o papa e Altmann, que subiu do *Franc-Tireur*, para lhe dizer: "É maldoso, mas muito bom." As pessoas se maravilharam com a segurança com a qual ele chamava uma murça de bolero e um solidéu de coifa. Três assinaturas foram cortadas.

3 de maio
Manhã de trabalho no meu quarto. À tarde, olho os semanários com Sartre. Algumas notícias no *Cavalcade* e no *Fontaine* assinalam que não vamos mais ao Flore, mas ao Pont-Royal. Um artigo bastante benevolente de Wahl sobre o existencialismo, a propósito de uma conferência de Merleau-Ponty. Vou à revista. Há muita gente. Vivet me apresenta um amigo seu: "X, que tem muito talento." Eu disse: "Meus parabéns, senhor; o que deseja oferecer-nos?" "Qualquer coisa." Silêncio, depois ele pergunta: "O que quer que eu lhes ofereça?" "Qualquer coisa." Outro silêncio: "Muito bem! Agradeço-lhe muito", diz ele. "Sou eu que agradeço."

---

[37] *Le Dernier des métiers*.

Paulhan fabricou uma belíssima montagem de textos: dele, de Léautaud, fragmentos de manuscritos barrocos. Vou agradecer-lhe. No seu escritório, dez pessoas de costas mergulhadas num cofre: "Olhávamos as fotos dos lugares por onde Rimbaud andou", disse-me Paulhan: "Quer ver?" Mas eu vou pegar provas no Festy, depois tomar um trago com os Leiris no Pont-Royal. Stéphane está lá, me cobrando sua "entrevista com Malraux".

Na casa de Sartre, mais uma vez nos perguntamos que relação há entre lucidez e liberdade, e se nossa moral é realmente uma moral aristocrática. Bost passa. Diz que há muita agitação no *Combat*, por causa dos artigos de Ollivier e de Aron, que pregam o *não*; muitos sujeitos do jornal votarão *sim*; e eles querem que se faça uma campanha exortando as pessoas a votarem no socialismo; do contrário, o *Combat* torna-se um jornal de direita. Parece que todos se mantinham no jornal por causa do charme pessoal de Pia, cujo anticomunismo faz esquecer que ele pretende ser um homem de esquerda.

Tomo um sorvete no Flore, lendo *La Médiation chez Hegel*, que nada me ensina. Estão ali Adamov, Henri Thomas, Marthe Robert, e ainda Giacometti, Tzara, um monte de gente. Compro de Boubal chá, e volto para casa, para dormir.

4 de maio
Manhã cinzenta, um tanto fria. Vou buscar na casa dos L. a entrevista Stéphane-Malraux. Nela, Malraux se mostra bem antipático; toma-se ao mesmo tempo por Goethe e por Dostoiévski, e fala de todo mundo com uma grande malevolência. A propósito de Camus: "Por favor, sejamos sérios. Não estamos no café de Flore. Falemos de La Bruyère ou de Chamfort." Stéphane lhe diz (não sei onde foi buscar isso): "Sartre quer escrever um grande livro sórdido sobre a Resistência. Eu vou escrever um que não será sórdido." Mas ele se defende bastante bem da acusação de descambar para o fascismo: "Quando alguém escreveu o que eu escrevi, não pode tornar-se fascista."

Trabalho. De vez em quando, passam sob as minhas janelas carros munidos de alto-falantes que clamam: "Votem não" ou "Votem sim". Só se fala do voto. Não temos título de eleitor. (Passamos na prefeitura, mas não insistimos.) Pouillon não irá votar e provavelmente Bost também não, mas ainda assim discutíamos. De resto, os resultados já são conhecidos; a pesquisa de opinião pública, esta semana, deu 54% de *sim*.

Ao meio-dia e meia, Pontalis passa no hotel. Encontrou Genet ontem, à cabeceira de Sartre, e lhe perguntou: "Quer um pito?" Genet olhou-o desdenhosamente: "Por que você chama cigarro de pito?" E fez um longo discurso, explicando que, segundo Herriot, a cultura é aquilo que resta quando se esqueceu de tudo, mas que não se devia fingir ter esquecido tudo para parecer culto: como se esta fosse a maior preocupação de Pontalis! Este trouxe um ovo para Sartre e presunto, que tirou do bolso com um ar embaraçado. Os dois tiveram uma longa conversa; Sartre disse que não se pode passar a vida a achar idiota o que o PC faz, embora apoiando-o, que o melhor é votar no comunismo, mas responder não ao referendo. Pontalis partiu, bastante impressionado.

Encontro Pouillon e Bost no Flore. Pouillon volta de Nuremberg; "é engraçado", diz ele, "ver como todo mundo entra no jogo, inclusive advogados e acusados"; ele vai fazer um artigo sobre isso para a *TM*. Diz que, se votar, responderá não, porque, como secretário-redator, assistiu à elaboração da Constituição, e acha que esta é demasiado ruim; mas não votará, pois para isso seria preciso ir ao interior. Justifica-se dizendo: "O M. Gay declarou que aquele que não votasse seria um traidor e um malfeitor; sendo o M. Gay quem é, podemos decidir não votar."

Em Beaujon com Bost. Olga não se impacienta demais.

Nos corredores do hotel, papéis de propaganda: "Vote não." Sartre e eu dizíamos que as pessoas, quer votem sim ou não, votarão a contragosto. Eu disse: "Eu me desligo." "É muito ruim dizer isso!", disse-me Sartre. "Mas você nem mesmo vota." "O importante não é votar; é saber como votaríamos." Tive que rir, como diria Giacometti.

Janto com Bost no Catalans; estão ali Solange Sicard, Grimaud etc. Bost me mostra um artigo de Vintenon sobre ele, muito amável, e na rádio Fauchery o cobriu de flores.

Domingo, 5 de maio
Há dias, quando trabalhei muito nos dias anteriores, em que me sinto como aqueles linguados que amaram demais, e que encalham nos rochedos, moribundos, vazios de sua substância. Foi assim, esta manhã. Dormi com sonhos ruins e continuo com uma espécie de frio no coração. Céu azul, vento ruidoso; vendem-se jornais aos gritos e até mesmo brigam na praça:

é o referendo. Não votamos, em parte por desleixo e preguiça, porque não tínhamos título de eleitor, e, sobretudo, porque sem dúvida teríamos optado pela abstenção.

Trabalho. Às quatro horas encontrei Palle, para pedir-lhe que modificasse um pouco seu artigo sobre Petiot. Estava todo feliz e belo, e muito gentil. Ele também não tinha votado.

No Chéramy, a rádio dá os resultados do referendo. Para surpresa geral, parece ter havido mais *não* do que *sim*. Muitas abstenções. É que as pessoas sentem-se tão mal por dizer *sim* quanto por dizer *não*.

Volto para casa, sempre nesse estranho estado de angústia. Provavelmente há pessoas que sentem assim, normalmente, sua pele separando-as do mundo; tudo deve ser muito diferente, então. Naquela noite havia horror por toda parte: por exemplo, aquela mão de mulher na qual o esqueleto era tão aparente e que remexia nos cabelos louros; os cabelos eram uma planta, com *raiz* na pele do crânio. A palavra *raiz* era fascinante e medonha, enquanto eu adormecia.

Segunda-feira, 6 de maio
Resultado do referendo: 52% de votos *não* contra 48% de *sim*; 20% de abstenções. Corri imediatamente a buscar os jornais; o *Humanité* e o *Populaire* tinham esgotado; a direita exulta, é óbvio.

Almocei no Petit Saint-Benoît com Merleau-Ponty, que defende o ponto de vista comunista; daí passamos à filosofia de Sartre, a quem ele reprova por não captar a densidade do mundo. Isso me desperta a vontade de escrever meu ensaio, mas estou cansada, não sei por quê. Sartre passa admiravelmente bem; barbeou-se e vestiu um belo pijama azul, novo em folha. Genet mandou para ele o magnífico volume impresso por Barbezat: *O milagre da rosa*, enorme, em grandes letras negras, com títulos vermelhos.

Às quatro horas, subo para o meu quarto, e estou tão cansada que durmo duas boas horas. Depois, entrego-me ao trabalho e de repente um monte de ideias me vêm à cabeça. Às dez, desci para ver Sartre. O quarto estava todo escuro, só com a pequena lâmpada acima de sua cabeça. Genet e Lucien estavam lá. Não se sabe o que aconteceu com o manuscrito de *Pompas fúnebres*, confiado aos Gallimard, e Genet diz que é capaz de fazer um estrago se o tiverem perdido.

Terça-feira, 7 de maio
Chá, jornais, trabalho. Sartre começa a trabalhar em seus pequenos quadros da América,[38] o que o cansa bastante. Genet passa em minha casa. Acaba de ter uma briga com os Gallimard, por causa do seu manuscrito perdido; passou-lhes uma descompostura, e acrescentou: "E ainda por cima, seus empregados se permitem me chamar de veado!" Claude Gallimard não sabia mais onde se meter. Em Beaujon, com Bost. Fizeram uma última insuflação em Olga, e ela só vai saber amanhã se deu certo ou não. Na sala de radioscopia, ela viu moças das quais acabavam de cortar as bridas e que tinham pedaços de metal saindo do corpo: isso perturbou-a. Olga não suporta toda essa luz branca no seu quarto, e os vidros que permitem vigiá-la do corredor.

No Flore, Montandon me mostra um *Labyrinthe*, onde estão anunciadas nossas conferências na Suíça, com fotos bastante boas minhas e de Sartre. Felicito Dora Marr por sua exposição, que visitei anteontem. Na Gallimard, cruzo com Chamson na escada; ele me pede notícias de Sartre. "Está com caxumba", disse eu. Ele começou a descer, recuando aos trancos. "Mas é contagioso." "Muito contagioso; com toda a certeza eu já estou passando para você." Ele fugiu. Assustei também M., que me trazia artigos sem interesse sobre a Inglaterra. Visita de Ansermet; depois de um rapaz que quer escrever artigos sobre cinema; do jovem casal que conta, em um canto dividido em diálogo, suas noites amorosas, e de Rirette Nizan. Ela me traz uma carta escrita por Nizan aos pais dele, quando tinha dezessete anos: ele relata uma conversa com Sartre, na qual os dois, sentados nos degraus de uma escada, declararam que eram autênticos super-homens, e expõe todas as considerações morais que se seguiram. Volto para casa. Na escada, uma pretensa antiga aluna me pergunta, para o Instituto Gallup, como vejo o futuro da França: respondo-lhe que não o vejo, o que ela parece achar muito profundo. Olho, com Sartre, cartas e manuscritos que trago da revista. Há dois capítulos de Louise Weiss; anoto uma passagem. Uma francesa encontra, durante o êxodo, seu antigo amante, Andlau, vestido com o uniforme alemão: "Andlau, soberbamente inteligente e cínico, como sempre tinha sido — por que teria ele mudado?", diz sorrindo. "Parece-me que você precisa de um banho. Blanche sentiu-se ofendida." Há também as *Mémoires d'un obscur*, narrativa de um soldado de segunda categoria que fora prisioneiro; publicaremos o capítulo sobre sua

---

[38] Que abandonou.

vida no campo. Poemas, notícias, crônicas. Um jovem "existencialista" de dezessete anos envia um poema que começa com estas palavras: "O vazio tende para o pleno."

Visita de Genet e de Barbezat. A dona do Flore me entregou outro livrinho de Jean Ferry, com uma dedicatória muito amável. Chama-se *Le Tigre mondain*, e gosto muito dele.

8 de maio
Um pouco de dor de cabeça, mas mesmo assim trabalho bem. Essa segunda parte está difícil, mas interessa-me descobrir meus próprios pensamentos.

Sartre volta a andar. Vamos tomar um trago na Rhumerie martinicana, falando da revista e da *Moral*.

Noitada no quarto dele, com Bost. Bost diz que Aron e Ollivier estão pouco ligando para a maneira como as pessoas vivem, seu cansaço, a miséria; isso não existe para eles. Conta-nos que os locatários do hotel Chaplain reconheceram-se no artigo do *Combat*, apesar de ele o ter assinado como Jean Maury, e que ficaram loucos de raiva. De novo discutimos sobre os comunistas. Votaremos neles; mas parece que continua sempre impossível chegar a um entendimento ideológico. Longos vaticínios. O problema de nossa relação com eles é essencial para nós, e eles não nos permitem dar uma solução, é um impasse.

9 de maio
Estou aborrecida porque, ao fim de duas horas de trabalho, fiquei com dor de cabeça; e no entanto a tarefa me interessa. À tarde, dou uma volta com Sartre: vamos à casa de sua mãe, e ele admira seu futuro quarto. À noite, no Flore, vejo Limbour, a quem peço crônicas, e Zette com Leiris. Bost está muito agitado porque a história do hotel Chaplain se agrava: uns sujeitos foram procurá-lo no *Combat* para lhe quebrar a cara.

10 de maio
Vitold veio ver Sartre. Discutimos sobre a possibilidade de uma turnê na Itália, e de uma representação de *Entre quatro paredes* na Suíça; Vitold hesita porque tem um filme em junho. Almoço com ele no Lipp, depois vou buscar Sartre. Sentamo-nos no terraço do Deux Magots, o tempo está lindo.

Restauramos o exemplar de *Mortos sem sepultura*, a fim de dá-lo a Nagel, para datilografar. Na revista, grande agitação. Vittorini vem ao escritório da *TM* com Queneau e Mascolo; parece tímido e mal fala francês. Lamenta termos sido convidados para ir à Itália por Bompiani, que é um editor reacionário; diz: "Se vocês tivessem sido convidados pelo *meu partido*, nós os teríamos levado para passear por toda parte de carro; foi o que fizemos com Eluard." Decidimos trocar nossas revistas; vamos encontrar-nos em Milão e preparar um número italiano. Aparece bastante gente; Gaston Gallimard veio; eu tinha dado uma passada no escritório dele, mas fugira, tendo que apertar a mão de Malraux e de Roger Martin du Gard: aqueles dois carregam consigo uma pesada carga de seriedade, o antro de Gaston Gallimard exalava um odor de incenso. Ele queria me falar de Genet, que lhe enviou uma carta insultuosa, depois da cena com Claude. Quase me pedia desculpas, afirma que o manuscrito não foi perdido. Falei com um monte de gente. Estava ali o jovem casal impudico; o sujeito me trazia uma notícia; pediu-me, com sua voz ingênua e cantante: "Será que Sartre vai votar em mim, para o prêmio da Pleiade?" Acertei umas coisas com Renée Saurel,[39] soberba, cabelos ao vento, vi de longe Leiris e levei a Paulhan o manuscrito de Nathalie Sarraute; ele escreveu no original, com sua bela caligrafia, o título e o nome da autora; estava sozinho, por milagre. Mostrou-me um pequeno Wols, muito bonito, que emoldurou numa caixa, com iluminação indireta.

Às sete horas, encontrei os Queneau no Pont-Royal. Estava lá Georges Blin, que me questionou sobre *Sexualité et existentialisme*. Mostrou-me provas de uma revista de Wahl, que vai ser publicada em breve. Wahl critica *O Ser e o Nada*, dentro de um espírito analítico surpreendente, tipo: "O primeiro parágrafo da página 62 é bom, mas a décima linha é fraca." Bebi três gim-fizz e estava muito animada. O número 8 saiu, e eu o acho bastante brilhante.

O hotel foi pintado de novo; está se embelezando dia a dia, e agora há uma bela camareira morena, uma antiga cliente em dificuldades, e uma outra loura, toda cheia de fru-frus. Qualquer um pensaria estar num bordel. A ruiva simpática desapareceu.

Sábado, 11 de maio
O trabalho está na metade; estou cansada; está na metade, é enervante ter obstáculos na cabeça. Almoço no Lipp, com Sartre e Pontalis. Na livraria

---

[39] Ela era na época a secretária da *Temps Modernes*.

de Odette Lieutier, Dullin autografa seus livros. A casa tinha sido decorada por Camille, com máscaras, fotos e um punhado de belos objetos; Dullin está lindo, parece muito contente, no meio da multidão de admiradores. Há algumas bandeiras nas ruas, em honra do dia V; é melancólico.

Gostaria de trabalhar, mas durmo, a cabeça está ruim. Às seis horas, vou à casa de Sartre. Está lá Nathalie Sarraute, muito curvilínea, num belo *tailleur* azul vivo: explica gravemente que somos o Castelo de Kafka; nos nossos registros, cada um tem seu número, o qual não conhece; damos tantas horas por ano a um, tantas horas a outro, e é impossível obter mais, nem se atirando embaixo de um ônibus. Conseguimos convencê-la, depois de uma hora de argumentação, de que temos amizade por ela. Confessa, de resto, que a seu ver somos puras abstrações e que está pouco ligando para os nossos indivíduos contingentes e humanos. É sempre o "ídolo-capacho". Fala-nos de seu artigo sobre Valéry, que provavelmente será bastante engraçado.

Janto com Bost, no Golfe-Juan. Lá estão os Gallimard, com Badel. O caolho de cicatriz na cara, do Exército da Salvação, vende uma Bíblia a Jeanne Gallimard.

Domingo, 12 de maio
Falta tempo para este diário. Mal consigo anotar os casos. O céu está coberto, e as castanheiras começam a perder as flores.

Esta manhã trabalhei, depois de ter ido comprar no Deux Magots os cigarros e os pãezinhos do domingo. Ao meio-dia, encontrei lá Pagniez, que trouxe um artigo muito divertido sobre a história da Constituinte. Almoço com Sartre no Lipp; Vitold passou para discutir os projetos da Suíça e da Itália. Café no Montana. Trabalho. Sentia-me cheia de zelo porque, enfim, não tinha mais dor de cabeça. Retomei tudo desde o início: é o momento mais divertido, o momento em que se copia e em que a coisa toma forma. Às seis horas, reunião da *TM* no quarto de Sartre. A mãe dele tivera filhos, e eu trouxe conhaque comprado do dono do hotel. Estava lá Vian, que chegou com o trompete: ia tocar no Point Gamma; é assim que ele ganha a vida. Sua *Chronique du menteur* era um tanto fácil, mas engraçada. Estavam também Paulhan, Pontalis, Vevet e seu amigo, que sustentou que não se podia reprovar Steinbeck por ter escrito *Lancem as bombas*, já que seu livro fora um fracasso. Pensou-se em estudar a literatura "engajada" americana: como Steinbeck, Dos Passos e Faulkner se deixaram mobilizar e fizeram propaganda por conta do

Estado. Roger Grenier veio também, e Bost chegou às sete e meia, como uma flor, quando já tinha acabado tudo: os três números seguintes estão cheios até não poder mais.

Bost fica conosco. Conta que Olga recebeu visitas de jovens doentes; ficou impressionada com a dureza com a qual falavam da doença delas. Quando Olga disse que não tinha queloides, uma moça retrucou: "Ora, eles arranjam. O cortador passa uma vez por mês. Então, enquanto ele não vem, você não tem queloides, mas no dia em que ele vier vai ver como aparecem." Dizem que os homens aguentam menos o rojão do que as mulheres. Muitas vezes acontece de alguns deles se jogarem por cima das grades da varanda, apesar de estas serem muito altas e viradas para dentro. Namora-se muito, entre o 11º e o 10º andar, onde ficam os homens. Muitas vezes há espetáculos, aos quais todos comparecem de pijama. Desprezam os doentes que não são tuberculosos; avaliam-se mutuamente segundo o grau da doença e a resistência moral.

13 de maio
Durante um bom momento, pensei: "Eis-me encerrada no meu sonho, como no desenho de Henry; nunca conseguirei reencontrar-me no meu quarto." Havia uma cerca em torno da minha cama. Enfim acordei, mas já era tarde, quase nove horas. Estava de bom humor porque não estou mais nem um pouco cansada e Sartre está melhor, e sábado partimos para a Suíça. Rolland nos convidou para ir a Constança, dizendo: "Estaremos entre amigos — com Hervé e Courtade." Nenhuma ironia em sua voz: os insultos escritos não contam.

Almoçamos no Casque, com Giacometti.

Perguntamo-nos como Breton vai ser recebido quando voltar a Paris. Aragon ficou consternado com o pouco entusiasmo com que se acolheu *Personne ne m'aime*; pensa em um complô fascista.

No Flore, encontro três grandes e belos livros americanos, dos quais escolheremos textos de Wright, para os números de agosto-setembro.

Das três às seis, trabalho. Passo no Flore para ver Montandon e acertar a viagem à Suíça. Vejo Salacrou com Sophie Desmarets, ruiva e bela. Volto para casa e ponho este diário em dia. Ao reler alguns trechos, percebo que isso já não evoca nada. Não devo esperar que essas palavras sejam diferentes das outras, que tenham o poder mágico de conservar em si a vida, e que através delas o passado ressuscite. Não. Para mim mesma, esses últimos quinze dias já não são mais que frases escritas, e nada além disso. Ou então seria preciso cuidar realmente da maneira de contar. Mas acabaria se tornando uma obra, e eu não tenho tempo.

Jantei com Bost no quarto de Sartre, ovos e *corned-beef*. Bost voltou ao hotel Chaplain, negociou com Jeannette, que se acalmou um pouco. Ele viu Wright no terraço do Flore hoje de manhã e Wright riu para ele; dizem que ele ri sempre, mas é um modo de não se abrir. Sartre e Bost repartem o cabelo ao meio para provar que isso dá um ar de burrice; dá sobretudo um ar efeminado, o que é curioso. Bost falou dos romances baratos, de setenta mil caracteres, que ele escrevia dois anos atrás; fazia-os em dois dias, por mil e quinhentos francos; havia um que se chamava *Eva n'était que belle*. Mostra-nos uma carta de um certo Jules Roy, felicitando-o; e também a de um sujeito que se queixa de que na Prefeitura do 16º os cartazes informativos estão mal-colocados; seu livro faz muito sucesso. Às onze horas, os olhos de Sartre começam a fechar, não sem alguma afetação, e nós o deixamos dormir. Bebemos um trago no Chéramy, onde um misterioso general nos oferece um outro trago. Bost me fala do meu romance, que hoje levou, enfim, para a Gallimard; ele gosta muito do episódio dos índios, mas acha o início um tanto longo. Pontalis também acha que parece um pouco crônica.

Volto para casa à meia-noite e passo uma hora relendo este diário e escrevendo nele. Gostaria de me dedicar mais a ele. Estou bem, na cama, um tanto vacilante de sono, através das palavras. Ouço a chuva lá fora, discreta, e ruídos de passos distantes. Amanhã trabalharei, e em breve parto para a Suíça. Estou contente, como de costume. Neste momento, gostaria de ter realmente mais tempo para escrever.

Terça-feira, 14 de maio
Despertar cinzento. Pensei em todas as providências que tinha de tomar; odeio as providências, odeio sobretudo pensar em tomá-las; principalmente quando penso nelas durante muito tempo porque não as tomo. Vou buscar os jornais. Há um artigo maldoso de um certo Pingaud[40] sobre o romance de Bost; Bost é evidentemente existencialista, diz o sujeito, já que dedicou seu livro à russa do café de Flore; e depois Sartre fez um grande elogio do romance-reportagem, justamente no primeiro número da *TM*, onde estava

---

[40] Que se tornou desde então nosso amigo e que participa da direção da *Temps Modernes*.

publicado *Le Dernier des métiers*. Artigo maldoso também de Clément, sobre o existencialismo. Encontro num armário o manuscrito de *O sangue dos outros*, que vou entregar a Admov para venda, em benefício de Artaud; é um belo manuscrito, rasurado e amarrotado, escrito em folhas de uma porção de formatos, com tintas e até caligrafias diferentes. É coisa viva, comparado a um livro; percebe-se que saiu do corpo; está colada ali a lembrança de certos momentos em que foi escrito. Folheio *Black Metropolis*, para fazer uma escolha, em vista do número americano. Eu bem gostaria de ter tempo para ler.

Providências. Trabalho no Pont-Royal. Às cinco e meia subo para a revista. Alquié e Pouillon discutem com Sartre sobre a política comunista.

Aron passa um instante; Paul Mohrien vem buscar o *Portrait de l'antisémite* e meus quatro artigos publicados na *TM*. Passo de novo no Pont-Royal, para ver Vian, que me trouxe seu romance e um livro americano sobre jazz; vamos traduzir um trecho dele. Fala de jazz com paixão. Diz-me que existem na América ótimas peças radiofônicas, um tanto ingênuas, mas encantadoras, como a da lagartinha que dança ao som de "Yes, sir, that's my baby", ou do menininho que procura nos astros seu cão esmagado por um ônibus, e no último minuto percebe-se que ele também fora esmagado. Ele vai fazer um artigo sobre isso. Seu romance[41] é extremamente divertido, sobretudo a conferência de Jean-Sol Partre, e o assassinato com o "arranca-coração". Gosto também da receita de Gouffé: "Tome um salsichão; tire a pele dele, apesar de seus gritos."

Às oito horas, volto para casa com Sartre, que está muito cansado. É um belo momento da noite, com as folhagens molhadas, as luzes verdes e vermelhas, algumas vidraças iluminadas, e um resto de luz no céu.

Comemos presunto enquanto examinamos a coleta reunida na revista. Notícias, más; um ótimo *Procés de Nuremberg*, de Pouillon; um bom *Petiot*, de Palle; o texto de Ponge, *Ad litem*, não vale grande coisa. Bost passa. Olga está com bridas, é maltratada naquele hospital, é preciso que saia de lá de qualquer maneira. Ele conta que ontem houve um motim numa prisão americana, com cinco detentos mortos, mas quando foi buscar informações os funcionários negaram com raiva.

Num discurso pronunciado na Sorbonne a propósito do aniversário de Descartes, Thorez reivindicou Descartes: é um grande filósofo materialista.

---

[41] *L'Écume des jours*.

15 de maio
Duas horas de espera na legação suíça. Mas elas passam rápido porque leio *L'Écume des jours*, de Vian, que me agrada muito, sobretudo a triste história de Chloé, que morre de infecção pulmonar; ele criou um mundo dele; isso é raro, e me emociona sempre. As duas últimas páginas são surpreendentes; o diálogo com o crucifixo é o equivalente ao "Não", no *Malentendu* de Camus, mas é mais discreto e mais convincente. O que me impressiona é a veracidade desse romance e também sua grande ternura.

Almoço e café com Sartre no Lipp, no Flore e no Chéramy. Comprei um bom guia da Suíça; fico maravilhada e desolada, porque sei que há tantas coisas a ver, e eu não poderei vê-las. Tenho medo de que a viagem seja um tanto oficial demais. Mas, de qualquer modo, estou contente.

Na escada, um jovem alto de guarda-chuva me abordou para me perguntar o que Sartre entendia por "essência". Mandei-o ler *O Ser e o Nada*. Ele disse que já tinha lido, mas que não queria ser superficial, e que eu então lhe devia dar uma definição em quatro palavras. Era para um jornal de Strasbourg.

Quinta-feira, 16 de maio
A primavera retorna. Ao ir comprar cigarro, vejo molhos de aspargos meio enrolados em papel vermelho sobre um fundo de papel verde, numa carrocinha de verdureiro; é muito bonito. Trabalho. Raramente experimentei tanto prazer em escrever, sobretudo à tarde, quando volto às quatro e meia para este quarto, cuja atmosfera ainda está espessa com toda a fumaça da manhã, e onde está sobre a mesa o papel já coberto de tinta verde; e o cigarro e a caneta são agradáveis, na ponta dos meus dedos. Compreendo bem Duchamp, dizendo a Bost, que lhe perguntava se ele nunca lamentava não pintar mais: "Sinto saudade da sensação do tubo, quando o apertamos e a tinta se esmaga na paleta; era agradável." O lado físico da escrita é agradável. E depois, mesmo no interior, acho que me sinto mais solta; talvez seja uma ilusão. Em todo caso, sinto que tenho coisas a dizer. Há também um projeto de romance que começava a nascer, ontem, no Chéramy.

Exposição Kermadec. Jantar no Catalans com Sartre e Bost, que falam insolentemente de Nova York na minha frente.

17 de maio
No Flore, ao meio-dia, com Sartre, sou apresentada a Soupault. Acho sempre estranho quando vejo um sujeito que admirei aos vinte anos, que me parecia inacessível, e que é um homem de carne e osso, que está amadurecendo. Soupault me pergunta se eu gostaria de ir à América. Promete arranjar-me um convite, se eu realmente quiser, e diverte Sartre, porque parece desconfiar da minha fragilidade. É claro que eu quero, e insisti, e morro de vontade de ir lá, e ao mesmo tempo sinto um pouco de angústia no coração, diante da ideia de partir por quatro meses.

Esta manhã, no *Cavalcade*, um artigo de Monnerot sobre Sartre, idiota e venenoso. Notícias sobre o artigo de Mounin, de quem dizem ter posto Sartre a nocaute: na verdade, não são exigentes. No *Littéraire*, uma entrevista de normalistas, por Paul Guth, na qual se fala de Sartre. E no meio de um artigo de Billy sobre "literatura e metafísica", um desenho de mim, apresentando-me bem gorda e bovina. Almoço no Golfe-Juan com os Pagniez. Pagniez defende o reformismo.

Na revista, paginamos o número 9. É maravilhosa a quantidade de textos de que dispomos agora. Algumas pessoas desfilam, mas não ficam, e nós trabalhamos em paz. Parece que Néron saiu da prisão, diz-nos Merleau-Ponty. Bebemos um trago no Pont-Royal com os Leiris, os Queneau, Giacometti. Jantar no Golfe-Juan com Giacometti e Bost. Discutimos bastante tempo sobre o processo daquele castelão que liquidou a tiros de fuzil o jardineiro, amante de sua filha. A menina tinha dezesseis anos, e escrevia cartas tão obscenas que não puderam ser lidas no processo; o jardineiro tinha trinta e cinco delas, e já havia sofrido uma condenação; o pai fora espreitar com o filho na porta do quarto da menina, e os dois mataram o amante; o filho errara o alvo por duas vezes, mas o pai o atingiu. Condenaram-no a apenas quatro anos de prisão, e o filho a três, com suspensão condicional da pena. Sartre faz Bost chorar de rir, sustentando que esse crime é consequência das últimas eleições, que desde a liberação o pai se sente num mundo revoltante e que esse assassinato exprimiu o paroxismo de sua revolta. A esse respeito, Giacometti evoca a história do sargento Bertrand, tão afável e bem-comportado, mas que toda noite desenterrava cadáveres nos cemitérios, mutilava-os e roía-os; só pôde ser punido por violação de sepultura, pois nem a mutilação, nem a mastigação dos cadáveres estavam previstas em lei. Ele fala de Picasso, que vira na véspera e que lhe mostrara alguns desenhos; parece que, diante de cada nova obra, ele é como um adolescente que mal começa a descobrir os recursos da arte. Diz: "Creio que começo a compreender alguma coisa; pela primeira vez, fiz desenhos que são realmente desenho." E se regozija quando G. lhe diz: "Sim, há progresso." Terminamos a noitada no Chéramy. Mas, como dizíamos com Bost, aqui um diário não serve para nada; teria sido preciso um gravador para anotar as conversas irresistíveis de Sartre e de Giacometti.

18 de maio
Esta noite, parto para a Suíça. Faz três semanas que não deixo meu quarto, e quase não vejo ninguém além de Sartre e Bost. Era repousante e produtivo. Esta tarde estou na parte de cima do Flore, perto da janela, vejo a calçada molhada, os plátanos agitados por um vento desagradável; há muita gente, e, lá embaixo, um grande burburinho. Não me sinto bem aqui. Parece-me que nunca mais recomeçarei a trabalhar aqui como fiz durante todos esses anos.

Bost veio me procurar. Recebera uma pequena carta de Gide felicitando-o por *Le Dernier des métiers*. Mostrou-me também um número de *La Rue*, jornal fundado por Jules Vallès, e que só sairá daqui a algum tempo: eles publicam um número apenas "para a conservação do título". Há Prévert, Nadeau, desenhos de Henry, e uma queixa de Queneau sobre o tema: "*Je suis un pauvre con*" (eu sou um pobre idiota). Vamos a Beaujon. Olga nos fala dos doentes que vê. Uma mulher jovem, mãe de dois filhos, submetera-se no dia anterior a um pneumotórax; tentara-se três vezes, em três lugares, e não dera certo; ela teve uma síncope de desespero e permaneceu desmaiada por três quartos de hora. Uma pequena provinciana chegou acreditando só ter um pulmão afetado; quando disse a Benda, que acabava de olhar para sua radiografia: "Venho para fazer um pneumotórax", ele perguntou: "Em que pulmão?" Foi assim que ela ficou sabendo que os dois lados estavam comprometidos. Olga diz que o pior é que nos resignamos pouco a pouco, à medida que perdemos a vitalidade.

Trem para Lausanne. Estamos sós no compartimento, com uma menininha morena, que durante toda a noite aperta sua bolsa de viagem contra o coração; dorme sentada. Eu me estendo e durmo muito bem. Lembro-me de uma viagem ao Limousin, quando eu tinha treze ou quatorze anos, em que passei a noite inteira com o rosto colado à janela, comendo carvão e me sentindo soberanamente superior à gente grande entorpecida no calor do compartimento. É por coisas como essa que sinto que envelheci. Houve só durante um momento uma bela lua brilhante, num céu riscado de nuvens; e, de manhã, montanhas numa aurora cinza-rosada. Não falha nunca o golpe do despertar quando, depois de um longo sono, encontro-me bruscamente transportada para uma madrugada muito distante. O mais forte foi o deserto, antes de Tozeur; depois, as chegadas a Sallanches, no inverno; e — não sei muito bem por que — o campo molhado do Auvergne, ao chegar a Mauriac.

O editor Skira, que organizara essa turnê de conferências, instalou-nos em Genebra, num hotel próximo ao lago. Eu via da minha janela cisnes esplêndidos e magníficos canteiros de flores. A opulência da Suíça me deixou pasma: "É uma das coisas mais agradáveis e mais esquecidas poder comer qualquer coisa, a qualquer momento", anotei; e mais adiante: "Que prazer poder cear depois do cinema: lembra o pré-guerra!" Na cervejaria do Globe, pedia-se à vontade uísque, xerez, porto, tudo o que se desejava; cartazes anunciavam: torradas com caviar da Rússia. Lembrava-me com que emoção, passando em Annemasse em 1943, eu lera numa placa indicadora: "Genebra, 9 quilômetros"; e as pessoas diziam, com voz deslumbrada: "À noite, veem-se as luzes"; eu via o Kursaal iluminado e o brilho dos anúncios de neon. Levaram-nos, em Lausanne, à loja de um vendedor de roupas "por correspondência e a prestação"; Sartre comprou um terno e uma capa de chuva, eu, um vestido seda-palha verde e uma saia tricolor de linho. Em Genebra, comprei sapatos de couro excelente, malas e um relógio de mostrador preto com ponteiros verdes.

Muitas tarefas durante essas três semanas: não só nossas conferências, mas autógrafos de livros, sessões na rádio; certa manhã, uma câmera nos seguiu durante cerca de duas horas, através das ruas sonolentas da velha Genebra; e depois havia os jantares, as recepções, as tagarelices. Tínhamos simpatia por Skira e por sua bela mulher; ele conhecia os surrealistas e os editara: "Eu era o domador", dizia ele; indiferente até o desinteresse pelos presentes e, no entanto, sempre agitado, apaixonadamente interessado pelas mulheres, certamente cheio de complexos sob os ares de gozador egoísta, sua conversa era cínica e engraçada, quando consentia em se abrir. Com Montandon, diretor da *Labyrinthe*, nos entendíamos bem, a despeito de suas reservas contra o existencialismo: ele pertencia ao "partido do trabalho" e era marxista. "Todos os intelectuais suíços são reacionários", disse-nos ele; "durante a guerra, quisemos organizar uma manifestação antinazista e não encontramos mais do que dois velhos professores para participar dela. É por isso que decididamente me inscrevi num partido popular". Tivemos alguns outros encontros interessantes ou agradáveis. Mas também houve muitas pessoas que fomos obrigados a frequentar e que nos entediavam, ou mesmo que nos repugnavam.

Nossa primeira refeição no Globe me consternou: "É uma refeição magnífica, com turnedôs e sorvetes, e ótimos vinhos suíços; mas terrivelmente melancólica. B.[42] é odioso quando fala das parteiras árabes, com as quais viajava de caminhão, na África, e que à noite eram segregadas "porque cheiravam mal"; elas tinham se convertido ao catolicismo e protestavam em nome da religião: "Mas temos almas como vocês." "Não fazíamos outra coisa senão rir disso", disse B.; ele conta isso com uma displicência insuportável; gaba-se exageradamente de seu "antivichysmo": "Sou 'vichyano', mas não 'vichysta'." Um único momento interessante, quando Montandon conta a discussão de Merleau-Ponty com Tzara, sobre *O zero e o infinito*. Tzara sustentava que Kœstler era um salafrário: prova disso é que ele pudera, durante a guerra, pagar o sanatório para a mulher doente. Então, M.P. quebrou um copo, dizendo: "Nessas condições, a discussão não é possível." Gesto que me espanta tanto mais quanto M.P. podia facilmente botar Tzara no chinelo: de qualquer modo, era uma reação sadia. Fico aliviada quando o almoço acaba. Isso me é mais penoso quando estou com Sartre do que quando estou sozinha, como em Portugal, ou em Túnis, porque penso nos momentos que nós dois poderíamos passar juntos, sem os outros...

No dia seguinte ao de nossa chegada, fomos passear nas cercanias de Interlaken; quando voltamos, Sartre recebeu a imprensa. Quando desço para o hall, já há muita gente em volta dele: toda uma turba de jornalistas, na maioria velhos, e terrivelmente decentes. Sentamo-nos na sala contígua ao hall, e Sartre e eu ficamos lado a lado, como os reis católicos; acho nós dois bastante ridículos, sobretudo eu. Um velhinho de bigode branco abre fogo: não leu nada, diz ele, do existencialismo, só conhece de ouvir falar: "Mas parece que é uma doutrina que permite tudo; não é perigoso?" Sartre explica. A atmosfera é nitidamente hostil. Há particularmente um homenzinho gordo,

---

[42] Era um oficial francês, de alto escalão.

de olhos finamente plissados, ostentando toda a superioridade desiludida e realista dos conservadores idealistas, e que ataca com a educação das crianças: "Deve-se respeitar a liberdade da criança?" E está subentendido que o operário é uma criança. (Esse tipo era Gillouin, eminência parda de Pétain, como nos disse mais tarde o adido de imprensa, furioso por ele ter-se insinuado naquela conferência.) A sessão dura mais de uma hora, com a ajuda de um pouco de vermute e biscoitos de queijo. Uma moça morena, de trança, faz perguntas com simpatia; todos os outros recendem a fascismo ou religião, e são decididamente contra nós, sem saber do que se trata.

Não assisti à primeira conferência de Sartre; eu estava em excursão, mas ele me contou sobre ela: houve mil e cem pessoas; escutou-se bem, mas aplaudiu-se pouco; ele falou durante duas horas. Depois disso, bebeu quatro martínis, jantou e passou a noite no *dancing*; é claro que não se lembrava de quase nada, a não ser que deu conselhos a uma distinta senhora de La Chaux-de-Fonds a respeito da vida sexual de seu filho. A senhora temia que ele fizesse filhos em alguma criatura: "Então, ensine-lhe a tomar cuidado, senhora", disse-lhe Sartre. "Realmente", disse ela. "Vou dizer a ele que o conselho vem do senhor, isso o impressionará mais."

Em Zurique, Sartre fez uma conferência, e foi feita no teatro uma apresentação de *Entre quatro paredes*.

Quarta-feira
Skira veio buscar-nos no bufê da estação, vestido com uma espalhafatosa camisa de listras, e acompanhado de dois sujeitos da livraria francesa, um moreno sossegado[43] e um louro vivo, que são muito gentis; na vitrine da livraria expuseram recortes de jornais, livros, caricaturas e fotos de Sartre. *Labyrinthe* mandou colar cartazes nas paredes da cidade, com o nome de Sartre em grandes letras vermelhas. Jantar e conferência. Sartre entra em meio a aplausos, tira o casaco como um boxeador tira o roupão ao subir ao ringue; há cerca de seiscentas pessoas, sobretudo jovens, que parecem muito interessadas. Às seis horas, as livrarias haviam despistado gentilmente os jornalistas mandando-os a um lugar errado, mas agora eles já retornam, há bem uns quinze na nossa mesa, assaltando Sartre com perguntas. Durante esse tempo, o moreno me fala com voz lenta e triste; ele me diz que foi comunista, mas que os métodos

---

[43] Era Harold, que depois ficou conhecido por suas montagens fotográficas.

do partido o enojaram. Discutimos um pouco sobre Kœstler: é incrível como recaímos sempre nas mesmas conversas...

Quinta-feira
Por volta de sete horas, encontro Sartre, que volta do ensaio; ele deu um susto terrível em todos, ao cair num fosso de orquestra de três metros de profundidade, que estava coberto com uma lona; pisou em cima, a lona rasgou-se e ele caiu. "Adeus, conferência!...", disse o livreiro; depois, viram-no reaparecer, um tanto aturdido. Vamos ao teatro. A sala está cheia. Sento-me na segunda fila. Sartre fala durante vinte minutos sobre teatro, e muito bem; as pessoas parecem contentes. Espera-se bastante tempo e a cortina sobe. Os atores estão um tanto medrosos. Chauffard tem as pernas trêmulas. Balchova trocou de peruca e de vestido, a silhueta está muito melhor. Mostram-se um tanto precipitados às vezes, e no fim o pano não cai. Mas representaram muito bem, e o público aplaude muito. Vamos todos cear numa grande cervejaria decorada com magníficos quadros de Picasso, de Chirico etc. É um sujeito que expõe ali sua coleção. Separamo-nos à meia-noite. Sartre leva Wanda[44] para casa. Saio com Chauffard e vamos beber gim-fizz num subsolo; ele está contente porque Laffont publica suas novelas. Não tenho nenhuma vontade de dormir; mas somos expulsos; depois da meia-noite, tudo fecha em Zurique. Lá fora chove e vamos nos separar tristemente, quando encontramos o livreiro, que está batendo com os pés no chão sob um grande guarda-chuva. Ele propõe comprarmos uma garrafa de vinho e irmos bebê-la na livraria. Ficamos ali até três horas, olhando livros de arte, de desenhos, revistas, e Chauffard lê em voz alta poemas obscenos, de autoria de Claudinet, que talvez sejam de Cocteau;[45] o título na capa é *Vies*, e dentro é *Vits*; há um muito bonito, cujo refrão é: "Se pelo menos eu tivesse dois francos."

Em Berna, jantamos na embaixada: um teólogo me assediou longamente, sobre o nada, o ser, o em-si e o para-si. Em Paris, as conversas assumiam imediatamente um tom político; na Suíça, teológico. Chegaram a fazer insistentes perguntas a Sartre sobre a natureza dos anjos. O existencialismo provocara uma querela entre Ansermet e Leibovitz; o primeiro pretendia compreender toda a música a partir do existencialismo; só a música serial

---
[44] Na cena, Marie Olivier.
[45] Depois, eu soube que não.

está de acordo com essa filosofia, dizia o segundo. Eles se haviam insultado vivamente em *Labyrinthe*.

Fiz uma conferência em Lausanne. À saída, uma senhora me abordou: "Não entendo. O M. Sartre disse coisas tão sensatas! Parece uma pessoa tão decente! E dizem que ele escreve coisas horríveis! Mas por quê, senhora? Por quê?" Falei também em Genebra para uma plateia de estudantes. Naquela noite e na seguinte, saímos com Skira e Anette, uma moça bem jovem, por quem Giacometti[46] estava muito interessado. Nós gostávamos dela. Achei que, sob muitos aspectos, parecia-se com Lise; tinha o mesmo racionalismo rude, a ousadia, a avidez; seus olhos devoravam o mundo: não queria deixar que se perdesse nada, nem ninguém; amava a violência e ria de tudo.

Numa reunião em Lausanne, Sartre encontrou um jovem, Gorz, que conhecia a obra dele na ponta da língua e falou muito bem dela. Nós o revimos em Genebra. Ele não admitia que, a partir de *O Ser e o Nada*, se pudesse justificar uma escolha em vez de outra, e o engajamento de Sartre o incomodava: "É porque você é suíço", disse-lhe Sartre. Na verdade, ele era judeu austríaco, instalado na Suíça desde a guerra.

Vimos Fribourg, Neuchâtel, Basileia, os museus. As aldeias eram limpas demais, mas havia algumas bonitas; bebíamos vinho branco nas *weine stube* de soalho imaculado. Gostamos das pequenas praças e fontes de Lucerna, suas casas pintadas, suas torres e sobretudo as duas pontes cobertas, de madeira, decoradas com velhas imagens. Subimos ao Selisberg, onde Sartre passou férias, quando pequeno; ele me mostrou seu hotel, seu quarto, com uma varanda que dava para o lago: é dessa sacada que, em *Entre quatro paredes*, Estelle joga seu filho na água. Chovia muito; eu não apreciei muito as gordas suíças, os suíços de chapéu de veludo florido de edelvais, os acordeões, as canções mal cantadas em coro; mas minha mania se apoderava de mim e muitas vezes eu deixava Sartre nas cidades e partia para as montanhas por algumas horas ou dias. Convenci-o a ir a Zermatt, e subimos de funicular até o pico do Gonergratt, a mais de três mil metros; sentados num banco, com os pés na neve, olhamos durante muito tempo o Matterhorn, semienvolto, como uma divindade temível, na sua nuvem pessoal. De manhã, um torno apertava minhas têmporas e as de Sartre: o mal das montanhas. No terraço do hotel, havia sessenta suíços, com uma insígnia da lapela, examinando a

---

[46] Hoje ela é mulher dele.

paisagem com um ar de competência; chamavam-se "os contemporâneos de La Chaux-de-Fonds": contemporâneos de quem? Pegamos o trem para Paris. Em Vallorbe, um fiscal da Alfândega disse a Sartre, devolvendo-lhe o passaporte: "Não se encontram seus livros, senhor"; e a mim: "Então sempre a reboque?"

***

Ao voltar da América, Sartre recebeu a carta de um estudante, Jean Cau, pedindo que lhe arranjasse trabalho; ele se preparava para a Escola Normal pela primeira vez, e sem esperança; depois do concurso, seus pais o chamariam de volta para a província. Sartre respondeu que ia procurar. Ficou doente, partiu para a Suíça, não procurou nada. Em junho, Cau — que dirigira em vão pedidos análogos a outros escritores — veio procurá-lo: o ano letivo estava acabando. "Pois bem!", disse Sartre. "Venha ser meu secretário." Cau aceitou. Sartre o convocou para o Deux Magots; mas a correspondência ainda não era volumosa, Sartre não precisava de ajuda. Ainda o revejo, da mesa vizinha onde eu trabalhava, vasculhando com dificuldade os bolsos e extraindo deles dois ou três envelopes; explicou a Cau o que convinha responder. Disse-me, suspirando, que seu secretário tomava-lhe o tempo, em vez de economizá-lo. Cau, por sua vez, ficava aborrecido, porque desejava um emprego, e não caridade. As coisas se arranjaram pouco a pouco, quando Sartre se instalou com a mãe na rua Bonaparte. Na peça contígua ao seu escritório, Cau, de manhã, atendia ao telefone, marcava os encontros, punha em dia a correspondência: podia-se dizer que o órgão criara a função. Já era tempo de Sartre pôr um pouco de ordem em sua vida; mas eu me perguntava com pena se ele não ia perder aquela liberdade tão cara à nossa juventude.

A *Temps Modernes* de junho saiu com a menção: diretor, Jean-Paul Sartre. O comitê explodiu. Ollivier inclinava-se para a direita: simpatizava com a União gaullista que acabava de nascer. O anticomunismo de Aron se manifestava. Naquele momento, ou um pouco mais tarde, almoçamos na Golfe-Juan, com Aron e Pia, este também seduzido pelo gaullismo. Aron disse que não gostava nem dos EUA nem da URSS, mas que, em caso de guerra, iria aliar-se ao Ocidente; Sartre respondeu que não tinha gosto nem pelo stalinismo, nem pela América, mas que, se estourasse uma guerra, se colocaria do lado dos comunistas. "Em suma", concluiu Aron, "entre duas coisas detestáveis, faríamos escolhas diferentes; mas, de qualquer modo, seria contra a nossa vontade". Achamos que ele atenuava exageradamente uma oposição que julgávamos fundamental. Pia nos expôs a economia gaullista sem nem sequer trazer à tona o problema dos salários, dos preços, do nível de vida dos operários; espantei-me: "Ora! No que toca ao bem-estar social, apelaremos para os jocistas",[47] disse-me ele com desdém. Em menos de dois anos, as palavras "direita" e "esquerda" haviam retomado plenamente seu sentido, e a direita ganhava terreno: em maio, o MRP levara a maioria dos votos.

Genet me falou da *Dame à la licorne*, e eu fui ver a exposição de tapeçaria francesa. Passou finalmente em Paris *Cidadão Kane*: sim, Orson Welles revolucionou o cinema. Para o prêmio da Pleiade, Queneau e Sartre apoiaram Boris Vian, mas o júri preferiu o abade Grosjean, candidato de Malraux.

Meu ensaio estava terminado, e eu me perguntava: que fazer? Sentava-me no Deux Magots, olhava a página em branco. Sentia a necessidade de escrever na ponta dos meus dedos, e o gosto das palavras na garganta, mas não sabia o que começar. "Que ar bravo você tem!", disse-me certa vez Giacometti. "É que eu queria escrever, e não sei o quê." "Escreva qualquer coisa." Na verdade, eu tinha vontade de falar de mim. Gostava de *L'Âge d'homme*, de Leiris; gostava dos ensaios-mártires, nos quais nos explicamos sem pretexto. Comecei a pensar nisso, a tomar algumas notas, e falei no assunto com Sartre. Tive consciência de que uma primeira questão se colocava: o que significava para mim ser mulher? Primeiro pensei poder livrar-me disso rápido. Nunca tive sentimento de inferioridade, ninguém me havia dito: "Você pensa assim porque é mulher"; minha feminilidade não me atrapalhava em nada. "Para mim", disse eu a Sartre, "isso, por assim dizer, não contou". "De qualquer modo, você não foi criada da mesma maneira que um menino: seria preciso prestar mais atenção a isso." Eu prestei e tive uma revelação: este mundo era um mundo masculino, minha infância fora nutrida de mitos forjados pelos homens e eu não teria de modo algum reagido a isso do mesmo modo como reagiria se tivesse sido um menino. Fiquei tão interessada, que abandonei o projeto de uma confissão pessoal para me ocupar da condição feminina em sua generalidade. Fui fazer leituras na Nacional e estudei os mitos da feminilidade.

Em 2 de julho, a América explodiu em Bikini uma nova bomba. Pessoalmente eu não era — nunca fui — sensível ao perigo atômico; mas ele

---

[47] Militantes da Juventude Operária Católica. (N.T.)

amedrontava muita gente. Quando, numa emissão radiofônica, Jean Nocher anunciou que, em consequência de um acidente, a matéria começara a se desagregar em cadeia, que dali a algumas horas íamos todos morrer, acreditamos nele. "Eu estava com meu pai", contou-me Mouloudji. "Descemos para passear e pensamos: é o fim do mundo; e estávamos bem tristes."

***

Nosso editor, Bompiani, convidou-nos para ir a Milão, e a Mme Marzoli, que dirigia a grande livraria francesa da cidade, havia programado — em colaboração com Vittorini — uma ou duas conferências para nós. Rever a Itália! Não pensava mais em outra coisa. As circunstâncias não eram muito propícias. Brigue e Tende haviam sido anexadas à França, e a Itália reprovava amargamente à irmã latina essa "punhalada nas costas". Por outro lado, Tito reivindicava a anexação de Trieste à Iugoslávia; os intelectuais comunistas franceses haviam assinado um manifesto a favor dele. Dois dias antes da data marcada para a nossa partida, eu me encontrava no bar Pont-Royal; chamaram-me ao telefone: era a Mme Marzoli que me ligava de Milão; aconselhava-me a adiar nossa viagem: os italianos não estariam inclinados a ouvir-nos; ela falava com tanta firmeza, que certamente, se tivesse Sartre do outro lado da linha, este teria se rendido; quanto a mim, defendi-me teimosamente: não seja por isso, nós nos calaremos, disse-lhe; mas nós temos liras com Bompiani, temos nossos vistos; nós iremos. Ela tentou dissuadir-me; esgoelou-se em vão; desliguei, dizendo: "Até logo!" Dei a Sartre uma versão adocicada do incidente, pois temia seus escrúpulos.

Fomos acolhidos em Milão pela equipe do *Politécnico*, dirigido por Vittorini; nossas revistas se pareciam muito; os primeiros números haviam sido publicados na mesma época; primeiro semanário, depois mensal, o *Politécnico* havia publicado o manifesto de Sartre sobre literatura engajada. Havíamos encontrado Vittorini em Paris; eu lera em francês *Conversation en Sicile*. Ele era profundamente ligado ao seu partido: "Se me cortassem o corpo em oitenta pedaços, teriam oitenta pequenos comunistas", dizia ele; entretanto, não sentíamos barreiras entre nós. Desde a primeira noite, jantando ao som do violino no restaurante favorito dos intelectuais milaneses, com ele e seus amigos — Vigorelli, Veneziani, Fortini e alguns outros —, compreendemos que, na Itália, os homens de esquerda formavam uma frente comum. Conversamos até tarde da noite. Vittorini nos falou das dificuldades que os comunistas italianos acabavam de enfrentar. Em nome do internacionalismo revolucionário, eles tinham primeiro apoiado Tito; mas as reações da base os haviam convencido a fazer o jogo patriótico e agora faziam coro com o resto do país. Ele nos contou que Eluard, que estava fazendo conferências na Itália, havia apoiado calorosamente a posição inicial deles através de declarações públicas; um belo dia, a imprensa publicou o manifesto dos comunistas franceses a favor da Iugoslávia: o nome de Eluard estava ali inscrito, com toda a naturalidade; naquele dia, ele falava em Veneza: foi vaiado!

    Encontrávamo-nos todos os dias, ora sob as arcadas, na praça do Scala, ora no bar do nosso hotel, povoado de elegantes italianas de cabelos prateados, e conversávamos. Era apaixonante ver o fascismo e a guerra com os olhos de nossos "irmãos latinos". Um deles confessava que, nascido e criado sob o fascismo, continuou a aderir a este por muito tempo: "Mas na noite da queda de Mussolini compreendi!", disse-nos ele, com um tom de fanatismo triunfante. Esses convertidos desprezavam os exilados que se haviam desligado do país por sua intransigência e que tinham dificuldade em retomar a realidade; quanto a eles, através dos erros e até mesmo das concessões, pensavam ter amadurecido politicamente. Corrigiam com muita ironia o entusiasmo virtuoso. "Agora", diziam-nos, "há noventa milhões de habitantes na Itália. Quarenta e cinco milhões que foram fascistas; quarenta e cinco milhões que não foram". Lembro-me de uma de suas piadas. Um ônibus de turismo italiano faz uma turnê pelos campos de batalha; diante de cada aldeia em ruína, um homenzinho, sentado no fundo do ônibus, torce as mãos: "É culpa minha! É culpa minha!" Intrigado, um viajante lhe pergunta: "Por que culpa sua?" "Eu sou o único fascista do ônibus." Um stendhaliano, politicamente tão zeloso ontem quanto hoje, mas que mudara de cor, nos diz rindo que o apelidavam de "o Negro e o Vermelho".

    Vi as igrejas de tijolo e os palácios de Milão, mas não a *Ceia*, que estavam repintando. Vigorelli nos levou a passear de carro em torno do lago de Como; mandou abrir, à beira d'água, uma belíssima capela romana, decorada com afrescos de Masolino. Mostrou-nos Dongo, onde nasceu o Fabrício de Stendhal, onde Mussolini foi preso e sua escolta, abatida: correu sangue sobre estas flores, disse-nos ele, apontando os canteiros multicores que se refletiam na água azul. Nessa paisagem apaixonada, tomamos sorvetes suaves como um pecado, antes de parar na mansão de Vigorelli, acima do lago.

Bompiani, que pertencia à extrema direita nacionalista, repetiu a Sartre que um francês de esquerda, naquele momento, era duas vezes inimigo: anexava Brigue e Tende e apoiava Tito; se abrisse a boca em público, Sartre seria linchado, e com razão! Nossos amigos temiam uma agressão neofascista: na entrada do pátio onde Sartre falou, e até no estrado, eles plantaram policiais armados de metralhadoras. O pátio estava cheio de gente: nem uma vaia, só aplausos. Eu falei uma outra noite, sem problemas, na biblioteca da Mme Marzoli. Comprometíamos Bompiani, e ele se empenhou em retirar sua solidariedade a nós. Convidou-nos de má vontade para jantar. Morava num palácio; no andar térreo, tomava-se um elevador que desembocava diretamente num salão; lacaios de libré e enluvados de branco serviam à mesa. Bompiani não abriu a boca: na hora do café, tomou um jornal e mergulhou nele. No dia seguinte, informou a Sartre que não lhe pagaria o dinheiro prometido e com o qual contávamos para prolongar nossa viagem.

Felizmente, o editor Arnaldo Mondadori soube por Vittorini do nosso embaraço, e seu filho Alberto, um soberbo corsário bigodudo, de voz grave, veio tratar com Sartre; este se comprometia a ter suas obras publicadas por eles, e, em troca, receberia imediatamente um sólido adiantamento. Além disso, Alberto ofereceu-se para nos levar de carro a Veneza e depois a Florença. Aceitamos com prazer; ele nos agradava, assim como a mulher, Virginia, deliciosamente bela e dotada daquela natureza que Stendhal tanto prezava nas italianas. Sua jovem irmã, viva e alegre, os acompanhava, assim como um amigo arquiteto. Na estrada, eles riam, tagarelavam, cantarolavam: interromperam-se uma vez, confusos, percebendo que estavam cantando a plenos pulmões *Giovinezza*. Fiquei inteiramente assombrada, em Veneza, por me hospedar no Grand Hôtel, onde não imaginava, outrora, um dia pôr os pés. Restaurantes, bares, eles conheciam os bons lugares; e também amavam a Itália, e ciceroneavam-nos com sábia desenvoltura. Entre tantos momentos brilhantes, lembro-me de nossa partida para Florença; o dia clareava, enquanto eu me instalava com minhas malas na gôndola; sentia na pele o frescor que subia da água e a suavidade do sol nascente. À noite, perambulamos por muito tempo diante do palácio da Signoria; o luar acariciava, sob a *loggia*, a estátua de Cellini, que o arquiteto tocou com mão comovida. Apesar dos mortos, das ruínas, dos cataclismos, ali ainda havia beleza.

Os Mondadori voltaram a Veneza. Alugamos um carro para ir a Roma; tivemos a sorte de faltar gasolina às portas da cidade, e eu conheci o odor do crepúsculo no campo romano. Tínhamos quartos reservados no hotel Plaza, no Corso, onde se hospedavam todos os oficiais franceses: tive saudade do Albergo del Sol.

Sartre fez duas conferências; e como, na época, todo escritor francês era uma bandeira, receberam-nos com muita consideração. O adido cultural francês nos levou de carro para ver o lago e o castelo de Bracciano. Jacques Ibert nos convidou certa noite para a Villa Medici; no parque, ardiam fogueiras que exalavam um odor suave. O encarregado de negócios francês deu um jantar no palácio Farnese; pela primeira vez na minha vida usei um longo negro, sem decote, emprestado pela mulher do adido cultural. Eu temia essas cerimônias, mas a graça italiana abrandava sua pompa. Carlo Levi apareceu lá, sem gravata, com colarinho bem aberto. Algumas semanas antes, o filho de Jacques Ibert tinha vindo ao escritório da *Temps Modernes*, com um livro na mão: "Acaba de ser lançado na Itália, e está fazendo enorme sucesso; estou traduzindo-o", dissera-me ele; era *O Cristo parou em Éboli*; eu o li, e devíamos publicar em novembro grandes extratos da obra; Levi descrevia a vida de uma aldeia do sul, onde suas convicções antifascistas o tinham feito exilar--se antes da guerra; tal como se podia adivinhá-la através dessa narrativa, ele me agradou muito; em carne e osso, não me decepcionou. Médico, pintor, escritor, jornalista, pertencia ao Partido de Ação, herdeiro do movimento "Justiça e Liberdade", criado na França pelos irmãos Rosselli, que haviam reunido contra o fascismo a burguesia democrata; o Partido de Ação, nascido em Milão em 1941-2, concluíra com o PSI e o PCI um pacto de resistência; ele dirigira, sob a presidência de Parri, o primeiro governo resistente; era um pequeno grupo, composto sobretudo de intelectuais e sem contato com as massas; alguns meses antes produzira-se uma cisão entre a fração liberal e a fração revolucionária, da qual Levi fazia parte e que se situava muito próxima dos comunistas.[48] Nossas posições eram vizinhas das suas. Ele demonstrava tanto charme ao falar quanto ao escrever. Atento a tudo, tudo o divertia, e

---

[48] O Partido de Ação desapareceu em 1947. Certos membros aderiram ao PCI, outros ao PSI, e outros, como Levi, embora simpatizantes do PCI, permaneceram independentes.

sua insaciável curiosidade me lembrava a de Giacometti: até mesmo morrer lhe parecia uma interessante experiência; descrevia as pessoas, as coisas, sem jamais usar ideias gerais, mas, à maneira italiana, através de breves histórias escolhidas. Morava num ateliê muito grande, no último andar de um palácio; embaixo da escada monumental — que o senhor do lugar galgava outrora a cavalo — havia um dedo de mármore do tamanho de um homem; na parede, ao lado da porta de Carlo Levi, liam-se injúrias, rabiscadas pelo proprietário, que tentava em vão expulsá-lo, e as respostas de Levi. Compreendia-se que ele se agarrasse àquele lugar: de suas janelas, que davam para a praça Gesù, ele abraçava toda a cidade. Em meio à confusão de papéis, livros e telas que entulhavam sua casa, conservava com cuidado rosas secas: "Em outro lugar, elas já se teriam pulverizado há muito tempo", dizia. "Eu tenho uma presença benéfica." Sobre os homens, tanto quanto sobre as flores, ele pensava exercer uma influência decisiva: "Não vou expor este ano", disse-nos. "Estou num período de pesquisa. Todos os jovens pintores começaram a me imitar, já não me sinto seguro quanto ao que faço." Convencido de sua importância, parecia não ficar vaidoso com ela: atribuía-a menos a seus méritos do que a uma aura que flutuava à sua volta, por uma felicidade vinda do berço; esse fluido o abrigava de todas as desgraças: seu otimismo beirava a superstição. Durante a guerra, ele julgou inútil esconder-se, convencido de que um bigode e uns óculos seriam suficientes para camuflá-lo: podia-se reconhecê-lo a cem passos; felizmente o antissemitismo não vingou na Itália. Sensível a todos os prazeres da vida, tinha pelas mulheres uma afetuosa devoção, excepcional num italiano; além disso, era romanesco; ao deixá-lo, certa noite, com surpresa o vimos trepar num lampião e pular uma janela.

Menos exuberante, mais fechado, Silone — de quem eu apreciara outrora *Fontamara* e recentemente *Pão e vinho* — era, também ele, um narrador; saboreei suas narrativas sobre sua infância nos Abruzos, e sobre os duros camponeses de sua aldeia.

Ele fora, de 1924 a 1930, um dos dirigentes, depois o principal líder do partido comunista italiano, então em exílio; fora excluído em 1931, por razões que ignorávamos.[49] Ao voltar à Itália depois da guerra, entrara para o PSI. Falou muito pouco de política. Só ficamos impressionados com um

---

[49] Em 1950, houve sobre a questão uma longa controvérsia pública entre Togliatti e ele. Ela foi publicada na *Temps Modernes*. O mínimo que se pode dizer é que, como ele próprio confessou, Silone fez um estranho jogo duplo, entre 1927 e 1930.

ceticismo que no momento atribuímos à sua condição de italiano, e não à sua posição pessoal. Do alto do Janículo, contemplando Roma aos nossos pés, ele disse pensativo: "Como queriam vocês que levássemos o que quer que fosse totalmente a sério! Tantos séculos superpostos que se contestaram todos uns aos outros! Tantas vezes Roma morreu, outras tantas ressuscitou! É impossível para um italiano acreditar numa verdade absoluta."[50] Falou-nos com charme dos bastidores da política vaticana e da atitude ambígua do povo italiano, religioso, supersticioso, mas que a presença insistente do clero torna profundamente anticlerical. Eu tinha muita simpatia por sua mulher, uma irlandesa cuja infância piedosa fora ainda mais sufocante que a minha.

Moravia, encontramos pouco. Sentei-me ao lado dele num almoço literário. Pareceu-nos que os escritores italianos não gostavam muito uns dos outros. O vizinho de Sartre murmurou-lhe ao ouvido: "Vou perguntar-lhe em voz alta qual é, em sua opinião, nosso maior romancista e você vai responder: Vittorini. Vai ver a cara de Moravia!" Sartre recusou-se. Quando se pronunciava o nome de um confrade ausente, eles o executavam com duas fórmulas: "Oh! Esse aí não é escritor: é jornalista!" E: "Seu drama é que ele não soube amadurecer." Acrescentava-se: "Ele conservou uma mentalidade infantil"; ou: "É um eterno adolescente." Parecia que cada um devolvia aos outros a imagem de si mesmo que surpreendia aos olhos deles. Essa malícia não nos desagradou; víamos nela o avesso daquele interesse agudo que os italianos nutrem uns pelos outros e que vale bem, nós pensávamos, a nossa frieza.

Reencontramos, no hotel Plaza, Scipion, que voltava da Grécia; jantando conosco numa taberna do monte Mario, tendo Roma iluminada aos nossos pés, ele nos contou seu pugilato com um monge do monte Athos, que quisera atentar contra sua virtude; queixou-se da francofobia italiana: durante um momento de amor, uma prostituta o agarrara perigosamente: "E Brigue e Tende?" Tinha uma aparência seriíssima, no jantar do Farnese, vestido com um terno emprestado pelo adido cultural.

Jeanine Bouissounouse e seu marido, Louis de Villefosse, representante francês na comissão aliada, levaram-nos de carro à Frascati e à Nemi; apresentaram-nos seus amigos italianos: Donnini, um comunista, professor de história das religiões, que viveu muito tempo no exílio; Bandinelli, diretor-

---

[50] Esse relativismo caro aos homens de direita lhe servia provavelmente de justificativa. No momento da cisão do PSI, pouco tempo depois, Silone seguiu Saragat. E logo mergulhou fundo no anticomunismo.

-geral de Belas Artes, também ele comunista, que criou em suas terras uma cooperativa camponesa; Guttuso, pintor comunista que nos convidou a ir uma noite ao seu ateliê, na via Marguta. Com seus terraços superpostos, seus pátios internos, escadas, passarelas, essa rua, onde moram sobretudo pintores e escritores, tornou-se durante a resistência romana um verdadeiro maquis. Visitei, junto às Catacumbas, as fossas Ardeátinas: em consequência de um atentado que custou a vida de trinta e três alemães, trezentos e trinta resistentes foram abatidos a tiros de metralhadora, em 24 de março de 1944. Os alemães abandonaram os cadáveres na estrada, cuja entrada obstruíram dinamitando blocos de terra; só foram descobertos três meses mais tarde. Em 1946, a memória das vítimas (gelada pelo mármore, alguns anos mais tarde) estava ainda quente; esquifes de madeira alinhavam-se ao longo das galerias, pousados diretamente na terra avermelhada, cada qual marcado com um nome e duas datas: como único ornamento, algumas flores secas e fotos do morto, com roupa de primeira comunhão, de noivo, de soldado, de jogador de futebol.

Os antigos exilados com os quais conversamos em Roma faziam uma avaliação medíocre dos neófitos do antifascismo; ficamos impressionados com o conflito entre os puros — na maioria homens de idade — e os realistas da geração ascendente; estes últimos nos pareciam melhor adaptados aos novos tempos do que aqueles.[51]

Passamos dois dias em Nápoles. A cidade havia sofrido muito. O único hotel aberto caía aos pedaços; os telhados se abriam para o céu, caliça cobria a escada; do porto e de suas cercanias só restavam escombros. Nas ruas tórridas, o vento lançava em turbilhões a poeira das ruínas. O museu estava fechado. Em Capri, intacta, reencontrei meu passado. Permanecemos ainda alguns dias em Roma, no hotel de la Città, sem encontrar ninguém.

Foi para nós uma grande felicidade rever a Itália, mas maior ainda a de reencontrar o clima que conhecêramos, tão brevemente, nos dias da liberação. Na França, a unidade realizara-se contra uma ocupação estrangeira sobre as bases equívocas do nacionalismo; a direita e a esquerda deviam necessariamente separar-se tão logo desaparecessem as circunstâncias que as aproximavam. Na Itália, os nacionalistas eram os fascistas; a coalizão que os combatia desejava unanimemente a liberdade e a democracia; sua coerência

---

[51] Havia também na Itália homens puros e realistas ao mesmo tempo; os antifascistas que haviam lutado ali mesmo, clandestinamente. Mas nós só os conhecemos mais tarde.

vinha de seus princípios, e não dos acontecimentos: assim ela sobreviveu à guerra, com os liberais, socialistas e comunistas lutando juntos contra a direita, a fim de fazer respeitar a nova constituição. A sinceridade das posições republicanas e democráticas do PCI nunca foi posta em dúvida por seus aliados. O pacto germano-soviético e a flutuação que se seguiu entre os comunistas franceses forneceram uma arma contra eles; nenhuma sombra sequer empanava a resistência dos comunistas italianos ao fascismo; todos os antifascistas — isto é, a partir de pouco tempo, todo o país, ou quase — prestavam homenagem à coragem deles.

A situação do PCI era mais favorável que a do PCF, por razões que vinham de longe. Na França, a burguesia, tendo vencido em 1789 a sua revolução, conduziu sem hesitação e unanimemente a luta contra a classe operária. Na Itália, ela só se constituiu em classe dirigente no século XIX, através de divisões e de crises; ao longo de sua ascensão, teve que se apoiar, sobretudo no início do século XX, no proletariado. Esse conluio teve importantes consequências culturais. Um filósofo burguês como Labriola, inicialmente hegeliano, aproximou-se do marxismo. A abertura do pensamento burguês abriu reciprocamente o pensamento dos marxistas. Numa brilhante síntese, Gramsci, marxista, retomou por conta própria o humanismo burguês. O PCI teve outras chances históricas. O refluxo do proletariado europeu, depois da Primeira Guerra Mundial, jogou a Itália no fascismo e o PCI na clandestinidade: ele combatia no terreno nacional, o que lhe evitou muitos obstáculos. O PC francês, minoritário, sem poder, ou quase sem poder sobre o país, teve como primeiro objetivo o internacionalismo; obedecendo às diretrizes do Komintern, obrigado a aceitar a política de Stalin — entre outras coisas, o processo de Moscou —, aparecia como "o partido do estrangeiro", e sua impopularidade acarretou seu endurecimento. Ganhou na Resistência um alvará de patriotismo e obteve nas eleições mais votos do que cada um dos dois outros partidos: mesmo assim, não se tornou um partido de massas. A França de 1945 era uma sociedade industrial e estratificada; os camponeses não tinham os mesmos interesses que os operários; e entre estes últimos havia diversas camadas que se opunham: os comunistas eram recrutados sobretudo entre os OS. Apesar de sua clientela eleitoral, seu número permanecia reduzido; para permanecerem fortes, precisavam formar um bloco sem falha.

A Itália, desprovida de ferro e de carvão — quase um país subdesenvolvido —, era uma sociedade em fusão; havia pouca distância entre os operários e os camponeses, dos quais muitos — sobretudo no sul — constituíam uma força revolucionária. Tanto uns quanto os outros, marcados pela lembrança do fascismo, cujo cadáver ainda estava quente, consideravam que só o comunismo era capaz de consolidar a derrota dele. O PCI tinha, portanto, uma grande base no conjunto da população. Não se encontrando em nenhum plano encerrado em sua singularidade, nada o incitava a tomar as diferenças por oposições. Em particular, considerava como amigos e não como adversários os intelectuais, que, na Itália, eram todos de esquerda e simpatizavam com ele.

Sua aliança com o partido socialista contribuía também para defendê-lo contra o isolamento de que sofria o PCF. Graças à ruptura operada pelo fascismo, o PSI pudera, em 1945, com Nenni, renovar-se: e escolheu manter, após anos de luta comum, seu acordo com o PCI. Na França, o socialismo retomou a herança da SFIO e de seu anticomunismo. Se o PCF encarava como inimigos todos os não comunistas, é que, na imensa maioria dos casos, eles o eram: uma desconfiança, justificada por sua situação, o impedia de fazer exceções.

Na época, não conseguíamos explicar-nos bem as diferenças que notávamos entre os comunistas dos dois países; mas, consternados com a hostilidade dos franceses, gozamos da amizade dos italianos com um prazer que em dezesseis anos jamais iria ser desmentido.

Deixei Sartre em Milão para passear durante três semanas nos Dolomitas. Passei em Merano minha primeira noite de solidão: é uma das minhas lembranças mais preciosas. Jantei, bebendo vinho branco, num pátio forrado de hera, diante de um relógio acobreado, que parecia vigiar-me do alto da parede; fazia muito tempo que eu não via estenderem-se diante de mim semanas de montanha e de silêncio: a desgraça e os perigos que eu não mais ignorava davam à minha alegria algo de patético, umedecendo-me os olhos.

Bolzano, com suas colinas cobertas de vinha loura, Vitipino, com suas ruas coloridas como um desenho animado: descobri aquela Itália austríaca. E depois, de cume em cume, de refúgio em refúgio, através dos pastos e dos rochedos, caminhei. Reencontrei o odor da relva, o ruído dos seixos ao longo das barreiras caídas, o esforço ofegante da escalada, a volúpia da libertação, quando a bolsa escorrega dos ombros que se colam à terra, as partidas sob o céu pálido, o prazer de desposar, da aurora à noite, a curva do dia.

Certa tarde, no coração da montanha, muito longe de todos os caminhos, num albergue-refúgio, pedi um quarto e um jantar; fui servida, mas sem uma palavra, nenhum sorriso. Notei na parede a foto de um jovem, envolta num pedaço de crepe. Quando me levantei da mesa, a proprietária deixou escapar uma palavra: "Tedesca?" "Não!", respondi. "Sou francesa." Os rostos se iluminaram. É que eu falava italiano, explicaram-me, com uma secura alemã. E o filho da casa fora morto no maquis.

Foi uma das minhas mais duras viagens a pé, uma das mais belas e — pressentia-o — a última.

Ao voltar a Paris, eu soube dos detalhes do "crime existencialista" que entreteve os jornais durante várias semanas. B.[52] possuía em *Gifsur-Yvette* um pavilhão que emprestava durante a semana a Francis Vintenon e onde ele passava o fim de semana. Certo sábado de manhã, contou-nos, não encontrou a chave no esconderijo combinado; a porta não estava fechada: "Francis ainda está dormindo", pensou; e, esperando surpreendê-lo com a namorada, seguiu pelo corredor, pé ante pé; havia um cheiro esquisito na casa. "Entrei no quarto", disse ele, "dei uma olhada na cama e exclamei: 'Um negro!'" Era Francis, com o rosto negro, uma bala nas têmporas, o corpo meio queimado com fósforo. Tinham visto um barbudo vagabundear na aldeia; B. e seu amigo, o pintor Patrix, usavam barba: foram interrogados, mas nada tinham a ver com o assassinato. Parece que Vintenon, que em 1943 se engajara na Resistência, fora abatido por um antigo colaboracionista: chegou-se a pronunciar um nome; mas o caso foi abafado.

Um cineasta italiano desejava filmar *Entre quatro paredes*. Para trabalhar no roteiro e discuti-lo com ele, Sartre foi de novo a Roma, no fim de setembro; eu o acompanhei; Lefèvre-Pontalis, a quem ele tinha pedido ajuda, também foi, com a mulher. Instalamo-nos, de acordo com nossos gostos, em pleno coração da cidade, no hotel Minerva. Eu nunca vira Roma sob a luz suave de outubro; jamais, livre de qualquer obrigação turística ou mundana, passara ali dias calmos, trabalhando. A cidade se tornou para mim deliciosamente familiar, agora que ali vivia, como se sua beleza tivesse sido apenas um acessório: ainda havia para mim muitas maneiras imprevistas de gozar dos bens deste mundo.

---

[52] Médico, antigo aluno de Sartre.

***

Graças a Soupault, que me fez ser convidada para um grande número de universidades americanas, minha partida para a América estava decidida; as Relações Culturais haviam consentido em pagar minha passagem de avião; eu devia partir em janeiro. Todo o trimestre foi iluminado por esse fato. Foi um período febril para mim. Dois anos não haviam abatido minha alegria: eu não sabia mais muito bem de que nutri-la. Não renunciava às velhas ilusões: no entanto, cessei de acreditar nelas. As opções políticas tornavam-se cada vez mais difíceis, e nossas amizades se ressentiam dessas hesitações.

Apesar dos imperiosos conselhos de De Gaulle, que retornou à vida pública com os discursos de Bayeux e d'Epinal, os franceses aceitaram a Constituição proposta pela Assembleia. Nas eleições de novembro, o PC retomou o lugar de primeiro partido da França. Mas o MRP permanecia poderoso, a União gaullista se fortalecia: nós não pensávamos em nos afastar dos comunistas, apesar de sua perseverante inimizade (Kanapa publicou um romance sobre a Resistência, no qual Sartre era representado como um desatinado cheio de presunção, um covarde, quase um provocador). Contra *O zero e o infinito*, de Kœstler, contra seu último livro, *O Iogue e o Comissário*, Merleau-Ponty publicou, na *Temps Modernes*, *L'Yogi et le proletaire*. Elucidava o sentido dos processos de Moscou e em particular do processo de Bukharin. A realidade objetiva de nossos atos nos escapa, dizia ele, mas é por ela que somos julgados, e não por nossas intenções; ainda que seja incapaz de prevê-la exatamente, o homem político a assume desde o instante em que decide e não tem jamais o direito de lavar as mãos. Em 1936, na URSS, isolada, ameaçada, não podendo ser salva pela revolução, a não ser à custa de um rigor monolítico, a feição objetiva da oposição era a traição. Merleau--Ponty lembrava aos russos que, inversamente, os traidores não passavam de opositores. Ele subordinava a moral à história, muito mais resolutamente do que qualquer existencialista jamais o fizera. Nós demos esse passo com ele, conscientes — sem estarmos ainda desligados — de que o moralismo era a última cidadela do idealismo burguês. Seu ensaio afastava-se demais do marxismo oficial para ser bem acolhido pelos comunistas. À direita, ele indignou; acusaram-no de fazer apologia ao stalinismo.

Nossa posição desagradava a Camus. Seu anticomunismo já suscitara dissensões entre nós; em novembro de 1945, ao me levar para casa de carro, ele defendia De Gaulle contra Thorez; ao me deixar, gritou-me, pela janela: "De qualquer maneira, o general De Gaulle tem uma cara bem diferente da do M. Jacques Duclos." Essa ironia em sua boca me desconcertara. Naquele momento, ele se situava longe de De Gaulle, e mais longe ainda do PC. Retornou de Nova York com menos simpatia do que Sartre pelos EUA, mas sua hostilidade para com a URSS nem por isso foi atenuada. Na sua ausência, Aron e Ollivier haviam apoiado no *Combat* a SFIO, que agora recrutava o grosso de sua clientela na pequena burguesia; ele não os desmentiu. Pouco depois de sua volta, recebeu Bost em seu escritório, de onde Aron saiu dizendo em tom sarcástico: "Vou escrever meu editorial de direita." Camus espantou-se; Bost explicou-lhe o que pensava da linha atual do jornal: "Se você não está contente, vá embora", disse Camus. "É o que vou fazer!", disse Bost, que rompeu com o *Combat*. Camus afastou-se, indignado: "E é assim que ele agradece!" Entretanto, se ele parou durante um longo tempo de escrever no *Combat*, foi porque se irritava, segundo me disseram, com a influência que Aron alcançara. Penso também que se entediara com a política. Entregara-se a ela na medida em que ali percebia "o endereço direto do homem a outros homens", isto é, uma moral. Certo dia, Sartre lhe reprovara essa confusão: "O *Combat* faz moral demais, e não política suficiente." Camus se abespinhou. Entretanto, sob o título *Ni victimes, ni bourreaux*, foi novamente com considerações éticas que ele retornou ao jornal, em meados de novembro de 1946. Não gostava das hesitações nem dos riscos que a reflexão política implica; precisava estar seguro de suas ideias para ficar seguro de si. Reagia às contradições da situação desinteressando-se dela e o trabalho realizado por Sartre para adaptar-se impacientava-o. O existencialismo o aborrecia. Quando leu na *Temps Modernes* o início da *Moral da ambiguidade*, fez-me algumas reflexões acerbas; a seu ver, eu pecava contra a "clareza francesa"; achávamos que, em nome desse ideal, ele se contentava muitas vezes com um pensamento por demais limitado; não por leviandade, mas por preconceito; ele se protegia. É duro depender dos outros quando se havia pensado ser soberano: dessa ilusão, comum aos intelectuais burgueses, nenhum de nós se cura sem esforço. Em todos, a reflexão moral visava a recuperar essa preeminência. Mas Sartre e eu já havíamos lançado bastante carga ao mar; estavam roídos pela existência das massas, os nossos antigos valores: a generosidade, que tão avidamente havíamos prezado, e mesmo a autenticidade. Em sua busca, Sartre podia tatear, mas jamais se fechava. Camus se preservava. Tinha de si próprio uma ideia à qual nenhum trabalho nem nenhuma revelação teria podido fazê-lo renunciar. Nossas relações permaneceram muito cordiais; mas, de longe em longe, uma sombra as obscurecia; suas flutuações eram muito mais devidas a Camus do que a Sartre ou a mim: ele concordava em que nossa presença forçava sua simpatia, mas que, a distância, irritava-se muitas vezes contra nós.

Em outubro, um recém-chegado de personalidade agitada irrompeu no nosso grupo: Kœstler, de quem se ia apresentar em Paris uma peça, *O bar do crepúsculo*. Alguns amigos nos tinham garantido que seu antistalinismo não o havia lançado na direita; ele declarara a um jornal americano que, se fosse francês, preferiria exilar-se na Patagônia a viver sob uma ditadura gaullista.

Nosso primeiro encontro aconteceu no Pont-Royal. Ele abordou Sartre com uma agradável simplicidade: "Bom dia, eu sou Kœstler." Nós o revimos no apartamento onde Sartre acabara de se instalar com a mãe, na praça Saint--Germain-des-Prés. Num tom peremptório, abrandado por um sorriso quase feminino, Kœstler declarou a Sartre: "Você é melhor romancista que eu, mas pior filósofo." Ele estava escrevendo uma suma filosófica, cujas grandes linhas nos expôs: desejava garantir ao homem uma margem de liberdade, sem se afastar do materialismo fisiológico. Inspirando-se em trabalhos que conhecíamos, Kœstler nos explicou que os sistemas comandados pelo cerebelo, pelo tálamo e pelo cérebro sobrepõem-se, sem rigorosamente comandar-se: entre o inferior e o superior, há lugar para uma "bolha" de liberdade; eu pensava na *Contingência das leis da natureza*, de Boutroux, e disse a mim mesma que Kœstler era certamente melhor romancista que filósofo; me dava vontade de rir, quando falava do tálamo, porque pronunciava "talamuss" evocando para mim doces que se chamavam talmousses e que eu comia quando criança. Ficamos incomodados, naquele dia, com seu pedantismo autodidata, com a segurança doutrinal e com o cientificismo que lhe vinha de uma medíocre formação marxista. Esse mal-estar persistiu. Enquanto com Camus jamais falávamos de nossos livros, a todo momento Kœstler citava-se: "Leiam o que escrevi sobre isso." O sucesso subia-lhe à cabeça: tinha vaidade e presunção. Mas tinha também bastante calor, vida e curiosidade; trazia às discussões uma paixão infatigável, estava sempre pronto, a qualquer hora do dia ou da noite, a revolver qualquer questão. Generoso com seu tempo e com sua própria pessoa, também o era com seu dinheiro; não gostava do luxo, mas quando saíamos com ele, queria sempre pagar e gastava sem medida. Sentia-se ingenuamente orgulhoso pelo fato de sua mulher, Mamaine, pertencer a uma aristocrática família inglesa. Muito loura, muito bonita, de espírito arguto e uma graça frágil, ela já estava acometida da doença pulmonar à qual sucumbiu, uns dez anos depois.

Durante as três ou quatro semanas que passou em Paris, encontramos muitas vezes Kœstler, geralmente com Camus: eles eram muito ligados; certa vez, Bost nos acompanhou, e aconteceu que a conversa degenerou em briga, porque Bost defendeu a política do PC: "Vocês não deviam tê-lo convidado, foi um erro", disse-nos Kœstler, com severidade; ele detestava os jovens: sentia-se excluído do futuro deles e via em toda exclusão uma condenação. Suscetível, atormentado, ávido de calor humano, mas separado dos outros por suas obsessões pessoais ("tenho minhas fúrias", dizia ele), tínhamos com ele relações oscilantes. Certa noite, jantamos com ele, Mamaine, Camus e Francine e fomos a um pequeno baile da rua dos Gravilliers; depois, ele nos convidou imperiosamente para o Sheherazade; nem Camus nem nós jamais tínhamos posto os pés naquele tipo de boate. Kœstler pediu zakuski, vodca e champanhe. No dia seguinte à tarde, Sartre devia fazer na Sorbonne, sob a égide da Unesco, uma conferência sobre "a responsabilidade do escritor", que ainda não tinha preparado; contávamos não ir dormir tarde. Mas o álcool, a música cigana e sobretudo o ardor de nossas conversas nos fizeram perder o controle da hora. Camus retornou a um tema que lhe era caro: "Se pudéssemos escrever a verdade!" Kœstler entristeceu-se ao ouvir *Olhos negros*: "Impossível sermos amigos quando não nos entendemos politicamente!", disse-nos ele, com voz acusadora. Repisava suas mágoas contra a Rússia de Stalin, reprovava Sartre e mesmo Camus por pactuarem com ela. Não levamos a sério sua melancolia: não avaliávamos o frenesi de seu anticomunismo. Enquanto ele monologava, Camus nos dizia: "O que temos em comum, vocês e eu, é que os indivíduos estão em primeiro lugar para nós; preferimos o concreto ao abstrato, as pessoas às doutrinas, colocamos a amizade mais alto do que a política." Concordamos, com uma emoção que o álcool e a hora tardia se encarregavam de exaltar. Kœstler repetia: "Impossível! Impossível!"

E eu respondia, em voz baixa, em voz alta: "É possível, e nós o provamos agora mesmo, já que, apesar de nossas divergências, nos olhamos com tanta alegria." Entre certas pessoas e nós, a política cavava abismos; mas ainda acreditávamos não estar separados de Camus senão por nuanças verbais.

Às quatro horas da manhã, fomos comer e continuar a beber num boteco do Mercado; Kœstler estava nervoso; por brincadeira ou irritação, jogou por cima da mesa um pedaço de pão que atingiu Mamaine em cheio no olho: desculpou-se, menos bêbado: Sartre repetia, com ar risonho: "E dizer que daqui a algumas horas vou falar sobre a responsabilidade do escritor!" E Camus ria. Eu ria também, mas o álcool sempre me inclinou às lágrimas, e quando me reencontrei de madrugada, sozinha com Sartre nas ruas de Paris, comecei a soluçar pelo trágico da condição humana; quando atravessávamos o Sena, encostei-me ao parapeito da ponte: "Não entendo por que não nos jogamos na água!" "Pois bem! Vamos nos jogar!", disse Sartre, que, contagiado, derramou também algumas lágrimas. Voltamos para casa por volta das oito horas da manhã. Quando encontrei Sartre às quatro da tarde, seu rosto estava devastado; dormira duas ou três horas e se entupira de ortedrina para preparar sua conferência. Dizia a mim mesma, ao entrar no anfiteatro superlotado: "Se eles tivessem visto Sartre às seis da manhã."

Através de Kœstler, conhecemos Manès Sperber, que ele considerava seu mestre e o psicólogo mais competente do século. Ele tinha um charme aconchegante; mas, adleriano intransigente, anticomunista ferrenho, seu dogmatismo nos afastou. Relatou-nos que Malraux lhe falara de uma arma secreta soviética, mais temível que a bomba atômica: uma maleta, de aspecto inofensivo, cheia de pó radioativo; membros da quinta coluna — isto é, dos comunistas — colocariam, num determinado dia, toda uma coleção, em lugares escolhidos, e em seguida, depois de desencadear um certo mecanismo, eles se afastariam na ponta dos pés: os habitantes de Chicago, Nova York, Pittsburgh, Detroit, cairiam como moscas. Era compreensível que, diante desse perigo, a direita pregasse a guerra preventiva.

Cerca de duas semanas depois de nossa saída com Kœstler, os Vian deram uma festa; havia muita gente, entre outros, Merleau-Ponty. Vian publicara na *Temps Modernes* várias *Croniques du menteur*, uma novela, *Les Fourmis*, e fragmentos de *L'Écume des jours*, cujo insucesso ele aceitara aparentemente com bom humor. Naquela noite, enquanto ouvíamos jazz, falamos muito de Vernon Sullivan, autor do romance *J'irai cracher sur vos tombes* (Vou cuspir no seu túmulo), que Vian acabara de traduzir: corria o boato de que Sullivan não existia. Por volta das onze horas da noite, chegou Camus, de mau humor, voltando de uma viagem ao sul; atacou Merleau-Ponty a propósito de seu artigo, *Le Yogi et le Prolétaire*; acusou-o de justificar o processo de Moscou, e se indignou pelo fato de se poder associar a oposição a uma traição. Merleau-Ponty defendeu-se, Sartre o apoiou: Camus, transtornado, bateu a porta; Sartre e Bost se precipitaram, correram atrás dele na rua, mas ele se recusou a voltar. Essa rusga deveria durar até março de 1947.

Por que aquele estouro? Penso que Camus estava em crise porque sentia que seu período áureo estava acabando. Passara alguns anos triunfantes: era admirado, amado. "Achavam que eu tinha charme, imaginem! Sabem o que é o charme? Uma maneira de ouvir-se responder sim, sem ter feito nenhuma pergunta clara."[53] Sua sorte o embriagava; pensava poder tudo: "De tanto ser bem-sucedido, acreditava-me — hesito em confessá-lo — predestinado." O sucesso de *O estrangeiro* e a vitória da Resistência o tinham convencido de que conseguiria realizar tudo o que empreendesse. Assistimos com ele a um concerto que reunia todas as personalidades artísticas e literárias de Paris; acompanhava-o uma jovem cantora por quem estava interessado: "Quando penso", disse ele a Sartre, "que podemos, amanhã, impô-la a este público!" Varreu a sala com um gesto vitorioso. Sartre escreveu, a pedido dele, as primeiras palavras de uma canção: "É no inferno que tenho meus hábitos." A coisa ficou por aí. Almoçando comigo do Petit Saint-Benoît, pouco depois de Hiroshima, ele me disse que, para impedir a guerra atômica, ia pedir aos cientistas do mundo inteiro que parassem com suas pesquisas. "Isso não é um tanto utópico?", objetei. Ele me fulminou: "Dizia-se também que era utópico querermos nós mesmos libertar Paris. O realismo é ousar." Eu conhecia seus arrebatamentos arrogantes; logo depois, sem dar muito o braço a torcer, ele transigia. Não falou mais desse projeto. Percebeu rápido que a coisa não era tão fácil quanto imaginara; em vez de abordá-los de frente, maldizia os obstáculos. Um dia em que eu preparava uma conferência, deu-me um conselho que me deixou estupefata: "Se lhe fizerem uma pergunta embaraçosa, responda com outra pergunta." Mais de uma vez os estudantes ficaram decepcionados com suas evasivas. Ele folheava os livros, em vez de

---

[53] *La chute*, A queda.

lê-los, cortava um assunto, em lugar de refletir. Já falei da prudência que essa preguiça encobria. Ele amava a natureza sobre a qual reinava, mas a história contestava seu individualismo e ele se recusou a dobrar-se a ela. Essa mesma recusa o fez cair em desvantagem: a história o transformou de "realidade exemplar" em "afirmação vazia de um ideal", como escreveu Sartre em 1952. Ele se debatia contra essa intrusão, em vez de se decidir a repudiar velhos sonhos. Pouco a pouco, começou a alimentar rancores contra as resistências de seus interlocutores, dos sistemas filosóficos e do mundo em geral. Essas resistências o feriam como injustiças, pois ele pensava ter direitos sobre as coisas e sobre as pessoas; generoso, exigia gratidão, e uma palavra que lhe vinha logo à boca quando alguém o contradizia ou criticava era "ingratidão". A tal ponto que, mais tarde, chegou a desejar, apesar de todo o sucesso que tivera, "morrer sem ódio".[54]

Em novembro, houve o ensaio geral de *Mortos sem sepultura*. Sartre a escrevera um ano antes: no momento em que os antigos colaboracionistas começavam a levantar de novo a cabeça, ele sentiu vontade de refrescar as memórias. Durante quatro anos, pensou muito na tortura; sozinho ou entre amigos, perguntava-se: não vou falar? Como fazer para resistir? Pensou também na relação do torturador com sua vítima. Jogou na peça todos os seus fantasmas. Mais uma vez opôs moral e práxis: Lucie obstina-se em seu orgulho individualista, enquanto o militante comunista, a quem Sartre dá razão, visa à eficácia.

Sartre distribuíra os papéis a Vitold, Cuny, Vibert, Chauffard, Marie Olivier. Vitold se encarregaria da direção. Mas não tinha sido fácil encontrar um teatro. Durante a permanência de Sartre na América, eu multiplicara tentativas irritantes. O episódio da tortura amedrontava. "Dadas as minhas posições durante a guerra", disse Hébertot, "não posso me permitir montar tal peça". Depois de me ter acenado com a possibilidade de acolhê-la no Œuvre, Beer também se esquivou. Finalmente, Simone Berriau, que acabava de retomar o Théâtre Antoine, aceitou-a. Masson fez os cenários. Para completar o espetáculo, Sartre escreveu em alguns dias *A prostituta respeitosa*, inspirada numa história verídica que ele lera em *Les États désunis*, de Pozner. As torturas se desenrolavam quase que inteiramente atrás dos cenários; vistas dos bastidores, amedrontavam pouco, e chegavam a nos

---

[54] *La Mer au plus près*.

fazer rir, pois o mártir, Vitold, sempre esfomeado àquela hora, atirava-se sobre um sanduíche, mastigando-o entre dois urros. Na noite do ensaio geral, eu estava na sala, e tudo mudou. Eu vivera por minha conta a operação que transforma, de repente, um jogo sem consequência num acontecimento; mas, dessa vez, como haviam previsto os diretores prudentes, o fruto dessa metamorfose foi um escândalo. E ele me atingiu: ouvindo-os através de ouvidos estranhos, os gritos de Vitold me pareceram insuportáveis. A Mme Stève Passeur levantou-se e bradou, toda empertigada sob seu chapéu: "É uma vergonha!" Na plateia, as pessoas se atracavam. A mulher de Aron retirou-se durante o intervalo, depois de quase ter desmaiado, e ele a seguiu. O sentido daquele escândalo era claro: a burguesia se preparava para reunificar-se e achava de mau gosto que se despertassem lembranças desagradáveis. O próprio Sartre foi tomado pela angústia que suscitava; nas primeiras noites, para se defender, ele bebia uísque e, muitas vezes, ao voltar para casa, cambaleava. Os críticos burgueses evocavam o Grand Guignol, e reprovaram Sartre por atiçar os ódios. Um novo semanário escandaloso, *France-Dimanche*, mandou à casa de Sartre um jornalista que tirou às pressas, quando a porta se abriu, uma foto que foi apresentada como de sua mãe: não era ela. Publicou um artigo ainda mais nauseabundo do que o do *Samedi-Soir*, um ano antes.

Mais ou menos na mesma época, Barrault montou no Marigny *Les Nuits de la colère*, na qual Salacrou também contava uma história de Resistência. Sua técnica tomava emprestados ao cinema *flashbacks* e imagens fundidas; achamos excelentes os diálogos nos quais Madeleine Renaud e Jean Desailly passavam da espera à traição: o drama "positivo" era pior. Em *Mortos sem sepultura*, também, as conversas dos milicianos são melhores que as de suas vítimas. Pintar o heroísmo não é fácil; para que dramaturgos tão experientes quanto Sartre e Salacrou tenham corrido esse risco, foi preciso que o moralismo da época fosse quase irresistível.[55] Pouco mais tarde, em janeiro de 1947, encenou-se no Renaissance *Quatre femmes*, de Mouloudji; inspirando-se na detenção de Lola, ele descrevia a vida cotidiana de quatro prisioneiras. A peça não teve sucesso; os críticos repetiram, aborrecidos, que era tempo de enterrar o passado.

---

[55] As pessoas em geral e Henri Jeanson em particular atribuíram a Sartre um comentário malicioso: "Salacrou retratou melhor seus colaboracionistas do que seus resistentes: ele os conhece melhor." Sartre dissera que Salacrou conhecia melhor a burguesia, em geral, do que os *dinamiteros* da Resistência.

Os comunistas, em geral, haviam apoiado *Mortos sem sepultura*. No entanto, quando, num almoço organizado por seu agente teatral, o editor Nagel, Sartre viu pela primeira vez Ehrenbourg, este o reprovou com acrimônia por ter feito dos resistentes covardes e aduladores. Sartre caiu das nuvens: "O senhor leu minha peça?" Ehrenbourg admitiu que havia apenas folheado os primeiros quadros, mas já tinha formado uma opinião: "Se tive essa impressão, deve haver razões para tanto." Quanto à *A prostituta respeitosa*, os comunistas lamentavam que Sartre não tivesse apresentado ao público, em vez de um negro trêmulo de medo e respeito, um lutador de verdade. "É que minha peça reflete a impossibilidade atual de resolver o problema do negro nos Estados Unidos",[56] respondeu Sartre. Mas eles tinham uma visão limitada da literatura, e uma de suas queixas era que Sartre não se dobrava a ela.

Reivindicavam obras de exaltação: epopeia, otimismo. Sartre também, mas a seu modo. Explicou isso, em notas inéditas: recusava "a esperança a priori". Nessa época, fazia da ação uma ideia intermediária entre um certo moralismo inspirado pela Resistência e o realismo de uma práxis; o empreendimento não tem que se basear num cálculo de probabilidades: ele mesmo é a única esperança permitida. O escritor não deve prometer futuros felizes, mas, pintando o mundo tal como ele é, suscitar a vontade de mudá-lo. Quanto mais o quadro que ele propõe for convincente, melhor atingirá esse objetivo: a mais sombria obra não é pessimista, desde que apele para liberdades, em favor da liberdade. Assim, *A prostituta respeitosa* provoca a indignação dos espectadores; por outro lado, nos esforços de Lizzie para escapar da sua condição mistificada indica-se uma chance de consegui-lo. Sartre, aliás, compreendia o ponto de vista dos comunistas: no nível das massas, a esperança é um elemento de ação; a luta é demasiado árdua para que elas se arrisquem, se não creem na vitória. O que ele chamava de "um otimismo duro" convinha exclusivamente a um público cuja realidade não o punha com a corda no pescoço: é preciso reflexão, recuo, confiança para ultrapassar a atitude crítica, em vez de nela atolar. Ele modificou espontaneamente o fim de *A prostituta respeitosa* quando esta foi levada à tela: Lizzie insiste na sua tentativa de salvar o Negro inocente. O estilo da peça, uma pilhéria azeda, distanciava-se do desenlace; no cinema, este teria parecido abjetamente verdadeiro. E depois, quando se mostra a pessoas suficientemente

---

[56] Era 1946.

privilegiadas para ir ao teatro que hoje há situações medonhas e sem saída, isso as inquieta, mexe com elas: muito bem, mas um filme é projetado diante de milhões de espectadores que veem em sua própria vida uma desgraça sem saída: uma derrota é a derrota deles; ao contribuir para seu desânimo, iremos traí-los. Sartre anotava, alguns anos mais tarde: "Os comunistas têm razão. Eu não estou errado. Para pessoas esmagadas, cansadas, a esperança é sempre necessária. Elas têm oportunidades demais para desesperar. Mas é preciso também manter a possibilidade de um projeto sem ilusão." Ele a manteve.[57]

Eu trabalhava no meu ensaio e me ocupava da *Temps Modernes*. Tinha uma impressão de aventura cada vez que abria um manuscrito. Lia livros ingleses e americanos ignorados na França. Toda terça-feira, assistia à reunião dos leitores, na Gallimard: havia momentos de alegria, sobretudo quando Paulhan desancava com competência um livro e concluía: "É claro que é preciso publicá-lo." Uma vez por semana, recebíamos, no escritório da revista, pessoas que nos traziam textos ou sugestões, e que vinham nos pedir conselhos. Muitas coisas tinham acontecido, naqueles últimos anos, que nem a imprensa nem as publicações haviam tido materialmente meios de difundir; os testemunhos afluíam. Eu ficava contente quando podia dizer a um autor que seu trabalho fora aceito; menos quando se impunham cortes: cada linha parecia essencial àquele que a escrevera. Tarefa ainda mais ingrata era dizer não. O interessado se revoltava; demonstrava que seu artigo era bom, que tinha talento. Partia, convencido de ser vítima de uma maquinação. Havia jovens que queriam, a todo custo, aparecer de repente, velhos que tentavam a última chance, incompreendidos que sonhavam escapar ao tédio do lar, homens e mulheres, de todas as idades, que precisavam de dinheiro.

---

[57] Em suas peças e romances, Sartre está mais próximo da estética definida, a propósito do romance, pelo jovem Lukács. Para Lukács — diz Goldmann, numa introdução aos seus primeiros escritos (*Temps Modernes*, agosto de 1962) —, "o herói do romance é um ser *problemático*"; ele "procura os valores absolutos num mundo inautêntico e deteriorado". O universo romanesco "não poderia comportar um herói positivo pela simples razão de que todos os valores que o regem estão *implícitos*, e, com relação a esses valores, todos os personagens têm um caráter ao mesmo tempo negativo e positivo". Mas, uma vez que a literatura se dirige aos oprimidos e não aos privilegiados, colocar o problema sem ao menos esboçar uma resposta é insuficiente. Ficamos muito impressionados, em 1955, ao descobrir o grande escritor chinês de 1936, Lousin, ao constatar que ele tivera com seus companheiros comunistas uma querela análoga à de Sartre: ele dava da sociedade na qual, naquele momento, a revolução era impossível, uma descrição puramente crítica; pediam-lhe que previsse o futuro dela. Acabou por ceder, em nome dos imperativos da ação: mas considerou que, daquele momento em diante, suas obras não tinham mais nenhum valor estético. Brecht foi suspeito por muito tempo na URSS pelas mesmas razões: sua arma é a ironia, não a emoção virtuosa.

Muitos procuravam sinceramente na literatura uma espécie de salvação, mas a maioria queria alcançá-la a um preço módico, sem pagar o peso justo de trabalho e preocupação. Em geral, tinham ideias curiosas sobre a relação entre a vida e a escrita. Certa jovem me entregou o manuscrito de um romance em que a heroína se debatia entre um odioso marido burguês e um amante proletário, dotado de todas as virtudes; a heroína escrevia sua história, um editor a aceitava, ela ganhava milhões e partia em cruzeiro com o homem amado. Critiquei, entre outras coisas, o caráter angelical do amante. "Entendo-a", disse ela, "a senhora não o conhece: ele é realmente assim!" Dois anos mais tarde, ela me escreveu: "Suas críticas eram justas; eu me enganei: ele representava uma farsa; não era o homem que eu pensava." Algumas vezes, eu ria; em outros momentos, pareciam-me docemente sinistras as ambições humildes e loucas que fermentavam naquele escritório. Aflorava-se o trágico; muitas vezes caía-se no burlesco. Um de nossos mais ruidosos visitantes foi o abade Gengenbach, surrealista, mais ou menos apóstata, que achincalhava a batina, bebia muito, aparecia com mulheres e de repente encerrava-se num mosteiro, para expiar. Vinha nos oferecer textos, por vezes violentos, e pedir dinheiro; o álcool o levava à veemência. Certo dia, falou-me de Breton: "Mas por que ele detesta Deus?", dizia, chorando com tanta abundância, que o levei para uma sala vazia. Uma secretária da casa atravessou a peça correndo: um autor recusado acabava de cortar as veias no escritório de Lemarchand.

Em novembro, fui fazer uma turnê de conferências na Holanda. "Há dois anos, eu pesava vinte quilos a mais", disse-me a jovem que me acolheu na estação de Amsterdã. Todo mundo me falou da fome. Os parques estavam devastados, as árvores haviam sido abatidas para encher as lareiras. A velha senhora que me levou a passear em Rotterdam me fez atravessar imensos terrenos baldios: "Eram antigos bairros; aqui era a minha casa." Da cidade inteira, só restavam escombros. O país não se recuperava rapidamente; as vitrines só expunham artigos de má qualidade; as lojas estavam vazias; para a menor compra, era exigido um cartão: voltei para Paris levando no bolso florins que não conseguira gastar.

Eu sabia como os holandeses haviam resistido à ocupação; senti amizade pela maioria daqueles que encontrei. Mesmo assim, o lado oficial da viagem pesou-me. Para me entregar à beleza das cidades, às riquezas dos museus, precisava de solidão: por gentileza, não me deixavam um minuto só. Uma ou duas vezes revoltei-me; com maior frequência, usei de astúcia; fui a Harlem num trem matinal e fingi só chegar à tarde: assim, pude apreciar Franz Hals sem testemunhas.

Sartre foi me encontrar ao cabo de uma semana; ele assistira ao ensaio geral do *Bar do crepúsculo*: um desastre. Vimos juntos quadros de Rembrandt, de Vermeer. Um pequeno pedaço de muro vermelho tão comovente quanto o amarelo que Proust amava. "Por que é tão belo?", perguntava-se Sartre; estávamos num trem que rodava através de charnecas, e eu o ouvia com uma curiosidade que quinze anos não haviam embotado; foi a propósito daqueles tijolos pintados que ele concebeu a definição da arte que propôs algumas semanas mais tarde em *O que é literatura*: a reassunção do mundo através de uma liberdade.

Passamos dois dias em Utrecht; constatamos ali as devastações exercidas pela influência italiana sobre os artistas locais; a princípio vigorosos e autênticos, depois de uma viagem a Florença só pintavam tolices. Visitamos o Instituto Psicológico dirigido por Van Lennep. Ele escrevera a Sartre, discutira em Paris com este; que parcela de fuga implica o *projeto*?, perguntava ele; essa questão me tocava diretamente, a mim que estivera durante tanto tempo tentada a encarar toda ocupação como um divertimento. Van Lennep nos submeteu a um exame grafológico; ele inventara um dispositivo que permitia medir, enquanto o sujeito escrevia, a pressão, a rapidez e o ritmo de seus traços; em seguida, projetou-se numa tela uma ampliação das nossas escritas: havia entre as duas contrastes tais, que os técnicos presentes afligiram-se por nós. Prestamo-nos a testes projetivos inventados por Van Lennep, e ainda pouco conhecidos. Eles nos mostrou as imagens de um cavalo a galope, de um barco a motor, de um trem, de um homem andando: qual delas nos dava a mais evidente impressão de rapidez? O homem, disse eu, sem hesitar: só nele a velocidade me parecia como conscientemente vivenciada. Sem hesitar, Sartre escolheu a lancha, porque ela se *arranca* da superfície que devora. Minha resposta o fez rir, e eu ri da dele, cada qual achando que o outro se revelara ingênuo.

Voltamos a Paris. Calder expunha lá seus *Móbiles*, que nunca tinham sido vistos na França. Sartre o encontrara na América, e tinha um grande encanto por aquelas "festinhas locais"; escreveu o prefácio do catálogo. Alto, barrigudo, corpulento, o rosto gordo coroado por espessos cabelos brancos, Calder parecia propositalmente talhado para lembrar, em meio a suas aéreas criações, o peso da matéria. Divertia-se em inventar joias; no dia da vernissage, ele me deu um broche em forma de espiral que usei durante muito tempo.

Nós víamos muita gente e, desde 1943, eu não mudara de opinião: nos escritores e artistas cujas obras me agradavam, alguma coisa sempre atraía minha simpatia. Mesmo assim, fiquei surpresa ao encontrar em alguns deles defeitos que a limitavam: vaidade, presunção. Em vez de viver na reciprocidade nossa relação com o leitor, voltamo-nos para nós mesmos, apreendendo-nos na dimensão do Outro: é a vaidade. Nos jovens, acho que ela é quase tocante; marca sua ingênua confiança em outrem. Esse frescor deteriora-se rapidamente; prolongada, a ingenuidade descamba para o infantilismo, e a confiança para o servilismo. Um vaidoso beato pode oferecer um agradável convívio, mesmo que fale muito de si, mas faz rir; é um palerma: acredita piamente no valor intrínseco de todas as cortesias. Frustrado, desliza para a mitomania, atribui-se muito mais do que lhe é dito; ou então torna-se azedo, rumina rancores e vinganças que não cheiram bem. De qualquer modo, trapaceia; sua autossuficiência é desmentida pela dependência à qual se submete: mendigando lisonjas, rebaixa-se ao pretender elevar-se. A força de tanto se comprazer com a própria imagem cai fatalmente na presunção, que é a veemência da vaidade.

Toda vez que a noto num colega, fico pasma: como pode alguém abolir-se em benefício do seu personagem? Aprendi que há leviandade em desconhecer a realidade; é preciso assumir aquilo que representamos para os outros; por outro lado, se temos capacidades, é bom utilizá-las; é legítimo, obedecendo-se a oportunidade, prevalecer-se delas; a verdade de um homem envolve sua existência objetiva e seu passado. Mas não se reduz a essas petrificações. Renegando em nome delas a incessante novidade da vida, o presunçoso encarna a seus próprios olhos a Autoridade contra a qual todo julgamento se quebra; para as questões sempre inéditas que se colocam para ele, em vez de procurar honestamente respostas, ele as sorve neste Evangelho: sua obra; ou então dá-se como exemplo, tal como foi outrora; com essas repetições, qualquer que seja o brilho de seus sucessos, atrasa-se com relação ao mundo, torna-se um objeto de museu. Essa esclerose não deixa de implicar má-fé: se nos concedemos um pouco de crédito, por que entrincheirar-nos por trás do nosso nome, da nossa reputação, dos nossos feitos elevados? O presunçoso finge desprezar as pessoas ou pretende que estas o venerem: é que ele não ousa abordá-las em pé de igualdade; abdica de sua liberdade porque teme os perigos que ela oferece. Essa cegueira, essas mentiras chocam-me particularmente nos escritores, cuja primeira virtude — mesmo que escolham as mais longínquas divagações — deve ser uma sinceridade sem medo.

Eu não estava tentada a me fascinar comigo mesma, pois não parara de me espantar com as oportunidades que tinha. Apesar das dificuldades das viagens, estive em muitos países, ia partir para a América. Quando alguém despertava minha curiosidade, quase sempre eu conseguia ser-lhe apresentada. Era convidada: se nunca pus os pés nos salões, foi porque não tive vontade. Para me divertir com as pessoas, preciso me sentir de acordo com elas; as mulheres da sociedade, mesmo as mais emancipadas, não partilhavam meus gostos; se tivesse participado de seus ritos, eu me teria sentido entediada e culpada. É por isso que nunca tive vestido de noite; repugnava-me envergar a *libré*, não do meu sexo (acontecia-me com frequência usar certos trajes considerados muito femininos), mas daquela classe. Genet reprovava-me a simplicidade das minhas roupas; Simone Berriau me disse, certo dia: "Você não se veste muito bem!" Em Portugal, eu sentira prazer em montar um guarda-roupa; achava bonitas as coisas bonitas; mas o culto da elegância implica um sistema de valores que não era o meu. E depois, o dinheiro podia servir para coisas demais, para que eu não tivesse escrúpulos de gastá-lo em toaletes.

O dinheiro me trazia problemas. Respeito-o, porque para a maioria das pessoas ele é duro de ganhar; quando, durante aquele ano, percebi que doravante Sartre ganharia muito, fiquei amedrontada. Devíamos empregá-lo da melhor maneira possível: mas como escolher, entre todos, aqueles que tinham necessidade? Nos pequenos caminhos em torno de La Pouèze, falamos com preocupação de nossas novas responsabilidades. Na verdade, nós as eludimos. Sartre nunca levou o dinheiro a sério, detestava contar. Não tinha nem gosto nem tempo para se transformar numa instituição filantrópica; aliás, há algo desagradável nas caridades bem-organizadas demais. Ele deu quase tudo o que ganhava, mas ao acaso das amizades, dos encontros, das solicitações. Eu lamentava o estouvamento da sua generosidade, mas acalmava meu mal-estar gastando comigo o mínimo possível. Para a minha turnê na América, eu precisava de um vestido; numa pequena loja, comprei um, de malha, que achei lindo, mas caro: vinte e cinco mil francos. "É a minha primeira concessão", disse a Sartre, enquanto caía em prantos. Isso fez meus amigos rirem, mas eu me entendo. Imaginava ainda — embora tendo demonstrado o contrário em *O sangue dos outros* — que existia um meio de não mergulhar na injustiça social, e eu nos reprovava por não o procurarmos. Na verdade esse meio não existe, e acabei por achar que a solução de Sartre valia qualquer outra. Aliás, ele não estava satisfeito, pois os privilégios lhe pesam. Tínhamos gostos pequeno-burgueses, nosso padrão de vida permanecia modesto. Mesmo assim, íamos a restaurantes e bares frequentados por gente abastada, e ali encontrávamos pessoas de direita: incomodava-nos esbarrar sempre com Louis Vallon. Sem jamais me habituar à nossa nova condição, pouco a pouco — com ou sem razão — hesitei menos em gozar dela: era tão contingente a maneira pela qual o dinheiro entrava e saía! Várias vezes arrastei Sartre para viagens caras: desejava tanto fazê-las, e elas me enriqueceram tanto, que não me senti culpada. No conjunto, a maneira pela qual consenti em certas "concessões", enquanto recusava outras, foi certamente arbitrária; mas acho impossível estabelecer nesse âmbito qualquer linha de conduta coerente. Voltarei a falar disso.

Ao voltar da Holanda, soube que *Todos os homens são mortais* acabava de ser publicado. "Minha mulher gostou muito do seu último romance", disse-me Nagel. "Sabe, as pessoas o estão achando muito inferior aos outros; mas ela gostou muito." Eu não sabia. Trabalhei nele com tanto prazer, que o achava de longe o melhor. Vários amigos meus que haviam lido o manuscrito compartilhavam essa opinião. Ouvi dizer (talvez sem razão) que Queneau propusera à Gallimard fazer logo uma tiragem de setenta e cinco mil exemplares do livro. Fiquei desconcertada quando soube por Zette que Leiris me reprovou por fazer um uso demasiado racional do fantástico: é um surrealista que fala, disse a mim mesma, para me tranquilizar. A frase de Nagel me pegou desprevenida, e tive um pequeno choque. Logo ela teve confirmações. Os críticos pouco me pouparam: Rousseaux chegou a lamentar ter falado recentemente de mim com benevolência e anunciou que eu nunca mais escreveria nada de bom. O livro conservou seus adeptos no meu círculo mais íntimo, e até fora deste houve outros; mas, perto dos meus sucessos anteriores, era um incontestável fracasso. Eu era sensível à apreciação de alguns críticos, e mais ainda ao julgamento do público: se me condenavam, era porque eu de certa maneira falhei. Lamentei, mas sem me comover além da conta. Continuava a me recusar a interrogar-me, a atormentar-me, e continuava a confiar no futuro.

Capítulo III

Não premeditei escrever um livro sobre a América, mas queria visitá-la; conhecia sua literatura e, apesar do meu sotaque consternador, falava inglês correntemente. Tinha lá alguns amigos: Stépha, Fernando, Lise. Sartre deu-me alguns endereços. Jantei com Ellen e Richard Wright, que se dispunham a voltar a Nova York, antes de se fixar definitivamente em Paris.

Fui despedir-me de Olga, que se tratava em Leysin; ela estava decidida a não ficar ali por muito tempo: o tédio a fazia emagrecer; era tão sinistro quanto Berck; ao fim de vinte e quatro horas, eu já me sentia oprimida. Voltei a Paris. E esperei. Ainda eram poucos os aviões que atravessavam o Atlântico, e aquele inverno era tão traiçoeiro que acontecia com frequência de eles voltarem no meio do caminho; não se conseguia lugar com facilidade. Uma noite, enfim, Sartre me acompanhou aos Invalides e passei em Orly duas horas tensas: a distância, a duração da minha ausência, os prestígios da América, tudo naquela viagem me excitava e me amedrontava; e eis que o avião só decolava no dia seguinte! Telefonei ao Montana, consegui encontrar lá Sartre e Bost, mas eu não estava mais em lugar nenhum e durante todo o dia seguinte flutuei nas trevas. Enfim, decolei.

Em Nova York encontrei M. Ia partir para Paris, onde ficaria até a minha volta. Era tão encantadora quanto dizia Sartre e tinha o sorriso mais bonito do mundo.

A França ainda fazia penitência, a Itália também; a Suíça era insípida. A exuberância americana me perturbou: as ruas, as vitrines, os carros, as cabeleiras e as peles, os bares, as farmácias, o brilho do neon, as distâncias devoradas de avião, de trem, de carro, de *greyhound*, o esplendor cambiante das paisagens, das neves do Niágara aos desertos inflamados do Arizona, e gente de todos os tipos, com as quais eu falava por dias e noites a fio; na maioria das vezes intelectuais; mas que distância entre as saladas de queijo branco de Vassar e a maconha que fumei num quarto do Plaza com boêmios do Greenwich! Uma das coisas boas dessa viagem era que, embora orientada pelo programa das minhas conferências, tinha bastante tempo livre para o acaso e a invenção: contei em detalhe como aproveitei isso em *L'Amérique au jour le jour*.

Estava eu pronta para gostar da América; era a pátria do capitalismo, sim; mas contribuíra para salvar a Europa do fascismo; a bomba atômica lhe garantia a liderança do mundo e a dispensava de temer o que quer que fosse: os livros de certos liberais americanos me haviam convencido de que grande parte da nação tinha uma serena e clara consciência de suas responsabilidades. Caí das nuvens. Em quase todos os intelectuais, até mesmo entre os que se diziam de esquerda, grassava um americanismo digno do chauvinismo de meu pai. Eles aprovaram o discurso de Truman. Seu anticomunismo beirava a neurose; debruçavam-se sobre a Europa e sobre a França com uma arrogância condescendente. Impossível arredá-los, por um instante que fosse, de suas certezas; a discussão me pareceu muitas vezes tão vã quanto a que se poderia travar com grandes paranoicos. De Harvard a Nova Orleans, de Washington a Los Angeles, ouvi estudantes, professores, jornalistas perguntarem-se seriamente se não se deveriam soltar bombas sobre Moscou antes que a URSS tivesse condições de revidar. Explicavam-me que, para defender a liberdade, tornava-se necessário suprimi-la: a caça às bruxas se esboçava.

O que mais me inquietou foi a inércia de todas aquelas pessoas assediadas por uma propaganda desvairada. Não se falava ainda, pelo menos que eu soubesse, do *organization man*; mas é ele que descrevo na minha reportagem, em termos que quase não diferem dos que mais tarde foram utilizados por sociólogos americanos; caracterizam-no antes de tudo por seu *exterocondicionamento*; e fiquei impressionada com a ausência, mesmo em rapazes e moças muito jovens, de qualquer motivação interior; eram incapazes de pensar, inventar, imaginar, escolher e decidir por si mesmos; seu conformismo traduzia essa impotência; eles usavam em todos os âmbitos esse padrão abstrato — o dinheiro —, por não confiarem em suas próprias apreciações. Outra surpresa minha foi a mulher americana; embora seu espírito reivindicador se tenha exacerbado a ponto de fazer dela uma "fêmea de louva-a-deus", nem por isso ela deixa de permanecer um ser dependente e relativo: a América é um mundo masculino.[58] Essas observações e a importância que lhes atribuí fazem com que minha experiência americana permaneça válida aos meus olhos ainda hoje.

Apesar de tudo, encontrei alguns escritores, amigos mais ou menos íntimos de Richard Wright, com os quais me entendi muito bem. Sinceramente pacifistas e progressistas, embora temessem a Rússia de Stalin, não poupavam críticas a seu próprio país. E no entanto gostavam de muitas coisas dele, e a ele me ligaram a tal ponto que adotei quase como minhas a sua história, sua literatura, suas belezas. Ficou-me ainda mais próximo quando, no fim da minha permanência, liguei-me a Nelson Algren. Embora tenha contado essa história — de maneira muito inexata — em *Os mandarins*, volto a ela, não por gosto pela anedota, mas para encarar mais de perto um problema que, em *A força da idade*, considerei com demasiada facilidade como resolvido: entre a fidelidade e a liberdade há conciliação possível? A que preço?

Muitas vezes pregada, pouco observada, a fidelidade integral é geralmente um peso para aqueles que a impõem a si próprios como uma mutilação: consolam-se com sublimações, ou com o vinho. O casamento tradicional autorizava o homem a "algumas traições", sem reciprocidade; agora, muitas mulheres tomaram consciência de seus direitos e das condições de sua felicidade: se nada em sua própria vida compensa a inconstância masculina, irão se ver consumidas pelo ciúme e pelo tédio. Numerosos são os casais que fazem mais ou menos o mesmo pacto que Sartre e eu: manter através de afastamentos uma "certa fidelidade". *Eu te fui fiel a meu modo, Cynara*. O empreendimento tem seus riscos: pode ser que um dos parceiros prefira suas novas ligações às antigas, julgando-se o outro, então, injustamente traído; em vez de duas pessoas livres, enfrentam-se uma vítima e um carrasco.

Em certos casos, por uma ou outra razão — filhos, um projeto comum, a força do apego —, o casal é inabalável. Se os dois aliados não se permitem mais que simples caprichos sexuais, não há dificuldade, mas também a liberdade que eles se concedem não merece esse nome. Sartre e eu havíamos sido mais ambiciosos; tínhamos desejado conhecer "amores contingentes"; mas há uma

---

[58] Eve Merriam, num artigo que publicou em 1960, na *Nation*, mostrou perfeitamente que o homem americano é esmagado não pela mulher, mas pela *Organization*.

questão da qual nos havíamos levianamente esquivado: como o terceiro se acomodaria ao nosso arranjo? Por vezes, ele se conformou sem dificuldade; nossa união deixava bastante espaço para amizades ou camaradagens amorosas, para romances fugazes. Mas se o protagonista desejava mais, estouravam conflitos. A esse respeito, uma discrição necessária comprometeu a exatidão do quadro pintado em *A força da idade*; pois, se meu acordo com Sartre se mantém há mais de trinta anos, não foi sem algumas perdas e brigas de que os "outros" foram vítimas. Esse defeito do nosso sistema se manifestou com particular acuidade durante o período que estou narrando.

"Quando passar em Chicago, vá procurar Algren, de minha parte", dissera-me, em Nova York, Nelly Benson, uma jovem intelectual com quem jantei. "É um homem espantoso, um grande amigo meu." Em *L'Amérique au jour le jour*, fiz um relato fiel do meu primeiro encontro com ele: nossa noitada nos *bas-fonds* da cidade, a tarde do dia seguinte nos bistrôs do bairro polonês; mas não falei da cumplicidade que se estabeleceu imediatamente entre nós, nem como ficamos decepcionados por não podermos jantar juntos: fui obrigada a aceitar o convite de dois oficiais franceses. Antes de partir para a estação, telefonei-lhe: precisaram me arrancar o fone da mão. No trem de Los Angeles, li um de seus livros e pensei nele; vivia num barraco, sem banheiro nem geladeira, à beira de uma rua onde fediam latas de lixo e onde rodopiavam velhos jornais; aquela pobreza me refrescara, pois eu mal suportava o odor pesado de dólares que se respirava nos grandes hotéis e nos restaurantes elegantes. "Voltarei a Chicago", dizia a mim mesma; Algren me pedira isso, e eu tinha vontade; mas se essa partida já nos tinha sido dolorosa, a próxima não nos feriria ainda mais? Fiz a pergunta na carta que lhe enviei. "Tanto pior se uma nova separação for difícil", respondeu-me ele.

Passaram-se as semanas; de volta a Nova York, algumas amizades estreitaram-se; uma, sobretudo, me ocupava muito. No início de maio, Sartre me pediu, em uma de suas cartas, para retardar minha partida, pois M. ia ficar ainda uns dez dias em Paris. Senti então aquela nostalgia que emprestei a Anne em *Os mandarins*: estava farta de ser uma turista; queria passear de braços dados com um homem que, provisoriamente, fosse meu; pensava no meu amigo nova-iorquino; mas ele não queria mentir para a mulher, nem confessar-lhe uma aventura: renunciamos. Decidi telefonar a Algren: "Você pode vir aqui?", perguntei-lhe. Ele não podia. Mas desejava muito me ver em Chicago. Marquei encontro com ele no aeródromo.

Nosso primeiro dia assemelhou-se ao de Anne e Lewis em *Os mandarins*: embaraço, impaciência, mal-entendido, cansaço, e enfim o deslumbramento de um entendimento profundo. Só fiquei três dias em Chicago; tinha que acertar umas coisas em Nova York; convenci Algren a me acompanhar: era a primeira vez que ele entrava num avião. Eu tomava providências, fazia compras, despedidas: por volta de cinco horas, voltava para o nosso quarto, e não nos deixávamos mais até de manhã. Aconteceu de muitas vezes me falarem dele; diziam-no instável, suscetível e até mesmo neurótico: agradava-me ser a única a conhecê-lo. Se demonstrava, como pretendiam, grosseria e brutalidade, eram apenas defesas. Pois ele possuía aquele dom, dos mais raros, que eu chamaria de bondade se essa palavra não estivesse tão deturpada: digamos, uma verdadeira preocupação com os homens. Disse-lhe, antes de deixá-lo, que minha vida estava feita na França, para sempre; ele acreditou, sem entender nada. Disse também que nos reveríamos, mas não sabíamos quando nem como, e cheguei a Paris totalmente transtornada. Sartre também estava com problemas. Antes de embarcar para a França, M. lhe dissera francamente: "Eu vou, decidida a fazer tudo para que você me peça para ficar." Ele não pedira. Ela quis prolongar sua permanência até julho. Embora tivesse sido muito simpática comigo em Nova York, não morria de amores por mim. A fim de evitar atritos, instalei-me com Sartre nos arredores de Paris, num pequeno hotel perto de Port-Royal; era quase o campo, havia rosas no jardim, vacas nos prados, e eu trabalhava ao ar livre, ao sol. Passeávamos pelo caminho de Jean Racine, invadido pelo capim e escalonado de maus alexandrinos. Certas noites, Sartre ia a Paris para encontrar M. Esse modo de vida me teria sido conveniente se ela se satisfizesse com ele: mas não. Nas noites em que Sartre ficava em Saint-Lambert, ela lhe telefonava dramaticamente. Não se resignava ao fato de que ele a deixasse ir embora. Mas como agir de outro modo? As circunstâncias não favoreciam as soluções intermediárias. Se M. se instalasse em Paris, sacrificando sua situação, suas amizades, seus hábitos, tudo, ficaria no direito de esperar tudo de Sartre: era mais do que ele lhe poderia oferecer. Mas se ele a amava, como suportaria não vê-la durante meses? Ele suportava suas queixas com remorso: sentia-se em falta. É verdade que ele advertira M.: estava fora de cogitação construir sua vida com ela; mas, dizendo-lhe que a amava, ele desmentia essa advertência; pois o amor — sobretudo aos olhos das mulheres — vence todas as barreiras. M. não estava inteiramente errada: as juras de amor só traduzem a violência de um momento, as restrições e as reservas não amarram mais; em todos os casos, a verdade do presente varre imperiosamente as palavras antigas, era normal que M. pensasse: as coisas mudarão. Seu erro foi tomar por simples precauções verbais o que era em Sartre menos uma decisão do que um saber; e pode-se julgar que ele a iludira, na medida em que lhe era impossível comunicar a ela a evidência. Por seu lado, aliás, ela não lhe dissera que, ao se engajar nessa história, recusava seus limites; talvez ele tivesse sido leviano em não imaginar isso; sua desculpa é que, embora recusando-se a alterar suas relações comigo, ele estava profundamente apegado a ela e quisera acreditar que seria possível uma conciliação.

Apesar da suavidade do verão nascente, passei dois meses penosos. Eu absorvera logo o fracasso do meu último romance, depois do insucesso das *Bouches inutiles*; mas em surdina ele me entristecia. Eu não progredia mais, estagnava. Não conseguira decidir a me desligar da América; tentei prolongar minha viagem com um livro; não tinha tomado notas: longas cartas a Sartre, alguns encontros registrados numa agenda ajudaram minha memória. Essa reportagem me interessava; mas não mais do que meu ensaio sobre a mulher — provisoriamente abandonado —, ele me dava o que eu até então pedira à literatura: a impressão de ao mesmo tempo arriscar-me e superar-me, uma alegria quase religiosa. "Faço um trabalho de marmota", dizia eu a Sartre. De qualquer modo, a dificuldade e o prazer de escrever não teriam bastado para acalmar a lembrança dos meus últimos dias na América. Não era impossível voltar a Chicago, já que não mais havia o problema do dinheiro; mas não seria melhor renunciar? Perguntava-me isso com uma ansiedade que beirava o desvario. Para me serenar, tomei calmantes; na hora, isso me equilibrava; mas suponho que esse expediente não foi estranho às angústias que conheci na época; fundadas, reais, minhas preocupações poderiam ao menos conter-se dentro de formas discretas: ora, elas eram acompanhadas de um desequilíbrio físico que meus maiores desesperos nunca haviam provocado, mesmo quando o álcool os ampliava. Talvez o abalo da guerra e do pós-guerra me tivessem predisposto a esses paroxismos. Talvez também, antes que eu me resignasse à idade e ao meu fim, essas crises tivessem sido uma última revolta: eu ainda queria separar as trevas da luz. De repente, tornava-me uma pedra, o aço a fendia: era o inferno.

Quando voltei, dei uma festa, uma noite de descanso, na adega para onde se haviam transportado *Les Lorientais*,[59] na rua Montagne-Sainte-Geneviève. Vian, que dirigia o bar, serviu logo misturas implacáveis; muitos convidados mergulharam em torpor; Giacometti adormeceu. Eu fui prudente e aguentei firme até de madrugada; ao partir, esqueci minha bolsa; fui procurá-la com Sartre, à tarde. "E o olho?", perguntou-nos o porteiro, "vocês não querem o olho?" Um amigo dos Vian, que eles chamavam de Major, pousara seu olho de vidro sobre o piano e o deixara lá. Um mês depois, inaugurou-se o Tabou, uma adega da rua Dauphine, onde Anne-Marie Cazalis, poetisa russa laureada com o prêmio Valéry alguns anos antes, recebia os clientes; Vian e sua orquestra instalaram-se no Tabou, cujo sucesso foi logo enorme. Bebia-se, dançava-se e também se brigava muito, no interior e diante da entrada. Os habitantes do bairro declararam guerra a Anne-Maria Cazalis; à noite, jogavam baldes de água na cabeça dos clientes, e até mesmo sobre todos os passantes. Eu não fui ao Tabou. Não vi *Gilda*, do qual todos falavam. Nem mesmo assisti à conferência que Sartre fez sobre Kafka, em benefício da Liga Francesa pela Palestina Livre.[60] Quase não saía mais de Saint-Lambert.

Sartre me pusera ao corrente de sua vida através de cartas, e voltamos a falar dela. Ele assistira a *As criadas*, de Genet, que Jouvet montara às avessas. Revira Kœstler. Desejara entregar-lhe as *Reflexões sobre a questão judaica*, que acabavam de sair; Kœstler atalhou-o: "Fui à Palestina; estou saturado dessa questão; devo preveni-lo de que não lerei seu livro." Graças à intervenção de M., que conhecia Camus, Sartre e ele se reconciliaram. *A peste* foi publicada naquele momento; nele se encontrava, por momentos, o tom de *O estrangeiro*; a voz de Camus nos tocava; mas associar a Ocupação a um flagelo natural era mais um meio de fugir da História e de seus verdadeiros problemas. Todo mundo concordava facilmente com a moral desencarnada que decorria daquele apólogo. Pouco depois da minha volta, Camus afastou-se do *Combat*: a greve dos jornais comprometera o equilíbrio financeiro deles. O jornal foi desencalhado por Smadja, e retomado por Bourdet, que o havia fundado,

---

[59] Esse era o nome do grupo de Claude Luter.
[60] Era o momento em que se desenrolava o caso *Exodus*.

mas que se encontrava num campo de concentração quando ele saiu da clandestinidade. Num certo sentido, essa mudança era feliz: o *Combat* assumiu novamente posições de esquerda; mas Camus tinha sido de tal forma associado a ele que sua partida marcava para nós o fim de uma época.

A época atual não era alegre. Assim que aterrissei, a pobreza da França me impressionou. A política de Blum — congelamento dos preços e salários — fracassou: faltavam carvão e trigo, a ração de pão foi reduzida, era impossível comer e vestir-se sem recorrer ao mercado negro, e o salário dos operários não lhes permitia isso. Para protestar contra o rebaixamento de seu nível de vida, vinte mil operários entraram em greve em 30 de abril, na Renault. A fome provocou sublevações e novas greves — portuários, gás e eletricidade, estradas de ferro — que Ramadier imputava a um maestro invisível. Fiquei sabendo das represálias que o exército exercera contra os malgaxes:[61] oitenta mil mortos. E ainda se lutava na Indochina.[62] No momento da minha partida para a América, os jornais estavam cheios de relatos sobre a rebelião de Hanói. Só quando voltei fiquei sabendo que ela fora provocada pelo bombardeio de Haiphong: nossa artilharia matara seis mil pessoas: homens, mulheres e crianças. Ho Chi Minh passou aos guerrilheiros. O governo recusava-se a negociar; Coste-Floret afirmava: não há mais problemas militares na Indochina; ao passo que Leclerc previa anos de guerrilha.

O PC tomou partido contra essa guerra; protestou contra a prisão dos cinco parlamentares malgaxes; os ministros comunistas apoiaram a greve das fábricas Renault e saíram do governo. Entretanto, De Gaulle falava em Bruneval, anunciava em Strasbourg a formação do RPF. Desmascarava-se a luta de classes. E as oportunidades não estavam mais do lado do proletariado; a burguesia reconstituíra suas estruturas e a conjuntura a favorecia.

A ruptura da unidade francesa era, efetivamente, em grande parte comandada pelo fim da solidariedade internacional. Apenas dois anos haviam passado desde que eu vi no cinema GIs e soldados russos juntos, dançando de alegria, em Torgau, às margens do Elba. Hoje, num arroubo de generosidade, os EUA projetavam "satelitizar" a Europa, inclusive os países do Leste;

---

[61] Em março, eles massacraram cerca de duzentos colonos. A cifra de oitenta mil não foi desmentida pelo governo. Foi divulgada — enquanto a das últimas de Sétif permaneceu secreta — porque naquele momento os comunistas estavam na oposição.
[62] Em 6 de março de 1946, a França reconheceu a República do Vietnã, presidida por Ho Chi Minh. Mas as manobras de Saigon e a "política de força" de Bidault contrariaram esses acordos.

Molotov contra-atacava rejeitando o Plano Marshall. Iniciava-se a guerra fria. Mesmo à esquerda, muito poucas pessoas aprovaram a recusa dos comunistas: entre os intelectuais, Sartre e Merleau-Ponty foram quase os únicos a apoiar o ponto de vista de Thorez sobre a "armadilha ocidental".

Entretanto, entre Sartre e os comunistas as comunicações estavam rompidas. Os intelectuais do partido encarniçavam-se contra ele, porque temiam que lhes roubasse a clientela: julgavam-no tanto mais perigoso quanto mais próximo estivesse deles. "Você impede as pessoas de virem a nós", disse-lhe Garaudy; e Elsa Triolet: "Você é um filósofo, portanto um anticomunista." O *Pravda* lançara contra o existencialismo injúrias ridículas, mas ainda assim aflitivas; Lefebvre o "executou", num livro exaltado por Desanti em *Action*, e por Guy Leclerc em *Les Lettres françaises*. Em *La Pensée*, foi publicado *La Sainte Famille existentialiste*, de Mougin, outra magistral execução, no dizer dos entendidos do PC. Garaudy, embora qualificando Sartre como "coveiro da literatura", conservava certa decência no insulto, mas Kanapa, em *L'Existentialisme n'est pas un humanisme*, nos chamava, num tom ignóbil, de fascistas e de "inimigos dos homens". Sartre decidiu não mais forçar-se a contemporizações. Fez assinar — entre outros, por Bost, Fombeure, Schlumberger, Mauriac e Guéhenno — um texto protestando contra as calúnias espalhadas sobre Nizan, e a imprensa o publicou; o CNE replicou, e Sartre responderia na *Temps Modernes* de julho. Esta ruptura era inevitável, pois ele escrevia, em *O que é literatura?*, que a *Temps Modernes* estava publicando: "A política do comunismo stalinista é incompatível com o exercício honesto do ofício literário." Reprovava o cientismo primário do PC, suas oscilações entre o conservantismo e o oportunismo, um utilitarismo que degenerava a literatura em propaganda. Suspeito entre os burgueses, apartado das massas, Sartre condenava-se a não ter público, mas apenas leitores; essa solidão, ele a assumia de bom grado, pois ela lisonjeava seu gosto pela aventura. Nada mais desesperado do que essa experiência, nada mais alegre. Ao rejeitá-lo, os comunistas o condenavam politicamente à impotência; mas já que nomear é revelar e revelar é mudar, ao aprofundar a ideia de engajamento, ele descobria na escrita uma práxis. Reduzido à sua singularidade de pequeno-burguês, recusando-a, ele experimentava uma espécie de "consciência infeliz"; mas não gostava de lamentações, e não tinha dúvidas de que conseguiria superar esse estado.

Assisti a uma projeção de *Jeux sont faits*, rodado por Delannoy a partir de um roteiro de Sartre, já antigo. Depois, junto com Bost e Olga, que voltara de Leysin e que estava melhor, ceamos no Véfour. Micheline Presle transbordava de beleza e de talento; mas Pagliero, de quem eu gostei tanto em *Roma, cidade aberta* — vi o filme em Nova York —, falava francês com um tal sotaque que fora preciso dublá-lo; o efeito era lamentável. E os heróis pareciam tão mortos depois da ressurreição quanto antes dela.

Em junho, foi conferido — pela última vez — o prêmio da Pleiade. A sessão, contou-me Sartre, foi tumultuada; ele conseguiu que se laureasse o teatro de Genet — *As criadas* e *Haute surveillance* —, mas Lemarchand pediu demissão. Como todo ano, fui convidada a tomar café com os membros do júri. Quando entrei na sala de jantar, Malraux falava e os outros faziam silêncio; ele falava de *A peste*. "A questão", dizia ele, "é saber se Richelieu teria podido escrever *A peste*. Eu respondo que sim. Aliás, o general De Gaulle a escreveu: chama-se *Au fil de l'épée*". Disse também, agressivamente: "Foi para que um Camus pudesse escrever *A peste* que homens como eu deixaram de escrever."

Apesar de a temporada já estar avançada, um teatro de Londres apresentava *A prostituta respeitosa* e *Mortos sem sepultura*. Nagel transmitiu a Sartre um convite do diretor; eu teria ficado muito satisfeita com isso, se ele não nos tivesse acompanhado; por ter medo de avião, exigiu que fizéssemos de trem a viagem, durante a qual não parou de tagarelar. Em Londres reservara um estranho apartamento mobiliado, que partilhou conosco, perto de St. James Square. Fomos rever sem ele os museus e as ruas. Bombardeios, bombas Vl, V2: ruínas por toda parte; invadidas por roseiras silvestres, elas ofereciam, no coração daquela cidade opaca, espaços livres, perspectivas, jardins. De novo, quinze anos depois, Londres nos conquistou. Lamentei só passar quatro dias lá.

Nagel marcou uma entrevista coletiva para Sartre; ficou estupefato quando eu disse que não a assistiria; depois, seu rosto se iluminou: "Ah!", disse ele, "você é muito inteligente!" Não imaginava que simplesmente eu tinha vontade de passear; ele achava que eu estava sendo premeditada: esperaria que os jornalistas demonstrassem interesse por *mim*. Num cenário de um luxo opressivo — móveis antigos, quadros de mestres — vimos o sátrapa Alexandre Korda. Encontramos gente de teatro em bares e restaurantes. E assistimos ao ensaio geral. Num tom risonho, o diretor disse a Sartre: "Você vai ter uma surpresa..." Tivemos, sim: ele suprimira um quadro. Durante a representação, Rita Hayworth, usando um vestido de noite escuro, de veludo negro, e escoltada por uma acompanhante, fez uma entrada muito notada na sala. Ceamos com ela em casa de um holandês: havia apenas cerca de sete ou oito pessoas, e a reunião foi insípida. Ombros dourados, colo palpitante, Rita Hayworth estava magnífica; mas uma *star* sem marido é mais desolador do que uma criança órfã. Ela falou gentilmente de seu passado. O holandês fez observações racistas, e ela protestou. "Afinal, se você tivesse uma filha, permitiria que ela se casasse com um negro?", disse ele. "Ela se casaria com quem quisesse", respondeu ela. Certamente não era menos inteligente que a média das mulheres que não fazem de sua beleza profissão.

Pouco tempo depois, Sartre acompanhou M. ao Havre. Ela partiu queixando-se de que ele a violentara. Escreveu dizendo que jamais voltaria, que partiria para sempre. Sob um calor de quarenta graus (nunca se vira verão semelhante, diziam os jornais) arrastamos dias opressivos em Paris. Pagniez, que quase não víamos mais, mas por quem conservávamos muita afeição, contou-nos que sua mulher sofria de uma doença do sangue que matava em um ou dois anos. Sartre ruminava remorsos. Entrei aliviada no avião que nos levava a Copenhague. Estava fresco naquela bela cidade vermelha e verde. Mas nosso primeiro dia me fez lembrar as horas sombrias durante as quais lagostas perseguiam Sartre; era um domingo, nós nos misturamos às famílias que passeavam à beira-mar; Sartre calava-se, eu também, e perguntava a mim mesma, com terror, se nos havíamos tornado dois estranhos. Nossas obsessões dissiparam-se pouco a pouco nos dias seguintes, enquanto passeávamos entre as atrações do Tivoli e nas boates de marinheiros, onde bebíamos aguardente até tarde da noite.

Desembarcáramos na Suécia em Helsingborg. Através de canais e lagos onde navegavam flotilhas de troncos de árvores, tínhamos alcançado Estocolmo em três dias de viagem de barco. Gostei daquela cidade, toda em vidraças e em água, e da branca lentidão das tardes hesitando à beira da noite.

Alguns suecos que Sartre conhecia nos mostraram velhas ruas, velhos restaurantes, um encantador teatro antigo entre bosques e lagos. Certa noite, no campo aonde nos haviam levado, vimos a aurora boreal. Muitas vezes eles me importunavam: como ser sensível às coisas quando se tem que dizer delicadezas sem parar? Essas pressões agravavam uma tensão que não se tinha relaxado. Eu tinha pesadelos. Lembro-me de um olho amarelo atrás da minha cabeça, que uma longa agulha de tricô furava. E as angústias se apoderaram novamente de mim. Tentei exorcizar essas crises com palavras:

"Os pássaros me atacam — conservá-los à distância é um combate extenuante, afastá-los dia e noite: a morte, nossos mortos, a solidão, a vaidade; à noite eles caem sobre mim; de manhã, levam tempo para alçar voo. E se algo no meu corpo fraqueja, ei-los que voltam voando rápido. Nos cafés de Estocolmo estas duas cores berravam: laranja e verde, aquela combinação era um sofrimento. Uma mão me pegou pela pele do crânio, puxava, puxava, e a cabeça alongava-se indefinidamente, era a morte que queria me levar. Ah! Chega! Vou pegar um revólver e atirar. É preciso treinar. Em coelhos, talvez, para começar..."

Sozinha com Sartre, subi para o norte de trem, depois de barco, através de um rosário de lagos. Descobrimos paisagens novas: florestas anãs de solo cor de ametista, plantadas de arvorezinhas vermelho-coral e amarelo-ouro; elas me davam uma impressão de infância e de mistério: um duende ia surgir na curva de um atalho. De fato, certa vez vimos uma aparição: um traseiro muito branco de mulher grávida: dois casais banhavam-se, tranquilamente nus, ao pé de uma cascata. Desembarcamos numa aldeia onde viviam pobremente os lapões: bem pequenos, o rosto franzino num sorriso imóvel, usavam roupas azul-claras, bordadas de amarelo, e mocassins de pele de foca; um helicóptero pousava todos os dias na praça: o médico não tinha outro meio de visitar aquele lugar, que era servido por apenas um barco por semana. Paramos por vários dias em Abisko; o hotel era de madeira e havia uma corda com nós em cada quarto, para que o cliente pudesse escapar em caso de incêndio.[63] A toda a volta estendia-se uma vasta floresta e, quando eu me sentava com um livro, renas se aproximavam de mim.

Nenhuma estrada passava em Abisko, apenas a ferrovia: o carteiro e o leiteiro usavam-na, utilizando curiosos veículos a pedal, de um vermelho vivo. Certa tarde, entretanto, naquela solidão, o telefone tocou; um jornalista de Estocolmo anunciou a Sartre que, em consequência de queixas dos vizinhos, a polícia fechara o Tabou por quinze dias: que pensava ele disso? Escalamos o monte Njulja, espantados de encontrar neves eternas a mil e quatrocentos metros e confusos com a evidência de que nunca voltaríamos

---

[63] O hotel foi destruído por um incêndio dois anos mais tarde, em 1949.

ali; mesmo Sartre, menos sensível que eu ao abandono das coisas, ficou tocado: aquela paisagem de pedras matizadas, e coroada de neve, onde o crepúsculo fundia-se com a aurora, continuaria a se oferecer, e nosso olhar se afastaria dela para sempre. Certa manhã, tomamos o trem para Narvik: a cidade estava em frangalhos; sua miséria contrastava com a opulência sueca. A história decididamente zombava da moral.

Na volta, paramos em casa de um velho príncipe sueco, amigo das letras e das artes, que Sartre já havia encontrado; era casado com uma francesa; moravam em uma bela casa, entre calmos valezinhos, e estavam maravilhados com a própria felicidade. "Também nós teremos a nossa velhice feliz!", disse a mim mesma, enquanto degustava uma velha *aquavita*, envelhecida em barris de madeira; eu devia estar ainda mais abalada do que me lembro para me refugiar num sonho tão distante e tão sereno; mas o fato é que ele acabou de me reconfortar e eu voltei à França tranquilizada.

Parti logo; decidi voltar a Chicago em meados de setembro. Perguntei a Algren por telegrama se ele estava de acordo. Estava. Entrei num avião da TWA, que levava de Atenas para a América camponeses e pequenos comerciantes gregos. Era um velho aparelho ofegante, que voava a uma altitude máxima de dois mil metros, e que levava doze horas para ir de Shannon aos Açores. Adormeci durante esse trajeto e despertei sobressaltada: o avião virava; um motor acabava de parar, e voltávamos para Shannon. Durante cinco horas, o medo quase não me deixou; eu lia narrativas de ficção científica; evadi--me por dez minutos para um outro planeta, ou para a pré-história, e me reencontrei acima do oceano: se um outro motor parasse, eu ia submergir. Ah! Como desejei que a morte viesse a mim disfarçada, sem me infligir sua iminência, nem, sobretudo, sua solidão! À minha volta, ninguém se mexia. Mas que explosão de tagarelice, de repente, quando o avião aterrissou! Um ônibus nos levou para muito longe, à beira de um fiorde, para uma falsa aldeia que dependia do aeroporto: cada um tinha uma pequena casa sua, com uma lareira queimando turfa. Permaneci ali dois dias. Vagabundeava por estradas onde os cartazes e os marcos apresentavam sinais indecifráveis; sentava-me nos prados suavemente inclinados, de um verde acinzentado, cortados de muretas muito baixas, de pedra cinzenta. No bar, bebia uísque irlandês, enquanto lia o primeiro romance de Algren, que me contava sua juventude. Não estava mais certa de que ele existia, nem Chicago, nem Paris. Partimos de novo; quando o avião pousou nos Açores, um pneu estourou e esperei ainda cerca de dezoito horas num saguão. Em seguida, atravessamos tempestades: de nuvem em nuvem, o avião caiu mil e quinhentos metros. Na chegada, eu estava moída de corpo e alma. Os fiscais da alfândega demoravam demais em avaliar os quilômetros de rendas que os gregos carregavam em suas malas: quando saí, Algren não estava no saguão e pensei que nunca mais o reencontraria.

Ele me esperava há quatro dias, na casa de Wabansia, e desde o primeiro olhar eu soube que tivera razão em voltar.

Foi durante essas duas semanas que descobri Chicago:[64] as prisões, os postos de polícia e os *line-up*, os hospitais, os matadouros, as boates, os bairros pobres, com seus terrenos baldios e suas urtigas. Vi pouca gente. Entre os amigos de Algren, uns trabalhavam no rádio e na televisão; aliás, tinham muita dificuldade de conservar seus empregos; em Hollywood, a depuração anticomunista semeava o pânico e por toda parte nos EUA os liberais passavam por vermelhos; os outros eram drogados, jogadores, putas, ladrões, foragidos da justiça, homens fora da lei; eles escapavam ao conformismo americano; era por isso que Algren se sentia bem com eles; mas eram pouco acolhedores. Ele falava deles no romance que estava escrevendo. Li uma primeira versão, em folhas amarelas, datilografadas e cobertas de rasuras. Li também os autores dos quais Algren gostava: Vachel Lindsay, Sandburg, Masters, Stephen Bennet, velhos revoltados que haviam defendido a América contra aquilo em que ela estava se transformando. Reli jornais e revistas para completar minha reportagem.

De novo Algren me perguntou se eu não queria ficar definitivamente com ele e expliquei-lhe que era impossível. Mas nos separamos menos tristemente do que em maio, porque na primavera eu voltaria, e faríamos juntos uma viagem de vários meses, ao longo do Mississipi e iríamos à Guatemala e ao México.

***

---

[64] Em *L'Amérique au jour le jour*, amalgamei essa segunda permanência à primeira.

Em julho, De Gaulle chamou os comunistas de "separatistas" e o PC de "inimigo público número um". A burguesia francesa sonhava com a guerra preventiva. Regalava-se com os livros de Kœstler, de Kravtchenko e com outros do mesmo gênero, assinados por comunistas arrependidos.

Encontrei alguns desses convertidos, e eles me espantaram com o lirismo delirante do seu ódio. Não propunham nenhuma análise da URSS, nem qualquer crítica construtiva: contavam romances-folhetins. O comunismo era para eles uma Conjuração mundial, uma Conspiração, uma Quinta Coluna, uma espécie de Cagoule,[65] ou de Ku-Klux-Klan. O desvario que se lia em seus olhos acusava o regime capaz de tê-lo suscitado; mas era impossível traçar uma linha entre suas fabulações e as mentiras stalinistas. Desconfiavam violentamente uns dos outros e cada um considerava criminosos aqueles que haviam deixado o partido antes dele.

Havia uma outra categoria de pessoas que também não nos agradava: os simpatizantes a todo custo. "Quanto a mim", dizia orgulhosamente um deles, "os comunistas podem me dar todos os pés na bunda que quiserem: não me desanimarão". Diante dos fatos mais perturbadores — naquele momento, o enforcamento de Petkov —, fechavam os olhos: "É preciso acreditar em alguma coisa." Para nós, a URSS era o país onde se encarnava o socialismo, mas também uma das duas potências onde germinava uma nova guerra; provavelmente, ela não a desejava: entretanto, tendo-a como fatal, preparava-se, e por isso punha o mundo em perigo. Recusar-se a se alinhar ao seu lado não era uma atitude negativa, afirmava Sartre em *O que é literatura?*: estudando a alternativa dos dois blocos, ele tomava a decisão de inventar uma outra saída.

Um de seus antigos colegas, Bonafé, conhecia bem Ramadier e sugeriu-lhe que nos confiasse uma tribuna no rádio. Sartre aceitou. Não queríamos depender da presidência do conselho; a transmissão da *Temps Modernes* foi vinculada ao serviço das "emissões literárias e dramáticas". Na primeira semana, Sartre — assistido por um grupo de amigos dos quais eu fazia parte — exortou seus ouvintes a recusarem a política dos blocos: aderindo a um ou a outro, não se faria mais do que exacerbar o conflito entre eles; ele afirmou que a paz era possível e atacou os redatores do *France-Dimanche* que, num dos últimos números, haviam deixado espetacularmente em branco o espaço

---

[65] Sociedade secreta de extrema direita que reuniu, na França, de 1932 a 1940, diversas organizações de ação terrorista. (N.T.)

reservado à manchete, recusando-se, como explicavam, a imprimir as palavras que se impunham: "Teremos a guerra antes do Natal."

No dia seguinte à vitória do RPF[66] nas eleições cantonais, dirigimos nossa transmissão contra De Gaulle. Segundo um procedimento utilizado por Pascal nas *Províncias*, demolíamos — Sartre, Bonafé, Merleau-Ponty, Pontalis e eu — os argumentos de um pseudogaullista cujo papel era representado por Chauffard; todas as afirmações que lhe emprestávamos eram tiradas de jornais RPF e havíamos especificado que o personagem era composto por um ator: nem por isso deixaram de nos acusar de fraude. Reprovou-se em Bonafé uma violência que era realmente inábil; mas, de qualquer modo, houve indignação: nunca a imprensa nos cobriu tão generosamente de lama. Bénouville e Torres pediram a Sartre que retomasse a discussão com eles, diante do microfone: ele aceitou; mas provavelmente temeram que Sartre lhes desse uma lição com demasiada facilidade; largando-o num dos escritórios da rádio, reuniram-se num outro, para se consultar e, quando retornaram, declararam que, pensando bem, tendo Sartre passado dos limites, eles se recusavam a um debate público. Aron acompanhou Bénouville, com quem se solidarizou; essa atitude consumou a rusga latente entre Sartre e ele, desde que começara a escrever no *Figaro* e a simpatizar com o RPF.

Nossa conversa sobre o PC foi divulgada duas semanas mais tarde. Expulsos do governo, atacados pelos socialistas, odiados pela burguesia, o isolamento dos comunistas não os incitava à flexibilidade; no entanto, Hervé mandou pedir oficialmente a Sartre para tomar a iniciativa de "comitês de vigilância" antifascistas. Comedimos nossas críticas e nossas reticências de modo a não tornar impossível a luta comum. O procedimento inspirado por Hervé foi desacreditado e ele nos massacrou. Gravamos algumas outras conversas: uma entrevista de Rousset, que voltava da Alemanha; uma discussão sobre o que a direita chamava de "materialismo sórdido" das massas. Mas, em 3 de dezembro, quando Schumann substituiu Ramadier, suprimiu imediatamente nosso programa.

Enquanto Schumann cuidava de suscitar uma "terceira força", os preços subiam 51%, e os salários apenas 19%; Ramadier suprimiu as subvenções do carvão: houve logo um aumento de 40% sobre o carvão, o gás, a eletricidade

---

[66] Rassemblement du Peuple Français (União do Povo Francês) foi fundado em 1947 por De Gaulle. (N.T.)

e os transportes. Nas minas, em Paris e em Marseille, estouraram greves que se transformaram em motins quando Schumann pretendeu fazer com que fosse votada uma lei antigreve; vias férreas foram sabotadas; os mineiros lutaram contra os CRS[67] enviados por Moch para garantir a "liberdade de trabalho". Entretanto, a unidade sindical quebrou-se; o número de grevistas caiu de três para um milhão. A FO[68] desligou-se da CGT;[69] a classe operária viu-se demasiadamente enfraquecida para que pudesse impedir a "marshalização" da França.

Alguns socialistas — Marceau-Pivert, Gazier —, desejosos de constituir uma oposição no seio da SFIO, pediram apoio a homens de esquerda que não pertenciam a nenhum partido: juntos, redigiriam um apelo em favor da paz, através da criação de uma Europa socialista e neutra. Toda semana, nós os encontrávamos em casa de Izard com Rousset, Merleau-Ponty, Camus, Breton e alguns outros. Discutíamos cada palavra, cada vírgula. Em dezembro, enfim, o texto foi assinado pelas revistas *Esprit* e *Temps Modernes*, além de Camus, Bourdet, Rousset, e publicado na imprensa. Camus e Breton jogaram, então, na arena o problema da pena de morte: reivindicavam a abolição desta em matéria política. Muitos de nós pensávamos que, ao contrário, é este o único âmbito em que ela se justifica. Dispersamo-nos.

Tínhamos com Camus outras divergências; politicamente, permaneciam entre nós, apesar de tudo, pontos comuns; ele nutria aversão pelo RPF; brigara (ou se preparava para fazê-lo) com Ollivier, ligado ao gaullismo e que escrevia no *Carrefour*. Menos íntima, menos livre do que antes, nossa amizade subsistia. Em compensação, rompemos com Kœstler naquele inverno.

No início, ele se mostrou muito amistoso. Eu trabalhava no Flore, certa manhã de outono; ele entrou lá, com Mamaine, e propôs: "Vamos tomar um vinho branco"; e os segui até um bar vizinho; no balcão, ele disse: "Nós vamos ao Jeu de Paume, você vem conosco?" "Por que não?" Eles riram: "A gente chega e você está livre; você está sempre livre, é maravilhoso." Eles estavam felizes por reencontrar Paris, e era agradável olhar os quadros com eles. Kœstler examinou as grandes fotografias expostas no térreo e franziu maliciosamente as pálpebras: "Vocês veem; todos os pintores que têm grandes

---

[67] Compagnies Républicaines de Securité, polícia especial, criada em 1948, e responsável pela ordem pública. (N.T.)
[68] Force Ouvrière (Força Operária). (N.T.)
[69] Confédération Générale du Travail (Confederação Geral do Trabalho). (N.T.)

e belas cabeças, cabeças de gênio, são medíocres. Ao passo que Cézanne e Van Gogh têm umas cabecinhas de nada... como Sartre e eu." Vaidade tão infantil me parecia quase comovente. Eu ficava mais incomodada quando ele assumia um ar competente: "Qual a tiragem de *A peste*? Oitenta mil. Não é mau..." — e lembrava que *O zero e o infinito* chegara aos duzentos mil.

Quando o revi com Sartre, nós o achamos muito mais sombrio e mais agitado que no ano anterior. Preocupava-se com o sucesso do seu último livro, que acabara de sair em Londres. Passava muitas vezes na recepção do seu hotel, o Pont-Royal, para ver se seu editor lhe enviara recortes de jornal. As tropas de ocupação haviam deixado a Itália, onde começavam a se preparar as primeiras eleições. Ele foi enviado como correspondente por um jornal inglês e voltou convencido de que elas seriam um triunfo para os comunistas: encorajado, o PC francês tomaria o poder e a Europa inteira cairia rapidamente nas mãos de Stalin. Excluído desse futuro, ele pretendia interditá-lo a todos os seus contemporâneos: os próprios mecanismos do pensamento iam ser perturbados; ele acreditava na telepatia: esta iria desenvolver-se de um modo que desafiava todas as antecipações. O preço do seu "catastrofismo" eram dores de cabeça, sonolências e mau humor.

Ele quis repetir a noite do Sheherazade. Nós o seguimos, Mamaine, Camus, Sartre e eu — Francine estava ausente —, a uma outra boate russa. Ele fez questão de informar ao *maître* que este tinha a honra de servir Camus, Sartre e Kœstler. Num tom mais hostil que o do ano anterior, ele retomou o tema: "Não há amizade sem acordo político." Para se distrair, Sartre fazia a Mamaine uma corte demasiado aberta para ser indiscreta e que nossa embriaguez comum desarmava. De repente, Kœstler jogou na cabeça de Sartre um copo que se estilhaçou contra a parede. Suspendemos a sessão. Kœstler não queria voltar para casa, e além disso perdera a carteira; demorou-se no cabaré; Sartre titubeava na calçada, rindo sem motivo, quando Kœstler decidiu subir de novo a escada, de quatro. Quis retomar a querela com Sartre. "Vamos! Vamos embora para casa!", disse amigavelmente Camus, empurrando-o pelo ombro; ele soltou-se com violência e atingiu Camus, que quis jogar-se sobre ele: nós o impedimos. Deixando Kœstler nas mãos de sua mulher, entramos no carro de Camus; convenientemente encharcado de vodca e champanhe, ele tinha lágrimas nos olhos: "Era meu amigo! E ele me atingiu!"; desmoronava sobre o volante, deixando que o carro desse apavorantes guinadas;

nós o endireitávamos, sóbrios pelo medo. Muitas vezes, nos dias seguintes, evocamos juntos essa noite; Camus nos perguntava, perplexo: "Vocês acham que se pode continuar a beber assim e trabalhar?" Não. E de fato, para os três esses excessos se haviam tornado muito raros; eles haviam tido um sentido, no momento em que ainda nos recusávamos a admitir que a vitória nos fosse roubada: agora, já nos havíamos resignado.

Kœstler declarava então que, pensando bem, o gaullismo era para a França a melhor solução. Brigou várias vezes com Sartre. Um dia em que eu me encontrava com Violette Leduc no bar do Pont-Royal, ele se aproximou, acompanhado de um membro do RPF que me agrediu à queima-roupa: publicamente, Sartre combatia De Gaulle; mas o Rassemblement entrara em contato com ele, fez-lhe promessas interessantes, e ele se comprometeu a apoiar o movimento. Dei de ombros. O gaullista insistiu, eu me esquentei; Kœstler nos escutava, com um sorriso nos lábios: "Pois bem! Façam uma aposta", disse ele. "Eu tomo nota: aquele que estiver enganado pagará uma garrafa de champanhe." Cortei a conversa. Quando Sartre reprovou sua atitude, Kœstler respondeu rindo que se pode esperar qualquer coisa de qualquer pessoa, e que eu levara a questão muito a sério: "É coisa de mulher!", concluiu ele, buscando em Sartre uma cumplicidade viril que não encontrou. Deixou Paris; quando voltou, pouco depois, encontrou-nos no Pont-Royal e perguntou: "Quando nos vemos?" Sartre pegou a agenda, depois reconsiderou: "Nada mais temos a nos dizer." "Apesar de tudo, não vamos brigar por razões políticas!", disse Kœstler, com uma inconsequência que nos deixou pasmos. Sartre recolocou o caderno no bolso. "Quando temos opiniões tão diferentes, não podemos nem mesmo ver um filme juntos."[70] Nossas relações ficaram nisso. Algumas semanas mais tarde, lemos no *Carrefour* dois artigos — *Où va la France?* — nos quais Kœstler acusava o PC francês de preparar clandestinamente a guerra civil; ele desejava e predizia a vitória do gaullismo.

Os inimigos de Sartre alimentavam os equívocos que se haviam criado em torno do existencialismo. Tinham-se alinhado sob esse rótulo todos os nossos livros — mesmo os de antes da guerra — e os de nossos amigos, entre os quais Mouloudji; e também uma certa pintura, uma certa música. Anne-Marie Cazalis teve a ideia de se aproveitar dessa voga. Ela pertencia, assim

---

[70] Kœstler, contando esse episódio, atribui a mim, de modo inexato, a iniciativa da ruptura.

como Vian e alguns outros, ao mesmo tempo ao Saint-Germain-des-Prés literário e ao mundo subterrâneo do jazz; falando com jornalistas, batizou de existencialista a cambada que a rodeava e a juventude que ficava entre o Tabou e a Pergola. A imprensa, particularmente o *Samedi-Soir*, financeiramente interessada em seu sucesso, fez uma enorme publicidade do Tabou. Naquele outono de 1947, não se passava uma semana sem que se falasse de suas badernas, festividades, dos frequentadores, escritores, jornalistas e políticos. Anne-Marie Cazalis prestava-se pressurosamente às fotografias e às entrevistas, e as pessoas começavam a se interessar por sua amiga, a curvilínea Toutoune, que se tornara uma bela moça de longos cabelos negros: Greco. Em *Victor ou as crianças no poder*, ela representou, no Gaieté-Montparnasse, na casa de Agnès Capri, o papel da peidorreira. Ela ostentava a nova aparência "existencialista". Os músicos das adegas e seus "fãs" haviam descido no verão para a Côte d'Azur; tinham trazido de volta a moda importada de Capri — ela mesma inspirada pela tradição fascista —, suéteres, camisas e calças negras.

Anne-Marie Cazalis me parecera agradável quando eu a entrevira no Flore no momento em que recebeu seu prêmio; era muito ligada a Astruc; Bost tinha amizade por ela; dizia que ela era muito inteligente e notavelmente culta; de educação protestante, a discrição de suas maneiras e de suas conversas contrastava com a imagem que faziam dela os comerciantes do bairro; entretanto, eu lhe tinha raiva porque fora ela quem escrevera, em grande parte, o artigo do *France-Dimanche* sobre "o escândalo Sartre". Quando saímos certa noite com Herbaud, ele teve vontade de parar no Tabou. O lugar era tão barulhento, tão entupido, tão enfumaçado, que não se podia conversar nem respirar. Sentados num canto com Cazalis, conseguimos encontrar, apesar de tudo, um meio de conversar; ela se mostrou engraçada e astuciosa, manejando com arte a elipse, a litote e a alusão. Defendeu-se a propósito do "escândalo Sartre" e concluiu: "Na verdade o responsável é Astruc." Eu gostava bastante de Astruc, e essa perfídia fez com que eu me sobressaltasse. A conversa ficou por ali. Todas as vezes em que revi Anne-Marie Cazalis, fui sensível ao seu charme pontual, à sua malícia, mas ela levava os mexericos às raias da indelicadeza.

Sartre, que gostava da juventude e do jazz, estava aborrecido com os ataques dirigidos contra os "existencialistas"; vagabundear, dançar, ouvir Vian tocar trompete, onde estava o crime? Entretanto, eles eram utilizados para desacreditá-lo. Que confiança conceder a um filósofo cuja doutrina inspira orgias? Como crer na sinceridade política de um "guru" cujos discípulos só vivem para se divertir? Fazia-se ainda mais estardalhaço em torno de seu nome do que em 1944-45, mas com muito mais maldade; a imprensa da Resistência não aguentara e se assistia à volta do jornalismo profissional que nenhuma baixeza intimidava. Durante o grande jantar que deu ao voltar da América, enquanto se preparava para retomar o controle do *France-Soir*, Lazareff declarara: "Vou acabar com o existencialismo." Ele não era o único a desejar isso. Mas, para destruir Sartre era preciso falar dele, de tal modo que a própria imprensa fazia uma publicidade que o acusava de buscar. Entre um relato (venenoso) de seu programa radiofônico sobre o gaullismo e outro (maldoso) de uma conferência que alguns teólogos fizeram sobre ele, descreviam-se as noitadas do Tabou, das quais se pretendia que fosse um dos pilares.[71] Davam a seu respeito mil detalhes desagradáveis ou ridículos, sempre rigorosamente falsos — como, por exemplo, aquele chapéu cinza-pérola, contrastando com a negligência de seus ternos, que ele teria renovado todo mês vaidosamente, no tempo em que era professor: Sartre nunca usara chapéu. Os olhares que nos varriam nos lugares públicos haviam se sujado naquela lama, e eu não gostava mais de sair. Passamos os feriados de Natal em La Pouèze. A Mme Lemaire achava extravagantes as ideias políticas de Sartre e nós suspeitávamos de que ela votara no MRP. Era contra a gratuidade do ensino (bastavam os bolsistas), contra a previdência social (por causa dos abusos), contra as tarifas sindicais (em nome da liberdade de trabalho). Mas não atribuíamos a suas opiniões mais importância do que ela às nossas. Ficávamos sempre felizes por vê-la, primeiro por ela mesma, e porque nos ligava a um passado perdido. Pagniez, como eu disse, afastara-se bastante. Marco saíra de nossa vida: no fim da guerra, um amor infeliz, o fracasso de suas ambições, a calvície e a obesidade o haviam tornado meio louco. Chorava aos borbotões nos braços de Sartre, que, dedicado, o via quase toda semana. Um psiquiatra o submeteu a uma série de eletrochoques. Marco parou de chorar, mas começou a odiar os que o cercavam. Espalhou o boato de que a Mme Lemaire era uma envenenadora e de que eu lhe havia roubado sua biblioteca. Ainda a visitava, rarissimamente.[72] Durante essa permanência, continuei meu ensaio sobre a mulher. Sartre imaginou e depois trabalhou numa nova peça, *As mãos sujas*.

---

[71] Fomos lá duas vezes.
[72] Ele morreu num acidente de carro na Argélia, em 1957.

Em fevereiro, fomos convidados a ir a Berlim, para assistir ao ensaio geral de *As moscas*. "Sobretudo", disse-nos Sperber, que encontramos naquele momento, "não ponham os pés na zona soviética: um carro encosta na calçada, a porta se abre e se apoderam de vocês; ninguém mais os verá".

Não me sentia à vontade quando tomei o trem de Berlim: ver alemães, falar com eles, essa ideia me feria. Enfim! Haviam me ensinado outrora que lembrar-se é esquecer; o tempo corria para todos e corria também para mim. Desde que pus os pés em Berlim, meu rancor se desarmou: por toda parte, ruínas; quantos estropiados e quanta miséria! Alexanderplatz, Unter den Linden, tudo em migalhas. Portas monumentais abriam-se no vazio para hortas, sacadas pendiam obliquamente em fachadas esburacadas. Como escrevera Claudine Chonez na *Temps Modernes*, em Berlim um guarda-chuva e uma máquina de costura sobre uma mesa de dissecação não teriam parecido deslocados, os próprios lugares não tinham mais lugar. Inútil cultivar o desregramento dos sentidos; as coisas deliravam. E eu caminhava, em carne e osso, em meio aos escombros daquele lendário pesadelo: a Chancelaria de Hitler.

Morávamos na zona francesa, em bairros onde algumas casas ainda se mantinham em pé; fazíamos as refeições na casa do adido cultural, na casa de particulares, ou em clubes; certa vez, munidos de tíquetes, tentamos almoçar num restaurante berlinense: só conseguimos uma tigela de sopa. Conversamos com estudantes; nada de livros, nem mesmo nas bibliotecas; nada para comer, o frio, trajetos de uma ou duas horas todo dia, e uma questão lancinante: não fizemos nada; é justo ter que pagar?

O problema do castigo atormentava a todos os alemães; alguns pensavam — sobretudo à esquerda — que deviam conservar uma lembrança vigilante de seus erros; este era o tema do filme *Die mörder sind unter uns*, rodado na zona russa. Outros sofriam as desgraças presentes com rancor. A censura lhes tapava a boca; as publicações e os teatros eludiam-na jogando com a pluralidade das zonas: os americanos aceitavam que se zombasse dos russos, e os russos, dos americanos. Assistimos a uma *Revista* de um humor sombrio, que era uma sátira dessa ocupação.

A encenação de *As moscas* nos desconcertou; a peça estava montada em estilo expressionista, em cenários infernais: o templo de Apolo assemelhava-se ao interior de um abrigo subterrâneo; não a achei bem-representada; entretanto, o público aplaudiu-a com entusiasmo, porque o convidava a se livrar de seus remorsos. Em suas conferências — às quais eu não fui, pois preferia andar pelas ruínas —, Sartre repetiu que era melhor construir o futuro do que deplorar o passado.

Tínhamos passeado no setor soviético, sem nem mesmo perceber que ali penetráramos, e nenhum carro nos raptou; mas os dois russos que encontramos em casa do adido cultural mostraram-se glaciais. Quando passaram para nós numa sessão privada *Somos todos assassinos*, ninguém estava lá para nos acolher: nem o diretor do filme, nem o diretor da sala. Isso não era razão, pensava Sartre, para entrar no jogo dos americanos, que queriam monopolizá-lo: mas, ao contrário, aceitou apenas um jantar privado na casa de uma americana que desejava apresentá-lo a alguns escritores alemães. Quando a porta se abriu, vimo-nos diante de duzentas pessoas; era uma armadilha: em vez de jantar, Sartre teve que responder a perguntas. Anna Seghers estava lá, tão radiante com seus cabelos brancos, seus olhos muito azuis e seu sorriso, que quase me reconciliou com a ideia de envelhecer; ela não estava de acordo com Sartre. "Nós, alemães, temos hoje necessidade de remorso", afirmava. Sartre foi abordado por um marxista, Stainiger, que, num jornal da SEP, o havia apresentado recentemente como um agente do capitalismo americano; respondeu-lhe e Stainiger se rendeu mais ou menos às suas razões. Depois dessa festa, fomos convidados a almoçar num clube soviético e dessa vez os russos degelaram um pouco: pouco. Sartre estava sentado entre uma russa e uma alemã, que lhe pediu para lhe dedicar um livro; ele o fez e se voltou para a outra vizinha, um tanto embaraçado: "Suponho que vocês acham as dedicatórias idiotas..." "Ora, por quê?", disse ela; rasgou um pedaço da toalha de papel; mas seu marido a olhou de um certo jeito, e ela fez uma bola com o papel. A Alemanha, quando a deixamos, nos deixou uma impressão lúgubre. Estávamos longe de prever o "milagre" que alguns meses mais tarde a transformaria.

* * *

Membro do grupo Stern, Misrahi fora preso por porte de armas e explosivos, e encarcerado na Santé. Em 15 de fevereiro, Sartre testemunhou a seu favor; Misrahi tinha toda a simpatia do público e do tribunal. Como Sartre declarasse que ele fora bom aluno, o juiz interrompeu-o: "Bom? Quer dizer excelente?" "Certamente", disse Sartre, que compreendeu que devia renunciar à sua sobriedade habitual. Misrahi livrou-se com uma multa de doze mil francos. Betty Knout assistia ao julgamento.

Foi naquela época que Altmann e Rousset tiveram uma longa conversa com Sartre. De todas as pessoas que havíamos encontrado em casa de Izard, David Rousset era, senão a mais interessante, pelo menos a mais volumosa. Merleau-Ponty entrara em contato com ele, antes da guerra, no tempo em que Rousset era trotskista; fez-nos a descrição dele, ao voltar do exílio: um esqueleto frágil, que flutuava num roupão japonês; pesava quarenta quilos; quando Merleau-Ponty nos apresentou a ele, Rousset recuperara sua corpulência; um quadrado de pano lhe cobria um dos olhos, faltavam-lhe dentes: tinha uma aparência de corsário e voz fortíssima. Havíamos lido na *Revue Internationale* primeiro seu estudo sobre "*L'Univers concentrationnaire*", e depois "*Les Jours de notre mort*"; eu admirava a vontade de viver que iluminava suas narrativas. Inspirando-se no "apelo" redigido em casa de Izard, ele trabalhava com Altmann, Jean Rous, Boutbien, Badiou, Rosenthal e alguns outros, para fundar um "Conjunto democrático e revolucionário". Tratava-se de agrupar todas as forças socialistas não ligadas ao comunismo e de construir com elas uma Europa independente dos dois blocos. Numerosos movimentos militavam por uma Europa unida: os "Estados gerais da Europa" iam reunir-se em maio, em Haia. Mas a ideia do CDR era que a união se fizesse na base, numa perspectiva socialista e neutralista. Desejava-se que Sartre entrasse na comissão diretora. Eu temia que ele desperdiçasse muito tempo nessa aventura: perdêramos tanto com Izard! Ele me objetou que não podia pregar o engajamento e se esquivar quando se oferecia a oportunidade. A criação do Kominform e depois, em 25 de fevereiro, o "golpe de Praga" exacerbavam o anticomunismo e a psicose da guerra. Americanos cancelavam suas viagens para a Europa. Na França, sem que ninguém pensasse em fazer as malas, falava-se muito de uma invasão russa. Sartre pensava que, entre um PC que se alinhava à URSS e uma SFIO aburguesada, havia um papel a representar. Assinou, portanto, um manifesto no qual se associava a Rousset e seus companheiros e, em 10 de março, numa reunião de imprensa, eles desenvolveram o tema: "A guerra não é inevitável." Realizaram uma reunião, em 19 de março, na sala Wagram: houve uma enorme afluência e o movimento colheu adesões. Bourdet não entrou, mas apoiou-o através de artigos; por seu lado, lançou no *Combat* uma campanha pela paz e pela unidade europeia. Esse apoio não impedia que o CDR tivesse necessidade de um jornal seu. Sartre teria achado normal que Altmann, que era, com Rousset, um dos fundadores, fizesse do *Franc-Tireur* o órgão do movimento: ele recusou-se; foi preciso contentar-se com um bimensal, *La Gauche* CDR, cujo primeiro número foi publicado em maio, e que não brilhou muito: faltavam fundos. Esta era também a razão, dizia Rousset, pela qual o CDR só largava lentamente: mas havia uma confiança contagiosa no futuro. Entretanto, em seu discurso de Compiègne, em março, De Gaulle redobrou a violência contra os comunistas; um vasto congresso RPF realizou-se em Marseille, em abril. Os americanos exigiam que se expulsasse Joliot-Curie da Comissão de controle atômico. Nas eleições italianas, Gasperi venceu. Lutar contra aquela direita, guardando ao mesmo tempo uma distância com relação ao stalinismo, não era simples. Sartre explicou-se sobre sua atitude nas "Conversas" com Rousset, que foram publicadas primeiro na *Temps Modernes*, e depois em volume.

Não deu senão razões objetivas para sua adesão ao CDR: mas por que sentira ele necessidade de entrar num movimento (pelo menos em princípio) militante? Indicou a resposta alguns anos mais tarde, em notas inéditas:

"Minha ideia profunda na época: não se pode fazer outra coisa senão testemunhar um modo de vida que está condenado a desaparecer, mas que renascerá; e talvez as melhores obras venham a testemunhar no futuro esse modo de vida e permitam salvá-lo. Portanto, oscilar entre a tomada de posição ideológica e a ação. Mas se preconizo uma posição ideológica, logo há gente que me impele à ação: *O que é literatura?* me conduz ao CDR."

Ele consentiu nessa passagem, porque tinha consigo mesmo uma relação nova, nascida dos ódios que provocava: "Bons efeitos do ódio. Sentir-se odiado; elemento de cultura." A princípio, ele ficou escandalizado; em nome mesmo do humanismo burguês e do ideal democrático, ele estava com as massas: e elas estavam contra ele! Mas se Deus não existe o julgamento do outro é o absoluto: "O ódio dos outros me revela minha objetividade." Enquanto antes ele reagia à situação na inocência, sem preocupação de si, sabia agora que ela envolvia sua realidade para outrem: precisava recuperar essa objetividade, isto é, pô-la de acordo com suas decisões interiores. "A partir de 1947, tive um duplo princípio de referência: julgava também meus princípios a partir dos princípios dos outros — do marxismo." Isso implica que ele não podia contentar-se em se dar subjetivamente razão. Não suportava *ser* um inimigo dos oprimidos: era preciso transformar sua relação com eles contribuindo para modificar a situação interna e internacional. Era preciso participar de uma ação.

"Suponhamos que essa contradição que testemunho (a cavalo entre a burguesia e o proletariado) e da qual sei presentemente que é de *época*, em vez de representar uma liberdade, um conteúdo positivo, não passe da expressão de um modo de vida muito particular (o intelectual burguês socializante), suponhamos que o futuro o fizesse submergir? Em suma, oscilo entre esta ideia: minha posição privilegiada me dá o meio de fazer a síntese das liberdades formais e das liberdades materiais; e esta outra ideia: minha posição contraditória não me dá nenhuma liberdade! Ela me dá a consciência infeliz, e ponto final. No segundo caso, a que desaparece é a minha transcendência. Não faço outra coisa senão refletir minha situação. Todos os meus esforços políticos têm como objetivo encontrar o grupamento que dará um sentido à minha transcendência, que provará, existindo (CDR europeu), que minha posição dilacerada era a verdadeira.

"Se, no entanto, estou errado, então minha situação é daquelas nas quais a síntese é impossível. A própria superação é desvirtuada. Nesse caso, renunciar à ideia otimista de que se pode ser homem em qualquer situação. Ideia inspirada pela Resistência: mesmo sob a tortura se podia ser um homem. Mas o problema não estava aí: estava no fato de que certas situações são perfeitamente vivíveis mas insuportavelmente desvirtuadas pelas contradições objetivas.

"O CDR para mim:

"(1) Classes médias e proletariado (não entendo o proletariado não comunista escolher os burgueses. Ele tem outra estrutura.)

"(2) Europa. Nem América nem URSS, mas o intermediário entre os dois (portanto, um pouco dos dois).

"(3) Liberdades democráticas e liberdades materiais. No fundo, eu queria resolver o conflito sem superar minha situação..."

O mal-estar que impelira Sartre a entrar para o CDR levou-o também a uma revisão ideológica. Ele trabalhou durante dois anos, assiduamente, confrontando a dialética e a história, a moral e a práxis, na esperança de chegar a uma síntese do *fazer* e do *ser*, na qual se manteriam valores propriamente éticos.

Ocupávamo-nos da revista menos que nos anos anteriores. Era praticamente Merleau-Ponty quem a dirigia. Algumas pessoas acharam que eu era a autora da *Vie d'une prostituée*, que publicamos: eu teria sido incapaz de produzir essa espantosa peça de literatura bruta. Marie-Thérèse existia, escrevera ela mesma, de uma só vez, suas memórias, antes de retornar à sua profissão de enfermeira.

Saíamos um pouco. No dia da apresentação de *Paris 1900*, havia a greve dos transportes, e fomos de fiacre. Nicole Vedrès realizara um bom trabalho, demolira o mito da *belle époque*. Graças a Gérard Philipe e a Micheline Presle, *Le Diable au corps*, que vimos em sessão privada, não nos pareceu indigno do romance de Radiguet. Do cinema italiano, já conhecíamos *Roma, cidade aberta*, *Sciuscia*, *Era di venerdi 17* (*Quatre pas dans les nuages*, como era uma coprodução com a França), mas *Païsa*, sobretudo o episódio dos caniços, rodado por Rossellini, ganhava de todos os outros filmes. Da América, nos vinham as *Vinhas da ira*. Dullin montou *L'Archipel Lenoir*, de Salacrou. Ele fora expulso do Sarah-Bernhardt, não tinha mais teatro próprio, e foi no Théâtre Montparnasse que criou o papel do velho avô sátiro. Fomos também ao Marigny, onde Barrault apresentava *Occupe-toi d'Amélie*. No museu da Orangerie, visitamos a exposição Turner. De vez em quando, assistíamos a um concerto. Sartre começava a compreender Schönberg e Berg.

Ocupou-se em fazer encenar *As mãos sujas*. O tema lhe fora sugerido pelo assassinato de Trotsky. Eu conhecera em Nova York um antigo secretário de Trotsky; contara-me que o assassino, tendo conseguido, também ele, ser contratado como secretário, vivera por bastante tempo perto de sua vítima, numa casa muitíssimo bem guardada. Sartre pensou nessa situação entre quatro paredes; imaginou o personagem de um jovem comunista nascido na burguesia, procurando apagar suas origens com um ato, mas incapaz de se arrancar da sua subjetividade, mesmo à custa de um assassinato; opôs-lhe um militante inteiramente entregue aos seus objetivos. (Mais uma vez o confronto entre a moral e a práxis.) Assim como disse em suas entrevistas, não pretendera escrever uma peça política. Ela assumiu essa característica pelo fato de ele ter tomado como protagonistas membros do PC. Não me parecia anticomunista. Contra o Regente e contra a burguesia fascista, os comunistas constituíam a única força válida; se um dirigente, no interesse da Resistência, da liberdade, do socialismo, das massas, mandava eliminar outro, eu pensava como Sartre, que ele escapava a qualquer julgamento de ordem moral: era a guerra, ele lutava; isso não significava que o partido comunista fosse composto de assassinos. E depois — assim como em *Mortos sem sepultura*, Henri, egocêntrico e orgulhoso, é moralmente dominado pelo comunismo grego — também em *Mãos sujas* a simpatia de Sartre vai para Hoederer. Hugo decide se matar para provar a si mesmo que é capaz de fazê-lo, sem saber se Louis tem razão contra Hoederer. Em seguida, resolve reivindicar esse ato desatinado, enquanto seus companheiros lhe pedem que se cale. A tal ponto não tem razão que a peça poderia ser representada, num período de distensão, em um país comunista: foi, aliás, o que aconteceu recentemente na Iugoslávia. Só que em 1948, em Paris, as circunstâncias eram diferentes.

Sartre percebia isso e se resignara. Sua adesão ao CDR lhe valera novos ataques. Em fevereiro, apareceram na *Action*, na página do *Pique-Feu*, insinuações anônimas e repugnantes sobre nossa vida privada. *Les Lettres Françaises* publicavam *Le Génie de six heures*, no qual Magnane traçava um retrato desfigurado de Sartre, pesadamente reconhecível e ignóbil. Entretanto, Kanapa desancava *Situations 1*. Elsa Triolet escrevia um livro e fazia conferências para exigir que se boicotasse a literatura lamacenta de Sartre, de Camus, de Breton; minha irmã a ouvira falar publicamente contra Sartre em Belgrado, cheia de ódio. A situação não podia piorar.

Simone Berriau aceitou logo *As mãos sujas*; os papéis de Hoederer e de Jessica foram confiados a Luguet e a Marie Olivier; mas quem poderia representar Hugo? Apresentaram-se e rejeitaram-se nomes. Certa tarde, no Véfour, Simone Berriau disparou: "Vou dizer uma bobagem: e se tentássemos Perrier?" Imaginávamos Hugo magro e atormentado; mas enfim, paciência, podíamos tentar. Desde os primeiros ensaios, Perrier ganhou: ele encarnava Hugo, assim como Vitold, em *Entre quatro paredes*, encarnara Garcin. A direção foi confiada a Valde e amistosamente supervisionada por Cocteau; quanto aos cenários, Bérard deu alguns conselhos: em torno de sua barba flutuava sempre um odor de éter. A linguagem das pessoas de teatro me encantava. No início, Luguet dava ao militante comunista um ar boêmio: "Você entende", disse-lhe Cocteau, "você é loucamente sedutor, você nada em sedução; então, não mostre isso, ao contrário: tente não ser sedutor; do contrário, embora sua criação seja realmente extraordinária, seu personagem não sairá inteiramente certo". Luguet respondeu com humor: "Em suma, você me acha péssimo?" Havia na peça uma réplica que o incomodava: "Ele é vulgar", diz Jessica a Hugo; Sartre explicou-se: ela mente para dissimular o interesse que Hoederer lhe inspira. "Oh! se você pensa que o público me achará vulgar, é um direito seu", concluiu Luguet.

Sartre estava ausente na noite do ensaio geral. (Fazia uma conferência numa loja maçônica, pois alguns maçons lhe haviam assegurado que sua organização poderia respaldar seriamente o esforço do CDR: ele viu, ouviu e compreendeu.) Todos os atores representaram perfeitamente: os jornais anunciaram no dia seguinte que, com Perrier, um novo Guitry acabava de surgir. Eu me encontrava num camarote com Bost e as pessoas nos apertavam as mãos: "Magnífico! Admirável!" Entretanto, a imprensa burguesa não se pronunciou logo: esperava o veredicto dos comunistas. Estes escarneceram da peça. "Por trinta dinheiros e um prato de lentilhas americanas, Jean-Paul Sartre vendeu o que lhe restava de honra e probidade", escreveu um crítico russo. A burguesia, então, cobriu Sartre de flores. Certa tarde, no terraço da Rhumerie martinicana, Claude Roy passou e me apertou a mão: ele nunca se permitira um golpe baixo contra Sartre. "Que pena", disse-lhe eu, "que vocês comunistas não tenham incorporado *As mãos sujas*". De fato, aquela retratação, naquele momento, não era muito concebível. A peça virava anticomunista porque o público dava razão a Hugo. Associou-se o assassinato de Hoederer aos crimes que eram imputados ao Kominform. Sobretudo, aos olhos de seus adversários, o maquiavelismo dos dirigentes e sua reviravolta final condenavam o PC. Politicamente, era o momento mais verdadeiro da peça: em todos os PCs do mundo, quando uma oposição tenta fazer prevalecer uma linha nova e justa, esta é liquidada (com ou sem violência física): depois os dirigentes reassumem a mudança. No caso da Ilíria — inspirada na Hungria —, as hesitações do partido e sua decisão final se justificavam pelas circunstâncias; só que suas dificuldades interiores estavam expostas diante de pessoas que o olhavam de fora com animosidade. Deram à peça o sentido que tinha, na verdade, para elas. Foi por isso que Sartre foi levado várias vezes a recusar que fosse representada no estrangeiro.

Em outubro, muitos partidários de Vichy haviam-se aliado ao RPF, e os colaboracionistas ascendiam vertiginosamente. Flandin escrevia no *Aurore*, Montherlant apresentava *Le Maître de Santiago*, e Sacha Guitry, *Le Diable boiteux*, uma nítida apologia da colaboração. Maurras movia um processo contra Stéphane e Bourdet. *La Table ronde*, endossada por Mauriac, abria-se fraternalmente aos ex-colaboracionistas e a seus amigos. (Camus se extraviou no primeiro número, mas compreendeu e não voltou mais.) Uma profusão de livros foi publicada na época, desculpando ou justificando a política de Pétain, o que teria sido inconcebível dois anos antes; em sua *Carta a Mauriac*, Bardéche chegou a tomar a defesa de *Je suis partout*. Boutang fazia conferências exaltando Maurras. Aclamava-se Pétain em comícios e se criou em abril um "Comitê pela libertação de Pétain". Em certos meios, falava-se com ironia dos "resistencialistas", associando a Resistência a um cálculo e a uma moda. A contradepuração era intensa: os resistentes eram acusados de execuções sumárias, eram perseguidos e muitas vezes condenados.

Frequentando um pouco os meios de teatro, com Sartre, muitas vezes senti meus ouvidos feridos. Dizia-se que Jean Rigaud, percorrendo, antes de entrar em cena, a lista das pessoas conhecidas que se encontravam na plateia, e descobrindo nomes israelitas, murmurava: "Não eram crematórios, eram chocadeiras." Repetia-se essa piada rindo. No Véfour, meu vizinho de mesa, fingindo decifrar de esguelha o cardápio, perguntou: "O que é isso? Costeletas à Buchenwald?" Eu não queria fazer escândalo, e dizia comigo mesma: "São apenas palavras"; mas tinha um sentido o fato de se ousar pronunciá-las. Os aproveitadores de ontem vestiam roupas de vítimas e nos explicavam o quanto era baixo alinhar-se do lado dos vencedores. Lamentava-se o pobre Brinon: fazia-se de Brasillach um doce mártir. Eu recusava essas chantagens: tinha meus próprios mártires. Quando me dizia, pensando neles, que tanta desgraça fora vã, uma angústia se apoderava de mim. Aquele grande cadáver por trás de nós, a guerra, acabava de se decompor, tornando o ar empestado.

Quando terminaram os ensaios, nada nos retinha em Paris, e descemos para o sul. Escolhi Ramatuelle, onde encontramos um hotel campestre, com quartos ladrilhados de vermelho; a sala de jantar envidraçada dava para um jardim, e, mais ao longe, para o mar; à noite, um fogo de lenha ardia na lareira; de manhã, eu trabalhava ao sol, sob as árvores em flor. Estávamos sós, parecia que era nossa casa. Subíamos às torres sarracenas, descíamos para Saint-Tropez, para beber um trago no porto ou comprar no Vachon saias provençais. Eu trabalhava; lia as lembranças sobre Vichy, de Henry du Moulin de Labarthète e a correspondência de Gide com Jammes.

Bost, que alugara com Olga uma casinha em Cabris, veio passar dois dias conosco. Estava lá quando, à hora do almoço, Simone Berriau, com seu chapeuzinho, seguida do marido, Brandel, e de Yves Mirande, desceu de um carro americano: vinham de Mauvannes, sua propriedade, próxima de Hyères. Ela entrou na sala de jantar e trombeteou, apontando para o marido: "Sabem o que este senhor me fez, esta manhã?!", e nos contou. "Está bem", disse Mirande, "mas não precisava contar para os empregados". Passamos vinte e quatro horas em Mauvannes; sozinha comigo no terraço, de manhã, ela me fez confidências precisas, com piscadelas de olhos cúmplices, que davam vontade de me afundar no chão. Gostava bem de bancar a cafetina e achava inconcebível que uma jovem atriz se recusasse a ir para a cama com o primeiro milionário que aparecesse. Tinha vitalidade e garra, mas punha essas qualidades exclusivamente a seu próprio serviço. Entretanto, parecia sinceramente ligada a Mirande, que vivia sob seu teto. Encarnação obsoleta daquele espírito boêmio caro a meu pai, Mirande, apesar da idade, permanecia um obcecado pelo belo sexo; era frívolo, mas engraçado; fazia o tipo "galanteador" dado à libertinagem. Contou-nos que em Hollywood tivera uma ligação apaixonada com Greta Garbo; rompera com sofrimento: "Porque eu não queria me tornar ridículo", disse; acrescentou algo que, em sua boca, permaneceu misterioso para mim: "E depois, ela era viciada." Ele era muito gentil com Sartre. Suas tiradas espirituosas, seus risos e sua cordialidade aliviavam bastante os encontros que a presença do marido de Simone Berriau não alegrava.

***

As cartas de M. eram sombrias; ela consentira de má vontade em passar quatro meses com Sartre enquanto eu estivesse viajando com Algren. Poucos dias antes da minha partida, escreveu a Sartre dizendo que decididamente não voltaria a vê-lo: não nessas condições. Eu caí em grande perplexidade. Tinha uma vontade imensa de ficar de novo perto de Algren; mas, afinal de contas, só tinha vivido três semanas com ele; não sabia em que medida eu estava apegada a ele: um pouco, muito ou mais ainda? A questão teria sido ociosa se as circunstâncias tivessem decidido por mim; mas de repente eu tinha a escolha: sabendo que poderia ficar com Sartre, expunha-me a remorsos que se transformariam, senão em rancor para com Algren, pelo menos em despeito contra mim mesma. Optei por um meio-termo: dois meses na América, em vez de quatro. Algren contava me reter por mais tempo, e eu não ousei lhe contar, claramente, minhas novas disposições: arranjaria as coisas pessoalmente.

Dessa vez, peguei um avião que voava alto e rápido. Depositou-me às duas da manhã na Islândia, onde tomei um café entre barbudos lobos do mar; na decolagem, a paisagem me deslumbrou: uma luz prateada, altas montanhas brancas à beira de um mar plano, sobre um fundo de céu framboesa. Sobrevoei o Labrador nevado e aterrissei em La Guardia. Meu passaporte indicava como motivo da viagem: conferências. "Sobre o quê?", perguntaram-me no serviço de imigração; a palavra "filosofia" fez o funcionário estremecer: "Que filosofia?" Deu-me cinco minutos para expô-la a ele: "Impossível", disse eu. "Teria isso alguma relação com a política? A senhora é comunista? De qualquer modo, não iria dizê-lo." Tive a impressão de que um francês já era *a priori* suspeito. Depois de consultar fichas, ele me deu uma autorização de três semanas.

Passei o dia com Fernando e Stépha; chovia a cântaros, e eu estava no limbo. Nova York me pareceu menos luxuosa que no ano anterior, porque Paris estava ainda mais; salvo nos bares elegantes, as saias demasiado longas *new look* davam às mulheres a aparência de lavadeiras. No dia seguinte, sob um sol brilhante, Nova York, à beira do East River, parecia um grande porto meridional. Reencontrei vários dos meus amigos, e vi *A prostituta respeitosa*: um desastre! Haviam cortado a metade das cenas entre Lizzie e o Negro; eles se falavam sem se olhar, e sem entonação. Mesmo assim, estavam na centésima representação e a sala estava cheia.

No dia seguinte, à meia-noite, aterrissei em Chicago e durante vinte e quatro horas me perguntei o que fazia ali. Algren me levou à tarde à casa de um bando de ladrões morfinômanos, que, segundo ele, eu *devia* ver; passei duas horas num pardieiro, cercada de desconhecidos que falavam rápido demais para que eu os entendesse e de outras pessoas desconhecidas. Havia uma quadragenária, reincidente na Justiça e drogada até os ossos; seu ex--marido, com uma enorme cara lívida, ainda mais drogado que ela, passava as noites tocando tambor e os dias ao volante de um táxi, procurando droga pela cidade; seu amante titular, procurado pela polícia por roubo e fraude. Viviam juntos. A mulher tinha uma filha encantadora, e respeitavelmente casada há dois meses, que veio como visitante. Diante dela, o trio se aplicava em parecer decente. Apesar disso, o ex-marido se atirou logo para o banheiro, onde se picou, sob o olhar de Algren, que eles tentavam em vão converter a seus ritos. Só se sentiam bem entre drogados, falando de seringas, disse-me Algren. Minha ansiedade dissipou-se rapidamente quando fiquei de novo sozinha com ele. Acompanhei-o no dia seguinte à casa da mulher de um ladrão que também se escondia da polícia e que começou a escrever desde que conheceu Algren; ela esperava o marido em lágrimas, mas exibia com orgulho o livro que ele mandara datilografar por conta própria; ela criava dois filhos surdos-mudos. Entretanto, fazíamos compras e tomávamos providências sob a chuva. O funcionário guatemalteco que me deu meu passaporte explicou-me durante uma hora o quanto seu país amava a França. Foi muito seco com Algren, sobretudo quando este anunciou sua nacionalidade: "Cidadão americano, também o sou, como o senhor."

Depois de um dia de agitação fleumática mas intensa, pegamos certa manhã o trem para Cincinnati: setecentos mil habitantes: praças, colinas verdes, pássaros, uma calma provinciana. Jantamos olhando a televisão, que começava a invadir todos os lugares públicos. No dia seguinte à tarde, embarcamos numa barca. Cincinnati estava em festa: aviões e holofotes rodopiavam no céu, luzes brilhavam nas margens dos rios, os faróis dos carros iluminavam as grandes pontes metálicas; depois deslizamos pela noite silenciosa dos campos.

Gostei da monotonia da viagem, naquela ampla paisagem de água. No tombadilho, ao sol, eu traduzia uma novidade de Algren, lia, conversávamos bebendo uísque; Algren esforçava-se por tirar fotos com uma máquina alemã cujo funcionamento desconhecia; estava satisfeito porque conseguiu fazer com que ela produzisse um barulhinho, apertando um botão. Vi à luz da tarde as águas do Ohio se misturarem às do Mississipi: sonhara com esse rio ao ouvir *Old man river*, e também enquanto escrevia *Todos os homens são mortais*. Mas não pudera imaginar o encantamento de seus crepúsculos e de suas luas.

Todos os dias, fazíamos uma escala de algumas horas. Louisville, sinistra sob a chuva; uma cidadezinha do Kentucky, com bares abomináveis, cheios de fazendeiros em júbilo; Memphis; ao longo das docas, fardos de algodão, fábricas de tecidos, casas de comércio que vendiam algodão; Natchez, uma das mais velhas cidades do sul, com seus quarenta mil habitantes. O cais se encontrava ao pé da cidade. Um homem gordo se ofereceu para nos levar de carro até o centro. Apesar do forte calor, ele usava, como a maioria dos brancos, um colarinho duro e um terno severo. Explicou-nos que os negros levavam em Natchez uma vida das mais confortáveis; e tomava bastante cuidado para não os chamar de *niggers*: uma só vez a palavra lhe escapou. Deixamo-lo perto do bairro negro. De táxi, fomos ver velhas plantações, entre as quais a de Jefferson Davies. Paramos diante de uma extravagante casa de colunas, cuja construção fora interrompida pela guerra civil e que apodrecia em meio a árvores gigantescas envoltas em musgo. Uma velha senhora resmungou porque Algren queria tirar uma foto. O motorista deu de ombros: "É a irmã do proprietário: *ela é de Nova York*", disse ele, com repugnância. "Aqui, negros e brancos se entendem", explicou-nos, "porque cada qual fica no seu lugar, os negros são bem-educados. Mas, na Califórnia", disse, com uma brusca raiva, "não tiram o chapéu, dizem 'Yes, No', pura e simplesmente, e falam com as brancas!" Estava nervoso, furioso por servir de guia a gente do norte. À noite, passamos diante de Baton Rouge: por trás das luzes do porto e dos *buildings* iluminados, os altos-fornos cuspiam chamas. No dia seguinte à tarde, desembarcamos em Nova Orleans.

Encontramos, no coração do bairro francês, um quarto imenso, com um imenso ventilador e uma sacada de madeira, que dava para um pátio. Dançarinas de boates e jovens prostitutas flanavam de roupão pelos corredores do hotel, cuja dona, uma gorda russa meio louca, decretou obstinadamente que eu era russa. Depois de um jantar crioulo e sorvetes flambados ao rum, procuramos, desde o Napoléon Bar até a Absinthe House, drinques e um bom jazz; mas parecia não haver mais nenhum jazz negro no bairro branco. A primavera já tinha passado; não havia mais azaleias, nem chuva, um tempo seco e pesado: passamos o dia tomando banho no lago Ponchartrain. Todas as fotos de Algren tinham sido perdidas.

Depois, foi o Yucatán, sua selva, seus campos de piteiras azuis, seus flamboaiãs de um vermelho ardente, Mérida, com suas igrejas espanholas, na umidade e luxúria subtropicais. Contei em *Os mandarins* nossa viagem a Chitchen-Itza. As ruínas de Uxmal eram ainda mais belas, mas para vê-las foi preciso tomar um ônibus às seis da manhã e nem mesmo tínhamos encontrado um café para tomar: Algren, tomado de desespero diante daquelas pedras obstinadas, recusou-se a lhes conceder um olhar; eu as explorei sozinha, sem alegria. Aqueles amuos eram raros; ele se acomodava a tudo — às favas e tortillas, aos insetos, ao calor —, apaixonado, como eu, pelas indiazinhas de saias longas, de tranças brilhantes, cujos traços encontrávamos nos baixos--relevos dos templos maias. Descrevemos o que nos agradou na Guatemala. Mas as ruas eram tristes: as mulheres andavam descalças sob tecidos magníficos e sórdidos; os homens trotavam, esmagados por pesados fardos. Diante das choupanas de madeira ou taipa, cobertas de palha, que formavam os lugarejos, víamos crianças de ventre inchado, olhos comidos pelo tracoma. Os índios, 67% da população, só ficavam livres a partir dos doze anos: antes de trinta e seis, sob o pretexto de dívidas a reembolsar, ficavam limitados ao trabalho forçado; viviam hoje como ontem, numa miséria sem esperança, e pareceu-me que a suportavan com uma inércia bestificada.

 A cidade do México era uma cidade de verdade, onde as coisas aconteciam; vagamos pelos bairros e pelas zonas de má fama. Certa noite, nos deixamos convencer a assistir a uma sessão de "danças nativas", organizadas, de fato, por um velho americano espertalhão: turistas satisfeitos aplaudiam com ardor moças com fantasias luxuosas, que imitavam danças camponesas. Fugimos ao cabo de meia hora, e, para nos vingarmos, fomos parar no mais abominável *dancing* dos maus bairros; enormes taxi-girls faziam dançar pequenas vagabundas índias, mexicanas, espanholas; olhavam-nos com surpresa e vinham falar conosco, enquanto esvaziávamos nossos copos de tequila. Para muitos americanos, o México é uma selva onde se assassina em cada esquina. Mas Algren já frequentara na vida milhares de covis de assassinos, sem jamais ver alguém ser assassinado. Aliás, dizia ele, a porcentagem de crimes é bem menor no México do que em Nova York ou em Chicago. Aos domingos, íamos ver as touradas nas arenas gigantes: em uma dúzia, houve três ou quatro excelentes. O que incomodava Algren era que cada tourada constituía um acontecimento fechado, enquanto a vitória de um boxeador abre um novo ciclo de desafios e combates. À saída, nós nos misturávamos à multidão, seguindo-a até bairros distantes; voltávamos ao centro para comer peru ao chocolate, *tamales* que queimavam a boca, *chili con carne mortal*. À noite, chovia; de manhã, caminhávamos em charcos, sob um céu de um azul suave.

 Eu ainda não tinha abordado a questão da minha partida; não tive coragem de fazê-lo, desde a minha chegada: e nas semanas que se seguiram faltou-me coragem. A cada dia, aquilo se tornava mais urgente e mais difícil. Durante um longo trajeto de ônibus, entre a cidade do México e Morelia, anunciei a

Algren, com uma inábil desenvoltura, que devia voltar a Paris no dia 14 de julho. "Ah, sim!", disse ele. Hoje fico estupefata por ter podido me deixar iludir por essa indiferença. Em Morelia, achei natural que ele não tivesse vontade de passear; andei sozinha, alegremente, pelas ruas e praças da velha cidade espanhola. Estava alegre no mercado de Pazcuaro, onde índios vestidos de azul vendiam tecidos azuis. Atravessamos o lago até a ilha de Janitzio, decorada de alto a baixo com redes de pescadores; comprei para mim blusas bordadas. Do desembarcadouro, retornamos a pé ao hotel, e fiz planos para o dia seguinte. Algren me interrompeu: estava farto dos índios e dos mercados, do México e de viajar. Pensei que se tratasse, como em Uxmal, de uma crise de mau humor sem consequência. No entanto, durou muito, e eu me inquietei. Ele caminhava à minha frente, muito rápido; quando eu o alcançava, não me respondia. No hotel, continuei a interrogá-lo: "O que há? Tudo ia tão bem: por que você estraga tudo?" Longe de sensibilizar-se com uma perturbação que me levou às lágrimas, ele me abandonou. Quando voltou, reconciliamo-nos, sem explicações: isso bastou para me tranquilizar. Passei os dias que se seguiram despreocupada. Vimos Cholula, com suas trezentas igrejas; em Puebla, cujas ruas de bordéis me lembravam a rua Bouterie, as pequenas putas catavam piolhos dos filhos nas soleiras das portas abertas para os passantes. Enormes árvores verde-escuras sombreavam as velhas praças coloniais de Cuernavaca. Em Taxco, toda em colinas, vendiam-se joias de prata ao longo das ruas; tomamos *whisky-sours* deliciosos no terraço de um hotel, entre buganvílias, contemplando uma bela igreja barroca. "Ao cabo de dois dias, eu daria tiros de revólver nas ruas, para que enfim acontecesse alguma coisa", disse-me Algren: aquele país decididamente o esgotava. Conformei-me. Tomamos um trem para Nova York.

Nas ruas que ardiam de calor, as mulheres passeavam, sob amplos chapéus, com o busto descoberto até a ponta dos seios, umbigo à mostra: a cidade adquirira cores de carnaval, embora permanecesse azafamada e dura. Comecei a pagar por minha covardia e minha inconsciência. Algren não falava comigo exatamente do mesmo modo que antes e mesmo às vezes sua hostilidade emergia. Certa noite, perguntei-lhe: "Você não gosta mais de mim como antes?" "Não", disse ele, "não é mais a mesma coisa". Chorei a noite inteira, debruçada na janela, entre o silêncio do céu e os rumores indiferentes da cidade. Morávamos no Brittany, na parte baixa da 5ª Avenida; passeávamos no Greenwich; eu me arrastava no asfalto tórrido; comprávamos tijolos de sorvete de groselha, que tomávamos no nosso quarto: minha garganta ficava ardendo. Passamos horas penosas nos restaurantes franceses do leste, para onde eu o arrastava, em busca de um pouco de frescor; e também nos restaurantes abafados do oeste, que eu preferia, porque neles não eram exigidos paletó e gravata. Por minha vez, tive raiva da sua melancolia. Certa noite, jantamos numa taberna ao ar livre, no meio do Central Park, paramos para ouvir jazz no Café Society e ele se mostrou particularmente desagradável: "Posso ir embora amanhã mesmo", disse eu; trocamos algumas réplicas e ele me disse, impulsivamente: "Estou pronto a me casar com você, agora mesmo." Compreendi que nunca mais lhe teria rancor pelo que quer que fosse: toda a culpa estava do meu lado. Deixei-o no dia 14 de julho, sem ter certeza de voltar a vê-lo. Que pesadelo aquela volta, por cima do oceano, mergulhada numa noite sem começo nem fim, entupindo-me de soníferos, incapaz de dormir, perdida, perdidamente apaixonada!

Se tivesse tido a honestidade e a inteligência de advertir Algren, antes de encontrá-lo, dos limites da minha permanência, as coisas teriam corrido melhor: provavelmente ele me teria acolhido com menos entusiasmo, mas eu não teria dado motivo ao seu rancor. Perguntei-me muitas vezes que importância teve para nossa história a infelicidade dele. Creio que esta não fez mais do que lhe revelar uma situação que, de qualquer modo, ele não teria aceitado por muito tempo. À primeira vista, ela era idêntica à minha. Mesmo que Sartre não tivesse existido, eu não me teria fixado em Chicago: ou, se tivesse tentado, certamente não teria suportado por mais de um ou dois anos um exílio que arruinava minhas razões e minhas possibilidades de escrever. Por sua vez, Algren, embora eu lhe tenha muitas vezes sugerido, não podia instalar-se em Paris nem mesmo por um semestre; para escrever, precisava estar enraizado em seu país, em sua cidade, no ambiente que criara para si: tínhamos nossas vidas feitas e estava fora de cogitação transportá-las para outro lugar. Entretanto nossos sentimentos eram, para ambos, algo bem diferente de um divertimento, ou mesmo de uma evasão; cada qual lamentava amargamente que o outro se recusasse a ficar perto de si.

Mas havia entre nós uma grande diferença. Eu falava a língua dele, conhecia bastante bem a literatura e a história de seu país, lia os livros que ele apreciava, e os que escrevia; perto dele, esquecia-me de mim, entrava no seu universo. Ele ignorava quase tudo do meu; lera alguns dos meus artigos, lera um pouco mais da obra de Sartre e os autores franceses, em geral, pouco lhe interessavam. Por outro lado, eu tinha uma vida infinitamente melhor em Paris do que ele em Chicago; ele padecia da dura solidão americana. Agora que eu existia, esse vazio que o cercava confundia-se com a minha ausência, e ele ficava com raiva de mim. Também para mim nossas despedidas eram dilacerantes; mas sobretudo por causa da incerteza em que Algren me deixava de revê-lo um dia. Se me tivesse dito firmemente: "Até o ano que vem", eu teria ficado perfeitamente satisfeita, ou quase. Seria preciso que tivesse ficado "esquizofrênica" — no sentido que eu e Sartre dávamos a essa palavra — para imaginar que ele se acomodaria a esse estado de coisas. Muitas vezes fiquei desolada por ele não fazer força para aceitá-lo: mas também sabia que isso lhe era impossível.

Deveria eu ter recusado essa história e ter me limitado à simpatia que Algren me inspirava? O fato de ele ter concordado comigo em desprezar essa prudência não bastava para me desculpar; o que eu disse a propósito de Sartre e de M. vale também aqui. Eu tinha uma consciência incomunicável dos meus laços com Sartre; no início, os dados estavam marcados: as palavras mais verdadeiras traíam a verdade. Mas, também neste caso, a distância encurralava para o tudo ou nada: não atravessamos o oceano, não nos separamos de nossa vida durante semanas, por simpatia; esta só poderia durar transformando-se num sentimento mais violento. Não lamento que este tenha existido. Enriqueceu-nos muito mais do que nos dilacerou.

***

Sartre me mantivera a par do que se passava na França; no fim de maio, ele me escrevia: "Resistentes da Charbonnière, perto de Lyon, raptaram Sacha Guitry quando saía de uma de suas eternas conferências de autojustificativa (ou quando ele ia fazê-la, não sei mais), e o obrigaram a tirar o chapéu diante de um monumento aos resistentes mortos em 1944, e a safar-se. O *Paris-Presse* comprou por um milhão de francos a foto (turva, mas bastante impressionante) de Sacha, sem chapéu, com olhos de coelho assustado, passando a mão no crânio calvo. Não se fala em outra coisa." Era um episódio de luta entre os antigos resistentes e ex-colaboracionistas. Os partidários de

Vichy arrebataram uma séria vitória: em 20 de junho, em Verdun, De Gaulle homenageou o "vencedor de Verdun", e quase que desculpou a política de Pétain, "levado, sob o efeito da idade, pela torrente dos abandonos".

Como toda a esquerda não comunista, Sartre depositava esperanças na ruptura de Tito com a URSS. Se a Iugoslávia recusasse a alternativa dos dois blocos, o neutralismo ficaria fortalecido. Por enquanto, as chances de paz pareciam muito incertas: o lançamento do *deutsche Mark* pelos americanos antecipava evidentemente a instalação de um governo na Alemanha do Ocidente; a resposta dos russos, o bloqueio de Berlim, levara a tensão internacional ao paroxismo. Na França e na Itália, essa crise exacerbava as dissensões. Eu acabava de chegar a Paris quando, em 14 de junho, por volta de onze horas, um estudante, Ballante, filho de um voluntário fascista morto no front russo, deu três tiros de revólver em Togliatti. O proletariado italiano reagiu com tal violência que se pensou numa revolução.

L'Amérique au jour le jour acabava de ser publicado por Mohrien, com sucesso de crítica. Retomei meu ensaio sobre a condição feminina. Sartre lia muito sobre economia política e história; continuava a preencher com uma caligrafia minúscula os cadernos nos quais elaborava sua moral. Começou um estudo sobre Mallarmé.[73] E trabalhava em *Com a morte na alma*. Contávamos partir juntos em férias, por volta do fim de julho; inopinadamente, M. telefonou-lhe de Nova York: não suportava mais a separação; exigia passar um mês com ele; soluçava do outro lado do oceano; eram lágrimas onerosas, mas de qualquer modo verdadeiras: Sartre cedeu. Mas, durante todo o mês em que passearam juntos no sul, ele teve raiva dela por aquele caprichoso golpe de força: trocou o remorso pelo rancor; para ele, era uma troca vantajosa.

Lamentei ter abreviado minha permanência nos EUA. Propus a Algren, por telegrama, retornar a Chicago: "Não. Tenho trabalhado demais", respondeu-me ele. Fiquei triste; o trabalho não passava de um pretexto; mas também fiquei aliviada: aqueles reencontros, aquelas partidas, os arrufos e os impulsos me estafavam. Durante um mês em Paris, trabalhei, li e vi meus amigos.

Enfim, embarquei com Sartre para a Argélia; queríamos sol, amávamos o Mediterrâneo; eram férias, uma viagem de lazer: passearíamos, escreveríamos, conversaríamos. Um dia, Camus nos dissera: "A felicidade é coisa que existe,

---

[73] Escreveu centenas de páginas que mais tarde perdeu.

que importa; por que recusá-la? Aceitando-a, não agravamos a infelicidade dos outros; e isso até ajuda a lutar por eles. Sim", concluíra ele, "acho lamentável essa vergonha de ser feliz que as pessoas hoje sentem". Eu estava de acordo e do meu quarto no hotel Saint-Georges, na primeira manhã, contemplei alegremente o azul do mar. Porém, à tarde passeamos na Casbah e compreendi que o turismo, tal como o praticáramos outrora, estava enterrado; o pitoresco se deteriorara: o que encontrávamos naquelas ruelas era miséria e rancor.

Permanecemos quinze dias em Argel, e o dono do hotel confidenciou a alguns jornalistas que a "simplicidade" de Sartre era espantosa: no primeiro dia, para ir à cidade, pegáramos o *trolley-bus*! Bernstein, quando trabalhava, exigia que se parassem todos os relógios: o hoteleiro parecia decepcionado por Sartre não exigir nada. Eu escrevia diante da minha janela; jantávamos no jardim, sob as palmeiras, bebendo um pesado Mascara; seguíamos de táxi pelas estradas da costa, caminhávamos entre os pinheiros, nas colinas. Mas Camus, pensando bem, colocara mal a questão; não nos recusávamos a ser felizes: simplesmente não podíamos sê-lo.

Algren não me escrevia; enviei-lhe um telegrama ao qual não me respondeu. Decidi esquecê-lo provisoriamente: aquela tristeza eu não queria mais. Certa manhã, passeava em Tipaza, à beira-mar, esmigalhando folhas de menta, respirando um odor antigo de sol e de mato, e de repente me senti com vinte anos: nem dor, nem espera, só a terra e a água, e minha vida. Mas, nas cidades, sentia-me gelada: como Cherchell era lúgubre! A curiosidade nos impeliu a prosseguir essa viagem: não tirávamos dela mais nenhum prazer.

"Não vão a Cabúia: eu, quando sou obrigado a ir lá, levo um revólver", disse-nos um hóspede do Saint-Georges; outros colonos lhe fizeram coro. Instalamo-nos por alguns dias em Michelet, no hotel Transatlantique. Passeamos em aldeias: choças de terra batida, coladas umas às outras, e passagens tão estreitas que se tinha a impressão de andar por corredores. Não havia fontes. Os homens trabalhavam ao longe, no vale; só se viam na soleira das portas crianças e mulheres com os olhos pintados de preto. Impossível decifrar seus sentimentos. Houve uma feira em Michelet. Nada mais que homens e gado, o ar recendia a sebo. Tive uma estranha impressão à noite, ao voltar ao meu quarto; um maço de cigarros deixado sobre a mesa desaparecera; percebi que me haviam roubado roupas de lã e dinheiro, coisas que estavam fechadas na minha mala; haviam vomitado na sacada. Tive que avisar ao dono que alguém entrara no meu quarto. "Foi roubada?" Neguei, mas tive dificuldade em convencê-lo. À noite, tranquei-me, e fiz bem, pois a maçaneta da porta girou ruidosamente. De manhã, encontraram num quarto desocupado, completamente bêbado, um açougueiro de uma aldeia vizinha. O dono hesitou um pouco, mas decidiu não dar queixa. Havia naquele roubo miserável e inábil algo sinistro que me apertou o coração.

Bost foi encontrar-nos em Bougie. Passamos alguns dias juntos num palácio deserto, na praia de Djidjelli; só víamos à nossa volta a areia e o mar e tomávamos banho dia e noite. Gostaria de ter visto Gardhaia, que não visitara dois anos antes. Desci de ônibus com Sartre até Bou Saada; um táxi nos levou a Djelfa, onde não era sequer em cavernas que as pessoas viviam, mas em buracos. O calor ainda era pouco suportável, os ônibus só circulavam à noite. Ainda dessa vez, tive que renunciar a Gardhaia.

Capítulo IV

Eu estava farta de morar em hotel; ficava ali mal protegida dos jornalistas e das indiscrições. Mouloudji e Lola me falaram de um quarto mobiliado onde eles haviam morado, na rua de La Bûcherie: a inquilina que lhes sucedera queria sair. Instalei-me lá em outubro; coloquei cortinas vermelhas nas janelas, comprei luminárias de bronze verde, executadas segundo ideias de Giacometti pelo irmão dele; pendurei nas paredes e na grande viga do teto objetos que trouxe das minhas viagens. Uma das minhas janelas dava para a rua do Hôtel-Colbert, que desembocava no cais; eu via o Sena, a hera dos muros, as árvores e a Notre-Dame; diante da outra janela ficava um hotel cheio de africanos da região norte, tendo no térreo uma cafeteria, o Café des Amis: brigava-se muito ali. "Você nunca vai se aborrecer", dissera-me Lola. "Basta ir para a janela e olhar." Realmente, de manhã, trapeiros traziam para o revendedor da esquina quilos de jornais velhos: amontoados em carrinhos de criança; mendigas e mendigos sentados numa calçada com degraus bebiam litros de vinho tinto, cantavam, dançavam, monologavam, brigavam. Bandos de gatos passeavam nas calhas. Havia dois veterinários na minha rua: mulheres lhes traziam seus bichos. Na casa, um velho palacete particular que começava a se desmantelar, ressoavam latidos que eram respondidos da clínica "patrocinada pelo duque de Windsor" à portaria, onde a porteira possuía um grande cão negro, e até do meu andar: Betty Stern, a filha do empresário, que morava em frente a mim, tinha quatro cães. Todo mundo se conhecia. A Mme D., a zeladora, uma mulherzinha viva e magra, que era sempre escoltada por um marido, um filho e um sobrinho grandes, ajudava-me na limpeza do meu quarto. Betty que fora belíssima, que conhecera intimamente Marlene

Dietrich e muito bem Max Reinhardt, conversava sempre comigo: passara um ano escondida no maquis durante a ocupação. Embaixo morava uma montadora de cinema que pouco mais tarde cedeu seu apartamento aos Bost. Enfim, no andar de cima residia uma costureira a quem eu às vezes recorria. Nem a fachada nem a escada causavam boa impressão, mas eu me sentia bem na minha nova casa. Passávamos ali a maior parte de nossas noites, pois nos cafés gente demais nos importunava.

Toda semana eu encontrava no meu escaninho um envelope com selo de Chicago; fiquei sabendo por que recebi tão poucas notícias de Algren, enquanto estava na Argélia: ele escreveu para Túnis, em vez de Ténès. A carta voltou e ele voltou a enviá-la. Foi sorte ela ter se perdido, pois naquele momento me teria feito sofrer muito. Algren contava que, ao falar em comícios em favor de Wallace, apaixonara-se por uma moça que estava em processo de divórcio e pensava em casar-se com ela; ela estava fazendo análise e não queria comprometer-se numa relação antes de ter alta; quando a carta me alcançou, em dezembro, eles quase já não se viam mais. Mas ele esclarecia: "Não vou ter um caso com essa mulher, ela não representa mais grande coisa para mim. Mas o que não muda é meu desejo de possuir um dia aquilo que durante três ou quatro semanas ela representou: um lugar meu para viver, com uma mulher minha e até mesmo um filho meu. Não é extraordinário almejar essas coisas, é mesmo um desejo muito comum, só que eu nunca o havia sentido. Talvez seja porque vou fazer quarenta anos. Com você, é diferente. Você tem Sartre e também um certo tipo de vida: gente ao redor, um interesse vivo pelas ideias. Está mergulhada na vida cultural francesa e a cada dia tira uma satisfação do seu trabalho e sua vida. Ao passo que Chicago é quase tão longe de tudo quanto Uxmal. Levo uma vida estéril, centrada exclusivamente em mim mesmo: não me acomodo de modo algum. Estou preso aqui porque, como lhe disse e você compreendeu, meu trabalho é escrever sobre esta cidade e só posso fazer isso aqui. Inútil retornar a tudo isso. Mas não tenho quase ninguém com quem falar. Em outras palavras, estou preso na minha própria armadilha. Sem desejá-lo claramente, escolhi a vida que convinha melhor ao gênero de literatura que sou capaz de fazer. As pessoas que se ocupam de política, os intelectuais, entediam-me, parecem-me sem realidade; as pessoas que frequento no momento me parecem mais verdadeiras: putas, ladrões, drogados etc. Entretanto, minha vida pessoal está sacrificada com isso. Esse caso que tive ajudou-me a ver melhor as coisas entre nós; no ano passado, eu teria tido medo de estragar alguma coisa, não sendo fiel a você. Agora sei que isso era idiota, porque braços que se encontram do outro lado do oceano não têm nenhum calor, e porque a vida é curta e fria demais para que se renuncie ao calor durante tantos meses."

Em outra carta, ele retomava o mesmo tema: "Depois daquele infeliz domingo em que comecei a estragar tudo, no restaurante do Central Park, guardei aquele sentimento do qual lhe falei em minha última carta, de querer algo *meu*. Em grande parte, era por causa daquela mulher que, durante algumas semanas, me pareceu tão próxima e tão cara (não é mais assim; mas isso não muda nada). Se não tivesse sido ela, teria sido outra; isso não significa que eu tenha deixado de amar você, mas você estava tão longe, eu achava que ia demorar tanto a revê-la... Parece um tanto absurdo falar dessas coisas que já passaram. Mas dá no mesmo, já que você não pode viver exilada em Chicago nem eu exilado em Paris, e porque terei que voltar sempre para cá, para minha máquina de escrever e para minha solidão, e sentir a necessidade de alguém ligado a mim, já que você está tão longe..."

Nada havia a responder; ele tinha toda a razão: nem por isso era mais consolador; eu teria sentido um arrependimento pungente se esse caso tivesse terminado naquela época. Esse fim prematuro teria reduzido a uma miragem a felicidade dos dias e noites de Chicago, do Mississipi e da Guatemala. Felizmente, pouco a pouco as cartas de Algren foram ficando mais calorosas. Ele me contava sua vida no dia a dia. Enviava-me recortes de jornais, panfletos edificantes contra o álcool e o fumo, livros, chocolate, duas garrafas de uísque envelhecido, camufladas em enormes sacos de farinha. Disse-me também que viria a Paris em junho, estava reservando passagem num navio. Tranquilizei-me, mas por vezes eu me dava conta, com angústia, de que o nosso caso estava fadado a terminar, e em breve. Quarenta anos. Quarenta e um. Minha velhice germinava. Espreitava-me no fundo do espelho. O que me deixava estupefata era que viesse a mim num passo tão decidido, enquanto nada em mim estava de acordo com ela.

***

A partir do mês de maio começou a ser publicado na *Temps Modernes* meu estudo sobre *A mulher e os mitos*. Leiris me disse que Lévi-Strauss me censurava certas inexatidões relativas às sociedades primitivas. Ele estava terminando sua tese sobre *As estruturas do parentesco*, e eu lhe pedi que me comunicasse esse trabalho. Fui à casa dele várias manhãs seguidas; instalava-me diante de uma mesa, lia uma cópia datilografada do seu livro; ele confirmava minha ideia da mulher como *outro*; mostrava que o macho permanece o ser essencial, até no seio daquelas sociedades matrilineares, que são chamadas de matriarcais. Eu continuava a frequentar a Nationale; é um prazer e um descanso encher os olhos com palavras que já existem, em vez de arrancar frases do vazio. Em outros momentos eu escrevia, de manhã no meu quarto e à tarde na casa de Sartre: da minha mesa, entre uma e outra rasura, olhava o terraço do Deux Magots e a praça Saint-Germain-des-Prés. O primeiro volume foi concluído durante o outono e resolvi levá-lo logo à Gallimard. Como chamá-lo? Pensei nisso durante muito tempo, com Sartre. *Ariane*, *Mélusine*: esse gênero de título não convinha, uma vez que eu recusava os mitos. Pensei em *A outra, A segunda*: já existiam. Certa noite, no meu quarto, passamos horas emitindo palavras, Sartre, Bost e eu. Sugeri: *O outro sexo?* Não. Bost propôs: *O segundo sexo* e, pensando bem, era perfeito. Comecei então a trabalhar sem descanso no segundo volume.

Duas vezes por semana, no escritório de Sartre, eu reencontrava os colaboradores habituais da *Temps Modernes*: Merleau-Ponty, Colette Audry, Bost, Cau, Erval, Guyonnet, Jeanson, Lefort, Pontalis, Pouillon, J-H. Roy, Renée Saurel, Stéphane, Todd; muita gente para aquele pequeno cômodo que se enchia de fumaça; bebíamos aguardente que Sartre recebia de sua família da Alsácia, passávamos o mundo em revista e fazíamos projetos.

Em outubro ou novembro, Gaston Gallimard pediu a Sartre uma entrevista. No número de julho da *Temps Modernes*, Malraux fora tratado de um modo que lhe desagradara. Merleau-Ponty citava um artigo do *New York Times* que felicitava Malraux por ter-se aliado ao gaullismo, permanecendo assim fiel à sua antiga posição trotskista; reproduzia em seguida a resposta indignada da viúva de Trotski. "Malraux nunca foi simpatizante do trotskismo, ao contrário... Malraux, que aparentemente rompeu com o stalinismo, não fez outra coisa senão servir a seus antigos senhores tentando estabelecer uma ligação entre o trotskismo e a reação." O dossiê completava-se com a carta de um americano revelando que Malraux, solicitado por Trotski em duas circunstâncias a testemunhar em favor dele, esquivara-se. Merleau-Ponty relembrava que, antes de 1939, Malraux efetivamente escolhera Stalin, entre este e Trotski; censurava-o por pretender o contrário e por associar o gaullismo ao trotskismo. Imediatamente Malraux fora procurar Gallimard, ameaçando-o de represálias se não nos despejasse. Sartre levou a coisa com bom humor, para grande alívio de Gallimard, que declarou a seus colaboradores, num tom compenetrado: "Esse é um verdadeiro democrata!" Julliard nos ofereceu hospitalidade. Malraux tentou intimidar seu associado, Laffont, que devia editar as *Memórias* de De Gaulle: certamente não agradaria ao general que sua obra fosse publicada pela mesma editora da *Temps Modernes*; era possível que ele tomasse de volta seu manuscrito... Entretanto, transportamos-nos em dezembro para o outro lado da rua de l'Université.

Sartre teve outra contrariedade. A produção de *As mãos sujas* em Nova York foi um fracasso. O texto fora sabotado. Boyer, que fazia o papel de Hoederer, também implicara com a réplica: "Ele é vulgar." Fizera Jessica dizer: "*He looks like a king.*" (Ele parece um rei.) Haviam acrescentado uma fala sobre o assassinato de Lincoln e subverteram tudo. A peça se transformou num melodrama incrível; Sartre tentou mandar interromper as representações e moveu um processo contra Nagel, que as autorizara sem seu consentimento.

As coisas iam de mal a pior. O RPF desmoronou: é que a burguesia não precisava mais dele; novamente unida e forte, arrebatara uma triste vitória contra um proletariado dividido: este perdeu a batalha dos salários. Apesar do Plano Marshall, do crescimento da produção e de uma excelente colheita, os preços haviam dobrado entre o verão de 1947 e o outono de 1948; nunca o poder aquisitivo dos operários fora tão baixo. Em 4 de outubro, trezentos mil mineiros começaram uma greve que durou oito semanas. Jules Moch enviou de novo contra eles as CRS, que mataram dois. Dois mil foram presos e seis mil despedidos. Os estivadores e os ferroviários também pararam de trabalhar. Em vão. As esperanças socialistas de 1944 estavam completamente mortas. Em todos os pontos o programa do CNR fracassara. A classe que detinha o poder era decididamente colonialista. O veredicto de Tananarive foi dado em 5 de outubro: seis condenados à morte, entre os quais dois deputados. Na Indochina, os dirigentes montavam contra os Viet-Minh a operação Bao-Dai,[74] cuja ineficácia saltava aos olhos. Desde 1947 a *Temps Modernes* denunciava a imbecilidade

---

[74] Ele assinou em 8 de março os acordos Auriol-Bao-Dai.

e os horrores dessa guerra. Encontrávamos com frequência Van Chi, adido cultural à delegação do Vietnã — que paradoxalmente ainda existia —, cujo presidente ele nos apresentou. Bourdet participava dessas conversações.

O bloqueio de Berlim prolongava-se. Na China, Mao Tsé-Tung arrebatava vitórias fulminantes. Nanquim desmoronava: perguntava-se se os Estados Unidos não iriam intervir. Nesse caso, pensava-se que eles concentrariam suas forças no Extremo Oriente, abandonando provisoriamente a Europa aos russos, que a invadiriam; em seguida, as duas grandes potências se confrontariam na Alemanha e na França. Um dos belicistas americanos mais desvairados, Forrestal, teve visões tão horríveis do Exército Vermelho invadindo toda a terra e Nova York e deu tantos urros que tiveram de interná-lo: ele se jogou do 16º andar da clínica. Na França, a direita propagava conscientemente o pavor; trombeteava em duas vozes, simultâneas ou alternadas: 1ª — o regime soviético é atroz, acarreta necessariamente miséria, fome, ditadura, assassinato; 2ª — sem a ajuda da América não seremos defendidos: o Exército Vermelho atingirá Brest em menos de uma semana e nós sofreremos os horrores da ocupação. Foi nesse espírito de pânico dirigido que *Carrefour* — no mesmo número em que anunciava triunfalmente: "Thomas Dewey, 33º presidente dos Estados Unidos, entra na Casa Branca com uma vassoura na mão" — lançava uma pesquisa: "O que você faria se o Exército Vermelho ocupasse a França?" O verdadeiro perigo era efetivamente o Pacto do Atlântico, que Robert Schumann, partidário da "pequena Europa", se preparava para assinar: ele cortaria definitivamente o mundo em dois, e jogaria a França na guerra, se algum dia a América a desencadeasse.

Muitos movimentos pacifistas nasceram ou se desenvolveram naquele momento. O mais ruidoso foi o de Gary Davis. Aquele "homenzinho", como então o chamavam, instalou-se em 14 de setembro sob o peristilo da ONU, considerado como território internacional; declarou em entrevistas que renunciava à nacionalidade norte-americana para tornar-se "cidadão do mundo". Em 22 de outubro, constituiu-se em torno dele um "conselho de solidariedade", que reunia Breton, Camus, Mounier, Richard Wright, recém-instalado em Paris; em novembro, no dia em que Davis fez um escândalo na ONU, Camus deu uma entrevista à imprensa num café vizinho, tomando o partido dele; Bourdet o apoiou num editorial, e dali em diante o *Combat* dedicou uma página mensal ao movimento *Por um governo mundial*.

Em 3 de dezembro, houve na sala Pleyel uma sessão na qual Camus, Breton, Vercors e Paulhan defenderam essa ideia. Camus ficou ressentido por Sartre recusar-se a participar, e anunciou-nos, triunfante, que o comício de 9 de dezembro reunira no Vel'd'Hiv vinte mil pessoas. Sartre estava inteiramente de acordo com os comunistas ao pensar que o caso Gary Davis não tinha qualquer significação. Ríamos quando a direita acusava Davis de ser "pago por Moscou". Sua ideia não era nova; havia um ano que se falava muito em "federação mundial". Seu procedimento também nada tinha de espantoso: a América está cheia de excêntricos inspirados que lançam com pompa *slogans* simplistas. O que é significativo é que ele tenha sido levado a sério na Europa por intelectuais "de esquerda".

Alguns dias após o comício de 9 de dezembro, no qual Camus falou a favor da paz, Van Chi apresentou-lhe uma petição contra a guerra na Indochina, que Sartre e Bourdet faziam circular. Não a assinou. "Não quero fazer o jogo dos comunistas." Descia raramente dos grandes princípios aos casos particulares. Sartre pensava que é lutando contra todas as guerras, uma a uma, que se trabalha pela paz do mundo.

O RDR queria ligar as forças socialistas da Europa a uma política definida, o neutralismo. Sartre o encarava como um grupo restrito, mas bastante dinâmico para pesar na opinião pública e, através desta, nos acontecimentos. Rousset pretendia uma ação de massa: "Somos cinquenta mil", dizia ele, em fevereiro (cinco mil teria sido um número mais exato). "Seremos trezentos mil em outubro, ou teremos perdido." Tínhamos muito menos simpatia por ele do que no início. Ele era tomado por uma ambição que era ainda mais inquietante por ser vazia; sua segurança recobria abismos de incerteza e ignorância; sua complacência consigo mesmo era vertiginosa. O som da própria voz o embriagava: bastava-lhe falar para acreditar no que dizia. Evocava a imensidão da "audiência" que o movimento já tinha alcançado, sem se inquietar com as lamentáveis falhas do trabalho de organização: muitas vezes, quando vinham para uma reunião de bairro, as pessoas encontravam fechada a porta do local, e ninguém tinha a chave. Ele só gostava dos comícios: neles, declamava e se exaltava. O RDR organizou um na sala Pleyel, no início de dezembro: convidaram-se intelectuais de diferentes países para falar sobre a paz. Camus participou, assim como Rousset, Sartre, Plievier, o autor de *Stalingrad*, Carlo Levi e Richard Wright, cujo discurso traduzi. Houve muita gente e aplausos. Rousset fez uma violenta crítica anticomunista. Um peneiramento operava-se no seio do RDR; a maioria desejava alinhar-se com a ação social do PC; uma minoria — que compreendia a maioria dos responsáveis —, sob o pretexto de que os comunistas tratavam a Reunião com hostilidade, deslizava para a direita.

Rousset anunciou-nos que encontrara meio de obter o dinheiro de que o RDR necessitava: partiria para os EUA com Altmann no início de fevereiro; iam entrar em contato com o CIO.[75] Ignorávamos ainda até que ponto o CIO respaldava o governo em sua luta contra o comunismo, mas sabíamos que ele fazia colaboração de classe e Sartre não aprovou esse procedimento. O RDR era um movimento europeu: americanos podiam, como Richard Wright, simpatizar com ele, mas não financiá-lo.

O rótulo "americano de esquerda", aliás, não representava senão uma garantia muito incerta; percebemos isso na tarde em que Wright reuniu, nos salões de um grande hotel, intelectuais franceses e americanos. Fui apresentada a Daniel Guérin, com quem discuti sobre os aspectos econômicos do problema do negro americano; conheci também Antonina Vallentin, autora de excelentes biografias de Heine e Mirabeau. Sartre e outros pronunciaram algumas palavras. O americano Louis Fischer, que durante muitos anos fora jornalista em Moscou e simpatizante dos soviéticos, tomou a palavra para atacar a URSS. Arrastou Sartre para um canto e lhe expôs os horrores do regime soviético. Continuou sua exposição enquanto jantávamos no Lipp com os Wright. Com o brilho de um fanatismo alucinado nos olhos, contava até perder o fôlego histórias de desaparecimento, traição e morte, provavelmente verdadeiras mas das quais não se entendia o sentido nem o alcance. Em compensação, gabou as virtudes da América: "Detestamos a guerra: é por isso que pensamos em soltar bombas antes."

Sartre concebia o RDR como uma mediação entre a ala progressista da pequena burguesia reformista e o proletariado revolucionário: era nesses meios que os comunistas recrutavam adeptos. Mais claramente do que nunca, portanto, para eles Sartre era um adversário. No congresso de Wroclaw, que devia selar a aliança dos intelectuais do mundo inteiro em favor da paz, Fadéev o chamou de "chacal da pena" e acusou-o de "pôr o homem de quatro". Com o caso Lyssenko, o dogmatismo stalinista imiscuía-se na pró-

---

[75] Era o sindicato americano que se situava mais à esquerda, e Rousset jogava com esse equívoco.

pria ciência; Aragon, que não sabia nada disso, demonstrou em *Europe* que Lyssenko tinha razão; a arte não era mais livre: todos os comunistas tiveram que admirar as *Marchandes de poisson* de Fougeron, expostas no Salão de Outono. Lukács, de passagem por Paris em janeiro, investiu contra o "cogito decadente do existencialismo". Numa entrevista que deu ao *Combat*, Sartre retorquiu que Lukács não entendia nada do marxismo. A réplica de Lukács e a segunda resposta de Sartre foram publicadas juntas num número posterior. Em Paris, em fevereiro, Ehrenbourg explicou que outrora Sartre lhe inspirara piedade: desde *As mãos sujas* só sentia desprezo por ele. Enfim, Kanapa fora colocado na direção da *Nouvelle Critique*, da qual cada número desancava o existencialismo em geral e Sartre em particular.

Ele não era menos esfolado pela revista que se criou em fevereiro, sob a direção de Claude Mauriac, *Liberté de l'Esprit*, e que se dedicava à defesa dos "valores ocidentais". A equipe reunia gente do RPF e antigos colaboracionistas. Um recém-chegado, Roger Nimier, autor de um romancezinho de má qualidade, *Les Épées*, fez-se notar no primeiro número escrevendo a propósito da guerra: "Não a faremos com os ombros do M. Sartre, nem com os pulmões do M. Camus (e menos ainda com a bela alma do M. Breton)." A alusão aos "pulmões de Camus" enojou tanta gente, que Nimier teve que se desculpar. Nos números que se seguiram, os "valores ocidentais" brilhavam pela ausência, mas a cruzada anticomunista era conduzida com entusiasmo.

O antissovietismo usava tudo o que podia. Em novembro, uma russa branca, Kosenkina, jogou-se pela janela do consulado soviético em Nova York. Fez-se muito alarido em torno desse melodrama.

Em janeiro, abriu-se o processo Kravtchenko; ele atacava *Les Lettres Françaises* por difamação: tinha revelado que seu livro, *J'ai choisi la liberté*, fora fabricado pelos serviços americanos. Fui com Sartre a uma das audiências, que se revelou melancólica; no entanto, esse caso, que encheu os jornais durante semanas, tinha um enorme interesse: era o julgamento da URSS. Os anticomunistas, apoiados por M. Queuille e por Washington, mobilizaram bandos de testemunhas; os russos, por sua vez, enviaram outras de Moscou. Ninguém ganhou. Kravtchenko conseguiu uma indenização, mas muito inferior à que havia reivindicado, e saiu do processo bastante desgastado. Entretanto, quaisquer que fossem suas mentiras e sua venalidade, e embora a maioria de suas testemunhas fosse tão suspeita quanto ele, uma verdade emergia de seus depoimentos: a existência dos campos de trabalho. Lógico, inteligente, e aliás, confirmado por numerosos fatos, o relato da Mme Beuber Newmann convencia: logo depois do pacto germano-soviético, os russos tinham entregado a Hitler deportados de origem alemã. Não executavam em massa os detentos mas a exploração e os maus-tratos iam tão longe que muitos morriam. Ignorava--se a ordem de grandeza do número de vítimas. Mas nós começamos a nos perguntar se a URSS e as democracias populares mereciam ser chamadas de países socialistas. Certamente o cardeal Mindzenty era culpado: como o tinham convencido a confessar? Ele admitia tudo o que queriam. O que se passava na Bulgária? Que significava a "destituição" de Dimitrov? Os comunistas desencadeavam em todos os países uma ofensiva de paz; pensávamos que era porque tinham interesse em prolongar a trégua que lhes permitiria preparar a guerra.

Sartre continuava a refletir sobre sua situação dividida e sobre o meio de superá-la; lia e acumulava notas. Escrevia também a continuação de *Com a morte na alma*, que deveria chamar-se *La dernière chance*. Para trabalhar tranquilamente, fomos para o sul. Escolhi na costa do Estérel um hotel isolado, em forma de navio e colocado diretamente sobre a água; à noite, o barulho das ondas entrava no meu quarto e eu pensava estar no meio do mar. Mas a solenidade das refeições na ampla sala de jantar deserta nos tirava o apetite. Havia poucos passeios possíveis, já que a montanha se elevava ab-ruptamente por trás de nós. Emigramos para um lugar mais propício: *Le Cagnard*, em cima do Cagnes. Tínhamos quartos agradáveis, no último andar: o meu era ladeado por um terraço, onde nos sentávamos para conversar. Fumaças leves, que tinham um cheiro bom de lenha queimada, subiam dos telhados e se podia ver de longe o mar. Caminhávamos por entre as árvores em flor, fomos a Saint-Paul-de-Vence, menos sofisticada que hoje; de vez em quando, fazíamos um passeio de táxi. Sartre estava muito alegre, mas inquieto porque M. se dispunha a instalar-se na França; ele tentava dissuadi-la.

O primeiro volume de *O segundo sexo* ia ser publicado; eu estava terminando o segundo e queria entregar alguns extratos à *Temps Modernes*. Quais? Os últimos capítulos convinham, mas ainda não estavam inteiramente acabados. Optamos por aqueles que eu tinha acabado de terminar, sobre a sexualidade feminina.

Fazia algum tempo que eu pensava num romance. Muitas vezes ficava imaginando-o, enquanto rodávamos pelos bosques de pinheiros e caminhávamos em campos de lavanda. Comecei a tomar algumas notas.

Quando retornamos a Paris, ao fim de três semanas, a data prevista para a assinatura do Pacto do Atlântico — 4 de abril — se aproximava. Gilson, apoiado por Beuve-Méry, atacava-o no *Monde*. No *Combat*, Bourdet sugeriu a criação de um "bloco neutro" dotado de armamentos, decidido a defender a independência da Europa, e não bases americanas. Por outro lado, o Movimento da Paz, criado pelos comunistas, reuniu em 20 de abril, na sala Pleyel, seus "partidários" sob a presidência de Joliot-Curie. O congresso, cujo emblema foi desenhado por Picasso — a célebre pomba —, terminou com uma manifestação de massa em Buffalo.

Rousset voltou para a França trazendo da América um projeto de "jornadas de estudos" dedicadas à paz e que deviam iniciar-se dez dias após o congresso da Pleyel. Compreendemos imediatamente que ele as concebia como uma resposta ao Movimento da Paz. Altmann publicava no *Franc-Tireur* uma reportagem sobre os EUA. Que idílio! O regime não era socialista, não, mas também não era capitalista: era uma civilização sindicalista. A igualdade não reinava, não, havia até pardieiros: mas que conforto! Abriu-se um processo contra os comunistas, sim: mas eles falavam livremente nas ruas. Negros e brancos confraternizavam. E, em suma, eram os operários que governavam.[76] Quanto a Rousset, causou-me a mais desagradável impressão. Contou como sua turnê tinha sido triunfal, as refeições que lhe haviam oferecido, a "audiência" que conseguira. Fez a apologia dos dirigentes sindicalistas, da Mme Roosevelt, do liberalismo americano. Recolhera lisonjas, algumas subvenções, e virou a casaca. (Ou talvez já tivesse virado antes...) Protestei contra o quadro que ele traçava dos EUA. Ele me apontou um dedo acusador e disse, em tom enfático: "É fácil, Simone de Beauvoir, falar mal da América hoje, na França!" Entre as pessoas cuja participação nos debates ele queria, citou Sydney Hook: eu o encontrara em Nova York; esse antigo marxista tornara-se um anticomunista encarniçado. Sartre pediu que, em vez de discutir em público com estrangeiros, fosse convocado um congresso interno, que reuniria o maior número possível de militantes da província. Faltava dinheiro — objetou Rousset. Quem é que iria financiar a "Jornada de resistência à ditadura e à guerra"? E, de resto, de que "ditadura" se tratava? Richard Wright, pressionado pela embaixada americana a participar da manifestação, disse a Sartre que achava essa insistência suspeita. Sartre perguntava-se se deveria aparecer lá para defender seus próprios pontos

---

[76] "A dignidade e a defesa operária pesam fortemente nos negócios públicos."

de vista contra Rousset, ou abster-se; pela primeira vez, dei-lhe um conselho político: sua presença seria mais notada do que suas palavras; não devia comparecer. Em 30 de abril, Merleau-Ponty, Wright e Sartre enviaram ao Vel'd'Hiv uma mensagem coletiva dirigida contra a política do *State Department*. Leram-se mensagens nebulosas de Gary Davis, da Mme Roosevelt. Sydney Hook e um deputado socialista holandês, Kadt, exaltaram as virtudes do Plano Marshall contra a ditadura stalinista; alguém fez a apologia da bomba atômica; houve rumores na sala e trotskistas apossaram-se da tribuna. Sartre reuniu por conta própria o Congresso RDR, e a assembleia pronunciou-se contra Rousset. O movimento deixou de existir. Naquele momento achamos que o único erro de Sartre foi confiar em Rousset e em Altmann, que, mais ambiciosos e mais agitados, levaram a melhor sobre homens honestos; o grupo era tão restrito que nesse nível as pequenas causas contam e sobretudo as questões relativas a pessoas; sua dissolução não provava que ele estivesse de antemão voltado para o fracasso. Sartre logo pensou o contrário: "Estouro do RDR. Golpe duro. Nova e definitiva aprendizagem do realismo. Não se cria um movimento."[77] Ele não teve a intenção de atrair as massas; mas contentar-se com um pequeno movimento era idealismo: se quatro operários do RDR participassem de uma greve organizada pelos comunistas, não iriam modificar-lhe o conteúdo. "As circunstâncias só favoreciam a união na aparência. Ela atendia bem a uma necessidade abstrata, definida pela situação objetiva: mas não a uma necessidade real das pessoas. Assim, estas não a procuraram."[78]

***

Gostei muito do Saint-Glinglin, de Queneau: agradou-me sua linguagem, seu humor selvagem e sua visão tranquilamente horrível da existência. Admirei — embora um pouco menos do que suas primeiras obras — *Pompes funèbres* de Genet. O *Stalingrad* de Pliever era um documentário aterrorizante. Na América acabava de ser publicada a pesquisa do dr. Kinsey sobre "o comportamento do macho americano": muito barulho por pouca coisa.

Depois de viverem em Viena e em Belgrado, minha irmã e Lionel vieram para Paris. Alugaram, em Louveciennes, um bonito palacete do século XVIII,

---
[77] Notas inéditas.
[78] Idem.

um tanto destruído, cercado de um grande jardim cheio de flores silvestres. Vimo-nos com frequência. Fui com Olga certa noite ouvir jazz na Rose Rouge, na rua de La Harpe, dirigida por Mireille Trépel — que fora do Flore — e Nico; eles emigraram para a rua de Rennes, em frente ao imóvel onde eu passei minha adolescência. Ouvi ali os Frères Jacques: estavam muito em voga, merecidamente. No teatro dos Champs-Élysées, Boris Kochno montava um novo balé, *La Rencontre*; Cocteau e Bérard pediram a Sartre um texto de apresentação; assistimos a um ensaio; graciosa e aplicada, Leslie Caron, de malha preta, emprestava à Esfinge o mistério de seus quinze anos; ela conquistou o público engalanado do ensaio geral. Achamos pouco interessantes os balés de Katherine Dunham, que atraíram Paris inteira. Quanto ao *Estado de sítio*, de Camus, abstivemo-nos de ir, não por falta de amizade. Vimos, no Marigny, *Les Fourberies de Scapin*: Barrault optara por não passar de um comerciante.

Muito próximo politicamente de Bourdet — que pouco mais tarde escreveu crônicas políticas para a *Temps Modernes* —, Sartre me pediu certa tarde para ir ao coquetel oferecido por Ida. Ela recebia muito bem, e estava lá muita gente: demais. Senti um profundo mal-estar ao ver todas aquelas pessoas, separadas por tantas coisas, dando-se palmadinhas nas costas. Altmann, que na época eu pensava ser de esquerda, caiu nos braços de Louis Vallon; e eu mesma, quantas mãos não apertei! Van Chi errava em meio à multidão, parecendo tão infeliz quanto eu. Sorrir tão cordialmente a adversários quanto a amigos é reduzir os compromissos a opiniões, e todos os intelectuais, de direita ou de esquerda, à sua condição burguesa comum. Era esta que me impunham aqui como minha verdade e foi por isso que tive essa dolorosa impressão de derrota.

***

No início de junho, enverguei o mantô branco que trouxera dois anos antes de Chicago e fui buscar Algren na estação de Saint-Lazare, à chegada do trem transatlântico. Como nos iríamos reencontrar? Tínhamo-nos separado mal; mas ele vinha. Fiquei espreitando os trilhos, o trem, o fluxo dos viajantes: não o vi; os últimos vagões se esvaziavam, estavam já vazios: Algren não estava. Esperei ainda por um longo momento; não havia mais ninguém na plataforma, quando resolvi ir embora; afastei-me lentamente, lançando ainda alguns olhares por sobre o ombro: em vão. "Virei procurá-lo no próximo trem", disse a mim mesma, e voltei para casa de táxi. Sentei-me no meu divã, acendi um cigarro, desamparada demais para ler. De repente, uma voz americana veio da rua, um homem carregado de pacotes entrava no Café des Amis, saía de novo, aproximava-se da porta. Era Algren. De seu compartimento ele reconhecera meu mantô, mas estava tão atrapalhado com as bagagens que só desceu muito tempo depois de todos os outros viajantes.

Trazia-me chocolate, uísque, livros, fotos, um roupão florido. No tempo em que era GI, passara dois dias em Paris, no *Grand Hôtel de Chicago*, do lado de Batignoles. Não vira quase nada. Era estranho eu dizer para mim mesma, caminhando do lado dele na rua Moufíetard: "É seu primeiro olhar sobre Paris; como lhe parecem essas casas e essas lojas?" Estava ansiosa; não queria reencontrar aquela cara emburrada que ele às vezes fazia para mim em Nova York. Meu excesso de solicitude incomodou-o durante aqueles primeiros dias, confessou-me, mais tarde. Mas eu me tranquilizei rápido; ele parecia radiante.

A pé, de táxi, uma vez de fiacre, levei-o a passear por toda parte e ele gostava de tudo: das ruas, das multidões, dos mercados. Certos detalhes o escandalizavam: não havia escadas de emergência nas fachadas dos prédios, não havia parapeito ao longo do canal Saint-Martin: "Então, se houver um incêndio, a gente é queimada viva? Começo a entender os franceses: se queimar, queimou! Se uma criança se afogar, se afogou: não se contraria o destino!" Achava os motoristas loucos. A cozinha francesa e o vinho de Beaujolais o encantaram, embora preferisse linguiça a foie gras. Gostava muito de fazer compras nas lojas do bairro; o cerimonial das conversas o maravilhava "Bom dia, senhor, como vai, bem obrigado, muito bem, e o senhor, que tempo horrível hoje, até logo, senhor, obrigado, senhor"; em Chicago, compra-se em silêncio, dizia-me.

Fiz com que encontrasse meus amigos. Com Sartre, a conversa foi um pouco difícil, porque Sartre não sabe inglês e eu não tenho paciência para traduzir; mas eles simpatizaram um com o outro. Falamos um pouco de Tito e muito de Mao Tsé-Tung: a China era tão mal conhecida que se prestava a todas as divagações. Causava admiração que Mao Tsé-Tung escrevesse versos, pois ignorava-se que lá todo general fazia um pouco de pintura; atribuía-se a esses revolucionários, que também eram letrados, uma sabedoria antiga, compondo com o marxismo uma misteriosa e sedutora aliança; contavam-

-se belas histórias, verdadeiras, aliás, sobre o alfabeto nos campos, o teatro nos exércitos e a liberação das mulheres. Pensava-se que a "via chinesa para o comunismo" seria mais flexível e mais liberal que a via russa, e que a face inteira do mundo socialista ia acabar mudando.

    Na Rose Rouge, Bost e Algren confrontaram suas lembranças de GI e da segunda classe. Olga seduziu Algren ouvindo, de olhos arregalados, todas as histórias que ele contava: ele sabia montes delas e, quando não tinha mais, inventava. Ao jantarmos os quatro no restaurante da torre Eiffel — entupido de americanos, onde se comia e bebia mal, mas de onde se tinha uma belíssima vista —, ele falou durante duas horas de seus amigos, drogados e ladrões, e eu não conseguia mais separar a verdade da fábula; Bost não acreditava em nada, Olga engolia tudo. Organizei uma noitada na casa dos Vian: tínhamos convidado Cazalis, Gréco, Scipion. Levei Algren a um coquetel dado por Gallimard em honra de Caldwell. Íamos frequentemente beber no Montana com uns e outros. No início, os "esquerdistas" do nosso grupo — Scipion, entre outros — olhavam aquele americano com suspeita. Aborrecido com esse antagonismo, ele se comprazia em dizer paradoxos e verdades incongruentes. Mas quando souberam que ele votara em Wallace, que seus amigos haviam todos sido expulsos da rádio e da televisão por antiamericanismo e sobretudo quando o conheceram melhor, ele foi aceito. Algren tinha grande afeição por Michelle Vian, a quem chamava de Zazou, e que lhe servia conscienciosamente de intérprete, mesmo quando o calor da conversa nos arrebatava. Em 14 de julho, depois de correr em grupo os bailes do bairro, encalhamos num botequim que só fechava de madrugada. Queneau estava em plena forma, e de vez em quando eu me virava para Algren: "Ele acaba de dizer uma coisa muito engraçada!" Algren esboçava um sorriso um tanto constrangido. Michelle sentou-se ao lado dele e traduziu tudo. Ele também gostava de Scipion, por causa do riso, e achava que ele tinha o nariz mais bonito do mundo. Na biblioteca, em cima do clube Saint-Germain, encontrava Guyonnet, que tentava traduzir seu último romance e penava com a gíria de Chicago. Guyonnet convidou-o a ir lutar boxe uma manhã com ele e Jean Cau. Quando me encontrou para almoçar, no terraço da Bouteille d'Or, no cais, deixou-se cair na cadeira: "Esses franceses!", disse. "Todos pirados." Obedecendo a instruções de Guyonnet, entrou num quarto num sexto andar e foi recebido com clamor: "Eis o bom americano!"; pela janela, viu Cau e

Guyonnet, que lhe faziam sinal para que fosse juntar-se a eles num terraço ao qual se tinha acesso pela calha. Para Algren, que sofre de vertigem, era uma aventura apavorante. O terraço era minúsculo e sem parapeito: lutava-se boxe à beira de um precipício. "Todos pirados!", repetiu Algren, ainda meio perdido.

Para mostrar-lhe a multidão parisiense, conduzi-o à festa de 18 de junho: a avenida Orleans fora rebatizada de "avenida General Leclerc", durante uma cerimônia presidida pelos generais. Quando caminhávamos na multidão, um homem me reconheceu: "Seu lugar não é aqui!" Seu olhar gaullista me fulminava. Vimos juntos os Van Gogh e os Toulouse-Lautrec do Jeu de Paume. Levei-o a visitar o museu Grévin; ele ficou tão maravilhado com "o palácio das miragens", com o infinito de suas florestas, de suas colunatas, de seus astros e de suas girândolas, com os artifícios de suas luzes — sobretudo com sua "luz negra" —, que depois disse a todos os seus compatriotas que vieram a Paris para irem lá. Certa tarde, Sartre alugou um Slota; fizemos com Bost, Michelle e Scipion um grande passeio pelo subúrbio; passeamos em Clichy, no cemitério dos cães: uma pequena ilha no Sena; o visitante é acolhido pela estátua de um são-bernardo que salvou, creio, noventa e nove pessoas. Nos túmulos, inscrições afirmam a superioridade do animal sobre o homem; são guardados por cães de caça, dogues e foxes de gesso. De repente, Algren deu um pontapé enfurecido num caniche cuja cabeça rolou no chão. "Mas por quê?", perguntamos-lhe rindo. "Ele me olhava de um jeito que não me agradou", respondeu ele. Aquele culto aos animais irritava-o.

Pensei em diverti-lo levando-o às corridas de Auteuil, mas ele não entende nada do sistema francês de apostas e de marcação. Em compensação, interessou-se pelas lutas de boxe do Central. Deixava-me muito confusa, porque eu adquirira um pouco de respeito humano desde a minha juventude e ele não tinha nem um pingo. Em plena luta, tirava fotos utilizando flashes e refletor.

Fui com ele ao clube Saint-Germain, lançado um ano antes por Bouba para onde tinham ido Vian e Cazalis. O estilo Nova Orleans, ainda em voga no Tabou, cedera lugar ali ao *be-bop*. A adega estava repleta; uma mulher de barba sorria num quadro. Na Rose Rouge, ouvi de novo os Frère Jacques em *Exercises de style*. Algren gostou deles, mas apreciou mais ainda Montand, que cantava no A.B.C., e Mouloudji. Pela primeira vez na vida, bebo champanhe no Lido, por causa de uma atração que Sartre me recomendara: um ventríloquo chamado Winces utilizava como boneco a mão esquerda; dois botões de botinas serviam de olhos, dois dedos pintados de vermelho faziam os lábios: em cima, ele enfiava uma peruca, e embaixo ajustava um corpo; a boneca mexia a boca, distendia-a até engolir um taco de bilhar, fumava, puxava a língua — um terceiro dedo. Era tão viva que se pensava realmente ouvi-la falar e, quando se desfez, foi como se um pequeno ser insolente e encantado acabasse de morrer.

Algren desejava conhecer o Velho Mundo. A Espanha nos era proibida, estava fora de cogitação pôr os pés nos domínios de Franco. Tomamos o avião para Roma: espantei-me ao abarcar num só golpe de vista a cidade, o mar e um vasto campo queimado. E que assombro partir de Paris de manhã e almoçar na praça Navona! Caminhamos muito e olhamos muita coisa. Jantamos e jogamos *bocce* com Carlo Levi, num boteco do Janículo; almoçamos com os Silone; assistimos à representação de Aída nas termas de Caracalla: gostei de ouvir um avião roncar por cima de uma grande ária de Verdi. Certa noite, um fiacre nos levou, sob a tempestade, através das ruas líquidas e negras. Mas havia ruínas demais e a cidade era demasiado tranquila para o gosto de Algren. Partimos de ônibus para Nápoles. Paramos em Cassino: as ruínas ardendo ao sol pareciam tão longínquas quanto as de Pompeia.

Algren gostou de Nápoles; conhecera a miséria, convivia com ela diariamente, e não sentia nenhum embaraço ao passear nos bairros populosos. Fiquei ainda mais embaraçada do que no Central, quando ele começou a tirar fotos: na verdade, as pessoas sorriam para seus flashes, e as crianças disputavam as lâmpadas ainda quentes. Acolheram-no como um amigo, quando voltou para distribuir as cópias.

Os italianos o encantavam. Ao chegar a Porto d'Ischia, onde queríamos passar alguns dias, fomos ao restaurante; ele pediu um copo de leite; não havia; o garçom, que batia na cintura de Algren, instruiu-o: "Mas não se deve beber leite! É preciso beber vinho, senhor: é assim que se fica grande e forte!" Aquele pequeno porto seco, com loureiros-rosa poeirentos e cavalos emplumados, não nos agradou. Seguimos até Forio; o hotelzinho, a pique em cima do mar, estava deserto; havia uma sala de jantar escura e um terraço; a dona nos empanzinava com lasanhas ao forno. Na praça, onde tomávamos cafés, mostraram-nos a viúva de Mussolini. Fizemos excursões de fiacre. Passávamos horas na praia. Em nossas lembranças, Ischia ficou sendo nosso paraíso. Mas também fomos felizes em Sorrento, Amalfi, Ravello, e, apesar de tudo, Algren ficou impressionado com os restos de Pompeia.

Um avião nos transportou de Roma para Túnis: os souks e a Mellah fascinaram Algren. Não sei mais como foi que encontramos Amour Hassine, um motorista que levava a família a Djerba, para festejar o fim do Ramadã: por um preço módico ele nos levou. A ilha estava uma loucura na noite em que chegamos; entre os muçulmanos do mundo inteiro, observadores espreitavam a lua; se ela aparecesse durante a noite, eles avisariam por telegrama a todos os seus correligionários e o jejum terminaria; caso contrário, este duraria ainda até a noite do dia seguinte; comendo, bebendo, dançando, fumando e perscrutando o céu, as pessoas matavam o tempo com um nervosismo que o prazo de um dia não me parecia justificar. Sentado a uma mesa de café, em meio a músicas desenfreadas, Algren fumou o narguilé com Amour Hassine; este confessou-nos que durante o ano às vezes bebia vinho, e que frequentemente desobedecia ao Corão: mas durante o Ramadã não punha uma migalha na boca, não fumava um cigarro entre a aurora e o crepúsculo: "Isso Deus não perdoaria!", disse ele. A tensão e a fadiga daqueles dias de abstinência explicavam o frenesi impaciente da multidão. A lua permaneceu escondida. A noite seguinte foi calma, pois não havia mais incerteza: o Ramadã terminara.

Permanecemos três dias na ilha. Na aldeia judia, Algren olhou com espanto as belas mulheres de olhos escuros, com o tradicional xale negro na cabeça: "Conheço algumas exatamente iguais em Chicago", disse-me ele. Visitamos a sinagoga, aonde chegam em peregrinação judeus do mundo inteiro. Passávamos longos momentos numa gruta, arranjada como taberna; as garrafas de cerveja estavam mergulhadas num pequeno tanque com água onde, para refrescá-las, o dono patinava descalço. Ele fez Algren fumar kiff "Você vai ver: vai voar!" Todos os clientes observavam. Algren sentiu como uma leve sacudidela que o arrancou do chão: mas logo caiu de novo.

Em casa de primos de Amour Hassine, comemos ensopados vermelhos e bebemos xaropes de violeta. Subimos de novo com ele para Túnis, por Medenin e Cairuã. Diante dos *gorfa*, Algren arregalava os olhos: "Realmente, não sei mais onde estou!" Amour Hassine mostrou-nos uma foto que o representava, com um fone ao ouvido: "Eu estava telefonando para Paris!", disse-nos gloriosamente. Estava orgulhoso de conduzir um americano, mas não compreendia por que este não tinha carro. "Nem todos são ricos lá", disse

Algren. Hassine refletiu; como comprávamos muitas vezes filhós e guloseimas, perguntou: "Há ovos na América? Há leite?... Então levem-me para lá: instalamo-nos numa praça, fazemos panquecas e filhós e ficaremos ricos." Tinha dois ódios: a França e a Israel; o primeiro ele só exprimiu veladamente, por minha causa; mas sobre os judeus, como Algren não reagisse, desabafava: "Nunca tiveram bandeira: e agora querem um país para eles!"

Depois de Túnis, foi Argel, depois Fez, Marrakech; tanta luz, cores, belezas, tantas chagas: os olhos de Algren arregalavam-se cada vez mais. Ele quis rever Marseille, onde esperara, depois da guerra, o navio para os EUA. Depois, Olga e Bost nos acolheram em sua casa de Cabris: as janelas davam para os terraços de oliveiras e para o mar longínquo. O vilarejo quase não mudara desde 1941. Certa noite, alugamos um carro para perder um pouco — muito pouco — de dinheiro no cassino de Monte Carlo. Num sótão de Antibes, para onde emigrara o clube du Vieux Colombier, ouvimos Luter; Gréco cantou "Si tu imagines" e "La rue des Blancs-Manteaux". Algren bebeu muito; dançou com Olga e depois, muito graciosamente, com uma cadeira.

O mês de setembro, em Paris, foi magnífico. Nunca nos havíamos entendido tão bem. No ano seguinte, eu iria a Chicago: estava certa de tornar a encontrar Algren, ao deixá-lo. No entanto, tinha o coração apertado quando o acompanhei a Orly. Ele passou pelo portão da alfândega e desapareceu: aquilo parecia tão impossível, que tudo se tornava possível, até mesmo e sobretudo não revê-lo nunca mais. Voltei para Paris de táxi: as luzes vermelhas em cima dos pilones pressagiavam uma horrível tristeza.

Eu estava enganada. A primeira carta de Algren transbordava de alegria. Na escala em Gander, uma revista o fez saber que havia ganhado o prêmio Pulitzer. Coquetéis, entrevistas, rádio, televisão: Nova York festejou-o. Um amigo o levou de volta de carro a Chicago. Ele estava feliz com sua viagem à Europa, feliz por voltar para casa. Escrevia-me: "Rodamos o sábado e o domingo inteiros, e era maravilhoso rever árvores americanas, e o grande céu americano, os grandes rios e as planícies. Não é um país tão colorido quanto a França; não nos comove, como os telhadinhos vermelhos, quando chegamos a Paris pelo trem transatlântico, ou quando os sobrevoamos no avião Marseille-Paris. Também não é terrível como a luz verde-cinza de Marrakech. É apenas vasto, quente e fácil, seguro e sonolento, e não tem pressa. Fiquei

contente por pertencer a ele, e como que aliviado com a ideia de que, aonde quer que eu vá, esse era o país para onde poderia retornar sempre."
Ele me repetia que me esperava, e voltei a ficar confiante.

***

O primeiro volume de *O segundo sexo* foi publicado em junho; em maio, saiu na *Temps Modernes* o capítulo sobre "a iniciação sexual da mulher", seguido, em junho e julho, pelos que tratavam da "lésbica" e da "maternidade". Em novembro, o segundo volume foi publicado pela Gallimard.

Eu disse como esse livro foi concebido: quase que fortuitamente; querendo falar de mim, percebi que precisava descrever a condição da mulher; considerei primeiro os mitos que dela forjaram os homens através das cosmologias, das religiões, das superstições, das ideologias, das literaturas. Tentei pôr ordem no quadro, à primeira vista incoerente, que se ofereceu a mim: em todo caso, o homem se colocava como o Sujeito e considerava a mulher como um objeto, como o Outro. Essa pretensão explicava-se evidentemente por circunstâncias históricas; e Sartre me disse que eu devia também indicar as bases fisiológicas. Estávamos em Ramatuelle; falamos disso muito tempo, e eu hesitei: não pensara em escrever uma obra tão vasta. Mas, efetivamente, meu estudo sobre os mitos ficaria incompleto se não se soubesse que realidade eles recobriam. Mergulhei, portanto, nos livros de fisiologia e de história. Não me limitei a compilar; os próprios cientistas, e dos dois sexos, estão imbuídos de preconceitos viris, e eu tentei redescobrir, por trás de suas interpretações, os fatos exatos. Em história, destaquei algumas ideias que não encontrara em nenhum lugar: relacionei a história da mulher à história da herança, o que quer dizer que ela me pareceu como um contragolpe da evolução econômica do mundo masculino.

Comecei a olhar as mulheres com um olhar novo e fui indo de surpresa em surpresa. É estranho e estimulante descobrir de repente, aos quarenta anos, um aspecto do mundo que salta aos olhos e que não era percebido. Um dos mal-entendidos que meu livro suscitou foi que se pensou que nele eu negava qualquer diferença entre homens e mulheres: ao contrário, ao escrevê-lo, medi o que os separa; o que sustentei foi que essas dessemelhanças são de ordem cultural, e não natural. Contei sistematicamente como elas se criam, da infância à velhice; examinei as possibilidades que este mundo oferece às mulheres, as que lhes são recusadas, seus limites, suas oportunidades e faltas de oportunidades, suas evasões, suas realizações. Compus assim o segundo volume: "A experiência vivida."

Não passei mais de dois anos[79] trabalhando nessa obra. Tinha conhecimentos de sociologia e de psicologia. Devia à minha formação universitária métodos de trabalho eficazes: eu sabia classificar e analisar rapidamente os livros, eliminar aqueles que não passavam de repetições ou de fantasias; fiz um inventário mais ou menos exaustivo de tudo o que fora publicado em francês e em inglês sobre a questão; esta suscitou uma imensa literatura, mas, como em muitos outros casos, apenas um pequeno número desses estudos tem importância. Aproveitei também, sobretudo no segundo volume, aquele interesse que durante anos Sartre e eu havíamos tido pelas pessoas: minha memória forneceu-me material abundante.

O primeiro volume foi bem recebido: venderam-se vinte e dois mil exemplares na primeira semana. O segundo também foi muito comprado, mas escandalizou. Fiquei chocada com a repercussão dos capítulos publicados na *Temps Modernes*. Eu menosprezara radicalmente essa "mesquinhez francesa" da qual falou Julien Gracq num artigo em que — embora ele me comparasse a Poincaré discorrendo nos cemitérios — felicitava-me pela minha "coragem". Essa palavra espantou-me na primeira vez em que a ouvi. "Como você foi corajosa!", disse-me Claudine Chonez, com uma admiração apiedada. "Corajosa?" "Você vai perder muitos amigos!" Se os perder, é porque não eram amigos, pensava eu. De qualquer modo, eu teria escrito esse livro como tinha vontade de escrevê-lo; mas nem por um instante pensei em heroísmo. Os homens que me eram mais próximos — Sartre, Bost, Merleau-Ponty, Leiris, Giacometti, a equipe da *Temps Modernes* — eram também, com relação a isso, verdadeiros democratas: eu teria antes temido, se só tivesse pensado neles, ter caído no óbvio. De resto, essa censura me foi feita: mas também acusaram-me de inventar, de fantasiar, de delirar. Reprovaram-me tantas coisas: tudo! Em primeiro lugar, minha indecência. Os números de junho-julho-agosto da *Temps Modernes* voaram: mas eram lidos, se ouso dizer, cobrindo o rosto. Era de se pensar que Freud e a psicanálise nunca tivessem existido. Que festival de

---

[79] Comecei em outubro de 1946 e terminei em junho de 1949; mas em 1947 passei quatro meses na América. E *L'Amérique au jour le jour* me ocupou durante seis meses.

obscenidade sob o pretexto de fustigar a minha! O bom velho espírito gaulês expandiu-se. Recebi, assinados ou anônimos, epigramas, epístolas, sátiras, admoestações, exortações dirigidas, por exemplo, por "membros muito ativos do primeiro sexo". Insatisfeita, frígida, priápica, ninfomaníaca, lésbica, cem vezes abortada, fui tudo, até mesmo mãe clandestina. Ofereciam-se para curar minha frigidez, para saciar meus apetites de vampiro, prometiam-me revelações em termos abjetos, mas em nome da verdade, da beleza, do bem, da saúde e até mesmo da poesia, indignamente saqueados por mim. Bom. É monótono fazer pichações nos banheiros; que maníacos sexuais preferissem enviar-me suas elucubrações, eu podia compreender. Mas Mauriac, afinal! Ele escreveu a um dos colaboradores da *Temps Modernes*: "Fiquei sabendo tudo sobre a vagina de sua patroa": o que mostra que, na intimidade, ele não tinha medo das palavras. Ao vê-las impressas, sofria tanto que lançou uma pesquisa no *Figaro Littéraire*: incitava a juventude a condenar a pornografia em geral e meus artigos em particular. O sucesso foi tímido. Embora se tivessem abafado, as respostas de Pouillon e de Cau, que voaram em meu socorro — e provavelmente muitas outras —, tive defensores: entre outros, Domenach; os cristãos não se indignavam com muita veemência e no conjunto a juventude não parecia muito escandalizada com meus transbordamentos verbais. Mauriac afligiu-se com isso. Precisamente para fechar a pesquisa, uma jovem angelical enviou-lhe uma carta que satisfazia tão exatamente seus anseios, que fomos muitos a nos divertir com a sorte. Entretanto, nos restaurantes, nos cafés — que, com Algren, eu frequentava mais do que de hábito —, aconteceu muitas vezes zombarem indicando-me com o olhar ou até mesmo com o dedo. Durante um jantar inteiro no *Nos Provinces*, na avenida Montparnasse, um grupo sentado a uma mesa vizinha me encarou e caiu na risada; aborrecia-me arrastar Algren a um escândalo; mas, ao sair, disse algumas coisas àquelas pessoas de bem.

A violência e a baixeza dessas reações deixaram-me perplexa. Entre os povos latinos, o catolicismo encorajou a tirania masculina e chegou a inclina-la para o sadismo; mas se entre os italianos ela se alia à malandragem, e entre os espanhóis à arrogância, a mesquinhez é bem francesa. Por quê? Provavelmente, antes de tudo, porque os homens na França sentem-se economicamente ameaçados pela concorrência das mulheres; para manter contra elas a afirmação de uma superioridade que os costumes não garantem mais, o meio mais simples é aviltá-las. Uma tradição gaiata fornece todo um arsenal que permite reduzi-las à sua função de objetos sexuais: ditos, imagens, anedotas e o próprio vocabulário; por outro lado, no terreno do erotismo, o mito ancestral da supremacia francesa está em perigo; o amante ideal, nas representações coletivas, é hoje mais o italiano do que o francês; enfim, a atitude crítica das mulheres liberadas fere ou cansa seus parceiros; suscita neles o ressentimento. A mesquinhez é a velha licenciosidade francesa, retomada por machos vulneráveis e rancorosos.[80]

Em novembro, houve nova manifestação de hostilidades. Os críticos caíam das nuvens; não havia problema: as mulheres sempre haviam sido iguais aos homens, jamais seriam inferiores a eles, tudo o que eu dizia já era sabido, não havia uma palavra de verdade em meu discurso. Em *Liberté de l'esprit*, Boisdeffre e Nimier rivalizaram com desdém. Eu era uma "pobre mulher" neurótica, uma rejeitada, uma frustrada, uma deserdada, uma mulher-macho, uma malfodida, uma invejosa, uma amargurada repleta de complexos de inferioridade com relação aos homens, com relação às mulheres, estava roída pelo ressentimento.[81] Jean Guitton escreveu, com muita compaixão cristã, que fora penosamente afetado por *O segundo sexo*, porque nele se podia decifrar em filigrana "minha triste vida". Armand Hoog superou-se: "Humilhada por ser mulher, dolorosamente consciente de ser encerrada em sua condição pelos olhares dos homens, ela recusa ao mesmo tempo esse olhar e essa condição."

Esse tema da humilhação foi retomado por um número considerável de comentaristas tão ingenuamente imbuídos de sua superioridade viril, que não podiam imaginar que ela jamais me tivesse pesado. O homem que eu colocava acima de todos os outros não me julgava inferior a eles. Eu tinha muitos amigos homens cujos olhares, longe de me encerrar em limites, reconheciam-me como ser humano em gozo pleno de seus direitos; essas oportunidades me haviam defendido contra todo o desprezo e todo o rancor: viu-se que nem a minha infância nem a minha juventude me tinham infectado.[82] Leitores mais

---

[80] Há entre os americanos um ódio à mulher. Mas os panfletos mais venenosos, tais como *Uma geração de víboras*, de Philippe Willie, não se perdem na obscenidade; não se preocupam em degradar sexualmente a mulher.

[81] Quando, dez anos mais tarde, foi publicado *O repouso do guerreiro*, de Christiane Rochefort, que não causou menos escândalo, houve novamente críticos machos que entoaram o refrão: "É uma feia frustrada!"

[82] Estou bem longe de desprezar o despeito, o rancor ou qualquer desses sentimentos negativos: frequentemente as circunstâncias os justificam, e pode-se considerar que falta à minha experiência o conhecimento deles. Se os repudio aqui, é porque desejo que *O segundo sexo* seja compreendido tal como o escrevi.

sutis consideraram que eu era misógina e que, pretendendo tomar o partido das mulheres, eu as executava; não é verdade: não as exalto, e descrevi os defeitos engendrados por sua condição, mas também mostrei suas qualidades e méritos. Dei afeição e estima demais a um número demasiado grande de mulheres, para traí-las considerando-me como um "macho de honra"; também nunca fui ferida por seus olhares. Na verdade, só fui alvo de sarcasmos depois de *O segundo sexo*; antes, manifestavam por mim indiferença ou benevolência. Depois, muitas vezes foi enquanto mulher que me atacaram, porque pensavam atingir-me num ponto vulnerável: mas eu sabia muito bem que esse mau humor visava na verdade a minhas posições morais e sociais. Não; longe de sofrer com minha feminilidade, antes acumulei, a partir dos vinte anos, as vantagens dos dois sexos; depois de *A convidada*, os que me eram próximos me trataram ao mesmo tempo como *um* escritor e *uma* mulher; isso foi particularmente impressionante na América: nas festas, as esposas se reuniam e falavam entre si, enquanto eu conversava com os homens, que, no entanto, manifestavam mais cortesia para comigo do que para com seus congêneres. Fui encorajada a escrever *O segundo sexo* precisamente por essa situação privilegiada. Ela me permitiu exprimir-me com toda a serenidade. E, contrariamente ao que pretenderam, foi essa placidez que exasperou muitos dos meus leitores masculinos: eles teriam acolhido com comovida condescendência um grande grito de raiva, a revolta de uma alma ferida; não perdoando minha objetividade, fingiam não acreditar nela. Aborreci-me, por exemplo, com uma frase de Claude Mauriac, porque ela ilustrava a arrogância do primeiro sexo: "Por que ela tem raiva de mim?", perguntou-se ele. Por nada: eu só tinha raiva das palavras que citava. É estranho que tantos intelectuais se recusem a crer nas paixões intelectuais.[83]

Suscitei ódios até mesmo entre meus amigos. Um deles, um universitário progressista, parou de ler meu livro e atirou-o para o outro lado do quarto. Camus me acusou, em algumas frases melancólicas, de ter ridicularizado o macho francês. Mediterrânico, cultivando um orgulho espanhol, ele só concedia igualdade à mulher na diferença, e evidentemente, como teria dito George Orwell, era ele o mais igual dos dois. Confessara-nos alegremente outrora que não suportava a ideia de ser medido, julgado por uma mulher:

---

[83] Um romancista panfletário de direita, vivamente atacado por Bost na *Temps Modernes*, exclamou, desolado: "Mas por que tanto ódio? Ele nem mesmo me conhece!"

ela era o objeto, e ele, a consciência e o olhar; ele ria disso: mas é verdade que não admitia a reciprocidade. Concluiu com um súbito calor: "Havia um argumento que você deveria ter salientado: o próprio homem sofre por não encontrar na mulher uma verdadeira companheira; ele aspira à igualdade." Também ele preferia um grito do coração às razões: e, como se não bastasse, proferido em nome dos homens. A maioria deles considerou como uma injúria pessoal o que eu relatei sobre a frigidez feminina; faziam questão de imaginar que distribuíam o prazer a seu bel-prazer; duvidar disso seria castrá-los.

A direita só podia detestar meu livro que, de resto, Roma colocou no índex. Eu esperava que ele fosse bem acolhido na extrema esquerda. Estávamos muito mal com os comunistas; apesar disso, meu ensaio devia tanto ao marxismo, e lhe atribuía um papel tão importante, que eu esperava da parte deles ao menos alguma imparcialidade! Marie-Louise Barron, em *Les Lettres Françaises*, limitou-se a declarar que *O segundo sexo* provocaria o riso das operárias de Billancourt: é subestimar bastante as operárias de Billancourt, respondia Colett Audry, numa "revista das críticas", que publicou no *Combat*. *Action* me dedicou um artigo anônimo e ininteligível, ilustrado com uma foto que representava o abraço de uma mulher com um macaco.

Os marxistas não stalinistas não foram muito mais reconfortantes. Fiz uma conferência na *École Emancipée*, e responderam-me que, feita a Revolução, o problema da mulher não se colocaria mais. Muito bem, disse eu; mas e enquanto se espera? O presente não parecia interessar-lhes.

Meus adversários criaram e alimentaram numerosos mal-entendidos em torno de *O segundo sexo*. Atacaram-me sobretudo por causa do capítulo sobre a maternidade. Muitos homens declararam que eu não tinha o direito de falar das mulheres porque nunca procriei: e eles?[84] Nem por isso deixavam de me opor ideias preconcebidas. Eu teria recusado qualquer valor ao sentimento materno e ao amor: não. Desejei que a mulher os vivesse verdadeira e livremente, quando muitas vezes eles lhe servem de álibi e ela se aliena deles, a tal ponto que a alienação permanece quando o coração já secou. Eu teria pregado liberdade sexual; mas jamais aconselhei alguém a dormir com qualquer um, em qualquer momento; o que penso é que, nesse âmbito, as escolhas, os consentimentos e as recusas não devem obedecer a instituições,

---

[84] Eles interrogaram mães: mas eu também.

a convenções; a interesses; se as razões não são da mesma ordem que o ato que motivam chega-se a mentiras, distorções e mutilações.

Dediquei um capítulo ao problema do aborto; Sartre falou disso em *A idade da razão*, e eu em *O sangue dos outros*; acorreram pessoas ao escritório da *Temps Modernes*, pedindo endereços à Mme Sorbets, a secretária. Ela se aborreceu tanto, que um dia, apontando para um cartaz, disse: "Nós mesmos fazemos isso aqui." Certa manhã eu ainda dormia, quando bateram à minha porta. "Minha mulher está grávida", disse-me um rapaz com ar perturbado. "Indique-me um endereço..." "Mas eu não conheço nenhum", respondi-lhe. Ele partiu amaldiçoando-me. "Ninguém ajuda ninguém!" Eu não conhecia endereço algum; e como confiar num estranho que não tinha autocontrole? Encurralam-se as mulheres e os casais na clandestinidade; se posso ajudá--los, faço-o sem hesitar. Mas eu não achava agradável ser tomada por uma alcoviteira profissional.

O segundo sexo teve defensores: Francis Jeanson, Nadeau, Mounier. Suscitou debates públicos e conferências, valeu-me uma correspondência considerável. Mal lido, mal compreendido, agitava os espíritos. Pensando bem, é talvez, de todos os meus livros, o que me trouxe satisfações mais sólidas. Se me perguntarem como o julgo hoje, não hesito em responder: sou a favor.

Oh! Admito que se critique o estilo, a composição. Eu poderia facilmente extrair dele uma obra mais elegante: descobrindo minhas ideias ao mesmo tempo que as expunha, não pude fazer melhor. Quanto ao fundo, tomaria no primeiro volume uma posição mais materialista. Iria basear a noção de *outro* e o maniqueísmo que ela acarreta, não numa luta *a priori* e idealista das consciências, mas na raridade e na necessidade: foi o que fiz em *A longa marcha*, quando falei da antiga servidão das chinesas. Essa modificação em nada mudaria os desenvolvimentos que se seguem. De modo geral, continuo de acordo com o que eu disse. Nunca alimentei a ilusão de transformar a condição feminina; ela depende do futuro do trabalho no mundo e não mudará seriamente senão à custa de uma subversão da produção. Foi por isso que evitei encerrar-me naquilo que se chama de "feminismo". Também não propus um remédio para cada problema particular. Pelo menos ajudei minhas contemporâneas a tomar consciência delas mesmas e de sua situação.

Muitas delas, é verdade, reprovaram meu livro: eu as incomodava, contestava-as, exasperava-as ou amedrontava-as. Mas a outras ajudei, e sei disso através de numerosos testemunhos, e por uma correspondência que dura doze anos. Elas encontraram nas minhas exposições um auxílio contra as imagens delas mesmas que as revoltavam, contra mitos que as esmagavam; descobriram que suas dificuldades não refletiam uma desgraça singular, mas uma condição geral; essa descoberta evitou que elas se desprezassem, e algumas ali buscaram a força para lutar. A lucidez não faz a felicidade, mas a favorece e dá coragem. Psiquiatras me disseram que mandavam suas pacientes lerem *O segundo sexo* — e não só intelectuais, mas pequeno-burguesas, funcionárias, operárias. "Seu livro me foi de grande auxílio. Seu livro me salvou", escreveram-me mulheres de todas as idades, e de condições diversas.

Se meu livro auxiliou as mulheres, foi porque as exprimia, e reciprocamente elas lhe conferiram sua verdade. Graças a elas, ele não escandaliza mais. Os mitos masculinos desfizeram-se durante esses últimos dez anos. E não foram poucas as mulheres escritoras que me superaram em ousadia. Um número demasiado grande delas, a meu ver, tem a sexualidade como único tema; mas ao menos, para falar nesse assunto, colocam-se como olhar, sujeito, consciência, liberdade.

Eu teria ficado surpresa e até mesmo irritada, aos trinta anos, se me tivessem dito que eu me ocuparia dos problemas femininos, e que meu público mais sério seriam as mulheres. Não o lamento. Divididas, dilaceradas, inferiorizadas, mais para elas do que para os homens, existem jogadas, vitórias, derrotas. As mulheres me interessam; e prefiro ter, através delas, uma apreensão do mundo limitada, mas sólida, a flutuar no universal.

***

Fazia ainda um tempo muito bom, com muito calor, quando voltei a Cagnes com Sartre, em meados de outubro. Reencontrei meu quarto, nossos cafés da manhã na minha sacada, minha mesa de madeira lustrosa embaixo de uma janelinha de cortinas vermelhas. A tese de Lévi-Strauss acabava de ser publicada e fiz uma resenha dela para a *Temps Modernes*. Depois, dei início ao romance no qual pensava há muito tempo; queria pôr nele tudo de mim: minhas relações com a vida, a morte, o tempo, a literatura, o amor, a amizade, as viagens; desejava também retratar outras pessoas, e sobretudo contar essa febril e decepcionante história: o pós-guerra. Lancei palavras — o início do primeiro monólogo de Anne —, mas o vazio das folhas me dava vertigem. Não me faltavam coisas a dizer: mas como fazê-lo? Não era um trabalho de paciência, ah, não! Eu estava exaltada, mas amedrontada. Quanto tempo duraria essa aventura? Três anos? Quatro anos? Em todo caso, muito tempo. E onde iria chegar?

Para descansar e me estimular, eu lia o *Diário de um ladrão*, de Genet, um de seus mais belos livros. Passeava com Sartre. Pagniez, que passava uma temporada em Juan-les-Pins, em casa da Mme Lemaire, veio ver-nos com os filhos. A morte de sua mulher nos reaproximara. Os médicos não se haviam enganado. Ela definhou durante dois anos. Acamada, cada vez mais fraca e macilenta, era de cortar o coração ouvi-la fazer projetos. Pensava estar a caminho da cura quando morreu, durante o inverno.

Fomos de táxi a Sospel e a Peira-Cava, e tomamos chá no terraço. Tivemos a surpresa, alguns dias mais tarde, ao abrir o *France-Dimanche*, de encontrar ali uma reportagem sobre aquela tarde. O desenhista Soro, que mexericava nas colunas do jornal, estava passeando no Cagnard: parecera-lhe estranho recebermos um pai de família. Ele falava em tom sarcástico das minhas conversas com Sartre, sem decidir se censurava o hermetismo ou a simplicidade delas. Eu estava pouco ligando para os detalhes de todos esses mexericos, mas desagradava-me sentir-me acuada até nos meus retiros.

O terceiro volume de *Caminhos da liberdade*, *Com a morte na alma*, foi publicado pouco depois da nossa volta a Paris. Prefiro-o aos dois outros; na transparência de cada visão singular, o mundo conserva sua opacidade; tudo está fora, tudo está dentro; apreende-se o real com sua dupla face, o peso das coisas e aquilo que apesar de tudo é preciso chamar de liberdade. O romance teve, entretanto, menor sucesso que os anteriores. "É uma continuação sem ser um fim, então o público hesita em comprá-lo", disse Gaston Gallimard, que teria desejado publicá-lo junto com o último volume. Sem dúvida, também os críticos influenciaram os leitores. Sartre chocou a direita, mostrando oficiais que desertavam, abandonando seus homens. Indignou os comunistas porque, civis e soldados, o povo francês aparecia como passivo e apolítico.

Com a morte na alma acabava em pontos de interrogação: Mathieu[85] morrera ou não? Quem era esse Schneider, que intrigava Brunet? Que aconteceria com

---

[85] Na nota enviada aos jornais, Sartre indicava que ele sobreviveria, mas isso não transparecia na narrativa.

os outros personagens? *La dernière chance* deveria responder a essas perguntas. O primeiro episódio foi publicado no final de 1949, na *Temps Modernes*, com o título *Drôle d'amitié*. Um prisioneiro recém-chegado ao Stalag, Chalais, um comunista, reconhecia em Schneider o jornalista Vicarios, que deixara o partido no momento do pacto germano-soviético: ele fora alvo de uma advertência do PC, que o tomava por delator. Chalais afirmava que a URSS nunca entraria na guerra e que o *Humanité* recomendava a colaboração. Inquieto, indignado, dilacerado, Brunet, quando soube que Vicarios ia evadir-se para enfrentar seus caluniadores, decidiu partir com ele. Essa fuga comum selava a amizade que Brunet conservava por Vicarios, contra todos. Este morria, Brunet era recapturado. A continuação ficou no projeto. Brunet decidia fazer uma nova tentativa. Haviam-lhe falado de um prisioneiro que dirigia uma rede de evasões e ele o procurava; era Mathieu que, no momento em que era encontrado, participava da execução de um delator. A salvo, Mathieu, cansado de ser, desde seu nascimento, livre "para nada", decidiu-se alegremente, enfim, pela ação. Graças à sua ajuda, Brunet escapou e alcançou Paris; ele constatava estupefato que — por uma reviravolta análoga àquela que, no fim de *As mãos sujas*, leva Hugo ao suicídio —, tendo a URSS entrado na guerra, o PC condenava a colaboração. Tendo conseguido reabilitar Schneider, ele retomava na Resistência suas tarefas de militante; mas a dúvida, o escândalo e a solidão lhe haviam revelado sua subjetividade: ele reconquistara sua liberdade no seio de engajamento. Mathieu fazia o caminho inverso. Daniel, que colaborava, pregara-lhe a peça de mandar chamá-lo a Paris como redator de um jornal controlado pelos alemães. Mathieu esquivava-se e entrava na clandestinidade. No Stalag, sua ação fora ainda a de um aventureiro individualista; agora, submetendo-se a uma disciplina coletiva, chegara à verdadeira participação; partindo, um da alienação à Causa e o outro da liberdade abstrata, Brunet e Mathieu encarnavam ambos o autêntico homem de ação, tal como Sartre o concebia. Mathieu e Odette se amavam, ela deixava Jacques, e eles conheciam a plenitude de uma paixão consentida. Preso, Mathieu morria torturado, heroico não por essência, mas porque *se fizera herói*. Philippe também resistia, para provar a si mesmo que não era um covarde e por ressentimento contra Daniel. Foi atingido durante uma batida num café do Quartier Latin. Louco de dor e de cólera, Daniel dissimulava no guardanapo uma das granadas que Philippe escondia no apartamento; comparecia a uma reunião de importantes personalidades alemãs e se fazia explodir com elas. Sarah, refugiada em Marseille, jogava-se por uma janela com o filho, no dia em que os alemães a prendiam. Boris era lançado de paraquedas no maquis. Com todos mortos, ou quase, não havia mais ninguém para pensar nos problemas do pós-guerra.

Mas eram estes que agora interessavam a Sartre; ele nada tinha a dizer sobre a Resistência, porque encarava o romance como uma discussão e porque, durante a ocupação, todos tinham sabido, sem equívoco, como conduzir-se. Para seus heróis, no fim de *Drôle d'amitié*, tudo estava dito: o momento crítico de sua história é aquele em que Daniel abraça arrebatadamente o mal, em que Mathieu acaba não suportando mais o vazio de sua liberdade, em que Brunet se elucida; só restava a Sartre colher os frutos delicadamente amadurecidos; ele prefere desmatar, arar, plantar. Sem abandonar a ideia do quarto livro, sempre encontrou um trabalho que o solicitava mais. Pular dez anos e precipitar seus personagens nas angústias da época atual não teria sentido: o último volume teria desmentido todas as expectativas do penúltimo. Estava ali prefigurado de modo demasiado imperioso para que Sartre pudesse modificar seu projeto, e para que sentisse prazer em se conformar com isso.

Fiquei contente pelo fato de *Weekend à Zuydcoote*, de Merle, ter obtido o prêmio Goncourt. Vi alguns filmes; a respeito de *Ladrão de bicicleta*, partilhei da opinião de Cocteau: era Roma e uma obra-prima. Com *Fastes d'enfer*, Paris descobriu Ghelderohde. Com Agnès Capri, representava-se *Limites de la forêt*, de Queneau, em que o principal papel era representado por um cão; havia outros números. Notei Barbara Laage, deliciosa, que pouco mais tarde iria rodar *A prostituta respeitosa*. A plateia era em grande parte composta de membros do quarto sexo: quinquagenárias cobertas de brilhantes e acompanhadas de mocinhas que visivelmente sustentavam.

Camus retornava da América do Sul, esgotara-se, parecia muito cansado na noite do ensaio geral de *Les Justes*; mas o calor da acolhida ressuscitou os melhores dias da nossa amizade. Perfeitamente representada, a peça nos pareceu acadêmica. Ele recebeu com uma simplicidade sorridente e cética os apertos de mão e os cumprimentos. Rosemonde Gérard, corcunda, enrugada e empetecada, precipitou-se em sua direção: "Prefiro isto às *Mãos sujas*", disse ela, sem ter visto Sartre, a quem Camus dirigiu um sorriso cúmplice, dizendo: "Dois coelhos de uma cajadada!", pois não gostava que o tomassem por um rival de Sartre.

Visitamos o ateliê de Léger; ele deu um quadro a Sartre, e a mim uma aquarela, muito bonita. Suas telas, depois da estada na América, tinham muito mais calor e cor do que antes. O museu de arte moderna apresentou uma vasta coleção delas; pouco mais tarde, vi ali esculturas de Henri Moore.

Desde que não tinha mais um teatro seu, Dullin fazia turnês que o extenuavam, pela França e pela Europa. Camille não lhe amenizava a vida, pois estava em dificuldades com a sua própria e bebia exageradamente. Reumático, exausto, foi acometido de dores tão violentas que o levaram para o hospital Saint-Antoine; abriram-lhe o ventre e o fecharam imediatamente: era um câncer. Enquanto ele agonizava, dois jornalistas do *Samedi-Soir* se fizeram passar por seus alunos, e forçaram a porta: "Deem o fora!", urrou Dullin; mas eles já haviam tirado uma foto. Esse procedimento causou indignação: o *Samedi-Soir* defendeu-se choramingando. Depois de se debater durante dois ou três dias, Dullin morreu. Fazia muito tempo que eu não o via; idoso, enfermo, seu fim não era trágico como o de Bourla, mas eu tinha recordações comoventes dele. Todo um pedaço do meu passado desmoronava e tive a impressão de que minha própria morte começava.

Durante nosso tradicional retiro em La Pouèze, Sartre trabalhou num prefácio para as obras de Genet, que Gallimard lhe encomendara. Eu fiz a revisão do romance de Algren e me ocupei do meu. Mesmo em Paris, poucos incidentes me distraíam do meu trabalho. Tendo sabido pelo rádio que em *O segundo sexo* eu a chamei de hetera, Cléo de Mérode me processou; os jornais falaram do caso; entreguei a questão a Suzanne Blum e não me preocupei com ela.

Em fevereiro, os amigos e alunos organizaram no Atelier uma "homenagem a Dullin". Fomos buscar Camille na casa dela; a deslumbrante Ariane Borg nos abriu a porta, consternada. Camille, para levantar o ânimo, bebera vinho tinto; descomposta, despenteada, em lágrimas, tivemos quase que carregá-la do táxi até o camarote onde se escondeu, soluçando durante toda a cerimônia. Salacrou e Jules Romains fizeram breves discursos: um ator leu o de Sartre. Olga, vestida a caráter, representou muito bem uma cena de *As moscas*. Ouviu-se a voz de Dullin gravada no monólogo de *O avarento*.

Em março, assisti no teatro de Poche a alguns ensaios e ao ensaio geral de duas pequenas peças de Chauffard: *Le Dernier des sioux* e *Un Collier d'une reine*. Claude Martin era o diretor. Essa jovem equipe trabalhava com harmonia e bom humor: lamentei que nunca fosse assim com as peças de Sartre! Denner[86] fazia o papel do rei, Loleh Bellon era uma rainha encantadora, e Olga, que retornava enfim ao palco, brilhou; os críticos cumprimentaram-na. Sartre pretendia reprisar *As moscas*, quando ela estivesse inteiramente bem.

Havia, ao lado da minha casa, um vendedor de jornais com quem eu conversava com frequência. "Eu sou Martin Eden", disse-me certo dia. Ele lia, seguia cursos de Bachelard. Decidira ajudar todos os autodidatas do bairro: "Porque eu sofri demais para chegar a isso." Deu um jeito de organizar numa sala da rua Mouffetard uma espécie de clube e pedia a intelectuais que ali fizessem conferências. Sartre fez uma sobre teatro, Clouzot, sobre cinema. Eu falei sobre a condição da mulher: era a primeira vez que entrava em contato com um público popular, e percebi que, contrariamente ao que dizia a Mme Barron, ele se mostrava inteiramente interessado nos problemas que eu abordava.

***

As tentativas neutralistas haviam fracassado. Com o pretexto de se solidarizar com um indivíduo que se recusava por princípio a cumprir suas obrigações militares, Moreau, Gary Davis rasgava seus documentos e fazia, em seu próprio benefício, uma campanha publicitária que enojou seus partidários. O RDR acabava de desmoronar. Entre os dois blocos, definitivamente não havia mais um terceiro caminho. E a escolha continuava impossível. Contra a República Popular da China proclamada em 1º de novembro, o *State Department* continuava a apoiar Chang Kai-Chek, refugiado em Formosa. Concedera apoio financeiro a Franco: para a Espanha era *O fim da esperança*, segundo o título de um ensaio publicado na *Temps Modernes*. Na Grécia, em conivência com a Inglaterra, fez a reação triunfar: os comunistas e todos os opositores agonizavam no campo de Makronissos. Mas não se podia optar sem reserva pela URSS, quando tantos dramas públicos e tenebrosos sucediam-se nos países stalinistas. Ainda se tinha os ouvidos cheios das confissões do cardeal Mindzenty, quando Rajk começou também a confessar tudo — traição, conspiração —, antes de ser enforcado em 15 de outubro, em Budapeste. Kostov não confessou nada e foi enforcado em Sófia, em dezembro. Através

---

[86] Cuja criação de Landru acabava de tornar célebre.

desses dois "criminosos" que na verdade pagavam por Tito, Stalin denunciava o "cosmopolitismo" e os "cosmopolitas".

Sartre aderiu a um comitê para a revisão do processo de Tananarive, mas praticamente renunciou a qualquer atividade política. Ocupava-se com Merleau-Ponty da revista, que aliás estava regredindo: quatro anos antes, éramos amigos de todo mundo, e agora éramos considerados por todos como inimigos. Ele iniciou duas obras sem qualquer relação com as circunstâncias: *La Reine Albemarle et le dernier touriste* devia ser, de certo modo, *A náusea*, de sua idade madura; ali ele descrevia caprichosamente a Itália, ao mesmo tempo em suas estruturas atuais, sua história, suas paisagens, e refletia sobre a condição de turista.[87] Por outro lado, seu prefácio sobre as obras de Genet tornou-se um grande livro no qual tentava, muito mais profundamente do que em seu *Baudelaire*, delimitar um homem. Reaproximou-se ao mesmo tempo da psicanálise e do marxismo e parecia-lhe agora que as situações limitavam estreitamente as possibilidades do indivíduo; sua liberdade consistia em não sofrê-las passivamente, mas, pelo próprio movimento de sua existência, interiorizava-as e ultrapassava-as em direção a significações. Em certos casos, a margem de escolha que lhe era deixada tendia a zero. Em outros, a escolha estendia-se por anos; Sartre contava a escolha de Genet; examinava os valores que suas opções punham em jogo — a santidade, o demoníaco, o bem, o mal — em sua ligação com o contexto social.

Nesse ano, Sartre abandonou sua moral propriamente dita, porque convenceu-se de que "a atitude moral aparece quando as condições técnicas e sociais tornam impossíveis as condutas positivas. A moral é um conjunto de truques idealistas para ajudar-nos a viver o que a penúria dos recursos e a carência das técnicas nos impõem".[88] Tratou sobretudo de história e de economia. O jovem filósofo marxista Tran Duc Thao propôs-lhe entrevistas que seriam reunidas em volume: ele aceitou.

No mês de novembro, Roger Stéphane veio procurar Sartre; tinha em mãos o "código soviético do trabalho corretivo", que acabava de ser publicado novamente na Inglaterra,[89] e que, no início de agosto, constituíra objeto de discussão

---

[87] Escreveu centenas de páginas, mas não teve vontade nem tempo de revê-las e publicou apenas pequenos fragmentos.
[88] Notas inéditas.
[89] Já tinha sido publicado naquele país em 1936; já se conhecia a existência dos campos; mas o PC francês era um partido demasiado pequeno, e a URSS, distante demais para que a opinião se tivesse ocupado disso. Naquele tempo, Sartre e eu éramos tão indiferentes à política, que absolutamente não nos tínhamos preocupado.

na ONU; ele permanecia ignorado na França. Confirmava revelações feitas durante o processo Kravtchenko sobre a existência dos campos de trabalho forçado. Desejaria Sartre publicá-lo na *Temps Modernes*? Sim. Sartre, como eu já disse, acreditava no socialismo. Acreditava no que exprimiu alguns anos mais tarde, em *Le Fantôme de Staline*: tomado em seu conjunto, o movimento socialista "é o juiz absoluto de todos os outros, porque os explorados encontram a exploração e a luta de classes como sua realidade e como a verdade das sociedades burguesas... ele é o movimento do homem que está se fazendo; os outros partidos creem que o homem já está feito. Para apreciar um empreendimento político, o socialismo é a referência absoluta". Ora, a URSS, apesar de tudo, era e permanecia sendo a pátria do socialismo: a tomada de poder revolucionária estava realizada. Ainda que a burocracia aí se estivesse estratificado, ainda que a polícia abarcasse enormes poderes, e embora crimes tivessem sido cometidos, nunca a URSS recolocara em questão a apropriação dos meios de produção; seu regime diferia radicalmente daqueles que visam a estabelecer ou a manter a dominação de uma classe. Sem negar os erros de seus dirigentes, Sartre pensava que, se davam tanta margem às críticas, era, em parte, porque recusavam o álibi que as pretensas "leis econômicas" fornecem aos políticos burgueses; eles assumiam a responsabilidade de tudo o que acontecia ao país.

A Revolução, dizia-se, foi inteiramente traída e desfigurada. Não, respondia Sartre: ela se encarnou, isto é, o universal desceu ao particular. Realizada, ela caía logo em contradições que a distanciavam de sua pureza conceitual: mas o socialismo russo tinha, sobre o sonho de um socialismo sem mácula, a vantagem imensa de existir. Sartre já pensava sobre a época stalinista o que escreveu recentemente, num capítulo ainda inédito da *Crítica da razão dialética*: "Era bem o socialismo na URSS, mas caracterizado pela necessidade prática de desaparecer ou de se tornar o que é, por meio de um esforço desesperado e sangrento... Em certas circunstâncias, essa mediação entre contradições pode ser sinônimo de inferno." Em *Le Fantôme de Staline*, ele também escreveu: "Deve-se chamar de socialismo esse monstro sangrento que se dilacera a si próprio? Respondo francamente que sim."

Entretanto, apesar desse essencial privilégio que ele atribuía à URSS, recusava o *ou isto ou aquilo* em que tanto Kanapa como Aron pretendiam encerrá-lo; convidava os franceses a salvaguardarem sua liberdade: ela implica que se enfrente, em todo caso, a verdade. Estava decidido a nunca mais enfeitá-la, não por um princípio abstrato, mas porque ela tinha a seus olhos um valor prático. Mesmo que estivesse ainda mais próximo da URSS, teria igualmente escolhido dizê-la, pois o intelectual não tem a seus olhos o mesmo papel do político: ele deve não certamente julgar o empreendimento segundo regras morais que lhe são exteriores, mas zelar para que ele não contradiga em seu desenvolvimento seus princípios e seu fim. Se os métodos policiais de um país socialista comprometiam o socialismo, estes deviam ser denunciados. Sartre combinou com Stéphane que, no número de dezembro da *Temps Modernes*, publicaria e comentaria o código soviético.

Mas, em 12 de novembro, *Le Figaro Littéraire* ostentava em letras garrafais: "Apelo aos deportados dos campos nazistas. Socorro aos deportados nos campos soviéticos." Era Rousset que lançava esse grito. Citava os artigos do código que autorizavam "o internamento administrativo", isto é, as prisões e deportações arbitrárias. Com a colaboração do *Figaro*, montava uma admirável máquina antissoviética. Os números seguintes do *Littéraire* e toda a imprensa de direita exploraram-na intensamente. Que fanfarra! Centenas de narrativas, relatórios e testemunhos saíram das gavetas e foram impressos em toda parte. Viram-se também terríveis fotos de trens blindados e de "muçulmanos" parecendo, sem tirar nem pôr, fotos de trens e de campos nazistas: era isso mesmo; haviam retocado velhos clichês. A mistificação foi descoberta, mas uma mentira a mais ou a menos não perturbava ninguém. Perfeitamente indiferentes aos quatrocentos mil mortos de Sétif, aos oitenta mil malgaxes assassinados, à fome e à miséria da Argélia, às aldeias incendiadas da Indochina, aos gregos agonizantes nos campos, aos espanhóis fuzilados por Franco, os corações burgueses partiram-se de repente, diante das desgraças dos presos soviéticos. Na verdade, respiravam aliviados, como se os crimes colonialistas e a exploração capitalista fossem anulados pelos campos siberianos. Quanto a Rousset, arranjara um emprego.

Pouco importa, o fato estava ali: a administração tinha um poder discricionário, nada defendia os indivíduos contra o arbítrio de suas decisões. Em janeiro, a *Temps Modernes* publicou o relato dos debates da ONU sobre o trabalho forçado e um editorial, redigido por Merleau-Ponty, assinado por ele e por Sartre, no qual esclareciam a situação.[90] Segundo verificações e

---

[90] *Os mandarins* apresenta desse caso uma versão romanesca, muito distante dos fatos; cheguei a supor que, desde 1946, intelectuais franceses haviam descoberto a amplitude do fenômeno dos campos de concentração na URSS. Era lícito, já que existiam documentos. Mas era um jogo da imaginação.

cálculos sérios, o número de deportados estava avaliado em dez milhões:[91] "Não há socialismo quando, em cada vinte indivíduos, um está no campo", declaravam. Censuravam a má-fé dos comunistas. Viu-se sucessivamente e quase simultaneamente Wurmser afirmar nas *Lettres Françaises*: não há campos! E Daix proclamar: os campos são o mais belo título de glória da URSS. Merleau-Ponty investia depois contra Rousset: exigindo a abertura de uma comissão de inquérito, este não fazia mais do que continuar suas manobras anticomunistas. Dava ênfase ao que lhe parecia válido nas respostas dadas à ONU pelo delegado russo, que opunha aos campos os milhões sem trabalho do mundo ocidental; quando dizia: "As colônias são os campos de trabalho das democracias", o russo não trapaceava; os sistemas: socialismo russo e capitalismo ocidental deviam ser considerados em sua totalidade; não era por acaso que o segundo implicava o desemprego e a superexploração colonialista.

Esse artigo desagradou a todos, ou quase. Não melhorou nossas relações com o PC. De qualquer modo, os intelectuais comunistas acabaram provocando-nos até nojo. Sua atitude com relação a *O segundo sexo* e os ataques reiterados a Kanapa irritavam-nos menos do que o ódio com que Aragon perseguia Nizan. Em seu romance *Les Communistes*, ele o retratou como um traidor. Orfilat, assim como Nizan, estava encarregado da política externa do *Humanité*; filósofo como ele, tinha, como ele, desmascarado Brunschwig e os ideólogos burgueses; escreveu, como ele, um estudo sobre um filósofo grego (sobre Heráclito; o de Nizan era sobre Epicuro); dele, assim como de Nizan, os não comunistas diziam: "É o único marxista inteligente, o único com quem se pode conversar." Tendo-o caracterizado assim, sem equívoco, Aragon mostrava Orfilat-Nizan, depois do pacto germano-soviético, soluçando de pavor diante da ideia de partir para o front e depois indo mendigar um emprego no Ministério das Relações Exteriores, onde um honesto liberal lhe censurava a traição. A nulidade literária desse retrato não atenuava sua perfídia. Por sua vez, Elsa Triolet lançou "a batalha do livro"; em Marseille, e depois nos subúrbios parisienses, os escritores comunistas fizeram conferências nas quais gabavam sua mercadoria e cobriam de merda a literatura "burguesa": Breton, Camus, Sartre.

---

[91] A cifra é duvidosa; duvidoso também o número de anos que os deportados passavam no campo (muitas vezes eram cinco anos); duvidoso o número de mortos, e mesmo o sentido e o alcance do fenômeno. Hoje os russos o consideram um dos "crimes sangrentos" de Stalin, e não o minimizam; mas suas opiniões variam.

O escândalo das divisas, que estourou no início de 1950, descobriu a verdadeira face da "guerra suja", como a chamava Beuve-Méry. Era um negócio que, para um pequeno número de pessoas, rendia muito. Nem por isso a guerra deixou de prosseguir. A vitória de Mao Tsé-Tung mudou a situação. Reconhecido pela China e pela URSS, Ho Chi Minh saiu da semineutralidade em que se recolhera até então, com relação aos dois blocos. A guerra da Indochina foi desde então apresentada pela propaganda francesa como um momento da "cruzada anticomunista". O Ocidente morria de medo desde que, em 12 de outubro de 1949, o general Bradley anunciou que o dia do "átomo vermelho" chegara; a URSS possuía bombas atômicas. Começou-se a falar de uma arma muito mais poderosa, cuja fabricação Truman ordenou em janeiro de 1950 — a bomba H. Descreveram-se minuciosamente seus efeitos; o *Match* indicou complacentemente, numa fotografia, o que aconteceria se ela caísse em Paris: 80km² aniquilados. O medo que suscitou tornou-se cósmico: na América e na França, assinalaram-se discos voadores no céu e, por vezes, nos campos; algumas pessoas tinham chegado a ver marcianos. Os jornais alimentavam esse pânico. Só líamos com simpatia o *Combat*, mas Bourdet o deixou, porque Smadja, que o financiava, pretendia intervir em sua redação. Daí em diante, Rousset e Sérant se espalharam. Bourdet, apoiado por Stéphane, criou *L'Observateur*: naquele momento, não passava de um semanário exíguo, de leitura enfadonha, e que atraiu poucos leitores.

***

No verão anterior eu não tinha feito nenhuma viagem com Sartre. Organizamos uma na primavera. Leiris, etnógrafo especializado na África Negra, sugeriu a Sartre que fosse ver o que estava acontecendo lá. Os colonos haviam tentado em vão fazer revogar a lei Houphouet, que fora votada em 1947 pela Constituinte e que suprimia o trabalho forçado; vencidos no plano legal, arranjavam-se para suscitar, a cada período de contrato, incidentes que desorganizavam o sistema.[92] O RDA esforçava-se, através dos sindicatos, para proteger os pequenos produtores africanos; mas as grandes companhias exigiram que a administração agisse contra ele. Desde dezembro de 1949, o terror reinava na Costa do Marfim.

---

[92] O coronel Lacheroy representou um grande papel nas provocações e nas "repressões" de janeiro de 1949.

Haviam detido, torturado e abatido numerosos dirigentes do RDA; membros do Conjunto, simpatizantes e suspeitos haviam sido massacrados ou presos; em fevereiro, houve de novo distúrbios cuja repressão fez — oficialmente — doze mortos e sessenta feridos. Entrar em contato com o RDA, informar-se e divulgar os fatos seria um trabalho útil. Esse projeto desagradou — Leiris foi informado enquanto tentava executá-lo — ao partido comunista, ao qual pertenciam numerosos dirigentes do RDA: mas pensamos que estes últimos seriam menos intratáveis que seus colegas franceses. Como eu desejava ver o Saara, estabelecemos um plano que nos conduzia de Argel ao Hoggar, depois a Gao, Tombuctu, Bobo-Diulasso, Bamaco, onde membros do RDA encontrariam Sartre e o convidariam para ir à Costa do Marfim. Corri às agências de turismo. Os caminhões que vão de Gardhaia a Tamanrasset transportavam em suas cabines alguns viajantes: reservei dois lugares.

Desta vez — era minha terceira tentativa — viajei sem problemas de Argel a Gardhaia; a cidade merecia minha perseverança: era um quadro cubista magnificamente construído: retângulos brancos e ocre, azulados pela luz, dispunham-se em pirâmide; na ponta da colina estava fincada de viés uma tenacota amarela que se diria saída, gigantesca, extravagante e soberba, das mãos de Picasso: a mesquita. As ruas formigavam de mercadores e mercadorias: cenouras, alhos-porós, repolhos de folhas tão brilhantes e lisas que pareciam frutos, e não hortaliças. Gordos, com a fisionomia descansada, os mozabitas pareciam bem-alimentados: a maioria dos merceeiros da Argélia eram originários do M'Zab, para onde retornavam depois de fazer fortuna. No alto, na grande praça, homens magros e bronzeados que vinham do deserto agitavam-se entre os camelos ajoelhados.

O hotel nos agradou, e ali permanecemos durante alguns dias; havia um grande pátio, e, em toda a volta, uma galeria para a qual davam os quartos; eu trabalhava no terraço, de manhã; por volta das onze horas, o céu flamejava e eu me refugiava na sombra. À tarde, passeávamos em outras cidades mozabitas próximas de Gardhaia, mais provincianas mas igualmente belas: Benis-Isguen, Melika. Teríamos gostado de saber pintar, para ter um pretexto para ficar plantados diante delas durante horas. Oficiais pediram a Sartre uma conferência, e ele aceitou. Éramos contra o sistema colonialista, mas não tínhamos prevenção *a priori* contra os homens que administravam os negócios locais ou que dirigiam a construção das estradas.

Eu estava emocionada quando me instalei, de madrugada, na cabine do nosso primeiro caminhão: é raro um começo de verdade, mesmo em viagem. Nunca esqueci aquela grande lua laranja, por trás de Engina, no momento em que nosso barco deixava o Pireu em direção às ilhas. Agora, nesta manhã, quando o caminhão escalou o penhasco que barra o vale, uma enorme groselha subiu da terra: um sol ingênuo como uma recordação de infância. Sartre contemplava-o com o mesmo júbilo que eu. Brilhavam no céu, maravilhosamente frescas, ainda intactas, todas as alegrias que íamos colher juntos. Também esse sol ficou incrustado na minha memória como um brasão das felicidades de antanho.

Dez quilômetros adiante, passamos por dois jovens alemães de chapéus brancos na cabeça, sentados ao lado de sua pesada bagagem, sob um sol mortal: pediam carona. "Loucos!", disse o motorista. O caminhão estava cheio de mercadorias e de homens, não cabia mais nem um colibri; a estrada podia permanecer deserta durante todo o dia; se por acaso um carro passasse, certamente estaria inteiramente lotado: no Saara, o imprevisto é tão cuidadosamente medido, que não sobra margem para a aventura; mas há loucos de sobra, disse-nos o motorista.

Almoçamos num *bordj* e tivemos dois pneus furados; foram paradas agradáveis. Os árabes pulavam no chão, desencavavam sarças entre as pedras, e num piscar de olhos tinham acendido um fogo e posto em cima dele uma chaleira; a água que tiravam de um odre pendurado do lado do caminhão cheirava a sebo, mas o chá que nos ofereceram em copos pintados era excelente. Assim que se trocava o pneu, eles pisoteavam o fogo e escondiam seus apetrechos.

Lentamente, o dia estendeu-se por trezentos e vinte quilômetros. Até Tamanrasset viajamos ainda por mais três dias; todos semelhantes, e fizemos duas paradas de vinte e quatro horas em El-Goléa e em In Salah. Nunca o tempo nos pareceu longo; estávamos conhecendo um mundo. Em primeiro lugar, a estrada: descobrimos com surpresa que não passava do eixo ideal em torno do qual serpenteava a pista carroçável; havia homens trabalhando nela, rolos compressores esmagavam-na, mas nunca era utilizada: ou melhor, em alguns quilômetros a estrada tinha sido refeita recentemente, e não devia ser estragada; ou então — o que era mais frequente — não passara por nenhum reparo: estava tão esburacada, corcovada, socavada, ondulada e arrebentada, que em cinco minutos que por ela passasse, o veículo mais resistente se desmantelaria. Isso não impedia que a engenharia militar se agitasse com grande zelo por aqueles mil quilômetros; nem impedia que "a estrada" fosse um objeto de orgulho. "A estrada sou eu", disseram-no sucessivamente o comandante de El-Goléa (que dirigia o grosso das obras), alguns oficiais que administravam os detalhes, engenheiros que haviam feito os cálculos, empreiteiros e até mesmo um ou dois contramestres. Só os operários se calaram: vimos um grupo deles de perto — um deles acabava de ser mordido por uma cobra —, mas não se gabaram de nada.

A não ser durante a travessia de uma hammada cor de carvão, onde não havia literalmente nada para ver — ao sair de El-Goléa —, o Saara era um espetáculo tão vivo quanto o mar. A coloração das dunas mudava ao longo das horas e segundo a inclinação da luz: de longe, douradas como abricós, adquiriam tons de manteiga fresca quando chegávamos perto delas; atrás de nós, tornavam-se rosadas; da areia à rocha, os materiais variavam tanto quanto as nuanças; sinuosas ou duras, suas formas inodulavam interminavelmente a falsa monotonia do *erg*. De longe em longe palpitava uma miragem de reflexos metálicos, fixava-se, volatilizava-se; simuns elevavam-se, solitários, rodopiavam furiosamente sobre si mesmos, sem abalar a imobilidade do mundo.

Cruzamos com duas ou três caravanas: o deserto tornava-se mais imenso, medido no passo balanceado dos camelos; pelo menos o número de homens, animais e bagagens estava de acordo com seu tamanho. Mas de onde vinha, para onde ia aquele homem que surgia de lugar nenhum e que caminhava a passos largos? Nós o seguíamos com os olhos até que fosse de novo absorvido na grande ausência que nos envolvia.

Nos últimos dias, rodamos nas gargantas, ao pé de cidadelas gigantescas, de ameias, de muros colossais, negros como lavas; atravessamos planaltos de areia branca eriçados de agulhas e de rendas negras: a atmosfera fora soprada, a terra transformara-se em lua. "Incrível!", dizíamos; entretanto, uma pintura, ou mesmo uma fotografia dessa paisagem nos teria espantado ainda mais: estávamos dentro, logo ela se tornava natural; o fantástico só existe em imagem: materializando-se, ele se destrói. É por isso que é difícil contar uma *viagem*: transporta-se o leitor para longe demais, ou perto demais.

Sedentos, poeirentos, atordoados, meio quebrados, era agradável chegar à noite onde quer que fosse. Em El-Goléa, quando entrei, o hotel, com sua profusão de tapetes matizados, suas lanternas de cobre e todo o seu bricabraque saariano, pareceu-me um palácio de As mil e uma noites. No gramado, americanos haviam organizado um grande *méchoui* em honra da Shell. Retornei ao meu século. Pela manhã, passeamos na cidade, vimos o mercado e o antigo bairro dos escravos, onde ainda habitavam os negros. Almoçamos na casa do chefe da engenharia: sua mulher, que lia nossos livros, viera convidar-nos com muita graça; ofereceu-nos um almoço à francesa, com frutas temporãs, e o marido nos falou da "sua estrada".

Em In Salah, assim que chegou, Sartre fechou-se no quarto para trabalhar; parti para as dunas orladas de caniços (ou, talvez, palmas retalhadas); a noite caía; a areia onde me deitei era macia como uma carne tenra: eu quase esperava senti-la roçar o meu rosto. Passaram por um atalho, em fila indiana, grandes negras envoltas em túnicas azuis, com os rostos descobertos: argolas de ouro balançavam-se em suas orelhas; vinham dos campos, silenciosas e seus pés descalços não faziam nenhum ruído; na paz do crepúsculo, aquele cortejo tinha algo pungente. Comovi-me também, no dia seguinte de manhã, ao me debruçar na janela; dava para uma grande praça — ou melhor, um terreno baldio — que homens e mulheres atravessavam a passos rápidos ou passos lentos, cada qual absorto no seu próprio caminho; eu conhecia quadros onde se exprimia esse encantamento do espaço que separa reunindo: mas ali me pareceu surpreendê-lo ao vivo. As casas de In Salah eram de terra, vermelhas e com ameias; a areia as engolira pela metade, apesar das barreiras e dos obstáculos erguidos obliquamente nas ruas. No mercado, encontrei de novo belas mulheres negras vestidas de azul.

A última parada durou apenas uma noite; nós a passamos ao fundo das gargantas de Arak, ao pé de uma fortaleza de granito negro; havia ali uma pousada onde se encontravam leitos, mas nada para comer; dois jovens estavam acampados no terraço e seu rádio tocava músicas de um outro mundo. Viajavam de jipe, sem escolta, quando em princípio nenhum veículo tinha o direito de se arriscar sozinho nas pistas. "É perigoso", disse-nos o motorista. Como havíamos interrompido por duas vezes essa viagem, aquele era o nosso terceiro chofer; ele era mais loquaz que os anteriores e convencido, como eles, de que os turistas são loucos. Mostrou-nos na estrada a carcaça de um furgão. "Atravessar o Saara com isso! O carro pegou fogo!" O calor do sol bastara, na sua opinião, para incendiá-lo. Contou-nos outras histórias, enquanto almoçávamos, à sombra de um arbusto espinhoso: o único do percurso; a sombra cobria apenas metade de nossas cabeças, mas havia água nas redondezas, e algumas ervas cresciam, frescas como um prado normando. "Assim que chove, isso fica coberto de relva e flores", disse-nos o chofer, acrescentando que as chuvas eram raras, mas geralmente diluvianas. Um Dodge ficara imobilizado, um ou dois anos antes, por uma dessas tempestades. Passado o prazo regulamentar, ele fora mandado de caminhão, em socorro; percebera o carro, perdido como uma arca, no meio da água: antes de atingi-lo, atolara; não se tinham preocupado logo com seu atraso: assim, os turistas haviam passado uma semana, e ele, cinco dias sem nada para comer, nada para beber, a não ser uma água lamacenta. Enquanto ele falava, um soldado, com ar desnorteado, atirava em latas de conserva que jogava para o ar; este, por sua vez, relatou-nos dramas sombrios; nossos companheiros de viagem e as pessoas que encontrávamos ao acaso das paradas tinham todos muitos relatos extraordinários e terríveis; desmentiam aqueles que ouvíamos antes: "Conheço o sujeito que lhe contou isso — é um pirado", diziam; e nos garantiam que suas próprias histórias eram garantidas. Certamente, entre tantas, havia algumas verdadeiras: mas quais?

À noite, chegamos ao fim dessa primeira viagem: Tamanrasset e o pequeno hotel da SATT. Impossível escolher outro: a SATT monopolizava o transporte dos turistas e sua hospedagem; além disso, com o pretexto de garantir seu salvamento em caso de necessidade, exigia dos viajantes autônomos pesadas cauções. Eu ouvira muitas vezes protestos contra esses privilégios; em Tamanrasset, comentava-se que a ausência de concorrência encorajava o dono do hotel a agir como um déspota. Risonho, de olhar esperto, ele parecia efetivamente não duvidar de seus direitos; mas administrava bem sua tenda, alimentada por caminhões e aviões. "No Natal, tivemos ostras: um piloto as trouxe direto do mar!", disse-nos, orgulhosamente. Afinal de contas, era um lugar de vilegiatura ideal. A mil e quinhentos metros de altitude, as manhãs eram suficientemente frescas para que eu trabalhasse no jardim, diante do maciço negro e fendilhado Hoggar; pedaços de camelo secavam, pendurados nos galhos das árvores, e eu me regozijava por não os servirem aos hóspedes. Não tivemos vontade de subir a montanha: teria sido uma verdadeira expedição, com guias e camelos. Contentamo-nos com alguns passeios de carro e com magníficos crepúsculos que banhavam os picos à tinta.

A sociedade de Tamanrasset era muito fechada; as mulheres dos oficiais e dos funcionários viviam como em Romorantin; usavam chapéus, vigiavam-se, mexericavam. Soubemos que não nos viam com simpatia. Um capitão nos obsequiou com uma breve visita e acabou por aí. Mas tivemos a sorte de receber a ajuda dos professores, a Mme e o M. B., e do explorador Henri Lhote. O M. e a Mme B. tinham, como alunos, franceses e tuaregues; estes, disseram-nos, eram inteligentes, mas nervosos e instáveis, e seus pais só os mandavam para a escola irregularmente. Em certas aldeias da montanha, a dois ou três dias de caminhada, as crianças não recebiam qualquer instrução; criara-se uma escola ambulante: exatamente naquele momento, um professor estava acampado no alto da montanha.

Henri Lhote corria o Hoggar, em busca de gravuras e pinturas rupestres; trouxera uma grande coleção de fotos e croquis, cuja autenticidade era, então, um tanto contestada. Seus relatos também inspiravam algumas dúvidas; escapara de morrer cem vezes, em peripécias dramáticas e extravagantes; certo dia, por exemplo, agonizando de sede, chegara à beira de um poço onde se espelhava um pouco de água: a corda que amarrava o balde era demasiado curta! Ele fabricara uma com suas roupas e, tendo saciado a sede, partira novamente, nu, através do *erg*: perguntava-se como não morrera queimado pelo sol. Mas pouco importava: havia em suas invenções um lirismo que nos encantava.

Quando íamos à casa dos B., sempre encontrávamos ali rapagões de véu, que jogavam cartas, tagarelavam, dormitavam: os filhos do Amenokal, seus primos e amigos; iam ali como a um clube; a não ser um ou dois bordéis onde à noite se divertiam, Tamanrasset não lhes oferecia nenhuma outra distração. Agora que as grandes badernas e os saques lhe eram proibidos, e que era proibida a exploração de escravos, esse povo de guerreiros levava vida ociosa, vazia e quase miserável. Seu principal recurso era a criação de carneiros e sobretudo a mina de sal de Amadror, não longe de Tamanrasset. De julho a setembro, vindos de um grande número de aldeias, extraíam o sal a machadadas. De outubro a fevereiro, subiam em caravana ao Sudão, onde trocavam sua mercadoria por sargo e artigos manufaturados. Mas esses tráficos eram indignos dos grandes chefes e suas famílias. Comprei da Mme B. camelos feitos de barbante trançado: "É o filho mais velho do Amenokal que os fabrica", disse-me ela. "Isso lhe rende algum dinheiro, mas ele não quer de modo algum que se saiba." Outrora os chefes empanturravam de tal modo as esposas, que, para fornicar com aqueles sacos de banha, precisavam do auxílio de vários servos. Esses tempos estavam longe. "Levem uma libra de chá", disseram-nos os B., na noite em que nos levaram de carro para visitar o Amenokal; essas visitas representavam para ele uma fonte de renda nada desprezível. Sua tenda erguia-se, cercada de algumas outras, a uns quinze quilômetros da aldeia; forrada de tapetes, mobiliada com arcas, era bastante luxuosa, mas demasiado pequena para abrigar-nos a todos; sentamo-nos fora, em torno de um fogo que mal nos aquecia: com cobertas jogadas sobre os ombros, tremíamos ao beber nosso chá; mas eu saboreei o insólito da minha presença sob aquelas estrelas novas, naquele acampamento que tanto espaço e tanto tempo separavam de mim. Libertada das servidões da opulência, magra, nervosa, de rosto duro e altivo, a mulher do Amenokal dirigia a recepção com cortesia e autoridade: era ela, disseram-nos, o verdadeiro chefe. Ao partir, a Mme B. fez com a mão um gesto largo, indicando o infinito do deserto: "Vocês podem perceber a vida que esses rapazes levam!" Com efeito, poucas pessoas me pareceram mais mal-adaptadas ao mundo de hoje do que aqueles jovens príncipes orgulhosos e pobres. Eles tinham uma bela aparência, em suas vestes índigo; acima do *litham*, brilhavam olhos sombrios. Uma tarde, a Mme B. pediu ao filho do Amenokal que descobrisse o rosto: "Seja bonzinho, só um minuto, afaste o véu, Chéri." (Ele se chamava Chéri, e era engraçado ouvir aquela mulher pacata admoestá-lo: Chéri, Chéri...). Ele fez uns trejeitos, riu e levantou o véu: um grande nariz adunco desfigurava-o; todas as vezes que surpreendi o rosto de um Targui, encontrei esse nariz, essa feiura decepcionante sob os olhos de um brilho negro. As mulheres eram um pouco mais felizes. Aliás, não era fácil encontrá-las: Henri Lhote não encontrou outro jeito senão convidar uma noite as putas do lugar; a maioria tratava a sífilis no hospital; ele conseguiu que as deixassem sair por algumas horas e, sentados num tapete, no jardim da escola, tomamos chá lado a lado.

Passamos mais de uma semana em Tamanrasset; puseram-nos a par de todos os mexericos que circulavam entre Laghouat e o Hoggar. Os europeus dispersos por mais de mil quilômetros, no meio de espaços vertiginosos, conheciam-se, vigiavam-se, detestavam-se, caluniavam-se e matraqueavam com tanta minúcia e vivacidade, como se tivessem morado numa cidade do interior. Esses mexericos "a longa distância" tinham para nós muito sabor.

Na noite que precedeu nossa partida, mantiveram-me acordada até muito tarde. Depois do jantar, subimos para um terraço para ver o Cruzeiro do Sul. Depois Sartre foi se deitar. Fiquei em pé junto ao balcão do bar, bebendo e conversando com o dono e dois motoristas de caminhão, um dos quais era louro e belo como Jean Marais aos vinte anos. Falaram das pessoas que eu encontrara desde Gardhaia, e em particular de um hoteleiro que, mediante "o resto", oferecia gratuitamente aos motoristas bom jantar e boa hospedagem; cada qual acusava alegremente o outro de ter-se aproveitado da pechincha. Depois começaram a me contar suas vidas. Eu me interessei, e a crueza de suas palavras não me embaraçava; eventualmente eu podia falar aquela mesma linguagem. Cada um de nós, inclusive o patrão, ofereceu várias rodadas, e eu fui me deitar, alegre, por volta das três da manhã. Estupefata, percebi que abriam minha porta: era o patrão murmurando propostas. Fiquei ainda mais chocada porque sua mulher parecia muito pouco tolerante. Na manhã seguinte, ele se precipitou para mim com um grande sorriso e um cesto de laranjas; em Tamanrasset era uma fruta rara, e compreendi que ele estava comprando meu silêncio. Negócio fechado: eu nunca tivera a intenção de fazer um escândalo. Quanto a ele, falou, não de sua tentativa de sedução, mas das minhas orgias etílicas e verbais: ao abrir o *Samedi-Soir* alguns dias mais tarde, encontrei lá uma notícia sobre a bebedeira. Diziam que minhas conversas de caserna faziam corar os motoristas de caminhão; havia outras gentilezas de que me esqueci,[93] mas com as quais, no momento, me preocupei. Dada a minha solidariedade com Sartre, quando me respingavam esterco, visavam tanto a ele quanto a mim: fiquei com raiva de mim mesma por ter dado essa oportunidade. Mas então, eu deveria viver permanentemente na defensiva, vigiar minhas falas e os copos que bebia? "A vantagem da nossa posição", disse-me Sartre, "é que podemos fazer tudo o que quisermos: nunca será pior do que aquilo que vão contar".

Três horas de avião; do alto, a diversidade do Saara esmaecia, ele parecia monótono; mas a uniformidade, tão insípida quando indica a repetição de um esforço humano, fascina-me quando nela descubro um dos aspectos originais do nosso planeta: assim, as neves eternas, um céu de um azul sem mácula, um campo de nuvens sob a carlinga de um avião, um deserto. Durante toda

---

[93] O artigo não foi publicado na edição de Paris. Superava, em ignomínia, o limite que o *Samedi-Soir* se fixara.

a travessia, fixei o olhar na cor avermelhada do solo. Não estava enfastiada: sobrevoar o Níger pareceu-me milagroso; era uma vasta estrada de água cinzenta, mas, quando o avião descia e virava, divisei uma pequena ilha cor de coral pálido em frente a uma praia de areia dourada: nesse lugar, o rio era um esmalte azul. "Que sorte", dizia a mim mesma, "viver justamente hoje e ver essas coisas com meus olhos!" Entretanto, a terra me decepcionou; não era mais um puro mineral: ervas raquíticas e arbustos agressivos sujavam-na. Pousei o pé no aeródromo, e o sol me abateu de um só golpe; refugiamo-nos sob um hangar. No entanto, o céu estava cinzento como o rio. Tinham-nos prevenido: "Lá, nada de azul: é uma estufa." Uma calota de vapor, sem atenuar a violência do sol, abafava-lhe a luz. Quando descemos do ônibus, a dona do hotel exclamou: "Vocês precisam de chapéus ou à noite estarão mortos!" Apesar de nossa repugnância pela fantasias turísticas, fomos até o bazar que ela nos indicava: ao atravessar aqueles poucos metros, pensamos que fôssemos desmoronar. Na sombra, o termômetro marcava quarenta graus. "É suportável, porque aqui é seco", disseram-nos; era seco, mas não parecia assim tão fácil de suportar. De acordo com nossos planos, devíamos ter chegado três semanas mais cedo a Gao, mas Sartre ficara retido e pensáramos: "Três semanas a mais ou a menos!"; na verdade, nesse lugar, três semanas contavam; o tráfego pelo Níger acabava de ser interrompido por vários meses.

Devidamente enchapelados, demos uma volta pelo mercado que havia na grande praça, bem em frente ao hotel. De repente, enfim, em vez dos fantasmas de véu das cidades árabes, mulheres: belas negras, envolvidas em tecidos brilhantes, com andaimes de tranças na cabeça, descobriam os rostos, os ombros, os seios e os risos; pele trigueira, dentes brancos, as jovens resplandeciam; patinada, seca, a nudez das velhas nada tinha de chocante; elas tagarelavam entre si, discutiam com os homens. E que variedade de silhuetas, de tipos, de roupas! Havia Pehuls tão belos e tão belas, com seu fino perfil, a postura da cabeça e o corpo esbelto; as mulheres enfeitavam o pescoço, os pulsos e os cabelos com pequenas conchas, *cauris*, que também serviam de moeda. Alguns negros usavam bubus de cores violentas, outros, shorts, chapéus de feltro e óculos escuros. Alguns tuaregues, azuis e de véu, atravessavam a multidão. Muitas tribos acotovelavam-se em Gao, no dia da feira, e a própria população estava extremamente misturada: tamanha variedade parecia luxuriante. Essa impressão esvaiu-se quando constatamos a tristeza das mercadorias que se trocavam: pão de má qualidade, tecidos lamentáveis, lataria. Nessa região — informaram-nos mais tarde — tudo faltava aos nativos: distribuíam-lhes cereais, do contrário nada teriam para comer.

A cidade era construída em taipa, no estilo sudanês; casas cúbicas, coladas umas às outras, vielas estreitas. A grande atração era o Níger. Fomos vê-lo por volta das cinco da tarde: liso como um lago, pálido, banhava-se num falso crepúsculo que me lembrava a luz de Abisko à meia-noite; seguimos por ele em piroga: dir-se-ia uma paisagem nórdica, mas carregada de uma angústia que só se encontra nos países quentes. Um povo inteiro acampava às suas margens: acendiam fogueiras, cozinhavam, preparavam-se para dormir. Voltamos de manhã e vimos seu despertar: tuaregues, com um espelho na mão, sem véu, verificavam vaidosamente seus rostos; ao nos aproximarmos, apressavam-se em recolocar o *litham*. Quanto tempo iriam ficar naquelas margens? De que viviam?

Gao nos desconcertou com suas tristezas e alegrias. Perambulando pelas ruas, à tarde, ouvimos um tam-tam e procuramos descobrir de onde vinha; chegamos perto de uma casa cujo pátio estava cheio de risos e canções: um casamento; um grupo de negros, diante da porta, olhava a festa e, durante um bom tempo, olhamos com eles, cativados pela exuberância das danças e das vozes.

Teria sido preciso conhecer pessoas para compreender um pouco esse país. Não vimos quase ninguém. Fomos convidados por um jovem geólogo entediado com a geologia; ele nos recebeu no seu terraço, e tomamos chá com os muçulmanos que lhe alugavam o quarto; enquanto falava, contemplei a cidade embaixo de mim e uma paisagem incerta, que já não era o deserto e ainda não era a savana. Ele pediu a Sartre que olhasse seus quadros: seu pai era um pintor conhecido e ele gostaria de pintar. Mostrou-nos telas, ainda muito indecisas, mas Sartre quase não hesitou: "Se tem realmente vontade de pintar, siga em frente", disse-lhe. O jovem seguiu o conselho.

Jantamos na casa do administrador; jovem, solteiro, amável, ele acabava de perder uma leoa que criara com amor. Sobre os nativos, deu-nos poucas informações. Disse-nos, entretanto, que a religião agravava ainda mais sua miséria: àqueles que habitavam as margens do rio, ela proibia o peixe; subalimentados, eles não pescavam. Pôs um carro à nossa disposição, no dia seguinte. Ao longo do Níger, vimos algumas aldeias miseráveis. O campo me pareceu decididamente ingrato; a única curiosidade eram as casas de cupim que o eriçavam; se alguém adormecesse à sua sombra, acordaria sem um fio de cabelo sobre o corpo, afirmou o chofer.

Um dos lugares que eu mais desejava conhecer era Tombuctu, a quatrocentos quilômetros de Gao: de Paris, a distância não parecia muito grande; na falta de barco, certamente se encontrariam caminhões para percorrê-la. Informei-me, e riram na minha cara: com aquele calor, a pista — pouco frequentada em qualquer estação — era impraticável. Resignei-me com uma facilidade que me surpreendeu. Depois isso se repetiu por mais de uma vez: um lugar que me parecera, no início, o principal atrativo de uma viagem perdia sua importância quando eu me aproximava dele; de longe, seu nome simbolizava um país inteiro: no lugar, o país se apresentava de muitas outras maneiras. Na feira de Gao, às margens do Níger, eu vira se materializarem as imagens que eu forjara de Tombuctu.

Talvez o cansaço também tivesse diminuído meu pesar: não tinha força para desejar fazer doze horas de caminhão naquele sol. Durante o dia inteiro o calor era violento; na hora da sesta, o ventilador no nosso quarto revolvia um ar ardente e não se podia fechar o olho. A ducha era um balde que se virava: a água caía sobre o corpo de uma só vez e não era muito mais fresca que o ar. Ao cair da noite, grandes pássaros a que chamavam *gendarmes* começavam a agitar-se nas árvores: esvoaçavam e cantavam. Mas o calor não diminuía. Todo mundo dormia fora; instalavam nossas camas, abrigadas por mosquiteiros, num canto isolado do terraço; eu gostava de adormecer sob as estrelas, mas a noite era tão pesada que não se suportava nem mesmo o peso de um lençol. Por volta das quatro da manhã, uma leve brisa agitava as musselinas: "Enfim, o vento de popa", pensava eu, através das brumas; durante alguns minutos eu navegava num lago de frescor; uma luz suave gotejava do céu, era um instante delicioso: o único do dia; o sol se tornava muito rapidamente brutal. Descíamos para o nosso quarto; casais jaziam, de olhos fechados, no pátio interno, mais unidos em seu sono do que na vida diurna; na noite anterior, ao jantar, o ajudante e sua mulher haviam brigado asperamente: agora a cabeça da esposa repousava sobre o ombro nu do marido.

Dois dias depois de nossa chegada, Sartre ficou prostrado. Chamei o médico: "Quarenta graus de febre." Receitou quinina; Sartre entupiu-se de remédio, a ponto de perder o senso de equilíbrio, a audição e a visão. Ficou dois dias de cama. A dona do hotel dava de ombros: "Quarenta de febre! Tenho isso toda semana; não me impede de encerar o assoalho." Eu aguentava firme, mas sofria de um mal tão desagradável quanto o nome: borbulha; na concavidade dos joelhos, dos cotovelos e entre os artelhos, o suor faz porejar uma espécie de líquen avermelhado; apesar da coceira, é preciso, sobretudo, não tocar; um arranhão, a menor infecção bastam para que apareçam os *crocro*, que são verdadeiras chagas facilmente purulentas. Passei duas tardes duras nesse quarto onde Sartre jazia quase inconsciente; às três horas, sentada à minha mesa, eu trabalhava: que mais poderia fazer? As venezianas estavam fechadas; fora, um siroco furioso sacudia as árvores; a sombra e o ruído do vento evocavam o frescor: mas o vento era uma chama e o termômetro na parede marcava quarenta e três graus.

Decidíramos que, assim que Sartre pudesse ficar de pé, partiríamos. Mas eu saí desapontada da agência de turismo: os aviões só chegavam e decolavam muito irregularmente; impossível fixar uma data. Eu detestava me sentir presa naquela fornalha.

Finalmente, comunicaram-me que um avião partia no dia seguinte para Bobo-Diulasso: a febre de Sartre baixara e nós o tomamos. Olhei com nostalgia a floresta embaixo de nós e as estradas vermelhas que não percorreríamos. Houve escala em Uagadugu: no saguão do aeródromo, um negro vendia figurinhas de chumbo, um tam-tam, feiticeiros, veados. Comprei um sortimento.

"Bobo é insalubre, é úmido", tinham-me dito em Gao. Entretanto, ao aterrissar, a umidade do ar me pareceu repousante. Um homem lívido e balofo esperava-nos; em Gao, as pessoas ainda tinham a pele bronzeada do saariano; aqui, todos os rostos assemelhavam-se a peixe cozido e as pessoas eram cozidas no vapor. "Vou conduzi-los ao hotel", disse o desconhecido, fazendo-nos entrar em seu carro. Era um funcionário que viera receber-nos em nome da administração. Fomos para a cidade: "Bobo-Diulasso", dissera-me um amigo, "é como a Normandia." Com efeito, a região era ondulada e verde: mas de um verde suspeito, e seu odor de terra decomposta não se assemelhava ao dos prados franceses; baixas, longas, cobertas de palha escura, era evidente que as casas situavam-se nos trópicos; algumas flores brotavam nos jardins. Nosso guia deixou-nos em frente a um hotel. O quarto ainda não estava livre, e nos sentamos na varanda, em poltronas confortáveis, diante de um pequeno *dancing* ao ar livre. O subadministrador, B., encontrou-nos lá e nos transmitiu um convite de seu superior para jantar. Depois, levou-nos a um campo de feira em torno do qual espalhavam-se os diferentes bairros típicos; apontou um deles: "Desse lado é ruim: é reduto RDA. Não vão passear por aí, de jeito nenhum!" Não nos mostrou grande coisa: "Vamos tomar um aperitivo", propôs. Voltamos ao aeródromo, cujo bar era ponto de encontro da elite europeia, porque dali se dominava a cidade a alguns metros e porque se dizia que a temperatura era menos tórrida: ela me pareceu tão sufocante quanto embaixo. A impressão de alívio que eu sentira no primeiro momento dissipara-se inteiramente. Antes do almoço, colocamos nossas malas no quarto: mesmo sistema de ducha que em Gao: tinha cheiro de desinfetante, era uma estufa; deixamos aberta a porta que dava para o pátio e fomos almoçar. Um desconhecido nos abordou cordialmente: era um fazendeiro da Guiné; ofereceu-nos um aperitivo; já tínhamos tomado um, mas ele insistiu: "Aqui é preciso beber, beber muito!", e nos contou a história de uma jovem coquete que, para manter a linha, bebia muito pouco: em algumas semanas morrera, desidratada, "os lactentes precisavam beber líquidos da manhã à noite, do contrário ressequiam-se e morriam; engolimos então duas ou três groselhas com água. Durante o almoço caiu uma tempestade ligeira, mas forte. Quando entramos no nosso quarto para a sesta, as camas estavam encharcadas; do cano da ducha saíam baratas que se espalhavam pelo chão e pelo teto. Fugimos e fomos perambular na vila. Ravinas ab-ruptas, quase secas, fendiam as colinas de alto a baixo. As mulheres lavavam roupa ali, em poças d'água, e crianças brincavam entre os rochedos amarelos. Mas a não ser esses entalhes, cada bairro formava um bloco compacto que nos pareceu hostil; as casas viravam para nós muros sem janelas e nas ruelas não se via quase ninguém. Impossível infiltrar-se ali sem conhecer moradores. Nossa chegada fora noticiada pela imprensa local e Sartre esperava encontrar no hotel uma mensagem do RDA: não havia nada.

Jantamos em casa do administrador com B. e sua mulher, uma descendente de europeus nascida na Martinica muito bonita, que se queixava porque o marido queria levá-la naquele verão a Paris, que ela não conhecia. "Faz tanto frio!", dizia, com voz amedrontada. "Em agosto faz calor", assegurei-lhe. "Mas agosto é quase setembro; em setembro pego uma pneumonia e não sobrevivo." Sentada no terraço, depois da refeição, procurei no céu o Cruzeiro do Sul: "Em Gao me mostraram." "Com certeza era o falso: é sempre o falso que mostram." B. nos falou das últimas eleições. "Eu tive os votos necessários", disse, com uma piscadela que não punha em dúvida nossa cumplicidade. Saímos cedo e bebemos um trago com o fazendeiro no *dancing* iluminado; diante da porta, um macaco fantasiado dava cambalhotas amarrado a uma corrente. Estávamos caindo de sono; mas tivemos dificuldades em adormecer; Sartre quase não fechou os olhos; sua cama ainda estava molhada, o jazz o ensurdecia e, sobretudo, havia o medo das baratas que passeavam pelo teto. Ele passou a noite lendo uma vida da Mme Roland.

De manhã, um carro fornecido pelo administrador nos transportou até a floresta. Vimos sob uma árvore o fetiche de uma aldeia: uma grande bola eriçada de penas muito sujas; as mulheres, vestidas com uma tanga, usavam à guisa de ornamentos ossinhos de marfim incrustados no queixo (aquilo me lembrou o dente que um dia eu extirpara do meu queixo); altas, robustas, cabelos besuntados de manteiga de cacau de cheiro nauseabundo, duas delas moíam grãos num pilão; nos degraus de uma escada (algumas das choças, miseráveis, tinham dois andares), entre outras crianças todas nuas, estava sentado um pequeno albino; sua pele descorada não parecia natural; parecia que um ácido a descascara e que ela não bastava mais para protegê-lo. Estávamos bem perto da cidade e, no entanto, aquela população parecia perdida no fundo de matagais onde o tempo parara. Ao partir, cruzamos na estrada com rapazes de bicicleta, vestidos à europeia, com o ar vivo, que também moravam na aldeia: em alguns anos, as crianças nuas se tornariam adolescentes adaptados a este século. Teríamos gostado bastante de saber como os jovens ciclistas viviam essa dupla dependência.

Mas, para grande desapontamento de Sartre, naquele dia, o RDA também não se manifestou. Tivemos que nos contentar em interrogar os brancos, durante um coquetel que nos foi oferecido; Sartre falou com dois futuros administradores que demonstraram muito boa vontade: insistindo um pouco, percebia-se que eles já se preparavam para moldar suas ideias à sua situação. A viagem tornava-se burlesca e desagradável. Partíramos para ver os negros que lutavam contra a administração: não os encontrávamos e éramos muito honrosamente recebidos pelos administradores. Teríamos melhor sorte, talvez, em Bamaco? Tomamos um avião naquela mesma noite.

Sartre pegara novamente uma febre alta; tremia quando aterrissamos, bastante tarde da noite. O hotel principal estava lotado; mandaram-nos para o hotel da estação; um rapaz apoderou-se das bagagens de Sartre, e o arrastou com autoridade, enquanto outro me levava não menos imperativamente na direção oposta. Encontrei-me sozinha, numa espécie de gaiola, mobiliada com uma cadeira e um catre, que dava para as plataformas da estação: felizmente passavam poucos trens, mas do outro lado da grade metálica que barrava minha janela, por trás da vidraça que protegia as vias férreas, o ar estava carregado de fumaça e fuligem; eu ignorava o número do quarto de Sartre e, ao imaginá-lo doente numa prisão semelhante à minha, fui tomada de angústia; passei uma noite detestável.

No dia seguinte Sartre estava melhor e o hotel central nos reservara um quarto: lá também a gente sufocava, apesar dos enormes ventiladores, mas pelo menos podia-se dormir na sacada: era um espetáculo espantoso, de manhã, aquela sacada cheia de corpos seminus. Comia-se bem: serviram-nos até morangos. O que nos tornou a estada realmente agradável foi a cordialidade do comandante de aviação C. Ele pertencera à esquadrilha Normandia-Niemen e passara algum tempo em Moscou, de modo que não tinha prevenção contra os escritores de esquerda; também não lhe inspirávamos muita curiosidade. "Eu estava em Gao ao mesmo tempo em que vocês", disse ele a Sartre. "Disseram-me: 'Simone de Beauvoir acaba de chegar com Pierre Dac'; depois eu soube que era você..." Ele não tivera vontade de nos ver. Mas tinha sentimentos calorosos por uma jovem que lia muito, e ela o incitara a vir falar conosco. Ele a chamava de Juju: era uma bela moça, de espírito vivo, cuja inteligência, cultura e intrepidez ele admirava perdidamente. Era casada com um oficial da aviação, que naquele momento não estava em Bamaco. C. tinha uma mulher e filhos que passavam o verão numa praia da Guiné. Mas logo nos pareceu evidente que ambos estavam decididos a se divorciar e a se casar — o que fizeram pouco mais tarde. Nas pessoas que não têm o coração ressequido, o amor predispõe a amar todo mundo: aproveitamos essa benevolência e também nos beneficiamos do espanto deles, pois mais tarde nos confessaram que esperavam encontrar monstros e não seres humanos; foram censurados por se comprometerem conosco: essa reprovação criava entre eles uma cumplicidade a mais.

Juju e C. moravam na entrada da cidade, em casas quase idênticas, grandes, circundadas de uma varanda, dotadas de banheiros da última moda: o piso e os móveis leves davam uma impressão de frescor. Sobre uma mesa, Juju colocara um tam-tam, parecido com o que eu comprara, porém maior; ela possuía outros bibelôs da terra, bem escolhidos. Todas as noites tomávamos aperitivo no seu terraço, e ela nos mostrava, ao longe, o local do grande hotel ultramoderno que em breve seria construído. Muitas vezes, um amigo deles, V. — também ele aviador —, bebia conosco; sua vitalidade nos revigorava. "A gente se habitua rápido ao clima; quando estou com quarenta graus, arranco no meu jipe, vou caçar búfalo, isso mata a febre." Admitia que a borbulha era desagradável: "Quando a gente se deita, é preciso mergulhar sob o lençol de uma vez só", e imitava o movimento do nadador heroico que se joga na água gelada. A caça aos grandes animais — ao búfalo e mesmo ao leão — ocupava um espaço importante na vida deles; Juju atirava tão bem quanto um homem; muitas vezes acompanhava os amigos de avião ou em suas expedições de jipe.

Na primeira manhã, passeáramos sozinhos, de fiacre, pela cidade europeia — bastante bonita, com suas casas coloniais de estilo antigo — e pela cidade típica que mal vimos porque o cocheiro recusara-se a parar. Mas depois não largamos mais nossos novos amigos. Eles nos levaram ao mercado; a população era menos variada do que em Gao; mas as mercadorias nos pareceram mais abundantes e mais alegres; vendiam-se em profusão os tecidos que enfeitavam as mulheres: percal fabricado na Alsácia, mas cujos estampados ousados eram então uma exclusividade africana; comprei várias peças. À tarde, o comandante C. nos conduziu de jipe até a barragem do Níger, através de uma natureza mediocremente arborizada e sem beleza; na estrada, de laterita vermelha, compreendi o que ouvira dizer, sem acreditar muito: um carro só resiste à ondulação dura se ultrapassar 80km por hora, do contrário as trepidações o quebram. Prisioneiros negros trabalhavam à beira da estrada, sob a vigilância de guardas armados; mostraram-nos dois, condenados por antropofagia. Todos os rostos pareciam petrificados de desespero e ódio.

Em Bamaco e arredores, grassavam doenças horríveis: há vermes compridos que se infiltram na pele pela sola dos pés e abrem cavernas; para extirpá-los é preciso pegar uma extremidade, enrolando-a num fósforo; todos os dias dá-se uma volta no palito: se se tenta arrancar o parasita de uma só vez, ele se parte e não se consegue mais extirpá-lo. Descreveram-nos também os horrores da elefantíase e os da doença do sono. Um dos flagelos mais comuns era a lepra e havia em Bamaco um enorme hospital de leprosos.

O médico que o dirigia nos recebeu cordialmente: falou-me de *O segundo sexo*, que aprovava. Percorremos com ele uma grande aldeia: choças, mercados onde vendedores ambulantes ofereciam diversos produtos; leprosos viviam ali com suas famílias, pois não se considerava mais seu mal como fatalmente contagioso; além disso, atacada bem no início, a doença podia ser facilmente sustada. O médico nos mostrou o dispensário onde se tratavam os casos benignos: apenas uma ligeira descoloração no braço direito indicava o estado da jovem negra em quem um enfermeiro dava uma injeção: "Ela pode viver até vinte e quatro anos sem que a doença progrida", disse-nos o médico. Usava-se ainda, para sustar o mal, o óleo de *cholmogra*, um velho remédio hindu; mas acabava-se de descobrir o *asiaticoside*, que permitiria — esperava-se — fazer a doença regredir e até mesmo curá-la completamente. Entretanto, alguns homens e mulheres, tardiamente hospitalizados, estavam em estado de degradação avançada; visitamos o dormitório onde jaziam, e eu pensei que fosse desmaiar; primeiro por causa do cheiro, e depois por causa dos rostos "leoninos", nos quais a boca se transformara num focinho, narizes roídos, mãos mutiladas. "Mesmo esses não morrerão diretamente da lepra", disse-nos o médico. "Ela progride muito lentamente, só que enfraquece o organismo: basta uma gripe e o leproso vai embora." Havia enormes quantidades de leprosos no mato e muitos eram os que passeavam em Bamaco: com certeza cruzáramos com alguns no mercado. Mas só havia perigo de contaminação ao se andar descalço.

O comandante C. nos apresentou a um negro amigo seu: um médico muito idoso, que comunicou a Sartre um volumoso trabalho sobre a farmacopeia local. Não nos falou de política. Todos os dias Sartre esperava impacientemente que o RDA entrasse em contato com ele; todos os dias decepcionava-se. Esse silêncio era evidentemente sistemático e isso o afetava ainda mais. Depois de uma última noitada com Juju e C. num *dancing* ao ar livre, partimos para Dacar.

Dacar fazia parte dos meus mitos; era *a colônia*: homens de chapéus brancos, de tez amarela, sob um calor sufocante, engoliam o dia inteiro uísque que lhes minava o fígado e a razão. A gente de Bamaco via ali um oásis de frescor. "Em Dacar, dorme-se de lençol", tinham-me dito, com nostalgia. Antes da aterrissagem, o piloto nos convidou para ir à sua cabine e girou longamente ao redor da cidade para nos mostrar o porto, o mar, a ilha de Goreia. Pousamos, e, pela primeira vez desde Tamanrasset, senti-me bem: vinte e cinco graus. No hotel, deixamos nossos chapéus e partimos para a rua.

Não se viam negros nos terraços dos cafés, nada de negros no luxuoso restaurante com ar-condicionado onde almoçamos; oficialmente, a segregação não existia; o peneiramento econômico da sociedade a substituía; nenhum ou quase nenhum negro tinha meios de frequentar os lugares onde se encontravam os brancos. A cidade europeia era banal e a costa, que percorremos de táxi por alguns quilômetros, lamentável, apesar do esplendor do oceano: palmeiras raquíticas, choças sem alegria, um solo sujo de detritos vegetais. Achamos encanto na ilha de Goreia, com sua velha fortaleza portuguesa, avermelhada e desmantelada. Mas nosso interesse só despertou mesmo à noite, quando fizemos um passeio pelos arredores; era nosso primeiro contato com nativos proletarizados; as ruas lamacentas, ladeadas de palhoças, tinham uma rusticidade aldeã, mas eram largas, longas e retilíneas; a multidão negra que nelas se comprimia era composta de operários, e evocava — de um modo para nós paradoxal — o mato e Aubervilliers, ao mesmo tempo. Não conseguíamos imaginar o que se passava por trás daqueles rostos na maioria belos, calmos, mas fechados; como os adolescentes que voltavam de bicicleta para uma aldeia fetichista, aqueles homens pertenciam a duas civilizações: como elas se conciliavam neles? Deixamos Dacar sem ter a resposta. Essa breve passagem pela África Negra fora um fracasso. Em Paris, o que suspeitávamos confirmou-se: palavras de ordem comunistas haviam influenciado todos os membros do RDA, e eles haviam evitado deliberadamente encontrar Sartre.

Para nos refazermos do nosso cansaço e para trabalhar em paz, passamos duas semanas no Marrocos. Paramos um pouco em Mequinez e bastante tempo em Fez. Dessa vez era primavera, as árvores estavam em flor, o céu, leve e o palácio Djalnai abrira suas portas. Instalaram-me no quarto da sultana, decorado de tapetes e de mosaicos, que dava para um pátio delicioso; eu deixava a porta aberta quando trabalhava e, muitas vezes, visitantes entravam e davam a volta à minha mesa, como se eu fosse uma peça de museu. Da sala de jantar envidraçada, dominava-se a brancura da cidade: encontramos Rousset e cumprimentamo-nos sem entusiasmo.

Desde o mês de junho, minha irmã e o marido moravam em Casablanca; passei alguns dias com eles; demos um passeio de carro pelo Médio Atlas, até Marrakech, de onde vi cintilarem, muito além das muralhas vermelhas, as neves dos altos picos.

***

Boris Vian foi condenado a pagar multa de cem mil francos por ter escrito *J'irai cracher sur vos tombes*. Atribuía-se aos seus livros e aos de Sartre a responsabilidade de um bom número de suicídios, de delitos, de assassinatos, e, em particular, do "crime dos J3". Quando Michel Mourre subiu no púlpito de Notre-Dame, imputou-se também esse "sacrilégio" ao existencialismo.

O pensamento de Sartre, como eu disse, despojava-se do idealismo; mas não renunciava às evidências existenciais e continuava a reivindicar, no seio da práxis, uma síntese dos dois pontos de vista. Num prefácio ao *Portrait de l'aventurier*, de Stéphane, Sartre desejava que o militante herdasse virtudes daqueles homens que Stéphane chamava de aventureiros. "Um ato tem duas faces: a negatividade, que é aventureira, e a construção, que é disciplina. É preciso restabelecer a negatividade, a inquietude e a autocrítica na disciplina." Uma mesma preocupação inspira o estudo no qual ele apresentava o livro de Dalmas sobre a Iugoslávia. O objetivismo stalinista, dizia ele, anula o subjetivismo dos oponentes fazendo-os passar, muitas vezes com sua confissão, por traidores objetivos. O caso de Tito era único: ele fora bem-sucedido e tornava então impossível essa recuperação. Sua oposição restabelecia no seio da Revolução a presença do subjetivismo. Contra o stalinismo, a tarefa de uma ideologia verdadeiramente revolucionária deveria ter sido devolver à subjetividade o seu lugar.

Tito era a pedra no sapato dos comunistas. Eles haviam insultado Bourdet, Mounier, Cassou e Domenach, que haviam tomado partido a favor dele, e os dois últimos tinham sido mesmo excluídos do Movimento da Paz. O prefácio de Sartre lhes deu motivo para mais um ressentimento contra ele. Sartre não tinha chance com eles. Julgou suas entrevistas com Thao tão fracas que se opôs à publicação; Thao, recorrendo sem nenhuma vergonha à justiça burguesa, moveu um processo contra ele, e Domarchi, que assistira às conversações sem abrir a boca, a não ser para aprovar Thao, juntou-se a este para exigir um milhão de indenização. Os processos recentes e os campos de trabalho nos haviam impelido contra o stalinismo a ponto de — foi um erro — desprezarmos o apelo de Estocolmo, que reunia na França, em fins de junho, oito milhões de assinaturas. Entretanto, vomitávamos "O Ocidente": soubemos com pesar que Silone participava, junto com Kœstler, do congresso "pela defesa da cultura", que o movimento *Liberté de l'esprit* reuniu em Berlim.

Sartre tinha preocupações particulares. Em 1949, viajara com M. para o México, para a Guatemala, e vira também Cuba, Panamá, Haiti e Curaçao. Eles já não estavam se entendendo bem. Apesar das resistências de Sartre, ela se fixara em Paris. Brigaram e acabaram rompendo.

Eu me correspondera durante o ano inteiro com Algren. Ele se desencantara bastante, desde que voltara para a América; o país mudava muito rapidamente. A caça às bruxas atingia muitos amigos seus. Em Hollywood, para onde o levara o prêmio Pulitzer, todos os cineastas de esquerda estavam na rua; muitos emigravam para a Europa; John Garfield não pudera rodar *O homem do braço de ouro*. Ao voltar da Califórnia, Algren comprara uma casa no lago Michigan: passaríamos ali dois meses. Eu me alegrei com a ideia de ter com ele uma verdadeira vida em comum.

Justamente no momento em que eu ia levantar voo, os coreanos do norte invadiram a Coreia do Sul; imediatamente a aviação e depois a infantaria americanas intervieram. Se a China atacasse Formosa, estouraria a guerra mundial; o apelo de Estocolmo recolheu em alguns dias três milhões de assinaturas suplementares. Todos falavam da ocupação da França pelo Exército Vermelho. O *Samedi-Soir* indagava, em manchete: "Deve-se ter medo?", e concluía que sim. Apesar da vontade que eu tinha de rever Algren e da minha repugnância em decepcioná-lo uma vez mais, hesitei muito em deixar a França: "Vá", disse-me Sartre. "Você sempre poderá voltar. Eu não acredito na guerra." Dava-me os argumentos que me repetiu numa carta do mês de agosto; naquele momento, em Paris havia pânico, o ouro subira de três mil e quinhentos para quatro mil e duzentos, fazia-se fila diante das mercearias para estocar conservas e açúcar, as pessoas esperavam de um dia para o outro o Exército Vermelho e depois as bombas. Mas Sartre continuava a me tranquilizar: "De qualquer modo, minha opinião é esta: a guerra *sangrenta* é impossível. Os russos não têm bombas atômicas e os americanos não têm soldados. Portanto, matematicamente, ela só poderá ocorrer daqui a vários anos, donde se conclui que também vai ser matematicamente preparada. Então, de duas, uma: ou o estado de guerra é declarado sem guerra real, por um gesto inábil de um ou de outro: então, as tropas soviéticas vêm até Brest e são três ou cinco anos de ocupação russa antes do conflito; ou então espera-se armando-se: nesse caso, é o estado de espírito mitológico de guerra que se instala em toda parte, a censura, a 'espionite', o maniqueísmo e, admitamos, a ocupação americana disfarçada. Escolha. Eu acredito na segunda hipótese..."

Parti, mas com o coração cheio de uma angústia que tornou ainda mais pesada a tristeza da chegada. Meus primeiros dias em Chicago assemelharam-se muito àqueles que, em *Os mandarins*, Anne passa com Lewis, quando se encontram pela última vez. Durante o ano inteiro, Algren escrevera-me cartas alegres e ternas; e de repente dizia-me que não me amava mais. Não amava nenhuma outra, nada acontecera: simplesmente não me amava mais. "Mesmo assim, passaremos um verão muito bom", garantiu-me, com uma leviandade premeditada. E no dia seguinte levou-me às corridas, com desconhecidos. Perambulei no meio daquela multidão estranha, engolindo um copo atrás do outro. Não pensava em voltar para a França, a não ser que houvesse um perigo claro: primeiro, eu precisava compreender com meu coração e meu corpo palavras que nem mesmo tinha conseguido fazer entrar na minha cabeça; que cansaço em perspectiva! Já era um grande trabalho costurar num todo os pedaços do tempo. Na pequena casa de Wabansia, o calor sufocante e a presença de Algren esmagavam-me. Eu saía: as ruas me eram hostis. Num pequeno salão de cabeleireiro do bairro polonês, a funcionária que lavava meu cabelo perguntou-me em tom duro: "Por que vocês são todos comunistas na França?" Uma francesa: isso significava uma suspeita, uma ingrata, quase uma inimiga. Por outro lado, fora, eu fundia como o asfalto; nos bares não se pode ler nem chorar. Eu não sabia literalmente o que fazer de mim.

Enfim, um amigo nos levou de carro a Miller e o tempo recomeçou pouco a pouco a passar: uma rotina benéfica enchia os dias. Eu dormia num quarto meu, onde trabalhava ao lado da janela protegida por uma grade metálica; ou então, depois de passar repelente no corpo para espantar os mosquitos, deitava-me na relva com o *Lincoln*, de Sandburg; lia muitas obras sobre a literatura e a história americanas; e o dilacerante *Crack-up*, de Fitzgerald; e também novelas de ficção científica, muitas vezes decepcionantes, mas que por vezes lançavam inquietantes luzes sobre este século. O jardim descia até um açude e, dos lados, bosques espessos abrigavam-me dos olhares; à minha volta, grandes esquilos cinzentos corriam, e pássaros cantavam. Por volta do meio-dia, atravessávamos o açude de barco; escalávamos e descíamos as dunas que nos queimavam os pés; chegávamos à beira do lago Michigan, grande e agitado como o mar: ninguém na praia arenosa e infinita, onde ciscavam aves brancas, empoleiradas em suas patas. Eu tomava banho e me bronzeava. Na água, tomava muito cuidado para não ir para o fundo, pois não sabia nadar. Certo dia, entretanto, depois de algumas braçadas, procurei o fundo com a ponta dos pés e não encontrei; afobei-me, afundei; chamei Algren, que me sorriu de muito longe; chamei mais alto: "Socorro!"; ele continuou a rir; mesmo assim, minha agitação o inquietou; quando me pegou, eu já estava com a cabeça debaixo d'água e, disse-me ele, um sorriso totalmente idiota nos lábios; acrescentou que tivera muito medo porque nadava muito mal. Voltamos correndo, bebemos grandes tragos de uísque e, na euforia desse salvamento, acendeu-se a amizade entre nós, tão viva como se tivesse sido limpa das escórias de um amor perdido.

Essa amizade tinha suas doçuras: à noite, passeávamos na praia; ao longe, os altos-fornos de Gary cuspiam suas chamas; uma grande lua avermelhada refletia-se no lago e nós divagávamos sobre os primórdios ou o fim do mundo; ou então víamos televisão: antigas e célebres lutas de boxe que Algren comentava para mim, velhos filmes e, no sábado à noite, um excelente espetáculo de variedades. Mas com muita frequência, sem razão aparente — talvez por medo de que um de nós se deixasse levar por essa ilusória harmonia —, o rosto de Algren fechava-se; ele se afastava, calava-se. Um dia, tínhamos ido de novo às corridas, e eu me aborrecera: no carro, na volta, o rádio anunciou com estardalhaço que a guerra era iminente. Ter-me afastado da França para viver esse desastre particular pareceu-me tão odiosamente absurdo que comecei a soluçar. "É propaganda, isso não significa nada", dizia-me Algren, que não acreditava na guerra. Mas eu caíra no fundo de um abismo do qual precisei de horas para sair. Outra noite, Algren estava em Chicago: eu apreciava e temia o silêncio implacável desses dias solitários; desde a manhã remoera muitos pensamentos desolados, quando me sentei diante da televisão. Representavam *Brief encounter*, e eu encharquei as almofadas de lágrimas.

Ao fim de um mês, Lise veio a Miller. Eu a revira em 1947: como outrora, brigáramos muito, mas também tínhamo-nos entendido muito bem. Caímos alegremente nos braços uma da outra. Ela conservara toda a sua beleza e sua acidez barroca; no meio convencional onde vivia, seu comportamento, que se recusara a modificar, dava motivo a um monte de histórias que contava com graça; entretanto, sombras toldaram nosso encontro. Algren reagira mal à ideia de hospedar uma estrangeira e também a casa era pequena demais:

ele conseguira para Lise um quarto a quinhentos metros dali e ela zangou-se. Decidira permanecer duas semanas: eu ia voltar para a França dali a um mês e, pela própria dificuldade das minhas relações com Algren, sentia necessidade de ficar sozinha com ele. Contra a franqueza de Lise, eu só tivera sempre uma arma: franqueza igual; usei-a, ela me chamou mais uma vez de "relógio numa geladeira". Apesar do jeito expansivo e carinhoso dela, Algren achou Lise gélida; e depois, dizia-me ele, ela parece estar sempre esperando que eu ande de cabeça para baixo; realmente, a atitude natural de Lise era uma desconfiança irônica; para vencê-la, era preciso destacar-se com proezas. Algren chegou a me dizer, certa manhã, que ia embora para Chicago. Decidimos finalmente que era eu que iria instalar-me lá com Lise, por dois ou três dias.

Os sentimentos que ela tinha por mim eram ambivalentes; na sua opinião, eu me ocupara dela menos do que deveria, durante os anos da guerra; ainda tinha raiva de mim por tê-la sacrificado ao meu trabalho e esse rancor voltava-se contra o que eu escrevia; repetia-me de maneira indireta, mas transparente: "É tão triste ser um escritor de segunda categoria!" Esse mau humor refletia também suas próprias relações com a literatura: ela queria e não queria escrever: "Para que, quando se vai receber uma bomba na cabeça?", dizia-me. Na verdade, estava hesitante porque era dotada, mas não tinha vocação; seu talento manifestava-se em novelas e contos que haviam sido publicados em revistas, e sobretudo em suas cartas; tinha a arte da síntese e escolhia as palavras com felizes imprecisões; mas quando se via sozinha diante de um maço de folhas em branco, faltava-lhe coragem; acho que não tinha suficiente interesse pelos outros para ter a longa paciência de lhes falar em páginas seguidas.

Sua vida estava capenga; viera para os EUA, porque amava um homem, e para comer; o amor se gastara e ela ia divorciar-se; quanto a comer, já se acostumara. Esperara compensar com a maternidade as tristezas de sua juventude, mas essas tristezas não a haviam preparado para mimar uma menina com quem se identificava muito, e de maneira insatisfatória. Era grata à América por tê-la adotado, mas não encontrava ali o tipo de relações humanas e intelectuais que conhecera em Paris. Preparava-se para o professorado e brilhava, mas descontentava muitos de seus mestres com sua agressividade. Ao mesmo tempo desdenhosa e facilmente fascinada, separada das pessoas por aquele gelo que Algren percebera, lançava-se em aventuras complicadas ou impossíveis. Naquele momento, estava obcecada por um casal de homossexuais e muito ligada ao mais velho, Willy; tentava convencê-lo, em nome do existencialismo, de que não se é pederasta: tratava-se de uma escolha sempre revogável. Ele tinha muita afeição por ela, mas ela não se contentava com isso. Lembro-me de um passeio penoso, em Chicago. Mostrei-lhe a casa de Algren, tinha recordações tristes no coração; ela repetia-me, com a paixão escolástica de um doutor da Idade Média, que Willy podia manifestar sua liberdade amando-a; eu silenciosamente, ela em voz alta, monologávamos através de um calor opaco, as ruas alongavam-se indefinidamente sob nossos pés, e não avançávamos um passo.

Ela me antecedera em Chicago, onde Willy e seu amigo Bernard, que viajavam de carro, haviam combinado encontrá-la. Na manhã em que fui juntar-me a eles, como o ônibus que devia transportar-me para a estação de Gary não chegasse, Algren parou um carro e me confiou ao motorista. Este, logo que soube que eu era francesa, atacou: "É verdade que vocês são todos comunistas? E que no seu país as brancas dormem com pretos?" Fingi não entender o inglês. Senti simpatia por Willy e Bernard, mas o trio que eles formavam com Lise incomodou-me. Quiseram ir a bares abomináveis onde mulheres se despiam, e detalhavam a nudez com chacotas nas quais se podia perceber uma espécie de ressentimento contra toda a humanidade.

Voltei sozinha para Miller. Algren, que revira alguns meses antes em Hollywood sua antiga mulher, disse-me que pensava em casar-se de novo com ela. Tudo bem. Afinal, o desespero esvaziara-me inteiramente, e eu não reagia mais. Era o *Indian summer*, eu caminhava ao redor do açude, ofuscada pela beleza das copas cor de ouro vermelho, ouro verde, ouro amarelo, de cobre e de fogo, com o coração entorpecido, não acreditando nem no passado, nem no futuro. De repente despertava, jogava-me na relva: "Acabou, por quê?" Era um desespero infantil porque, como as crianças, eu esbarrava no inexplicável.

Voltamos a Chicago, por pouco tempo. Por discrição, passamos nossa última tarde nas corridas: Algren perdeu todo o dinheiro que tinha. Para jantar, telefonou a um amigo que ficou conosco até o momento em que pegamos um táxi para o aeroporto. Algren não parecia aborrecido com isso. Chicago cintilava sob finas musselinas cinzentas, nunca me parecera tão bela. Eu andava como sonâmbula entre os dois homens, pensando: "Nunca tornarei a vê-la. Nunca..." De novo no avião, entupi-me de belergal, sem conseguir conciliar o sono, com a garganta dilacerada pelo grito que não dei.

***

Sartre continuava a ser copiosamente insultado. Um certo Robichon, em *Liberté de l'Esprit*, declarou que era preciso arrancar da sua perniciosa influência uma juventude que, aliás, dizia, no mesmo tom, ele não influenciava mais, de modo algum. "Deve-se queimar Sartre?", indagou ironicamente o *Combat*, onde conserváramos alguns amigos. Sartre publicara na *Temps Modernes* grandes fragmentos de seu estudo sobre Genet: provocaram interesse. Mas que escândalo também! Embora um ano antes, a propósito de *Haute surveillance*, Mauriac tivesse reconhecido o talento de Genet, escreveu no *Figaro* um artigo irado sobre o "excrementalismo". Por outro lado, amigos espantavam-se com o fato de a revista ainda não ter dedicado nenhum artigo à guerra da Coreia. O *Observateur* deplorou que ela não se interessasse mais pela atualidade. Merleau-Ponty, que na prática a dirigia, fora convertido ao "apolitismo" pela guerra da Coreia: "Os canhões falam, não temos outra coisa a fazer senão nos calarmos", disse-nos, em resumo.

A segunda das hipóteses de Sartre verifica-se. Os americanos ocupavam suavemente a França. Ajudavam De Lattre, que sofrera na Indochina sérios reveses, a estabilizar a situação. Em troca, Pleven admitiu publicamente o princípio do rearmamento da Alemanha e consentiu no estabelecimento de bases americanas na França; em vão os comunistas se manifestaram quando Eisenhower instalou-se em Paris, em janeiro. A França aceitava a ideia de uma Europa apoiada pelos EUA e pronta a lutar por eles. Beuve-Méry foi chamado de "assexuado" por Brisson, por ter mais uma vez defendido o neutralismo. "A questão se resumirá então em ser ou não ser macho?", perguntou Beuve-Méry. A questão fez estardalhaço, mas inutilmente. Tendo Gilson aceitado uma cátedra em Toronto, foi acusado de abandonar seu país à invasão vermelha, e essa "partida preventiva"[94] causou indignação.

Falava-se muito, efetivamente, de uma ocupação russa. Depois da passagem do paralelo 36 pelas tropas americanas, depois da entrada de um exército de "voluntários" chineses na Coreia do Norte e do arrasamento de

---

[94] Gabriel Marcel fez uma peça sobre o caso!

Piongiang pela aviação americana, os EUA anunciaram que a mobilização era iminente. MacArthur queria lançar bombas sobre a China; a URSS então interviria: distribuíram-se na América cinquenta milhões de placas resistentes às radiações, que permitiriam identificar as vítimas. Truman decretou estado de emergência. Em caso de guerra, o Exército Vermelho não tardaria a invadir a Europa até Brest: e então? "Quanto a mim", disse-nos Francine Camus, ao sairmos juntas de um concerto organizado pelos comunistas, no qual ouvíramos danças folclóricas de Bartok, "no dia em que os russos entrarem em Paris, mato-me com meus dois filhos". Numa turma de um liceu, adolescentes apavorados com as profecias dos adultos firmaram um pacto de suicídio coletivo, no caso de uma ocupação vermelha.

Não pensei no problema antes da conversa que tivemos no Balzar com Camus: "Você já pensou no que lhe acontecerá quando os russos estiverem aqui?", perguntou ele a Sartre, acrescentando em tom apaixonado: "Não fique!" "E você, pensa em partir?", disse Sartre. "Farei o que fiz durante a ocupação alemã." Fora Loustaunau-Lacau, membro do Comitê Secreto de Ação Revolucionária, que lançara a ideia de "resistência armada e clandestina"; mas nós não discutíamos mais livremente com Camus: a raiva ou pelo menos a veemência interferia com demasiada rapidez. Sartre objetou apenas que jamais aceitaria lutar contra o proletariado. "O proletariado não deve tornar-se uma mística", disse enfaticamente Camus; e censurou os operários franceses pela indiferença com relação aos campos soviéticos. "Eles já são suficientemente aporrinhados para se preocuparem com o que se passa na Sibéria", disse Sartre. "Seja", disse Camus. "Mas assim mesmo eu não lhes daria a Legião de Honra!" Estranhas palavras; tanto Camus quanto Sartre haviam recusado a Legião de Honra que, em 1945, amigos que estavam no poder tinham querido conceder-lhes. Sentíamo-nos muito longe dele. No entanto, aconselhava Sartre com verdadeiro calor: "Parta. Se você ficar, não vão tomar-lhe apenas a vida, mas também a honra. Morrerá no exílio; dirão que está vivo e irão obrigá-lo a recomendar a demissão, a submissão, a traição e os outros acreditarão neles." Fiquei abalada e nos dias seguintes retomei por conta própria os argumentos de Camus. Talvez não tocassem em Sartre: com a condição de que ele se calasse; aconteceriam coisas — não tínhamos mais o direito de duvidar — que ele não aceitaria em silêncio, e sabíamos o destino que Stalin reservava aos intelectuais indóceis. Num almoço no Lipp, perguntei a Merleau-Ponty o que ele pretendia fazer: não pensava em partir. Suzou virou-se para Sartre: "Você decepcionaria muita gente se partisse", disse ela, com uma mistura de inocência e provocação. "O que esperam de você é um suicídio." Num outro dia, Stéphane suplicou a Sartre: "Em todo caso, Sartre, prometa-me que nunca confessará!" Essas perspectivas heroicas não me agradavam de modo algum; eu voltava à carga. A aliança com os fascistas contra os operários franceses, nunca; dizer sim a tudo também estava fora de cogitação; e a oposição aberta equivaleria ao suicídio. Sartre me ouvia com ar obstinado; recusava até a medula a ideia do exílio. Algren, convencido agora de que uma cabeçada de MacArthur podia desencadear a guerra, convidava-nos a ir para Miller. Mas nós nunca havíamos detestado tão profundamente a América. Em agosto, Sartre aborrecera-se — menos que Merleau-Ponty, mas, mesmo assim, um pouco — com o fato de os coreanos do norte terem sido os primeiros a atravessarem a fronteira e a imprensa comunista negar. Sabíamos agora que eles tinham caído numa armadilha; MacArthur quisera esse conflito, esperando aproveitar-se dele para devolver a China ao lobby chinês, e, por outro lado, os feudais do sul tinham interesse na indústria do norte. Caça ao homem, bombardeios, saques, os GI conduziam uma guerra tão atrozmente racista quanto nossas tropas na Indochina. Se partíssemos, só nos conviria um país neutro. "Acabar no Brasil como Stefan Zweig, imagine só!", dizia Sartre. Estava convencido de que alguém que se exilasse, por melhores que fossem as razões, perderia seu lugar na terra e nunca mais o reencontraria totalmente. E nós pensávamos em fugir de um regime no qual, apesar de tudo, encarnava o socialismo! Estávamos na mesma canoa das pessoas de direita: eles não se contentavam com palavrório; usavam suas fortunas e relações para garantir navios e aviões. Almoçamos com os Clouzot; Vera estava vestida com uma negligência estudada: de calças, toda de preto, uma pulseira de ouro no tornozelo, os cabelos soberbos espumando e cascateando sobre os ombros; estava lá também André Gillois com a mulher: durante a refeição, a conversa girou sobre as possibilidades práticas de uma partida. Sartre não aceitava a ideia de ser jogado de repente nesse campo: "Entre a baixeza americana e o fanatismo do PC, não se sabe que lugar nos resta no mundo", escrevia eu à minha irmã. Sartre percebeu com clareza e revolta que os comunistas, tratando-o como inimigo, acuavam-

-no a se comportar como se realmente o fosse. Nunca acreditou numa ocupação russa;[95] mas, ao imaginá-la, sentiu com acuidade o paradoxo da nossa situação; a indignação que sentiu desempenhou papel importante na sequência de sua evolução.

---

[95] "Essas previsões não me amedrontavam muito porque eu não acreditava na invasão: a meu ver, eram jogos de espírito que levavam as coisas ao extremo, revelando a cada um a necessidade de escolher e as consequências de sua escolha... Através desses fantasmas melancólicos, senti-me encostado à parede." *Merleau-Ponty vivant*.

Capítulo V

Minha maneira de viver tinha mudado. Eu ficava mais tempo em casa. Essa palavra adquiriu novo sentido. Durante muito tempo não possuí nada, nem móveis, nem guarda-roupa. Agora, havia no meu armário saias e casacos guatemaltecos, blusas mexicanas, um *tailleur* e mantôs americanos. Meu quarto era decorado com objetos sem valor, mas preciosos para mim: ovos de avestruz do Saara, tam-tans de chumbo, tambores que Sartre me trouxe do Haiti, espadas de vidro e espelhos venezianos que ele comprou para mim na rua Bonaparte, um molde de gesso de suas mãos e as luminárias de Giacometti. Eu gostava de trabalhar defronte à janela: o céu azul emoldurado por cortinas vermelhas parecia um cenário de Bérard. Passei ali muitas noites com Sartre; eu matava a sede dele com suco de frutas, pois ele renunciara provisoriamente ao álcool. E escutávamos música. Desde 1945, eu ouvira a *Ode a Napoleão*, dirigida por Leibovitz, e alguns outros concertos, mas ouvira pouco e ao sabor do acaso. Nesse inverno ouvi com Sartre o *Messias*, e no rádio, na casa dele, com sua mãe, o *Mozzeck*, de Berg. Quis ter uma vitrola; para comprá-la, pedi conselho a Vian, e Sartre ajudou a organizar minha discoteca. Ele gostava de Schoenberg, Berg e Webern; explicara-me seus princípios, mas na França não existiam gravações de suas obras. Comprei alguns clássicos, alguns antigos, *As quatro estações*, de Vivaldi, que, de repente, encantavam Paris inteira, muitos Franck, Debussy, Ravel, Stravinski, Bartok: na América, onde estava em grande voga, nós o havíamos descoberto, cada um por seu lado e era naquele momento — com os últimos quartetos e a sonata para violino — o compositor que nos tocava mais. Comprei também, a conselho de Vian, muito jazz: Charlie Parker, Ellington, Gillespie. Trocar o disco de cinco em cinco minutos, e muitas vezes a agulha, que paciência! E a música enlatada, naquela época, não tinha de modo algum o mesmo gosto da música ao vivo. Mas era agradável poder organizar um concerto em domicílio, na hora desejada e de acordo com nosso gosto.

No Réveillon, que reuniu na minha casa Olga, Wanda, Bost, Michelle, Scipion e Sartre, houve uma outra atração: um gravador que M. deixara na casa de Sartre. Gravei várias conversas sem avisar. As palavras são feitas para voar: é consternador ouvir de novo, imobilizadas, definitivas e como que promovidas à dignidade do poema, frases inconsistentes faladas ao acaso. Scipion, que discorrera inflamadamente sobre os encantos de Colette Darfeuil (que não conhecia), ficou pasmo ao ouvir a própria voz.

Fui algumas vezes ao cinema. Gostei do despojamento do *Journal d'un curé de campagne*, de Bresson, e apesar de certo abuso de reminiscências surrealistas apreciei também a crueldade dos *Olvidados*, de Buñuel. *Casque d'or* fazia enfim justiça à beleza de Simone Signoret e revelava seu talento.

Fora aberto um restaurante, algum tempo antes, no lugar do antigo Procope, com o mesmo nome: mesas de mármore, banquetas de couro; eu me sentia bem ali. No primeiro andar havia um clube onde a gente de sociedade ceava à luz de velas. Embaixo, ficavam os veteranos do bairro, entre eles, Louis Vallon, embriagado. Resmungava de longe insultos contra mim. Mas quando se sentia satisfeito abordava-me para me falar, com os olhos úmidos, de Colette Audry, que amara antes da guerra, no tempo em que era socialista. Era no Procope que eu encontrava de vez em quando Antonina Vallentin para almoçar, ou então na casa dela, à tarde. Malvestida, usando chapéus feios ou vestida com roupões sem graça, espantei-me ao vê-la jovem e bela numa foto; mas seu talento de biógrafa reaparecia em sua conversa: falava das pessoas muito bem. Amiga de Stresemann, conhecera muitos políticos e intimamente Einstein, sobre quem escrevia um livro. Era também autora de obras de grande sucesso sobre Goya e Da Vinci. Colaborou na *Temps Modernes*, sobretudo como crítica de arte. Nossas relações continuaram até agosto de 1957, quando um ataque cardíaco a levou.

Desde que retomara a *Temps Modernes* de Gallimard, Julliard nos convidava às vezes para almoçar. Sua mulher, a elegante Gisèle d'Assailly, comprazia-se em reunir pessoas conhecidas que nem sempre tinham alguma coisa importante para falar; encontramos em casa dela Poulenc, Brianchon, Lucie e Edgar

Faure, Maurice Chevalier e Jean Massin, um padre barbudo que ainda tinha fé, mas que se afastara da Igreja; rezava missa em seu quarto; explicou-nos suas razões e seus problemas. De vez em quando, Merleau-Ponty interrompia--o: "Você devia escrever isso na *Temps Modernes*." E ele sempre respondia brandamente: "Estou pouco ligando para a *Temps Modernes*." Mais tarde ele perdeu a fé, casou-se e escreveu com a mulher livros de inspiração marxista, alguns dos quais excelentes, sobre Mozart, Beethoven, Robespierre, Marat.

Simone Berriau me levou à casa de Colette, que ela conhecia muito bem. Quando eu era moça, Colette me fascinara. Como todo mundo, eu apreciava sua linguagem e gostava muito de três ou quatro livros seus. "É pena que ela não goste de bichos", dissera-nos Cocteau um dia; é verdade que, falando de cães ou gatos, ela só falava dela, e eu a preferia quando o fazia francamente; o amor, os bastidores do music hall e a Provença lhe interessavam bem mais que os animais. Sua complacência para consigo mesma, seu desprezo pelas outras mulheres, seu respeito pelos valores tradicionais não me eram simpáticos. Mas ela vivera, trabalhara, e sua cara me agradava. Tinham-me dito que era pouco amável com as mulheres da minha idade e recebeu-me friamente. "Você gosta de bichos?" "Não", respondi-lhe. Olhou-me com um olhar de indiferença. Pouco me importava. Não esperara nenhuma simpatia entre nós. Bastava-me contemplá-la. Inválida, cabelos revoltos, maquiagem pesada, a idade dava a seu rosto anguloso e aos olhos azuis um brilho fulminante: entre a coleção de pesos de papel e os jardins enquadrados pela janela, pareceu-me, paralítica e soberana, uma formidável Deusa-Mãe. Quando jantamos com ela e Cocteau em casa de Simone Berriau, Sartre também teve a impressão de estar perto de um "monstro sagrado". Ela saíra do seu conforto em parte por curiosidade, para vê-lo, e porque sabia que era para ele a atração da noite: assumiu esse papel com uma bonomia imperial. Contou anedotas sobre sua vida, sobre pessoas; simplicidade borguinhã da voz não diminuía a veracidade do que dizia. Nela, a palavra fluía espontaneamente, e, comparados a essa naturalidade de alta classe, os ditos brilhantes de Cocteau pareciam artificiais.

Jantamos com Genet em casa de Léonore Fini; ela fizera o retrato dele; frequentavam juntos milionários que aliciavam, com mais ou menos sucesso, ao mecenato. Interessei-me pelos desenhos dela, mas muito menos por sua coleção de gatos; menos ainda pelos camundongos empalhados que faziam teatro sob uma redoma.

Uma pessoa com quem eu sempre me encontrava em Saint-Germain-des-Prés era o pintor Wols. Ele ilustrara um texto de Sartre, *Visages*; Paulhan lhe comprava de vez em quando um desenho, uma aquarela; gostávamos muito do que ele fazia. Alemão exilado há muito tempo na França, bebia um litro de aguardente por dia e parecia idoso apesar de seus trinta e seis anos, cabelos louros e pele rosada; seus olhos eram avermelhados, e acho que nunca o vi sóbrio. Alguns amigos o ajudavam; Sartre pagava-lhe um quarto no hotel de Saints-Prés: o dono reclamava porque o encontravam à noite dormindo pelos corredores e porque recebia amigos às cinco da manhã. Certo dia, no terraço da Rhumerie martinicana, eu bebia com ele: mal-arrumado, barbado, parecendo um mendigo. Um senhor muito bem-vestido, de rosto austero e de aparência próspera, aproximou-se e lhe disse algumas palavras. Quando ele se foi, Wols virou-se para mim; "Desculpe; esse sujeito é meu irmão: um banqueiro!", disse-me, no tom que um banqueiro usaria para confessar que tinha um irmão mendigo.

Barrault contara um dia a Sartre *El rufián dichoso*, de Cervantes, no qual um bandido resolve, num lance de dados, converter-se ao bem. Em Pouèze, Sartre começou uma peça inspirada nesse episódio, porém modificado: o herói trapaceava para perder. Influenciado pelo estudo sobre Genet e pelas leituras sobre a Revolução Francesa, ele quis primeiro apresentar uma imagem exaustiva da sociedade: a nobreza encarnava-se numa certa Dosia, que lhe causou muitos problemas e que ele substituiu por Catherine e Hilda. Terminara o primeiro ato quando voltamos a Paris. Simone Berriau pediu que o lesse para Jouvet, a quem desejava confiar a direção. Primeiro almoçamos, como de costume admiravelmente; Brandel contou que muitas vezes, durante os espetáculos de Barrault, dormia no camarote, escondido atrás de uma coluna. Ao sair da mesa, Sartre começou a ler, e Brandel, a roncar: sua mulher beliscava-o para acordá-lo; Mirande dormitava; o rosto de Jouvet estava impassível. Quando Sartre se calou, fez-se um silêncio mortal; Jouvet não abriu a boca; Mirande, buscando em sua velha memória um elogio à moda de sua juventude, exclamou com entusiasmo: "Tens réplicas de vitríolo!" Mas ninguém parecia vitriolado. Discutiu-se sobre a escolha dos intérpretes. Para Gœtz, impunha-se Brasseur; para Heinrich, Sartre pensara em Vitold, mas ele não estava disponível; Vilar, que acháramos sensacional no *Henrique IV* de

Pirandello, foi consultado e aceitou. Os papéis femininos foram confiados a Casarès e a Marie Olivier. Mas em primeiro lugar era preciso acabar a peça, e Sartre atirou-se ao segundo ato.

Olga estava mais ou menos curada e voltara a aparecer no palco com sucesso; apesar dos conselhos do médico, quis retomar o mais rapidamente possível o papel de Electra. Hermantier, que montara *As moscas* em Nîmes, queria apresentar a peça no Vieux-Colombier; as coisas pareciam arranjar-se, portanto. Na verdade, não. Hermantier acreditava reencarnar Dullin, mas não sabia dirigir os atores, não sentia o texto, escolheu cenários e figurinos medonhos: um massacre. Olga não voltara a dominar seus recursos: a voz e a respiração a traíam. Sartre, absorvido por *O diabo e o bom Deus*, assistiu a muito poucos ensaios. Eu estava inquieta no dia do ensaio geral, e com razão: o público achou o espetáculo execrável. A ceia no Lipp, com Olga e alguns amigos, não foi alegre. Mais tarde, Hermantier fez cortes no texto, deixando apenas um esqueleto, que foi logo enterrado. Isso não teria tido importância, se esse fracasso não tivesse levado Olga a desistir do teatro, quando seu erro fora apenas retornar cedo demais.

Para concluir a peça, Sartre precisava de tranquilidade. Tive vontade de esquiar novamente e Bost nos acompanhou a Auron. Estendida numa espreguiçadeira, os olhos cegos de brancura, a pele queimada pelo sol, tornei a encontrar o prazer de uma felicidade muito antiga. Os monitores eram mais tolerantes que em 1946 e autorizavam o *stem*; diverti-me muito. Sartre precisava resolver o destino de Dosia, e além disso não esquiava há muito tempo: teria dado demasiada margem à maledicência; não pôs o nariz fora do hotel: passava por louco na estação de inverno. *Em Montroc, rolávamos juntos nas pistas, ninguém nos conhecia, e quantos lazeres!* Quando eu entrava às cinco horas em seu quarto, atordoada pelo ar e pelo odor da montanha, ele estava escrevendo, envolto em rolos de fumaça. Arrancava-se dali com grande esforço para jantar no salão onde uma jovem solitária lia *Caroline Chérie*.

Pedíramos a Michelle Vian, que tinha casa em Saint-Tropez, que nos arranjasse um apartamento lá; ele dava para uma rua estreita, era gelado, a lareira não funcionava. Emigramos para Aioli; o piso era de ladrilhos vermelhos e as paredes, cobertas por velhos cretones: os quartos, mobiliados por um antiquário homossexual a quem o hotel pertencia, eram graciosos. Comprei novamente saias da Mme Vachon, então quase desconhecida. Revimos

Ramatuelle, Gassin, eu trabalhava e lia. Sartre, entretanto, continuava incrustado na Alemanha do século XVI; eu tinha dificuldade em arrastá-lo para as ruas e caminhos.

Pierre Brasseur, desejoso de falar com Sartre sobre seu papel, veio passar alguns dias nos arredores; não se parecia mais com o jovem que, em *Quai des brumes*, levava bofetadas com tanto talento; barbudo, tinha o porte de um velho soldado e a graça de Gœtz. Com os olhos brilhantes, de uma malícia um tanto inquieta, contava histórias sobre as pessoas famosas que conhecera; imitava-as maravilhosamente. No terraço de Sennequier, no jardim do "Auberge des Maures", onde as abelhas zumbiam em volta de um gratinado de Dauphine condimentado com erva-doce e timo, onde o sol dourava as garrafas de vinho rosado, deu-nos recitais inesquecíveis. Eu vira muitas vezes sua mulher, Lina, no bar do Pont-Royal, no tempo em que ela era pianista, solitária e em que seus cabelos negros caíam em cascata sobre os ombros; ela renunciara ao piano e cortara os cabelos, mas continuava tão bela quanto antes. Eles ficaram em Mauvannes, e nós passamos dois dias com eles lá. Também estava lá Henri Jeanson, acompanhado da mulher, muito amável, mas que não achei nada divertido, e o diretor de *Tire au flanc*, que chamavam de Rivers caçula e que queria filmar *As mãos sujas*: tinha a fama de nunca repetir uma tomada. Simone Berriau, que pretendia montar em maio *O diabo e o bom Deus*, preocupava-se: "Mas o que há? Ele não pode mais escrever?" Seu tom clandestino insinuava que Sartre estava com alguma doença infamante; achava que a escrita era uma secreção natural; se o escritor se esgota, é como as vacas leiteiras: alguma coisa no organismo não está funcionando. Aliás, tinha razão em se preocupar. Quando Sartre voltou para Paris começaram os ensaios e os dois últimos quadros ainda continuavam em branco.

A peça já durava mais que um espetáculo normal. Simone Berriau, cada vez mais apavorada, suplicava a Sartre que a encurtasse em vinte deixas e reclamava enormes cortes: Sartre dizia que, quando ela perambulava pelo teatro, seus dedos imitavam maquinalmente o movimento de uma tesoura; pediu a todos os amigos íntimos de Sartre que o pressionassem; só Cau lhe cedeu: sua intervenção foi muito mal acolhida. Brasseur apoiava-a porque o papel ia além da sua capacidade de memorização. A cada palavra que escrevia, Sartre sabia que a primeira preocupação da diretora e do ator principal seria fazer com que ele a riscasse. O décimo quadro lhe deu muito trabalho, embora o tivesse imaginado antes de todos os outros, ou quase; por maior que fosse a violência do requisitório de Heinrich contra Gœtz, a cena parecia didática; animou-se febrilmente e, de repente, quando, diante de Heinrich confuso, o próprio Gœtz se acusou, Sartre levou o manuscrito ao teatro: "Vou mandar datilografá-lo imediatamente", disse Simone Berriau. Cau, que passava na frente do camarote dela, viu Henri Jeanson, que ela escondera e a quem entregou o texto de Sartre: ela desconfiava de Sartre e de seu próprio julgamento. Jeanson tranquilizou-a.

Jouvet não tomava partido nesses debates: estava praticamente morto; com o coração doente, sabendo-se mais ou menos condenado, ele se fizera fotografar na quarta-feira santa, recebendo as Cinzas. Detestava as blasfêmias de Sartre. Com o polegar direito fincado no pulso esquerdo, o olhar fixo no relógio, com o pretexto de cronometrar as cenas, deixava-as correr sem uma observação. Uma vez jantei com ele e Sartre no Lapérouse. Animou-se um pouco. Pode-se, disse-nos então, substituir um alexandrino de Racine por qualquer ruído, ou até por palavrões, que o público não entende nada. Esse desdém pelo texto inquietou-nos.

Os atores nos consolavam. No primeiro ato, Brasseur fazia um Gœtz fantástico; infelizmente, representava a segunda parte como um malandro, quando, em seu orgulho louco, Gœtz se aliena sinceramente a um Bem ilusório; lamentei também que ele se recusasse a aprender o monólogo em que Sartre se inspirara em São João da Cruz. Reencontrava-se nos últimos quadros. Vilar *era* Heinrich: nós o vimos uma vez, ao tomar um táxi, afastar-se para deixar seu diabo entrar primeiro. Casarès, Marie Olivier, Chauffard, quase todos os intérpretes eram excelentes. Achei os cenários de Labisse realistas demais. E Sartre não conseguiu que se sujassem e rasgassem os trajes demasiadamente bonitos feitos por Schiaparelli.

Víamos sempre muita gente durante os ensaios. Encontrávamos frequentemente Brasseur e Lina. Jantamos com Lazareff, que ajudava Simone Berriau a financiar a peça; apesar de tudo o que o separava de Sartre, a refeição foi cordial. Muitas vezes Camus vinha buscar Casarès, e iam beber com Sartre: houve uma breve renovação da amizade deles.

Enfim, o espetáculo ficou pronto; mas à custa de tantas intrigas e disputas que na noite do ensaio geral estávamos brigados com Simone Berriau e com os Brasseur; Jouvet partira para a província. Esperei que o pano subisse;

em pé no fundo da sala, ao lado de Lina, que usava um suntuoso mantô; a mesma emoção nos apertava a garganta, mas não trocamos palavra. Eu sabia o que significavam as três pancadas: a súbita aparição de uma obra pública, em vez de um texto familiar; eu a desejava e a receava mais ansiosamente do que nunca. Logo me tranquilizei; houve um assobio, frêmitos, mas a plateia gostara. Perambulei aliviada pelos corredores, sentando-me de vez em quando na frisa de Simone Berriau, sem falar com ela.

Nem o autor nem seus amigos foram convidados para a ceia que ela oferecia no Maxim's: de qualquer modo, não teríamos ido. Ceamos com Camus, Casarès, Wanda, Olga e Bost numa boate cuja proprietária, Moune, era antilhana. Foi bastante melancólico: o fogo custava a reacender-se entre Camus e nós. Depois do ensaio geral e do ensaio de figurinos, passamos uma noite muito mais alegre; fomos em bando, com Merleau-Ponty e Scipion, entre outros, à Plantation, dirigida por Mireille Trépel, na avenida Edgar Quinet; havia um jazz negro muito bom.

Contra ou a favor, a peça foi acolhida com paixão. Irritou os cristãos. Daniel-Rops, que queria dar a nota, conseguira que Simone Berriau o deixasse assistir à peça, escondido numa frisa, quatro dias antes do ensaio geral: no *L'Aurore*, ele a liquidou. Mauriac e outros exigiam que, para investir tão violentamente contra Deus, era preciso que Sartre acreditasse nele. Censuraram-lhe blasfêmias tiradas de textos da época. Mas Sartre também teve defensores. No conjunto, os críticos preferiram o primeiro ato aos outros,[96] e o sentido da peça lhes escapou. Só Kemp assinalou o parentesco com o ensaio sobre Genet; nele encontram-se os mesmos temas: o Bem, o Mal, a santidade, a alienação, o demoníaco; e Gœtz é um bastardo como Genet, simbolizando a bastardia a contradição vivida por Sartre entre o nascimento burguês e sua escolha intelectual. Cometeram o enorme erro de pensar que Gœtz, com o assassinato que cometia no fim do último quadro, voltava ao Mal. Na verdade, Sartre opunha de novo a eficácia da práxis à inutilidade da moral. Esse confronto vai muito mais longe do que em suas peças anteriores; em *O diabo e o bom Deus*, reflete-se toda a sua evolução ideológica. O contraste entre a partida de Oreste, no fim de *As moscas*, e o partido tomado por Gœtz ilustra o caminho percorrido por Sartre, da atitude anarquista ao engajamento.

---

[96] Dez anos mais tarde, como Messemer representasse a segunda parte melhor do que a primeira, os críticos inverteram esse julgamento.

Ele observou também: "A frase 'Nunca fomos mais livres do que durante a ocupação' opõe-se ao personagem de Heinrich, traidor objetivo, que se torna traidor subjetivo, e depois louco. Entre os dois, sete anos, e o divórcio da Resistência."[97] Em 1944, ele pensava que toda situação podia ser transcendida por um movimento subjetivo; sabia, em 1951, que as circunstâncias por vezes nos roubam nossa transcendência; contra elas, não há salvação individual possível, mas apenas uma luta coletiva. Entretanto, diferentemente das peças anteriores, o militante, Nasty, não leva a melhor sobre o aventureiro; é este que opera entre as duas figuras a síntese com a qual Sartre sonhava em seu prefácio a Stéphane: ele aceita a disciplina da guerra camponesa sem renegar sua subjetividade, conserva no empreendimento o momento do negativo; é a encarnação perfeita do homem de ação, tal como Sartre o concebia.

"Fiz Gœtz fazer o que eu não podia."[98] Gœtz superava uma contradição que Sartre sentia de maneira aguda, desde o fracasso do RDR, e, sobretudo desde a guerra da Coreia, mas sem conseguir superá-la: "A contradição não estava nas ideias. Estava no meu ser. Pois essa liberdade que eu era implicava a liberdade de todos. E todos não eram livres. Eu não podia colocar-me sob a disciplina de todos sem destruir. E não podia ser livre sozinho."[99] Ele sentia esse dilaceramento de modo particularmente preciso no âmbito que mais lhe importava: o da comunicação. "Falar com aquele que não se pode convencer (o hindu que morre de fome), senão toda comunicação está comprometida. É esse muito certamente o sentido da minha evolução e da minha contradição."[100]

Não lhe bastava ter dado a seu problema uma solução estética. Ele procurava o meio de fazer o que Gœtz fizera.

Em meados de junho, acabei uma primeira versão do meu romance; contrariamente ao meu costume, não mostrara nada a Sartre; tinha dificuldade em arrancá-lo de mim e não teria suportado que nenhum olhar, nem mesmo o dele, pousasse sobre as páginas ainda quentes. Ele o leria durante as férias. Enquanto isso, as circunstâncias e meu prazer me levaram a escrever sobre

---

[97] Notas inéditas.
[98] Idem.
[99] Idem.
[100] Idem.

Sade. Dois ou três anos antes, o editor Pauvert me pedira um prefácio para *Justine*. Eu não conhecia muito bem Sade. Achara ridículo *Le Philosophe dans le boudoir*, enfadonho o estilo de *Infortunes de la vertu*, sistemático e abstrato *Les Journées de Sodome*. *Justine*, épica, descabelada, fora uma revelação. Sade colocava em termos extremados o problema do *outro*; através de seus exageros, o homem como transcendência e o homem como objeto defrontavam-se dramaticamente. Mas eu teria precisado de tempo para estudá-lo: devolvi as provas ao editor. Em 1951, Queneau propôs que eu me encarregasse de um autor, para uma obra em preparação, *Les Écrivains célèbres*. Escolhi Sade. Mesmo para uma breve nota, eu quis ler tudo, e comecei um ensaio que destinei à *Temps Modernes*. No departamento de livros proibidos da Nationale, emprestaram-me uma encantadora edição do século XVIII, ilustrada com gravuras: personagens de peruca e em trajes de cerimônia entregavam-se com ar ausente a exercícios complicados. Muitas vezes as narrativas de Sade eram tão geladas quanto essas imagens; e de repente um grito, e jorrava uma luz que salvava tudo.

Há anos eu mandava datilografar meus textos por Lucienne Baudin, uma mulher da minha idade, agradável; ela tinha uma filhinha de uns dez anos. Apesar de algumas aventuras masculinas, gostava mais de mulheres; vivia com uma quinquagenária; educavam a criança juntas. Ela me falava de seus problemas, de suas preocupações financeiras, de suas amizades, de seus amores e desse mundo menos conhecido que o dos homossexuais masculinos: o mundo das lésbicas. Eu a via pouco, mas com simpatia. Ao fim de certo tempo, ela começou a trabalhar muito mal e sem pontualidade; tornou-se nervosa: "Acho que tenho algo no seio", disse-me. Insisti para que consultasse um médico: "Não posso parar de trabalhar." Um ano mais tarde, ela me disse: "Tenho um câncer: já está do tamanho de uma noz." Mandaram-na para o Instituto do Câncer, em Villejuif; fui vê-la e, quando cheguei, caiu em prantos. Compartilhava o quarto com três outras doentes; uma, que tivera um seio extirpado, urrava de dor entre as injeções de morfina; outra, a quem haviam tirado o seio direito alguns anos antes, estava agora com o seio esquerdo tomado. Lucienne estava apavorada. Era tarde demais para operá-la, e tratavam-na com radioterapia. Esse tratamento não deu resultado. Mandaram-na de volta para casa, e injetaram-lhe hormônios masculinos.

Quando tornei a vê-la, mal a reconheci: seu rosto estava inchado, um buço sombreava-lhe os lábios e ela falava com voz de homem; só restava intacto o brilho de seus dentes brancos. De vez em quando, levava a mão ao peito envolto em tiras, e gemia: adivinhava-se como era frágil e dolorido aquele pacote de glândulas onde a podridão se instalara, e eu tive desejo de fugir. Ela chorava. Escrevia a curandeiros, experimentava drogas milagrosas, sonhava ir à América consultar especialistas. E chorava. Levaram-na para um hospital: nos leitos vizinhos, mulheres velhas morriam de câncer. Continuaram as injeções de hormônios. Inchada, barbuda, ridiculamente horrorosa, sofria, e não se resignava à morte. Quando voltei de Saint-Tropez, sua amiga me disse que ela estava agonizando; no dia seguinte morreu, depois de se debater durante vinte e quatro horas. "Parece uma velha de oitenta anos", disse-me sua amiga. Não tive coragem de ver o cadáver.

Esse caso entristeceu ainda mais um ano que, apesar dos meus trabalhos, dos prazeres e da emoção que a peça de Sartre me dera, foi para mim melancólico. As pessoas estavam tristes: apesar de MacArthur ter sido afastado, continuava-se lutando na Coreia e a economia francesa sofria as consequências. Nos funerais de Pétain, partidários de Vichy e amigos colaboracionistas se haviam manifestado com estardalhaço e as eleições de junho, graças ao sistema das coligações, fizeram com que a democracia burguesa vencesse. Sartre encarava sem alegria os acontecimentos e sua situação, e isso me entristecia. O fracasso de Olga me magoou. E tinha dificuldade em pôr fim à minha relação com Algren. Ele não se casara de novo, mas isso não fazia diferença. Era inútil interrogar-me sobre seus sentimentos: mesmo que lhe custasse afastar-me, iria fazê-lo se o julgasse necessário. O caso estava terminado. Eu estava menos transtornada do que teria estado dois anos antes: impossível agora transformar minhas recordações em folhas mortas — eram moedas de ouro. E depois, em dois meses, em Miller, eu passara do estupor à resignação. Não sofria. Mas de vez em quando abria-se um vazio em mim e parecia que minha vida parava. Contemplava a praça Saint-Germain-des-Prés: atrás não havia nada. Outrora, meu coração também batia alhures; agora eu estava onde estava, nem mais nem menos. Que austeridade!

Nós nos escrevíamos pouco, e sem nos dizer grande coisa. Numa carta que recebi em Saint-Tropez, ele me propôs passar o mês de outubro em Miller. Oferecia sem equívoco aquela amizade que é tão fácil manter quando se fez um rompimento sem rancor e se mora na mesma cidade. Consultei Sartre: "Por que não?", disse ele. Aceitei.

No fim de junho, Lise veio a Paris com Willy e Bernard. Seus amigos alegravam-se em revê-la e, ao chegar, ela estava radiante; dos dois lados, a decepção foi nítida: ela não nos compreendia mais e nos pareceu muito distante. Deixou Scipion chocado ao censurá-lo por não planejar mensalmente seu orçamento. Os EUA tinham-se tornado sua pátria. Admirava ou aceitava quase tudo daquele país. No dia 14 de julho, com ela e todo um bando, corri os bailes do bairro: paramos no "baile dos tímidos", na frente da Closerie des Lilas. Mas ao despedir-me dela, compreendi que ela não tinha nenhuma vontade de voltar, nem mesmo por pouco tempo. Escrevemo-nos durante alguns anos; pouco a pouco, nos sentimentos misturados que eu lhe inspirava, venceu a animosidade. Interrompi essa correspondência. Agora só trocamos cartões de Natal. Ela se casou de novo, tem filhos e parece que prospera, apesar de sérios problemas físicos e de algumas insatisfações.

Em meados de julho, voamos para Oslo, e eu deixei para trás minhas melancolias. O editor norueguês de Sartre pôs um carro com motorista à nossa disposição, para atravessar o Telemark: pinheiros, lagos, velhas igrejas de madeira pousadas solitariamente no meio dos prados; depois, Bergen, com seus entrepostos antigos, suas casas antigas de madeiras multicores, circundando o porto tranquilo, a animação do mercado de peixe. À noite subimos num barco; em cada escala, ônibus nos levavam ao interior. Sartre vira aqueles lugares outrora, com os pais. Nas cidades do norte, também de madeira, havia jardins onde rochas substituíam gramados e maciços. Durante o dia eu lia, sentada no tombadilho, *La Vie du dr. Johnson* e o *Journal*, de Boswell. À noite, contemplava longamente o sol imóvel na linha do horizonte e o céu em delírio. Uma bola de fogo no meio das trevas: era assim que, na primeira novela que Sartre escreveu, uma menininha imaginava o sol da meia-noite; a verdade a decepcionara: simplesmente era meia-noite e era dia. Eu não me decepcionei; a insólita claridade noturna retinha-me no tombadilho até a hora que, em outros lugares, é madrugada. Passamos por penhascos nevados cuja brancura caía a pique no mar. Um ônibus levou-nos de Kirkenes até a fronteira russa: através de matagais e de arames farpados, divisavam-se sentinelas com estrelas vermelhas. Eu estava comovida de ver com meus próprios olhos esse país proibido, que significava tanto para nós. Voltamos, parando em outros portos. O Bergesbne, que é um dos orgulhos da Noruega, reconduziu-nos a Oslo: é a única via férrea do mundo que atravessa geleiras; sobe apenas a mil e trezentos metros, e no entanto rodamos durante horas sobre neves eternas.

Sartre fizera, como eu, uma aterrissagem na Islândia, e tínhamos prometido revê-la. Passamos lá dez dias espantados. Esse vulcão recente, povoado somente a partir do século X, não possuía nem pré-história, nem mesmo um fóssil; os riachos fumegavam, o aquecimento central utilizava águas subterrâneas: o mais difícil, nos quartos de hotel, era conseguir água fria; em pleno campo erguiam-se cabinas que eram "banhos a vapor". Quase nenhuma árvore: um simples bosque era chamado de floresta; o que se via eram desertos de lava, montanhas cor de ovo podre, cuspindo vapores de enxofre, cavadas de "caldeirões do diabo" onde a lama fervia; lavas desenhando ao longe cidades fantásticas. Campos de neve e geleiras encimavam esses vulcões e sua brancura avançava até o mar. Não havia estrada de ferro, e muito poucas estradas; não somente acotovelávamo-nos nos aviões com camponeses carregados de gaiolas de galinhas, como até o transporte dos carneiros se fazia por via aérea. Os camponeses pareciam-se muito mais com caubóis americanos do que com roceiros da velha Europa: bem-vestidos, de botas, moravam em casas dotadas de todo o conforto moderno e circulavam a cavalo.

Se as paisagens tinham uma beleza planetária, as cidades, com suas casas de madeira de telhados de folha de zinco ondulada, eram muito tristes. Um vento forte engolfava-se incessantemente pelas ruas retilíneas de Reykjavik. Hospedamo-nos ali, como todos os estrangeiros, no hotel Borg. Sobre as mesas da sala de jantar, bandeiras indicavam a nacionalidade dos hóspedes. Fomos amavelmente acolhidos pelos franceses do lugar, entre os quais encontrava-se Paul-Émile Victor. Várias vezes por semana, ele lançava de paraquedas víveres, medicamentos e utensílios em postos da Groenlândia. À noite, dizia: "Estou voltando na Groenlândia", como se tivesse voltado a Paris depois de ter passado um dia em Meudon. Falava-nos dos esquimós, de suas expedições e de suas experiências de paraquedista. Havia também dois cineastas — um que eu encontrara em Hollywood, e o outro, um frequentador do Flore — que rodavam um documentário. Eles nos levaram de carro ao lago de Thinguellir, cujas águas azuis são ponteadas de pequenos vulcões e de umas espécies de atóis formados pelas lavas, semelhantes a enormes galerias de toupeiras. Encontramos também o filho de Scott, o explorador, que capturava animais selvagens, e um geólogo islandês que colecionava seixos; eles nos levaram a passear de jipe por paisagens de pedra mais coloridas que canteiros de flores. Fomos de avião a Akureyri, sinistra, de onde segui de hidroavião, percorrendo a admirável costa setentrional até o pequeno porto situado no extremo norte da ilha. Tinha como únicos companheiros dois rapazes barbudos: "Viajamos pela Islândia de carona", disseram-me.

Os islandeses bebiam muito; eram capazes de fabricar aguardente com graxa. O principal trabalho da polícia consistia em recolher os bêbados nos riachos, à noite. No sábado à noite, havia baile no hotel Borg e eram homens de smoking e camisas de peitilhos sujos que os tiras embarcavam nos camburões.

Houve uma recepção em casa do ministro da França: um dos únicos lugares no mundo onde, na época, oficiais russos e americanos brindavam juntos. Falei, em inglês, com a mulher de um diplomata soviético, que levava na cabeça loura uma jardineira de flores. "Gostaria de conhecer Paris", disse-me ela. "Eu gostaria de conhecer Moscou." Não passamos disso.

Em seguida, fomos a Edinburgh. Menos extraordinária que a Islândia, a Escócia, que percorremos de barco, de lago em lago, de ilha em ilha, era bela. Vimos a ilha de Iona, chata e lívida, com seus vestígios célticos, e as falésias de Fingal, cujas grutas, nesse dia, estavam interditadas por ondas enormes; através das Hébridas, li a narrativa da viagem que ali haviam feito Johnson e Boswell. Percorremos uma vasta região de colinas e de urzes; nos mapas, os lugares famosos eram marcados com duas espadas — batalha — ou com uma só — massacre. Passeamos pelas paisagens de Walter Scott e vimos a Abadia de Melrose. Mas a austeridade escocesa nos cansou. Tínhamos muita dificuldade em encontrar quartos e não podíamos trabalhar neles: nem mesa, nem lâmpada de escrivaninha. "Se quiser escrever, vá à sala reservada à escrita", diziam a Sartre. Ele dispunha seus papéis sobre a mesa de cabeceira ou sobre os joelhos. As horas das refeições não eram menos rígidas; como esperávamos um barco sob a chuva às dez horas da manhã, nenhum hotel consentiu em servir-nos um café com leite, nem um pedaço de pão: era tarde demais para o café da manhã, e cedo demais para o almoço. As cidades eram de uma tristeza desencorajadora.

Paramos em Londres por quinze dias. Encontramos por acaso num restaurante Mamaine Kœstler; estava divorciada, tão graciosa quanto antes e ainda mais frágil. Levou-nos com sua amiga Sonia, a viúva de George Orwell, a um desses clubes privados, que são, em Londres, o único refúgio dos notívagos: a Gargoyle, num sexto andar. Encontramos pessoas — entre as quais um sobrinho de Freud, que pintava — e bebemos. De manhã, na hora de tomar o avião para Paris, eu estava em estado deplorável. "Essa aí já está enjoando antes!", murmurou um comissário, deixando-me muito envergonhada.

Durante o nosso cruzeiro pela Noruega, mostrei a Sartre a primeira versão do meu romance. Seria meu melhor livro, disse ele, mas eu devia trabalhar muito ainda. As intrigas bem construídas demais irritavam-me por seu artifício; eu desejara imitar a desordem, a indecisão e a contingência da vida; deixara os personagens e os acontecimentos partirem em todos os sentidos; as cenas que deviam ser feitas, eu não as fazia; todas as coisas importantes se passavam nos bastidores. Teria sido preciso adotar uma técnica diferente, disse-me Sartre, ou então, já que essa convinha ao meu tema, aplicá-la com rigor; tal como se apresentava, o livro estava mal construído e não despertava interesse. Ele me convenceu a ligar melhor os episódios, introduzir jogadas, esperas. Eu compreendera a dificuldade dos diálogos, mas sem superá-las; os intelectuais, por momentos, falam de suas ideias, discutem e raciocinam: mesmo reduzidas e transpostas, essas conversas podem aborrecer; e na verdade aborreciam. Outra coisa incomodava Sartre: para acreditar plenamente nos meus personagens, teria sido necessário que o leitor conhecesse suas obras; eu não podia escrevê-las por eles; sua realidade objetiva, então, escapava; seu trabalho, que era o essencial de suas vidas, só era indicado indiretamente, à margem. Esse último defeito era inerente ao meu empreendimento. Mas, quanto ao resto, resolvi retomar tudo. Nesses casos, os comentaristas contam que se "queimou tudo e recomeçou tudo": ninguém faz isso. Todos se apoiam no trabalho que já foi executado.

Passei o mês de outubro com Algren. Avião, trem, táxi: estava calma ao chegar à casa da avenida Forrest; não me restava nada a ganhar, nem a perder. Era novamente o esplendor do "verão indiano". De novo tomei banho no lago, li ao sol, vi televisão; terminei meu ensaio sobre Sade. Quase não pus os pés em Chicago. Uma noite, tomei martínis com Algren no Tip-Top-Tap, a uns vinte andares acima das luzes da cidade; depois, vimos *Le Fleuve*, de Renoir: uma mentira indecente, que fez Algren dormir. Outra vez, Algren deu uma conferência num clube israelita; sendo o antissemitismo muito acentuado em Chicago, eu imaginava que os que sofriam com isso contestassem a ordem estabelecida. Mas quando Algren tomou a defesa dos viciados, investindo contra a sociedade que acuava a juventude a tristes evasões, só vi rostos carrancudos. "Ele não fala tão bem quanto escreve", murmuraram. Algren denunciou também a corrupção[101] da polícia. Um juiz respondeu-lhe celebrando as virtudes dos *"boys in blue"*: os tiras. Aclamaram-no.

Algren ia se casar de novo com sua ex-mulher. Passeando na praia durante os últimos dias de outubro, entre as dunas empoadas de ouro e a água de um azul cambiante, eu pensava que nunca mais ia revê-lo; também não ia rever a casa, nem o lago, nem aquela areia onde ciscavam os pequenos pernaltas brancos; e não sabia o que lamentava mais: um homem, uma paisagem, ou a mim mesma. Ambos desejávamos abreviar as despedidas: Algren me deixaria por volta do meio-dia, no trem, em Gary, e eu iria sozinha para o aeródromo. Na última manhã, o tempo nos pareceu longo; não queríamos falar e nos incomodava ficar calados. Eu disse, enfim, que estava contente com a minha estada, e também porque, pelo menos, permanecia entre nós uma verdadeira amizade. "Não é amizade", disse ele, brutalmente. "Nunca poderei sentir por você menos que amor." Essas palavras, de repente, depois daquelas semanas tranquilas, punham tudo novamente em discussão: se o amor existia ainda, por que as despedidas definitivas? Todo o passado me veio de novo ao coração, e minha derrota foi para mim intolerável; no táxi, no trem, no avião e à noite em Nova York, durante um filme de Walt Disney, no qual animais se devoravam uns aos outros sem cessar, não parei de chorar. Do meu quarto no hotel Lincoln, com os olhos marejados de lágrimas, escrevi uma breve carta a Algren: estava ou não acabado? Cheguei a Paris no dia de finados, havia crisântemos e pessoas de preto por toda parte. E eu sabia a resposta à minha pergunta.

"Podemos conservar sentimentos por alguém", escreveu-me Algren, "mas não mais aceitar que eles comandem e transtornem toda a nossa existência. Amar uma mulher que não nos pertence, que faz com que outras coisas e outras pessoas passem na nossa frente, sem nunca nos colocar em primeiro lugar, não é aceitável. Não lamento nenhum dos momentos que tivemos juntos. Mas desejo agora um outro tipo de vida, com uma mulher e uma casa minhas... A decepção que senti há três anos, quando comecei a perceber

---

[101] Dez anos mais tarde, ela foi oficialmente reconhecida: processaram-se muitos policiais por roubo, chantagem, cumplicidades etc. Foi preciso todo esse tempo para que o escândalo estourasse, mas em 1951 as coisas já se passavam como em 1960, e muita gente sabia disso.

que sua vida pertencia a Paris e a Sartre, agora está velha e embaçada. O que tentei fazer depois foi retomar a minha vida de você. Tenho muito apreço pela minha vida, não me agrada que ela pertença a uma pessoa tão distante, alguém que vejo apenas algumas semanas por ano..."

A única coisa a fazer era pôr um ponto final. Foi o que fiz.

***

Durante a ocupação, quando Sartre e eu penávamos de bicicleta pelas encostas, sonhávamos com uma motoneta. Em 1951, tornara-se fácil realizar um projeto mais ambicioso, que eu acalentava antes da guerra: comprar um carro. Escolhi, a conselho de Genet, um Simca de um modelo novo, um Aronde. Tomei aulas na praça Montparnasse, com um professor de nome predestinado: M. Voiturin.[102] Bost, que acabava de tirar carteira de motorista, levava-me domingo de manhã aos arredores de Paris, e eu treinava: quantas dificuldades! Ao atravessar uma aldeia, felizmente a menos de cinco por hora, subi numa calçada: assustei as pessoas e assustei-me muito. Apesar de tudo, eu, que nunca lidara com máquina alguma, ficava maravilhada pelo fato de aquela me obedecer mais ou menos. Quando consegui a carteira, nossos passeios, dos quais Olga muitas vezes participava, prolongaram-se: duravam um dia inteiro ou até dois. Eu gostava das estradas florestais, quando, no inverno, seu pelo ruivo orla-se de um manto branco; gostava da primavera normanda, das lagoas da Sologne, das aldeias da Touraine; descobri igrejas, abadias, castelos. Fui a Auvers; vi o café de Van Gogh, a igreja, o platô e, no cemitério, os túmulos gêmeos escondidos sobre a hera.

Para a centésima representação de *O diabo e o bom Deus*, Simone Berriau convidou toda Paris para o Carlton: nem o autor nem seus amigos compareceram. Encontramo-nos de novo na Plantation, onde no momento exibiam-se travestis. Fazia algum tempo que o jogo de palavras estava em voga; Scipion destacou-se por um jogo de palavras duplo e engajado "É preciso dizer: esse caso da Coreia me inquieta, e não...". Cau, que dera um pulo no Champs-Élysées, contou-nos a festa oficial. Na noite de Natal, organizei um réveillon na minha casa, como no ano anterior.

---

[102] Em francês, *voiture*: carro. Daí a alusão à "predestinação" do nome Voiturin. (N.T.)

Os colaboradores da *Temps Modernes* continuavam a se encontrar em casa de Sartre, no domingo à tarde, ao som da gaita de foles: bretões dançavam num edifício vizinho e músicos em trajes típicos tocavam, à porta, melodias folclóricas. Havia alguns novos: Péju, Claude Lanzmann, Chambure; tínhamos comprado banquinhos para que todos pudessem sentar-se. Lanzmann e Péju faziam copidesque nos jornais, trabalho que lhes permitia ganhar bem a vida e deixava tempo para fazer outras coisas. Tinham uma sólida formação filosófica; para ambos, entretanto, a política vinha em primeiro lugar. Ajudaram Sartre a politizar novamente a revista, e foram eles, sobretudo, que a orientaram para "essa camaradagem crítica"[103] com os comunistas, que Merleau-Ponty abandonara. Eu tinha muita simpatia por Lanzmann. Muitas mulheres o achavam atraente: eu também. Dizia as coisas mais extremadas num tom leve, e sua percepção das coisas assemelhava-se à de Sartre. Seu humor falsamente ingênuo alegrava muito essas sessões. Discutíamos muito, bebendo licor de framboesa; fazíamos propostas, divagávamos e comunicávamos as pérolas colhidas em *Aspects de la France*, e em *Rivarol*. A partir de novembro, Sartre pediu um voluntário para fazer uma resenha de *L'Homme révolté*, de Camus. Por amizade, recusava que se falasse mal do livro; entretanto, entre nós, ninguém o apreciava. Nós nos perguntávamos como sair desse impasse.

Essas reuniões contam entre os raros momentos felizes de um dos mais sombrios períodos de minha vida. Tanto na França como no exterior, as coisas iam de mal a pior. "O patronato mais atrasado do mundo" obstinava-se no malthusianismo; a produção mal alcançava o mesmo nível de 1929, os preços não paravam de subir, enquanto os salários quase não haviam aumentado. Indiferente a esse marasmo, a burguesia encarniçava-se contra o comunismo. As altas finanças e o governo pagavam Jean-Paul David para que intensificasse sua propaganda contra a "quinta coluna": ele tinha uma tribuna no rádio, e inundava Paris de cartazes e panfletos. A esquerda dividida não conseguia sustar a guerra da Indochina, nem atenuar a política colonialista, apesar das agitações da África Negra;[104] a não ser algumas pichações — *US go home* —, ela não tinha nada a opor a essa ocupação não declarada que Sartre me predissera um ano antes. Nos EUA, MacCarthy chegara a atacar, em junho, o general Marshall, e depois Dean Acheson; começava-se a fazer investigações sobre os

---

[103] *Merleau-Ponty vivant*.
[104] Em dezembro ocorreu o processo dos quatrocentos e sessenta negros da Costa do Marfim, detidos nas circunstâncias que indiquei.

funcionários americanos da ONU. Essas perseguições eram feitas sem rodeios, como preâmbulo de uma guerra preventiva que o próprio Eisenhower anunciou na entrevista que deu ao *Match*, em outubro: os exércitos do Ocidente deveriam preparar-se para lutar em breve, nos arrabaldes de Leningrado. Um número do *Collier's Weekly* apresentou uma reportagem sobre a situação do mundo, cinco anos depois do fim da guerra atômica, em 1960. Minha imaginação recusava as catástrofes; mas eu também não acreditava na paz: como em 1940, o futuro esquivava-se e eu vegetava sem viver; quase tão dolorosamente quanto naquela época, eu estava magoada com a subserviência da França. Depois de um passeio de carro com Olga e Bost, jantamos num hotel de Chinon; a sala de jantar era agradável, nós bebíamos bom vinho e estávamos alegres; dois militares americanos entraram e eu senti um aperto já conhecido no coração. Bost disse bem alto: "Para mim é a mesma coisa que os chleuhs."[105] Sete anos antes, tínhamos gostado daqueles soldados grandões de farda cáqui, que pareciam tão pacíficos: eram nossa liberdade. Agora eles defendiam um país que apoiava a ditadura e a corrupção em todos os cantos da terra: Syngman Ree, Chang Kai-Chek, Franco, Salazar, Batista... O significado de seus uniformes era a nossa dependência, e uma ameaça mortal.

O tempo encolhe à medida que envelhecemos: sete anos era ontem. Aquele belo verão em que tudo recomeçara era ainda a verdade de minha vida, a tal ponto que eu queria dar ao romance que estava escrevendo o título de *Les Survivants*. Mas essa verdade fora achincalhada e, embora minha decepção tivesse começado em 1948, ainda não a consumira. Minha revolta agravava esse abatimento que eu partilhava com a maioria dos meus compatriotas.

Os jovens de 1945 tinham-se desencantado bastante. O cinema francês estiolava-se; afora os jornais comunistas, não havia mais imprensa de esquerda; cineastas, repórteres em formação haviam dado apenas uma escassa colheita. Quanto à literatura, os autores duvidavam demais de sua época, e portanto deles mesmos, para se entregarem realmente a ela. Vian, o mais entusiasta, praticamente renunciara; cantava músicas que compunha e mantinha uma crônica de jazz. Interessava-se pela política o suficiente para discutir nos bares de Saint-Germain-des-Prés, mas não para encontrar nela uma maneira ou razão de viver. Não era culpa deles. Que podiam fazer? O que podia alguém fazer naquele momento, na França? A esperança nos unira: agora quase não

---

[105] População berbere sedentária do Marrocos. (N.T.)

os víamos mais. Permanecíamos ligados pelo passado aos nossos amigos mais velhos, mas — salvo Genet, Giacometti, Leiris — não estávamos de acordo com nenhum deles quanto ao presente e ao futuro. Aqueles que povoavam nossa vida de antes da guerra — com exceção de Olga e Bost — tinham mais ou menos saído dela. A Mme Lemaire morava no campo, Herbaud, no estrangeiro. Pagniez zangara-se de novo com Sartre, e os dois estavam praticamente brigados. Desde a morte de Dullin, Camille desaparecera.

Eu enterrara uma segunda vez minhas recordações de Chicago e não me sentia mais magoada com elas: mas que tristeza nesse apaziguamento! "Pronto, acabou", dizia a mim mesma; e não pensava só na minha felicidade com Algren. Menos propensa do que nunca ao que chamamos de aventuras, minha idade e as circunstâncias não me ofereciam, pensava eu, oportunidade de um novo amor. Meu corpo, talvez pelo efeito de um orgulho muito antigo, adapta-se facilmente: não pedia nada. Mas alguma coisa em mim não se submetia a essa indiferença. "Nunca mais vou dormir no calor de um corpo." Nunca mais: que dobre de finados! Quando essa evidência se apossava de mim, eu oscilava para a morte. O nada sempre me apavorara; mas até aqui eu morria no dia a dia, sem perceber: de repente, de chofre, todo um grande pedaço de mim mesma submergia; era brutal como uma mutilação, e inexplicável, pois nada me acontecera. Minha imagem no espelho não mudara; atrás de mim, um passado ardente estava ainda bem próximo: entretanto, nos longos anos que se estendiam diante de mim, ele não refloresceria; nunca mais. Encontrava-me do outro lado de uma linha que em nenhum momento atravessara: confundiam-me o espanto e a tristeza.

Meu trabalho não me ajudava a forçar esse futuro, cujo acesso me era vedado pela grande e pela minha pequena história. Não estava certa de poder remediar as fraquezas que Sartre me apontara; em todo caso, precisaria ainda de um ou dois anos para consegui-lo: o horizonte era tão negro que, para perseverar, era-me necessária quase tanta coragem quanto para retomar *A convidada* em 1941. Eu gostava desse livro. Em 1943, em 1945, meus sucessos me haviam satisfeito; agora, satisfaziam-me muito menos. *A convidada* estava longe; *O sangue dos outros* empalidecera; *Todos os homens são mortais* não fora bem-sucedido. *O segundo sexo* resistia, mas me valera na França uma reputação das mais equivocadas. Eu desejava outra coisa. Infelizmente, esse livro teria pouca repercussão, eu estava convencida disso. Escrevia, riscava, recomeçava, atormentava-me, cansava-me, sem esperança. A história não me arrebatava mais, longe disso. Não havia lugar para aqueles que se recusassem a aderir a um dos dois blocos. Sartre pensava, como eu, que eu desagradaria tanto à esquerda como à direita: se tivesse três mil leitores, já seria bem bom! Esse fracasso, do qual não duvidávamos, entristecia-nos em si e porque manifestava nosso exílio: qualquer ação política tornara-se impossível para nós, e nossa própria literatura ia perder-se nos desertos.

Sartre, como sempre, ajudava-me muito. Entretanto, ele me parecia mais distante do que jamais o fora e do que jamais o seria. Seus sucessos não o haviam mudado em nada; mas tinham criado uma situação que, apartando-o mais ou menos do mundo, rompia alguns dos nossos laços; ele não punha mais os pés nos cafés que outrora nos agradavam tanto; não me acompanhara às pistas de Auron; o parceiro desconhecido de nossa vida a dois tornara-se, pela força das circunstâncias, um personagem público: eu tinha a impressão de que Sartre me tinha sido roubado: "Ah! Por que você não é um poeta obscuro!", dizia-lhe eu com frequência. Revendo suas posições políticas, ele enfrentava um trabalho interior que lhe custava esforço e estudos que devoravam seus dias. Eu sentia saudade de sua antiga despreocupação e dos lazeres da nossa fase áurea: os passeios, as perambulações, as noites no cinema onde nunca mais íamos. Ele me convidava a acompanhá-lo: "Você deveria ler isto!", dizia-me, apontando as obras empilhadas sobre sua escrivaninha; insistia: "É apaixonante." Eu não podia: precisava terminar meu romance. E depois, é verdade que também tinha vontade de conhecer melhor meu século e meu lugar, mas isto não era tão necessário para mim quanto para ele. Ele fora coagido, no ano anterior, a escolher hipoteticamente, no caso de uma ocupação russa, entre duas soluções: uma, impraticável — ficar, sem se submeter — e a outra, odiosa — partir; concluíra pela impossibilidade de ser o que era e não havia para ele meio de continuar a viver sem superar essa dificuldade; assim, ligava-se novamente com urgência ao projeto que sempre perseguira: construir uma ideologia que, esclarecendo o homem sobre sua situação, propusesse a este uma prática. Tal ambição me era estranha: eu não tinha suficiente importância objetiva para que a eventualidade de uma ocupação russa me tivesse trazido problemas pessoais; eu não podia esperar, e para começar não desejava desempenhar o menor papel político. Então, ler os mesmos livros que Sartre, refletir sobre os mesmos temas, teria sido para mim uma ocupação gratuita; seu empreendimento era íntimo demais dele para que quem quer que fosse, até mesmo eu, cooperasse com ele. Eu sabia disso; mas parecia-me que sua solidão isolava-me dele. "Não é mais como antes", dizia a mim mesma; fiel ao meu passado, essas palavras bastavam para me desolar. Emprestei à heroína de Os mandarins palavras que dizia a mim mesma: "Fico infeliz por não me sentir feliz." Dizia-me também: "Há pessoas mais infelizes do que eu", mas não achava consoladora essa verdade, ao contrário; essa frágil tristeza em mim era como um ressoador que captasse um concerto de queixas; um desespero universal insinuava-se em meu coração até me fazer desejar o fim do mundo.

Essas circunstâncias explicam o pânico que se apoderou de mim no início da primavera. Até então, eu nunca fora ameaçada no meu corpo: em 1935, não conhecera a gravidade do meu estado. Pela primeira vez acreditei que estava em perigo.

"Não é nada", disse a mim mesma, no início; depois perguntei-me: "Será alguma coisa?" Sentia uma ligeira pontada no seio direito, e um caroço num certo ponto. "Não é nada", repetia, cada vez com mais frequência; e com frequência ainda maior eu apalpava com perplexidade a insólita avelã. Lembrava-me do rosto peludo de Lucienne Baudin, e de sua agonia; durante um período, o medo me pungia; "E se for um câncer?" Afastava essa ideia: sentia-me bem. Depois, as pontadas voltavam, e com elas minha inquietude. Meu corpo não me parecia mais invulnerável; de ano para ano ele se deteriorava, insidiosamente; por que não poderia decompor-se de repente? Com uma falsa despreocupação, disse algumas palavras sobre o assunto a Sartre: "Pois vá procurar um médico, ele a tranquilizará", disse-me ele. Indicaram-me um especialista. Fui ao consultório dele num desses dias de abril em que o verão cai prematuramente do céu; pusera, como na véspera, meu casaco de pele, e morria da calor ao subir uma das tristes avenidas que partem da praça de l'Alma. No início, o cirurgião foi bastante tranquilizador: em vista da minha idade, era prudente operar e fazer imediatamente uma biópsia; mas eu não tinha a aparência de uma cancerosa, e o caroço suspeito rolava sob os dedos, o que provava sua benignidade. Entretanto, para dar à consulta uma seriedade digna do seu preço, ele deixou pairar uma dúvida; perguntou-me se eu consentia, no caso de se tratar de um tumor maligno, na ablação do seio. "Sim, claro", respondi. E saí dali abalada. Uma mutilação a mais ou a menos não me impressionava: mas lembrava-me das companheiras de quarto de Lucienne: dez anos depois o outro seio é afetado,[106] morre-se sofrendo dores terríveis. Esmagada sob o meu casaco pesado demais, suando, a boca cheia de angústia, olhava o céu azul e pensava: "Se eu tivesse mesmo um câncer, seria assim mesmo, não haveria sinal..." Relatei a Sartre, com a voz embargada, o que o médico me dissera. O consolo que me deu mostra bem as nuvens que pesavam sobre o futuro: na pior das hipóteses, eu podia contar com cerca de doze anos de vida; dali a doze anos, a bomba atômica nos teria liquidado a todos.

Eu devia ser operada na segunda-feira; no domingo, fui de carro com Bost ver a bela abadia de Larchant; dirigi como um barbeiro, freando o tempo todo. Bost impacientou-se: em vez de aprender, eu regredia; ele não via relação entre uma operação que pensava ser benigna e o meu nervosismo. "Sabe", disse-lhe, quando voltávamos para Paris, "talvez eu esteja com câncer". Ele me olhou com estupor: "Ora, vamos! Isso não pode acontecer com *você*!" Admirei que ele tivesse conservado intacto meu velho otimismo. Entrei na clínica à noite. Jantei, li e me deitei cedo. Uma irmã raspou-me a axila: "Para o caso de ser preciso lhe tirar tudo", disse-me, com um sorriso. Deram-me uma injeção e eu dormi. Estava resignada: não por curiosidade, como no tempo em que me vira sob a ameaça do sanatório; antes por uma indiferença amarga. De manhã, depois de outra injeção, levaram-me num carrinho, coberta apenas por um lençol. À porta da sala de operação, calçaram-me pequenas botas brancas, o que me intrigou muito; depois, enfiaram uma agulha numa veia do meu braço esquerdo, e eu disse: "Estou sentindo gosto de alho", e não senti mais nada. Quando voltei a mim, ouvi uma voz: "Você não tem absolutamente nada"; tornei a fechar os olhos: anjos me ninavam. Saí ao fim de dois dias, com o seio envolto em ataduras, mas maravilhada por me encontrar intacta e a salvo do medo.

Era primavera, e sua alegria me conquistou. Descemos de carro para o sul — Sartre, Bost, Michelle e eu. Michelle separara-se de Boris, e Sartre, que sempre a achara muito atraente, ligara-se intimamente a ela. Eu gostava muito dela, era sempre apreciada porque nunca manifestava egocentrismo. Alegre e um tanto misteriosa, muito discreta e muito presente, era uma companhia encantadora. Fizemos uma viagem agradável, visitando a abadia de

---

[106] Nem sempre é o que acontece, longe disso; mas era o que eu pensava.

Saint-Philibert, em Tournus, e, em Hauterive, a casa do carteiro Cheval. Eu disputava avidamente o volante com Bost: ambos nos divertíamos em dirigir por longas distâncias. Bost ficou pouco tempo em Saint-Tropez; levei-o uma noite à estação de St. Raphaël, e na volta estava toda emocionada por rodar sozinha pela primeira vez. Enchi-me de audácia. Deixei o hotel de l'Aioli de madrugada e reencontrei na cidade de janelas fechadas a emoção dos meus antigos passeios. Naquele tempo eu viajava de carona: que prazer quando um carro parava e me levava! Parecia-me um prodígio fazer em dez minutos duas horas de caminhada. Agora, ao mesmo tempo motorista e passageira, sentia vontade de me dizer "obrigada" o tempo todo. A caminhada me oferecera prazeres diferentes; mas por sua novidade, os prazeres de hoje quase me faziam esquecer os outros. Reconhecia a Provença tal como a amara, vinte anos antes, e, no entanto, enxergava-a sob outras luzes: o passado e o presente aliavam-se em meu coração. Cheguei à ousadia de levar Merleau-Ponty e a mulher, recém-chegados a Saint-Tropez, para passear nas pequenas estradas dos mouros: eles demonstraram muita coragem; é verdade que tinham vindo de Paris com um casal que não tinha carteira de motorista; nas passagens perigosas, o marido e a mulher disputavam o volante a tapa. Muitas pessoas que me eram próximas estavam aprendendo a dirigir: depois da penúria do pós-guerra, começávamos a comprar carros.

 Eu trabalhava um pouco; Sartre escrevia sobre Mallarmé; no terraço do Sennequier, no bar de La Ponche, ele me falava disso e me explicava alguns poemas. Pressionado por compromissos, voltou a Paris de trem. Rodei sozinha até Avignon, orgulhosa do meu poder, ligeiramente perseguida pelo medo de ter um pneu furado e não saber trocá-lo. Em Avignon, no trem da madrugada, encontrei Bost, que vinha de Paris para me ajudar a voltar.

 Parti de novo pouco depois; como Sartre estava passando três semanas na Itália com Michelle, passeei por lá de carro com Olga e Bost, descobrindo pequenas estradas e lugares de difícil acesso sem automóvel: Volterra, por exemplo. Era agradável poder dispor dos locais e do tempo de acordo apenas com nosso capricho. Voltei para Paris, onde vi a magnífica exposição mexicana.

 Dois fatos marcaram o início daquele verão: Sartre brigou com Camus e aproximou-se novamente dos comunistas.

 Vi Camus pela última vez, com Sartre, num pequeno café da praça Saint--Sulpice, em abril. Ele ridicularizou certas censuras dirigidas a seu livro:

tomava como fato consumado que nós apreciávamos a obra e Sartre ficava muito embaraçado ao responder-lhe. Pouco mais tarde, Sartre encontrou-o novamente no Pont-Royal e preveniu-o de que a crítica da *Temps Modernes* seria reservada, talvez até rigorosa; Camus pareceu desagradavelmente surpreso. Francis Jeanson acabara concordando em falar de *L'Homme révolté*, prometera fazê-lo com moderação: depois, não conseguiu conter-se. Sartre conseguiu que ele atenuasse algumas durezas, mas não havia censura na revista. Camus, fingindo ignorar Jeanson, dirigiu a Sartre uma carta a ser publicada, na qual o chamava de "M. Diretor". Sartre respondeu no mesmo número. E tudo terminou entre eles.

Na verdade, se esta amizade estourou brutalmente, foi porque fazia muito tempo que não restava grande coisa dela. A oposição ideológica e política que já existia entre Sartre e Camus em 1945 acentuara-se de ano para ano. Camus era idealista, moralista, anticomunista; obrigado a ceder por um momento à História, pretendeu retirar-se dela o mais depressa possível; sensível à desgraça dos homens, era à Natureza que a atribuía; Sartre vinha trabalhando desde 1940 no sentido de repudiar o idealismo, de se arrancar de seu individualismo original, de viver a História; próximo do marxismo, ele desejava uma aliança com os comunistas. Camus lutava por grandes princípios, e fora assim que se deixara envolver pela onda de Gary Davis; em geral, recusava-se a participar das ações precisas nas quais Sartre se engajava. Enquanto Sartre acreditava na verdade do socialismo, Camus defendia cada vez mais resolutamente os valores burgueses: era a estes que se ligava, em *L'Homme révolté*. Entre os dois blocos, como o neutralismo afinal era impossível, Sartre aproximou-se novamente da URSS; Camus detestava-a, e, embora não gostasse dos EUA, alinhava-se praticamente a eles. Contei-lhe o episódio de Chinon: "Pensei que tivesse voltado ao tempo da ocupação", disse-lhe. Ele me olhou com um espanto ao mesmo tempo sincero e fingido. "É mesmo?" Sorriu: "Espere um pouco. Você vai ver ocupantes: vai ver outros."

Essas dissensões eram demasiado sérias para não abalarem uma amizade. Além disso, o temperamento de Camus não facilitava os compromissos. Suponho que ele pressentia a fragilidade de suas posições: não admitia a contestação; assim que se esboçava alguma, via-se tomado de uma de suas cóleras abstratas, que se assemelhavam a fugas. Houvera uma aproximação entre Sartre e ele, na época de *O diabo e o bom Deus*, e tínhamos publicado na

Temps Modernes seu ensaio sobre Nietzsche, embora este não nos agradasse de modo algum. Mas essa tímida retomada não durara. Camus estava pronto para, na primeira oportunidade, reprovar Sartre por sua complacência para com o "socialismo autoritário". Fazia muito tempo que Sartre achava que Camus se enganava inteiramente e que se tornara, além disso, como lhe disse em sua carta, "perfeitamente insuportável". Pessoalmente, essa ruptura não me afetou. Há muito tempo, o Camus de quem gostava tanto já não existia.

Durante o ano, comunistas haviam pedido a Sartre para participar do Comitê pela libertação de Henri Martin e para colaborar em um livro no qual eles divulgariam o caso; Sartre aceitou; julgava escandalosa essa detenção e ficou feliz ao ver que se esboçava uma reaproximação. As circunstâncias o haviam convencido de que não havia outra saída para a esquerda senão reencontrar a unidade de ação com o PC. E a contradição em que se debatia tornara-se intolerável. "Eu era vítima e cúmplice da luta de classes: vítima, porque era odiado por uma classe inteira. Cúmplice, porque me sentia responsável e impotente."[107] "Descobri a luta de classes nesse lento dilaceramento que nos distanciou deles (os operários) cada dia mais... Acreditava nela, mas não imaginava que fosse total... Descobri-a contra mim."[108] Sartre me disse um dia: "Sempre pensei contra mim." Mas ele nunca se obstinou tanto nisso como em 1950-52. Terminara o trabalho esboçado em 1945, com seu artigo sobre o engajamento literário: pulverizara todas as suas ilusões sobre a possibilidade de uma salvação pessoal. Chegara ao mesmo ponto que Goetz: estava maduro para aceitar uma disciplina coletiva, sem renegar sua liberdade. "Depois de dez anos de ruminação, eu atingira o ponto de ruptura, e precisava apenas de um pequeno empurrão."[109] Inicialmente, um livro impressionou-o: *Le Coup du 2 décembre*, de Guillemin. Em sua juventude, contra Politzer, para quem os burgueses se definiam inteiramente por sua situação de exploradores, Sartre sustentara que estes podiam, em suas relações recíprocas, exercer certas virtudes: respeitava seu padrasto, um engenheiro, duro com os outros e consigo mesmo, grande trabalhador, que levava uma vida austera. O colaboracionismo[110] fizera com que Sartre pressentisse que todas as virtudes burguesas são pervertidas pela alienação. *Le Coup du 2 décembre* mostrou-lhe

---

[107] Notas inéditas.
[108] Idem.
[109] Notas inéditas.
[110] A maioria dos amigos de seu padrasto colaborou, embora este fosse gaullista.

aquilo que eram capazes de pensar e escrever homens tão honestos quanto o marido de sua mãe. Pela boca dos capitalistas, é o capital que fala; mas nem por isso os burgueses deixam de ser homens de carne e osso que, para defender seus interesses, usam de uma violência mal disfarçada. Guillemin descerrava os véus que disfarçam essa prática em processo. A partir de então, a luta de classes apareceu para Sartre em toda a sua evidência: homens contra homens; de imediato, amizades e recusas assumiram um caráter apaixonado. Ele ficou com ódio quando soube, na Itália, da prisão de Duclos, na noite da manifestação contra Ridgway,[111] e depois quando tomou conhecimento da greve fracassada de 4 de junho, da reação triunfante da direita, das prisões, das apreensões, das mentiras, das quais a mais grotesca foi a história dos pombos-correios. "Em nome dos princípios que ela me inculcara, em nome de seu humanismo e de suas 'humanidades', em nome da liberdade, da igualdade, da fraternidade, dediquei à burguesia um ódio que só acabará comigo. Quando voltei a Paris precipitadamente, precisava escrever, ou ficaria sufocado."[112] Escreveu a primeira parte de *Os comunistas e a paz* com uma fúria que me amedrontou: "Em duas semanas, passou cinco noites em claro e dorme apenas quatro ou cinco horas nas outras noites", escrevi à minha irmã.

O artigo foi publicado na *Temps Modernes* um mês antes da *Réponse à Camus*. Esses dois textos tinham um mesmo sentido: o pós-guerra acabara de terminar. Não havia mais possibilidade de moratórias nem de conciliações. Estava na hora de definir claramente as opções. Apesar da dificuldade de sua posição, Sartre sempre se aprovou por tê-la adotado. Seu erro até ali fora, pensou, querer resolver o conflito sem *superar* sua situação. "Era preciso dar um passo que me tornasse outro. Era preciso aceitar totalmente o ponto de vista da URSS, e contar apenas comigo para manter o meu. Finalmente eu estava só para não querer sê-lo o bastante."[113]

Tentei evocar essa época que acabávamos de viver em *Os mandarins*. O livro iria exigir-me ainda meses de trabalho. Mas tudo já estava decidido. É o momento de explicá-lo a mim mesma.

***

---

[111] Ridgway vinha substituir Eisenhower na S.H.A.P.E. Três dias antes, André Stil fora detido por tê-lo chamado em *L'Humanité* de "General da guerra bacteriológica".
[112] *Merleau-Ponty vivant*.
[113] Notas inéditas.

A partir de 1943, minha felicidade fora carregada pelos acontecimentos; eu me ligava tão alegremente ao meu tempo que nada tinha a dizer sobre ele. Em *Todos os homens são mortais*, refletia-se a nova preocupação que eu tinha com a História: mas através de uma fabulação que me distanciava do século; quando, em 1946, eu me perguntei: "Agora, o que escrever?", pensei em falar de mim e não da minha época: eu não a questionava. E depois, enquanto trabalhava em *O segundo sexo*, as coisas mudaram à minha volta. O triunfo do Bem sobre o Mal deixou de ser evidente: parecia mesmo bastante rudemente comprometido. Do azul coletivo, eu caíra com muitos outros na poeira terrestre: o solo estava juncado de ilusões desfeitas. Assim como outrora, perturbando minha vida privada, o fracasso suscitara *A convidada*, ele deu-me distanciamento em relação à minha experiência recente e o desejo de salvá-la pelas palavras: tornou-se possível e necessário para mim fazê-la fluir num livro.

Uma experiência não é uma série de fatos, e eu não pretendia compor uma crônica.[114] Já disse qual é, para mim, um dos papéis essenciais da literatura: manifestar verdades ambíguas, separadas, contraditórias, que nenhum momento totaliza, nem fora de mim, nem em mim; em certos casos, só se consegue reuni-los registrando-os na unidade de um objeto imaginário. Só um romance podia, no meu entender, destacar as múltiplas e volteantes significações desse mundo mudado no qual eu despertara, em agosto de 1944: um mundo cambiante e que não parara mais de mover-se.

Ele me levava em seu movimento e, comigo, as coisas nas quais eu acreditara: a felicidade, a literatura. De que vale a felicidade se, longe de me dar a verdade, ela a mascara? Por que escrevemos, se não nos sentimos mais encarregados de uma missão? Não só não era eu que tecia a minha vida, mas sua feição, a feição da minha época e de tudo o que eu amava dependia do futuro. Se eu pensava que a humanidade se encaminhava para a paz, a justiça, a abundância, meus dias não tinham a mesma cor que teriam se ela corresse para a guerra ou patinhasse na dor. Assim como outrora, a prática política — comitês, comícios, elaboração de manifestos, discussões — entediava-me; mas eu me interessava por tudo o que agitava a terra. Sentira como uma derrota pessoal o que se chamava então de "fracasso da Resistência": a

---

[114] Se hoje conto meu passado num modo histórico, é a partir de um projeto — sobre o qual irei interrogar-me mais adiante — inteiramente diferente daquele que concebi em 1949, à luz de uma desilusão que não superara, e nem mesmo compreendera, e que ainda me consumia.

volta triunfante da dominação burguesa. Minha existência privada fora profundamente marcada por isso. Através de ruidosos conflitos, ou em silêncio, as amizades que se acendiam à minha volta no fim da ocupação tinham-se mais ou menos apagado: sua agonia confundira-se com a agonia de nossas esperanças comuns e foi em torno dela que meu livro se organizou. Para falar de mim, era preciso falar de *nós*, no sentido que essa palavra tivera em 1944.

O obstáculo saltava aos olhos: éramos intelectuais, uma espécie à parte, com a qual os romancistas são aconselhados a não se misturarem; descrever uma fauna singular, cujas aventuras não teriam tido senão um interesse anedótico, era um projeto que não me teria interessado; mas, afinal de contas, éramos seres humanos, só um pouco mais preocupados do que outros em vestir nossas vidas com palavras. Se a vontade de escrever um romance impôs-se a mim, foi porque me senti então situada num ponto do espaço e do tempo de onde cada som que tirasse de mim mesma tinha a possibilidade de repercurtir em muitos outros corações.

Para nos representar, forjei uma porção de personagens e tomei dois como "sujeitos". Embora a intriga central fosse um rompimento e uma reconciliação entre dois homens, atribuí um dos papéis privilegiados a uma mulher, pois muitas coisas que eu queria dizer estavam ligadas à minha condição feminina. Muitas razões me incitaram a colocar ao lado de Anne um herói masculino. Primeiro, para indicar a espessura do mundo é cômodo utilizar vários olhares; depois, eu desejava que as relações de Henri e de Dubreuilh fossem vividas interiormente por um deles; sobretudo, se eu tivesse emprestado a Anne a totalidade da minha experiência, meu livro teria sido, contrariamente à minha intenção, o estudo de um caso particular. Retratando um escritor, eu desejava que o leitor visse nele um semelhante, e não um animal curioso; mas, muito mais do que um homem, uma mulher que tem a literatura como vocação e como ofício é uma exceção. (Essa palavra não é sinônimo nem de monstro, nem de maravilha; emprego-a num sentido estatístico.) Não confiei, portanto, minha pena a Anne, mas a Henri; dotei-a de um ofício que ela exerce com discrição; o eixo de sua vida é a vida dos outros: seu marido, sua filha; essa dependência, que a torna semelhante à maioria das mulheres, interessava-me em si e tinha uma grande vantagem: profundamente engajada nos conflitos que eu contava, embora permanecendo exterior a eles, Anne situava-os numa perspectiva inteiramente diferente do ponto de vista de Dubreuilh e

Henri. Eu desejava apresentar do meu pós-guerra imagens ao mesmo tempo decifráveis e turvas, claras, mas nunca estáticas: ela me fornecia o negativo dos objetos que se descobriam através de Henri, sob uma forma positiva. Minha atitude com relação à literatura era ambígua: não se tratava mais de mandato, nem de salvação; confrontadas com a bomba H e com a fome dos homens, as palavras me pareciam fúteis; e, no entanto, eu trabalhava em *Os mandarins* com obstinação. Anne não escrevia, mas precisava que Dubreuilh continuasse a escrever; Henri ora queria calar-se, ora não: combinando suas contradições, eu obtinha uma diversidade de iluminações. O mesmo ocorria quando eu enfrentava a ação e seus escândalos, a infelicidade dos outros, sua morte, a minha, a fuga do tempo. Ressuscitando a oposição sobre a qual eu construíra *Todos os homens são mortais*, dei a Anne o sentido da morte e o gosto do absoluto — que convinham à sua passividade —, enquanto Henri se contentava em existir. Assim, os dois testemunhos que se alternam no romance não são simétricos; apliquei-me antes em estabelecer entre eles uma espécie de contraponto, a cada vez reforçando-os, matizando-os, destruindo--os um pelo outro.

Descrevendo Henri tal como ele mesmo se sentia em sua familiaridade, eu quis também mostrar uma escritora em seu exagero e sua mania; célebre, já idoso, muito mais fanaticamente voltado para a política e a literatura do que Henri, Dubreuilh ocupa no livro uma posição-chave, pois é em relação a ele que Anne, sua mulher, e Henri, seu amigo, se definem. Ao mesmo tempo que o apresento de muito perto, graças ao conhecimento íntimo que Anne tem dele, conservei sua opacidade; pela acuidade da sua experiência e pela força do seu pensamento, ele domina os outros dois; entretanto, pelo fato de que seu monólogo permanece secreto, eu disse menos através dele do que através dos outros dois.

Dediquei muito cuidado a dois retratos: Nadine e Paule. No início, contava vingar-me em Nadine de certos traços que me haviam chocado em Lise e em várias companheiras mais moças que eu: entre outros, uma brutalidade sexual que revelava de maneira desagradável a sua frigidez, uma agressividade que não compensava seu sentimento de inferioridade; reivindicando independência sem ter coragem de pagar o preço dela, transformavam em rancor o mal-estar ao qual se condenavam. Eu notara, por outro lado, que os filhos de pais famosos têm muitas vezes dificuldade de amadurecer; o caráter que esbocei pareceu-me convir, por sua ingratidão, à filha de Dubreuilh. Pouco a pouco, nas circunstâncias que explicavam suas desgraças, comecei a ver desculpas; Nadine pareceu-me antes vítima que culpada; seu egoísmo deixou transparecer outras qualidades; tornou-se, sob sua dureza, sensível, generosa e capaz de afeição. Sem decidir se ela as aproveitaria, ofereci-lhe, no fim do livro, chances de felicidade.

De todas as minhas criaturas, a que teve maior dificuldade de tomar corpo foi Paule, porque a abordei por caminhos diversos, que não se entrosavam. Em Anne, a dependência era atenuada pelo interesse direto e caloroso que ela demonstrava pelas coisas e pelas pessoas; concebi Paule como uma mulher radicalmente alienada a um homem, e tiranizando-o em nome dessa escravidão: uma apaixonada. Melhor do que no tempo de *O sangue dos outros*, em que esboçara com o nome de Denise uma dessas infelizes, eu sabia o quanto é perigoso para uma mulher empenhar tudo de si em sua ligação com um escritor ou um artista, obstinado em seus projetos: renunciando a seus gostos, a suas ocupações, ela extenua-se ao imitá-lo, sem poder alcançá-lo, e se ele se afasta dela, ela se vê despojada de tudo; eu vira inúmeros exemplos dessa decadência, e tinha vontade de falar deles. Pensava também em mulheres extravagantemente belas e brilhantes no tempo de sua juventude, e que depois se esgotam na tentativa de deter o tempo; muitos rostos me perseguiam. E depois eu guardava na memória os delírios de Louise Perron. Precisei de tempo para chegar a compor com intenções precisas imagens em farrapos, lembranças ardentes, um personagem e uma história adaptados ao conjunto do livro.

Censuraram-me, por vezes, por não ter escolhido, para representar meu sexo, nenhuma mulher que assumisse, em igualdade com os homens, responsabilidades profissionais e políticas; nesse romance, eu fugia das exceções; descrevi as mulheres tais como, em geral, eu as via, tais como as vejo ainda: divididas. Paule agarra-se aos valores tradicionalmente femininos: estes não lhe bastam, ela se dilacera até a loucura. Nadine não chega nem a aceitar sua feminilidade, nem a superá-la; Anne aproxima-se, mais do que as outras, de uma verdadeira liberdade; mesmo assim, não consegue encontrar realização em seus empreendimentos. Nenhuma delas pode ser considerada uma "heroína positiva", de um ponto de vista feminista. Concordo, mas sem me arrepender disso.

Eu disse que inicialmente desejava estabelecer apenas laços muito frouxos entre todos esses personagens; aborrecia-me o lado por demais construído que muitas vezes os romances têm; esta foi uma das censuras que Sartre me fez quando leu minha primeira versão; dada a forma que eu escolhera, a indecisão da intriga era uma fraqueza e não uma malícia: eu a condensei. Mas não achei inconveniente que um episódio, longo e importante, permanecesse marginal: o amor de Anne e Lewis. Contei-o pelo prazer de transpor para o modo romanesco um acontecimento que não me saía do coração; e depois, confinada em seu papel de testemunha, teria faltado presença a Anne — eu fazia questão de dotá-la de uma vida pessoal; e depois, também, uma das coisas que me maravilharam nos anos 1945 foi que bruscamente o espaço se abriu: eu traduzia essa abertura emprestando à minha heroína uma aventura transatlântica. Se a narrativa que faço desse caso é convincente, ela deve sua plausibilidade ao caráter adventício; pois, quando encontra Lewis, Anne já existiu longamente para o leitor, este conhece o mundo onde ela se move, teve tempo de afeiçoar-se a ela. Pude torná-la familiar antes que lhe acontecesse algo importante, pois o romance tinha outros núcleos. Foi o que não compreenderam as pessoas que, embora aprovando essa história de amor, teriam preferido que, preocupada com a unidade, eu a tratasse à parte; destacando-a do conjunto, eu a teria esvaziado do seu conteúdo, já que, imaginário ou real, o que chamamos a riqueza de um indivíduo é a interiorização daquilo que o cerca. Lewis, é verdade, não se beneficia de nenhum contexto; mas é visto pelos olhos de Anne; convém-me que ele não exista senão a partir do momento em que existe para ela, e que o leitor não consiga enfiar-se na pele dele, senão na medida em que ela própria o consegue; ao se acreditar nela, fica-se inclinado a acreditar nele. De todos os meus personagens, Lewis é aquele que mais se aproxima de um modelo-vivo; estranho à intriga, escapava às necessidades dela, e eu estava inteiramente livre para pintá-lo como bem quisesse: acontecia que — coisa rara — Algren, na realidade, representava muito bem aquilo que eu queria representar; mas não me detive em uma fidelidade anedótica: utilizei Algren para inventar um personagem que deve existir sem referência ao mundo dos vivos.

Pois, contrariamente àquilo que se pretendeu, não é verdade que *Os mandarins* seja um romance com personagens da vida real: tanto quanto as vidas romanceadas, detesto esse tipo de romance: impossível dormir e sonhar, se meus sentidos permanecem despertos; impossível ligar-se a um conto permanecendo ancorado no mundo. Se visa ao mesmo tempo o imaginário e o real, o olhar do leitor turva-se, e é preciso ser um autor bem medíocre para lhe infligir esse peso. Pouco importa em que medida e de que maneira a ficção se inspira no dado real: ela só se edifica pulverizando-o, a fim de fazê-lo renascer para uma outra existência.[115] As comadres que se debruçam sobre essa cinza deixam escapar tudo da obra que lhes é proposto, e o que elas alcançam não é nada: nenhum fato contém verdade se não é colocado em seu verdadeiro contexto.

Então Anne não seria eu? Tirei-a de mim, concordo, mas vimos por que razões fiz dela uma mulher em quem não me reconheço. Emprestei-lhe gostos, sentimentos, reações, lembranças que eram meus; muitas vezes falo por sua boca. Entretanto, ela não tem nem meus apetites, nem minhas obstinações, nem, sobretudo, a autonomia que me é dada por um ofício que me apaixona. Suas relações com um homem vinte anos mais velho são quase filiais e, apesar do entendimento que reina entre eles, deixam-na solitária; ela está apenas timidamente empenhada em sua profissão. Por não ter objetivos e projetos seus, leva a vida "relativa" de um ser "secundário". São sobretudo os aspectos negativos da minha experiência que exprimi através dela: o medo de morrer e a vertigem do nada, a futilidade do divertimento terrestre, a vergonha de esquecer, o escândalo de viver. Dotei Henri da alegria de existir, da satisfação de empreender, do prazer de escrever. Henri se parece comigo pelo menos tanto quanto Anne, e talvez mais ainda.

Mas Henri, não importa o que se tenha dito, não é Camus; de modo algum. É jovem, moreno, dirige um jornal: a semelhança para por aí; sem dúvida Camus, como Henri, escrevia, gostava de se sentir vivendo e se preocupava com a política; mas tinha esses traços em comum com uma porção de pessoas, e também com Sartre e comigo. Nem por sua linguagem, por suas atitudes, seu caráter, suas relações com os outros, sua visão do mundo, nem pelos detalhes de sua existência privada, nem por suas ideias, Henri se parece com seu pseudomodelo; a profunda hostilidade de Camus para com o comunismo bastaria — em si e por suas implicações — para cavar um abismo entre eles; meu herói, em suas relações com o PC, em sua atitude para com

---

[115] Um bom romance histórico satisfaz essa exigência. Alexandre Dumas projeta a História na dimensão do imaginário; seu Richelieu é sem dúvida um personagem imaginário.

o socialismo, aproxima-se de Sartre e de Merleau-Ponty, e nunca de Camus; e, na maior parte do tempo, são minhas próprias emoções e meus próprios pensamentos que o habitam.

    A identificação de Sartre com Dubreuilh não é menos aberrante; suas únicas analogias são a curiosidade, a atenção dedicada ao mundo, a obstinação no trabalho; mas Dubreuilh tem vinte anos a mais que Sartre, está marcado pelo passado, temeroso diante do futuro, dá à política prioridade sobre a literatura; autoritário, tenaz, fechado, pouco emotivo e pouco sociável, sombrio até em suas alegrias, difere radicalmente de Sartre. E suas histórias não coincidem; enquanto Dubreuilh cria com entusiasmo o SRL, Sartre ligou-se sem nenhum frenesi a grupos que o solicitavam; nem por um instante renunciou a escrever; publicou sem hesitar o "código do trabalho soviético" assim que teve conhecimento dele. A intriga que forjei afasta-se também deliberadamente dos fatos: primeiro, por uma defasagem de épocas; transportei para 1945-1947 acontecimentos, problemas, crises que se situavam mais tarde. O RDR nasceu na época do neutralismo; falou-se dos campos de concentração russos apenas em 1949 etc. A intimidade que existe entre Henri e os Dubreuilh assemelha-se mais à que tínhamos com Bost do que à amizade distante que nos ligava a Camus; viu-se em que circunstâncias Camus e Sartre romperam, pondo ponto final a uma longa desavença: a ruptura entre Henri e Dubreuilh é tão estranha à ruptura deles, que já em 1950 eu escrevera uma primeira versão dela; e é seguida de uma reconciliação que não ocorreu entre Sartre e Camus. Logo depois da liberação, suas atitudes políticas já divergiam. Camus não pertenceu nem à equipe da *Temps Modernes*, nem ao RDR; nunca houve conivência entre o RDR e o *Combat*, ao qual, aliás, *L'Espoir* se aparenta muito menos do que ao *Franc-Tireur*, Camus deixou seu jornal por razões que não diziam respeito a Sartre: ele não estava mais lá quando se começou a falar dos "campos soviéticos" e não se colocou para ele a questão de divulgar ou não a existência desses campos. O mesmo acontece com relação aos personagens e episódios secundários: todos os materiais que busquei na minha memória, eu os triturei, alterei, martelei, distendi, combinei, transpus, torci, por vezes mesmo derrubei, e sempre recriei. Eu teria desejado que se tivesse tomado esse livro pelo que ele realmente é; nem uma autobiografia, nem uma reportagem: uma evocação.

Também não acho que *Os mandarins* seja um romance de tese. O romance de tese impõe uma verdade que eclipsa todas as outras e que detém a ronda infinita das contestações: quanto a mim, descrevi certas maneiras de viver o pós-guerra sem propor solução para os problemas que inquietam meus heróis. Um dos principais temas que se destacam da minha narrativa é a *repetição*, no sentido que Kierkegaard dá a essa palavra: para possuir verdadeiramente um bem, é preciso tê-lo perdido e recuperado. No fim do romance, Henri e Dubreuilh retomam o fio de sua amizade, de seu trabalho literário e político; retornam ao ponto de partida; mas, entrementes, todas as suas esperanças tinham morrido. Doravante, em vez de acalentarem um otimismo fácil, eles assumem as dificuldades, os fracassos, o escândalo que todo empreendimento implica. O entusiasmo das adesões é substituído, para eles, pela austeridade das preferências. Descrevendo esse aprendizado, nada provei. A decisão final dos dois homens não tem o valor de uma lição; tais como são, nas circunstâncias em que se encontram, compreende-se que a adotem; mas pode-se prever que no futuro suas hesitações irão renascer. Mais radicalmente, seu ponto de vista, que é o da ação, da finitude, da vida, é questionado por Anne, em que materializei o ponto de vista do ser, do absoluto, da morte. Seu passado a inclinava para essa contestação, que lhe impõe no presente o horror em que a terra está mergulhada. Este é outro tema importante do romance, comum a *O sangue dos outros*. Porém, quando escrevi *O sangue dos outros*, acabava de descobrir o horror. Tentava defender-me dele, e afirmava, através do meu herói, que era preciso assumi-lo: assim, caí no didatismo. Em 1950, ele se tornara para mim uma dimensão familiar do mundo, eu não pensava mais em eludi-lo. Se Dubreuilh pretende superá-la, Anne se detém nele e pensa em afirmar-lhe a intolerável verdade através do suicídio: entre essas duas atitudes, não escolho. Anne, afinal, não se mata; é que eu não quis repetir o erro de *A convidada*, atribuindo à minha heroína um ato motivado por razões puramente metafísicas; Anne não tem o estofo de uma suicida; mas seu retorno ao consentimento cotidiano assemelha-se mais a uma derrota do que a um triunfo. Numa novela que escrevi aos dezoito anos, a heroína, na última página, descia a escada que levava de seu quarto ao salão: ia reencontrar os outros, submeter-se às convenções e às mentiras deles, traindo a "verdadeira vida" entrevista na solidão. Não é por acaso que Anne, saindo de seu quarto para encontrar Dubreuilh, desce uma escada: também ela trai alguma coisa.

E de resto, tanto para ela como para Henri, o amanhã é incerto. O confronto — existência, nada — esboçado aos vinte anos no meu diário íntimo, perseguido através de todos os meus livros e nunca terminado, também não leva aqui a nenhuma resposta segura. Mostrei pessoas tomadas de esperanças e de dúvidas, procurando seu caminho às apalpadelas: fico me perguntando o que demonstrei.

Em *Os mandarins* permaneci fiel à técnica de *A convidada*, tornando-a mais flexível: o relato de Anne é subentendido por um monólogo que se desenrola no presente, o que me permitiu quebrá-lo, encurtá-lo e comentá-lo livremente. Conheço os inconvenientes dessa forma à qual me ative; mas, para fugir às convenções que ela me impunha, eu teria sido forçada a adotar outras que me satisfaziam ainda menos. Logo depois da publicação de *Os mandarins*, Nathalie Sarraute escreveu um artigo para condenar esse tradicionalismo. Sua crítica é, a meu ver, improcedente, porque pressupõe uma metafísica que não se sustenta. Segundo ela, a realidade refugiou-se "hoje" em "frêmitos quase imperceptíveis"; um romancista que não se fascina com os "recantos obscuros da psicologia" só pode ser um fabricante de simulacros. É que ela confunde a exterioridade com a aparência. Mas o mundo exterior existe. Não é impossível escrever bons livros a partir de um psicologismo obsoleto, mas certamente não se poderia deduzir disso uma estética válida. Nathalie Sarraute admite que há, fora dela, "grandes sofrimentos, grandes e simples alegrias, imperiosas necessidades", e que se poderia pensar em "evocar de maneira plausível os sofrimentos e lutas dos homens"; mas estas são tarefas muito reles para um literato: com surpreendente desenvoltura, ela as abandona aos jornalistas. Desse modo seria possível desviar os leitores para estudos clínicos, relatórios psicanalíticos, testemunhos brutos de paranoicos ou esquizofrênicos. Tão escrupulosa quando se trata de dissecar uma ambição ou um despeito, pensará ela que bastarão relatórios e estatísticas para exprimir a vida em uma fábrica ou em uma moradia social? As coletividades, os acontecimentos, as multidões, as relações dos homens com os outros homens e com as coisas, todos esses objetos muito reais e irredutíveis a nossas palpitações subterrâneas merecem e exigem a iluminação da arte. Admito que o diálogo coloca um problema para o romancista; mas de modo algum penso que a palavra seja "o prolongamento de movimentos subterrâneos"; ela tem empregos muito variados; quase sempre é um ato, solicitado por uma situação, que emerge, rompendo o silêncio, e iremos desnaturá-lo se a enquistarmos na continuidade de um monólogo interior. É preciso inventar meios que ajudem o romancista a desvelar melhor o mundo, mas não desviá-lo deste, para confiná-lo num subjetivismo maníaco e sem verdade.

Quanto ao estilo de *Os mandarins*, agrada ou não agrada; mas foi muitas vezes de maneira acadêmica que o criticaram, como se existisse um "belo estilo" em si, e como se eu me tivesse afastado dele. Mantive-me propositalmente próxima da linguagem falada. Escrevo de outra maneira estas memórias. A uma narrativa que relata um passado estático, um certo rigor convém. Mas meu romance propunha-se a evocar a existência em seu jorro, e desejei que minhas frases estivessem de acordo com esse movimento.

Interlúdio

Por que esta pausa, de repente? Sei muito bem que uma existência não se decompõe em períodos nítidos e 1952 não marcou um corte na minha. Mas o território não é o mapa. Minha narrativa exige um certo esclarecimento, antes que eu possa continuá-la.

Um defeito dos diários íntimos e das autobiografias é que, em geral, o que "é óbvio" não é dito, e perde-se o essencial. Também eu caio nesse erro. Em *Os mandarins* não consegui mostrar o quanto o trabalho dos meus heróis contava para eles; eu esperava aqui falar melhor do meu: iludia-me. O trabalho dificilmente se deixa descrever: nós o fazemos, é só. Por isso ele ocupa pouco espaço neste livro, enquanto em minha vida ocupa tanto: esta se organiza inteiramente em torno dele. Insisto nisso porque o público percebe mais ou menos o tempo e os cuidados que um ensaio exige; mas, em sua maioria, imagina que um romance ou recordações se escrevem ao correr da pena. "Não é tão difícil assim, eu também poderia tê-lo escrito", disseram mulheres jovens, depois de lerem as *Memórias de uma moça bem- -comportada*: não foi por acaso que não o fizeram. A não ser uma ou duas exceções, todos os escritores que conheço enfrentam enormes dificuldades: eu sou como eles. E, contrariamente ao que se supõe, romance e autobiografia me absorvem muito mais do que um ensaio; também me dão muito mais alegrias. Penso neles com muita antecedência. Sonhei com os personagens de *Os mandarins* até acreditar em sua existência. Quanto às minhas memórias, familiarizei-me com meu passado relendo cartas, velhos livros, meus diários íntimos, cotidianos. Quando sinto que estou pronta, escrevo de uma vez só trezentas ou quatrocentas páginas. É um trabalho penoso: exige intensa concentração, e a mixórdia que acumulo me causa repulsa. Ao fim de um ou dois meses, estou muito enjoada para continuar. Parto novamente do zero. Apesar dos materiais de que disponho; a página está novamente em branco, e eu hesito antes de mergulhar. Em geral, começo mal, por impaciência; gostaria de dizer tudo de uma só vez: minha narrativa é pastosa, desordenada, descarnada. Pouco a pouco resigno-me a prosseguir no meu tempo. Chega o instante em que encontro a distância, o tom, o ritmo que me satisfazem; então arranco de vez. Valendo-me do meu rascunho, redijo a traços largos um capítulo. Retorno à primeira página e, chegando ao fim, refaço-a frase por frase; depois, corrijo cada frase segundo o conjunto da página, e cada página segundo o capítulo inteiro; mais tarde, cada capítulo segundo a totalidade do livro. Os pintores, dizia Baudelaire, vão do esboço à obra acabada, pintando em cada estágio o quadro completo; é o que tento fazer. Assim, cada uma de minhas obras exige de mim dois a três anos — quatro para *Os mandarins* —, durante os quais passo de seis a sete horas diante da minha mesa.

Faz-se muitas vezes uma ideia mais romântica da literatura. Mas ela me impõe essa disciplina justamente porque é algo diferente de um ofício: uma paixão ou, digamos, uma mania. Ao despertar, uma ansiedade ou um apetite me obriga a tomar imediatamente a caneta; só obedeço a uma determinação abstrata nos períodos sombrios em que duvido de tudo: então, a própria determinação pode falhar. Mas, salvo em viagem, ou quando ocorrem eventos extraordinários, um dia sem escrever tem gosto de cinza.

E evidentemente a inspiração conta: sem ela, a assiduidade de nada serviria. O projeto de exprimir certas coisas, de um certo modo, nasce, renasce, enriquece-se, transforma-se caprichosamente. As ressonâncias em mim de um incidente, de uma luz, e o brilho de uma lembrança não são preparados, nem o surgimento de uma imagem ou de uma palavra. Ao mesmo tempo que me conformo com meu plano, levo em consideração meus humores: se de repente tenho vontade de contar uma cena, de abordar um tema, faço-o, sem me ater à ordem estabelecida. Uma vez construída a carcaça do livro, confio-me com desembaraço ao acaso: sonho, divago, não só diante do papel, mas durante todo o dia e mesmo à noite. Acontece com frequência, antes de eu adormecer, ou durante uma insônia, ocorrer-me uma frase e eu me levantar para anotá-la. Numerosas passagens de *Os mandarins* e das minhas recordações foram escritas de uma vez, sob o impacto de uma emoção: às vezes retoco-as no dia seguinte, às vezes não.

Quando enfim, depois de seis meses, um ano, ou mesmo dois, submeto o resultado a Sartre, ainda não estou satisfeita, mas sinto-me sem fôlego: preciso do rigor dele e do seu encorajamento para retomar meu entusiasmo. Primeiro ele me tranquiliza: "Você ganhou... Será um bom livro." Depois, no detalhe, irrita-se: está longo demais, curto demais, não está certo, está maldito, feito apressadamente, gratuito. Se eu não estivesse habituada à aspereza da sua linguagem — a minha, quando o critico, não é mais branda —, ficaria abatida. Na verdade, uma única vez ele me inquietou realmente, quando eu estava terminando *Os mandarins*; em geral, suas censuras me estimulam, porque me indicam como superar falhas das quais eu tinha mais ou menos consciência e que muitas vezes só me saltam aos olhos quando o vejo ler o que escrevi. Ele me sugere cortes, mudanças; mas sobretudo incita-me a ousar, a aprofundar, a enfrentar os obstáculos, em vez de evitá-los. Seus conselhos orientam-se no meu próprio sentido e preciso apenas de algumas semanas, no máximo alguns meses, para dar ao meu livro uma feição definitiva. Paro quando tenho a impressão, não certamente de que meu livro está perfeito, mas de que não posso mais aperfeiçoá-lo.

Nesses anos que relato, tirei muitas férias, que geralmente consistem em trabalhar em outros lugares. Entretanto, fiz longas viagens durante as quais não escrevia: é que meu projeto de conhecer o mundo permanece estreitamente ligado ao intuito de exprimi-lo. Minha curiosidade é menos rude do que na minha juventude, mas quase tão exigente: nunca se acaba de aprender porque nunca se deixa de ignorar. Não quero dizer que para mim algum momento seja gratuito: nunca um instante me pareceu perdido, se me trazia um prazer. Mas através da dispersão das minhas ocupações, divertimentos, perambulações, há uma constante vontade de enriquecer meu saber.

Quanto mais caminho, mais o mundo entra na minha vida até fazê-la explodir. Para contá-la, eu precisaria de doze pautas; e de um pedal para *suster* os sentimentos — melancolia, alegria, mágoa — que coloriram períodos inteiros dela, através das intermitências do coração. Em cada momento se refletem meu passado, meu corpo, minhas relações com outrem, meus empreendimentos, a sociedade, toda a terra; ligadas entre si, e independentes, essas realidades por vezes se reforçam e se harmonizam, por vezes interferem, contrariam-se ou se neutralizam. Se a totalidade não permanece sempre presente, não digo nada de exato. Mesmo se supero essa dificuldade, esbarro em outras: uma vida é um objeto estranho, a cada instante translúcido e inteiramente opaco, que eu mesma fabrico e que me é imposto, cuja substância o mundo me fornece e me rouba, pulverizado pelos acontecimentos, disperso, partido, hachurado, mas que guarda sua unidade; pesa muito e é inconsistente: essa contradição favorece os mal-entendidos. Não fui tão abalada pela guerra quanto queria, disseram, pois em 1941 eu tinha prazer em passear; dirão provavelmente que a guerra da Argélia pouco me afetou, já que, em Roma, a música e certos livros conservaram para mim seu interesse. Mas — todo mundo já passou por isso —, podemos nos divertir com o coração em luto. A emoção mais violenta e mais sincera não dura: algumas vezes ela suscita atos, engendra manias, mas desaparece; por outro lado, uma preocupação, provisoriamente afastada, não deixa de existir: está presente no próprio cuidado que tomo de evitá-la. Muitas vezes as palavras são apenas silêncio, e o silêncio tem suas vozes. Durante a prisão de Sartre, estava eu infeliz ou ainda feliz? Eu estava tal como me retratei, com minhas alegrias, minhas angústias, meus desânimos, minhas esperanças. Tentei apreender a realidade em sua diversidade e sua fluidez; resumir minha narrativa em palavras definitivas é tão aberrante quanto traduzir em prosa um bom poema.

    O fundo, trágico ou sereno, do qual emergem minhas experiências lhes dá seu verdadeiro sentido e constitui sua unidade; evitei ligá-las por transições que seriam unívocas e portanto artificiais. Então, já que a totalização me parece tão necessária, por que me submeti à ordem cronológica, em vez de escolher uma outra construção? Pensei nisso, hesitei. Mas o que conta antes de tudo em minha vida é que o tempo passa; envelheço, o mundo muda, minha relação com ele varia; mostrar as transformações, os amadurecimentos, as irreversíveis degradações dos outros e de mim mesma, nada me importa mais. Isso me obriga a seguir docilmente a sequência dos anos.

    Assim, depois deste interlúdio retomo minha história onde a deixara.

› SEGUNDA PARTE

Capítulo VI

As mulheres jovens têm um senso muito aguçado do que convém fazer ou deixar de fazer depois que a juventude acabou. "Não compreendo", dizem elas, "que depois dos quarenta anos uma mulher tinja os cabelos de louro; que se exiba de biquíni; que flerte com os homens. Eu, quando tiver essa idade..." Essa idade chega: elas tingem os cabelos de louro; usam biquíni; sorriem para os homens. Foi assim que eu decretei, aos trinta anos: "Depois dos quarenta anos, é preciso renunciar a um certo tipo de amor." Eu detestava o que chamava de "velhas gaiteiras" e pensava que, quando chegasse a minha vez, iria conformar-me. Isso não me impedira, aos trinta e nove anos, de me lançar numa aventura. Agora tinha quarenta e quatro, estava relegada ao país das sombras: mas, já o disse, se meu corpo se acomodava, minha imaginação não se resignava. Quando surgiu uma oportunidade de renascer mais uma vez, eu a agarrei.

Julho estava chegando ao fim. Eu ia descer de carro até Milão, aonde Sartre iria de trem encontrar-me e viajaríamos durante dois meses pela Itália. Bost e Cau, entretanto, enviados pelo editor Nagel para fazer um guia, preparavam-se alegremente para voar para o Brasil. Compraram *smokings* brancos, e Bost nos convidou para festejar sua partida em torno de um aioli.[116] Sugeri que convidasse também Claude Lanzmann. A noitada prolongou-se até tarde, e bebemos. De manhã, meu telefone tocou: "Gostaria de levar você ao cinema", disse-me Claude Lanzmann. "Ao cinema? Para ver que filme?" "Qualquer um." Eu hesitava; meus últimos dias estavam cheios; mas sabia que não de-

---

[116] Maionese ao alho. (N.T.)

via recusar. Marcamos um encontro. Para minha grande surpresa, assim que desliguei, debulhei-me em lágrimas.

Cinco dias mais tarde, deixei Paris; de pé, na beira da calçada, Lanzmann agitava a mão, enquanto eu arrancava. Alguma coisa acontecera; alguma coisa, eu tinha certeza, começava. Encontrara novamente um corpo. Perturbada pela emoção da despedida, rodei pelos arrabaldes, depois disparei pela Nacional 7, feliz por ter diante de mim tantos quilômetros para me lembrar e dar asas à imaginação.

Ainda estava sonhando acordada quando, dois dias depois, de manhã, saí de Domodossola, onde dormira; havia duas passageiras no carro, duas jovens inglesas que iam de Calais a Veneza de carona, levando no bolso uma passagem Munique-Londres para voltar. Chovia sobre o lago Maior; derrapei, arranquei um marco da estrada; elas não se moveram. Uns italianos consertaram meu para-lama, e tranquilizaram meu amor-próprio dizendo-me que, naquela estrada cheia de curvas, os acidentes eram incontáveis; mas o choque, longe de me despertar, acabou de me perturbar os sentidos. Deixei as inglesas numa encruzilhada, entrei em Milão, rodei à procura de uma garagem, e, de repente, percebi que, à minha direita, minha porta batia; enquanto tentava fechá-la, subi numa calçada: "Estou perdendo a cabeça", disse a mim mesma, e parei; percebi então que minha bolsa, que continha meus documentos e muito dinheiro, não estava mais a meu lado. Larguei o carro e voltei, correndo. Um ciclista vinha ao meu encontro, estendendo a bolsa, com ar aborrecido.

Confiado o carro, enfim, a um mecânico, reencontrei Sartre e meu equilíbrio no café do Scala; mas estava emocionada quando, à tarde, retomei o volante. Essa nova maneira de viajar agradaria a ele? Temia aborrecê-lo com minhas barbeiragens; mas não; nas cidades, a falta de jeito das minhas manobras não o impacientava; na estrada, nada perturbava a sua fleuma, salvo a grosseria de alguns italianos, que me "fechavam". Ele dizia: "Ultrapasse, vá!" O italiano acelerava, ou mesmo ziguezagueava para manter a dianteira: Sartre não me dava sossego enquanto eu não o alcançava; se eu tivesse cedido a todas as suas exortações, teríamos morrido cem vezes; mas eu preferia esse zelo a conselhos de prudência.

De Cremona a Tarento, de Bari a Erice, havíamos redescoberto a Itália: Mântua e os afrescos de Mantegna, as pinturas de Ferrara, Ravena, Urbino e seus Uccello, a praça de Ascoli, as igrejas da Puglia, os trogloditas de Matera, os trulli[117] de Alberobello, as belezas barrocas de Lecce e na Sicília, as de Noto. Fomos, enfim, a Agrigento; revimos Segesta e Siracusa. Percorremos os Abruzos. Subi de teleférico ao cume do Gran Sasso e vi o hotel lúgubre onde exilaram Mussolini. Graças ao carro, não estávamos mais restritos a nenhum horário, todos os lugares nos eram acessíveis. Alguma coisa, no entanto, perdera-se, dizia Sartre, e eu concordava: a surpresa de se encontrar mergulhado bruscamente no coração de uma cidade; se chegamos de trem ou de avião, a cidade aparece como um mundo; quando rodamos de carro, ela é apenas uma etapa, um ponto de ligação, e não um universo; suas ruas são o prolongamento de estradas, lançam-se em direção a outras estradas; sua originalidade empalidece, uma vez que a cor de seus muros e o desenho de suas praças e fachadas já se anunciavam nas aldeias vizinhas. A vantagem é que, se ela impressiona menos, nós a compreendemos melhor. Nápoles nos revelou seu verdadeiro sentido depois que avaliamos a miséria do sul. Uma nova familiaridade criava-se entre os campos e nós; parávamos nas aldeias, misturados aos *braccianti*[118] que permanecem sentados nos cafés durante horas, sem consumir, nem esperar; muitas vezes, nas estradas, alguns homens nos faziam sinal timidamente, e nós parávamos para pegá-los; a maioria era de desempregados; perguntavam-nos se poderíamos arranjar--lhes trabalho na França.

Por outro lado, o carro também nos proporcionava surpresas. Era 15 de agosto; partindo de Roma pela manhã, rumo a Foggia, rodáramos durante o dia inteiro sob um céu de fogo, detidos incessantemente por obras e barreiras; a noite caíra; fazia duas horas que a luz branca dos faróis italianos me cegava, e eu estava esgotada. Em Lucera, descemos para tomar um trago; encostei o carro perto do muro da cidade e atravessamos a porta: encontramo-nos num salão resplandecente de luz, onde as pessoas dançavam, tendo por teto o céu; outros salões se sucediam, em série, todas as praças profusamente iluminadas, cada qual com sua orquestra e seu baile.

Naquele verão, por toda a Itália, o termômetro marcou, quase sem trégua, quarenta graus. Sartre escrevia a continuação de *Os comunistas e a paz*; ele queria trabalhar, eu, passear: conseguimos conjugar essas duas manias, mas

---
[117] Construções cônicas do sul da Itália. (N.T.)
[118] Operários. (N.T.)

não sem dificuldade. Visitávamos, perambulávamos, caminhávamos, devorávamos quilômetros até o meio da tarde, enfrentando, a pé ou de carro, as horas mais tórridas; quando, arrebentados de cansaço, voltávamos aos nossos quartos — onde geralmente se sufocava —, em vez de descansarmos, nós nos precipitávamos para as canetas. Aconteceu-me mais de uma vez pousar a minha, para mergulhar o rosto afogueado na água fria.

Na volta, permaneci alguns dias em Milão, na casa de minha irmã, onde li o diário de Pavese, que levei para Paris, a fim de publicar alguns trechos na *Temps Modernes*.

Durante essas férias, Lanzmann fizera uma viagem a Israel; trocáramos cartas. Ele voltou a Paris duas semanas depois de mim e nossos corpos se reencontraram na alegria. Começamos a construir nosso futuro contando-nos o passado. Para se definir, ele começava por dizer: "Eu sou judeu." Eu conhecia o peso dessas palavras; mas nenhum dos meus amigos judeus me fizera compreender plenamente o sentido delas. Sua situação de judeu — pelo menos em suas relações comigo — eles a deixavam passar em silêncio. Lanzmann a reivindicava. Ela comandava toda a sua vida.

Quando criança, ele a vivera de início com orgulho: "Estamos em toda parte", dizia-lhe orgulhosamente seu pai, mostrando-lhe o mapa do mundo. Quando, aos treze anos, ele descobriu o antissemitismo, a terra tremeu e tudo desmoronou. Confessava: "Sim, eu sou judeu", e imediatamente o diálogo era abolido, o interlocutor se transformava num animal cego, surdo e furioso; ele se acreditava culpado dessa metamorfose. No mesmo instante, reduzido a uma noção abstrata — um judeu —, ele se sentia expulso de si mesmo. A tal ponto, que não sabia mais se não era menos mentiroso responder "não", em vez de "sim". Rejeitado em sua diferença na idade mais conformista, esse exílio marcou-o para sempre. Restabeleceu-se no orgulho graças ao pai, um resistente de primeira hora. Ele próprio organizou uma rede no liceu de Clermont-Ferrand, e a partir de outubro de 1943 lutou no maquis. Assim, sua experiência não lhe revelou judeus humilhados, resignados, ofendidos, mas lutadores. Os seis milhões de homens, de mulheres e crianças exterminados pertenciam a um grande povo que nenhuma predestinação condenava ao martírio, mas que era vítima de uma arbitrária barbárie. Chorando de raiva à noite ao evocar esses massacres, pelo ódio que dedicou aos carrascos e a seus cúmplices, ele assumiu a exclusão com que o haviam ferido: desejou-se judeu. Os nomes de Marx, Freud, Einstein enchiam-no de orgulho. Ficava radiante toda vez que descobria que um homem célebre era judeu. Ainda hoje, quando se elogia o grande físico soviético Landau, sem dizer que ele era judeu, fica tomado de cólera.

Embora contasse numerosos amigos entre os *góis*, seu rancor com relação a eles nunca se extinguiu. "Fico o tempo todo com vontade de matar", dizia-me. Eu sentia, oculta nele, crispando seus músculos, uma violência sempre prestes a explodir. Por vezes, de manhã, depois de sonhos agitados, ele acordava gritando para mim: "Vocês são todos *kapos*!" Contestava nosso mundo com palhaçadas, exageros, extravagâncias. Aos vinte anos, quando era aluno do curso preparatório no Louis-le-Grand, alugou uma batina e foi pedir contribuições em casas de ricos. Entretanto, o escândalo não passava de um expediente. Conservava a nostalgia da infância, quando era judeu, mas todos os homens eram irmãos. Tinham-no despedaçado e entregado o mundo ao caos: ele tentou recompor-se e reencontrar uma ordem. Acreditava, aos vinte anos, na universalidade da cultura, e trabalhara com entusiasmo para apropriar-se dela: tinha a impressão de que a cultura não lhe pertencia inteiramente. Colocara suas esperanças na verdade que reconcilia: mas os homens lhe opõem paixões e interesses e permanecem divididos. Nem pelo conhecimento nem pelo raciocínio, ele iria superar sua solidão. Excluído, injustiçado, sofria sua contingência até a repulsa. Sabia que não podia escapar a ela por nenhum artifício interior: só se salvaria com a condição de se apoiar numa necessidade objetiva. O marxismo impôs-se a ele com tanta evidência quanto sua própria existência: revelou-lhe a inteligibilidade dos conflitos humanos e arrancou-o à sua subjetividade. Concordando ideologicamente com os comunistas, reconhecendo nos objetivos deles seus próprios sonhos, confiou neles com um otimismo que, por vezes, me aborrecia, mas que era o avesso de um pessimismo profundo: precisava de amanhãs que cantam para compensar o dilaceramento que o fazia sofrer. Seu maniqueísmo me espantou, pois ele tinha uma inteligência sutil e mesmo astuta; muitas vezes censurava-se por isso, sem conseguir evitar uma recaída. Porque havia sido despojado de tudo, não suportava ser privado de nada: em seus adversários, precisava ver o Mal absoluto; o campo do Bem devia ser sem falhas, para ressuscitar o paraíso perdido. "Por que você não se inscreve no PC?", perguntei-lhe. Essa perspectiva o amedrontava. Da simpatia, mesmo incondicional, ao engajamento há uma distância que ele não podia ultrapassar porque nada lhe parecia suficientemente real, sobretudo ele mesmo. Em sua infância, obrigando-o a renegar quer sua condição de judeu, quer sua individualidade, haviam-lhe roubado seu Eu: quando ele dizia *eu*, pensava cometer uma impostura.

Na falta de referência, adotava facilmente os pontos de vista das pessoas que estimava; mas era também teimoso e inflexível. Não encontrava nada em si para opor à evidência de suas emoções e de seus desejos, às violências de sua imaginação: não consentia em controlá-las. Indiferente às palavras de ordem e aos costumes, levava suas tristezas até as lágrimas, e suas recusas até o vômito. Sartre, a maioria dos meus amigos e eu mesma éramos puritanos; vigiávamos nossas reações, exteriorizávamos pouco nossos sentimentos. A espontaneidade de Lanzmann me era estranha. No entanto, foi por seus excessos que ele me pareceu próximo. Como ele, eu punha frenesi nos meus projetos e tinha uma obstinação maníaca por realizá-los. Eu podia chorar violentamente e permanecia em mim uma espécie de arrependimento das minhas raivas antigas.

Judeu e primogênito, as responsabilidades que haviam sido atribuídas a Lanzmann desde a infância o haviam amadurecido precocemente; por vezes ele parecia mesmo carregar nos ombros o peso de uma experiência ancestral: eu nunca pensava, quando conversávamos, que ele era mais jovem que eu. Sabíamos, entretanto, que havia entre nós dezessete anos de diferença: isso não nos assustara. Quanto a mim, precisava de distância para comprometer meu coração, pois estava fora de cogitação substituir meu acordo com Sartre. Algren pertencia a outro continente, Lanzmann, a outra geração: era também uma diferença, e que equilibrava nossas relações. A idade dele me condenava a não passar de um momento em sua vida: isso me desculpava, aos meus próprios olhos, por não lhe dar hoje tudo da minha. Aliás, ele não me pedia isso: aceitou-me em bloco, com meu passado e meu presente. Mesmo assim, nosso acordo não se fez em um instante. Em dezembro, passamos alguns dias na Holanda; ao longo dos canais gelados, nas tabernas de cortinas baixadas, onde bebíamos *advokat*, conversamos. As férias que eu tirava todo ano com Sartre apresentavam um problema: eu não queria renunciar a elas; mas uma separação de dois meses seria penosa para nós dois. Combinamos que todo verão Lanzmann viria passar uns dez dias comigo e Sartre. No decorrer de nossas conversas, outras preocupações e nossas últimas dúvidas se dissiparam.

Quando voltamos a Paris, decidimos viver juntos. Eu amara minha solidão, mas não lamentei perdê-la.

Nossa vida se organizou: pela manhã, trabalhávamos lado a lado. Ele trouxera de Israel notas que desejava utilizar para uma reportagem. Essa viagem o abalara: lá, os judeus não eram párias, mas seres com direitos; com orgulho e espanto, ele descobrira que havia uma Marinha e navios judeus, cidades, campos e árvores judeus, judeus ricos e judeus pobres. Seu espanto o levara a se interrogar sobre si mesmo. Sartre, a quem ele descreveu essa experiência, aconselhou-o a falar em seu livro de Israel e da sua própria história ao mesmo tempo. A ideia seduziu Lanzmann: na verdade, ela não era feliz. Aos vinte e cinco anos, faltava-lhe o distanciamento necessário para se questionar; ele começou muito bem, mas tropeçou em obstáculos interiores e teve que parar.

A presença de Lanzmann perto de mim libertou-me da minha idade. Primeiro, ela suprimiu minhas angústias; por duas ou três vezes ele me viu perturbada, e isso o amedrontou tanto que se instalou uma determinação até em meus ossos e em meus nervos de não mais ceder à angústia: eu achava revoltante arrastá-lo já para as agruras do declínio. Além disso, essa presença reanimou o interesse que eu tinha pelas coisas. Pois diminuíra muito o ímpeto da minha curiosidade. Eu vivia numa terra de recursos limitados, roída por males terríveis e simples e minha própria finitude — a da minha situação, do meu destino, da minha obra — limitava minhas ambições; estava longe o tempo em que eu esperava tudo de todas as coisas! Eu me informava sobre o que aparecia: livros, filmes, pintura, teatro; mas sentia mais vontade de controlar, aprofundar e completar minhas antigas experiências; para Lanzmann, elas eram novas e ele as iluminava com uma luz imprevista. Graças a ele, mil coisas me foram devolvidas: alegrias, espantos, ansiedades, risos e o frescor do mundo. Depois de dois anos em que o marasmo universal coincidira, para mim, com a ruptura de um amor e os primeiros pressentimentos da decadência, saltei de novo, com arrebatamento, para a felicidade. A guerra distanciava-se. Encerrei-me na alegria da minha vida privada.

Continuei a ver Sartre tanto quanto antes, mas adquirimos novos hábitos. Alguns meses antes, eu fora despertada por um ruído insólito: batiam levemente um tambor. Eu acendera a luz: gotas de água caíam do teto sobre o couro de uma poltrona. Queixei-me à porteira, que avisou ao gerente, que falou com o proprietário. E continuou a chover no meu quarto, que apodrecia lentamente. Quando Lanzmann morou comigo, livros e jornais cobriam os móveis e o assoalho. Podia-se ainda trabalhar e dormir naquele quarto, mas não era agradável permanecer nele. Daí em diante, para jantar, conversar e beber, eu me instalava com Sartre na Palette, no bulevar Montparnasse, e algumas vezes no Falstaff, que nos lembrava nossa juventude. Eu ia também muitas vezes com Lanzmann ou com Olga ao bar-restaurante de Bûcherie, do outro lado da praça; marcava ali a maioria dos meus encontros; o lugar era frequentado por intelectuais de esquerda; viam-se, através de uma abertura envidraçada, a Notre-Dame e vegetação; uma vitrola tocava, em surdina, os concertos de Brandenburg. Como eu, Sartre sentia-se bem, sobretudo no círculo minúsculo que reuni na rua da Bûcherie para o Réveillon: Olga e Bost, Wanda, Michelle, Lanzmann. Havia tantas conivências entre nós que um sorriso valia um discurso: falar torna-se, então, o mais divertido dos jogos de sociedade; quando falta essa cumplicidade, é um esforço, frequentemente, vão. Eu perdera o gosto pelos encontros efêmeros. Monique Lange me propôs uma saída com Faulkner; recusei. Na noite em que Sartre jantou na casa de Michelle com Picasso e Chaplin, o qual eu conhecera nos EUA, preferi ir com Lanzmann ver *Luzes da ribalta*.

A primavera me trouxe uma satisfação: *O segundo sexo* foi lançado na América com um sucesso livre de qualquer canalhice. Eu amava esse livro e fiquei contente ao verificar — todas as vezes que o publicaram no estrangeiro — que, se ele havia causado escândalo na França, a culpa era dos meus leitores, não minha.

Em fins de março, desci até Saint-Tropez com Lanzmann; ele me levou a passear pelos matagais; altos montes de neve barravam ainda os caminhos de La Margeride. Encontramos Sartre no Aïoli; Michelle morava com os filhos numa pequena praça vizinha. Conversando com Sartre no terraço do Sennequier, encontramos ainda naquele ano Merleau-Ponty e também Brasseur, que tinha casa em Gassin. Pediu que Sartre adaptasse para ele o *Kean* de Dumas, e Sartre, que adora melodramas, não negou. À noite, um fogo de lenha ardia na sala de jantar do Aïoli: logo esse hotel elegante desapareceria, e a Mme Clo, tão respeitável com seus cabelos brancos, seu pulôver fechado, sua maquiagem discreta, seria acusada de cumplicidade num assalto; tive dificuldade, em 1954, de identificá-la com a velha perturbada cuja foto apareceu nos jornais. Mostrei a Lanzmann as montanhas dos Mouros, o Estérel, a costa, as cornijas.

Enquanto rodávamos, falávamos do meu romance, cujo manuscrito eu lhe entregara; ele tinha um espírito crítico minucioso e aguçado; deu-me bons conselhos e me esclareceu com suas críticas; eu começava por me aborrecer com elas e depois me dava conta do defeito que as provocava. Preocupava-me muito com esse livro; retocara-o de fio a pavio, depois que voltara da Noruega: quando Sartre o releu, no fim do outono de 1952, ainda não ficou satisfeito. Constrangida pelas convenções romanescas, eu me curvava a elas, mas sem franqueza; era curto demais, longo demais, disparatado; as conversas não soavam bem; eu desejava mostrar indivíduos singulares, com suas certezas e suas dúvidas, incessantemente contestados pelos outros e por eles mesmos e oscilando entre a clarividência e a ingenuidade, entre o preconceito e a sinceridade; e eis que, em vez de pintar gente, eu parecia expor ideias. Talvez fosse realmente impossível tomar escritores como heróis, ou pelo menos, talvez, a tarefa ultrapassasse as minhas forças... "Vou jogar tudo para o alto", decidi. "Trabalhe mais", dizia-me Sartre; mas sua preocupação pesava mais do que seus encorajamentos. Foram principalmente Bost e Lanzmann que me convenceram a persistir; eles liam o texto pela primeira vez e foram mais sensíveis ao que ele continha de válido, do que às suas deficiências. Retomei, então, a obra. Mas muitas vezes, durante aquele último ano de labor, eu me impacientava quando perguntavam, num tom polidamente espantado: "Não escreve mais? Por que ela não escreve mais? Faz tempo que não escreve nada..." E sentia no coração uma pontada de ciúme quando aparecia, brilhando em sua capa ainda fresca, um novo romance de um escritor de talento, de pena mais ágil que a minha.

Sartre publicara em novembro, na *Temps Modernes*, a segunda parte de seu ensaio *Os comunistas e a paz*, onde explicitava os limites e as razões do seu acordo com o partido. Foi a Viena e, ao voltar, contou-nos em detalhe o Congresso dos Partidários da Paz. Durante uma noite inteira bebera vodca com os russos. Havia relativamente poucos comunistas: 20%. Muitos delegados vieram ao encontro sem o consentimento de seus governos; para deixar o Japão, a Indochina, alguns precisaram fazer longas caminhadas clandestinas; outros, em particular os egípcios, arriscavam-se a serem presos quando voltassem. A França, afora os comunistas e os progressistas, estava pouco representada; a esquerda intelectual, que Sartre desejara arrastar, não comparecera. Fui com Lanzmann ao comício do Vel'd'Hiv, onde os delegados contaram sua experiência; era provocador ver Sartre ao lado de Duclos, trocando sorrisos com ele. Os comunistas, acho eu, também se espantavam; o membro da comissão encarregado de apresentar Sartre hesitou imperceptivelmente: "Estamos felizes de ter entre nós Jean-Paul…" Sentiu-se um leve frêmito: pensou-se que ele ia dizer David. Ele se recuperou, e Sartre tomou o microfone. Eu sempre ficava emocionada quando ele falava em público, provavelmente por causa da distância que aquela multidão atenta criava entre nós; uma após outra, suas frases caíam com desenvoltura sobre o auditório, mas a cada vez eu tinha a impressão de um precário milagre. Zombando dos homens de esquerda que Viena assustara, ele divertiu muito; investiu contra Martinet e contra Stéphane; eu via este último, sentado à minha frente, dar mostras de que recebera os golpes, virando-se de vez em quando com um sorriso forçado.

A equipe da *Temps Modernes*, em sua maioria, aprovava a atitude política de Sartre; ele contou[119] como suas relações com Merleau-Ponty foram alteradas com isso. Muitas pessoas afastaram-se dele, com maior ou menor estardalhaço, seja por um profundo desacordo, seja porque o achavam comprometedor. Foi acolhido bastante friamente em Fribourg, onde fora dar uma conferência. Falou durante três horas: "Deixei-me engambelar: não vão me engambelar mais!", disse, ao sair, a mulher do diretor do Instituto Francês. Dos mil e duzentos estudantes que o ouviram, apenas cinquenta sabiam francês o bastante para acompanhá-lo: "Compreendemos as ideias", disse um deles, "mas não os exemplos". Sartre pareceu-lhes demasiado próximo do marxismo. Visitou Heidegger, empoleirado no seu ninho de águia, que lhe disse o quanto estava chocado com a peça que Gabriel Marcel acabava de escrever sobre ele.[120] Só falaram disso e Sartre retirou-se, passada meia hora. Heidegger descambava para o misticismo, disse-me Sartre; e acrescentou, arregalando os olhos: "Quatro mil estudantes e professores engolindo Heidegger o dia todo, imagine!"

Decidira afinal redigir ele próprio a parte mais volumosa do livro dedicado à defesa de Henri Martin. Alguns amigos se preocupavam: não haveria coisa melhor a fazer? Eu também pensara assim, em tempos arcaicos: antes da guerra. Agora, a literatura não me era mais sagrada; e eu sabia que, se Sartre

---

[119] *Merleau-Ponty vivant.*
[120] *La Dimension florestan*, penosa sátira ao existencialismo de Heidegger, só foi difundida no rádio no ano seguinte. Mas houvera uma leitura pública.

escolhia esses caminhos, era porque tinha necessidade disso. "Ele deveria terminar seu romance. Já seria mais do que tempo de escrever sua moral. Por que se cala? Por que falou?" Nada mais inútil do que os conselhos e críticas que muitas vezes descarregaram sobre mim, a respeito dele. Não se pode apreciar do exterior as condições em que uma obra se desenvolve: o interessado sabe melhor que ninguém o que lhe convém. Naquele momento, convinha a Sartre destruir muitas coisas, para reencontrar outras: "Eu lera tudo; tudo estava por reler; tinha apenas um fio de Ariadne, mas suficiente: a experiência inesgotável e difícil da luta de classes. Reli. Tinha alguns ossos no cérebro, quebrei-os, não sem fadiga."[121] Relia Marx, Lenin, Rosa Luxemburgo e muitos outros. Preparava-se assim para continuar *Os comunistas e a paz*. Mas antes, como Lefort o criticara na *Temps Modernes*, respondeu-lhe longamente.

As novas posições de Sartre enchiam Lanzmann de satisfação. A política lhe parecia mais essencial que a literatura, e eu já disse que, se ele não aderia ao PC, era apenas por razões subjetivas. Quando lera o rascunho de *Os mandarins*, convencera-me a me explicar melhor sobre as distâncias tomadas por Henri e Dubreuilh com relação aos comunistas: até então, estas me haviam parecido claras. Eu estava longe de desaprovar Sartre, mas ele não me convencera a segui-lo porque eu julgava sua evolução reportando-me ao seu ponto de partida: temia que, para se aproximar do PC, ele se afastasse demais de sua verdade. Lanzmann situava-se no outro extremo do caminho: chamava de progresso cada passo que Sartre dava em direção aos comunistas. Instalado de repente e como que naturalmente na perspectiva deles, obrigou-me a prestar contas, quando eu estava acostumada a pedi-las; tive de contestar cotidianamente minhas reações mais espontâneas, isto é, minhas obstinações mais antigas. Pouco a pouco, minou minhas resistências, eu liquidei meu moralismo idealista e acabei por assumir o ponto de vista de Sartre.

Mesmo assim, trabalhar com os comunistas sem abdicar da própria opinião não era muito mais fácil — apesar da relativa abertura do PC francês — do que em 1946. Sartre não se sentiu afetado pelas dificuldades internas do partido, pela eliminação de Marty, de Tillon. Mas não aceitou o processo de Praga, nem o antissemitismo que se desencadeava na URSS, nem os artigos que Hervé escrevia em *Ce Soir* contra o sionismo em Israel, nem a detenção dos "assassinos de blusas brancas". Recebeu visitas de comunistas judeus, que

---

[121] *Merleau-Ponty vivant.*

lhe pediram que se posicionasse. Mauriac, no *Figaro*, intimou-o a condenar a atitude de Stalin com relação aos judeus, e ele respondeu, no *Observateur*, que o faria no devido momento. Teria sido forçado a se indispor com seus novos amigos, se o curso dos acontecimentos não tivesse sido subitamente interrompido. Um dia, Sartre devia almoçar com Aragon; viu-o chegar à sua casa com uma hora e meia de atraso, transtornado, a barba por fazer: Stalin morrera. Imediatamente, Malenkov mandou soltar os médicos incriminados e tomou, em Berlim, medidas de pacificação. Durante semanas, tanto no nosso grupo como por toda parte do mundo, as pessoas se perderam em hipóteses, comentários, prognósticos. Sartre sentiu-se estranhamente aliviado! A aproximação que desejava tinha, enfim, suas possibilidades. O artigo de Péjou sobre o caso Slansky,[122] publicado na *Temps Modernes*, não foi atacado pelo PC.

A guerra continuava na Indochina. O norte da África sublevava-se. Depois de dois anos de esforços pacíficos e de esperanças frustradas, Burguiba só contava com a violência para libertar a Tunísia; sua prisão[123] suscitou uma greve geral e levantes no país; a limpeza do Cabo Bom, vinte mil prisões, o terror e a tortura restabeleceram a ordem. Em dezembro de 1952, houve em Casablanca, no dia seguinte ao assassinato de Fehrat Hached,[124] uma greve de protesto; um motim provocado, quatro ou cinco europeus mortos, permitiram ao M. Boniface atacar o sindicalismo marroquino nascente: mandou massacrar quinhentos operários. O Neo-Destur e o Istiqlal eram partidos burgueses, mas, mesmo assim, encarnavam o desejo de independência da Tunísia, do Marrocos, e Sartre apoiou-os com todos os meios limitados de que dispunha: encontros, comícios e a revista.

Havia uma diversão que conservava para mim todo o seu atrativo: as viagens; eu não vira tudo o que desejava e queria voltar a muitos lugares. Por sua vez, Lanzmann não conhecia quase nada da França, nem do mundo. Passávamos a maior parte dos nossos lazeres em passeios, breves ou longos.

Creio que as árvores, as pedras, as cores e os murmúrios das paisagens nunca deixarão de me tocar. Eu me emocionava tanto quanto na minha juventude com um pôr do sol nas areias do Loire, com uma falésia avermelhada, uma

---

[122] Grande parte da documentação fora fornecida pela embaixada tcheca.
[123] Cento e cinquenta membros do Neo-Destur foram presos com ele.
[124] Dirigente do movimento sindicalista da Tunísia, abatido pela Mão Vermelha.

macieira em flor ou um prado. Amava os caminhos cinzentos e rosados sob a sebe infinita dos plátanos, ou a chuva de ouro das folhas de acácia, quando chega o outono; amava, não certamente para ali viver, mas para atravessá-las e recordar, as aldeias de província, a animação dos mercados na praça de Nemours ou de Avallon, as calmas ruas de casas baixas, uma roseira trepando na pedra de uma fachada, o sussurro dos lilases em cima de um muro; baforadas de infância me voltavam, com o odor do feno cortado, das lavouras, das charnecas, com o glu-glu das fontes. Quando não tínhamos muito tempo, contentávamo-nos em ir jantar nos arredores de Paris, felizes por respirar o verde, por ver as luzes em flor da rodovia e por sentir na volta o hálito da cidade. Bebíamos vinho fresco à beira de uma colina, estrelas vermelhas e verdes passavam piscando por cima de nossas cabeças e iam mergulhar numa planície cintilante, eriçada de pilares vermelhos, e seu ronronar perturbava-me como outrora o apito de um trem através do campo. Sim, durante alguns anos ainda pude sentir prazer diante das telhas douradas dos telhados borguinhões, dos granitos das igrejas bretãs, das pedras das fazendas da Touraine, daqueles caminhos secretos, ao longo de uma água mais verde que a relva, das tabernas onde parávamos para comer truta ou guisado, do reflexo dos carros à noite, nos Champs-Élysées. Alguma coisa, em surdina, minava aquela doçura, aquelas festas, o país; mas naquele momento eu não era obrigada a aprofundar nada, e me deixava levar pelo brilho das aparências.

Em junho, partimos para nossa primeira grande viagem. Lanzmann estava doente, o médico lhe prescrevera a montanha, então fomos a Genebra; mas chovia; chovia em toda a Suíça. Erramos em torno dos lagos italianos, depois fomos para Veneza, onde se encontravam Michelle e Sartre. Esperávamos, de uma hora para outra, o desenlace do caso Rosenberg. Fazia já dois anos que eles haviam sido condenados à morte e que seus advogados lutavam para salvá-los. A Corte Suprema acabava de lhes recusar definitivamente o recurso do *sursis*. Mas a Europa inteira e o próprio papa reivindicavam tão ruidosamente seu perdão, que Eisenhower ia ver-se obrigado a concedê-lo.

Certa manhã, depois de passar algumas horas no Lido, Lanzmann e eu tomamos um *vaporetto* para ir ao encontro de Sartre e Michelle na praça Roma, e ir almoçar com eles em Vicenza; vimos num jornal uma enorme manchete: "*I Rosenberg sono stati assassinati.*" Sartre e Michelle desembarcaram alguns instantes depois de nós. O rosto de Sartre estava sombrio: "Não temos mais nenhuma vontade de rever o teatro de Vicenza", disse ele, acrescentando, num tom irritado: "Vocês sabem, não estamos muito contentes." Lanzmann telefonou para o *Libération*, que aceitou publicar um artigo de Sartre. Ele se trancou em seu quarto e escreveu durante todo o dia; à noite, na praça de São Marcos, leu-nos seu artigo: ninguém se encantou; nem ele. Recomeçou a escrever durante a noite: "Os Rosenberg morreram e a vida continua. É o que vocês queriam, não é?" De manhã, leu essa frase e a continuação por telefone ao *Libération*.

A vida continuava: que fazer? Que fazer? Lanzmann e eu falávamos dos Rosenberg, enquanto rodávamos para Trieste. Mas também olhávamos o céu, o mar, aquele mundo onde eles não estavam mais.

"Se forem à Iugoslávia, posso arranjar-lhes alguns dinares", disse-nos o porteiro do hotel de Trieste. Podia-se ir lá? Nada mais simples. Em vinte e quatro horas, a agência Putnik nos forneceu vistos, mapas e conselhos. Munidos de dois pneus sobressalentes, um tambor de gasolina, velas, óleo, tábuas e instrumentos diversos, enchemos o tanque: "À Iugoslávia, de carro! Vão se divertir!", disse o homem do posto. Estávamos emocionados quando passamos a fronteira: quase uma cortina de ferro. Realmente, mudava-se de mundo. Nem um carro sequer na estrada, que costeava o mar; o caminho estava tão esburacado, que logo foi preciso andar pela terra: mesmo assim, impossível ultrapassar quarenta por hora. Anoitecia, e morríamos de fome, quando encontramos um hotel em Otokac. "Vamos servir-lhes o jantar, mas para o quarto é preciso esperar o porteiro." O porteiro: representava um papel tão importante quanto na obra de Kafka. Um quarto? É o porteiro que tem a chave. Gasolina? Só ele pode liberar a bomba ou abrir a loja. Onde está ele? Nunca aparece. Enfim, é encontrado: não tem a chave; vai procurá-la. Vai voltar: mas quando? Naquela noite, numa sala de jantar enfumaçada, esperamos mastigando almôndegas e bebendo aguardente de ameixa. "Há aqui uma francesa que gostaria de falar com vocês", disse-nos o empregado. Uma velha professora desdentada sentou-se ao nosso lado; conhecia um príncipe, a quem estava ansiosa para nos apresentar e que teria muito a nos dizer sobre as extorsões de Tito; quanto a ela, o marido estava na prisão, e ela ganhava a vida muito mal. Ele lutara como coronel ao lado dos alemães e ela passara um tempo em Paris, em uniforme de *souris grise*,[125] acrescentou. Demos uma

---

[125] Funcionária alemã no tempo da ocupação. (N.T.)

volta na cidade mergulhada em noite e silêncio, e que nos parecia fantástica de tanto que nos espantávamos por nos encontrarmos ali.

O homem do posto italiano teria tudo para zombar de nós. O turismo mal começava a renascer; muito poucos hotéis, poucos restaurantes, a alimentação mais frugal; tinha-se dificuldade em encontrar gasolina; o menor conserto era problemático; nas oficinas, faltava tudo; os mecânicos davam algumas marteladas ao acaso. Nós não zombávamos. Esse país, que era antes de 1939 o mais pobre da Europa, fora devastado pela guerra. As razões de sua austeridade estavam na sua resistência ao fascismo e também na recusa em ressuscitar os antigos privilégios; pela primeira vez na minha vida eu não via a opulência conviver com a miséria; não se encontrava em ninguém arrogância, nem humildade; em todos a mesma dignidade; e para os estrangeiros que nós éramos, uma cordialidade sem reticências; pediam-nos e prestavam-nos serviços com a mesma naturalidade.

O que víamos nos agradava. Em torno dos lagos Plivice, em meio a um grande ruído de folhagens e de cascatas, crianças vendiam cestos feitos de casca de bétula, cheios de morangos selvagens; belas camponesas louras olhavam-nos passar ao longo das estradas; conheci de novo a alegria de descobrir de repente, do flanco de uma montanha, o Mediterrâneo e as oliveiras descendo de esplanada em esplanada, em direção ao azul infinito da água; ab-rupta, recortada, crivada de promontórios e de ilhotas cintilantes, a costa era tão bela quanto minhas lembranças da Grécia; vimos Sibenik, Split e seu palácio: nas igrejas, velhas mulheres resmungavam diante dos ícones. De repente, o Oriente: Mostar, com suas cúpulas e seus minaretes esguios; porém, fazia mais de quarenta graus, o ar estava úmido, Lanzmann teve febre e eu me lembrei com remorso das prescrições do médico. Decidimos voltar rapidamente por Belgrado e ir de novo à Suíça. Sarajevo nos reteve por um dia; tão próxima do Mediterrâneo, as grandes avenidas, o hotel pesadamente mobiliado pertenciam à Europa central; as mesquitas, deliciosas e em ruínas, ao Oriente; e que mistura de mulheres com fichus pretos, camponeses de botas, roupas bordadas, no pobre mercado que evocava para mim aquela palavra de antes da outra guerra: os Bálcãs.

Para chegar a Belgrado, escolhemos no mapa a estrada mais curta, que cortava o rio Save. Atravessando as aldeias e hesitando nas encruzilhadas, perguntamos várias vezes: "Beograd?" Respondiam-nos com frases volúveis, nas quais sempre aparecia a palavra *autoput*, e com gestos que pareciam indicar que devíamos retroceder. Enquanto desviava dos coelhos que surgiam de todos os lados sob os faróis, Lanzmann me perguntava: "Você acha que é essa a estrada?" Eu lhe mostrava o mapa. No meio da noite, chegamos à beira de uma vasta extensão de água escura: não havia ponte. Tivemos que retroceder duzentos quilômetros, para retomarmos a rodovia. Substituí Lanzmann ao volante, pois ele estava esgotado, e atropelei uma lebre. "Pegue-a", disse ele. "Vamos dá-la a alguém." A lebre era enorme e quase não sangrava.

O dia clareava quando entramos em Belgrado: dormimos e depois visitamos essa cidade de coração maciço, flanqueada de grandes burgos camponeses; as lojas, os restaurantes, as ruas, as pessoas, tudo parecia pobre. No velho bairro, descemos do carro, decididos a nos livrarmos da nossa lebre, que eu segurava pelas orelhas. Não ousávamos oferecê-la a ninguém: e no entanto não podíamos jogá-la fora! Enfim, paramos diante de um jovem casal que empurrava um carrinho de criança, e eu lhes estendi a lebre, dizendo: "*Autoput*." Eles nos agradeceram, rindo.

No dia seguinte à noite, disparamos de novo pela rodovia deserta, onde só passavam carroções de feno; uma tempestade de uma violência apavorante nos deteve em Brod, um grande centro metalúrgico; havia um baile no hotel: os operários e as operárias dançavam. O gerente nos fez notar sua alegria, depois expôs-nos com veemência os ressentimentos de seu país contra a URSS. Lanzmann sabia alemão, língua que um número bastante grande de iugoslavos falava: todos aqueles com quem conversáramos detestavam a URSS quase tanto quanto a Alemanha, naquela época. Lembro-me, entre outras, de uma parada numa aldeia onde mandamos consertar duas câmaras de ar. Alguns trabalhadores nos convidaram a tomar um trago num hangar enfeitado com guirlandas de papel e bandeiras; evocaram suas lembranças de maquis, e Lanzmann contou as suas. Também para eles, um dos mais belos títulos de glória de Tito era sua ruptura com Stalin.

Depois de algumas horas de parada em Zagreb e em Liubliana, deixamos a Iugoslávia: não sem saudades. Sua pobreza era extrema; faltavam-lhe pontes, estradas; rodáramos sobre um viaduto utilizado ao mesmo tempo por pedestres, carros e trens. Mas, através dessa penúria, algo que eu não encontrara em nenhum lugar me emocionava: uma relação simples e direta das pessoas entre si, uma comunidade de interesses e de esperanças, fraternidade. Como a Itália nos pareceu rica, assim que passamos a fronteira! Enormes caminhões-tanques, carros, postos de gasolina, uma rede de rodovias e de vias férreas, pontes, lojas opulentas: essas coisas me pareciam agora um privilégio. E reencontrávamos, junto com a prosperidade, as hierarquias, as distâncias e as barreiras.

Enfim, a Suíça, neve, geleiras. Subimos todos os desfiladeiros, todos os cumes acessíveis a automóveis. Depois dos imprevistos dos itinerários iugoslavos, sentíamo-nos despeitados por percorrer caminhos conhecidos; escalando à noite estradas ab-ruptas e geladas, mais de uma vez sorvemos no medo um delicioso sentimento de aventura. Dormimos a mais de três mil metros, ao pé do Jungfrau, e vimos o sol levantar-se sobre o Eiger. E depois caminhamos: eu ainda era capaz de fazê-lo; de alpercatas, através das massas de neve, andávamos durante sete ou oito horas seguidas. Lanzmann estava descobrindo a alta montanha; em Zermatt, aprendeu de cor todos os dramas do monte Cervino. Depois de alguns dias em Milão, em casa de minha irmã, passeamos em torno do vale de Aosta; lemos num cartaz, à beira de um prado: "Respeite a natureza e a propriedade." Ficávamos espantados, quando voltamos para Paris, ao encontrar misturados em nossas recordações as oliveiras da Dalmácia e o azul das geleiras.

Quase imediatamente, deixei Paris de novo com Sartre. Passamos um mês num hotel de Amsterdã, nos canais; trabalhávamos, visitávamos os museus, a cidade, e toda a Holanda. Na França, acabava de estourar uma greve de vigor excepcional, que paralisava todos os serviços públicos e, entre outros, os Correios:[126] para nos correspondermos, Lanzmann e eu levávamos nossas cartas aos aeroportos e as confiávamos a viajantes. Certa vez, ele tentou enternecer uma telefonista invocando o ardor de seus sentimentos: "O amor não é uma urgência", respondeu-lhe ela, secamente.

De Amsterdã, fomos ver, entre as florestas e as charnecas, os Van Gogh do museu Muller-Kroller; seguimos as margens do Reno e do Mosela. Nos terraços dos *weinestubbe*, bebíamos vinho aromatizado em belos copos espessos, cor de uva clara. Sartre me mostrou, numa colina acima de Trier, os restos do Stalag onde estivera prisioneiro: o lugar me chocou; mas os arames farpados enferrujados e as poucas barracas que ainda se mantinham de pé me

---

[126] Provocada pelos decretos de Laniel contra os postalistas, estendera-se às estradas de ferro e a inúmeras indústrias: três milhões de trabalhadores pararam.

impressionavam muito menos que os relatos dele. Atravessamos a Alsácia, descemos até Basileia, onde revi os Holbein e os Klee.

Lanzmann, de acordo com o que combináramos, devia juntar-se a nós por alguns dias e eu o esperava com impaciência; recebi um telegrama: ele estava no hospital, pois sofrera um acidente de carro, nos arredores de Cahors. Tive medo. Parti com Sartre para Cahors, onde Lanzmann jazia, esfolado e moído. Era menos grave do que se pensara. Ele se levantou logo e demos, os três, um passeio através do Lot e do Limousin; visitamos as grutas de Lascaux. Descemos até Toulouse, revendo Albi, Cordes, a floresta de Grésigne. Terminei minhas férias com Sartre com um giro pela Bretanha: esta nos pareceu belíssima no outono, com suas tempestades. Mas eu estava ansiosa. Receara que Lanzmann não se adaptasse às minhas relações com Sartre; agora ele ocupava tanto espaço na minha vida que eu me perguntava se meu entendimento com Sartre não corria o risco de sofrer com isso. Sartre e eu não levávamos mais exatamente o mesmo tipo de vida. Nunca a política, seus escritos e seu trabalho o haviam absorvido tanto; ele chegava a estafar-se. Quanto a mim, aproveitava minha juventude reencontrada; entregava-me aos momentos. Não havia dúvida de que permaneceríamos sempre amigos íntimos, mas nossos destinos, até então confundidos, não terminariam por se separar? Com o tempo, tranquilizei-me. O equilíbrio que eu atingira, graças a Lanzmann, a Sartre e à minha própria vigilância, era durável, e durou.

O ano de 1953 terminou bem. A deposição do sultão era uma vitória do colonialismo: precária, no entanto, pensávamos. O armistício fora, enfim, assinado na Coreia; Ho Chi Minh, em entrevista concedida a um jornal sueco, o *Expressen*, abria caminho a negociações. O motim de 17 de junho, em Berlim Oriental, onde a polícia atirara nos operários, a queda de Rakosi e a abolição, por Nagy, dos campos de concentração haviam obrigado brutalmente os comunistas a reconhecerem certos fatos que até então negavam; alguns se questionavam; outros "cerravam os dentes". Aos simpatizantes, a evolução da URSS trazia uma satisfação total: os campos e Béria desapareciam; o nível de vida dos russos ia elevar-se, o que favoreceria uma democratização política e intelectual, pois a indústria leve não estava mais sacrificada à indústria pesada; e, efetivamente, já se anunciava um "degelo", segundo o título do último romance de Ehrenburg. Quando Malenkov anunciou que a URSS possuía a bomba H, a eventualidade de um conflito mundial pareceu afastada por muito tempo. Um "equilíbrio dos terrores", de qualquer modo, é melhor que um terror sem equilíbrio. Nesse contexto, a vitória de Adenauer, que pressagiava a criação do exército europeu, perdia um pouco da sua gravidade.

Sartre escrevera em algumas semanas, e divertindo-se muito, a adaptação de *Kean* pedida por Brasseur; pela primeira vez, os ensaios se passaram sem drama. Assisti a *Esperando Godot*. Desconfio das peças que apresentam através de símbolos a condição humana em sua generalidade; mas admirei o fato de Beckett conseguir cativar-nos, simplesmente pintando essa incansável paciência que retém na terra, contra tudo e contra todos, nossa espécie e cada um de nós; eu era um dos atores do drama, tendo por parceiro o autor; enquanto esperávamos — o quê? — ele falava, e eu escutava: pela minha presença e pela voz dele, mantinha-se uma inútil e necessária esperança.

O velho e o mar, de Hemingway, acabava de ser publicado em francês, e toda a crítica o elogiava. Nem meus amigos nem eu gostávamos da obra. Hemingway sabia contar uma história; mas sobrecarregara esta de símbolos; identificava-se com o pescador que carrega sobre os ombros, sob a imagem falsamente simples de um peixe, a Cruz de Cristo: eu achava irritante esse narcisismo senil. Não concordei inteiramente com Lanzmann sobre *O questionário*, de Von Salomon. A Alemanha tornara-se o país mais próspero da Europa; Antonina Vallentin, que voltava de lá, contou-me seu encontro com o neonazismo alemão; a despeito dos "questionários", os antigos nazistas e os homens de negócios que haviam apoiado Hitler estavam novamente por cima. Eu compreendia que se acolhesse com cólera a autojustificação de Salomon. Reconhecia o quanto havia de má-fé em seu procedimento e esta emergia do seu próprio estilo. Mas a vivacidade de suas narrativas reanimava em mim o velho desejo de contar minhas próprias lembranças.

Logo eu teria que me perguntar, de novo: o que escrever? Pois enfim — e isso não contribuiu pouco para a alegria daquele outono — terminei meu livro. Preocupei-me com um título. Renunciara a *Survivants*: apesar de tudo, em 1944, a vida não parara. Eu teria escolhido com prazer *Les Suspects*, se a palavra não tivesse sido utilizada por Darbon, pois o assunto essencial do romance era o equívoco da condição de escritor. Sartre sugeria *Les Griots*: nós gostávamos de nos comparar a esses ferreiros, feiticeiros e poetas que certas sociedades africanas honram, temem e desdenham ao mesmo tempo; mas era esotérico demais. "Por que não *Os mandarins*?", propôs Lanzmann.

O inverno começou rudemente; o padre Pierre lançou sua grande ofensiva de caridade, os burgueses consentiram com entusiasmo em se separar de algumas roupas, todo mundo se sentiu bom e generoso, e os Réveillons foram muito animados. Nosso pequeno grupo reuniu-se em casa de Michelle. Tendo confiado o manuscrito de *Os mandarins* a Gallimard, e como Lanzmann tinha quinze dias de férias, sonhei com o sol. Provisoriamente o Marrocos estava calmo; Lanzmann tinha vontade de conhecê-lo, e eu de revê-lo. Reservamos passagens de avião. Na véspera da nossa partida, os jornais ostentavam manchetes: "Alerta no Marrocos." Era o começo da onda de terrorismo e de contraterrorismo desencadeada pela deposição do sultão. Mudamos nossos planos e dois dias depois, pela manhã, embarcamos de carro para Argel, chuvosa e cheia de mendigos, de desempregados, de desespero. Por trás dessa morna fachada, havia um povo em ebulição, que militantes organizavam com uma paciência tenaz, mas isso nós ignorávamos. Partimos logo para o deserto. Diante do hotel de Ghardaia estavam estacionados caminhões que traziam nas laterais inscrições que anunciavam os objetivos da expedição. "Vender fornos elétricos e estudar a parasitologia em trinta mil quilômetros da África Negra." Uma americana que se preparava para atravessar o Saara polia seu Willis Overland. Por que não descíamos também para El-Goléa?, perguntava-me Lanzmann. As pessoas do hotel lhe asseguravam que o Aronde chegaria lá em pedaços. Propus-lhe ir antes a Guerrera. A cidade levantava-se, vermelha e esplêndida, acima das areias: na praça, no centro de um círculo atento, um homem carregando nos ombros um carneiro andava de um lado para outro, gritando: era um leilão; olhamos as pessoas, as ruas, andamos no oásis. Mas, para ir e voltar, que dificuldade! Rodávamos numa estrada ondulada, cortada de sulcos, passando ab-ruptamente de oitenta para cinco por hora; na volta, a noite caía; sob um céu tempestuoso de assustadora beleza, encalhamos na areia; tínhamos uma pá e pranchas, e Lanzmann conseguiu libertar-nos: mas desistiu de El-Goléa.

Em Uargla, encontrei, sem mudança, as areias cor de damasco, as falésias cor de amêndoa que me haviam emocionado oito anos antes. Tuggurt nos desagradou; dormimos lá e nos apressamos em deixá-la, apesar de um vento de areia e dos conselhos que nos prodigalizavam. Não se via nada a uma distância de dez metros, e, ao cabo de cinco minutos, fomos parar em terrenos baldios. Juntando nossas teimosias, retomamos a pista e acendemos os faróis; um carro parou: um ilustre muçulmano e seu motorista: "Sigam-nos." Seu Citröen corria a noventa por hora na espessa obscuridade branca. Lanzmann pisava fundo, os olhos fixos na traseira do carro. Pararam numa aldeia, e continuamos na mesma velocidade — sempre que Lanzmann diminuía, o carro trepidava, todas as suas partes se entrechocavam — certos de que nos arrebentaríamos se aparecesse um obstáculo. Enfim escapamos da borrasca, mas o vento amontoara dunas na estrada; ao fim de quatro quilômetros, atolamos na areia; uma equipe que trabalhava numa estreita via férrea veio em nosso auxílio; atolamos novamente; dois vagonetes passavam, a menos de dez por hora, transportando operários; estes nos tiraram do apuro. Enfim, a oitenta quilômetros de El Ued, atolamos definitivamente; o sol caía, fazia muito frio, a noite ia ser dura. Abençoamos nossa boa estrela quando vimos um Dodge: o chefe da estação, sua mulher e dois motoristas muçulmanos. Conserto do carro, novo atolamento. Para terminar, entramos no Dodge com nossas bagagens; fechamos o carro, mas recusamos a oferta de um dos motoristas passar a noite guardando-o.

De manhã, os motoristas foram buscar o carro. O chefe da estação, temeroso de que suprimissem seu trem se não fosse utilizado, queria que o usássemos no dia seguinte para trazer o carro de volta a Biscra. "Ele vai quebrar-se", predizia Salem, um homem jovem, de aparência decidida que, por quatro mil francos, insistia em conduzi-lo a Nefta, através das dunas. Eu as havia atravessado outrora de caminhão, mas será que um Aronde passaria? Não, diziam-nos. Enquanto passeávamos, perplexos, pelos belos jardins em forma de funil, encontramos Salem; ele dirigia um jipe carregado de crianças e saltava de duna em duna. "Pois bem, se você ainda estiver de acordo, vamos tentar", decidimo-nos. À noite, despedimo-nos do chefe da estação, desolado. Sua mulher, que chegara há pouco tempo à Argélia, ainda estava deslumbrada: uma grande casa, um vasto jardim, criados à vontade, eram coisas com as quais nunca sonhara: "Quando escrevo aos meus pais dizendo que faço duzentos quilômetros de carro por dia, por prazer, eles não querem acreditar!" Eram boas pessoas, mas opuseram-se a que Lanzmann gratificasse os dois motoristas, que eram funcionários da estação. Lanzmann o fez, escondido deles; perceberam e zangaram-se.

De manhã, El Ued inteira nos viu partir; Salem esvaziara os pneus; deu partida sob o fogo dos olhares céticos: "Você não vai passar com isso." Estávamos ansiosos: em caso de fracasso, seria preciso esperar oito dias pelo próximo trem. Ai de nós! A menos de cinco quilômetros, o carro enterrou-se na areia; alguns camponeses ajudaram-nos a sair. "Mas da próxima vez não haverá ninguém", dizia para mim mesma, consternada. Depois, o Aronde começou a voar sobre a areia; de vez em quando, chegando ao alto de uma duna, Salem descia-a de marcha a ré, a fim de atacá-la de outro ângulo: e passava. Às três, bebemos à sua saúde num café muçulmano de Nefta, e os clientes que se haviam agrupado em torno dele olhavam-no com admiração. Era tão hábil quanto vivo e inteligente; certamente ligara-se à ALN[127] desde os primeiros dias: que lhe terá acontecido?

Graças a ele, havíamos sido bem acolhidos; mas, pouco mais tarde, ao voltar de um passeio no oásis, na praça quase deserta, os raros mercadores, estáticos atrás de seus cestos, fitaram-nos com um jeito maldoso; o hotel estava fechado; um bistrô que parecia aberto recusou-se a nos servir sequer um copo d'água. Visitamos Tatauine, Medenine, Djerba, mas sentíamos entre o país e nós uma cortina de hostilidade. Perto de Gabes, ouvi pela primeira vez uma palavra que logo me seria familiar; perguntei ao oficial se poderíamos ir aos Matmata: eu temia as areias; ele sorriu com superioridade: "Vocês têm medo dos *fellagha*? Fiquem tranquilos: estamos aqui, eles não se atreverão!" Certa tarde, ao crepúsculo, demos a volta ao Cabo Bom. Voltando a Túnis de avião, embarcamos o carro num navio; um jovem estivador tunisiano leu no carro o nome de Sartre; chamou os companheiros: "O carro de Jean-Paul Sartre! Vamos cuidar dele imediatamente! Digam obrigado a ele, de nossa parte!" Invejei Sartre por ter conseguido fazer nascer aqueles sorrisos de amizade naqueles rostos que a França havia condenado ao ódio.

***

Recomecei a escrever, mas lentamente. O único projeto que agora me entusiasmava era ressuscitar minha infância e minha juventude, e eu não ousava fazê-lo com franqueza. Retomando tentativas muito antigas, comecei uma novela sobre a morte de Zaza. Quando a mostrei a Sartre, ao fim de dois ou

---

[127] Armée de Libération Nationale (Exército de Libertação Nacional). (N.T.)

três meses, ele torceu o nariz; eu concordava: aquela história parecia gratuita e não interessava. Durante algum tempo, contentei-me em ler e corrigir, muito mal, as provas de *Os mandarins*.

O ano de 1954 desmentia nossas esperanças; tendo fracassado a conferência de Berlim, a França dispunha-se a ratificar a CED.[128] Apoiada pela América que, vencida na Coreia, desejava pelo menos livrar a Indochina do comunismo, ela repeliu os avanços de Ho Chi Minh. A partir do dia 13 de março, quando o general Navarre se empenhou na batalha de Dien Bien Phu, tive pela primeira vez uma experiência penosa: senti-me radicalmente apartada da massa dos meus compatriotas. A grande imprensa e o rádio anunciavam que o exército do Viet Minh seria aniquilado; lendo os jornais de esquerda e os jornais estrangeiros, eu não só sabia que não era verdade, mas também felicitava-me por isso, junto com meus amigos. Do lado do Viet Minh, a guerra fizera, no povo e no exército, centenas de milhares de mortos e eu me comovia mais com isso do que com as perdas sofridas pela guarnição: quinze mil legionários, dos quais pelo menos um terço eram antigos SS. O heroísmo das unidades suicidas era mais extraordinário que o de Geneviève de Galard e do coronel De Castries, que a propaganda explorava indecentemente. Bidault argumentava com a coragem deles para recusar-se a negociar sequer uma trégua que permitisse evacuar os feridos. Quando Dien Bien Phu caiu, eu soube que o Viet Minh praticamente conquistara sua independência e fiquei feliz. Fazia anos que eu era contra a França oficial; mas nunca, ainda, tivera que me rejubilar com sua derrota: era mais escandaloso do que cuspir sobre uma vitória. As pessoas que eu encontrava imaginavam que uma grande infelicidade acabava de atingir seu país, o meu. Se tivessem suspeitado da minha satisfação, eu teria merecido, na opinião deles, doze balas no corpo.

Os ultras e o Exército pretenderam imputar os sofrimentos, as agonias, os mortos de Dien Bien Phu aos civis em seu conjunto e à esquerda, em particular; nada melhor que Laniel e Pleven fossem atacados; pelo menos alguns pontapés no traseiro não iriam perder-se; mas, enfim, não eram os ministros que haviam escolhido encerrar o corpo expedicionário num "vaso noturno". O Exército, que iria depois alimentar tão complacentemente seu rancor com a lembrança dessa "humilhação", tinha inteira responsabilidade nisso. Quanto à esquerda, não só sempre desejara a paz, como também sua imprensa e seus

---

[128] Communauté Européenne de Defense (Comunidade Europeia de Defesa). (N.T.)

políticos haviam denunciado a perigosa extravagância do Plano Navarre. Houve um assassino no governo: Bidault; mas seu crime não foi trair os militares: ele teria chegado a arriscar a guerra mundial para apoiá-los. Não se podia prever a que extremos nos arrastaria a parafrenia de um exército que, recusando-se a assumir seus erros, voltaria à França sedento de vingança. Entretanto, enquanto o Parlamento derrubava Laniel e Bidault, opunha-se à partida do contingente e encarregava Mendès-France de negociar, enquanto grande parte do país o aprovava, um chauvinismo intratável, propagado pelos vencidos da Indochina, começava a infectar a opinião pública. Ulanova devia dançar em Paris: os paraquedistas acreditaram vingar Dien Bien Phu impedindo a representação com ameaças que intimidaram as autoridades.

Em março, os americanos haviam lançado sobre Bikini uma bomba cujos efeitos superaram todas as suas previsões.[129] Oppenheimer, que contribuíra para aperfeiçoá-la, nem por isso foi menos acusado de atividades antiamericanistas. A caça às bruxas não se abrandava: no entanto, o imperialismo americano ia muito bem: aqueles que ele oprimia e que tentavam combatê-lo eram logo esmagados. Para chamar a atenção do mundo, os porto-riquenhos atiraram em membros do Congresso, em plena sessão: inutilmente. Arbenz, na Guatemala, tentara abalar o jugo da *United Fruit*: mercenários, batizados de "exército da libertação", desembarcaram e o expulsaram.

Em fevereiro, Eisa Triolet pediu a Sartre para participar de um encontro entre escritores do Leste e do Oeste, que iam preparar em Knokke-le-Zoute uma espécie de mesa-redonda; ele aceitou; Michelle, Lanzmann e eu o acompanhamos de carro; de dia passeávamos, olhávamos quadros; à noite ele nos contava as sessões; os intelectuais burgueses — Mauriac, entre outros — haviam declinado do convite de Eisa Triolet; o pequeno grupo de comunistas e de simpatizantes que ela reunira redigia um apelo com vistas a uma reunião mais ampla: era preciso não irritar ninguém, e se pesava cada palavra; lá estavam Carlo Levi, todo friorento sob seu boné de pele, Fédine, Anna Seghers, Brecht, encantador, mas que consternou a todos quando afinal o texto foi concluído, pedindo com ar ingênuo que se acrescentasse um protesto contra as experiências atômicas americanas; Fédine e Sartre prudentemente fizeram com que sua sugestão fosse afastada. A rainha da Bélgica, velha progressista,

---

[129] Fez um grande número de vítimas entre os pescadores japoneses e entre os consumidores que compravam o peixe deles.

recebeu em Bruxelas os membros desse pequeno congresso. Os escritores russos convidaram Sartre para ir a Moscou em maio.

Ele trabalhara exageradamente durante todo o ano: sofria de hipertensão. O médico prescrevera-lhe o campo e um longo descanso: ele se limitava a tomar alguns remédios. Dormiu mal as noites que precederam sua viagem porque precisava terminar o prefácio para o álbum de Cartier-Bresson, *De uma China à outra*; ele devia parar em Berlim e participar de uma reunião do Movimento da Paz e preparava seu comunicado no avião: decididamente, estafava-se e eu me inquietei. Ele parecia extenuado. Suas primeiras cartas tranquilizaram-me um pouco. Em Berlim, falara da universalização da História e de seu paradoxo: um dos seus aspectos era o surgimento de armas capazes de aniquilar o planeta; o outro, a intervenção, na evolução do mundo, de países colonizados ou semicolonizados, que, para conquistar sua independência, desencadeavam guerras populares, contra as quais as bombas atômicas não tinham nenhum poder.

Agora Sartre se recuperava de suas fadigas, afirmava. Do seu hotel, o National, ele via a Praça Vermelha, coberta de bandeiras: festejava-se o aniversário da anexação da Ucrânia à Rússia. Ele assistiu ao desfile: "Avaliei, com meus olhos, um milhão de homens", escreveu-me. Ficara chocado com a indelicadeza de certos diplomatas estrangeiros que, em sua tribuna, escarneciam: "Na França, no 14 de julho, nos Champs-Élysées, não se teria tolerado a grosseria deles." Visitou a Universidade, falou com estudantes, professores; ouviu operários e técnicos, numa fábrica, discutirem as obras de Simonov. Passeava muito; seu intérprete lhe entregara quinhentos rublos, para o caso de querer sair sozinho, o que fazia frequentemente. Convidado por Simonov à sua *datcha*, fora submetido a uma dura prova: um banquete de quatro horas, vinte brindes com vodca, onde sem parar enchiam seu copo de vinho rosado da Armênia ou de vinho tinto da Geórgia. "Observo-o enquanto ele come", disse um dos convivas. "Aquele homem deve ser honesto, pois come e bebe sinceramente." Sartre fez questão de permanecer, até o fim, digno desse elogio: "Não perdi o uso da minha cabeça, mas perdi parcialmente o das minhas pernas", confessava-me. Transportaram-no até o trem de Leningrado, onde chegou na manhã seguinte. Os cais do Neva e os palácios entusiasmaram-no. Mas não o poupavam. Quatro horas de passeio de carro pela cidade, visita aos monumentos, uma hora de descanso, quatro horas de visita ao Palácio da Cultura. Programa análogo no dia seguinte, e balé à noite. Retornou a Moscou, partiu de avião para o Uzbequistão. Depois, devia acompanhar Ehrenburg a Estocolmo, para uma reunião do Movimento da Paz, e retornar a Paris em 21 de junho.

Em junho, minha irmã expôs seus últimos quadros na *rive droite*. Preocupada em aprofundar seu ofício, reprimia exageradamente a espontaneidade, mas algumas de suas obras já impressionavam. Encontrei no seu vernissage, acompanhada de Jacqueline Audry, Françoise Sagan. Eu não gostava muito de seu romance. Iria preferir mais tarde *Um certo sorriso*, e *Dentro de um mês, dentro de um ano*; mas ela tinha um jeito agradável de disfarçar seu personagem de criança prodígio.

Era um belo verão. Fui instalar-me com Lanzmann em um pequeno hotel, à beira do lago dos Settons; leváramos uma biblioteca, mas passamos o melhor de nosso tempo por montes e vales, visitando abadias, igrejas e castelos; giestas em flor douravam as colinas. No dia da nossa volta, encontrei na minha cabana, sob a escada, um recado de Bost: "Venha me ver imediatamente." Pensei: "Aconteceu algo a Sartre." Realmente, pela manhã Ehrenburg telefonara de Estocolmo a D'Astier, pedindo-lhe que avisasse aos amigos: Sartre estava internado num hospital de Moscou; d'Astier prevenira Cau, que avisara Bost. Tive medo, como naquele dia de 1940, em que a carta de uma desconhecida indicara-me o novo endereço de Sartre: Krankenrevier.[130] Bost também parecia consternado. O que teria Sartre, afinal? Ignorava-o. Eu quis falar com Cau; ele estava na Sorbonne, onde se realizava uma reunião qualquer; fomos lá; "D'Astier falou de uma crise de hipotensão", disse-me Cau; "Não é nada grave." Isso não me satisfez; era certamente de hipertensão que Sartre sofria: teria tido um derrame? Decidi, com Bost, Olga e Lanzmann, ir à embaixada soviética, e pedir ao adido cultural para telefonar a Moscou. Na entrada, encontramos alguns funcionários, e eu lhes expus meu pedido; eles nos olharam com surpresa: "Telefone a senhora mesma... Basta tirar o fone do gancho e discar para Moscou." Naquela época, a imagem da cortina de ferro era tão viva, que mal conseguimos acreditar neles. De volta à rua de Bûcherie, pedi Moscou, o hospital, Sartre. Ao fim de três minutos, ouvi estupefata a voz dele. "Como vai?", perguntei ansiosa. "Muito bem", respondeu ele, num tom despreocupado. "Você não está bem, pois está no hospital." "Como

---

[130] Seção de doentes. (N.T.)

é que você sabe?" Ele parecia intrigado. Expliquei-lhe. Ele confessou uma crise de hipertensão, mas já estava melhor e ia voltar para Paris. Desliguei, mas não conseguia recuperar a paz; aquele alerta tinha um sentido inteiramente diferente do de 1940; naquele momento, eram os perigos exteriores que ameaçavam Sartre; de repente eu me dei conta de que, como todos, ele trazia a morte em si. Eu nunca olhava a morte de frente; invoquei contra ela meu próprio aniquilamento, que me aterrorizava e tranquilizava, ao mesmo tempo. Naquele instante, porém, eu não estava em jogo; pouco importava que me encontrasse ou não na terra, no dia em que ele desaparecesse: esse dia chegaria. Vinte anos mais tarde, ou no dia seguinte, a iminência era a mesma: ele morrerá. Que sombria alucinação! A crise resolveu-se. Mas algo irreversível acontecera; a morte me invadira; não era mais um escândalo metafísico, mas uma propriedade das nossas artérias; não mais uma redoma de vidro em torno de nós, mas uma presença íntima que penetrava minha vida, alterando os gostos, os odores, as luzes, as lembranças, os projetos: tudo.

Sartre voltou; afora grandes feiuras arquitetônicas, ele gostara do que vira. Ficara sobretudo interessadíssimo nas novas relações criadas, na URSS, entre os homens e também entre pessoas e coisas: entre um autor e seus leitores, entre os operários e a fábrica. Trabalho, lazer, leitura, viagens, amizade: ali tudo tinha um sentido diferente do que tinha aqui. Parecia-lhe que a sociedade soviética vencera em grande parte a solidão que corrói a nossa; os inconvenientes da vida coletiva na URSS lhe pareciam menos lamentáveis do que o desamparo individualista.

A viagem fora exaustiva; da manhã à madrugada, encontros, palestras, visitas, deslocamentos, banquetes. Em Moscou o programa, distribuído por vários dias, permitia-lhe um pouco de descanso; em outros lugares, as organizações regionais não lhe davam trégua. Devia passar quarenta e oito horas em Samarcanda: "Um dia para os programas oficiais, um dia apenas", exigiu ele. Esse capricho causou surpresa; a beleza é a beleza, mesmo que sejamos quarenta a contemplá-la; atribuíram a exigência ao seu individualismo burguês, mas, enfim, prometeram curvar-se a ela. No último momento, a União dos Escritores de Tacháent limitou a excursão a um único dia: havia fábricas a visitar, livros para crianças a examinar. "Mas vamos deixá-lo sozinho", prometeu o intérprete. Um arqueólogo e alguns notáveis escoltaram Sartre através da cidade; o carro parava diante dos palácios e das mesquitas, vestígios soberbos do reinado de Tamerlão; todos desciam, o arqueólogo explicava. Depois o intérprete estendia os braços e expulsava todo mundo: "E agora, Jean-Paul Sartre deseja ficar sozinho." Retiravam-se, e Sartre ficava enregelado enquanto esperava reunir-se a eles de novo.

A maior provação eram os momentos de lazer, aliás muito alegres: festas e bebidas. Sartre tivera que repetir várias vezes as proezas feitas na *datcha* de Simonov. Em Tacháent, na noite de sua partida, um engenheiro robusto como três armários o desafiara na vodca; no aeroporto, aonde o acompanhou, o engenheiro desabou, para grande satisfação de Sartre, que conseguiu chegar até o seu assento, onde dormiu um sono de chumbo. Ao despertar, estava tão estourado que pediu ao intérprete que lhe conseguisse, em Moscou, um dia de descanso; mal desceu do avião, ouviu no saguão a chamada de um alto-falante: Jean-Paul Sartre... Era Simonov, que, por telefone, convidava-o para almoçar. Se soubesse falar russo, teria pedido que o almoço fosse transferido para o dia seguinte, com o que Simonov teria concordado de boa vontade: nenhum de seus "ajudantes"[131] — além do intérprete, um membro da União de Escritores o acompanhava em seus deslocamentos — quis encarregar-se de propor a Simonov essa mudança. O almoço aconteceu naquele mesmo dia; foi generosamente regado e no fim Simonov estendeu a Sartre um chifre de dimensão impressionante, cheio de vinho: "Cheio ou vazio, você vai levá-lo"; e colocou-o nas mãos de Sartre; impossível pousá-lo sem esvaziá-lo; Sartre fez o esforço. Ao sair da mesa, foi passear sozinho às margens do Moscova, e seu coração batia contra as costelas. Bateu tão forte durante toda a noite que, na manhã seguinte, ele sentiu-se incapaz de ir ao encontro, como estava previsto, de um grupo de filósofos: "Mas o que é que o senhor tem?", disse o intérprete. Tomou-lhe o pulso e precipitou-se para fora do quarto, para chamar um médico, que logo mandou Sartre para o hospital. Trataram dele; dormira, repousara e se julgara curado, mas na verdade não estava. Reuni alguns amigos íntimos e ele teve que fazer um grande esforço para contar suas histórias. Deu uma entrevista a *Libération*: falou apressadamente e, quando lhe propuseram rever o texto, esquivou-se. Na Itália, onde foi descansar com Michelle, começou uma autobiografia; mas escreveu-me dizendo que não conseguia juntar duas ideias. Ao menos dormia muito e via pessoas que lhe interessavam: fora muito amigavelmente acolhido pelos comunistas italianos.

---

[131] No sentido que Kafka dá a essa palavra em *O castelo*.

Jantou ao ar livre, na praça do Trastevere, com Togliatti; o músico contratado pelo restaurante mostrou orgulhosamente a Togliatti sua carteira do PCI e cantou em sua honra velhas canções romanas; reuniu-se uma multidão, calorosa e solícita; mas alguns americanos assobiaram; os italianos zangaram-se: para evitar tumulto, tiveram que se retirar.

Enquanto isso, eu viajei para a Espanha com Lanzmann; fazia anos que muitos antifranquistas passeavam no país, sem escrúpulos: abafei os meus. A não ser em Tossa, que se tornara feiamente turística, encontrei poucas mudanças; a miséria aumentara ainda mais; em certos recantos de Barcelona, e quase por toda parte em Tarragona, as ruas eram esgotos, povoadas de crianças famintas, mendigos, deficientes, prostitutas subnutridas. Sentia-se que Franco cuidava da capital; os bairros sujos que eu vira em 1945 tinham sido arrasados; mas onde teriam alojado os habitantes? Os prédios que haviam brotado naquelas paragens abrigavam funcionários abastados.

Enfim, estávamos informados sobre a situação do país. Se mesmo assim tínhamos vindo, era porque ele conservava atrativos para nós: seu passado, seu solo, seu povo. Visitei de novo o museu do Prado: agora, preferia Goya e também Velásquez a El Greco. Em Ávila, no Escurial, nas *cigarales* de Toledo, em Sevilha, em Granada, reencontrei minhas alegrias de outrora.

Lanzmann e eu gostávamos de ter conhecimento e de compreender as coisas, mas apreciávamos também a emoção fugaz das aparições: um castelo vermelho, erguido sobre uma colina, à beira de um lago; do alto de um desfiladeiro, um vale cavado para o infinito sob seus véus de bruma; uma luz que de repente fura uma nuvem e banha obliquamente os campos da Velha Castela; o mar, ao longe. E Lanzmann tornou sua a minha velha mania de vasculhar minuciosamente as regiões por onde passávamos: montanhas cor de coral, planaltos cinzentos e túmidos, planícies cobertas de colmo abrasadas pelo crepúsculo, e aquela costa ab-rupta e dilacerada, cujos esplendores e cujo terror Dali tão bem desenhou. O calor não nos intimidava: um vento ardente varria a Andaluzia das estepes quando visitamos, sob um calor de quarenta graus, suas aldeias trogloditas. Repousávamos em praias ou em angras solitárias, banhando-nos longamente no mar e ao sol. À noite, nas aldeias, olhávamos as moças que desfilavam e riam em seus vestidos claros.

Em Lérida, havia festa; menininhas fantasiadas de andaluzas — longas saias de babados, leques e mantilhas —, lábios, faces e cílios pintados, pavoneavam-se entre *stands* de tiro, barracas de jogos, picadeiros, cafés ao ar livre; estouravam bombas em todas as esquinas. Lanzmann viu pela primeira vez uma tourada que, embora fraca, causou-lhe emoção. E depois subimos para o norte, que eu não conhecia; vi os vitrais de Leão, o museu de Valladolid, os pequenos portos bascos: Guernica. Enfim, San Sebastián, de onde voltamos direto.

Eu não discernia muito bem os sentimentos que o povo da Espanha me inspirava naquele momento. A derrota é uma desgraça; impossível sobreviver a ela sem pactuar com aquilo que detestamos. Incomodava-me uma paciência que a esperança não iluminava mais. Quando passávamos de carro, os trabalhadores nas estradas não deveriam sorrir-nos; esses camponeses, que nunca levantavam um dedo para nos deter, sabiam, no entanto, que os ricos não eram seus amigos; ficavam estupefatos quando lhes oferecíamos carona; uma velha chegou a pensar que se tratava de um sequestro. Certa tarde, demos carona a um homem muito idoso, que levava um grande saco: "Onde vai?", "Ora, à capital!", disse ele, com um gesto nobre; falava de Badajoz, a setenta quilômetros: "É longe!" "Pois é! Eu teria andado a noite inteira." Em Sevilha, nos bares da Alameda, as pequenas prostitutas deveriam ter-nos olhado hostilmente; mas não. Uma delas, bem jovem, instalou-se na nossa mesa e me suplicava: "Leve-me para Paris; sei lavar e passar bem, trabalho duro, cuidarei de vocês..."

Uma conversa esclareceu-me. Em Granada, quando jantávamos no hotel Alhambra, Lanzmann, irritado com o *maître*, que o impedia de tirar o casaco, fez um ataque contra os militares e os padres que governavam o país; o homem começou a rir: também não gostava deles. Durante a Guerra Civil, trabalhara no hotel de Valência onde se encontravam Malraux e Ehrenburg. Evocou algumas lembranças, depois sua voz endureceu: "Vocês nos encorajaram a lutar; depois nos abandonaram; e quem pagou? Nós. Um milhão de mortos por toda parte nas estradas, nas praças, mortos. Não recomeçaremos, nunca mais, por preço algum." Sim; esses homens tranquilos haviam arriscado suas vidas por um outro futuro; eram os filhos, os irmãos daqueles que haviam morrido; a Inglaterra e a França eram tão responsáveis por sua resignação quanto a Alemanha e a Itália. Era preciso esperar que uma outra geração, menos esmagada pelas lembranças, reencontrasse a esperança e retomasse a luta.

Quando voltei a Paris, Mendès-France assinara os acordos com o Vietnã, fora a Túnis e negociara com os dirigentes tunisinos. Incitara a Câmara a votar contra a CED. Embora tivesse recusado o apoio dos comunistas, sua política era a que a esquerda desejava.

Sartre ainda não estava inteiramente recuperado quando, no fim de agosto, parti de carro com ele; na primeira noite, em seu quarto de Strasbourg, permaneceu um longo tempo sentado numa cadeira, com as mãos nos joelhos, os ombros curvados, o olhar fixo. Jantamos num restaurante da pequena França: "A literatura", declarou-me, "é uma merda"; e durante toda a refeição exalou sua repulsa. A fadiga o tornava miserabilista; escrever exigia-lhe tal esforço que não encontrava mais nenhum sentido em fazê-lo. Atravessamos a Alsácia, a Floresta Negra, a Baviera. Quantas ruínas! Ulm estava aos pedaços. Nuremberg, em migalhas. Cruzes gamadas flutuavam em todas as janelas. Rothenburg, habilmente restaurada, transportou-nos para vinte anos antes: em 1934, andávamos sobre aquelas muralhas, recusando-nos a enfrentar a catástrofe iminente, incapazes — mesmo Sartre, que tinha a faculdade de imaginar a desgraça — de pressentir a enormidade dela. Nas ruas pintadas de Oberamergau, podia-se pensar que nada havia acontecido. Em Munique, reencontramos as cervejarias gigantes e a alegria bávara. Em 1948, em Berlim, a angústia dos habitantes extinguira meus rancores; mas detestei Munique, ruidosamente opulenta, onde se pavoneavam, alegres, os aproveitadores da derrota. Só guardei de lá uma lembrança divertida: certa manhã, no meio do rio quase seco, dois homens de cartola e casaca debatiam-se na água; com seus negros trajes de cerimônia, seu ar desvairado, seus esforços desordenados para chegar à margem, encarnavam o fantástico incongruente da Alemanha.

Em Salzburg, num hotel da velha cidade, que refletia todas as suas graças, Sartre recomeçou a trabalhar; reencontrava-se. Visitamos de novo os arredores, lagos e montanhas e, ao cabo de uma semana, partimos para Viena. Em consequência de contratos assinados por Nagel sem o consentimento de Sartre, estava sendo preparada ali a encenação de *As mãos sujas*; o Movimento da Paz preveniu-o: Sartre protestou e explicou-se, no decorrer de uma entrevista à imprensa. Enfim, vi os Bruegel do museu, o Danúbio, o Ring, o Prater e os velhos cafés, dos quais tanto me haviam falado; à noite, sentávamos às mesas de adegas medievais, no coração da cidade, ou em cabarés dos subúrbios, ao pé das colinas cobertas de vinhedos louros.

Eu tinha vontade de rever Praga; Sartre conseguiu vistos com facilidade; a ideia de atravessar a verdadeira cortina de ferro atiçava minha curiosidade; não se tratava de uma metáfora; a pequena estrada cheia de relva que nos conduziu a um pasto fronteiriço isolado esbarrava numa grade flanqueada por espessas e ameaçadoras redes de arame farpado; no alto de um mirante, uma sentinela andava de um lado para outro, displicentemente; buzinei: ela não se moveu; insisti; um soldado saiu do posto e examinou nossos passaportes, através das grades; fez sinal à sentinela, que remexeu nos bolsos e lhe jogou uma chave; abriu a grade como se empurrasse o portão de um parque privado.

Era domingo; não se viam carros; mas muita gente fazia piquenique nos declives, nos prados e sob os pinheiros. Eu rodava através de campos e aldeias, espantada por sentir de repente uma intimidade tão fácil com uma democracia popular. Em Praga, Sartre pediu em alemão a um passante o endereço do hotel que sabíamos ser reservado aos estrangeiros; telefonou ao poeta Nezval, que pareceu aliviado quando Sartre lhe disse para não se incomodar, pois sua mulher estava prestes a dar à luz. Pedimos dinheiro emprestado ao porteiro e caminhamos pela cidade, emocionados por reconhecer tudo — as avenidas, a ponte, os monumentos, mas também os cafés, os restaurantes — apesar de tudo estar mudado. (Fora diante dessa taberna, exatamente, que lêramos, por cima do ombro de alguém, o nome de Dollfuss e uma palavra que começava por M.) Havia anúncios luminosos, vitrinas cuidadas, uma multidão animada e muitas pessoas nos cafés, bastante parecidas com as de Viena. Perambulamos por muito tempo pelas ruas e pelas nossas recordações.

No dia seguinte, o gordo poeta Nezval — que gostava tanto de Paris que ficava sentado durante horas, de boina, no terraço do Bonaparte — mostrou-nos o *petit coté*, as igrejas, o cemitério judeu, o museu, antigas tabernas; alguns amigos o acompanhavam. Passamos diante de uma imensa estátua de Stalin; prevenindo qualquer comentário, uma jovem disse secamente: "Não, ela não nos agrada, em absoluto." Vimos uma ópera, medíocre, e, em sessão privada, alguns filmes representados por marionetes; o mais divertido exortava os motoristas à sobriedade; era encantador o pequeno motociclista embriagado que ultrapassava os carros, os trens, e que se arrebentava ao querer ser mais rápido do que um avião em velocidade. Partimos cheios de presentes: livros de arte, discos, rendas e cristais. Uma única sombra, mas significativa; quando visitávamos uma biblioteca, um dos administradores ficou sozinho um instante conosco; murmurou, ab-ruptamente: "Coisas terríveis estão acontecendo aqui atualmente."

Na volta, passamos sem dificuldade por uma alfândega banal; mas, do lado austríaco, um jovem soldado russo recusou-se a nos deixar passar: havíamos esquecido de pedir autorização para circular na zona soviética; enquanto ele telefonava ao seu comandante, um soldado austríaco entabulou uma conversa com Sartre: "Conheço bem Paris", disse ele, amavelmente. "Estive lá em 1943."

Lanzmann foi encontrar-nos em Viena. Eu nunca tivera essa experiência: esperar num aeroporto uma pessoa querida. É pungente o deserto do céu, seu silêncio, e esse murmúrio súbito, esse minúsculo pássaro que cresce, que se aproxima, que vira, que se afasta e que se precipita sobre nós. Entramos na Itália. Sugeri passar por Grossglokner, e Sartre se indignou: a estrada histórica era a do Brenner; enquanto a atravessávamos, ele evocou com eloquência a cavalgada de Maximiliano descendo da sombria Alemanha em direção ao sol romano e à coroa imperial. Em Verona e em Florença descansamos da Europa Central.

Sartre tomou o trem para Milão, onde passei uma breve temporada na casa da minha irmã. Voltei para a França com Lanzmann por Gênova e pelo litoral. Parte dos presentes tchecos me havia sido roubada em Florença, onde eu os deixara, uma noite, no carro; restavam-me livros e discos que os fiscais da alfândega de Menton farejaram com má vontade; aquilo vinha de Praga, era suspeito. Expliquei: obras de arte, canções folclóricas. "Prove-o!", responderam. Mostrei fotos que ilustravam uma das obras: "O senhor vê bem: são paisagens. Paisagens são coisa que não falta aqui", disse um dos fiscais, designando com um gesto amplo a costa e o mar. Livros e discos foram confiscados.

***

A partir de 1º de outubro, esperei de um dia para outro o lançamento de *Os mandarins*; desde a publicação de *O segundo sexo*, adquirira experiência: os mexericos me sujavam os tímpanos com antecedência. Eu pusera tanto de mim nesse livro, que às vezes meu rosto ardia à ideia de que pessoas indiferentes ou hostis iriam folheá-lo.

Quando subia com Lanzmann de Nice para Paris, entrei, por volta de meia-noite, num hotel de Grenoble; havia um exemplar do *Paris-Presse* sobre o balcão da recepção; abri-o e dei com um artigo de Kleber Haedens dedicado a *Os mandarins*. Para grande surpresa minha — pois não víamos o mundo pela mesma perspectiva —, ele falava bem do livro. Quando telefonei a Sartre, no dia seguinte, ele me contou que um artigo muito amável fora publicado nas *Lettres Françaises*: iria eu então ser bem acolhida de todos os lados? No conjunto, sim. Contrariando minhas previsões, foram os críticos burgueses que acharam que o meu romance apresentava bons traços de anticomunismo, enquanto os comunistas viram nele, justamente, um testemunho de simpatia; quanto à esquerda não comunista, eu tinha tentado falar em nome dela. Apenas alguns socialistas e a extrema direita me atacaram com mau humor. Em um mês, foram vendidos quarenta mil exemplares.

"Falam em você para o Goncourt", disse-me Jean Cau. Fiquei chocada: eu havia passado da idade. "Você faria muito mal em recusar", disseram-me todos os meus amigos. Se ganhasse o prêmio, eu atingiria o grande público. E ganharia dinheiro. Não tinha necessidades prementes, à medida que partilhava do dinheiro de Sartre: mas gostaria de dar minha contribuição à nossa caixa conjunta. Além disso, chovia cada vez mais no meu quarto: o Goncourt me permitiria comprar um apartamento. Concordei: se me oferecessem o Goncourt, eu aceitaria.

A julgar pelo que transpirou das discussões preliminares, disseram-me que eu tinha grandes chances de ganhar. Como não queria tornar-me presa de jornalistas, transportei-me com Lanzmann, na véspera da deliberação final, para um alojamento que Suzanne Blum arranjara para mim. Esperei o veredicto junto ao rádio, com alguma emoção, pois me haviam encorajado a fazer projetos que eu não teria abandonado sem desprazer: ao meio-dia, soube que ganhara o prêmio. Festejamos o acontecimento "em família", com um almoço na casa de Michelle, onde Sartre me deu um presente de circunstância: um livro de Billy sobre os Goncourt, que acabava de ser lançado; e, à noite, com um jantar com Olga, Bost, Scipion e Rolland. Eu prevenira o júri e Gaston Gallimard de que, caso eu fosse escolhida, não apareceria na praça Gaillon, nem na rua Sébastien-Bottin. Aos trinta e cinco anos, na minha inocência, teria achado divertido exibir-me; agora, isso me repugnava. Não tenho bastante cabotinismo, nem indiferença bastante para servir alegremente de assunto aos curiosos. Jornalistas, sentados nos degraus da escada, sitiaram em vão uma porta, por trás da qual miava um gato e que, na verdade, era a porta dos Bost. Dois ou três dias mais tarde, fotógrafos postaram-se no Café des Amis, para me esperar: saí pela clínica veterinária, cuja porta dava para uma outra rua. Concedi apenas uma única entrevista, ao *Humanité-Dimanche*: fazia questão de sublinhar que meu romance não era hostil aos comunistas e não tinha suscitado a inimizade deles.

"Se você aceitou o prêmio, deve entrar no jogo", disseram-me algumas pessoas. Não vejo em que a decisão do júri podia criar-me deveres para com a tv, o rádio, a imprensa, nem por que ela me teria obrigado a sorrir para câmeras, a responder perguntas ociosas, a publicar coisas íntimas. "Os jornalistas fazem seu papel." De acordo; nada tenho contra esses profissionais, entre os quais tenho até amigos íntimos; apenas não gosto dos jornais deles. Além disso, benéfica ou malévola, a notoriedade desfigura aqueles dos quais se apodera: na minha opinião, as relações que o escritor mantém com a verdade proíbem-no de se dobrar a esse tratamento; já basta que este lhe seja infligido à força.

Esse prêmio me valeu uma enorme correspondência. Há um bom número de leitores que compram automaticamente o Goncourt e aos quais nada tenho para agradar. Enviaram-me cartas coléricas, desoladas, indignadas, moralizantes, insultuosas. Destaco, entre muitas, esta pérola, de origem argentina, o que lhe embaça um pouco o horizonte: "Por que é preciso que, numa tal obra, as cenas de amor sejam descritas quase à maneira do *Roman d'une femme de chambre* ou de *La Princesse de Clèves*?" Pessoas mais ou menos ligadas a mim antigamente me felicitaram, como por uma promoção; isso me surpreendeu, mas tive o prazer de ver surgir no fundo do tempo certos fantasmas: alunos, colegas de estudo, um professor de inglês do Curso Désir. Rouen, Marseille, a Sorbonne e minha própria infância: de repente, o passado se reunia. Muitos desconhecidos também me escreveram, da França, da Polônia, da Alemanha, da Itália. A embaixada de Portugal me fez sentir sua desaprovação, mas estudantes de Lisboa e de Coimbra me agradeceram. Jovens malgaxes enviaram-me uma estatueta de madeira, comovidos pelo fato de eu ter falado da repressão de 1947. Acredito radicalmente demais na morte, para me preocupar com o que acontecerá depois; a partir do momento em que se realizou o sonho dos meus vinte anos — ser amada através dos meus livros[132] —, nada estraga o meu prazer.

Meus únicos aborrecimentos vieram da lenda, propagada pelos críticos, segundo a qual eu teria escrito uma crônica exata; minhas invenções tornavam-se indiscrições, ou mesmo denúncias. Como os sonhos, os romances são muitas vezes premonitórios, porque fazem jogar possibilidades; assim, Camus e Sartre brigaram dois anos depois que comecei a contar os avatares e a ruptura de uma amizade. Muitas mulheres quiseram reconhecer sua história na de Paule. Essas coincidências acabaram por dar crédito às minhas fábulas. Camus ou Sartre teria dado o falso testemunho que atribuo a Henri?, perguntaram-me. Quando havia eu exercido a psicanálise? Num certo sentido, agradava-me que minhas narrativas convencessem; mas lamentava que me imputassem indelicadezas. Um personagem secundário, Sézenac, provocou um mal-entendido muito desagradável para mim. Por certos traumas, ele evocava Francis Vintenon, de quem falei, e cuja morte violenta e estranha era atribuída a um antigo colaboracionista; em *Os mandarins*, Sézenac era liquidado de maneira análoga, mas por um companheiro, pois eu o transformara num agente duplo, culpado de ter entregado judeus. Uma amiga de Vintenon me pediu uma entrevista: pensava que eu tivesse informações secretas sobre ele; identificava o assassino imaginário com um de seus amigos. Deixou-me sem que eu tivesse conseguido convencê-la. Temo que meu livro tenha gerado muitos outros embates, de tanto que as pessoas se obstinaram em tomá-lo como um fiel decalque da realidade.

* * *

Bombas, atentados: os nacionalistas marroquinos não abandonariam a luta antes do retorno do sultão. Quando estourou a revolta nos Auras, pensei que pelo menos no norte da África o colonialismo não duraria mais muito tempo. Mendès-France enviava reforços para a Argélia; depois dele, Edgar Faure recusava-se a negociar; a polícia da Argélia prendia e torturava,[133] Soustelle, nomeado governador-geral, convertia-se à "integração"; o exército jurava so-

---

[132] Este é, sem dúvida, um desejo comum a muitos escritores. "Escrevo para que me amem", relatou Genet; e Leiris fez sua essa frase, numa entrevista.
[133] Já em janeiro de 1955, no *Bloc-Notes* que mantinha no *Express* desde abril de 1954, Mauriac, sob o título *La Question*, denunciava o uso da tortura.

lenemente jamais abandonar a Argélia. O movimento poujadista,[134] nascido dezoito meses antes, crescia vertiginosamente. Mas a insurreição que acabara de se desencadear era irreversível, eu tinha certeza, por causa do precedente indochinês e da marcha do mundo, em geral; a conferência de Bandoeng confirmou essa convicção; ela anunciava a iminente descolonização de todo o planeta.

Vi mudar a fisionomia da minha rua. Africanos do norte, de casaco de couro, de aspecto cuidado, iam frequentemente ao Café des Amis; o álcool foi proibido; através das vidraças eu via os clientes instalados diante de copos de leite. Não havia mais tumultos à noite. Essa disciplina era imposta por militantes da FLN, cuja influência tornara-se preponderante sobre o proletariado argelino fixado na França. A influência do MNA[135] declinara muito. Na Argélia, ele representava uma dissidência nociva, afirmavam Francis e Colette Jeanson em *L'Algerie hors la loi*; a esquerda francesa, em seu conjunto, hesitava entre a FLN e o MNA; em nenhum ponto, aliás, sua posição era nítida; desejava uma solução "liberal" para o conflito: a palavra podia ter muitos sentidos. De acordo com Jeanson, Sartre e a *Temps Modernes* reivindicavam a independência para o povo argelino, e estimavam que este se encarnava na FLN.

Os acontecimentos do norte da África e a queda de Mendès acirraram a oposição entre os franceses que desejavam mudanças e aqueles que tinham interesse no *status quo*. No primeiro campo, houve reagrupamentos. O *Express* reuniu em torno de Mendès a Nova Esquerda, apoiada também por Malraux e Mauriac. Mendès conseguira que fossem votados pela Assembleia, em 31 de dezembro, os acordos de Paris que ressuscitavam a Wehrmacht; ele se defendia da acusação de querer "abandonar" a Argélia; seu clã propunha acomodar o capitalismo e o colonialismo numa perspectiva tecnocrática: tratava-se na verdade de uma direita um tanto amenizada. A *Nova Esquerda*, cuja ideia fora lançada um ano antes por Bourdet, era mais digna do seu nome.

Pareceu-nos necessário distinguir na "esquerda" nossos verdadeiros aliados e nossos adversários. A equipe da *Temps Modernes* tratou de elucidar o sentido desse rótulo desvirtuado. Lanzmann encarregou-se de atacar de frente o problema, escrevendo um artigo sobre "o homem de esquerda". Outros organizaram inquéritos ou estudaram pontos específicos. Quanto a mim, abordei

---

[134] De Pierre Poujade: movimento e partido político popular de direita, no fim da IV República, apoiado sobretudo pelos pequenos comerciantes. (N.T.)
[135] Mouvement National Algérien (Movimento Nacional Argelino). (N.T.)

a questão pelo avesso, tentando definir as ideias defendidas pela direita hoje. Sentira prazer em destrinchar os mitos tecidos em torno da mulher; também neste caso tratava-se de pôr a nu as verdades práticas — defesa dos privilégios pelos privilegiados — que dissimulam sua crueza por trás de sistemas e conceitos nebulosos; eu já lera muito, já engolira muitas tolices; arrecadei outras. Entediava-me, mas com satisfação, pois essa fumaça indicava a derrota ideológica dos privilegiados. Economistas aprimoravam, para seu uso, teorias mais hábeis que as de seus pais; mas, para justificar seu combate, não sabiam mais que tática ou ideal invocar. Seu pensamento, concluí, não é mais que um contrapensamento. O futuro me deu razão. Pela boca de Kennedy e de Franco, de Salan e de Malraux, o "mundo livre" não invoca outra razão de ser nem outra regra, a não ser a seguinte: derrotar o comunismo; é incapaz de propor uma contrapartida positiva. É lamentável ver o governo dos EUA procurar desesperadamente temas de propaganda: ele não pode esconder do mundo que os únicos valores defendidos pela América são os interesses americanos. Até mesmo a palavra "cultura" tornou-se inutilizável: contra Spender e Denis de Rougemont, os cientistas russos poderiam correr o risco de reivindicá-la. Certamente haverá sempre alguns Thierry Maulnier para agitar, contra o futuro, palavras trôpegas: essas missões contemporizadoras nunca contemporizam nada.

Em junho, em *Aventures de la dialectique*, Merleau-Ponty, a quem a atitude política de Sartre irritava, reconstruiu seu pensamento da maneira mais extravagante. Ligado na época à *Nova Esquerda*, ele a servia desmoralizando o "ultrabolchevismo" de Sartre; e assim satisfazia a mais extrema direita: escolhendo com segurança uma das frases mais infelizes de Merleau-Ponty — onde ele confunde necessidade e liberdade —, Jacques Laurent declarou que com aquelas poucas palavras ele liquidara o sartrismo. As ideias de Sartre já eram suficientemente mal compreendidas para que me parecesse deplorável que as desvirtuassem ainda mais: com tanta frequência esqueciam que em *O Ser e o Nada* o homem não é um ponto de vista abstrato, mas uma presença concreta; tantas vezes se reduzia a relação com outrem a um único olhar! Gurvitch, em um de seus cursos, recentemente pretendera que o outro, em Sartre, é um "importuno". Quero restabelecer a verdade; Sartre aplicava em vários campos o método dialético; deixava a porta aberta a uma teoria geral da razão dialética; sua filosofia não era uma filosofia do sujeito etc. As frases dele que eu citava contradiziam, termo a termo, as alegações de Merleau-Ponty.

    Disseram que Sartre era quem deveria responder. Nada o obrigava a isso; em compensação, qualquer sartriano tinha o direito de defender uma filosofia que assumira como sua. Reprovaram-me também pela virulência da minha resposta: mas o ataque de Merleau-Ponty era, no fundo, de grande agressividade. Quanto a ele, não ficou com raiva de mim, ou pelo menos não por muito tempo; podia compreender as cóleras intelectuais. Aliás, apesar de termos um pelo outro uma grande amizade, nossas discussões eram muitas vezes calorosas; eu me exaltava e ele sorria.

    De um modo geral, sou muito categórica nos meus ensaios, disseram-me algumas pessoas: um tom mais comedido convenceria mais. Não acredito. Se quisermos que certos invólucros estourem, não devemos acariciá-los, mas meter as unhas neles. Não me interessa recorrer a apelos do coração quando julgo ter a verdade a meu favor. Nos meus romances, entretanto, apego-me a matizes, a ambiguidades. É que meu objetivo é então diferente. A existência — outros o disseram e eu já o repeti — não se reduz a ideias, não se deixa enunciar: só podemos evocá-la através de um objeto imaginário; é preciso, então, apreender de novo o seu jorro, suas reviravoltas, suas contradições. Meus ensaios refletem minhas opções práticas e minhas certezas intelectuais; meus romances, o assombro no qual me lança, no conjunto e em seus detalhes, nossa condição humana. Eles correspondem a duas ordens de experiências que não poderiam ser comunicadas da mesma maneira. Umas e outras têm para mim a mesma importância e autenticidade; não me reconheço menos em *O segundo sexo* do que em *Os mandarins*; e inversamente. Se me expressei em dois registros, foi porque essa diversidade me era necessária.

No inverno, Lanzmann e eu descemos para Marseille; apesar das devastações e da feiura das reconstruções, eu ainda amava a cidade, e ele a amou também; era um prazer abrir os olhos toda manhã sobre a flotilha do Vieux Port e ver, à noite, suas águas calmas se tornarem douradas. Trabalhávamos em nossos artigos, passeávamos, conversávamos e líamos assiduamente os jornais. Certa manhã, uma manchete na primeira página informou-nos que Bulganin substituíra Malenkov, demissionário, na presidência do governo soviético; seu braço direito seria Khruchtchev. Novamente a indústria pesada tinha prioridade sobre a indústria leve. Na Hungria, Rakosi retomou o poder de Nagy. Mas não se voltou ao stalinismo. Começou-se a falar em coexistência. Em junho, Bulganin e Khruchtchev visitaram Tito.

Isso não impedia os comunistas profissionais de continuarem na França sua frutífera carreira. Inspiraram a Sartre uma farsa, *Nékrassov*. Não estava ainda terminada, quando Jean Meyer começou a encená-la, com Vitold no papel de Valéra, o falso Nékrassov; Sartre tinha dificuldades em terminá-la, pois não queria fazer do seu herói um salafrário declarado, nem convertê-lo. Depois de alguns ensaios, trouxe o texto de um novo quadro, onde pintava com um lirismo bufo o grande medo burguês. Enquanto o clube dos futuros fuzilados dava uma festa sombria na casa da Mme Bounoumi, grevistas desfilavam sob suas janelas e o catastrofismo nebuloso dos convidados transformava-se em verdadeiro medo. Simone Berriau empalideceu: "Vão quebrar minhas poltronas." Meyer, assustado, protestava: "Está demorando demais!" Valéra, fugindo da polícia, iria saltar por uma janela e cair no meio dos grevistas que mais tarde lhe abriam os olhos. Reconsiderando a cena, esse otimismo jadnoviano desagradou a Sartre: ele suprimiu o motim; imediatamente a cena ficou mais suave. Estava também mais curta; entretanto, uma vez terminada, a peça durava ainda mais do que convinha: sacrificou-se o prólogo. Meyer montou *Nékrassov* sem invenção nem alegria, e Sartre censurou-se depois por não ter centrado a intriga mais no jornal do que em Valéra. Isso não impede que, representada por excelentes atores, fosse uma comédia muito engraçada; os terrores, os delírios, as fantasias, os deslumbramentos, os slogans, as fabulações dos anticomunistas — entre outras, a lenda da "maleta de pólvora" contada certa vez por Malraux — ele tirara de tudo isso efeitos irresistíveis. Na noite do ensaio geral, os críticos e a alta sociedade presentes na sala mostraram-se hostis: não puderam impedir-se de rir, embora declarassem mais tarde que haviam bocejado. Mas a imprensa não perdoou Sartre por ter ousado zombar dela; quis vingar-se. Françoise Giroud conseguiu ser convidada para o ensaio dos figurinos e antecipou-se à crítica teatral do *Express*, Renée Saurel, que pediu demissão; ela desancou avidamente *Nékrassov*. Todos ou quase todos os jornais a imitaram. Uma peça pode desafiar os críticos quando tem os favores do público; é o caso do teatro de Anouilh: ele agrada aos ricos. Mas *Nékrassov* investia justamente contra as pessoas que garantem as boas receitas; os que compareceram divertiram-se; mas impuseram-se o dever de dizer a seus amigos que se haviam entediado. A burguesia digere, sob pretexto de cultura, muitas afrontas: aquele espinho ficara-lhe na garganta. *Nékrassov* não passou de sessenta representações.

Meus artigos daquele ano tomaram-me tempo, por causa das leituras que exigiram de mim. Mesmo assim, eu tinha lazeres. Passeava com Lanzmann, saía, via amigos. Conhecera seu irmão Jacques, de volta da América. Ele contava, gaguejando, aventuras engraçadas, nas quais se misturavam seus sonhos e a realidade. Seu primeiro livro, *La Glace est rompue*, pintava a Islândia com extravagância e exatidão. Lamentamos que o embaixador se sentisse ofendido com alguns fragmentos publicados na *Temps Modernes*. Lanzmann também tinha uma irmã, Évelyne Rey, que pertencia ao elenco do Centro do Oeste; ela representava quase sempre na província; mas o Centro montou em Paris *As três irmãs*, e eu a vi, então, pela primeira vez. Pouco depois, retomou o papel de Estelle, em *Entre quatro paredes*, no teatro do Athénee. Aos vinte e dois anos, sem dinheiro nem experiência, era ruiva, gorda, maquiava-se como uma *vamp* e usava vestidos de veludo preto. Paris logo lhe moldou o gosto. Em um ano eu a vi loura, magra, juvenil e elegante. E, o que é raro nas mulheres, era espirituosa; e tão bonita, que sua inteligência espantava. Saíamos muito juntos, e eu gostava muito dela.

Eu ia ao cinema com Lanzmann. *O sal da terra* era uma história pungente, contada com rudeza. Apreciei a divagação de Buñuel sobre *Robinson Crusoé* e a obra-prima de Fellini, *Os boas-vidas*. Sartre me transmitira outrora o gosto pelos *westerns* e eu o conservara. Colocava acima de todos os outros *O tesouro de Sierra Madre*, rodado por Huston com base no romance de Traven, esse misterioso autor de *best-sellers* que vivia no México, e cuja identidade ninguém conhecia. Mas também Gary Cooper, em *Matar ou morrer*, Marilyn Monroe em *O rio das almas perdidas*, os tumultos de *Os brutos também amam* haviam me emocionado. Nesse ano, em *Johnny Guitar*, reencontrei Joan Crawford, mais bela do que nunca, no brilho dos seus cinquenta anos. Entretanto, quase sempre os americanos estragavam esse tipo de filme, sobrecarregando-os com uma "mensagem" política, sempre a mesma. Um dos heróis, homem, mulher ou criança, por uma espécie de neurose, repelia a violência; durante uma hora e meia, por vezes duas, a maldade de seus inimigos não conseguia convertê--lo: de repente, no último minuto, para salvar seu amigo, seu noivo, seu pai, ele matava. O espectador voltava para casa convencido — esperava-se — da necessidade da guerra preventiva.

Fui ver *Porgy and Bess*, apresentado de maneira deslumbrante por uma companhia americana, e *As feiticeiras de Salem*, muito bem montada por Rouleau. *Ping-pong*, da qual participavam alguns amigos, pareceu-me a melhor peça de Adamov. Não sei por que eu perdera, em 1954, *Mãe Coragem*, que apresentara Brecht ao público francês; ele me foi revelado,[136] em junho de 1955, pelo *Círculo de giz caucasiano*, que o *Berliner Ensemble* apresentou, no teatro Sarah-Bernhardt.

Afora aqueles que me informavam sobre meu tempo, poucos livros me prendiam. Houve *O belo verão*, de Pavese, que me trouxe tudo aquilo que se pode pedir a uma obra romanesca: a recriação de um mundo que envolve o meu e que lhe pertence, que me desambienta e me ilumina, que se impõe a mim para sempre com a evidência de uma experiência que eu teria vivido. Em *Fourbis*, de Leiris, reencontrei o que me havia atraído em *Bifur*, essas volutas de palavras que se enrolam nelas mesmas e se desenrolam até o infinito, penetrando nos abismos do passado e do coração, e, no entanto, cintilando em pleno dia, remetendo de imagem em imagem a um segredo que se desvanece no momento em que se anuncia, não tendo a busca outra saída senão ela mesma, no torvelinho de seus mil espelhos.

No fim da primavera, foi publicado *Ravages*, de Violette Leduc: um romance crispado e violento, no qual a autora lança ao público sua experiência, sem lhe oferecer qualquer cumplicidade; foi por isso que o livro não chocou, apenas: desagradou. E, em primeiro lugar, aos leitores da casa Gallimard. A primeira parte contava sem rodeios — embora sem obscenidade — os amores de duas colegiais: exigiram sua supressão. Julgaram impublicáveis certas cenas que não ultrapassavam em audácia muitas outras que foram impressas: mas o objeto erótico era o homem, e não a mulher, e eles se sentiram ultrajados. Assim mutilada, a narrativa perdia realce, sem ganhar as graças que Violette Leduc recusara deliberadamente. No entanto, ela achou que o livro tivera um bom início. Passeávamos ao sol, nas aldeias de Bagatelle, entre canteiros de tulipas e jacintos, e, segundo os números fornecidos pela Gallimard, sonhávamos com um sucesso: os números eram falsos. Alguns críticos gostaram de *Ravages* e tornaram pública a sua opinião; o público não o comprou. "Sou um

---

[136] *A ópera dos três vinténs*, que eu vira em 1930, montada por um grupo francês, não me dera a menor ideia de Brecht.

deserto que monologa", escreveu-me, um dia, Violette Leduc. Em geral, ela é traída pela literatura que evoca a aridez: o leitor passeia à vontade por entre paisagens matizadas; quanto a ela, sob o brilho das palavras, conservava seu deserto nu, eriçado de seixos e espinhos; era o seu achado: foi o seu fracasso. E esse fracasso lançou-a num grande abatimento.

Eu tinha um grande desejo de ver a URSS; mas desejava mais ainda conhecer a China; lera a reportagem de Belden e todos os livros, ainda pouco numerosos, publicados em francês sobre a revolução chinesa; sonháramos diante das fotografias de Cartier-Bresson. Todos os viajantes que voltavam de Pequim falavam na China em tom deslumbrado. Quando Sartre me disse que tínhamos sido convidados a visitar o país, não ousei acreditar. Em junho, ao assistir à extraordinária representação da Ópera de Pequim, eu ainda duvidava.

Entrementes, fiz uma viagem mais modesta, mas importante para mim; o congresso do Movimento da Paz ia realizar-se em Helsinque; minha evolução política me levara a desejar tomar parte nele. Acompanhei Sartre. Paramos algumas horas em Estocolmo; depois sobrevoamos um mar de um verde tão frio, que parecia sólido: gelo em fusão. Eu percebia uma dispersão de ilhotas abandonadas, ainda mais solitárias quando uma casa se elevava na ponta; multiplicaram-se, e eu já não sabia se sobrevoava águas semeadas de terras, ou terras furadas pelas águas; o continente triunfou: pinheiros, lagos tão secretos como recifes. Meu olhar violava e unia esses lugares inacessíveis, invisíveis, fechados e separados, emprestando a esse pedaço de planeta uma fisionomia que só existia para mim, e que no entanto era bem real. Reencontrei a emoção da minha infância, quando meus olhos recriavam o mundo e essa arcaica tristeza: em um instante, para quem quer que fosse, aquilo não existiria mais.

Experimentei em Helsinque o que Sartre sentira em Viena. No vasto saguão, decorado de bandeirolas e bandeiras, todos, ou quase todos, os países estavam presentes; os membros do Bureau tinham assento no anfiteatro; os outros congressistas sentavam-se diante de carteiras munidas de fones, ou então andavam e cochichavam nos corredores. Muitos tipos de trajes: hindus, árabes, padres, popes. Era emocionante ver aquelas pessoas atraídas por uma mesma esperança, vindas muitas vezes com grandes riscos e perigos, de todos os cantos do mundo. Falei com estudantes americanos, vindos clandestinamente a Helsinque, correndo o risco de ter seu passaporte confiscado. Sartre me apresentou a Maria Rosa Oliver, uma bela argentina, paralítica, que se deslocava pelo mundo inteiro em sua cadeira de rodas: tivera que passar pelo Chile para chegar à Finlândia. Conheci Nicolás Guillen, o poeta cubano, e Jorge Amado, o escritor brasileiro cujos romances eu apreciava. Revi Anna Seghers e seus olhos azuis. Durante um jantar, Lukács travou com Sartre uma discussão sobre a liberdade, mais amena que as cartas trocadas alguns anos antes, mas pouco proveitosa: Sartre ouviu-o polidamente, enquanto expunha que o homem era condicionado por sua época; ainda não terminara quando se abriu a sessão da tarde. Jantei com Surkov e Fedin; bebendo vinho da Geórgia, no limiar de uma noite indecisa, escutando sob o céu pálido o murmúrio das árvores, eu me lembrava da curiosidade um tanto triste com a qual, quatro anos antes, havíamos visto, acima do cabo norte, os arames farpados russos e as sentinelas estreladas; para nós, a cortina de ferro fundira-se: não mais interdições, não mais exílio; o mundo socialista fazia parte do nosso universo.

Encontrei várias vezes Ehrenburg. Lembrava-me dele, no terraço do Dôme, antes da guerra, hirsuto, atarracado. Hoje, estava vestido com uma displicente audácia, que lembrava o antigo Montparnasse: terno de *tweed* verde pálido, camisa laranja, gravata de lã; mas o corpo afinara, e, sob os cabelos brancos e cuidados, o rosto alongara-se. Sua voz era muito agradável, e o francês, sem mácula. O que me incomodou nele foi sua segurança: ele tinha consciência de ser o embaixador cultural do país que tem nas mãos o futuro do mundo; um bom comunista não duvida de possuir a verdade: não era de espantar que Ehrenburg falasse *ex cathedra*. Seu charme, ao mesmo tempo volúvel e agudo, atenuava seu dogmatismo. Censurou Sartre, num tom de amizade quase de avô, por certos detalhes da entrevista que este dera ao *Libération* sobre a URSS. Pediu-lhe insistentemente que, quando tomasse a palavra, não atacasse com demasiado ardor os EUA; a hora era de acomodações: ele tivera a intenção de recomendar a uma revista certos trechos de *L'Amerique au jour le jour*, mas agora essa publicação não lhe parecia mais oportuna. Falou-me de *Os mandarins*; em Moscou, todos os intelectuais que sabiam francês o haviam lido e discutido com simpatia, embora a história de amor lhes parecesse supérflua. "Entretanto", acrescentou, "não podemos pensar em traduzi-lo agora". Deu-me duas razões: em primeiro lugar, o pudor literário, tradicional na Rússia; e depois, as discussões sobre os campos não teriam incomodado ninguém alguns anos antes; teriam pensado, sorrindo: "Até mesmo os simpatizantes caem na esparrela do anticomunismo!" Mas agora sabia-se: a volta dos deportados colocava difíceis problemas; o público não suportaria que se pusesse o dedo nessa chaga. Ele contou histórias curiosas sobre Stalin, entre outras a que se segue. Stalin conversava calmamente com escritores: "Há duas maneiras de ser um grande escritor: pintar afrescos grandiosos e trágicos, como Shakespeare. Ou então descrever com precisão e profundidade os mínimos detalhes da vida, como Tchekhov." Ehrenburg fazia um considerável esforço para "degelar" a literatura soviética; tentava, em sua revista, multiplicar os contatos com o Ocidente; protegia a pintura não oficial. Dotado de inteligência versátil, tendo o gosto formado pelo que outrora se chamava "vanguarda", aplicava-se em conciliar eficazmente esse liberalismo com a ortodoxia soviética; a tarefa nem sempre fora sem perigo.

Passeei, sozinha ou com Sartre, pela cidade feia, mas fustigada por um mar verde, barrado de escolhos e rochedos. À sua porta havia um imenso parque plantado de bétulas e pinheiros; ali jantamos, certa noite, em mesinhas, num grande pavilhão envidraçado, e eu tinha prazer em conversar com uns e outros. Vercors e sua mulher me falaram de Pequim, do mercado coberto, do palácio imperial, e eu me dizia: "Daqui a três meses!" Fomos dar uma volta nas alamedas, com Dominique Desanti, Catherine Varlin e Guillen, que chegara no fim da refeição, morrendo de fome; às onze da noite ainda estava claro, era uma noite de festa, e cruzávamos, sob os pinheiros, com bandos de finlandeses que iam cantando celebrar um de seus heróis e ver a queima de fogos de artifício. Quando voltamos a Helsinque, Guillen sonhava com cachorros-quentes; mas não havia sequer um bar aberto, nem mesmo um armazém, nem ambulantes: por toda parte o silêncio; o bar do hotel estava fechado; quisemos comprar uma garrafa de vinho para beber no meu quarto: "É meia-noite e dois", disse-nos severamente um empregado. Contentamo-nos com água natural. Guillen protestava contra o puritanismo nórdico. Outra noite, como Sartre estava retido numa comissão, subi para o bar do hotel, no 15.º andar. Por muito tempo, diante de um copo de uísque, contemplei o sol suspenso na linha do horizonte, a costa e os recifes, batidos por uma água revolta, cuja espuma pouco a pouco fundia-se na noite. Era belo e eu estava feliz. O que Ehrenburg me dissera de *Os mandarins* me agradara. Os estudantes americanos previam grande sucesso do livro nos EUA; eu estava com sorte: a calmaria internacional fora útil a esse livro, que a guerra fria, enquanto eu o escrevia, fadava ao fracasso. Depois de anos lutando contra a corrente, sentia-me de novo sustentada pela história; e tinha vontade de misturar-me mais a ela. O exemplo dos homens e das mulheres com os quais eu convivia estimulava-me. Durante três anos eu concedera muito à minha vida privada. Não me arrependia de nada. Mas velhas palavras de ordem despertavam em mim: servir a alguma coisa.

As sessões do Congresso não tinham interesse; havia oradores demais: não tinham vindo do fim do mundo para calar-se. O verdadeiro trabalho se fazia em comissões. A delegação argelina quis entender-se com a delegação francesa; Bumendjel presidia-a. Eles nos expuseram a situação de seu país. Lembraram que, poucos dias antes, a insurreição entrara em nova fase; ganhava o país inteiro; os cento e vinte mil soldados franceses que no momento se encontravam em território argelino seriam impotentes para contê-la. Nós mesmos, dizia ele, mal conseguimos controlá-la: amanhã não a controlaremos mais. Exortaram os franceses a quebrarem imediatamente o círculo infernal repressão-rebelião: "Negociem conosco!" Vallon e Capitant sorriam: "O problema é econômico: se fizéssemos as reformas necessárias, suas reivindicações políticas não teriam mais razão de ser." Os argelinos balançavam a cabeça: "Realizaremos nós mesmos as reformas. Nosso povo quer a liberdade." Conseguiram algum apoio entre os franceses. Sartre não interveio, por não conhecer suficientemente a questão, mas sabia que nenhuma reforma econômica válida podia ser realizada no quadro do colonialismo.

O círculo ainda não fora quebrado quando voltamos a Paris. Um deputado do MRP,[137] o padre Gau, denunciou à Assembleia os métodos empregados na Argélia pela polícia, dignos da Gestapo. Ouviram-no distraidamente,[138]

---

[137] Mouvement Républicain Populaire (Movimento Republicano Popular), partido político fundado por Bidault. (N.T.)

[138] No mês de fevereiro, Vuillaume, inspetor-geral da Administração, fora encarregado de um inquérito; só o conheci muito mais tarde, quando foi publicado por Témoignages et Documents seu relatório de 2 de março de 1955. Descreve as diferentes torturas usadas pela polícia e acrescenta que elas lhe parecem necessárias: "É preciso ter coragem de tomar posição sobre tão delicado problema. Com efeito, ou nos confinamos na atitude hipócrita que prevaleceu até agora e que consiste em querer ignorar o que fazem os policiais... ou então assumimos a atitude falsamente indignada daquele que pretende ter sido enganado... Ora, nenhuma dessas duas atitudes seria decente: a primeira porque o véu foi erguido, e a opinião pública está alertada; a segunda porque a Argélia necessita sobretudo, nas circunstâncias atuais, de uma polícia particularmente eficaz. Para devolver à polícia sua confiança e entusiasmo, resta apenas uma solução: reconhecer e cobrir certos procedimentos." Soustelle não ratificou oficialmente essas conclusões, mas subscreveu esta, que envolvia todas as outras: "A procura das responsabilidades individuais é das mais difíceis. Em suma, considero-a inoportuna."

e pouco mais tarde decretou-se estado de alerta. O marechal Juin criou um Comitê decidido a manter a Argélia como colônia francesa a qualquer preço. Por toda parte, o colonialismo era solapado: volta triunfal de Burguiba a Túnis, assassinato de Lemaigre-Dubreuilh no Marrocos, levantes nos Camarões. Mas essa evidência não atingia aqueles que tinham interesse em ignorá-la.

***

Voltei à Espanha com Lanzmann. Estávamos decididos a assistir a touradas. Nesses tempos em que as palavras custam tão pouco, aprecio essas provas nas quais o homem empenha seu corpo, num corpo a corpo. Com a condição, é claro, de que o faça por livre e espontânea vontade. Na nossa sociedade, a vontade dos explorados nunca é livre; e os vícios do capitalismo repercutem de mil maneiras, tanto no ringue como na arena. Feita essa ressalva — ela é importante —, julgo sem fundamento os ataques dirigidos, em nome da moral, contra o boxe ou a tauromaquia. Os moralistas burgueses são puros espíritos, ou quase; de seu corpo, ignoram as necessidades, as fadigas, os recursos, os limites, a força, a fragilidade; só o reconhecem sob a figura do sexo ou da morte: essas palavras surgem logo de suas penas quando interpretam um acontecimento em que o corpo se empenha até o sangue, sem intermediário mecânico, em sua presença bruta. Se clamam contra o barbarismo e o sadismo, é porque a identificação de um homem com seu corpo os escandaliza. Atribuem instintos "baixos" e "turvos" à multidão que a aceita naturalmente, porque tal identificação responde à sua experiência íntima. Esquecem-se de que festas tradicionais não poderiam ser explicadas por perversões individuais; quanto à morte, está menos presente numa arena do que num autódromo. Os partidários da tourada geralmente me aborrecem tanto quanto seus adversários, porque retomam os mesmos mitos, exaltando-os, em vez de se indignarem contra eles. Esses mitos não existiam nas comunidades camponesas onde nasceu a tauromaquia; foram cultivados quando a aristocracia rural e sua clientela se apoderaram dela, em proveito próprio. Se são afastados, a despeito dos *falbalás*, das cerimônias, de toda uma literatura, a tourada conserva seu sentido original: um animal inteligente esforça-se por vencer um animal mais poderoso, mas irracional. É justamente porque tenho do homem uma visão materialista que tal combate me interessa. Ele é prejudicado por truques, pelo fato de se ter tornado (como o boxe) um empreendimento financeiro em que prevalece a busca do lucro. Mas algumas vezes a audácia e a sinceridade de um toureiro lhe restituem a pureza.

Começamos por Barcelona, onde vimos Chamaco, ainda *novillero*, que os barceloneses idolatravam. Depois, fomos a Pamplona; havia feira, que não se assemelhava muito às descrições de Hemingway. Nas praças, nos cafés, em grupos, bandos, confrarias, apenas homens, cantando e dançando pesadamente, rejubilando-se por estarem entre homens. Passamos três tardes nas arenas; eu gostava muito de Gijon, que naquele ano ganhou a orelha de ouro.

Ganhamos a costa oeste e paramos em Toja, seduzidos pelo pinheiral e pela solidão das imensas praias. Mas naquelas regiões a Espanha não sorria. Quando andávamos no cais do pequeno porto vizinho, os rostos dos pescadores, curvados sobre suas redes, endureciam; nas cidades e aldeias das Astúrias, em torno das minas, todos os olhares eram reprovadores; algumas crianças atiraram pedras no carro. Preferíamos essa raiva à resignação, mas não era agradável servir-lhes de alvo. E, mais do que no ano anterior, detestávamos as mistificações. Foguetes em excesso, por toda parte, imitavam a alegria; padres em demasia passeavam, pelas pequenas aldeias famintas, as miragens do além: pululava na região esse clero de chapéu peludo, que só pela força das armas reduzira os ódios ao silêncio. Em Oviedo, quando ali entramos, uma procissão enchia as avenidas de salmodias e de vozes fanhosas, órfãs, mulheres de negro, tristes adolescentes de vestidos longos: nenhuma luz nesses rostos bestificados pelas mais mesquinhas devoções. Santiago de Compostela, apesar de sua catedral e do brilho do nome, nos fez fugir: as ruas cheiravam a água benta e a venalidade. Atravessamos florestas cujas bolotas servem de alimento aos homens, e quisemos visitar o vale dos Hurdos, revelado antes da guerra pelo filme de Buñuel. Chegava-se lá por uma estrada sem saída, tão ab-rupta que, de baixo, a muralha por onde serpenteia parecia intransponível. Sobre uma espécie de pórtico, lia-se: "Você está entrando no vale dos Hurdos"; e pareceu-nos que um mundo para sempre apartado do mundo fechava-se sobre nós. Na montanha, a alguns quilômetros, eu sabia que se construíra recentemente um luxuoso mosteiro: a solicitude pública parava ali. As casas eram estábulos onde viviam, misturados, cabras, galinhas e um gado humano, crianças, adultos, gente atacada de bócio: em todos os rostos era um mesmo desespero animal; e, no entanto, vimos apenas o fundo do vale, onde corre um filete de água, onde o solo produz algumas plantas; mas, nos pedregulhos dos planaltos, os homens tinham que levar nas costas água e até mesmo terra. Na volta, estava escuro; nem uma luz sequer, nem uma voz; algumas portas se abriam para uma silenciosa escuridão onde se amontoavam animais e pessoas; também em nossas bocas os sons gelavam.[139]

Salamanca era bela: praças, arcadas, pedras, mármores, de um classicismo incomum na Espanha. Partimos direto para Valência através da Mancha de ventos tumultuosos, onde se erguem os moinhos de Dom Quixote. A feira estava se abrindo; agradou-nos muito mais do que a de Pamplona; nada de folclórico: a efervescência de uma verdadeira cidade de hoje. Na primeira manhã, assistimos ao *apartedo* e depois a todas as touradas. Entrementes, passeávamos na Albufera e contemplávamos as velas brancas no meio das laranjeiras da *huerta*. Faltou água em Valência durante esses três dias; bebiam cerveja, vinho, e nós tomávamos banhos de mar, que deixavam nossa pele lustrosa. Lanzmann comprou um soberbo cartaz vermelho e amarelo, no qual Litri enfrenta um touro e que preguei em uma de minhas paredes.

Depois de visitarmos de novo a Andaluzia, fomos para Huelva; Litri fazia ali — uma vez mais — uma entrada ruidosamente anunciada pela imprensa. Era um filho da terra, e no dia da tourada havia à sua porta uma multidão de homens e mulheres que esperavam sua saída com devoção. Guardei uma imagem muito viva das arenas rústicas, rebocadas a cal, dominadas por uma colina de cores africanas; entre os rochedos fulvos e os eucaliptos, algumas pessoas, vestidas com tecidos berrantes, de pé, olhavam. Nada de muito interessante acontecia. Ortega, louro, barrigudo, parecia um matador de ópera; Bienvenuda poupava seus riscos e sua dor; e Litri, as faces rosadas como uma virgem de Zurbarán, não merecia inteiramente os aplausos que provocava. De repente, como um novo touro surgisse na arena, um jovem saltou a balaustrada, armado de um lenço vermelho; diante do touro, ainda inexperiente, mas intacto, deu alguns passes ousados e me parecia já sentir dois chifres no seu ventre; nenhum dos toureiros, nenhum dos homens de suas quadrilhas mexeu-se. Enfim, um carabineiro, por cima da barricada, deu uma paulada no adolescente; ele caiu e levaram-no.

---

[139] O escândalo era demasiado flagrante. Há um ou dois anos, foi superficialmente remediado. A estrada foi aberta pelos dois lados; a rede elétrica foi instalada; algumas escolas foram criadas.

Um grande bosque de eucaliptos, um planalto cinza plantado de araucárias, serras nuas: Madri. Naquele ano nós a amamos, talvez porque ali vagássemos em companhia de madrilenhos. Certa noite, enquanto bebíamos manzanilla num balcão, sob a cabeça de um célebre touro, um deles, através do seu mau francês e do nosso mau espanhol, tomou-se de simpatia por nós; foi acordar o irmão, que falava francês fluentemente; numa antiga taberna, de paredes pintadas, comemos juntos aqueles camarões ao alho e óleo que são servidos fervendo, em tigelas de arenito; até a madrugada, conversamos e bebemos ao som dos violões nos pequenos bares próximos da Puerta del Sol; aqui e ali, uma mulher ou um homem, repentinamente inspirado, punha-se a cantar ou dançar. Nossos amigos eram pequeno-burgueses abastados, não gostavam do regime. "Ninguém gosta", afirmavam; mas preocupavam-se pouco com política. Um deles acreditava piamente em Deus: "Do contrário", disse-nos, "eu me mataria agora mesmo". Não nos deixaram pagar uma única consumação: "Estamos em casa." No domingo seguinte, nós os levamos com as esposas ao Escurial, para ver uma tourada, aliás, bem fraca.

Já contei minha viagem à China.[140] Não foi semelhante às outras. Não foi nem um passeio, nem uma aventura, nem uma experiência, mas um estudo, realizado no local, sem fantasia. O país me era radicalmente estranho; mesmo com o Yucatán e com a Guatemala eu descobrira em mim, através da Espanha, algumas conivências: ali, nada. Os escritores que encontrei, aprendi lá mesmo a conhecê-los um pouco, através das traduções inglesas; mas até então eles não haviam existido para mim; e — com exceção de dois ou três especialistas em literatura francesa — nem o nome de Sartre nem o meu tinham qualquer significado para eles; os jornais noticiaram que Sartre acabava de escrever uma "vida de Nékrassov",[141] e nossos interlocutores muitas vezes demonstravam por essa obra um polido interesse; depois, falava-se de gastronomia. Mais ainda que os constrangimentos políticos, essa ignorância recíproca atrapalhava nossas conversas. Por outro lado, a cultura chinesa — já me expliquei longamente sobre isso — é essencialmente uma cultura de funcionários públicos e de magistrados: tocou-me pouco. Gostei da Ópera, da graça ritual dos gestos, da iminência trágica

---

[140] *A longa marcha.*
[141] O grande poeta russo do século XIX.

da música, do gorjeio das vozes. Gostei, na glória do outono, dos *huntungs* cinzentos de Pequim e de suas noites imaculadas. Por vezes no teatro, ou numa esquina, as coisas me invadiam; eu esquecia. Mas, em geral, eu estava ali, diante de um mundo que me esforçava por compreender, e onde não conseguia penetrar.

Não era um mundo fácil de decifrar. Pela primeira vez eu tinha contato com o Extremo Oriente; pela primeira vez compreendi o sentido das palavras: "país subdesenvolvido"; fiquei sabendo o que significava a pobreza na escala de seiscentos milhões de homens; pela primeira vez assisti a esse duro trabalho: a construção do socialismo. Essas novidades sobrepunham-se e se embaralhavam; a penúria chinesa só me aparecia através dos esforços feitos para superá-la; as realizações do regime deviam sua severidade a essa miséria. Sobre as multidões que passavam por mim, sobre seus prazeres e seus sofrimentos, o exotismo lançava um véu. Mesmo assim, observando, consultando, confrontando, lendo, escutando, uma evidência rompeu essas semitrevas: a imensidão das vitórias alcançadas em alguns anos sobre os flagelos que outrora oprimiam os chineses, a imundície, a verminose, a mortalidade infantil, as epidemias, a subalimentação crônica, a fome; as pessoas tinham roupas e casas limpas e comiam. Uma outra verdade se impunha: a energia impaciente com a qual aquele povo construía o futuro. Outros pontos se esclareceram. Por mais incompleta que fosse minha experiência, comecei a pensar que talvez fosse interessante relatá-la.

Na ida, eu passara apenas um dia em Moscou, mas sem que nada ou ninguém perturbasse aquela visão; guiada por Sartre, caminhei pelas ruas, de manhã até a hora em que se acendem nas torres do Kremlin estrelas de rubis. Passamos ali uma semana, ao voltarmos de Pequim. Depois de dois meses de pobreza chinesa, Moscou me deslumbrou, como acontecera outrora com Nova York, ao sair da penúria europeia. Já era noite, quando Simonov veio buscar-nos no aeroporto; a Universidade, tão feia à luz do dia, resplandecia; ceamos com ele e a mulher — uma atriz conhecida, que todos olhavam — no Sovietskaia, cuja sala de jantar transformava-se à noite em cabaré. Que alegria reencontrar comidas e bebidas que embriagam! Havia uma orquestra, atrações; casais dançavam e se apertavam, as faces em fogo. Estávamos longe da fleuma confuciana. Por toda a cidade construía-se dinamicamente, mas não com trolhas e pequenos cestos de terra: caminhões, cilindros, *bulldozers*, nada faltava; as velhas *isbás*, que subsistiam em quase toda parte, estavam eriçadas de antenas de televisão.

Olga P., nossa intérprete, levou-nos a passear, sem programa, ao sabor de nossos desejos e de suas inspirações. Conduziu-nos ao mosteiro de Zagorsk, nos arredores de Moscou; as igrejas, belíssimas, estavam cheias de velhas mulheres resmungonas; nas salas de aula, seminaristas barbudos e sujos folheavam livros; os popes com os quais cruzávamos lá fora, nas aleias, não pareciam mais limpos; assim que uma beata via um deles, atirava-se para sua mão e beijava-a avidamente. No entanto, o arquimandrita que nos convidou para almoçar era soberbo: túnica roxa, cabelos compridos bem penteados, longa barba cuidada. "Hoje é dia de abstinência, perdoem-nos", disse, enquanto um mongezinho enchia nossos pratos de caviar; imensas fotografias de Lenin e de Marx estavam pregadas nas paredes. O arquimandrita nos explicou os serviços que a revolução prestara à religião: hoje, o povo sabia que se chegava a ser pope por vocação, e não por interesse. Olga P., israelita, sufocava de ódio: "Estou traduzindo", dizia, com voz dura; e repetia, sem qualquer entonação, as declarações do sacerdote. "Sei que é preciso instruir o povo, e não violentá-lo", disse-nos, à saída, como se quisesse convencer-se; "devemos respeitar suas crenças, mas mesmo assim eles abusam".

Encontramos Carlo Levi. O lado antiquado de Moscou encantava-o: as cortinas enfeitadas, os abajures estampados a fogo, as pelúcias, as borlas, as franjas, os lustres: "É a minha infância, é Turim em 1910", dizia ele. Contemplamos longamente um bêbado que se encostara a uma parede e que os passantes tentavam caridosamente manter de pé: os que se deitavam no chão eram recolhidos e guardados até o meio-dia e chegavam atrasados ao trabalho.

Assistimos a alguns espetáculos: *A ralé*, classicamente montada na tradição de Stanislavski; uma comédia de Simonov, interpretada por sua mulher, e *O percevejo*, de Maiakóvski, no teatro da Sátira. Olga P. nos contara detalhadamente a peça e traduziu, na hora, grandes trechos; o texto recebera uma encenação rápida, desenvolta, rica de invenções, e por um ator notável, que representava "à distância",[142] num estilo brechtiano. No intervalo, ao dar uma olhada no público, reconheci o belo nariz de Elsa Triolet; mas não eram seus olhos e o cabelo era ruivo: tratava-se de sua irmã, velha amiga

---

[142] Eu soube que Brecht, alguns dias depois, assistira ao espetáculo e aprovara calorosamente a arte com a qual o ator apresentava Prissipkin sem se identificar com ele.

de Maiakóvski. Ela trocou algumas palavras com Sartre: "Disseram que era uma peça contra o comunismo", comentou ela, com voz aguda, "mas não: é apenas contra uma certa higiene". No final, Prissipkin vinha até o proscêncio e interpelava os espectadores: "Por que vocês não estão também na gaiola?" Saltando bruscamente do imaginário ao real, envolvia todo mundo. Olga P. censurava o caráter edificante de *O percevejo*. Para nós o sentido da peça era claro: impossível aceitar a sociedade burguesa, seus vícios, seus excessos; mas quando se foi formado por ela, impossível submeter-se à "higiene" que os primórdios da construção socialista haviam exigido na URSS. O suicídio do autor nos parecia confirmar essa interpretação que, aliás, era a interpretação do diretor do teatro e de sua companhia. Mais tarde, disseram-me, a peça foi representada num outro palco moscovita, que lhe desfez a ambiguidade e fez dela uma lição de moral.[143]

Compreendi por que Sartre encalhara um ano antes num hospital: os escritores russos gozavam de uma saúde assustadora e era impossível furtar-se à sua imperiosa hospitalidade. Um congresso de críticos vindos de todos os regimes da URSS realizava-se em Moscou; Simonov pediu a Sartre que participasse, uma tarde, de uma das sessões; almoçaríamos antes com ele e alguns amigos georgianos. "Está bem! Mas não vou beber", disse Sartre. De acordo. Mesmo assim, havia sobre a mesa do restaurante quatro garrafas de vodca de diferentes tipos e dez garrafas de vinho. "Você vai provar só as vodcas", disse Simonov, que inexoravelmente encheu quatro vezes nossos copos; depois, tivemos que beber vinho, para acompanhar um *chachlick* bárbaro e suntuoso: um enorme quarto de carneiro enfiado num espeto e escorrendo sangue. Simonov e os outros três convivas contaram rindo que haviam festejado durante toda a noite, georgianos e moscovitas desafiando-se na vodca e no vinho; Simonov não dormira, começara a trabalhar às cinco da manhã. E ainda esvaziaram todas as garrafas sem parecer afetados. Olga P., que, no entanto, fizera tudo para se defender, ficou muito cansada para traduzir quando chegamos ao Congresso; eu estava com a cabeça em fogo e fiquei admirada ao ver que Sartre conseguia falar lucidamente sobre o papel da crítica. Discutiu-se sobre o espaço que convém conceder, num romance

---

[143] Nem a tradução publicada na *Temps Modernes*, nem a adaptação montada por Barsacq no Atelier alcançaram o menor sucesso. Suponho que, privada de qualquer contexto, *O percevejo* permaneceu hermética para o povo francês.

rural, aos tratores e aos homens; achei a discussão penosa, mas não muito mais do que é comum nesse tipo de lenga-lenga. Não creio que no Leste, tanto quanto no Oeste, um escritor tenha algum dia aprendido alguma coisa sobre seu ofício conferenciando com outros escritores.

Tive que fazer dois artigos, dar entrevistas, falar no rádio; passei meu último dia de cama, com um resfriado, sem dúvida, mas sobretudo por me sentir esgotada. Li *O caminho dos tormentos*, de Alexis Tolstoi, saboreando minha solidão e o silêncio.

Capítulo VII

Quando voltei da China, eu confiava na história: também no Magreb, os explorados acabariam por vencer, e talvez em breve. Em 20 de agosto, os marroquinos haviam vingado, em Ued-Zem, seus irmãos massacrados pelos ultras, pela polícia, pelo Glaui. No mesmo dia, a ALN abatera, na região de Constantina, setenta europeus.[144] O governo enviara tropas para o norte da África — sessenta mil homens para a Argélia — mas não sem tumulto. Em 11 de setembro, na estação de Lyon, aos gritos de "O Marrocos para os marroquinos", os reservistas pararam o trem. O *Express* exortou os jovens à obediência, e foi inundado de cartas de protesto. Quando a *Temps Modernes* os dissuadiu de se submeterem, ficamos de acordo com uma grande parte do país. Em Rouen, em Courbevoie e em vários outros quartéis, os soldados, apoiados por operários comunistas, recusaram-se a partir, e só cederam mediante o uso da violência.

Para fortalecer essa resistência, para mobilizar a opinião contra a guerra, a imprensa de esquerda tentou revelar a verdade: mostrou que a ALN não era um bando de malfeitores, mas um exército popular, disciplinado e politizado. Denunciou os roubos, pilhagens, incêndios de aldeias, torturas. Em novembro, dois artigos da *Temps Modernes* destroçaram o mito de integração. Alguns intelectuais criaram um Centro de Informação;[145] constituiu-se um Comitê de Intelectuais contra a continuação da guerra no norte da África.

Em novembro, o sultão voltava ao Marrocos; a Tunísia conseguia "a independência na interdependência", segundo palavras de Edgar Faure; os

---

[144] Dos quais trinta e cinco em El Halia. A repressão fez doze mil vítimas, entre homens, mulheres e crianças.
[145] Que publicou *Témoignages et documents*.

problemas da Argélia, colônia de povoamento, eram mais complicados que os dos dois protetorados, mas nos parecia que a França não poderia deixar de lhe conceder um estatuto análogo ao deles. Depois das eleições de 2 de janeiro — apesar do sucesso inesperado dos poujadistas —, acreditamos que o momento estava próximo; a Frente Republicana reunia a maioria dos votos, e se comprometera a terminar rapidamente aquela guerra, que Mollet qualificava de "cruel e imbecil". Em seu discurso de posse, em 31 de janeiro, falou da "personalidade particular da Argélia". Na bancada socialista, Rosenfeld declarou: "É preciso reconhecer o fato nacional argelino."

A reação do Exército e dos *pieds-noirs* — as despedidas apaixonadas de Argel a Soustelle, os tomates do dia 6 de fevereiro, os Comitês de Salvação Pública — não nos causou espanto; a capitulação de Mollet, substituindo Catroux por Lacoste, pareceu-nos menos natural. Eleito para implantar a paz, ele intensificou a guerra: vimos com estupor a Frente Republicana apoiá-lo e os comunistas votarem, em 12 de março, os poderes especiais. Justificou-se essa reviravolta com uma propaganda que não se intimidava diante de nenhuma balela. A população argelina adorava a França. A revolta era fruto de uma "conspiração islâmica" cujos cordões eram manipulados por Nasser e pela Liga Árabe. Essa filosofia da história, que alimenta os romances de Mickey Spillane, os *comics* americanos e os romances policiais, da parte de espionagem, Soustelle fazia com que fosse aplaudida por deputados no exercício de suas funções. A imprensa a difundia, os leitores regalavam-se com ela, lisonjeados por serem introduzidos nesses segredos muito pouco secretos. Os jornais dissimulavam com silêncios e mentiras o verdadeiro caráter da repressão. Sabia-se que, não sendo a pacificação a guerra, o direito internacional não se aplicava à ALN: evitavam interrogar-se sobre a sorte dos prisioneiros. Só o *Humanité* registrou, em abril, os quatrocentos muçulmanos de Constantina degolados, espancados, lançados em ravinas em uma tarde, pelas forças da ordem. O *Observateur* e o *Humanité* foram os únicos a desvendar a verdade sobre o drama de Rivet.[146]

---

[146] Um guarda foi morto ali em 8 de maio; depois, em represália, dois muçulmanos; depois, em contrarrepresália, no dia 10, um padeiro europeu. Desencadeou-se então um metralhar sangrento, e a tropa foi chamada. Ela cercou o bairro muçulmano, embarcou em caminhões todos os homens — cerca de quarenta — e os abateu. Foram também recolhidos e dizimados jovens das mechtas vizinhas; em seguida, ateou-se fogo a tudo: quase todos os habitantes foram queimados vivos, com exceção de um grupo que conseguiu fugir e que suplicou aos militares que lhes salvassem a vida. A imprensa "bem-pensante" publicou suas fotos: "A população de vários aduares alia-se à França"; Rivet tornou-se um pequeno forte, os camponeses assassinados passaram a ser felás, e se fez desse Oradour uma vitória de nossas armas.

Quando o aspirante Maillot, em 6 de abril, passou para a ALN, cobriram-no de insultos sem examinar as suas razões. A não ser dois ou três jornalistas de esquerda, ninguém falava sobre as condições de vida dos africanos do norte na metrópole, sobre as favelas de Nanterre.

    O governo pretendeu amordaçá-los. Mandou prender Bourdet, suspender Mandouze, investigar a casa de Marrou que, em 5 de abril, protestara no *Monde* contra as repressões coletivas, contra os campos de concentração, contra a tortura: evocava Gurs, Buchenwald, a Gestapo. O *Humanité* foi atacado várias vezes, e André Stil acusado. Tentou-se comprometer a esquerda no tenebroso "caso das fugas"; a direita imputava a Bourdet, a Stéphane, a d'Astier, e às manobras de Van Chi a perda da Indochina: não se devia deixar, pela segunda vez, os traidores apunhalarem a mãe pátria pelas costas. Mesmo assim, antes de se instalar na guerra, o país, que votara pela paz, teve alguns sobressaltos. Em vários lugares, protestou, com violência, contra a partida dos convocados. Em quase toda parte houve comícios, passeatas, greves, paralisações no trabalho; circulavam petições, delegações iam procurar os parlamentares. Os comunistas organizavam ou apoiavam essas manifestações. Depois da amável recepção preparada em junho por Moscou a Mollet e Pineau, eles silenciaram. Sartre desejava que o Movimento da Paz condenasse a guerra da Argélia. Um delegado soviético importante, de passagem por Paris, declarou-lhe que tal moção seria inoportuna; ele desejava que fosse votada uma decisão segundo a qual o Movimento só se oporia às guerras de agressão: os franceses não eram agressores. Nós achávamos que a URSS mantinha-se reservada porque temia que o Magreb se tornasse uma zona de influência norte-americana. E depois, o PC temia isolar-se da massa se se mostrasse menos nacionalista que os outros partidos. Ele se opôs oficialmente ao governo; mas não voltou a incitar os reservistas à desobediência. Não combateu o racismo dos operários franceses, que viam nos quatrocentos mil africanos do norte fixados na França intrusos que lhe roubavam vagas de trabalho e um subproletariado digno de desprezo.

    A campanha eleitoral baseara-se em equívocos e grandes promessas; a Frente Republicana prometia a paz ao mesmo tempo em que repelia a ideia de "abandono", e sem pronunciar a palavra "independência", tão impopular que, mesmo na *Temps Modernes*, embora a desejássemos e a considerássemos fatal, evitávamos chamá-la pelo nome. Se não tivesse capitulado, Mollet teria conseguido negociar? O certo é que, no fim de junho, toda a resistência à guerra cessara. Sem medir o que ela iria custar-lhe, convencido de que a "perda da Argélia" o empobreceria, com a boca entupida de *slogans* — império francês, departamentos franceses, abandono, liquidações, grandeza, honra, dignidade —, o país inteiro — operários e patrões, camponeses e burgueses, civis e soldados — mergulhou no chauvinismo e no racismo. Se Poujade perdeu toda a importância, foi porque todo mundo na França se tornara poujadista. Enviava-se alegremente às djebels[147] uma juventude que se consolava jogando, à custa dos árabes, o jogo da virilidade.[148] Então, e durante muitos anos, pôde-se observar, em seu morno brilho, o fenômeno que Sartre chama de "recorrência",[149] cada um encontrando no comportamento — ou mau comportamento — do outro as razões de sua atitude que, sem outra razão, serve também de razão para o outro. Quando Mollet mandou guilhotinar dois prisioneiros, em 20 de junho, e mais um em 5 de julho — o que provocou entre os muçulmanos da Argélia uma greve geral —, ninguém na França se mexeu.

Inicialmente havíamos detestado alguns homens e algumas facções: pouco a pouco tivemos que constatar a cumplicidade de todos os nossos compatriotas, e o nosso exílio no nosso próprio país. Não passávamos de um pequeno grupo que não fazia coro com os demais. Acusavam-nos de desmoralizar a nação. Chamavam-nos de derrotistas: "Essa gente é derrotista", dizia meu pai, passando diante da *Rotonde*; são "felás de Paris", antifranceses. Mas por que estaríamos nós — Sartre e eu, para falar apenas de nós — possuídos por uma raiva antifrancesa? Infância, juventude, língua, cultura, interesses, tudo nos ligava à França. Ali não éramos de maneira alguma desconhecidos, nem famintos, nem maltratados. Quando nos acontecera estar de acordo com sua política e suas emoções, ficáramos felizes com esse entendimento. Nosso isolamento desolado e impotente nada tinha de invejável. Ele nos foi imposto porque certas evidências estavam presentes em nós.

A ALN contava no momento com trinta mil homens munidos não mais de fuzis de caça, mas de fuzis de guerra e de armas automáticas; eles controlavam,

---

[147] Palavra árabe: montanha. (N.T.)
[148] Em março, havia na Argélia cento e noventa mil homens; em 1º de junho, trezentos e setenta e três mil. E logo o número chegou a meio milhão.
[149] *Crítica da razão dialética*.

segundo confissão do próprio Lacoste, um terço da Argélia, o que significava que a população os seguia. Ferhat Abbas unira-se à FLN. Da massa a seus líderes, o combate se radicalizava, e a unidade forjava-se na luta. A Argélia ganharia. Julgávamos — como Mollet anteriormente — "imbecil e cruel" o prolongamento das hostilidades, porque este condenava à morte e à tortura centenas de milhares de argelinos; na França, sacrificava milhares de jovens, e exigia uma sistemática mistificação da opinião pública, o estrangulamento das liberdades, a perversão das ideologias, o apodrecimento de um país empanturrado de mentiras, a ponto de perder o próprio senso da verdade, alienado, despolitizado, passivo, pronto para todas as renúncias e para a primeira ditadura que aparecesse.

Nós nos recusávamos a nos indignar com os métodos de luta da FLN. "Não se faz a guerra com coroinhas", repetia-se, do lado dos paraquedistas. Entretanto, falava-se em assassinato quando, na França, os militantes argelinos liquidavam traidores. Enquanto o francês, ao degolar, violar e torturar, provava sua virilidade, o terrorista argelino manifestava a ancestral "barbárie islâmica". Na verdade, a ALN não tinha escolha: lutava com os meios de que dispunha. No entanto, entre aqueles mesmos que reconheciam a validade de seus objetivos, não passávamos de um pequeno grupo que recusava a simetria: terrorismo-repressão. Por precaução, mas também com uma virtuosa sinceridade, quando eles denunciavam as torturas e as devastações, a maioria começava por declarar: "É claro que sabemos que do outro lado há excessos terríveis." Que excessos? A palavra não convinha a nenhum dos dois campos. Camus nunca pronunciou frases tão vazias como quando pediu piedade para os civis. Tratava-se de um conflito entre duas comunidades civis; os inimigos dos colonizados eram em primeiro lugar os colonos, e acessoriamente o exército que os defendia; este só podia vencer aniquilando as populações nas quais residia a força da ALN; era essa mesma necessidade que, longe de justificar sua ação, condenava-a. O massacre de um povo miserável por uma nação rica (ainda que fosse executado sem ódio, como atesta um jovem paraquedista)[150] revolta o coração. Nossas convicções originavam-se de mero bom senso; no entanto, elas nos apartavam do conjunto do país e nos isolavam no seio da própria esquerda.

---

[150] Perrault: *Les Parachutistes*. Em que uma atrocidade é menos atroz só por ter sido cometida sem ódio? Penso que, nesse caso, é mais atroz ainda.

La Révolution et les fétiches, de Hervé, representava a primeira tentativa feita por um intelectual comunista francês, desde a morte de Stalin, no sentido de criticar a ideologia oficial do partido: infelizmente, a obra era débil e confusa. Hervé foi vivamente atacado pelos ortodoxos, em particular por Guy Besse, antes de se ver excluído do partido. Sartre, na *Temps Modernes*, não deu razão a nenhum dos dois. Sublinhava a importância que tinha para ele o pensamento de Marx: "Os homens da minha idade sabem muito bem disso: mais ainda do que as duas guerras mundiais, a grande questão de suas vidas foi um enfrentamento perpétuo com a classe operária e sua ideologia, que lhes oferecia uma visão irrecusável do mundo e deles mesmos. Para nós, o marxismo não é apenas uma filosofia: é o clima de nossas ideias, o meio no qual elas se alimentam; é o movimento verdadeiro daquilo que Hegel chama de Espírito objetivo." Mas ele deplorava que o marxismo tivesse parado; Naville, que pensava tê-lo feito avançar, atacou-o no *Observateur*, e Sartre replicou. Os comunistas deixaram passar o artigo de Sartre sem muita reação. Um editorial da *Temps Modernes* censurou-os pelo voto dos poderes especiais; mas nós permanecíamos seus aliados.

A partir de fevereiro, pensamos que a face do mundo comunista ia modificar-se: Khruchtchev afirmava, no 20º Congresso, que a guerra não era inevitável, que poderia haver um enfraquecimento pacífico do imperialismo e o triunfo da classe operária sem luta armada; falou do direito que tinha cada país de definir seu próprio caminho rumo ao socialismo. Mas a surpresa substituiu a esperança quando seu relatório de 25 de fevereiro foi divulgado: a brutalidade desse requisitório, seu lado imprevisto e anedótico desconcertavam. Não bastava demolir Stalin: seria preciso analisar o sistema que tornara possível sua tirania e seus "crimes sangrentos". Questões embaraçosas permaneciam em suspenso: não haveria o risco de renascer a ditadura policial, em benefício de outra equipe? As pessoas que hoje denunciavam o "culto da personalidade" haviam trabalhado com Stalin: por que nunca haviam dito nada? Até onde ia ou não ia sua cumplicidade? E que crédito conceder-lhes?

Ninguém, nem na URSS nem em qualquer outro lugar, explicou até hoje de maneira satisfatória o período stalinista. Em compensação, a razão e o sentido do relatório de Khruchtchev puderam ser deduzidos com bastante rapidez. Era uma manobra premeditada. Ele quisera sustentar que as mudanças sobrevindas nos últimos três anos não se haviam realizado ao acaso, mas constituíam uma espécie de revolução, coerente e irreversível; preferira um ato a uma demonstração abstrata; ao condenar Stalin, criara uma brecha definitiva entre o passado e o presente; daquele momento em diante, os burocratas stalinistas deviam romper com seus hábitos e se curvar às novas orientações, do contrário apareceriam inequivocamente como oponentes.

A reabilitação de Rajk, em 29 de março, mostrou que a desestalinização esboçava-se nas democracias populares. Podia-se esperar que ela atingisse os partidos irmãos: mas o PC francês resistiu. O *Humanité* reproduziu, no fim de março, um artigo do *Pravda* contra Stalin; mas, em seus comentários do 20º Congresso, Thorez, Stil, Courtade, Billoux e Wurmser trataram de abordar o assunto de maneira nebulosa. Fizeram-se apenas alusões ao "relatório atribuído a Khruchtchev", e o 14º Congresso que se realizou no Havre não disse uma palavra a respeito. O partido não se democratizou.

Entretanto — como na Alemanha Oriental depois de 1953 —, na Hungria e na Polônia, a desestalinização transformava-se em revolta contra os dirigentes stalinistas. Em Budapeste, o círculo Petoefi, cujas reuniões eram encorajadas pelo regime, levantava-se repentinamente contra este; a Mme Rajk deu ali seu pronunciamento, em 19 de junho. Em 27 de junho, para reabilitar centenas de jornalistas condenados como "burgueses", milhares de intelectuais reuniram-se. Tibor Déry, Tibor Méray atacaram os dirigentes. Reivindicou-se a liberdade de imprensa e de informação. Gritou-se: "Abaixo o regime! Viva Imre Nagy!"

Em Poznan, no dia seguinte, milhares de metalúrgicos entraram em greve, aos gritos de "Queremos pão! Abaixo os bonzos!"; protestavam, de imediato, contra a insuficiência do abastecimento, e de modo mais geral contra um regime que estrangulava suas liberdades, sem lhes assegurar um nível de vida decente. A polícia atirou, e houve — oficialmente — quarenta e oito operários mortos. O PC francês explicou o motim alegando "provocações" devidas a agentes estrangeiros. Courtade denunciou a "insurreição polonesa". Entretanto, poucos dias depois, o governo polonês e a imprensa oficial reconheceram que as reivindicações dos trabalhadores eram justas.

***

Depois de receber o Goncourt, comprei um *studio*. Divertira-me, com Lanzmann, em mobiliá-lo, e quando voltei da China nós nos instalamos nele. Gosto muito desse térreo de teto alto, cheio de luz, de cores e de lembranças de viagem; vê-se através da vidraça um muro coberto de hera e o céu amplo, do primeiro andar, ao qual se tem acesso por uma escada interna, avista-se o cemitério Montparnasse, suas casas baixas, suas ruas desertas; aqui e ali, o vermelho de um buquê brilha entre as pedras. Talvez por causa dessa vizinhança, mas sobretudo por gosto pelo definitivo, eu pensei, quando me deitei pela primeira vez no meu novo quarto: "Eis o meu leito de morte." Às vezes me repito a frase. É sem dúvida nesse ateliê que terminarei meus dias; é ali, mesmo que eu dê meu último suspiro em outro lugar, que meus parentes deverão liquidar minha morte: separar meus papéis, jogar fora, distribuir ou vender os poucos objetos que me pertencem. Esse cenário sobreviverá durante algum tempo, quando eu desaparecer; quando o contemplo, sinto um aperto no coração, como se pressentisse ali a ausência sem volta de uma amiga querida.

 Mas quando me debruço na janela do primeiro andar, ignoro o futuro, e o instante me faz presa sua. Contemplo muitas vezes o pôr do sol; a noite chega; sob as folhagens da rua Froidevaux iluminam-se de vermelho o charuto de uma tabacaria e os sinais de um cruzamento, enquanto a torre Eiffel varre Paris com seus braços de fogo. No inverno, na madrugada ainda toda negra, altas vidraças iluminam-se em tons amarelos, laranja e vermelho escuro. Mas é sobretudo no verão, por volta de cinco da manhã, que me demoro, entre dois sonos, a respirar o dia nascente; um pesado calor já se anuncia no céu azul-acinzentado; das árvores que se avolumam acima dos túmulos, da hera que cobre o muro, sobe um odor verde e difuso, ao qual se misturam o perfume das tílias que florescem num jardim vizinho, e cantos de pássaros; tenho dez anos, é o parque de Meyrignac; tenho trinta anos, vou partir a pé pelo campo. Não: mas ao menos me é dado esse odor, e esse gorjeio, e essa confusa esperança.

 Desde que eu voltara, minha decisão de escrever sobre a China confirmou-se. Sabia e sei que os ocidentais bem nutridos são incapazes de sair um instante que seja de sua própria pele. Mesmo assim fiquei assombrada com a ignorância que os afetava — ou que eles simulavam. Um tanto desconcertados com a evolução da URSS, era agora contra a China que se encarniçavam os anticomunistas. Condoíam-se dos chineses por se vestirem uniformemente de azul,[151] e omitiam a observação de que, antes, três quartos deles andavam nus. Esses excessos de má-fé me irritaram. Além disso, eu me lembrava da promessa que fizera a mim mesma em Helsinque: desmentindo a propaganda de Hong Kong, eu me tornaria útil. Não me desagradava que a tarefa fosse penosa. Ela exigiu de mim um esforço considerável. Para completar minhas informações, fui às bibliotecas e centros de informação consultar os estudos, artigos, livros, relatórios, estatísticas relativas à China de ontem e de hoje, sem negligenciar os ataques de seus adversários. Consultei sinólogos, que me ajudaram. Essa documentação me tomava tempo, e precisei de muito mais, para assimilar meus conhecimentos e fazer deles uma síntese. Raras vezes produzi trabalho tão perseverante como naquele ano. Acontecia-me permanecer durante quatro horas diante da minha mesa — de manhã na minha casa, à tarde em casa de Sartre —, sem levantar a cabeça. Às vezes ele ficava preocupado de me ver ficar toda vermelha: eu me sentia à beira de uma congestão, e me jogava por alguns momentos em seu divã.

É claro que, quando *A longa marcha* foi publicada, os anticomunistas caíram em cima de mim; nos EUA, sobretudo, quando o livro foi traduzido, houve violento protesto. "Que ingenuidade!", clamaram em coro os americanos que engoliam em coro (e se sabe com que apetite) as saladas de Allen Dulles. Entretanto, seis anos mais tarde, especialistas, dos quais nenhum é suspeito de comunismo — René Dumont, Josué de Castro e Tibor Mendes —, confirmaram o que eu dizia. A China é o único país subdesenvolvido que superou a fome; se o compararmos à Índia, ao Brasil etc., essa vitória parece milagrosa.

Pessoalmente, tirei desse estudo um grande proveito. Confrontando minha civilização com uma outra, muito diferente, descobri a singularidade de traços que me haviam parecido comuns; palavras simples, como camponês, campo, aldeia, cidade, família, não tinham absolutamente o mesmo sentido na Europa e na China; a visão do meu próprio meio renovou-se com isso. Naquele exato momento, li *Tristes trópicos*, de Lévi-Strauss, do qual um dos méritos, entre muitos outros, era, a meu ver, o de me revelar de novo a face da Terra, não graças à extensão de suas explorações, mas pela perspectiva na qual ele se situava: foi a que tentei adotar para descrever Pequim e os outros lugares que

---

[151] Isso, aliás, só é verdade na China do norte, onde essa monotonia é tradicional.

visitara. De um modo geral, essa viagem acabara com meus antigos pontos de referência. Até então, apesar de minhas leituras e de algumas observações superficiais sobre o México e a África, era a prosperidade da Europa e dos EUA que eu tomara como norma, enquanto o Terceiro Mundo existia apenas vagamente, no horizonte. Para mim, a massa chinesa desequilibrou o planeta; o Extremo Oriente, a Índia, a África e a penúria desses países tornaram-se a verdade do mundo, e nosso conforto ocidental um privilégio restrito.

A longa marcha não podia ser um livro tão vivo quanto *L'Amérique au jour le jour*, e certas passagens já caducaram. Mas não lamento o esforço que me custou: ao escrevê-lo, adquiri esquemas e chaves que me serviram para compreender os outros países subdesenvolvidos.

Sartre também trabalhava muito. Publicara dois anos antes a terceira parte do ensaio *Os comunistas e a paz*, que praticamente desistira de terminar: as circunstâncias que o haviam suscitado estavam distantes; e sua relação com os comunistas mudara, a partir de 1952. Suas leituras e suas reflexões orientavam-se segundo perspectivas novas. Convertido à dialética, ele procurava fundamentá-la a partir do existencialismo. Por outro lado, Garaudy lhe havia proposto confrontar, de maneira precisa, a eficácia dos métodos marxista e existencialista; escolheram explicar, cada um à sua maneira, Flaubert e sua obra. Sartre escreveu um longo estudo aprofundado, mas de forma demasiado descuidada para que pudesse pretender publicá-lo. Continuava também sua autobiografia, procurando, através de sua infância, as razões que o haviam impelido a escrever. Enfim, compunha, segundo a peça de Miller, um roteiro sobre *As feiticeiras de Salem*, que Rouleau devia encenar.

Naquele ano, tive poucos lazeres. Mesmo assim, de quando em quando eu me concedia férias. Em janeiro, passei uma temporada com Lanzmann na pequena cidade de Scheideck. Na primeira manhã, ele mal se mantinha de pé sobre os esquis; quanto a mim, fazia seis anos que não usava os meus; ao reencontrar o doce ranger da neve, pareceu-me ter marcado um ponto contra o tempo. Tomamos aulas e fizemos progressos: ele, rápidos, e eu, lentos; mas eu estremecia de prazer, de manhã, quando o frio me picava o rosto, sob o sol nascente. Descíamos para Grindenwald; um teleférico nos levava, por cima de abismos eriçados de pinheiros negros e brancos, até o cume do First; nossos dentes batiam, sob um frio de vinte graus abaixo de zero, a despeito das pesadas capas impermeáveis que o empregado jogara sobre nossos ombros; no alto, encontrávamos o sol, e um panorama deslumbrante: o Eiger, o Jungfrau. Logo combinamos longos passeios, interrompidos por paradas nas varandas dos chalés-restaurantes que recendiam a madeira molhada, a fart[152] e a casca de laranja. À noite, quando os trenzinhos de cremalheira paravam de funcionar, o silêncio e a solidão envolviam o hotel; nós nos deitávamos em nossas camas e líamos. *O reino deste mundo*, de Alejo Carpentier, sobre a revolta do Haiti, era um romance brilhante, mas menos rico que a narrativa histórica de James, *Os jacobinos negros*. Em *Divisão das águas*, embora descambasse com demasiada complacência para os mitos da vida primitiva e da feminilidade, Carpentier me levava a fazer através da floresta virgem a mais bela viagem que um livro jamais me proporcionara.

Na primavera, fomos de carro a Londres, que ambos amávamos, apesar da austeridade de suas noites; de avião a Milão, onde minha irmã expunha seus últimos quadros; durante um quarto de hora, numa manhã luminosa, o piloto sobrevoou os montes Cervino e Rosa, e parecia injusto ver sem esforço a extraordinária paisagem pela qual os alpinistas arriscam a pele. Fizemos um passeio pela Bretanha: a Ponta do Raz, Morbihan, Quiberon. Na estrada, um homem nos deteve; no carro, começou a falar com voz rouca e desesperada: estava saindo da prisão, onde o haviam encerrado por vagabundagem; procurava trabalho, e não lhe davam, porque estava saindo da prisão, onde o trancariam de novo por vagabundagem. Passamos diante de dois guardas: "Se eu estivesse a pé, eles me pegariam", disse. Contou um pouco sua vida: pais miseráveis, não aprendera a ler, não tinha ofício. Mostrou os postes à beira da estrada: "Qualquer dia desses, subo lá em cima e seguro o cabo: eles serão obrigados a se ocupar de mim." Lê-se com frequência nos jornais que um vagabundo escalou um poste e se eletrocutou; naquele dia, compreendi o que significava tal suicídio: um abandono tão profundo, que só transformando-se num cadáver se pode ser reconhecido como homem. E o vagabundo não hesita quanto aos meios: os postes são seu horizonte e sua obsessão.

Almocei em casa de Ellen e Richard Wright, com meu editor americano. Ele estava satisfeito com a tradução de *Os mandarins*, mas desculpou-se por ter tido que cortar aqui e ali algumas linhas. "Aqui, podemos falar de sexualidade num livro", explicou-me, "mas de perversão, nunca." O livro teve grande sucesso nos EUA.

---

[152] Gordura que se passa na sola dos esquis, para que não grudem na neve. (N.T.)

Visitei a retrospectiva de Nicolas de Staël, que se matara um ano antes por razões particulares, mas também, ao que parecia, porque uma pincelada jamais abolirá o acaso; ele mergulhara muito fundo na maioria dos impasses da pintura de hoje. Vi no Palácio dos Esportes o circo russo e Popov; o humanismo socialista lhe impunha o respeito de sua espécie e — embora Carlitos o tenha conseguido — é difícil para um palhaço fazer rir sem ridicularizá-la. Assisti ao ensaio geral de *Soledad*: achava que minhas amigas Colette Audry e Évelyne tinham muito talento — uma como autora e a outra como atriz. O teatro de Bochum apresentou no Sarah-Bernhardt *O diabo e o bom Deus*; Messemer representava muito melhor que Brasseur a segunda parte, e a primeira não tão bem; mas intérpretes medíocres, uma encenação expressionista e cortes exagerados estragavam o espetáculo. No entanto, a imprensa foi muito mais elogiosa do que depois do ensaio geral do teatro Antoine; creio que os críticos refletiram o esnobismo de uma plateia que não entendia o alemão, e que se entusiasmou na mesma proporção em que era dispensada de compreender.

Assisti a uma projeção privada de *Nuit et brouillard*.[153] À saída, Jaeger, que eu conhecera um pouco outrora, no Flore, e que dirigia uma firma de cinema, propôs que eu comentasse um documentário rodado na China por Mènegos; o filme não tinha nexo, era prejudicado aqui e ali por tolices e truques, mas havia nele uma sequência espantosa: a construção de uma via férrea através de montanhas ab-ruptas, acima do Yang-Tse-Kiang; o uso de um buldôzer, levado em peças isoladas, por barcos, associava-se às técnicas incrivelmente arcaicas cujos exemplos eu vira. Aceitei escrever um texto. Fui várias vezes ao estúdio, passando e repassando os rolos numa moviola, e percebi que a tarefa era difícil; as frases deviam adaptar-se ao ritmo das imagens, sem excedê-las nem se afastar delas; preocupados em atingir o grande público, Mènegos e Jaeger me proibiam qualquer alusão política; tinham chegado a suprimir todas as passagens em que apareciam retratos de Mao Tse-Tung; eu estava portanto condenada a preencher os silêncios com aquela falsa poesia em que cai a maioria dos comentaristas; isso me repugnava. Além disso, as fotografias pintavam as agruras e os perigos do trabalho realizado: meu papel era exaltar o heroísmo dele. Não gosto de me entusiasmar por encomenda. Meus escrúpulos literários e morais incitaram-me a uma secura, provavel-

---

[153] Curta-metragem de Alain Resnais sobre os campos de concentração nazistas. (N.T.)

mente excessiva. Diretor e produtor mudaram meu texto, e o florearam: eu nunca quis ouvi-lo.

Mais ou menos em junho foi publicada *A queda*, de Camus. Eu estava ressentida com ele, pelos artigos que escrevera no *Express*; ele fora um dos primeiros, em 1945, a protestar contra a condição dos argelinos; agora, o *pied--noir*[154] levava a melhor sobre o humanista. Entretanto, eu me emocionara ao saber a que ponto os ataques contra *L'homme révolté* lhe haviam sido penosos; sabia também que ele havia passado por momentos muito sombrios em sua vida particular; sua autoconfiança fora abalada, e ele, dolorosamente, pusera--se de novo em questão. Abri seu livro com muita curiosidade. Nas primeiras páginas, encontrei-o tal como o conhecera em 1943: era sua voz, seus gestos, seu charme, um retrato sem ênfase e exato, cuja austeridade era sutilmente temperada por seus próprios excessos. Camus realizava seu velho projeto: preencher a distância entre sua verdade e sua imagem. Achei dilacerante a simplicidade com a qual se expunha, ele que geralmente era tão afetado. De repente, sua sinceridade desaparecia; ele disfarçava seus fracassos sob as anedotas mais convencionais; de penitente, transformava-se em juiz; tirava toda a mordacidade de sua confissão, ao colocá-la explicitamente demais a serviço de seus ressentimentos.

***

Certa manhã, por volta das nove horas, reunimo-nos em frente ao La Coupole — Michelle, Sartre, Lanzmann e eu: partíamos para a Grécia. Eu contemplava com uma alegria incrédula os carros elegantes enfileirados junto à calçada, e que, dali a uns dez dias, cobertos de poeira, entrariam em Atenas.

Dois dias de vadiagem em Veneza, e depois partimos para Belgrado, onde encontramos intelectuais iugoslavos. Um deles, muito velho, pediu-nos, com ar temeroso, notícias de Aragon: estava saindo da prisão, para onde fora levado por sua ligação com o stalinismo, e mal ousava pronunciar o nome de seus companheiros franceses. Socialismo e literatura, arte e engajamento: discutimos os problemas clássicos; mas os escritores de Belgrado tinham outro, bem mais particular; a maioria deles, recém-influenciados e mesmo

---

[154] Francês que vivia na Argélia na época da colonização francesa. Após a independência daquele país, tornou-se sinônimo de "repatriado". (N.E.)

marcados pelo surrealismo, perguntavam-se como integrá-lo à cultura popular. "Agora que entre nós o socialismo está realizado", disse, sem rodeios, um romancista, "todos são livres para escrever de acordo com sua fantasia". Os outros protestaram. Pois não nos esconderam que o país estava às voltas com grandes dificuldades. A coletivização fracassara, os camponeses chegaram ao assassínio para impedi-la.

Ficamos impressionados, ao deixar Belgrado, com a miséria de seus bairros, e depois, ao longo da estrada poeirenta e esburacada, com a desolação das aldeias. Paramos em Skopje, uma cidade balcânica, morna, suja, povoada de camponeses de ar triste, mulheres com a cabeça coberta com xales negros que elas puxavam para o rosto. Ali também os escritores estavam perplexos; o surrealismo em voga na capital embaraçava-os; como macedônios, queriam escrever para os homens de sua província; precisavam enriquecer sua língua ainda rude, matizá-la, moldá-la, para que ela lhes permitisse exprimir o que desejavam dizer: os problemas de sua época, de seu país; que auxílio buscar em Eluard, em Breton? Mas seria possível escolher um outro ponto de partida? Essa simples pergunta lhes parecia beirar o sacrilégio. Continuamos nosso caminho. Na fronteira, vimos com surpresa que os fiscais aduaneiros obrigavam os turistas que vinham da Grécia a lavar, em gamelas, os pneus de seus carros e os pés.

Na Grécia, notamos imediatamente que nos olhavam sem simpatia: por toda parte onde parávamos, tínhamos de dizer logo que éramos franceses. Um ano antes, em julho de 1955, haviam estourado bombas em Nicósia: Chipre reivindicava sua reanexação à Grécia. Durante todo o ano, atentados e repressões haviam ensanguentado Chipre. Em junho, terroristas haviam sido enforcados. Os ingleses não ignoravam a inimizade dos gregos: durante toda a viagem, não vimos nenhum inglês.

Depois foi Tessalônica, com seus jardins verdejantes, suas telhas reluzentes, suas basílicas. Deixamos Sartre e Michelle. Descemos para Atenas pelas estradas difíceis que beiram os contrafortes do Olimpo. A Acrópole, Delfos, Olímpia, Micenas, Epidauro, Mistra, Delos: revi tudo, exceto Santorini. E conheci novos lugares. O cabo Sunion, as costas da Eubeia, o esplendor ciclópico de Tirinto, as solidões ardentes da Moreia, onde, dizem, os pais ainda decapitam com machado as filhas que erraram; passeei em Malvasia, de nome tão belo, escaldante, quase deserta entre suas muralhas despedaçadas, que pareciam desafiar corsários. Nem uma ruga no céu, e meu coração não enferrujara. Às vezes, descíamos de Atenas à noite, para beber um uísque no Lapin, cujo terraço, dominando a pequena enseada onde os iates ancoram, corta o mar como uma proa; a múltipla cintilação da cidade e a palpitação das estrelas me transportavam para longe de tudo e para longe de mim, como outrora. Em Delfos, eu gostava do café ao ar livre, acima dos olivais, onde à noite as pessoas da terra dançavam; uma menininha de três anos rodopiava e balançava-se ritmadamente, com o rosto desfigurado pelo êxtase, parecendo inteiramente enlouquecida; adivinhava-se o mar no horizonte. O campo parecia tragicamente pobre; mulheres quebravam pedras na estrada, e camponesas saíam de suas casas para pedir esmolas. No entanto, à noite, nas aldeias, havia vestidos claros e risos.

Em Paris, não tenho muito tempo para ler. Em férias, levo sempre comigo uma mala cheia de livros. Na penumbra de nossos quartos, ou deitada na areia das praias, absorvi-me, naquele verão, na leitura de *La Morale du grand siècle*, de Bénichou, de *Le Dieu caché*, de Goldmann, e do estudo de Desanti sobre Spinoza. Estabelecendo com precisão as ligações de uma obra com a sociedade da qual ela emana, eram ensaios que faziam o marxismo avançar. Eu desejaria poder revisar nesse sentido toda a minha cultura.

Chegamos a Brindisi de navio, e encontramos Sartre em Roma. Depois de passarmos alguns dias juntos em Nápoles, Amalfi e Pesto, Lanzmann voltou de trem para Paris.

Tanto Sartre quanto eu estávamos um pouco cansados de viajar; entre todos os países, gostávamos da Itália, e entre todas as suas cidades, de Roma; ali permanecemos. Desde essa época — salvo em 1960, quando visitamos o Brasil —, foi lá que passamos todos os nossos verões, com breves excursões a Veneza, Nápoles e Capri. Mesmo quando seus tijolos ardem ao fogo do *ferragosto*, quando o asfalto derrete nas avenidas desertas onde se ergue, solitário e inútil, um guarda de capacete branco, sentimo-nos à vontade em Roma. Essa grande cidade buliçosa, atravancada, evoca ainda o pequeno burgo fundado por Rômulo. "Deveriam construir as cidades no campo, onde o ar é mais saudável", dizia um humorista; em Roma, sinto-me no campo. Nem fábricas, nem fumaça; nunca se encontra ali a província, mas muitas vezes em suas ruas e praças sente-se a rusticidade e o silêncio das aldeias. A velha denominação povo, em que são abolidas as classes, convém à gente que, à noite, no Trastevere, ou no Campo di Fiori, na orla do velho gueto, senta-se às mesas dos terraços dos vendedores de vinho, diante de garrafas de Frascati; crianças brincam; as menores dormem, acalmadas pelo frescor da rua, sobre os joelhos das mães, enquanto sobem vozes impetuosas para o ar, no qual flutua uma frágil alegria. Ouvem-se os rugidos das lambretas, mas também o canto de um grilo. É verdade que aprecio as cidades maciças, que nos cercam por todos os lados, e onde as próprias árvores parecem produtos humanos; mas Roma é agradável, sem deixar a agitação do mundo, onde se pode respirar um ar límpido, sob um céu intacto, entre muros que conservam a cor da terra original! Roma oferece uma oportunidade ainda mais rara: lá, experimentamos ao mesmo tempo a efervescência de hoje e a paz dos séculos. Há várias maneiras de morrer: desfazer-se em pó, como Bizâncio; mumificar-se, como Veneza; ou um pouco de uma e um pouco de outra: peças de museu entre cinzas. Roma dura, seu passado vive: pessoas habitam o teatro de Marcelo, a praça Navona é um estádio, o Fórum um jardim; entre os túmulos e os pinheiros, a via Appia ainda conduz a Pompeia; assim, nunca se acaba de descobri-la; do fundo das idades, algo novo aparece no frescor de cada instante: algo que me é sempre delicioso. Clássica e barroca, calmamente extravagante, Roma une a ternura ao rigor; nenhuma afetação, nenhum langor, mas nunca secura nem dureza. E que desenvoltura! As praças são irregulares, as casas construídas de través. Um campanário romano ladeia uma torre em forma de bolo de noiva, e desses caprichos nasce uma harmonia; docemente arqueadas, delicadamente abertas, as esplanadas mais monumentais escapam à solenidade; as linhas dos edifícios — aqui uma cornija, ali a aresta de um muro — curvam-se e volteiam quebrando a imobilidade sem prejudicar-lhes o equilíbrio. Por vezes impõe-se a rígida simetria de um desenho; mas essa austeridade é atenuada pela graça das linhas, pelos ocres, pelos ruivos recozidos e patinados que os revestem. A luz faz vibrar a palidez monacal do travertino. Ervas brotam entre artelhos de mármore. Roma. O artifício e a verdade confundem-se. Branca e sem vida, uma estampa do século XVIII atrai o olhar, anima-se, é uma igreja, uma escada, um obelisco; por toda parte percebo cenários de teatro que enganam maravilhosamente meus olhos: e depois não, eles não mentem, as balaustradas e as pedras, os terraços e as colunas são reais; certa noite, através de perspectivas complicadas, vimos, como no interior de uma caneta-tinteiro souvenir, um simulacro de rua onde caminhavam, minúsculos, simulacros de homens: eram, bem perto de nós, uma rua e homens. Roma. Em cada curva, em cada encruzilhada, a cada passo, um detalhe me prende: qual deles escolher? Entre verduras, no fundo de um pátio, um relógio sombrio, com duplo balancim horizontal, agudo e ameaçador, como um conto de Poe; perto do Corso, o barril de pedra onde os namorados vão beber; na praça do Panteão, os delfins patéticos que se comprimem contra os tritões de bochechas cheias de água; e todas essas casinhas, com seus pátios e jardins, construídas sobre os telhados das grandes. Roma; suas conchas, suas volutas, seus búzios e tanques: à noite, a luz transforma a água das fontes em penachos de diamante, enquanto a pedra marulha, líquida, sob o jorro dos reflexos jaspeados; no veludo do céu noturno, os telhados, cor de sol poente, recortam platibandas de estrelas; no Capitólio, respira-se um perfume de pinheiro e de cipreste, que me dá vontade de ser imortal. Roma: um lugar onde aquilo que se deve chamar beleza é a coisa mais cotidiana.

Tomávamos nosso café da manhã na praça do Panteão, entre corretores de chapéu de feltro, que tratavam de negócios como se estivessem numa feira; pequenos contrabandistas vigiavam estoques de cigarros americanos que haviam camuflado sob os para-lamas dos automóveis, em frente ao hotel Senato. Comentávamos longamente os jornais, e depois voltávamos para casa, para trabalhar. Por volta das duas horas, saíamos para passear nas sete colinas e arredores. Naquele ano, passei tardes muito duras; meu quarto, num hotel da praça Montecitorio, dava para um pequeno pátio que estava sendo rebocado por pedreiros que usavam na cabeça tradicionais chapéus de jornal; um andaime barrava minha janela; eu trabalhava sem parar para terminar meu livro sobre a China, e, por momentos, a *afa* me sufocava. À noite, o calor diminuía; jantávamos aqui ou ali, muitas vezes na praça Navona, ou na praça Santo Inácio, e combinávamos onde iríamos beber. Gostávamos da Piazza del Popolo, mas no Rosatti — o Flore de Roma — encontrávamos jornalistas que pediam entrevistas, e muitos importunos. Algumas vezes, sentávamo-nos num barzinho ao pé do Capitólio; parecia-me que, de um momento para outro, do meio da praça iluminada como para um baile, o guerreiro de bronze ia esporear seu cavalo e descer a galope as escadas. Nosso lugar preferido era — é — a praça Santo Eustáquio, em frente à igreja, onde uma cabeça de veado sonha; tarde da noite, desfilam carros, modestos ou luxuosos, famílias, casais, grupos que vêm beber, no balcão, xícaras de um café considerado o melhor de Roma; as mulheres muitas vezes permanecem no carro, deixando os homens discutir e rir entre si; um pobre velho infeliz oferece ao redor bebês mijões, que reabastece de água com uma minúcia triste, e que ninguém compra. Ali, e em muitos outros lugares onde podíamos ver os notívagos romanos viverem, permanecíamos por muito tempo a beber e conversar. Menos confiante do que antes no futuro, mais rigoroso quanto ao passado, Sartre às vezes ficava melancólico; deplorava — como Camus, outrora, mas num outro sentido — que fosse impossível a um escritor revelar a verdade; dizem-se verdades, é melhor que nada — mas são verdades partidas, descarnadas, mutiladas por mil limitações. Em nossas conversas nós nos empenhávamos precisamente em ir ao extremo da verdade, sob todos os seus aspectos, entregando-nos sem reserva aos prazeres de contestação, do exagero, do sacrilégio; era um reajuste de coisas, e também um desrecalcamento, um jogo e uma purificação.

Uma comissão de escritores de esquerda nos convidou para um jantar na via Marguta. O presidente, Repacci, de cabelos muito brancos, bochechas rosadas, olhos claros, confiou-me que ele próprio se maravilhara com a velocidade de sua pena: em uma semana, era capaz de dar conta de dois romances. Sartre estava sentado ao lado de uma romancista de oitenta anos, a Mme Sybille, ainda muito bela, e que fizera sucesso, cinquenta anos antes; ainda podia considerar-se jovem, de tal modo os italianos — cuja malandragem é diferente da dos franceses — a cortejavam com graça; eles põem fantasia até num banquete, e eu não me aborreci. Diverti-me muito num jantar em casa de Alba de Cespedes; como ela, sua amiga Paola Massini unia à saborosa malícia italiana uma causticidade muito feminina, e elas nos revelaram, sem poupar nada, os bastidores da vida literária romana. Lá estava também Visconti, inteligente e vivo, de conversa brilhante; e um jovem que, dirigindo-se a ele e a Sartre, perguntou com desenvoltura: "Os senhores, que conhecem o mundo do cinema, podem explicar-me por que os diretores são sempre tão estúpidos?"

De vez em quando, víamos Carlo Levi, Moravia, o pintor comunista Guttuso, Alicata. Um dos encantos de Roma era o fato de a unidade da esquerda não se ter quebrado, desde a nossa primeira viagem depois da guerra, em 1946. O que Sartre tentara realizar na França encontrava em Roma. Quase todos os intelectuais simpatizavam com os comunistas, e estes permaneciam fiéis a suas tradições humanistas. A aliança com o PC, tão austera na França, traduzia-se, na Itália, por conversas francas e calorosas. Sartre era muito sensível a esse clima de amizade. Além disso, na Itália o anticomunismo não causava danos; e a nação tinha a sorte de não possuir colônias; as pessoas que encontrávamos não eram como nossos compatriotas, como nós, cúmplices de massacres e de torturas.

Graças à atitude liberal do PCI e à sua situação favorável, há na Itália jornais de esquerda muito bem-feitos, e que atingem um grande público; lê-los é um dos nossos prazeres. Damos atenção especial às crônicas, pois nelas está retratada a Itália. Durante vários dias, a tragicomédia de Terrazzano alimentou a imprensa. Dois irmãos internados no sombrio asilo de Aversa, perto de Nápoles, haviam conseguido uma licença por boa conduta. Compraram sem dificuldade metralhadoras e explosivos, e ocuparam a escola de Terrazzano, exigindo, em troca da vida dos noventa colegiais e das três professoras que haviam amarrado, duzentos milhões de liras; exigiram também rádio, televisão e alimentos. Foram obedecidos: um caminhão levou o dinheiro, mas eles não saíram, temendo uma armadilha; durante seis horas, ameaçaram a multidão e as crianças, enquanto a polícia, pessoas de prestígio e um padre tentavam chamá-los à razão. Mataram um jovem operário que tentava entrar por uma janela. No fim, com a ajuda de uma professora que conseguira libertar-se, a polícia conseguiu vencer.

Acompanhamos no *L'Unità* e no *Paese Sera* o processo de Poznan, que teve início em setembro. Contrariamente ao costume, a polícia não "armou" todo o processo. Os acusados tiveram defensores que os defenderam, e testemunhas de defesa que testemunharam. O público aplaudiu os advogados quando estes acusaram os dirigentes. Manifestações e levantes os apoiaram. O povo reivindicava a volta ao poder de Gomulka, detido em 1948 por stalinistas, e reabilitado. O governo fez importantes concessões; os culpados foram julgados com indulgência. Em outubro, as massas reivindicaram a autonomia da Polônia, e, para começar, a retirada das tropas soviéticas, comandadas por Rokossovski; exigiam a introdução da gestão operária nas empresas, o freamento de uma coletivização que se conduzira mal e apressadamente, e a democratização do país. Em 19 de outubro, abria-se o oitavo Plenário;

Gomulka, nomeado membro do Comitê Central, exigiu imediatamente a exclusão dos dirigentes pró-soviéticos, e a revogação de Rokossovski.

Golpe teatral: Khruchtchev, Molotov, Jukov, Mikoyan e Kaganovitch aterrissaram em Varsóvia; eles se opunham à partida de Rokossovski; blindados russos marcharam sobre Varsóvia: Gomulka convocou tropas polonesas e armou os operários. Houve choques, princípios de motins. Bruscamente, Khruchtchev e sua escolta partiram. O que se passara, na realidade? Em todo caso, com Gomulka nomeado primeiro-secretário do PC, a Polônia tomava o rumo da desestalinização.

Na Hungria, Rakosi deixara o poder. Em 6 de outubro, uma imensa multidão acompanhou os funerais de Rajk. No dia 14, Nagy foi reintegrado ao partido. Os estudantes decidiram fazer uma manifestação no dia 23, para festejar a vitória polonesa.

Que choque no dia 24, quando, ao comprar o *France-Soir* num quiosque da Piazza Colonna, lemos a manchete: "Revolução na Hungria. O exército soviético e a aviação atacam os insurretos." Na verdade, a aviação não interviera. Mas nem por isso os acontecimentos, tais como os relatava o *Paese Sera*, eram menos aterradores: trezentas mil pessoas haviam desfilado em Budapeste, reivindicando a volta de Nagy, uma política independente da URSS, chegando algumas a exigir o abandono do Pacto de Varsóvia. Os AVO haviam atirado na multidão. Tanques soviéticos, levados às pressas para Budapeste, atiraram também: no mínimo trezentos e cinquenta mortos e milhares de feridos. Quando Nagy tomou o poder, na manhã seguinte, russos e insurretos se batiam, e a multidão linchava os AVO.

Naquela noite, jantamos na Fontanella com Guttuso e sua mulher; ele nos levou ao Georges, perto da via Veneto, onde um violonista tocava velhas melodias romanas. Examinávamos nervosamente os acontecimentos, sem compreendê-los. Contra um regime impopular e mesmo detestado, contra condições de vida excessivamente duras, a desestalinização desembocara numa explosão nacionalista e reivindicadora, como em Poznan; e, como em Poznan, a polícia atirara; mas por que os tanques russos teriam intervindo tão precipitadamente, desmentindo as promessas do 20º Congresso, violando o princípio de não intervenção, manchando a URSS com um crime que fazia com que ela se apresentasse ao mundo como um país imperialista e opressor?! Aterrado, Guttuso não podia, no entanto, pensar em romper os inumeráveis laços que o ligavam a seu partido; ele lutava contra sua confusão com palavras, engolindo copos de uísque que lhe provocavam lágrimas nos olhos. Sartre, quase tão empenhado quanto ele, pelos esforços que fizera para se entender com os comunistas, defendia-se da mesma maneira. Pensávamos também na esquerda francesa, que mais do que nunca precisaria unir-se — acabávamos de saber da estúpida captura de Ben Bella —, e que essa injustificável tragédia ia acabar por desunir. A chegada de Anna Magnani nos distraiu; ela sentou-se à nossa mesa e cantou em surdina algumas canções, acompanhada pelo violonista. Depois, voltamos às nossas perplexidades. Por momentos, eu tinha vontade de parodiar Dos Passos: "Sartre esvaziou seu copo de uísque e disse nervosamente que a URSS era a única chance do socialismo, e que ela o traíra. Não se podia nem apoiar a intervenção, nem condenar a URSS, disse Guttuso. Pediu outro copo, e as lágrimas lhe vieram aos olhos." Mas esse humor quebrava-se contra a sinceridade de uma angústia que naquele mesmo instante oprimia, nós o sabíamos, milhões de homens.

O *Paese Sera* e o *L'Unità* comentavam os fatos com muita imparcialidade. Em Turim, como o *L'Unità* defendera um dia a intervenção russa (pois há variações entre as diversas edições locais), operários invadiram a sala de redação e protestaram. A honestidade dos comunistas italianos nos reconfortava um pouco. E a situação parecia evoluir para acordos análogos àqueles que haviam sido realizados na Polônia. Nagy proclamou uma anistia; formaram-se conselhos de operários e comitês revolucionários por todo o país; ele prometeu e conseguiu a retirada das tropas russas acantonadas em Budapeste. Quando deixei Sartre em Milão, para passar uma breve temporada na casa de minha irmã, estávamos um pouco mais tranquilizados. Mas o cardeal Mindzenty falando no rádio, ao sair da prisão, as exigências dos insurretos e as concessões de Nagy despertaram a inquietação: Nagy anunciava a reabilitação dos antigos partidos e a realização de eleições livres; a despeito de uma visita de Mikoyan e de Suslov, repudiava o Pacto de Varsóvia e reivindicava para a Hungria a neutralidade; a caça aos AVO continuava, via-se aparecerem "emigrados do interior"; agora o socialismo estava em perigo. Os tanques russos cercaram Budapeste. Em 3 de novembro, A. Koethly, socialista, e os membros de diversos partidos entravam no governo, onde não restavam senão três comunistas: Nagy, Kadar e Malester.

No dia seguinte à tarde, Lanzmann veio me buscar de avião, e deixamos Milão. Paramos em Susa, para pernoitar; chuviscava; compramos jornais, que lemos num triste café, onde se tiritava de frio. Moscou acusava Nagy de ter escolhido a "via fascista"; os russos haviam atacado Budapeste e bombardeado as fábricas Cespel. Durante toda a noite, remoemos com ansiedade essas notícias. O que se passava no Egito também nos inquietava. Durante todo o verão, depois da nacionalização do canal de Suez, uma violenta propaganda contra Nasser fora desencadeada na Inglaterra e na França. Em 30 de outubro, Mollet e Eden lhe haviam lançado um ultimato. Mollet incitara contra ele o exército israelense que, fortemente apoiado pela aviação francesa, acabava de ganhar a batalha do Sinai. Esperava-se, apesar da oposição do resto do mundo, um desembarque franco-britânico no Egito.

Na manhã seguinte, deixamos a Itália pelo desfiladeiro do monte Genebra; entre um céu azul vivo e a terra de um ruivo ardente, a neve brilhava como uma alegria; Budapeste e o Cairo estavam longe; falávamos disso; mas a única coisa que me parecia real era o esplendor das montanhas sob o sol. Depois, entramos num albergue e pedimos o almoço. O proprietário ria com os clientes e batia com as mãos nas coxas: "Nós o pegamos direitinho! Apanhados em pleno céu como borboletas!" De repente, compreendi que estava na França: senti que escorregava para o fundo de um lamaçal. Ao ordenar a inspeção do avião marroquino, Max Lejeune e Lacoste haviam deliberadamente sabotado as chances de negociação. No plano internacional, a França optara por esse caminho de solidão e de vergonha, do qual nunca mais iria afastar-se. E sem nada ganhar, pois na Argélia novos chefes substituíam os antigos. Houvera levantes antifranceses em Túnis; em Mequinez, massacres de europeus. Mas o dono do albergue e seus clientes, assim como milhões de outros, divertiam-se bastante com essa troça, tão finamente francesa. "Como borboletas!", repetiram. Sua hilaridade foi mais forte que o tranquilo esplendor do outono: reencontrei a guerra, as guerras, nossas divisões, aquelas que dilaceravam o mundo.

Quando cheguei a Paris, o país indignava-se publicamente com a nova "humilhação nacional" que acabava de sofrer. Em 5 de novembro, os paraquedistas franceses e ingleses haviam aterrissado no Egito; no dia 6, sob pressão da ONU, dos EUA, de Khruchtchev, do partido trabalhista inglês, retiraram-se precipitadamente. Na verdade, no fundo, meus compatriotas sentiram-se afetados sobretudo pelo racionamento de gasolina que o bloqueio do canal acarretou.

Ao voltar da Itália, Sartre reencontrara, com repulsa, a imprensa comunista francesa. A propósito da Hungria, o *Libération* falava de *"putsch* fascista", André Stil chamava os operários de Budapeste de "a escória das classes decaídas", e Yves Moreau chamava-os de "versalheses". Entrevistado pelo *Express*, Sartre condenou sem reserva a agressão soviética; disse que rompia "com pesar, mas inteiramente" com seus amigos soviéticos, e mais definitivamente ainda com os líderes do PC francês. Fizera tantos esforços, durante tanto tempo, para chegar a um entendimento, e para mantê-lo! Entretanto, nem por um instante hesitou: a intervenção russa devia ser denunciada em nome do próprio socialismo que ela pretendia defender. Assinei, com ele e com outros escritores, um protesto contra a intervenção russa, publicado no *Observateur*. Após dias de combate, a insurreição foi sufocada; mas os operários húngaros protestavam com uma longa greve contra esse "retorno à ordem". As mentiras do *Humanité*, que apresentavam os AVO linchados como operários vítimas dos fascistas, exasperavam-nos. Mas, por outro lado, admirávamos o generoso internacionalismo de nossos chauvinistas: porque tanques russos haviam atirado em operários húngaros, eles pretendiam que fosse interditado o PC francês. Puros justiceiros — encharcados de sangue argelino — pronunciavam frases sublimes sobre o direito dos povos de disporem de si mesmos; ao mesmo tempo, ateavam fogo à sede do PC e atacavam o prédio do *Humanité*. Budapeste; que sorte para a direita! A evolução da URSS e o outubro polonês haviam enfraquecido suas armas: agora, era-lhe oferecida uma arma inteiramente nova, da qual ela ainda hoje se serve. Quando se pergunta a Malraux se não se arrepende de ter traído *A condição humana*, ele responde: Budapeste. Naquele ano, escrito e falado, repetia-se interminavelmente este diálogo: "E Suez?" "E Budapeste?" Era proibido condenar o golpe de Suez, se não se tivesse gritado bem alto contra os tanques russos. Os Thierry Maulnier ficaram bastante despeitados por Sartre ter gritado, e o felicitaram, com um sorriso amarelo de escárnio, por sua habilidade.

Quanto melhor éramos informados dos acontecimentos, disfarçados e induzidos de tantas maneiras, tanto menos seu sentido nos parecia evidente. Não, os trabalhadores húngaros não eram "versalheses"; mas era uma contrarrevolução que a direita antecipara, quando a *Radio-Europe-Libre* encorajava os insurretos. Teria existido essa eventualidade? Nesse caso, uma vez que pensávamos que o socialismo, mesmo desfigurado, impuro, é hoje a única chance dos homens, como julgar a réplica soviética?

Passamos, entre outras, uma longa noite a discutir tudo isso na casa de Fejtö; lá estavam sua mulher, Sartre, Martinet, Lanzmann, o embaixador da Polônia, e um jornalista polonês do *Tribuna-Ludu*, que assistira à insurreição. Fejtö já escrevera um livro e um número incrível de artigos sobre o assunto: estava tão esgotado, disse-nos sua mulher, que ela tinha que lhe dar injeções revigorantes. O jornalista polonês considerava que um início de insurreição exprimia o descontentamento unânime do povo; ele não acreditava de modo algum que emigrados, "cruz e flecha",[155] fascistas, tivessem ali representado papel importante. Mas estimava que, sem a segunda intervenção, a guinada para direita, ocorrida entre os dias 23 e 31, teria acarretado a guerra civil; com a Hungria ligada ao bloco ocidental, iriam produzir-se nos países satélites reviravoltas tão graves, que fariam estourar a guerra mundial. Fejtö, profundamente antissoviético, admitia que, sobretudo no oeste do país, a reação atiçara a revolução, em seu proveito; sim, havia ameaça de guerra civil, e a vitória do socialismo não era certa. Então, insistia o polonês, devia-se correr o risco da derrota? Sartre respondia que — foi a ideia que ele desenvolveu mais tarde, em *Le Fantôme de Staline* —, ao recusar a experiência, escolhia-se uma certa perspectiva política: a dos blocos e da guerra fria, isto é, uma perspectiva stalinista; a Hungria, todos os partidos comunistas e a própria URSS iam pagar caro pela decisão tomada pelos russos: teria sido melhor haver eleições livres do que essa violência feita a um povo.

A imprensa comunista obstinou-se na mentira; o "sorriso de Budapeste" de André Stil ficou atravessado em muitas gargantas. Entre os intelectuais do partido, alguns marcaram, mais ou menos prudentemente, sua desaprovação. Rolland foi excluído; Claude Roy, Morgan e Vailland receberam uma advertência. No seio do gabinete do CNE, do qual Sartre fazia parte, houve uma violenta altercação entre Aragon e Louis de Villefosse que, com vários outros simpatizantes, deixou o Comitê; Vercors e Sartre acharam preferível permanecer; mas achavam muito insuficiente o texto que Aragon finalmente conseguira que fosse assinado. Temendo a hostilidade geral, o CNE anulou sua venda anual. O Comitê dos intelectuais foi abalado por violentas discussões;

---

[155] No original, *croix fléchées*, partido político húngaro de inspiração nazista. (N.T.)

alguns membros, em particular ex-comunistas, quiseram impor uma moção condenando radicalmente a URSS; isso equivalia a expulsar os comunistas do Comitê. Outros pensavam que, para nós, franceses, a paz na Argélia permanecia o principal objetivo, e que não devíamos dividir-nos: era a posição de todos os meus amigos, e Lanzmann a defendeu.

Nagy, que se refugiara na embaixada da Iugoslávia, foi sequestrado pela polícia. Ficamos sabendo de novas prisões. A carta que os escritores soviéticos dirigiram aos escritores franceses para deplorar sua tomada de posição, e defender a atitude da URSS, os signatários do nosso protesto responderam com uma nova declaração, tão clara como a primeira, porém mais pormenorizada, e que deixava uma porta aberta: "Estamos prontos a encontrá-los no país que os senhores escolherem, a fim de prosseguir esse exame." Sartre, Claude Roy e Vercors intervieram no CNE, em favor de jornalistas húngaros condenados à morte. Dessa vez, Aragon concordou com eles.

A *Temps Modernes* publicou, em janeiro, um número especial sobre a Hungria, realizado quase inteiramente entre o 20º Congresso e os acontecimentos de outubro. Em *Le Fantôme de Staline*, Sartre explicou sua posição: "A verdadeira política contém em si, implícita, sua própria apreciação moral." Era nisso que ele se baseava para criticar as relações da URSS com os países satélites, e para condenar as intervenções russas. Entretanto, reafirmava sua adesão ao socialismo, tal como este tomava forma na URSS, apesar dos erros de seus dirigentes. Budapeste constituíra um golpe para ele. Mas afinal ele fizera, nessa ocasião, a prova da conduta que determinara para si: escolher a URSS, e só contar consigo mesmo para manter seu próprio ponto de vista.

Sartre não recaiu na solidão, nem foi reconvertido em inimigo do povo. Acontecendo depois do 20º Congresso e depois do outubro polonês, Budapeste obrigou os intelectuais comunistas a se colocarem questões. Boa parte deles "cerraram os dentes", e não se moveram. Mas muitos sentiram-se contestados até a medula. "Minha reportagem sobre a Hungria! Como é que pude pintá-la em cores tão róseas! É verdade que foi durante o governo de Nagy", disse-me uma simpatizante. Alguns militantes censuraram-se espalhafatosamente por ter afirmado a culpabilidade de Rajk, e a de Slansky. Outros, como Hélène Parmelin, recusando-se a se entregar ao que ela chamou de um "*striptease mental*" — exercício que provocava o regozijo dos anticomunistas —, despertaram seu senso crítico; alguns grupos formaram-se, decididos a permanecer no interior do PC, mas sem aceitar tudo. *La Tribune de Discussions*, fundada na primavera de 1956 por militantes operários parisienses descontentes com a votação dos poderes especiais, reuniu um certo número de intelectuais. Outros, em dezembro, criaram *L'Étincelle*, que, em abril, iria fundir-se com *La Tribune*. Tratava-se, para eles, não de *revisar* o marxismo de fora, mas de *mudá-lo*, pois, longe de superá-las, eles se encontravam presos no cerne das contradições socialistas. Sartre nunca cessara de reivindicar um marxismo vivo; entre os comunistas da oposição e ele, os diálogos se multiplicaram; houve também outros, frequentes, com os intelectuais poloneses. Acordos polono-soviéticos foram assinados em Moscou, na base leninista da igualdade dos direitos; afastaram-se os stalinistas, reabilitou-se um grande número de militantes, encorajaram-se os sindicatos a defenderem os interesses operários. O Congresso dos Escritores condenou o realismo socialista. Gomulka, sem enfraquecer o socialismo, tentava fazer sua parte na luta pela liberdade: a independência de Sartre com relação ao PC fazia dele, aos olhos dos escritores poloneses, um interlocutor inteiramente adequado. Em novembro, fomos convidados pela embaixada da Polônia; ali encontramos, entre outros, Jan Kott e Lissowski, que pediu a Sartre um artigo para uma revista que editava. Encenaram-se peças de Sartre em Varsóvia. A *Temps Modernes*, por sua vez, com a colaboração de escritores poloneses, dedicou um número à Polônia.

Mesmo com os comunistas ortodoxos, mesmo com a URSS, as pontes não estavam cortadas. Sartre rompera com França-URSS, mas não com o CNE, nem com o Movimento da Paz. Ele soube que *A prostituta respeitosa* continuava a ser representada em Moscou: encenaram-na na Tchecoslováquia e até mesmo, pouco mais tarde, na Hungria. Na primavera de 1957, ele encontrou duas vezes Ehrenburg e, sem que nenhum dos dois modificasse suas posições, tiveram uma conversa cordial. Fiéis ao espírito do 20º Congresso e hábeis, os russos haviam decidido não mais marginalizar os simpatizantes que se haviam recusado a aceitar Budapeste: Vercors, um dos que protestaram, foi por eles recebido em 1957. Era uma importante novidade poder atacar a URSS numa questão, sem ser considerado traidor. Essa moderação nos permitiu prosseguir um trabalho comum com o PC francês, na questão que nos tocava mais ardentemente: a Argélia.

Capítulo VIII

Não foi por vontade própria, nem com o coração alegre, que deixei a guerra da Argélia invadir meu pensamento, meu sono, meu estado de espírito. Ninguém mais do que eu inclinava-se a seguir o conselho de Camus: defender, apesar de tudo, a própria felicidade. Houvera a Indochina, Madagascar, o cabo Bom, Casablanca: eu sempre conseguira recuperar a serenidade. Depois da captura de Ben Bella e do golpe de Suez, ela desmoronou: o governo ia insistir naquela guerra. A Argélia obteria a independência: mas faltava muito tempo. Naquele momento, em que eu não entrevia mais o fim, a verdade da pacificação desvendou-se inteiramente. Reconvocados falaram: afluíram informações: conversas, cartas dirigidas a mim, a amigos, reportagens estrangeiras, relatórios mais ou menos secretos difundidos por pequenos grupos. Não se sabia tudo, mas sabia-se muito, até demais. Minha própria situação no meu país, no mundo, nas minhas relações comigo mesma, sofreu uma perturbação.

Sou uma intelectual, dou valor às palavras e à verdade; tive que suportar a cada dia, indefinidamente repetida, a agressão das mentiras cuspidas por todas as bocas. Generais e coronéis explicavam que conduziam uma guerra generosa e até revolucionária. Viu-se esse fenômeno, digno de uma barraca de feira: um exército que pensava! Os *pieds-noirs* reivindicavam a integração, embora a simples ideia de Colégio único os fizesse pular de raiva. Afirmavam que, com exceção de alguns chefes revolucionários, a população gostava deles. Entretanto, durante a "caçada" que se seguiu ao enterro de Frogier, não fizeram qualquer distinção entre os *bons* muçulmanos, *seus* muçulmanos, e os outros: lincharam todos aqueles que lhes caíam nas mãos. A imprensa tornara-se uma empresa de falsificação. Silenciou sobre as hecatombes provocadas por Fechoz e Castille,[156] mas gritou alto contra os atentados que abriram a batalha de Argel. Os paraquedistas fecharam a Casbá, o terrorismo foi reprimido: não nos informaram por que meios. Os jornais não temiam apenas as apreensões, as perseguições, mas também o desafeto de seus leitores: diziam o que estes desejavam ouvir.

Pois o país consentia alegremente nessa guerra, desde que ela lhe fosse apresentada sob disfarce. Eu não me emocionava quando os ultras se manifestavam nos Champs-Élysées; eles reivindicavam que se lutasse "até o fim", e que se silenciasse a esquerda; quebravam, de passagem, as vidraças da agência de turismo sobre a qual fica a redação do *Express*. Eram ultras. O que me aterrorizou foi o fato de o chauvinismo ter atingido a imensa maioria dos franceses, e de descobrir a profundidade do seu racismo. Bost e Jacques Lanzmann — que havia voltado a ocupar meu quarto, na rua de Bûcherie — contavam-me como os policiais tratavam os argelinos do bairro: todos os dias, buscas, perseguições, saques; batiam neles e derrubavam os carros dos verdureiros ambulantes. Ninguém protestava, ao contrário; as pessoas — que nunca haviam sido tocadas por um só dedo de qualquer africano do norte — felicitavam-se por estarem "protegidas". Fiquei ainda mais chocada, e mais desolada, quando soube com que facilidade os jovens soldados do contingente dobravam-se aos métodos pacificadores.

Tinha tão pouco prazer em me martirizar, que, quando Lanzmann me pôs nas mãos o *Dossier Müller*, meu primeiro impulso foi afastá-lo. Hoje, neste sinistro mês de dezembro de 1961, como muitos de meus semelhantes — suponho —, sofro de uma espécie de tétano da imaginação. Leio o depoimento de Boudot, no processo Lindon: "Certa tarde, vi homens lívidos aproximarem-se da minha mesa: eram os guardas da caserna, que acabavam de enterrar vivos quatro homens, quatro felás, cuja idade ia de vinte a setenta e cinco anos. O último, o velho, foi o último a morrer. Tinha tanto medo, disseram-me... que o suor de seu corpo subia como vapor na noite. Eles morriam à medida que o buldôzer lançava terra sobre eles." Leio o depoimento de Leuliette. "Esses prisioneiros tinham sido pendurados pelos pés. Eu os vi de manhã, e à noite ainda estavam ali. Tinham todos os rostos negros, mas ainda estavam vivos. Gostaria de citar também o uso da corrente elétrica.

---

[156] A bomba de plástico colocada por Fechoz na Casbá, em julho, fez cinquenta e três mortos e inúmeros feridos. Castille colocou uma outra, quase tão mortífera quanto a primeira, em 6 de agosto.

Quando chegavam ao baixo-ventre, era o momento em que havia mais gritos. Passavam a corrente também na boca." Leio, e passo a outro artigo. Aí está, talvez, o fundo da desmoralização para uma nação: a gente se habitua.

Mas, em 1957, os ossos quebrados, as queimaduras no rosto, nas partes íntimas, as unhas arrancadas, as empalações, os gritos, as convulsões, tudo isso me atingia. Müller relatara publicamente sua experiência enquanto ainda era soldado na Argélia, e essa coragem lhe custara a execução por uma bala francesa: era nosso dever lê-lo e divulgá-lo. Mas precisei me forçar. Tive que me infligir vários outros relatos do mesmo tipo. Para cada manuscrito publicado pela *Temps Modernes*, recebíamos dez. Saíram também alguns na *Esprit*. Batalhões inteiros pilhavam, incendiavam, violavam, massacravam. A tortura era empregada como meio normal e essencial de obter informações; não se tratava de acidentes, de excessos, mas de um sistema: nessa guerra, em que todo um povo se levantava contra nós, cada indivíduo era suspeito. Só cessando o fogo seriam sustadas as atrocidades.

Meus compatriotas não queriam saber de nada. A partir da primavera de 1957, a verdade transpirou, e se eles a tivessem acolhido com tanto zelo quanto a revelação dos campos de trabalho soviéticos, ela teria eclodido em plena luz. A conspiração do silêncio só teve êxito porque todos se fizeram cúmplices dela. Aqueles que falavam não eram ouvidos, gritava-se para cobrir suas vozes, e se alguém ouvia sem querer alguns rumores, apressava-se em esquecê-los. O livro de Pierre-Henri Simon, *Sur la torture*, que apresentava ao público o *Dossiê Müller*, foi comentado com insistência pelo *Monde* e pelo *Express*, que não são jornais clandestinos. Toda a imprensa de esquerda falou sobre a coletânea *Les Rappelés témoignent*, sobre a qual Sartre escreveu, na *Temps Modernes*, um artigo: *Vous êtes formidables*; os autores desses relatos eram em sua maioria seminaristas, padres, certamente não pagos por Nasser, nem por Moscou; aliás, não foram acusados de mentir; as pessoas taparam os ouvidos. Servan-Schreiber, convocado alguns meses antes como tenente na Argélia, também não estava a soldo da Liga Árabe, nem da URSS. Seu testemunho, publicado primeiro no *Express* e depois em livro, teve uma repercussão tal que uma "ordem de informar" foi baixada contra ele. Apesar de seu respeito pelas pessoas de categoria, e pelas tradições militares, embora aceitasse com bastante facilidade a mistificação dos "comandos negros", relatava crimes que deveriam ter comovido a opinião pública: árabes abatidos por prazer, prisioneiros brutalmente assassinados, incêndios de aldeias, execuções em massa etc. Mas a opinião pública não se comoveu.

Os assassinos de bazuca passeavam em liberdade. Yveton, que pusera uma bomba numa fábrica vazia, tomando todas as precauções para não matar ninguém, foi guilhotinado. Por que esse francês se teria solidarizado com o povo argelino? Por que médicos, advogados, professores, padres de Argel vinham em auxílio da FLN? Traidores, dizia-se, e respondera-se. O público foi informado do "suicídio" de Larbi Ben Mihidi, encontrado enforcado numa grade de sua janela, mãos e pés amarrados. Depois do "suicídio" de Boumendjel, sequestrado e torturado pelos paraquedistas durante várias semanas, e depois atirado de uma sacada, Capitant — professor de direito na Faculdade de Paris — suspendeu seu curso, em sinal de protesto: seu gesto teve grande repercussão. Em 29 de março, o general De la Bollardière provocou um escândalo: pediu para ser substituído no comando, de tal modo reprovava os métodos do exército francês. O caso de Djamila Bouhired ficou conhecido em toda a França e no estrangeiro. A campanha conduzida pela esquerda contra a tortura não foi ignorada pela opinião pública francesa, pois incomodou o governo a tal ponto que ele criou uma "Comissão de Salvaguarda", por trás da qual pretendia abrigar-se.

Tinham-me chamado, entre outras coisas, de antifrancesa: foi o que me tornei. Não tolerava mais meus concidadãos. Quando jantava no restaurante, com Lanzmann ou com Sartre, nós nos enfurnávamos num canto; mesmo assim, o barulho das vozes nos atingia; entre considerações malévolas sobre Margaret, Coccinelle, Brigitte Bardot, Sagan, Grace de Mônaco, uma frase, de repente, dava-nos vontade de fugir. Fui com Lanzmann ao Trois Baudets, onde Vian estava cantando. Num dos esquetes, os atores abriam jornais: unidades rebeldes fora de combate, adesão de uma mechta. Eu lia: Rivet, Oradour, e detestava os risos da plateia. Outra noite, ouvimos Greco, no Olympia. No palco, um *pied-noir* contou históricas de argelinos; fiquei com as mãos úmidas de vergonha. No cinema, tinha-se que engolir as *Actualités*, que mostravam a beleza da obra francesa na Argélia. Paramos de sair. Desse momento em diante, beber um café num balcão, entrar numa padaria, tornou-se uma provação. Ouvia-se: "Isso tudo é porque os americanos querem nosso petróleo." Ou então: "Que estamos esperando para dar um bom golpe e acabar com isso?" Nos terraços, os clientes exibiam o *Aurore*, o *Paris-Presse*, e eu sabia o que estava em suas cabeças: a mesma coisa que aparecia no papel; eu não podia mais sentar-me ao lado deles. Eu amara as multidões: agora, até as ruas me eram hostis, e eu me sentia tão espoliada quanto nos primeiros tempos da ocupação.

Era até pior porque, querendo ou não, eu acabava sendo cúmplice daquelas pessoas com as quais não suportava mais conviver. Era isso que eu menos lhes perdoava. Ou então, seria preciso que me tivessem dado, desde a infância, a formação de um SS, de um paraquedista, em vez de me dotar de uma consciência cristã, democrática, humanista: uma consciência. Eu tinha necessidade da minha autoestima para viver, e me via com os olhos das mulheres vinte vezes violentadas, dos homens de ossos quebrados, das crianças loucas: uma francesa.

Minha irmã e o marido estavam instalados em Paris. Ele era socialista e defendia a política de Mollet: "De qualquer modo, o terrorismo foi sustado, em Argel", dizia-me. Eu sabia — imperfeitamente, mas já o suficiente para me perturbar a tranquilidade — o que custara essa falsa paz. "A tortura não passou, afinal, de casos excepcionais", dizia-me ele, também. Isso me dava uma raiva que eu tentava reprimir. Mas, quando o deixava, sentia nas batidas precipitadas do meu coração, no peso na nuca, no zumbido nos ouvidos que minha pressão subira.

Gostaria de romper minha cumplicidade com aquela guerra, mas como? Falar nos comícios, escrever artigos: eu não teria dito tão bem quanto Sartre as mesmas coisas que ele dizia. Eu teria achado ridículo acompanhá-lo como sua sombra à manifestação silenciosa da qual ele participou com Mauriac. Hoje,[157] por menos que eu pese na balança, não poderia fazer outra coisa senão manifestar-me, usando toda a minha influência. Naquela época, eu desejava ainda, antes de tentá-lo, que um esforço não me parecesse vão.

Conhecíamos muito bem Francis Jeanson: ele encontrara Sartre em 1946 para lhe submeter o manuscrito de *La Morale de Sartre*. Durante a guerra, para unir-se aos combatentes da França livre, ele passara a fronteira espanhola: fora preso e enviado a um campo de concentração. Libertado ao fim de alguns meses, a detenção arruinara sua saúde, e, na Argélia, tivera que trabalhar num escritório. Ligou-se aos muçulmanos. Depois da libertação, voltara muitas vezes à Argélia, e acompanhara de muito perto o que se passava:

---

[157] Inverno de 1961.

assim, pudera escrever *L'Algérie hors la loi*. Colaborador da *Temps Modernes*, fora seu diretor durante quatro anos. Em 1955, publicara pela Seuil *Sartre par lui-même*. Poucas pessoas conheciam o pensamento de Sartre tão bem quanto ele. Depois de Budapeste, reprovara Sartre por uma atitude demasiado intransigente, e desde aí nossas relações haviam esfriado. Fomos informados por terceiros sobre a luta que travava ao lado da FLN. Nem Lanzmann, nem Sartre, nem eu estávamos ainda preparados para acompanhá-la. Na Argélia, só havia uma alternativa: o fascismo ou a FLN. Na França, pensávamos, era diferente. Achávamos que a esquerda não tinha lição a dar aos argelinos, e que *El Moudjahid* fizera muito bem colocando-a no seu devido lugar. Mas acreditávamos ser ainda possível trabalhar pela independência deles por meios legais. Conhecendo Jeanson, sabíamos que ele não optara por tal engajamento sem ter refletido maduramente; sem dúvida alguma, tinha boas razões. Entretanto, assustei-me. Encontrara duas pessoas que trabalhavam com ele,[158] e elas me haviam chocado por sua leviandade e suas tagarelices; eu me perguntava se a ação clandestina não é um meio de eliminar complexos. Não haveria, entre aqueles que a haviam escolhido, uma vontade de se isolar da comunidade francesa, ligada a um ressentimento, talvez, ou a algum mal-estar?[159] Contra a inquietante pergunta que me era imposta pela opção deles, eu me defendia com essa coisa que detesto — o psicologismo —, sem me perguntar se minha desconfiança não era ditada por motivos subjetivos. Não compreendera que, ao ajudar a FLN, Francis Jeanson não renegava suas raízes francesas. Mesmo que eu tivesse apreciado mais lucidamente sua ação, restava o fato de que, ao participar dela, qualquer um ia colocar-se, aos olhos do conjunto do país, no campo da traição: algo em mim — uma timidez, sobrevivência — impedia-me ainda de encarar essa possibilidade.

***

Terminado meu ensaio sobre a China, comecei, em outubro de 1956, a narrativa da minha infância. Era um velho projeto. Muitas vezes, em romances

---

[158] Aliás, logo deixaram de trabalhar com ele.
[159] Jeanson respondeu perfeitamente a essas dúvidas: "Quando empreendemos essa ação que nos censuram, não nos faltava trabalho, gostávamos de nossas respectivas profissões, e não estávamos reduzidos à mediocridade. E não podíamos ignorar que a França era mesmo o único país onde tínhamos oportunidade de nos sentir inteiramente à vontade para viver e para trabalhar de acordo com nossas diversas aptidões."

e novelas, eu tentara falar de Zaza. Emprestara meu desejo de contar minhas experiências a Henri, em *Os mandarins*. Quando, duas ou três vezes, aceitei dar entrevistas, sempre me decepcionara: gostaria que tanto as perguntas quanto as respostas fossem minhas. Nas notas que não publiquei, eu me explicava: "Sempre imaginei, dissimuladamente, que minha vida se depositava, nos mínimos detalhes, na fita de algum gravador gigante, e que um dia eu desenrolaria todo o meu passado. Tenho quase cinquenta anos, é muito tarde para trapacear; logo tudo vai desaparecer. Minha vida só pode ser fixada em largos tragos, num papel, e pela minha mão: dela farei, então, um livro. Aos quinze anos, eu desejava que as pessoas, um dia, lessem minha biografia com uma curiosidade comovida; se queria tornar-me 'uma autora conhecida', era nessa esperança. Desde então, muitas vezes pensei em escrevê-la eu mesma. A exaltação com a qual outrora acariciava esse sonho hoje me é bem estranha; mas guardei no coração a vontade de realizá-lo...

"...Passei os vinte primeiros anos de minha vida numa grande aldeia que se estendia do Leão de Belfort à rua Jacob, do bulevar Saint-Germain ao bulevar Raspail: ainda moro ali. Da minha mesa de trabalho, vejo passar na praça de Saint-Germain-des-Prés um grupo de colegiais: uma delas era eu. Volta para casa na hora em que se acendem os primeiros lampiões; irá sentar-se diante de uma folha em branco, traçará sinais como eu traço sinais neste papel branco. Houve guerras e viagens, e mortos, e rostos: nada mudou. No espelho, verei uma outra imagem: mas não há espelhos, não havia. Por momentos, não sei mais muito bem se sou uma criança que brinca de adulto, ou uma mulher idosa que se recorda.

"Não. Eu sei; sou eu, hoje. A menininha cujo futuro tornou-se meu passado não existe mais. Quero crer, às vezes, que a trago em mim, que seria possível arrancá-la da minha memória, ajeitar seus cílios desalinhados, fazê-la sentar-se, intacta, a meu lado. É falso. Ela desapareceu sem que sequer um frágil esqueleto comemore sua passagem. Como tirá-la do nada?"

Durante dezoito meses, com altos e baixos, dificuldades, alegrias, apeguei-me a essa ressurreição: uma criação, pois ela apelava para minha imaginação e para a reflexão, tanto quanto para a memória.

Sartre, no entanto, estimulado por Lissowski, examinava as relações entre o existencialismo e o marxismo; escreveu um ensaio, que se tornou pouco mais tarde *Questão de método*. Retomando seu entusiasmo, iniciou a obra que intitulou *Crítica da razão dialética*. Fazia anos que pensava no assunto, mas suas ideias não lhe pareciam ainda amadurecidas; precisou de uma solicitação exterior para decidir-se. Por outro lado, um editor lhe pediu, para uma coleção de arte, um texto sobre um pintor; Sartre sempre amara Tintoretto; interessara-se, já antes da guerra, e sobretudo a partir de 1946, pela maneira como ele concebia o espaço e o tempo. Resolveu dedicar-lhe um estudo.

Minhas *Memórias* me absorviam menos que meu estudo sobre a China, e eu li mais. Meus amigos emprestaram-me obras cujas conclusões convergiam, nas quais americanos analisavam sua sociedade: *The Lonely Crowd*, de Riesman, os ensaios de Wright Mills, *The Organization Man*, de Whyte, *The Exurbanist*, de Spectorsky. Eles descreviam, em suas causas e suas consequências, aquele conformismo que me decepcionara em 1947, e que só fizera acentuar-se. A América, tendo-se tornado uma sociedade de consumo, passara do interocondicionamento puritano ao exterocondicionamento que dá a cada um como norma, não seu próprio julgamento, mas a conduta de outrem; eles mostravam de que maneira consternadora a moral, a educação, o estilo de vida, a ciência e os sentimentos se haviam transformado com isso. Esse país, até pouco tempo tomado de individualismo, e que ainda hoje chamava com desprezo os chineses de "povo de formigas", tornara-se um povo de carneiros; destruindo em si e nos outros toda originalidade, recusando a crítica, medindo o valor pelo sucesso, não abria outro caminho para a liberdade senão a revolta anárquica: assim se explicava a depravação da juventude, o recurso desta às drogas, suas violências imbecis. É verdade que ainda restavam na América homens que usavam os olhos para ver: esses livros, mesmo, e alguns outros, e certos filmes também provavam isto. Algumas revistas literárias, alguns jornais políticos quase confidenciais ousam tomar partido contra a opinião pública. Mas a maioria dos jornais de esquerda desaparecera. O *Nation* e o *New Republic* preservavam apenas com parcimônia certa independência de espírito. O *New Yorker* tornara-se tão bem-pensante quanto o *Partisan Review*.

Desde a guerra da Coreia, minha aversão pela América não diminuíra. A segregação era combatida pelo governo com relativo vigor, e grande parte da nação a recusava, a industrialização do sul condenava-a ao desaparecimento; nem por isso deixara de acarretar, nos últimos anos, escândalos espantosos: a execução de Mac Gee; o linchamento de Emmet Till, acusado aos quatorze anos, sem provas, de ter violentado uma branca, e a absolvição de seus assassinos; as violências cometidas no Alabama contra estudantes negros, que desejavam misturar-se aos brancos; e, além desses escândalos, eu sabia o que essa segregação implicava, tanto hoje quanto ontem. Quanto ao fanatismo anticomunista dos americanos, nunca fora tão virulento. Expurgos, processos, inquisições, depurações, e os próprios princípios da democracia eram renegados. Algren tivera seu passaporte cassado, por ter pertencido ao Comitê Rosemberg. No exterior, a América apoiava, a peso de dólares, contra as reivindicações populares, homens que lhe eram vendidos e que muitas vezes, aliás, preocupados com seus próprios interesses, serviam-na muito mal. Se alguma voz se elevava para denunciar essa política, era logo abafada: eu não ouvia nenhuma.

Que acontecera então com os escritores que eu apreciara, e que ainda viviam? E que pensava eu deles, hoje? Discutindo com Lanzmann, relendo-os com novos olhos, fiz uma revisão de muitos dos meus juízos. Os antigos romances de Wright, de Steinbeck, de Dos Passos, de Faulkner, conservavam para mim os méritos, desiguais, que eu lhes reconhecera. Mas não estávamos mais politicamente de acordo com Wright, francamente anticomunista; ele parecia desinteressar-se da literatura. Steinbeck soçobrara no patriotismo e na tolice; o talento de Dos Passos extinguira-se, desde que ele se ligara aos valores ocidentais: em vez de um mundo de profundezas conturbadas, empenhado em esconder sua decomposição com gestos e frases, ele não descrevia mais que aparências esclerosadas. Em *Uma fábula*, Faulkner contava, também ele, sob a capa de uma história de soldado, a paixão de Cristo: que lenga-lenga! *Intruder in the dust* demonstrava que, no sul, o racismo tem frequentemente como contrapartida riquezas e finuras que as pessoas do norte, obstinadas em seu racionalismo simplista, ignoram. Em 1956, Faulkner dissera numa entrevista que era preciso deixar aos sulistas a tarefa de resolver a seu modo o problema negro; ele se declarava solidário com os brancos, mesmo que fosse preciso ir para a rua e atirar em negros. Quanto a Hemingway, eu continuava a admirar algumas de suas novelas. Mas *Adeus às armas* e *O sol também se levanta* me decepcionaram quando os reli. Hemingway trouxera um grande progresso à técnica romanesca; mas quando a novidade desaparecia, os procedimentos, os estereótipos saltavam aos olhos. Sobretudo eu descobria nele uma concepção de vida que absolutamente não me era simpática. Seu individualismo implicava uma decidida conivência com a injustiça capitalista; esse individualismo era de um diletante rico o bastante para financiar custosas expedições de caça e pesca, e para praticar, com relação aos guias, aos empregados e aos nativos, um paternalismo ingênuo. Lanzmann me fez notar que *O sol também se levanta* estava impregnado de racismo; um romance é um microcosmo: se o único canalha é um judeu, e se o único judeu é um canalha, uma correspondência de compreensão ou uma relação universal se estabelece entre esses dois caracteres. Por outro lado, as cumplicidades que Hemingway nos propõe, em todas as viradas de suas narrativas, implicam em que temos consciência de ser, como ele, arianos, machos, dotados de fortuna e de lazeres, e de só termos tido a consciência do nosso corpo através do sexo e da morte. Um senhor dirige-se a senhores. A bonomia do estilo pode enganar, mas não é por acaso que a direita lhe teceu luxuriantes coroas: ele pintou e exaltou o mundo dos privilegiados.

Quanto aos jovens, eu os conhecia pouco. Gostara muito de Carson McCullers, que eu encontrara uma vez em Paris, roída pelo álcool, inchada, quase paralítica; parece que não escrevia mais. Vira também, na casa dos Wright, Truman Capote, deitado num divã, de calças de veludo azul-pálido; tinha talento, mas não o aproveitava muito. Tinham-me elogiado muito *O apanhador no campo de centeio*, de Salinger: encontrei ali sobretudo promessas. E, infelizmente, a poesia me escapava; eu não conhecia suficientemente bem a língua para apreciá-la, e desconfiava das traduções. Em suma, tanto na literatura como em outras coisas, nada na América me tocava mais, a não ser seu passado. Senti, com relação a ela, o mesmo enfado que a França me inspirava. Conservava uma lembrança ardente de suas paisagens, suas cidades, seus espaços, suas multidões, seus odores; amava sua língua rápida e rica, desenvolta, vigorosa, tão apta a apreender a vida em seu calor; pensava com afeição em meus amigos americanos, agradara-me a cordialidade deles, a franqueza do seu riso e seu humor ab-rupto. Mas eu sabia que, se voltasse a Nova York ou Chicago, o ar que respiraria lá seria, como o de Paris, envenenado.

O melhor momento daquele ano foram os quinze dias passados em Davos com Lanzmann: eu reencontrara ali os prazeres do sol e da neve, e experimentara o alívio de não mais ouvir vozes francesas. No início do verão, deixei novamente, com alegria, esse país onde um governo socialista suprimia os festejos do 14 de julho. Fui com Lanzmann para o sul da Itália. As estradas estavam melhores do que em 1952, os hotéis mais confortáveis; as cidades haviam crescido, muitas vezes com elegância. Mas o campo aparentava a mesma pobreza; em torno do golfo de Tarento, houvera um simulacro de reforma agrária, casinhas que ostentavam nomes de santos elevavam-se no meio dos pântanos que haviam sido repartidos entre os camponeses: faltava-lhes água e adubos, e nada brotava. Cruzávamos com os *braccianti* nas praças das aldeias, e a vida da província não mudara, desde que Fellini a pintara em *Os boas-vidas*; bebendo grapa, às onze da noite, numa rua deserta de Cantazaro, assistimos a uma cena que lembrava fielmente as cenas de seu filme: jovens corriam atrás de um *topolino*, agarravam-no, sacudiam-no, tapavam o cano de descarga com uma bucha de papel; ele partia de novo, a bucha saltava, em meio aos risos que pareciam bocejos; o carro dava meia-volta, e recomeçava tudo. Fomos os primeiros a cansar.

Descemos para a Sicília; ela nos surgiu ao cair da noite, numa curva da estrada, salpicada de luzes, franjada de bruma; paramos; um carro parou atrás de nós: "Estão olhando a vista?", disse o motorista. "Eu também, toda vez que passo aqui, paro para olhar." Era policial. Varreu o espaço com a mão, e declarou, com ênfase: "É a segunda mais bela vista do mundo." "Ah?", exclamei. "E qual é a primeira?" Ele hesitou: "Isso eu não sei." Visitei de novo a Sicília; revi Ragusa, austera e próspera, com suas belezas barrocas cercadas de edifícios novos muito bonitos. Fugimos rapidamente das Lipari, com suas águas negras de óleo diesel, e infestadas de turistas franceses. Depois de uma parada no cabo Palinuro, que alguns anos antes Darina Silone me recomendara, subimos novamente para Roma. Transportamos para lá um desertor iugoslavo que nos deteve ao sairmos de Éboli; ele obtivera permissão de deixar por alguns dias o campo italiano onde são internados seus compatriotas em situação irregular, a fim de ir procurar trabalho, mas não tinha um tostão no bolso, e arriscava-se a sanções se chegasse com atraso: mais uma dessas situações inextricáveis, que encontrei com frequência, ao acaso das estradas.

Permaneci mais de um mês em Roma com Sartre. Nossos amigos comunistas mantiveram-se distanciados, e nós vimos pouca gente, mas eu me sentia bem no hotel da Inglaterra, perto da praça da Espanha, e trabalhava bem. Sartre queria descansar da *Crítica*. Estivera em Veneza para rever os

Tintoretto, e começou a escrever sobre pintura. Fez também um prefácio para *O traidor*, de Gorz.[160]

Eu desejava respirar durante duas ou três semanas um ar menos citadino que o de Roma. Sartre propôs irmos a Capri. Os jornais romanos diziam que uma gripe vinda da Ásia devastava Nápoles; mas Capri não é Nápoles, e a epidemia provavelmente iria subir para o norte: partimos. Em Capri, lemos nos jornais de Nápoles que a gripe asiática devastava Roma. Cada cidade aumentava à vontade o mal que atingia a outra.

Eu temera que Capri estivesse entupida de turistas e esnobes; realmente eles despencavam todos — como em Veneza, em Florença, em toda parte — nos mesmos lugares, nas mesmas horas. Nós os evitávamos sem dificuldade. Estávamos hospedados num hotel sem graça, em pleno centro; mas, na região onde nenhum carro pode penetrar, era a solidão e o silêncio. Percorríamos a costa, contemplávamos os Faraglione, que Sartre apreciava tanto quanto as esculturas de Giacometti; passávamos acima da *villa* de um vermelho berrante, legada por Malaparte aos escritores da China Popular, que não sabiam o que fazer dela; por vezes, subíamos até o palácio de Tibério; muitas vezes parávamos mais embaixo, em qualquer taberna deserta, onde almoçávamos um doce ou um sanduíche, com uma taça de vinho branco, enquanto contemplávamos os efeitos do sol sobre os rochedos e sobre a água. Quando estava escrevendo *Le Dernier touriste*, Sartre informara-se sobre todos esses lugares; ele conhecia também muitas anedotas e mexericos sobre a vida de Capri. Consegui fazer com que se decidisse a subir, no teleférico, de Anacapri até o alto do monte Solario; ele foi muito menos sensível que eu aos encantos dessa gloriosa ascensão, mas ficou satisfeito por abarcar, num só olhar, a ilha e suas formas engenhosas.

Pela manhã, para tomar nosso café, e todas as noites, depois do jantar, sentávamo-nos num terraço do *salotto*, ainda não invadido, ou evacuado, pelos *Führungen*. Depois da meia-noite, só restava um público esparso, ao pé da escada nobre e distante como um cenário de teatro; sozinhas, aos pares, em bandos, pessoas subiam, desciam, paravam no alto, sentavam-se num degrau, ou então desapareciam na sombra que se abria no fundo:[161] pareciam

---

[160] Dez anos depois do nosso encontro de Genebra, Gorz, que vivia no momento em Paris, levara a Sartre uma obra de filosofia, inteligente, mas por demais inspirada em *O Ser e o Nada*. Em seguida, escrevera um ensaio sobre ele mesmo, excelente.
[161] Atualmente, uma loja exageradamente iluminada estraga esse cenário.

representar uma comédia misteriosa e belíssima; seus gestos, suas atitudes, as cores de seus trajes, nas quais encontrávamos o mesmo rosa das telas de Tintoretto, eram comandados pela necessidade; e, num relâmpago, ressuscitava uma ilusão há muito tempo perdida: nossa vida tinha a plenitude e o rigor das histórias que se contam. Sartre me falava de seu livro: trabalhava sem pressa, atento às suas frases: havia algumas que ele me repetia com deleite, através do silêncio aveludado da noite. Em Capri, nesse verão, as pedras eram belas como estátuas, e as palavras por vezes cintilavam.

Minha irmã não morava mais em Milão, onde só passamos um dia. Lanzmann veio encontrar-nos lá. Passando pelo desfiladeiro de Tende, fomos para Nice, e dali partimos para dormir em Aix. Quando rodávamos pela noite estrelada, vimos no céu o brilho acobreado de um meteoro: o Sputinik! No dia seguinte, os jornais confirmavam sua passagem naquela hora, e naquele lugar. Pensávamos com carinho naquele pequeno companheiro efêmero, e contemplávamos com um olhar novo a velha lua, aonde os homens iriam chegar, talvez quando ainda estivéssemos vivos. Contra todas as previsões, o primeiro satélite fora enviado pela URSS: isso nos enchia de alegria. Os adversários do socialismo demonstravam o fracasso deste alegando o atraso industrial e técnico da Rússia: que desmentido! A América falou em "Pearl Harbour científico". A façanha dava aos russos uma superioridade militar pela qual nos felicitávamos: se o país que tem menos interesse em fazer a guerra tem mais chances de ganhá-la, a paz está favorecida. Os "antipartidos" estavam desprestigiados; o espírito do 20º Congresso afirmava-se. Nossas esperanças de coexistência pacífica iriam fortalecer-se quando, em abril, Moscou suspendeu as experiências nucleares.

Em toda a América do Sul germinavam revoltas contra o imperialismo americano. Falou-se muito dos rebeldes cubanos quando, dois dias antes do grande prêmio automobilístico de Havana, eles raptaram, no saguão de um hotel, o célebre corredor Fangio, que liberaram depois da corrida. Seu chefe, Castro, um advogado exilado no México por Batista, voltara de barco, com alguns companheiros. Descreviam-no como uma espécie de Robin Hood barbudo. No pequeno exército que mantinha a luta com ele, havia mulheres, o que provocava galhofa entre os burgueses franceses; ele parecia ter o apoio da população — dos estudantes e intelectuais, entre outros; mas era difícil acreditar nele, quando anunciava que, através de greves, motins e ataques, iria derrubar Batista dentro de pouco tempo.

***

A esquerda francesa reabilitava-se mal de Budapeste. A severidade das sanções que haviam atingido os insurretos — entre outros, Tibor Déry, condenado a nove anos de prisão — indignou os não comunistas, enquanto o PC continuava a afirmar sua solidariedade a Kadar. *L'Étincelle* foi suspensa. Vercors, que fora um amigo zeloso do partido, explicou num livrinho bastante divertido, *P.P.C.*, que estava farto de fazer papel de enfeite, e que deixava a cena. Mais grave do que essas dissensões de intelectuais era a inércia política do proletariado. No fim de outubro, depois do sucesso da greve do gás e da eletricidade, a CGT e a CFTC desencadearam outras. Em Saint-Nazaire, elas explodiram com tanta violência, que um operário foi morto, e o jornalista Gatti, ferido. Os operários da Renault paralisaram o trabalho, assim como os membros do corpo docente e os funcionários. Mas o próprio fato de esses movimentos terem sido desencadeados em plena crise ministerial indicava que eram apolíticos. Nem os partidos nem os sindicatos os ligaram a uma luta contra a guerra da Argélia. A direita, entretanto, agitava-se; falava-se em complôs. O *Express* criou foros regionais para lutar contra a ameaça fascista.

O "último quarto de hora" de Lacoste estava durando mais de um ano, e os métodos pacificadores permaneciam os mesmos. Mostrando a amigos o sumário de um número da *Temps Modernes*, Daniel, colaborador do *Express*, concluiu: "E depois, é claro, há a ração habitual de torturas." Era monótono, concordo; geladeiras, banheiras, enforcamentos, queimaduras, estupros, fornos de cal, empalações, unhas arrancadas, ossos quebrados; voltava-se sempre a tudo isso. Mas não víamos razão para mudar o disco, enquanto o exército e a polícia não trocassem os seus.

Um universitário, Audin, fora preso na Argélia em 1º de junho: não tivéramos mais notícias suas. O pessoal do Liceu Jules-Ferry solicitara uma investigação: em vão. No início de dezembro, um amigo defendeu, em seu lugar, sua tese de matemática na Sorbonne: tratava-se de uma cerimônia fúnebre, à qual assistiram, em grande número, professores e escritores.

Até os leitores do *Figaro* foram informados por Martin-Chauffier[162] de casos de detenções arbitrárias, desaparecimentos e torturas. No *Monde* apareceu, após semanas de subterfúgios, o relatório da Comissão de Salvaguarda. O relator começava por declarar: "Atos que, em outros tempos e em circunstâncias normais, poderiam parecer exorbitantes são na Argélia perfeitamente legais." Portanto, não era preciso denunciá-los. As pessoas limitavam-se a assinalar os fatos que, mesmo no seio dessa "exorbitante" legalidade, pareciam abusivos. Estes eram suficientemente numerosos e graves para provocar um escândalo. Culpou-se muito o *Monde* por essa divulgação; quanto aos acontecimentos em si, a opinião pública pouco se deteve neles.

Em 10 de dezembro, abriu-se o processo de Ben Saddok. Alguns meses antes, ao sair do estádio de Colombes, ele abatera Ali Chehkal, antigo vice-presidente da assembleia argelina, e o mais importante dos colaboracionistas muçulmanos. Seu defensor, Pierre Stibbe, citou como testemunhas de defesa intelectuais de esquerda, entre os quais Sartre. Sartre estava emocionado quando nos dirigimos ao Palácio da Justiça; nas conferências e nos comícios as palavras não têm tanto peso, mas naquele dia um homem jogava sua vida. Se ele a salvasse, dali a alguns anos a anistia faria dele novamente um homem livre: a alternativa entre a morte e a vida era muito mais extrema do que nos processos comuns. Daí a angústia das testemunhas, cada qual podendo pensar que seu depoimento poderia influir definitivamente na decisão dos jurados.

Encerraram Sartre com os outros num lugar afastado dos debates. Quanto a mim, sentei-me no meio de um público numeroso, ao lado de jovens advogados. Junto ao tribunal, a Mme Ali Chehkal, oculta por longos véus de luto, representava a parte civil. Olhei o homem jovem, de rosto franco, que ocupava o lugar dos acusados: realizara um ato análogo aos que, durante a Resistência, eram chamados de heroicos; no entanto, os franceses iam talvez fazê-lo pagar por ele com a própria vida.

Companheiros de Saddok falaram de suas qualidades de homem, de trabalhador, de amigo; velhos parentes choraram. Depois, professores, escritores, um padre, um general e jornalistas explicaram o ato de Saddok alegando a condição imposta a seus irmãos argelinos, e descreveram essa condição. "Muito bem!", disseram, em tom afetado, dois jovens advogados sentados

---

[162] Ele fizera uma investigação em nome da "Comissão internacional de luta contra o regime de campos de concentração".

perto de mim. "Somos nós que estamos sendo processados: estão nos explicando que tudo o que nos acontece na Argélia é bem merecido!" A acusação convocara Soustelle. Ele chegou com os olhos circundados de negro, vestido com um elegante sobretudo; sem olhar para ninguém e precipitadamente, fez o elogio do defunto. Depois, amparada por parentes, uma jovem que andava com pernas mecânicas adiantou-se: fora mutilada no atentado do cassino da Corniche.[163] Começou a gritar aos arrancos, com voz estridente: "Basta de horrores! Vocês não sabem o que suportamos! Basta de sangue! Basta! Basta!" O mal-estar que ela provocou logo voltou-se mais contra a acusação, que pusera em cena aquele melodrama, do que contra Saddok. Com os cabelos inteiramente brancos, frágil, trôpego, o velho Emile Kahn reivindicou, em nome da Liga dos Direitos do Homem, da qual era presidente, que se reconhecessem amplas circunstâncias atenuantes para Saddok. Um pastor leu uma carta de seu filho, convocado para a Argélia; o jovem contava como vira uma unidade territorial — isto é, *pieds-noirs* — torturar um velho árabe; apoiado por alguns companheiros, tivera que ameaçar com suas armas os agressores para lhes arrancar a presa. Esse relato — enforcamento, pancadas, torturas — caiu num silêncio de morte: não se ouviu um suspiro, nem de surpresa nem de repulsa; todo mundo sabia. Mais uma vez essa evidência me gelou o coração: todo mundo sabia e estava pouco ligando, ou então consentia.

Sartre foi um dos últimos a depor. Nada demonstrou sua perturbação, a não ser o fato de ter chamado o morto de Ali Chacal, ao falar dele com uma deferência compassada. Comparando sua atitude à de Ben Saddok, ele explicou que os jovens não podiam aceitar a paciência dos mais velhos, pois só conheciam da França um aspecto sanguinário. Sublinhou, em seguida, que o ato cometido por Saddok era um assassínio político, e não devia ser associado a um atentado terrorista. Fazia um enorme esforço para falar uma linguagem que não chocasse o tribunal, e este último pareceu aliviado com sua moderação.

Depois, depuseram Massignon e Germaine Tillon; a França, constatou esta, impelira a juventude ao ódio. Um professor propusera a seus alunos — muçulmanos de uns dez anos — o seguinte tema de redação: "O que fariam vocês se fossem invisíveis?"; ela leu algumas das composições: todos haviam respondido, através de diversos fantasmas: "Eu mataria todos os franceses."

---

[163] Transformado desde então em centro de torturas.

Deixei a sala. Nos corredores, o general Tubert clamava contra os franceses da Argélia. Todas as testemunhas louvavam a imparcialidade do presidente, e a liberdade que ele lhes concedera. Comentavam com rigor a ausência de Camus. Sua voz teria muito mais peso, uma vez que acabara de lhe ser concedido o Prêmio Nobel. Stibbe lhe pedira apenas que dissesse bem alto o que escrevera num recente ensaio em que condenava a pena de morte: ele se recusara a comparecer ao julgamento, e até mesmo a enviar uma mensagem ao tribunal. Para reivindicar a indulgência do juiz, várias testemunhas o haviam citado, por vezes não sem malícia.

Jantei na Palette com Sartre e Lanzmann. Saddok salvaria ou não sua cabeça? Estávamos ansiosos. Para se consolar da tensão à qual fora submetido durante todo o dia, Sartre bebeu uísque: fazia algum tempo que ele não suportava o álcool, e sua agitação aumentou; logo caiu num mau humor violento: "E dizer que fiz o elogio de Chehkal! E falei contra o terrorismo: como se eu condenasse o terrorismo! Tudo isso para agradar aos poujadistas do júri! Imaginem só!" A revolta e a raiva lhe punham lágrimas nos olhos. "Tudo isso para poujadistas!", repetia. Fiquei amedrontada com a violência de sua emoção: ela não se explicava unicamente pelo nojo das concessões feitas; fazia semanas, meses, que ele tinha os nervos à flor da pele.

Na manhã seguinte, a leitura dos jornais nos deprimiu. Ao relatar os depoimentos, eles levantavam, sem querer, um excelente requisitório contra a guerra: o público, de maneira inesperada, ia ser informado. Mas tomavam violentamente partido contra Saddok. Uma das manchetes dizia: "Que belo rapaz é o assassino de Chehkal!" A imprensa acusava as testemunhas de terem sujado a França, e parecia que só a lâmina da guilhotina poderia lavá-la. Temíamos que os jurados fossem influenciados por esses artigos.

Foi com alívio que, à noite, soubemos do veredicto. Prisão perpétua: mas no fim da guerra as prisões se abririam. Em primeiro lugar, ficamos felizes por Saddok; mas também nos reconfortava ver que na França ainda havia homens capazes de julgar de acordo com a própria consciência, diante de um argelino.

Na Argélia, essa noção não tinha mais valor; apontavam-se ao acaso bodes expiatórios: seis muçulmanos confessaram sob tortura o assassinato de Frogier; escolheu-se um deles, e, embora não se tivesse nenhuma prova contra ele, Coty recusou-se a indultá-lo.

Em fins de janeiro de 1958, a Mme Bruguier me pediu um atestado de moralidade em favor de Jacqueline Guerroudj, que fora, em Rouen, uma das minhas melhores alunas. Professora na Argélia, ela se casara com um professor muçulmano, e era, como ele, membro dos grupos urbanos da ALN; ela levara a Yveton a bomba que este colocara nos locais do EGA. Os dois, assim como um de seus companheiros, Taleb, também acusado, foram condenados à morte em dezembro de 1957. A esquerda levantou uma campanha em seu favor, e eu me associei a ela da melhor maneira possível. Conseguimos seu indulto. Mas Taleb, reconhecido como culpado apenas de ter preparado explosivos, e negando qualquer participação neste atentado, foi decapitado.

O bombardeio de Sakiet chocou grande parte da direita francesa: todo dia se repetia Oradour, como disse um cabo.[164] Mas cair em cima de uma aldeia tunisiana era uma gafe. Para justificá-la, a *Actualités* passou um filme que mostrava soldados da ALN acampados na Tunísia: outra gafe; uniformizados e disciplinados, eles constituíam um exército, e não uma associação de malfeitores.

Contavam que, tendo a alma piedosa e escrupulosa, Massu fizera questão de experimentar os instrumentos de tortura, e que declarara: "Muito duro; mas suportável, para um homem corajoso." Um livro veio lembrar a insuportável verdade da tortura: *La Question*, de Alleg. Sartre comentou-o num artigo, "*Une victoire*", publicado no *Express* e censurado. O livro, entretanto, foi vendido às dezenas de milhares de exemplares e traduzido no mundo inteiro.

A tortura era, no momento, um fato tão aceito, que a própria Igreja tivera que se pronunciar sobre sua legitimidade. Muitos padres a repeliam, com palavras e atos; mas também havia capelães para encorajar os corpos de elite; quanto aos bispos, a maioria levava bem longe a tolerância, e nenhum se aventurava muito na acusação. Entre os leigos, quantos silêncios aprovadores! O de Camus me revoltava. Ele não podia mais argumentar, como fizera durante a guerra da Indochina, que não queria fazer o jogo dos comunistas; então resmungava que a metrópole não compreendia o problema. Quando foi a Estocolmo receber o Prêmio Nobel, revelou-se ainda mais. Louvou a liberdade da imprensa francesa: nessa semana, o *Express*, o *Observateur* e o *France-Nouvelle* foram apreendidos. Diante de um grande público, ele de-

---

[164] Relatado em 1957 por um convocador; em agosto de 1956, um cabo do 2º BEP lhe dissera: "Se um dia houver outro julgamento de Nuremberg, seremos todos condenados: todos os dias repetimos Oradour."

clarou: "Eu amo a Justiça; mas defenderei minha mãe antes da Justiça" — o que equivalia a alinhar-se do lado dos *pieds-noirs*. O embuste estava no fato de ele fingir, ao mesmo tempo, manter-se acima da confusão, fornecendo também uma caução àqueles que desejavam conciliar essa guerra e seus métodos com o humanismo burguês. Pois, como diria um ano depois, sem rir, o senador Rogier: "Nosso país... tem necessidade de colorir todas as suas ações com um ideal de universalidade e de humanidade." E realmente meus compatriotas faziam de tudo para manter esse ideal, ao mesmo tempo que o esmagavam com os pés. Todas as noites, no teatro Montparnasse, um público sensível chorava sobre as desgraças antigas da pequena Anne Frank; mas nada queria saber sobre todas aquelas crianças que estavam agonizando, morrendo ou enlouquecendo numa terra que se dizia francesa. Se alguém tentasse despertar a piedade daquela gente para essas crianças, seria acusado de desmoralizar a nação.

Eu não suportava essa hipocrisia, essa indiferença, esse país, minha própria pele. Aquela gente nas ruas, tolerante ou atordoada, era carrasco dos árabes: todos culpados. E eu também. "Eu sou francesa." Essas palavras dilaceravam-me a garganta como se fossem a confissão de uma tara. Para milhões de homens e mulheres, velhos e crianças, eu era a irmã dos torturadores, dos incendiários, dos saqueadores, dos degoladores, dos que causavam a fome; eu merecia seu ódio, já que podia dormir, escrever, aproveitar um passeio, ou um livro: os únicos momentos dos quais eu não tinha vergonha eram aqueles em que não podia fazer nada disso, aqueles em que preferiríamos ser cegos a ler o que lemos, ou surdos a ouvir o que nos contam, ou mortos a saber o que sabemos. Parecia-me carregar uma dessas doenças cujo sintoma mais grave é a ausência de dor.

Algumas vezes, à tarde, paraquedistas instalavam no átrio de Saint--Germain-des-Prés uma espécie de barraca. Eu sempre evitava aproximar--me, e nunca soube o que eles traficavam: em todo caso, faziam sua própria propaganda. Da minha mesa, eu os ouvia tocar melodias militares; discutiam, pediam esmolas e creio que exibiam fotos selecionadas de suas campanhas. Eu reconhecia aquele bolo na minha garganta, aquele nojo impotente e raivoso: era o que eu sentia quando via um SS. Os uniformes franceses de hoje causavam-me o mesmo arrepio que outrora as cruzes gamadas provocavam. Eu olhava aqueles jovens fardados que sorriam e se pavoneavam, com os rostos bronzeados e as mãos limpas; aquelas mãos... Aproximavam-se pessoas interessadas, curiosas, amistosas. Sim, eu morava numa cidade ocupada, e detestava os ocupantes com mais angústia ainda do que detestara os ocupantes dos anos 1940, devido aos laços que me uniam aos atuais.

Sartre defendia-se escrevendo furiosamente a *Crítica da razão dialética*. Não trabalhava como habitualmente — com pausas, rabiscos, rasgando páginas, recomeçando-as; durante horas a fio ia em frente, de folha em folha, sem reler, como se estivesse tragado por ideias que sua pena, mesmo a galope, não conseguia reter; para sustentar esse entusiasmo, eu o ouvia mastigar comprimidos de coridrama: engolia um tubo por dia. No fim da tarde estava extenuado; com a atenção relaxada, acabava tendo gestos incertos, e muitas vezes trocava as palavras. Ficávamos à noite em minha casa; assim que ele bebia um copo de uísque, o álcool lhe subia à cabeça: "Basta", eu lhe dizia; mas não bastava; a contragosto, eu lhe estendia um segundo copo; ele pedia outro; precisava de muito mais, dois anos antes; mas, naquele momento, seu andar e suas palavras perturbavam-se rapidamente, e eu repetia "Basta". Por duas ou três vezes fiquei com muita raiva e atirei o copo, que se espatifou no ladrilho da cozinha. Mas eu ficava esgotada quando discutia com ele. E depois, sabia que ele precisava desabafar, isto é, destruir-se um pouco; geralmente, eu só protestava no quarto copo. Se cambaleava ao me deixar, eu me censurava. E me vinham preocupações, quase tão agudas como em junho de 1954.

Eu esperava que a neve me trouxesse um pouco de alegria. As duas semanas que passei em Courchevel me decepcionaram. Pensara rejuvenescer quando, dois anos antes, calçara novamente esquis: minha idade revelava-se na minha falta de progressos. Lanzmann me acompanhava raramente às pistas: estava escrevendo para a *Temps Modernes* um artigo sobre o padre de Uruffe. Era uma espantosa história a desse padre que assassinara a mulher que ele engravidara, abrindo-lhe o ventre para batizar o feto, tocando o sino, denunciando o crime e ajudando os paroquianos a procurar o assassino. O processo fora ainda mais espantoso; Lanzmann esclarecia o sentido, com malícia e rigor: "A razão da Igreja" exigia que as pessoas se recusassem ao mesmo tempo a compreender o padre e a puni-lo. O sacerdote salvara a cabeça, enquanto os assassinos de Saint-Cloud, não menos dignos de indulgência — dois rapazes meio retardados, que passaram a infância em orfanatos —, haviam sido condenados à morte.[165] Os hóspedes do hotel achavam inteiramente natural que eles fossem guilhotinados; eu não podia me esquivar de ouvir o que diziam durante as refeições. Foi sobretudo por isso que essa temporada foi pouco agradável: tínhamos ficado na França. Eu estava mergulhada em toda essa burguesia da qual sempre fugia, em Paris. O casal que lamentava não se ter mais direito de bater nos negros no Congo era belga; mas os franceses compreendiam sua aflição. Quando, em abril, eu quis viajar por alguns dias com Lanzmann, escolhemos a Inglaterra: a costa sul, a Cornualha. Os únicos franceses que me inspiravam simpatia coletivamente eram jovens; estudantes de esquerda me pediram para fazer na Sorbonne uma conferência sobre o romance, e eu aceitei: vivia tão reclusa que fiquei espantada quando, ao entrar no anfiteatro, constatei, diante da acolhida que o público me fez, que eu não lhe era desconhecida. Sua amizade me reanimou o coração: ele tinha necessidade disso.

---

[165] Um deles foi indultado.

Capítulo IX

O bombardeio de Sakiet provocara a intervenção conciliadora da diplomacia inglesa e americana; falava-se de um Dien-Bien-Phu diplomático; o exército clamava veementemente que não consentiria nisso. Começou-se a falar na volta de De Gaulle. Não se podia contar com a polícia para manter a ordem republicana. Como alguns tiras haviam sido abatidos por argelinos em Paris — não ao acaso, na maioria das vezes, mas por represália —, a polícia manifestou-se em massa no dia 13 de março, diante da Câmara. Enquadrada na rede Dides, ela simpatizava com o fascismo: quando, depois da queda de Gaillard, derrubado em 15 de abril por Soustelle e Bidault, a esquerda multiplicou os foros e os comícios, os "patriotas" que vinham quebrar a cara dos oradores estavam certos de sua proteção. Parecia impossível manter de pé qualquer combinação ministerial, e o nome de De Gaulle vinha à baila cada vez mais. Em 6 de maio, pronunciou-se o nome de Pflimlin, mas este, para ser investido, precisava dos votos dos Independentes, que não conseguiam decidir-se.

A FLN havia reabsorvido em grande parte o MNA e suscitara alianças espetaculares.[166] Ela exigia que se aplicasse à ALN as convenções do direito internacional. Quando o governo francês mandou guilhotinar dois combatentes argelinos, três prisioneiros franceses foram fuzilados. Em 13 de maio, Argel resolveu manifestar-se contra essas represálias.

À noite, eu estava em minha casa com Lanzmann, quando Pouillon, secretário-redator da Assembleia, telefonou-nos: a manifestação do Fórum

---

[166] Em 18 de abril, nove jogadores de futebol argelinos, do time francês, dez suboficiais argelinos de Saint-Maixent e o grão-mufti de Lakdam asilaram-se em Túnis.

transformara-se em insurreição: a multidão, liderada por Lagaillarde, tomara o Governo-Geral; Massu presidia um Comitê de Salvação Pública; em suma, para permanecer francesa, a Argélia, com o apoio do exército, separava-se da França. Seguiram-se outros telefonemas: amigos jornalistas comunicavam-nos os últimos telegramas. Pouillon anunciou-nos novamente que a resposta da Câmara fora firme; ela aprovara a investidura de Pflimlin por duzentos e oitenta votos contra cento e vinte, com os comunistas abstendo-se por princípio. Adormeci tranquilizada. No dia seguinte correu o boato de que, ao saber do voto da Câmara, os coronéis haviam empalidecido; um deles dissera: "Tudo perdido!" Pflimlin mandou cortar as comunicações entre a Argélia e a França: contra esse bloqueio, a sedição não se aguentaria mais de oito dias. Em 14 de maio, ninguém das minhas relações estava muito inquieto. Lanzmann fora convidado, com uma delegação de jornalistas de extrema esquerda, a visitar a Coreia do Norte: durante a noite, perguntara-se se a viagem não iria ser suspensa; agora, não pensava mais assim.

No dia seguinte, soubemos que, pela manhã, no Fórum, Salan gritara: "Viva De Gaulle." E De Gaulle acabava de anunciar num comunicado: "Estou pronto a assumir os poderes da República." Pflimlin restabeleceu as ligações com a Argélia, e não tomou nenhuma outra medida. No dia seguinte, os jornais descreveram a farsa organizada em Argel e em todo o país sob o nome de confraternização.

Na noite em que assisti, no teatro Sarah-Bernhardt, a *O processo de Lúculo*, de Brecht, sombrio ataque contra a guerra e os generais, a plateia aplaudiu delirante; mas ela era composta de intelectuais de esquerda, isolados há muito tempo em seu país. Os comunistas faziam profissão de otimismo. Lanzmann representava Sartre no Comitê de resistência contra o fascismo; em cada reunião, Raymond Guyot declarava: "Primeiro, devemos regozijar-nos: formam-se comitês por toda parte... A situação é excelente..." Mas no dia 19 a greve geral deflagrada pelos sindicatos fracassou. No mesmo dia, De Gaulle deu uma entrevista à imprensa que nos foi relatada por Lanzmann, enquanto jantávamos na rua de Bûcherie, com os Bost; ele reconhecera, na reunião, todos os velhos chefes do RPF. Ao mesmo tempo que reivindicava um procedimento excepcional para sua investidura, De Gaulle comunicara que desejava ser legalmente chamado pelo país. Senhoras da sociedade escutavam-no, extasiadas; Mauriac tinha desmaios. Bourdet perguntou a De Gaulle se ele não achava que estava fazendo o jogo dos facciosos. "O universo de vocês não é o meu" — foi mais ou menos o que De Gaulle respondeu. Lanzmann não duvidava de que ele teria êxito; a democracia burguesa preferia naufragar em proveito de um ditador a ressuscitar uma frente popular. Bost não queria acreditar nele: apostaram uma garrafa de uísque.

Americanos que faziam escala em Orly recusaram-se a deixar o avião, pois imaginavam que o clima em Paris estivesse muito turbulento: nós rimos disso, sem alegria. Tudo se passava numa calma fúnebre. O país se deixava convencer de que só havia uma alternativa: De Gaulle ou os paraquedistas. O exército era gaullista e a polícia, fascista; Moch propusera mobilizar as milícias populares; mas a única preocupação da direita e dos socialistas, no momento em que os paraquedistas se preparavam para marchar sobre Paris, era evitar "o golpe de Praga". O apelo brutal endereçado por De Gaulle a Mollet no dia 19 chocara, por sua grosseria, o próprio interessado; depois, ele se dispôs a responder. Quanto à inércia do proletariado, devia ser tomada como um consentimento; sem De Gaulle, teria havido, sem dúvida, um sobressalto; mas seu governo, entre 1945 e 1947, não fora pior do que os que lhe sucederam; ele conservava seu prestígio de libertador e, não sendo venal, passava por honesto. Argel triunfava, graças a ele.

O que em 13 de maio parecia impossível parecia-nos fatal no dia 23. Os *pieds-noirs* e o exército haviam vencido. Tudo se passaria sem tumulto: era tão evidente, que a delegação à qual Lanzmann pertencia decidiu não adiar sua partida. Ele teria desejado permanecer, mas não podia deixar de solidarizar-se com os outros. Fui passar dois dias com ele num hotel que apreciávamos, perto de Honfleur. Mostrando-me os cercados floridos de macieiras, ele me disse, com voz desolada: "Nem mesmo a relva terá a mesma cor." O que nos acabrunhava era descobrir de repente a fisionomia que a França adquirira pouco a pouco: despolitizada, inerte, prestes a abandonar-se aos homens que queriam levar a guerra até as últimas consequências.

Levei Lanzmann a Orly na manhã do dia 24 de maio. À tarde, ficamos sabendo da rebelião na Córsega. Foram para mim, como para tantos outros, dias desconcertantes. Eu não trabalhava mais. Em março, entregara a Gallimard *Memórias de uma moça bem-comportada*. Hesitava em continuá-las. Minha ociosidade e a ansiedade geral levaram-me, como em setembro de 1940, a voltar ao meu diário. Iniciei-o também, em grande parte, para mostrá-lo mais tarde a Lanzmann, com quem me era quase impossível corresponder-me. Mais uma vez, vou transcrevê-lo.

26 de maio
Curiosos dias, em que se escuta de hora em hora o rádio e Inf. 1, e em que se esgotam todas as edições dos jornais. Ontem, neste domingo de Pentecostes, oitocentos mil parisienses haviam deixado a cidade, as ruas estavam desertas; a atmosfera estava pesada, mas não fazia calor, e o céu estava cinzento. Da janela de Sartre, viam-se passar carros de bombeiros, vermelhos, com sua grande escada, que atravessavam o bulevar Saint-Germain. Muitos carros de polícia patrulhando. O novo comitê de Argel (Massu, Sid-Cara, Soustelle) declarou, sábado: "De Gaulle ou a morte." Foram eles que enviaram Arrighi à Córsega, mas afirmam também haver rompido relações com aquela região.

Lanzmann partiu anteontem para a Coreia. Telegrama de Moscou, onde ele permanece três dias.

Conversas com Sartre à noite, na Palette, sobre meu livro. Ele me lembra como estávamos felizes em Rouen, no anonimato da juventude (revejo a cervejaria Paul, onde eu corrigia meus originais). Não trair esse período, narrando-o.

Hoje faz um frio glacial. O vento agita a hera no muro do cemitério e entra no *studio* por todas as frestas das janelas. O trabalho que estou iniciando vai me tomar três ou quatro anos, é um tanto amedrontador. Penso que é preciso antes juntar de uma só vez uma grande quantidade de material.

Sim, ainda durante todo o dia, nesta segunda-feira de Pentecostes — Paris tão vazia quanto ontem, os jornais censurados, a imprensa estrangeira interditada —, atmosfera de catástrofe insípida. Choveu, e depois houve uma grande tempestade com trovões. Jantar na Palette com Nazim Hikmet. Dezessete anos de prisão, e agora obrigado a permanecer deitado doze horas por dia por causa do coração. Cheio de charme. Conta como, um ano depois de sua saída da prisão, houve dois atentados contra ele (carros, nas ruas estreitas de Istambul). Depois, quiseram mandá-lo servir na fronteira russa: ele tinha cinquenta anos. O major-médico lhe disse: "Meia hora em pé ao sol, e o senhor será um homem morto. Mas eu devo dar-lhe um atestado de boa saúde." Então ele partiu através do Bósforo, num minúsculo barco a motor, em noite de tempestade: com tempo bom, o estreito era rigorosamente vigiado. Ele queria chegar à Bulgária, mas era impossível com aquele mar revolto. Cruzou com um cargueiro romeno, pôs-se a girar em torno dele, gritando seu nome. Eles o saudaram, agitaram lenços: mas não pararam. Ele os seguiu e continuou a rodar, em meio à tempestade que se desencadeara; ao fim de duas horas pararam, mas sem fazê-lo subir. Seu motor afogou, e ele pensou que tudo terminara. Finalmente, içaram-no a bordo. Fora preciso telefonar a Bucareste para pedir orientação. Transido, semimorto, entrou na cabine dos oficiais; havia lá uma enorme foto sua com uma inscrição: "Salvem Nazim Hikmet." "O mais surpreendente", acrescentou ele, "é que já fazia um ano que eu estava em liberdade."

Lanzmann telefona de Moscou. São sete horas aqui, nove horas lá, e a noite cai sobre o Moskova. Tão perto, tão longe. Uns tipos jovens o abordam à porta do hotel, murmurando: *"Business?"* Querem trocar mulheres pelas roupas dele. Ele está perturbado, inquieto com os acontecimentos que só conhece através do correspondente do *Humanité.*

Dificuldade de trabalhar. Espera-se, não se sabe o quê. Noite com Sartre e Bost. Especulamos sobre os acontecimentos.

Terça-feira, 27 de maio
Almoço com Sartre no La Coupole. A CGT decretara greve; a FO e a CFTC não aderiam, mas de qualquer modo esperava-se alguma coisa: nada; os ônibus e o metrô não param. No táxi, no rádio, o fim da declaração de De Gaulle. Sim é "o último quarto de hora", como escreve Duverger. O motorista: "Muito bem! Agora são eles que mandam, faz tempo que estão se lixando para o mundo, gastando nosso dinheiro, e todos esses rapazes se matando na Argélia." Furioso com os "bocós" porque haviam votado poderes especiais e uma homenagem ao exército; eles também zombam do mundo: "Também, está se vendo como a greve deles funciona!" Provavelmente um tipo de esquerda, pronto a aceitar De Gaulle, por desespero. Que mistificação! Tudo vai ser feito brandamente, e depois as coisas vão endurecer. País no abandono, por termos chegado à repulsa. Que insipidez nessa derrota! Impressão de viver dias "históricos", mas não da maneira pungente, aguda, de junho de 1940; dias de logro, dias lodosos, como os que conta Guillemin. Chafurdamos na matéria confusa do livro de um futuro Guillemin.

Naquela noite havia terríveis coisas negras, torcidas como sarmentos, que caíam do céu; uma aterrissava ao meu lado, uma enorme serpente, e o medo me impedia de fugir. Uma espécie de carro de polícia passava, eu pulava para dentro dele. Estavam fazendo uma caça às serpentes que há horas se abatiam sobre a região — uma estranha terra de florestas e estradas intransitáveis. Mas a única visão impressionante era dessas grandes formas apocalípticas acima da minha cabeça, e que caíam.

Durante todo o dia telefonemas, como na noite de 13 de maio. E meu jovem amigo marselhês me escreve quase todas as manhãs. Precisamos nos falar, mesmo sem ter nada a dizer.

Péju acaba de telefonar (às seis horas), dizendo que Pflimlin saiu alterado da casa de Coty, que De Gaulle deixara Colombey e regressara. Nada de greve, em lugar nenhum, exceto entre os mineiros do norte. De Gaulle dissera, naquela noite, que, se não tivesse o poder em quarenta e oito horas, iria tomá-lo. O exército está com ele. Em Toulouse, pediu-se ao comando militar para garantir a ordem (por causa da manifestação prevista para esta noite), o que foi recusado.

Sartre trabalha em sua peça; e eu tento interessar-me pelo meu passado. Na estrada de Honfleur, Lanzmann dizia-me: "Nem mesmo a relva será da mesma cor." Contemplo a praça Saint-Germain e penso: "Não será mais a mesma cidade."

Rádio de sete e meia: talvez ainda uma esperança.

Quarta-feira, 28 de maio
Passamos a noite de ontem com os Leiris. Ouvimos o rádio em casa deles; impossível captar a rádio Luxemburgo — só conseguimos pegar a rádio do Estado. Assembleia à noite: Pflimlin faz votar a lei sobre a Constituição. Lembrança do tempo em que escutávamos também o rádio com eles, no momento da volta dos alemães à Bélgica.

Esta manhã, tempo radioso. Recolho informações. Pflimlin teve uma maioria de quatrocentos votos contra pouco mais de cem; os Independentes deixaram o ministério, que está demissionário, mas sem criar "a vacância do poder". Coty anunciou que a partir dessa noite um novo ministério seria constituído.

Deve haver uma grande manifestação esta tarde; nós compareceremos.

Sexta-feira, 30 de maio

Não consigo escrever mais nada além deste diário, e até mal tenho vontade de escrevê-lo, mas é preciso matar o tempo. Quarta-feira, almoço na Palette com Claude Roy, que pediu para ser reintegrado ao PC, o que sem dúvida conseguirá. Ele cita uma frase de De Gaulle sobre Malraux, corrente em Paris: "Ele me reprovou por ter ido até a beira do Rubicão para pescar de vara; e agora que o transponho, ele pesca na lagoa." Com efeito, Malraux passou todo esse tempo em Veneza, falando sobre arte; mas voltou anteontem à noite, e espera, segundo Florence, ser ministro da Informação ou da Cultura.

Vamos de táxi — quarta-feira —, às quinze para as cinco, ao metrô Reuilly-Diderot. Longo desfile da esquerda, na calçada. Visivelmente comunistas, trazendo cartazes: "Viva a República!" No metrô, esperamos o Comitê do 6º, mas o CNE também marcou ali seu encontro. Da boca do metrô sai um monte de gente conhecida. Pontalis, Chapsal, Chauffard, os Adamov, os Pozner, Anne Philipe, Tzara, Gégé com sua família e seus auxiliares, minha irmã. Todos estão espantados de ver uma multidão tão grande: cada um temia que a manifestação fosse um fiasco. A Nation está apinhada de gente. Caminhamos atrás da bandeirola das "Belas-Artes", para nos reencontrarmos atrás de "Os Direitos do Homem", e depois num lugar indistinto. Velhos republicanos rejubilam-se porque aquilo os rejuvenesce cinquenta anos; pulam para ver, por cima das cabeças, a extensão do cortejo, e seus rostos se iluminam; alguns sujeitos penduram-se em postes, no meio das calçadas, sobem nos ombros de um companheiro, fazem sinais de aprovação: o desfile não acaba, nem numa direção nem na outra. Ao longo das calçadas, muita gente aplaude e grita conosco: são de fato manifestantes. Multidão alegre, multidão comportada, que obedece às ordens. Quase não se grita "Viva a República", mas sobretudo "O fascismo não passará"; muito: "Massu na guilhotina, Soustelle na guilhotina"; um pouco: "Abaixo De Gaulle", mas timidamente. Os slogans "De Gaulle no museu", "Os paraquedistas na fábrica" tiveram grande sucesso. (Seria essa discrição devida a um acatamento das ordens, ou ao respeito a De Gaulle, de que falava ontem S.L.? Em todo caso, se alguém esboça um "De Gaulle na guilhotina", fazem-no calar.) Canta-se a "Marselhesa" e o "Canto da partida". Sartre canta a plenos pulmões. Dois belos rapagões, ladeados de duas *pin-ups*, não param de gritar. Nas janelas, curiosos, dos quais muitos demonstram simpatia; crianças aplaudem. Acima do Berceau-Doré, três senhoras velhíssimas, de perucas brancas e apoiadas em almofadas de um ouro fanado, cumprimentam-nos com gestos de rainha. Os sinais continuam a passar do verde ao vermelho, embora o tráfego tenha sido interrompido. Entretanto, de vez em quando o cortejo é bloqueado; para-se e parte-se de novo. Diante do posto de polícia, os guardas imóveis, impassíveis, e a multidão vira-se para eles gritando agressivamente: "Massu na guilhotina!" Desfile caloroso, unânime, emocionante. Diz-se que os exilados desfilaram com roupas riscadas, e os inválidos e doentes em seus carros. A chegada à praça de la République foi decepcionante; não se tinha previsto nada. Pessoas trepadas no pedestal agitavam bandeiras, mas nenhuma palavra de ordem foi pronunciada; dispersamo-nos. Ouvem-se alguns gritos: "À Concorde", mas ninguém segue; aliás, não se teria passado. Não havia um só tira no trajeto, mas as duas extremidades estavam guardadas por carros da CRS. A multidão não era combativa. O que era espantoso era o entusiasmo que arrebatou a todos: até mesmo os sujeitos mais apolíticos vieram. Mas alguns de nós notavam que as pessoas estavam por demais bem-humoradas, contentes por gritar e cantar, mas de modo algum decididas a agir. E, na véspera, a greve fracassara; a FO e a CFTC felicitavam-se no dia seguinte por se terem manifestado "independentemente da CGT". Certamente não haverá greve geral. Bost, Olga e os Apteckman subiram ao primeiro andar do hotel Moderne, onde trabalhavam, com grande reforço de uísque, jornalistas americanos; lá de cima, diziam eles, a vista era impressionante. Entretanto, na sala de jantar do térreo, a dez metros da rua, inglesas de vestidos longos tomavam sua sopa com indiferença. Parece que Mendès foi aclamado na praça de la Nation, mas na chegada, quando os grupos se dispersavam, fascistas atiraram-se sobre ele: não era sua oportunidade.

 Voltamos para a casa de Sartre emocionados, com uma aurora de esperança no coração. Logo depois, más notícias: os paraquedistas desembarcaram (esse boato correu durante quatro dias); nem exército, nem os CRS apoiam o governo: De Gaulle deixou Colombey, e Coty vai chamá-lo à noite. Sartre tinha compromisso para a noite, e eu não podia suportar ficar sozinha; fui encontrar, num restaurante da rua Stanislas, os Bost e os Apteckman. Tomamos os carros que havíamos abandonado na rua do Faubourg-Saint-Honoré, e rodamos à volta do Élysée iluminado; era quase meia-noite; as pessoas, que à noite tinham vindo em grande número, começavam a se dispersar; ouvíamos repetirem: "Massu em Paris! Os paraquedistas em Paris!" Era um punhado de quadragenários distintos. (Esqueci de dizer que a Bolsa sobe alegremente, que o napoleão baixou setenta francos.) Os tiras os repeliram muito delicadamente. Regimentos de CRS, em seus carros escuros ou fora dos carros, armas na mão, cercavam tudo; se fossem republicanos, nós nos sentiríamos defendidos, mas, nas circunstâncias atuais, era mais medo o que eles despertavam. Deixavam passar a multidão — pedestres e carros. Barbara Apteckman paquerava-os, e eles lhe lançavam amáveis gracejos. Ela lhes perguntou: "O que estão esperando?" "De Gaulle, mas já faz duas horas que o esperamos, e ele não aparece." Outros disseram: "Somos de Bordeaux, aporrinham-nos aqui." E outros: "Estamos esperando para combater." Imenso desfile de carros elegantes que andavam devagar, por causa do engarrafamento. "Onde vão?" "Ver De Gaulle." Um táxi do Maxim's, de modelo antigo, com um velho motorista muito chique, e o emblema do Maxim's na porta; no interior, um homem de casaca, e uma soberba mulher de vestido vermelho, coberta de joias. Dir-se-ia uma cena de cinema: o pequeno trio típico e inesperado num filme rodado dez anos mais tarde. Um carro saiu do Élysée, parecia que tudo terminara, e que De Gaulle não viera. Passamos diante da Câmara, e fomos beber na Bûcherie. Estava cheio de gente que havia participado da manifestação à tarde, e todos se espantavam com o grande número de pessoas. Mas ninguém sabia o que estava acontecendo agora, e o rádio dos Bost estava quebrado. Telefonei a Péju. Não se cogitavam mais paraquedistas, e os socialistas estavam firmes contra De Gaulle. Com efeito, ele voltou à noite para Colombey. Apteckman estava convencido, como eu, de que os socialistas trairiam. No dia seguinte (ontem, quinta-feira), a manhã foi de uma estranha tristeza. Fazia um tempo maravilhoso, eu saí para ler os jornais, passarinhos cantavam nas praças, os castanheiros perdiam suas flores. Sentei-me no terraço do café, na esquina da avenida D'Orléans. O *Figaro* criticava a manifestação. O *Humanité* anunciava quinhentos mil manifestantes, o que me decepcionou, pois pensava que éramos realmente quinhentos mil. O *Express*, prestes a se fazer soçobrar, com um Mauriac lamentável. Voltei para casa, incapaz de ler seriamente os jornais, de escrever ou de fazer qualquer outra coisa. Estava imobilizada pela angústia. Na calçada, as latas transbordavam de lixo, pois os garis estavam em greve.

E, durante o dia, a traição iniciou-se. Publicaram a carta em que Auriol pede a De Gaulle para retirar sua solidariedade a Argel, e sessenta e nove socialistas declararam que, se o fizesse, votariam nele, "a fim de afastar a guerra civil". Almoçamos em casa dos Pouillon. Foi lá que ouvimos a mensagem de Coty às Câmaras: ele ameaçava pedir demissão se De Gaulle não fosse empossado. À noite, De Gaulle voltou. Reuniu no Élysée os chefes de grupos "nacionais". Regressou a Colombey durante a noite. Vai haver ainda um dia de trapaças, e a jogada será feita segundo um roteiro bem concebido e perfeitamente executado.

Durante o almoço, Pouillon falou de maneira muito divertida sobre os costumes e ritos parlamentares. Estava presente Lévi-Strauss, sempre silencioso. Ele perguntou, aparentando surpresa: "Mas por que De Gaulle despreza os homens?", o que era encantador, pois ele parece interessar-se muito mais pela fauna e pela flora de um país do que por seus habitantes; mas na verdade é um humanista, e nada lhe repugna mais do que a ideia de "grandeza".

Casa de Sartre, às cinco horas: jornais, rádio, irritação. Mesmo assim, ele trabalha.

Noite com Olga. Ela pediu a Bost para ir nos encontrar no La Coupole. Um jovem jornalista de esquerda que a acompanha recusa-se a acreditar que De Gaulle esteja envolvido num complô. Especula sobre seu "caráter", o que me põe os nervos em frangalhos. Volto para casa em estado de grande exasperação.

Sábado, 31 de maio
Não sei por que voltou-me a calma; talvez porque Sartre suspendeu a corydrane, obriga-se ao sono e à calma, e isso é contagioso. E depois, sobretudo, o jogo está feito, a partida está perdida e, como dizia Tristan Bernard depois de sua prisão, agora acabou-se o temor, vamos começar a esperar. De Gaulle será empossado esta noite, certamente. Pelo menos a SFIO vai explodir. A greve dos professores, apoiados pelos pais de alunos, foi um sucesso, ontem, no primário e no técnico, e meio sucesso no secundário. Haverá sérias forças de oposição e, de um modo ou de outro, elas terão seu peso.

Houve incidentes quinta-feira à noite, em Saint-Germain-des-Près: Évelyne estava lá. Belos carros cheios de belos senhores subiam para os Champs-Élysées; houve um engarrafamento. Começaram a buzinar e a gritar: "Argélia francesa." Os cafés esvaziaram-se, todos os "camponeses" saíram, e como havia paralelepípedos diante da igreja, apanharam-nos e atiraram-nos contra os carros. Évelyne acompanhou de carro, com Robert, os belos automóveis. Em torno do Élysée, as senhoras em vestidos de noite, longas luvas e joias, confraternizavam com os CRS de capacete.

Mesmo à nossa volta, algumas pessoas recuam. Z., outro dia: "De Gaulle, em todo caso, é melhor que Massu." E X. hoje explica-me que, se os socialistas não votassem em De Gaulle, seria a guerra civil. Ele espera que De Gaulle governe com Mendès-France e revolucione a economia. Sua mulher, a sós comigo, diz-me: "Você entende, precisamos pensar de modo que Jean (seu marido) não seja obrigado a demitir-se."

Sartre almoçou com Cocteau, que não estava de acordo com o apelo enviado pela Academia a De Gaulle.

Conferência de imprensa no Lutétia sobre a tortura. Mauriac declara-se gaullista e é aplaudido apenas fracamente. Grande afluência. Poucos jornalistas, na verdade, mas quinhentos intelectuais.

Neste momento, leio mais do que escrevo. Em *Critique*, um artigo interessante sobre a pesquisa operacional. Se uma máquina calculadora tivesse que calcular o "optimat" em um caso como este — o caminho mais curto para visitar vinte cidades americanas —, precisaria de duzentos e cinquenta mil anos. Quanto ao homem, toma "atalhos"; cada um tem que se defrontar com outros que também se decidem por atalhos. Tudo se passa num nível em que o "optimat" não existe.

Lanzmann chega à Coreia hoje. Situação curiosa.

Quando eu voltava da rua Blomet, ontem, por volta de três horas, vi grupos de jovens que perambulavam no bulevar Pasteur. "Os tiras os expulsaram, mas eles voltam", disse-me o motorista do táxi. Eram tipos de direita que queriam fazer recomeçar as aulas de Buffon. O motorista: "Greve, eu nunca mais faço: compreendi que, enquanto a gente não trabalha, outros trabalham, não vale a pena... O que vai acontecer? Não vai ser pior do que aquilo que tínhamos antes." (Esta é a reflexão que se ouve por toda parte: pelo menos a coisa vai mudar, pior não pode ficar.) No entanto, ele acrescenta, sobre De Gaulle: "Tudo isso é culpa dele: em 1945, ele só tinha que expulsar todos os judeus." Como eu risse, concluiu: "Não entendo nada disso, nada de nada; não se entende nada. E tenho um filho na Argélia!"

Ontem à noite, anuncia Inf. 1, ainda houve manifestações nos Champs-Élysées, com buzinadas e "Viva De Gaulle". Contra manifestantes gritam:

"O fascismo não passará." Desordem. Vários feridos graves. Os comunistas levaram a melhor.

Esta manhã leio vagarosamente os semanários, e, em Werth, todas as passagens sobre De Gaulle. Burlesco o golpe dos cartões-postais enviados a Colombey. Não, nada de uma "grande figura".

Almoço e dia tranquilo com Sartre. Sempre incapaz de trabalhar, tento ler *Le Maroc à l'épreuve*, dos Lacouture. O rádio anuncia a posse de De Gaulle para amanhã; os socialistas não estão de acordo entre si (setenta e sete a favor, setenta e quatro contra; na Câmara, cerca de quarenta a favor, cinquenta contra, Guy Mollet pode estar demissionário); eles votarão individualmente. De Gaulle abrandara-se; irá apresentar-se em pessoa diante da Câmara, aceita deixar-se fotografar. Ministério previsto, muito à direita, mas sem qualquer representante de Argel. Argel deve inquietar-se, apesar da gigantesca manifestação de ontem à noite.

Ao sair da casa de Sartre, encontro Évelyne, Jacques, Lestienne, Bénichou. Eles vão subir aos Champs-Élysées, onde estão previstos grandes desdobramentos. Os pequenos fascistas já vêm para Saint-Germain com seus jornais e suas insígnias; polícia em toda parte. Vai correr sangue.

Évelyne faz plantão no Comitê do 6º, e briga todas as noites. Senti uma profunda vontade de ser jovem, de ir aos Champs-Élysées num verdadeiro impulso de juventude, com sua turma. Talvez o tivesse feito, se não fosse o encontro que marcara com Violette Leduc. Voltei para casa. São oito horas da noite e de novo angústia. Em todo caso, vou levá-la a Saint-Germain, não posso permanecer trancada, à margem, esta noite: a última da República. Os comitês preveem manifestações para amanhã, mas tudo está vago, e isso também é angustiante.

Pergunta número um: que vai fazer De Gaulle na Argélia?

Estranha noite; V.L. chega e cai nos meus braços: "Chantal morreu!" E eis-me mergulhada nas histórias do prédio dela: o sequestrado do terceiro andar, a quem ela levou arroz-doce, que a recebeu de cuecas, depois se vestiu, engravatou-se, fez discursos "políticos" no corredor do prédio, e que a zeladora mandou despachar para Villejuif; Chantal, que tinha quinze anos, cabelos imensos, três tiros no coração, que permaneceu vinte e seis horas na mesa de operação, e que morreu esta manhã, depois de perder todo o sangue. Ela conta histórias sinistras, mas que não me dizem respeito, e que me impedem de pensar naquilo que me toca. Jantamos na Bûcherie, onde avistei Claude Roy, e fomos beber em Saint-Germain. Gente por toda parte, nem um só lugar no terraço do Deux Magots; sentamo-nos no terraço do Royal, e ficamos quase duas horas sem falar, só olhando. Olhávamos os vestidos extravagantes das mulheres, rostos e mais rostos, e sobretudo os carros que iam e vinham, cheios de mulheres arrogantes e de homens satisfeitos. Por vezes, um carro de polícia ou uma pequena viatura de patrulha. Quase nada de perceptível; a não ser, à meia-noite e meia, essa afluência de automóveis, uma afluência enorme, como uma volta de fim de semana ou uma tarde movimentada em dia de semana. Pregada à minha cadeira, ao lado de V.L., eu me sentia vazia, inteiramente possuída por aquela bela tarde sem céu (as luzes o devoravam) na qual, em suma, nada mais se passava, já que tudo fora consumado, mas na qual, com os automóveis lustrosos, as senhoras e senhores triunfantes, algo hediondo se desmascarava.

Domingo, 1º de junho
Um pouco de insônia; espanta-me o classicismo cívico dos meus sonhos; afogavam uma mulher nua, meio carne, meio estátua, que era a República. Cerimônia de posse esta tarde. Uma jovem tocou a campainha e me entregou o convite do meu Comitê, do 14º, para as quinze para as quatro.
Telegrama de Lanzmann, que chegara a Piongiang.

Segunda-feira, 2 de junho
Nem um minuto, ontem, para contar o que se passava. O comitê me telefonou. É V. que telefona, e quando eu digo "Sou eu", ele se mostra incrédulo: "É ela mesma?" "Claro." "Em pessoa?" "Claro." Sartre diz que é a desconfiança comunista. V. me conta a decisão do comitê: é preciso ir colocar flores na estátua da República. Pergunto-me se devo unir-me ao Comitê do 14º, e Sartre? V. hesita, não sabe, diz-me para passar pelo plantão, mas também para obedecer ao 14º, e pede-me que transmita a ordem, porque lhes proibiram qualquer comunicado, e eles não puderam distribuir panfletos. Tudo isso me parece muito mal organizado.
Tenho um encontro com Rolland no Deux Magots porque ele quer publicar um fragmento de minhas *Memórias* no *Observateur*, com uma pequena entrevista. Quanto a ele, recebeu instruções comunistas: ir a Sèvres-Babylone

de carro, para provocar engarrafamentos (?). Subo para a casa de Sartre; da janela, avisto Bost, que conversa com Évelyne, maravilhosa numa saia florida e *jumper* rosa, um lenço também rosa na cabeça. Todo dia ela faz a limpeza do 6º; passou a manhã correndo as delegacias com Reggiani, para libertar uma moça presa por distribuir panfletos; não a encontraram. Ela nos propõe ir ao nosso encontro no Comitê do 6º; que se reúne às três e meia, em Sèvres Croix-Rouge.

Descemos às três e vinte e cinco; passam Adamov e outras "personagens do espetáculo". Entramos no carro, onde já estão Olga e Évelyne. Na rua Jacob, compro íris azuis e brancos e gladíolos vermelhos: vinte anos atrás, quem diria que iríamos um dia depositar buquês tricolores ao pé da estátua da República! No cruzamento da Sèvres Croix-Rouge, muitos manifestantes com bandeiras e cartazes, uns espalhados, outros em grupos. Um carro passa e buzina: "Ar-gé-lia-fran-ce-sa." Manifestantes atiram-se sobre ele; o motorista abre caminho ziguezagueando, escarnecedor, sob as vaias. Grita-se: "Abaixo De Gaulle", e os clientes do café Lutétia respondem: "Viva De Gaulle." Discussão: os Desanti e alguns outros dizem para irmos à République; entretanto, os comunistas deram uma ordem diferente: o cortejo começa a subir de novo o bulevar Raspail, destacando as sílabas dos slogans. Pertencentes ao "Comitê antifascista", tomamos de novo o carro e nos dirigimos para a République; felicito-me por isso, pois tenho a impressão de que o cortejo vai ser esmagado (o que realmente aconteceu — e até de maneira bastante sangrenta). Deixamos o carro e as flores no bulevar Voltaire. Às quinze para as quatro, pouca gente, mas tiras por toda parte, um exército: esquadrões de capacetes, a pé, e viaturas cheias; a estátua está cercada, impossível aproximar-se. O calor é muito forte, muito pesado; andamos em volta da praça; muitas pessoas, mas dispersas, perplexas; nos braços das mulheres alguns buquês (viam-se muitos naquela manhã, nas ruas, mas por outra razão: era Dia das Mães). Perto de uma saída do metrô uma mulher grita, tomada de uma crise de nervos. Sentamo-nos num terraço. Passam os Apteckman, que vêm sentar-se conosco; muitos fregueses estão, como nós, na expectativa; a velha senhora do lado tem um buquê. Apteckman vai ver o que está acontecendo, e volta correndo: pode-se passar. Bost corre para buscar nossas flores, mas demora, e nós nos misturamos sem ele ao cortejo que atravessa a praça, sob o controle dos tiras, em pequenos grupos; uma jovem que leva um buquê de margaridas dá uma flor a cada um de nós. Pousamos as flores e nos alinhamos na calçada; começa a chegar gente; atrás de nós, lojas de floristas, construídas ou pelo menos multiplicadas para a circunstância. A multidão canta a "Marselhesa" e grita: "A polícia conosco!" Rapazes em casaco de couro compram apressadamente peônias ou hortênsias e atravessam dignamente a praça; um velho maravilhoso, longa barba amarela, óculos, sorriso estático nos lábios — parece um devoto que volta da comunhão. Gritam sempre: "Polícia republicana! De Gaulle no museu!" Bruscamente todos começam a correr. Na multidão um enfermo cai, e homens se detêm para levantá-lo. Évelyne quis colocar-se atrás das grades de um cinema, mas expulsaram-na, os porteiros fecharam as portas corrediças (como durante a libertação de Paris). Tomamos uma rua transversal, chegamos novamente ao bulevar e procuramos o carro que Bost teve que deslocar (foi isso que o atrasou) para deixar espaço para os carros da CRS. São cerca de quatro e meia. Atravessamos novamente a praça de carro: ela está calma. (Foi dez minutos mais tarde, creio, que Georges Arnaud teve o braço quebrado por uma paulada: sangrou.) Corria o boato de que havia manifestações em Belleville, e nós subimos para Buttes-Chaumont. Como tudo está verdejante e alegre, como são lindas as ruas, com grandes saídas pelo azul distante de Paris! É um domingo calmo, as pessoas tomam a fresca nos bancos, crianças brincam, comungantes desfilam. E depois, na avenida Ménilmontant, encontramos um cortejo; saímos do carro e nos juntamos a ele; são comunistas, os membros das células do bairro: sobem e descem essas ruas onde outrora eu ia organizar "equipes sociais"; eles interpelam as pessoas às janelas: "Todos os republicanos conosco!" Como na quarta-feira, Sartre canta a plenos pulmões a "Marselhesa"; ele está ali, não como membro de uma delegação, nem mesmo como o escritor J.-P. Sartre, mas enquanto cidadão anônimo; e não tem mais nenhum respeito humano, e se sente bem dentro dessa multidão, ele que tem tanta dificuldade em aceitar as elites e se sente tão mal entre elas. Ganhamos novamente a avenida; diante de um café cujo terraço está cheio de africanos do norte, os manifestantes gritam: "Paz na Argélia." Os argelinos mal sorriem. Uma mulher murmura: "Só poucos deles se manifestam." "Tem razão, eles arriscariam demais, são sempre eles que pagam por tudo, nesses casos", diz sua vizinha, com simpatia. As pessoas começam a juntar pedras na rua que está em obras; mas um outro cortejo, com bandeiras e cartazes, que vem ao encontro do nosso, as intercepta; trocam-se palavras; os responsáveis incitam a multidão a se dispersar. Viriam eles da République? Quando passamos ali de novo, de carro, a praça está calma; mas agora, além dos tiras, há enfermeiros da Cruz Vermelha, com capacetes, postados nas esquinas das ruas.

No quarto da Mme Mancy escutamos as últimas notícias. Houve desordens em vários lugares; nas portas, nas saídas das estações, os CRS barravam a passagem das pessoas que vinham dos subúrbios (na maioria, membros das células comunistas); isso não impediu reuniões na Trinité, na Bastilha etc. Bons discursos de Mendès e de Mitterand, declarando: "Não cederemos à chantagem"; mais da metade dos socialistas, cinquenta em noventa, vão votar contra. Às sete e meia começa a votação.

Évelyne telefona; Jacques foi apanhado sábado a noite, nos Champs-Élysées, e conduzido para o Centro Beaujon; ele passou a noite errando pelos corredores e pátios, e o dia sem comer, porque fez greve de fome; seus companheiros de prisão eram fascistas, e se agrediram a pedradas. Começavam a soltá-los, mas em pequenos grupos. Jacques foi libertado às nove horas da noite. (Évelyne citou uma frase encantadora de Lestienne; ele se queixa de Palle. "Palle é gaullista, ele faz propaganda gaullista; é repugnante, pois ele sabe muito bem que no fundo eu sou de direita, e que é fácil demais influenciar-me!")

Noite com Sartre no La Palette e na minha casa. Esperança (incerta) de uma recuperação da esquerda, e grande curiosidade com relação a Argélia. Malraux conversou durante três horas com De Gaulle, no sábado; provavelmente será ministro da Informação.

Setor privado: Sartre viu Huston e Suzanne Flon, no sábado; está combinado, ele fará o filme sobre Freud.

Por volta de onze horas desaba a tempestade que estivera ameaçando durante todo o dia. Relâmpagos envolvem um helicóptero de luzes avermelhadas, o helicóptero da polícia que sobrevoava Paris na quarta-feira durante o desfile, e que vigia a cidade ainda hoje; a torre Eiffel iluminada; eles chamam isso de seu "manto de luz"; eu gostava mais dela escura, com seus belos rubis em torno da cabeça. Trombas-d'água e um vento forte, é pouco propício para manifestações de entusiasmo, e o fato é que não se esboçou nenhuma. A posse, esta noite, foi tão insípida quanto a de qualquer presidente do conselho.

Nesse meio-tempo, estou com a cabeça estourando; não sinto mais angústia, mas uma tensão tão grande, que tomo *sarpagan*.

Esta manhã, leio a *Ligne de force*, de Herbart, onde há passagens contra Gide muito maldosas, mas muito divertidas, e uma bonita anedota sobre Aragon.

Dou a Rolland páginas das minhas *Memórias*; almoço com a estudante americana J., que me espanta com considerações aberrantes sobre o gaullismo. Ela me conta sua infância: mancha horrível no olho, mãe judia, infantil, dominadora e agitada, complexos por toda parte. Uma operação, aos dezenove anos, devolveu-lhe um olho de aparência normal e ela afirma que os livros de Sartre e os meus lhe ensinaram que somos marcados pelo passado, mas não determinados por ele. A partir disso, salvou-se. Quer dar-me de presente os dezoito volumes manuscritos do seu diário. Está obcecada pela bomba atômica, e não compreende por que a França se preocupa tão pouco. Escreveu a Oppenheimer. Mostrou-me uma brochura sobre os quatro americanos que foram de barco para o Pacífico, e se instalaram no lugar onde deve ocorrer a próxima experiência: eles se reencontraram na prisão. Ela sonha com um barco carregado de pessoas de todos os países: assim, os EUA não poderiam prendê-las. Ou então irá oferecer-se como mártir para experimentar os efeitos das explosões. É tipicamente americana essa ingenuidade idealista, em escala mundial (Gary Davis). Contudo ela não é tola, longe disso. Talvez se saia bem, se tiver uma profissão e os pés na terra.

Dia passado em casa de Sartre, lendo os jornais e tomando notas. Ele almoçou com S.-S. e Giroud. Um referendo foi feito no *Express*, há dez dias; todos eram energicamente contra De Gaulle, salvo F., por desespero, e evidentemente Jean Daniel.

Nem um único representante da Argélia no governo; e nem qualquer manifestação de entusiasmo em Argel. Eles têm muito medo de terem sido logrados. Beuve-Méry capitulou inteiramente. O último *Express* era muito mais correto que o anterior. O mais obstinado e mais sólido é Bourdet. Sua resposta a Sirius (Beuve-Méry) no *Monde* estava muito boa. Aliás, o *Monde* está dividido; certos colaboradores sustentam-se. O *France-Soir* começa a virar a casaca: eles publicam a partir de hoje trechos das *Memórias* de De Gaulle.

Dizíamos ontem à noite, com Sartre: "O intelectual pode estar de acordo com um regime; mas — salvo nos países subdesenvolvidos, que carecem de funcionários — ele jamais deve aceitar uma função de técnico, como faz

Malraux. Deve permanecer, mesmo que apoie o governo, do lado da contestação, da crítica — em outras palavras: pensar e não executar. Dito isso, mil questões lhe serão colocadas; mas seu papel não se confunde com o dos dirigentes; a divisão das tarefas é infinitamente desejável."

Terça-feira, 3 de junho
Depois da tensão, depressão. Tenho tão pouca vontade de pôr o nariz de fora que durmo esta manhã até meio-dia e meia. Sempre este tempo pesado e frio. Ontem, noitada com Sartre e Bost. Almoço hoje com Sartre, Pontalis e Chapsal. Eu os esperava no Falstaff; na mesa vizinha, um senhor jovem, tipo funcionário um tanto importante,[167] conversava com uma mulher muito feia: "Apesar de tudo, Mendès aplaudiu De Gaulle..." "Não, X não quer a Frente Popular: então ele se deixará convencer..." "Tente agir no seu grupo..." "É lamentável: parece que Lazareff é, no fundo, antigaullista..." Quando Sartre chega, eles murmuram: "É Sartre", e pouco depois vão embora. Começamos a comer e telefonam a Sartre: "Senhor Sartre, eu queria dizer-lhe que o general se prepara para fazer a paz na Argélia, que ele não mandará prendê-lo, e que lamentamos as posições que o senhor tomou no *Express*." Muito polido: ele queria *convencer*!

Não acho mais graça em anotar essas coisas. Mas estou por demais abatida para escrever. Ou estarei abatida porque não escrevo? Semana que vem partimos para a Itália; isso amplia o provisório, o contingente deste período. Para mim é difícil interessar-me pelo meu passado: não sei bem o que fazer.

Um excelente artigo no *Saturday Review*, com a minha foto na capa. Mas o *Times* e o *New York Times* não estão nada satisfeitos. O que os irrita é o fato de eu falar bem da China, embora eu não seja comunista.

Contar as manifestações de quarta-feira a domingo como uma "totalidade destotalizada" seria um verdadeiro problema literário; Sartre resolveu-o até certo ponto, em *Le Sursis*. Isso me parece mais interessante do que os impasses daquilo que eles chamam "a aliteratura".

Sartre contava há pouco a Pontalis que, quando procura um tema de peça, faz-se um grande vazio em sua cabeça; em dado momento, ele ouve soar as palavras: "Os quatro cavaleiros do Apocalipse." É o título de um romance de

---

[167] Talvez um modesto escroque. Em 1963, ele encontrou Sartre de novo, no Falstaff: "Agora a situação vai ficar dura", preveniu.

Blasco Ibañez que ele leu na juventude. Também ele tem bastante dificuldade de retomar o trabalho. Recomeça a tomar corydrane. "Não estou triste", diz-me, "mas durmo. É uma calma mortuária".

Quinta-feira, 5 de junho
Não sei por que eu estava tão exasperada ontem à noite, provavelmente a irritação de ver todos aqueles jornais, todas aquelas pessoas se perguntarem o que "ele" irá dizer, e se perderem em exegeses sobre seus silêncios. E depois exasperada por ouvi-la, com os clamores de Argel ao fundo, com sua voz envelhecida e sua gradiloquência enigmática. E por pensar que eles vão recomeçar a decifrar o oráculo, desejando a todo custo extorquir-lhe esperanças, enquanto o jogo está feito, implacavelmente; anos de guerra, massacres e torturas.

Ontem de manhã fui ao dentista. L., comunista e judeu, também está lúgubre. Ele diz que os comunistas têm um entusiasmo e um otimismo insuportáveis, convencidos de que ganharam tudo porque a metade dos socialistas votou com eles. Quanto a seus clientes, há os que lhe diziam: "Ora, De Gaulle não vai mandar você para um campo de concentração." "Eu sei." "Então, em que tudo isso pode afetar o *senhor*?" Almoço com Bianca, sempre muito absorvida por seus comitês. Diz que encontraram grupos de paraquedistas à paisana nas ruas. (Isso confirma o que foi censurado no *Express*, e que o jornal revela hoje: Lagaillarde desembarcou com seis companheiros num aeródromo, para contactar os paraquedistas acampados perto de Paris. De qualquer modo, enviaram todos polidamente de volta para a Argélia.) Ela diz também que em Passy e Neuilly uma espécie de "milícia urbana" começa a organizar-se, com chefes de núcleos etc., como durante a ocupação.

Passei a tarde na casa de Sartre, tentando em vão pensar no meu livro. Eu também me perguntava: o que De Gaulle vai dizer? Agora eu sei. Ele saúda a "renovação" e a "confraternização" cujo exemplo foi dado pela Argélia, e que ele deseja ver estender-se por toda a França. Soustelle não o deixa, durante o dia inteiro. Depois, no Fórum, ele presta homenagem a Argel, ao exército e, sem pronunciar a palavra integração, diz que os muçulmanos devem ser "franceses com todos os direitos"; fala de "colégio único". Argel está decepcionada porque isso ainda não é suficientemente fascista para eles, e porque uma *verdadeira* integração os aborreceria de verdade. Apesar de toda a nossa desconfiança, de qualquer modo espanta-nos que ele tenha assumido tão radicalmente Argel e retomado sua política. Pelo menos assim fica tudo inteiramente claro. Só falamos disso a noite inteira, no La Palette. Censuro-me por não ter sido mais ativa. Sartre me diz o que eu me digo muitas vezes: para mim é difícil repetir o que ele faz; nossos dois nomes são apenas um. Não importa. Ao voltar da Itália, tentarei engajar-me mais. A situação me seria menos intolerável se eu tivesse militado mais energicamente. Ao voltar para casa, muito enervada e num certo sentido humilhada ao mesmo tempo que furiosa, encontro uma carta absolutamente insensata de Y., a propósito de *Le Traître*, de Gorz, e do artigo de Sartre no *Express*: é uma explosão de antissemitismo. Fui tomada de um ódio generalizado, que me sufocou durante mais de uma hora, e que só pude vencer com soníferos.

Dormi mal, acordei com os nervos em frangalhos. Uma carta enviada pelo "Ministério da Defesa Nacional", assinada por uma Mme de..., pede-me artigos para a revista *Bellone*, da qual ela me envia um exemplar, e que é destinada às "mulheres-soldados". Irão eles, ainda por cima, tentar uma aproximação? Vou comprar os jornais e os leio no café da esquina (a esquina da avenida D'Orléans). O *Observateur* continua muito bom, o *Express* tem bons trechos e artigos leves. Os dois são prudentes: esperavam que De Gaulle desejasse realmente negociar na Argélia; dizem que é preciso nos agruparmos contra ele, "mesmo que..."; hoje está tudo claro, e suponho que Bourdet esteja, segundo a velha expressão de Mauriac, "agradavelmente decepcionado". Abbas, Tunis, Rabat são categóricos: o que De Gaulle oferece é inaceitável. Só aquele maluco do Amrouche no *Monde* faz continência: "Tenho confiança na sua palavra, meu General." Por outro lado, fica-se sabendo que há mais de trezentos e cinquenta comitês de salvação pública na França. Com os encorajamentos de De Gaulle, isso vai proliferar. Sartre diz que, por enquanto, nós — ele e eu — nada podemos fazer. Então, vamos partir para um descanso, trabalharemos na volta.

Almoço com Reggiani e sua mulher. Sartre lhes conta sua peça, que gostaria de encenar em outubro; mais tarde, isso será aleatório.

Comprei um vestido para me divertir, mas isso me tomou cinco minutos, e não me diverti. Insipidez lamentável da derrota.

Eu mesma não compreendo por que estou tão transtornada. Chegaremos ao fascismo e então, prisão ou exílio, Sartre vai se dar mal. Mas não é o medo que me preocupa: estou aquém ou além disso. O que não suporto, fisicamente, é esta cumplicidade que me impõem ao som dos tambores, com incendiários, torturadores e agentes de massacres; trata-se do meu país, e eu o amava e, sem chauvinismo nem excesso de patriotismo, dificilmente é tolerável ser contra nosso próprio país. Até os campos, o céu de Paris e a torre Eiffel estão envenenados.

Enquanto eu lia, esta manhã, na esquina da avenida, dois vendedores ambulantes — vendiam cerejas —, ambos africanos do norte, atiraram-se um sobre o outro. Como se batiam! Entretanto, dois passantes, de blusões de couro — não eram burgueses, claro —, precipitaram-se para separá-los. Estava difícil, pois um deles cravara firmemente os dentes no ombro do outro, através da camisa de xadrez. Depois surgiu um tira, risonho e balançando o cassetete; mas tudo acabara, e ele perdera uma oportunidade de espancar.

Sexta-feira, 6 de junho
Esta manhã, sem qualquer razão particular, alguma coisa desfizera-se em mim, e eu estava relaxada. Cartão de L. de Irkoutsk; a Sibéria o encantou. Como me lembro daqueles pequenos aeroportos com suas cortinas esvoaçantes! Tomei o carro, fui a Fontainebleau e voltei, para verificar se estava bom; está tudo bem, posso viajar nele. Tenho pressa de partir.

Joan deixou com a zeladora os dezoito volumes do seu diário. Interessante, apesar da confusão, porque ela se entrega sem reserva. Em geral, os diários íntimos me fascinam, e este é bem extraordinário: mergulhamos realmente numa outra vida, um outro sistema de referências, e num certo sentido é a mais aguda das contestações: enquanto eu a leio é ela o sujeito absoluto, e não mais eu.

De Gaulle continua sua viagem pela Argélia, visivelmente bem descontente. Em Oran, gritaram: "Soustelle! Soustelle!", e ele disse: "Parem, peço-lhes." Evidentemente ele não gosta desse fascismo que vai tentar sobrepujá-lo, e cujo jogo, no entanto, está fazendo. Mas basta de comentários, de profecias e de exegeses. Registrarei apenas que falta calor à imprensa, e que esse *come back* não se faz de modo algum no entusiasmo.

Sábado, 7 de junho
Quase quinze dias sem trabalhar, embora eu me sentisse tão impaciente no dia 25 de manhã. Mas a angústia não é propícia ao trabalho, sobretudo

quando é preciso inventar e lançar-se. Carta de Joan, esta manhã; ao ouvir De Gaulle, sentira repugnância; reação puramente sentimental, mas que foi a de muitas pessoas: estilo fascista, militar, grandiloquente, que desmascara muitas coisas. Carta interessante de A.B.[168] Ele fala do medo dos muçulmanos, nos pequenos bleds,[169] evitavam-no porque o consideravam comprometedor; a falsa confraternização foi operada com terríveis pressões; durante todo esse tempo, as prisões continuaram, assim como as degolações.

Cuido da minha correspondência; manhã cinzenta, neutra.

Domingo, 8 de junho
Acabou, rádio três vezes por dia, Inf. 1, todas as edições de jornais. Agora as coisas vão se passar lentamente. Sexta-feira à noite, em Mostaganem, De Gaulle pronunciou enfim as palavras "Argélia francesa"; mas os "gaullistas de esquerda" destacam que ele se recusou a pronunciar "integração". Para um homem de "caráter", ele se mostrou curiosamente acomodatício; pois, afinal — sem falar de todo o resto —, em Argel ignoraram os dois ministros que o acompanhavam, e ele engoliu a afronta, em vez de exigir que eles figurassem em todas as cerimônias nos dias subsequentes. Mostra-se realmente bastante condescendente.

Continuo a mergulhar e a me atolar no extraordinário diário de Joan. O texto me toca porque ela leu meus livros de modo tão vivo, que muitas de suas críticas são justas, e porque toma minha defesa com imenso calor, e muitas vezes com inteligência. Mas até nisso me sinto desencantada; há dez anos, penso, isso me teria impressionado; agora, experimento um certo prazer, mas angustiado: seria preciso escrever outros livros, melhores, ter novos méritos, merecer realmente existir assim para outrem. E estou presa entre dois projetos sem conseguir me fixar.

Terça-feira, 10 de junho
Malraux disse a SS, que relatou imediatamente a Sartre: "Temos informações seguras sobre a confraternização: é uma realidade." Quando a mitomania se erige em sistema político, a coisa torna-se grave. Ele fez um comentário sobre a "generosidade" da França, de tal ordem que o próprio Clavel protes-

---

[168] Soldado na Argélia.
[169] Terras do interior, no norte da África. (N.T.)

tou no *Combat*. Bost está no comitê de vigilância do cinema, e furioso com a prudência deles; dez em quinze são comunistas. Sartre diz que se trata apenas de uma tomada de posição, que os comitês nada podem fazer de sério antes do referendo.

Jantar, domingo à noite, com Suzanne Flon, que se mostra muito agradável, e com Huston; ele tem a sedução americana, apesar de um grande terçol. Falou-se muito de Freud, casto até o casamento, aos vinte e sete anos, e esposo perfeitamente fiel. Huston teve a ideia desse filme depois de rodar um documentário sobre as neuroses provocadas pela guerra; o filme resultara de tal forma antimilitarista que foi censurado.

Quarta-feira, 11 de junho
Como eu tinha a noite de ontem livre, chamei Joan. Fico com o coração um tanto apertado ao pensar que durante cinco anos ela desejou ver-me, que se esforçou para isso com tanta tenacidade e habilidade, que acabou conseguindo, e que tudo se reduziu a essas três conversas banais. Agora, tendo lido quase todo o seu diário, eu quis falar-lhe dela mesma. Como fora infeliz! Que belo pequeno "inferno privado" ela fabricou para si, com essa curiosa mistura tão americana de liberdade e de tabus, tendo como fundo sua feiura atroz e as relações sofridas com uma mãe bonita, célebre e desequilibrada pelo abandono do marido — um homem calmo e encantador — que partira para o fim do mundo. Joan, uma mancha no olho, dentes defeituosos, afligida por tiques e pela timidez, passou na sombra uma infância solitária e acuada. Aos dezesseis anos, idílio com Bodenheim, célebre poeta dos anos 1920, na época destruído pelo alcoolismo, impotente, semilouco; bolinava-a nas praças. A mãe, avisada por uma *police-woman*, escreveu a Bodenheim uma carta na qual, fingindo ser um boxeador profissional, ameaçava quebrar-lhe a cara. Ele explicou a Joan que devia romper com ela porque tinha hemorroidas e uma hérnia; e também porque já tivera tantos problemas com menores, que com uma a mais ele se arriscava à prisão, ou pelo menos ao escândalo, e que então seu editor não reimprimiria mais seus livros. Morreu cinco anos mais tarde, surpreendido na cama com uma mulher bastante bela, por um marido ciumento, que o apunhalou no coração, estrangulou a mulher e acabou a vida num asilo. Todo Greenwich compareceu às exéquias de Bodenheim, e ninguém acompanhou o caixão da mulher. Depois, a his-

tória de Joan é uma longa sequência de aventuras mais ou menos sórdidas e de paixões infelizes. Passou dois anos em Yale: outras paixões infelizes. Ligada a comunistas e a trotskistas, veemente, agitada, desconfiavam dela, embora fosse uma aluna brilhante. Enfim, veio para Paris. Foi assim que assistiu à minha conferência, durante a qual fez uma intervenção, e que me escreveu. Jantamos no Falstaff. Uma vendedora de flores, meio louca, cantava e se contorcia no chão, em meio a risos. Aconselhei Joan a voltar para a América, a não manter mais diários, a pensar em outra coisa além dela própria, a ler em vez de falar. Aconselhei-a a escrever, e me parece que ela seria capaz de fazê-lo, porque nesse extravagante diário alguma coisa "passa", e algo forte. Ela não ousa; quer trabalhar numa fábrica para "ficar perto do proletariado", mas creio que a literatura é para ela o único meio de fugir da solidão. Pusera um vestido de veludo negro com uma joia azul bastante bonita, e mandara frisar a franja. "Não estou *ugly*, apenas *plain*", disse-me. Voltará para a América em agosto. Eu ficaria espantada se ela se decidisse a escrever.

Esta manhã passei na Gallimard. Conversei durante uma hora e meia no Deux Magots com Jacques Lanzmann. Ele me conta sua viagem ao México, a Cuba, Haiti, São Domingos. Afirma que em Santiago de Cuba viu com seus próprios olhos homens pendurados pelos testículos e um tigre ao qual davam cadáveres para comer. Mas é um poeta. A imprensa de Batista publica cotidianamente fotos dos sujeitos que ele manda torturar e matar: mais de cem por dia. Claude Julien, que foi torturado durante a Resistência, ficou doente por isso. Eles haviam descoberto um meio de chegar ao maquis: pretendiam fazer uma reportagem sobre Castro e o exército rebelde. Foram presos uma hora antes da partida. Tiveram a ideia de dizer ao general (que castra de bom grado com as próprias mãos): "Temos na Argélia problemas análogos aos seus: então viemos ver como os resolvia." Julien conseguiu, graças a seus documentos, partir de novo para Havana, enquanto punham Jacques no avião do Haiti.

Ontem à noite, o Comitê de Salvação Pública de Argel fez uma declaração incendiária. Salan a terá aprovado ou não? Após alguma hesitação, De Gaulle decide-se finalmente a dizer que não está satisfeito.

Em casa de Sartre, corrijo meus originais e tomo notas. Ele está tão contente quanto eu de partir para Veneza. Impossível para mim trabalhar antes de estar instalada lá. Três semanas atrás eu estava entusiasmada, mas esse entusiasmo acabou.

Jules Moch (*En retard d'une guerre*) distingue a época da destruição individual, artesanal, em pequena escala, em grande escala, quase universal. Por que estarei (Sartre está como eu) tão pouco afetada pela ameaça atômica? Talvez por não ter sobre ela o mínimo poder; só podemos pensar no assunto, e isso é ocioso; sobretudo quando os problemas da Argélia são tão reais, tão urgentes e nos concernem diretamente.

Sexta-feira, 13 de junho
Carta muito amável de uma estudante de vinte anos. Neste momento tudo me encoraja ao narcisismo: o diário de Joan, uma porção de cartas amistosas, o livro de Gennari sobre mim, minhas próprias lembranças, que releio o tempo todo, enquanto corrijo minhas *Memórias*. Isso me faz decidir pela continuação dessa autobiografia: certamente há pessoas a quem ela interessará; Sartre me repete que, de qualquer modo, fiz o bastante para que a tentativa fosse legítima. Na Itália, portanto, vou empenhar-me nela. Dias contingentes que precedem as partidas; compras, correspondência, enormes pacotes de provas para corrigir. Pedi emprestado a V. Leduc o *Virginia Woolf* de Monique Nathan; desejava olhar de novo, depois de ler seu diário, as extraordinárias facetas dessa mulher — que solidão!

Malraux e seu "choque psicológico": em plena aberração.

Segunda-feira, 16 de junho — Milão
Subitamente, mudança completa de perspectivas: férias. Acordei no sábado às seis e meia, e quem me impedia de partir imediatamente? Parti. Que rejuvenescimento mergulhar de novo na solidão, na liberdade, como no tempo das viagens a pé. Uma bela manhã. Conheço de cor essa estrada do Morvan, balizada de recordações... Annecy também é uma lembrança, mais antiga; reconheço bem, a vinte anos de distância, os canais, as ruas de arcadas, os pequenos restaurantes à beira da água. Janto na velha cidade, tomo um uísque no lago, lendo *Le Premier pas dans les nuages*, de Hlasko. Gosto dessas partidas muito cedo, antes do nascer do sol. Bela estrada, ainda deserta, à beira do lago, e pouco a pouco os vilarejos povoam-se e se endomingam. No Petit-Saint-Bernard há neve e até mesmo esquiadores que participam de

um concurso de *slalom*. Dão-me um pouco de nostalgia essas paisagens de montanha, porque tudo isso está perdido para sempre: as longas caminhadas de dez a doze horas, entre dois e três mil metros e mesmo mais, o sono sob a barraca ou nas granjas, tudo o que tanto amei. Almoço em Saint-Vincent. "Como vão as coisas na França?", pergunta-me a proprietária. "Depende de que lado estamos, depende de gostarmos ou não dos generais", digo-lhe. Para aproveitar o sol, paro num prado, com uma soberba paisagem à minha volta, um castelo em ruínas ao longe, à minha direita, e um outro distante, à minha esquerda; mergulhada na relva alta, termino Hlasko: muita vodca, pouco amor, falta de alojamentos para fazer amor, uma maldade ambiente feita de descontentamento do mundo, e também de si mesmo; é habilmente contado, e nada mais. Atravesso ainda algumas pequenas cidades trepidantes da alegria dos domingos, e pavimentadas de seixos amarelos, e depois é a autoestrada e a praça do Scala.

São seis horas, não há absolutamente nada a fazer, é um pouco desconcertante e agradável. Tomo dois *gin-fizz* no bar do hotel: continuam muito bons. Como esse bar me parecia luxuoso em 1946! Era realmente uma nova juventude, mais perturbadora que a antiga. Eu me lembrava daquele tempo, e saí por aquela Milão morna, ociosa; quase vazia: um fim de domingo. Todas as italianas em vestidos tipo camisa, elegantes ou de confecção e, na minha opinião, lamentáveis. Novos arranha-céus, novos edifícios, as coisas mudam rápido na Itália. A autoestrada mudou desde o ano passado, com aquela enorme ponte que a liga à cidade.

Sartre chegou esta manhã, às oito e meia; lemos os jornais no Café do Scala. Maravilhosa Itália! Lá, entramos logo no ambiente. As primeiras páginas dos jornais estão ocupadas por um grande drama artístico: um louco, que se diz "pintor anacrônico", ontem de manhã, em Brera, atacou a marteladas o *Casamento da Virgem*, de Rafael. Um vigia impediu que a destruição fosse total, mas permanecerão traços do "sacrilégio", o que consterna o mundo inteiro, ao que parece. Os jornais de hoje falam pouco da França, mas no cabeleireiro encontrei, num número do *Oggi*, um artigo muito divertido: "Os dez mandamentos do gaullista"; estabelece um paralelo entre os acontecimentos atuais e os de 1922, na Itália; é a nossa vez de experimentar o fascismo, e eles se divertem. A esquerda, embora rindo, inquieta-se; uma ditadura de direita na França representa também para a Itália um grave perigo.

Esta manhã flanamos em Milão, e depois almoçamos com os Mondadori no restaurante do Scala. Ele não mudou em doze anos, continuando a manter sua aparência de soberbo corsário; ela ficou loura, mas conserva o sorriso, a naturalidade e o charme. Ele escreve seus primeiros poemas, poemas engajados — é de esquerda. Fala-se de Hemingway. M. conta que em Cortina ele bebia como de costume, mas que estava apavorado com o fígado, o coração, e com a ideia de que a bebida o mataria. Um dia, ao terminar a refeição, ele tivera soluços. Assustado, chamara o médico. "É preciso tomar o elevador", disse o médico. E seis vezes seguidas H. subira, descera, subira, descera, sustentado pelo médico de um lado, e por Mondadori do outro. O soluço parara. Ele acomodara seu boné verde na cabeça e deitara-se.

Vamos ver a exposição de arte lombarda antiga; nada de bom, salvo um grande retábulo. Sartre irrita-se: "É uma arte de militar! Esta é a pintura que se faz quando os militares estão no poder!" (Mondadori nos dizia, com uma simpatia um tanto maliciosa: "Durante vinte anos, não tivemos nem arte nem literatura...")

Jantamos à noitinha na praça do Domo, aliviados, livres da França. Sartre dizia que há muito tempo não se sentia tão em paz.

Terça-feira, 17 — Veneza
Ainda assim, continuo a ter pesadelos: tenho pressa de acordar de manhã.

Partimos pouco antes de dez horas; céu azul acinzentado, mormaço e umidade: o norte da Itália. Jantar em Pádua. Tomamos café numa cafeteria que tem a reputação de ser a maior do mundo. Comprei o jornal. Na primeira página: Nagy fuzilado, Malester também, mais dois outros. "Não devemos mais comprar os jornais!", diz Sartre, que perdera toda a tranquilidade.

Veneza; a décima, a 12ª vez? Amavelmente familiar. "Canal obstruído — obras em andamento." Desviam-nos para canais inéditos, tão estreitos que é difícil cruzar com outro barco. Quartos encantadores no Cavaletto. Sartre pede "três chás" e se instala para trabalhar. Festy enviou-me provas; vou à praça de São Marcos, mas há música demais; instalo-me no cais e corrijo quarenta páginas, depois volto para cá. O céu está pálido, levemente rosado, um ligeiro rumor sobe das docas dos gondoleiros e dos cais. É preciso que amanhã eu recomece a trabalhar, ou começarei a aborrecer-me.

Quarta-feira, 18 de junho
Nos jornais italianos, as manchetes na primeira página: "*Le mani sporche*."[170] Só se fala nas execuções de Nagy e Malester. Por quê? Discutimos indefinidamente, sem compreender. Para a França é sinistro, porque os comunistas vão ficar ainda mais isolados, a esquerda desmoralizada, o gaullismo reforçado. Os contramanifestantes hoje irão carecer de entusiasmo. E Sartre, que desejava esquecer a política durante alguns dias!

Longa carta de Lanzmann, deslumbrado com a Sibéria, e embriagado com geng-sgeng pelos coreanos. Ele ficou sabendo da posse de De Gaulle em Piongiang pela rádio de Okinawa.

Sexta-feira, 20 de junho
Gosto bastante do meu quarto, com as luzes e as sombras que brincam no teto, e o *batti-becco*[171] dos gondoleiros. Mas até essa manhã trabalhei mal, não fiz outra coisa senão ler, eu estava cansada. Esta manhã, decido-me a mergulhar no trabalho. Deveria impor-me escrever um rascunho de dez páginas por dia. Ao fim das várias eu teria material: uma boa "bagunça", com a qual eu poderia construir algo. Há tantas lembranças a reunir, que este me parece o único método. Reli de ponta a ponta *A convidada*, e anotei o que pensava da obra. Reencontro ali, quase palavra por palavra, coisas que digo nas minhas *Memórias*, e outras que voltaram em *Os mandarins*. Sim — aliás, isso não é desanimador —, só escrevemos nossos livros.

Revimos San Rocco e sua igreja, e a Academia. Confronto o que vejo com o que Sartre me dizia no ano passado sobre Tintoretto.

Parece que quase nada se passou em 18 de junho, salvo alguns distúrbios fascistas em Ajácio, Pau, Marseille.

Sábado, 21 de junho
Cartas. Uma, de uma romana, casada, mãe de dois filhos crescidos, que militara contra o fascismo e no PC, chocada com a execução de Nagy, e se queixando da vida: não ter nada a fazer, não poder agir contra nada. Quantas correspondentes me repetem: "É terrível ser mulher!" Não, eu não me enganava ao escrever *O segundo sexo*: tinha ainda mais razão do que

---
[170] Em italiano no original: As mãos sujas. (N.T.)
[171] Em italiano no original: bate-papo. (N.T.)

pensava. Com extratos de cartas recebidas depois desse livro, teríamos um documento pungente.

Ontem, no museu Correr, vimos um Antonello da Messina, não muito belo, mas que mostra com evidência o que Sartre me dissera: foi por ele que se fez a passagem de Vivarini para *A tempestade*, de Giorgione, e mais precisamente da primeira fase de Bellini à segunda. Em vinte e cinco anos, nossos gostos não mudaram muito; a cada vez, reencontro o mesmo espanto admirativo diante dos Cosimo Tura, descobertos outrora com tanta surpresa.

O ritmo de nossa vida se estabelece. Levantar às nove e meia, longo café da manhã com leitura dos jornais, na praça de São Marcos. Trabalho até duas e meia. Comemos um pouco. Passeio ou museu. Trabalho de cinco às nove. Jantar. Uísque no Harry's Bar. Último uísque na praça, quando ela está enfim livre dos músicos, dos turistas, dos pombos, e quando, a despeito das cadeiras dos terraços, reencontra aquela beleza trágica que Tintoretto lhe emprestou, no "Roubo do cadáver de São Marcos".

Ontem à tarde, corrigi um enorme pacote de provas enviadas por Festy: pela primeira vez um livro que escrevi me dá prazer ao relê-lo. Se não me engano, ele deveria fazer sucesso entre mocinhas em luta com a família e com a religião, e que ainda não ousam ousar. Por outro lado, creio que recuperei o entusiasmo pelo meu novo livro.

Jornais de Paris. Mauriac, em *Bloc-Notes*, faz o elogio de Guy Mollet! Cartas de Paris. A reunião do 6º, onde Reggiani leu o texto de Sartre, foi um sucesso, no dia 17 de junho; em particular, faz-se uma ovação a Sartre, desde as primeiras frases, e mais ainda no fim. (Eles eram cerca de setecentos nas Sociétés Savantes.) Henri Lefebvre foi excluído do Partido por um ano, porque aderiu ao "Clube da Esquerda".

Como era bonita a praça de são Marcos à noite, essa claraboia nos telhados, iluminada apenas nas vastas fachadas planas, e essa silhueta de homem; ele olhava; dir-se-ia que não podia subtrair-se ao espetáculo daquela praça, à noite. De repente, tudo se extinguiu, tão inopinadamente que Sartre e eu dissemos ao mesmo tempo: "Olha! É como uma estrela cadente."

Domingo, 22 de junho

Sim, eis-me novamente de partida, penso que pelo menos por dois anos. Num certo sentido, é uma segurança. Há sempre em mim aquela colegial bem-comportada, que se inquieta se durante mais de uma ou duas semanas "estou sem fazer nada". Uma viagem é uma atividade — entrego-me a ela sem remorsos. Mas em Paris eu flutuava, e censurava-me por isso. De qualquer modo, não perdi totalmente meu tempo. Além deste diário e das minhas provas corrigidas, recolhi material para meu novo livro e reli meus velhos romances, cartas, anotei lembranças. Creio que agora encherei realmente minhas dez páginas por dia.

Há algo de repugnante nesse atabalhoamento, mas não posso atrasar-me escrevendo mais de uma página enquanto este esboço não estiver em ordem. Foi assim que procedi com relação a *Amérique*; mas não com minhas *Memórias*, que compus em pequenas partes.

Terça-feira, 24 de junho

Domingo à tarde passeamos pelos lados do Arsenal; havia muita gente em Fundamenta Nuova, mas não turistas: italianos que iam assistir às regatas. Barcos, lanchas e gôndolas cheios de gente amontoavam-se em torno dos postes com a ponta pintada de um verde berrante. Por toda parte, na laguna verde — exatamente do mesmo verde que as árvores —, procissões de gôndolas, e gondoleiros de uma brancura reluzente, debruçados sobre seus arpéus, as nádegas modeladas como nos quadros de Carpaccio. Algumas velas, cor de ferrugem, ou violáceas; dois ou três iates, ao longe. Partimos antes das regatas. Que paz nessas ruas: a província. E pouco a pouco — como os carros nas estradas quando nos aproximamos das cidades — os passantes tornam-se mais numerosos, de repente é a multidão; e grupos de camponeses de chapéus tiroleses, verdadeiros roceiros que descem de suas montanhas (um deles com uma enorme barba ruiva), gordas alemãs de vestidos transparentes e chapéus de palha — e de repente aparece São Marcos, os pombos, os fotógrafos, a grande cidade.

Depois do jantar no La Fenice, onde o proprietário fez questão de nos levar para visitar as cozinhas, vamos beber no Harry's Bar. À saída, dois italianos abordam Sartre afavelmente. Convidam-nos a ir beber no Ciro's. "Dobrem à esquerda: com Sartre, sempre à esquerda", dizem eles, indicando-nos o caminho. Há um, bem baixinho, que é escultor; o outro, com cerca de quarenta anos, uma cara engraçada, muito viva, um pouco dissimulada, se diz "cientista"; ocupa-se de micróbios e dirige um laboratório: "Quanto a mim, meu ofício é fazer as pessoas mijarem", diz ele. Chama-se "Charmant". Leu *O muro*, e não quer ler mais nada de Sartre, de tanto que apreciou a obra. Gosta, como muitos italianos, de jogar com as palavras; emprega uma bela expressão que eu não conhecia: *faire du casino* (fazer barulho, algazarra, desordem). Oferece-nos vinho branco veneziano enquanto fala com encanto de Veneza, tão provinciana, e que no entanto abriga uma grande população trabalhadora: "Ninguém trabalha tão bem como os venezianos", afirma. "Aliás, há trezentos mil deles em Milão." Terminamos a noitada no *dancing* da taberna Martini, quase vazio, pois são duas da manhã.

Marcaram encontro conosco no Harry's no dia seguinte às onze horas da noite; ao chegar, dizíamos: "Vai ser aborrecido; para começar, ontem tínhamos bebido. E depois, eles devem trazer gente." Não nos enganávamos, mas foi diferente do que imaginávamos.

Charmant jantava com um sujeito moreno, numa mesa redonda; aproximou-se de nós: "É um americano, muito chato, que chegou de Nova York." Era um italiano que tinha negócios na América, mas genovês, e os genoveses, diz C., não são italianos. O americano não fala uma palavra em francês. A conversa desenrola-se mal; chega uma italiana loura, pesada, mas com belos olhos pálidos, muito pintada, mais ou menos ligada ao americano; também não fala francês. Gracejam com ela porque um assaltante andou de barco ao longo de sua casa, introduzindo-se por uma janela e roubando-lhe os sutiãs e as calcinhas. "Seus instrumentos de trabalho", disse C., que tem qualquer coisa da misoginia dos homossexuais (é obcecado pelo homossexualismo). Propõe-nos, com ar animado, ir beber num hotel novo da Giudecca, muito bonito, onde seu amigo quer hospedar-se; aceitamos. Entramos no barco particular do hotel; encantador atravessar o canal numa bela noite estrelada, com uma lua crescente cor de laranja, que parece ter sido posta ali especialmente para os turistas; ao longe, as luzes do Lido, muito amarelas, e o palácio dos Doges que se afasta. O hotel tem um jardim que mergulha na lagoa: é realmente belo. Mas nós erramos incertos pelos grandes vestíbulos; o *barman* "levantou âncora", diz-nos o porteiro. O americano sobe para escolher seu quarto, e nós nos instalamos para esperá-lo. O escultor telefona; bem, partimos de novo, e, ao desembarcar, Sartre e eu nos dizemos que parecíamos viver uma novela de Pavese: esses projetos entusiastas e ocos que fracassam a cada passo. O escultor nos esperava, com amigos; vamos ao campo da Fenice, onde há um café agradável, entre verduras. C. pede estranhas bebidas: uma mistura de menta e grapa, especialidade veneziana que o trabalhador veneziano engole, diz ele, às cinco da manhã, e misturas de pernod e uísque. Fico na grapa natural. O pobre Sartre está às voltas com um rapazinho de olhar deslumbrado, que trabalha em cinema; colaborou no roteiro de *Le Amice*, e me diz: "A senhora é famosa aqui: em Veneza adoram *Os mandarins*." E C. me pergunta: "*Os mandarins*, é a senhora?" Aliás, ele não leu o livro. "Sim, pensando bem, dá para imaginar que a senhora possa escrever", diz ele, perplexo. Aquilo tudo tornou-se mundano, o encanto rompeu-se. Despedimo-nos e nos dirigimos à nossa taberna habitual, na pequena praça dos Leões, ao lado de São Marcos. A grande praça está deserta; uma mulher ruiva soluça e grita; tem uma das mãos envolta em gaze e briga com dois sujeitos bem-vestidos que provavelmente são policiais à paisana; está prostrada sob as arcadas; de repente para de chorar, salta sobre os dois homens e protesta com grandes gestos; todas as putas da esquina saem da sombra para ver o que se passa. A ruiva afasta-se enfim, resmungando. Sentamo-nos diante de uísques. Um homem sai correndo do café vizinho — bem-arrumado, de meia-idade, italiano —, seguido de um garçom que bate nele; o cliente volta-se bruscamente, pega uma cadeira, brandindo-a; o garçom joga-o por terra. Um grito entre os espectadores: "Não!", e todos correm para separá-los. Era simpático: na França não teria havido esse entusiasmo, teriam deixado correr um pouco de sangue. Trazem o garçom de volta ao seu café; o cliente se retira e parte; dois minutos depois ele volta, ladeado de dois guardas armados de sabres. Vamos postar-nos diante do café, entre os espectadores (todos italianos, pois é tarde). O garçom se aborrece, pede que nos retiremos, e diz em francês: "Se tiverem educação, não fiquem aqui!" "Você está dizendo que eu não tenho educação?", diz Sartre. A discussão vai acirrar-se mas o proprietário, aborrecido, manda o garçom entrar; uma puta alta e gorda grita para ele, em italiano: "É um francês e você o insulta: não é correto!" Voltamos aos nossos lugares. O italiano agredido vem tomar café no balcão de nossa taberna, com ar arrogante, mas confuso; depois vai embora. Dois mendigos vestidos com asseio, com belos cabelos brancos e rosto fino, ajudam o garçom do café vizinho a guardar cadeiras e mesas, enquanto escutam seu relato; ele lhes dá algumas moedas que repartem, retirando-se displicentemente pela noite adentro. Nós partimos também, e de repente há três ou quatro garçons de café à nossa volta, entre os quais o herói do drama. Ele quer explicar-se com Sartre; mas seu tom é agressivo, e parece que a briga, em vez de terminar, vai recomeçar. "Aquele cliente vem nos chatear todas as noites", diz um dos garçons, para defender seu colega. Este último insiste: "Eu não ataquei o senhor, falava com todos, em geral." "Eram italianos, e o senhor falou em francês", disse Sartre, sorrindo. Todos riem, e o garçom estende gentilmente a mão: "Bem, então peço desculpas." Em toda esta história, um estilo bem próprio da Itália.

Hoje, chuva: Veneza funde-se em brumas, os monumentos se diluem. Alguns gondoleiros vestiram capas negras.

De Gaulle continua a negociar a ida de Mollet a Argel: ele quer estar seguro de que não será obrigado a deixá-la no vestíbulo. Sob a pressão de Argel, um dos repórteres da rádio perde seu lugar; e o conjunto do pessoal é modificado: Delannoy vai-se, Nocher volta. Cada vez mais Argel conduz os fatos.

Quarta-feira, 25 de junho
O *Corriere della Sera* diverte-se muito com a entrevista coletiva de Malraux. Fotógrafos, televisão, grande badalação; Malraux falava com voz de pregador místico, e os quatrocentos jornalistas presentes ficaram surpresos. Poucas informações, diz o correspondente italiano, mas aprendeu-se muito sobre o "estilo psicológico e coreográfico do regime". Malraux quer fazer da Argélia um Tennessee Valley, e enviar os três prêmios Nobel franceses para pesquisar nas prisões. Como diz Sartre: "Cai-se da covardia no símbolo."

Quinta-feira, 26 de junho
Carta de Lanzmann, admirativo e esgotado. Diz que os coreanos são extraordinariamente simpáticos, mas que o otimismo oficial é pior que o dos chineses.

Movem-se processos contra o *Observateur* e contra o *Express*: ao menos fica-se sabendo qual é a situação da liberdade de imprensa. Aliás percebe--se, ao compará-la com os jornais italianos, que a imprensa francesa se autocensura por iniciativa própria: está castrada. Os artigos incriminados concerniam evidentemente à Argélia; havia entre outras coisas uma entrevista de um dirigente da FLN. Entretanto, Argel se enfurece; a entrevista de Malraux os exasperou.

Segunda-feira, 30 de junho
Revimos Torcello e os Carpaccio de San Giorgio; subimos ao Campanillo e os sinos ressoaram a toda força nos nossos ouvidos. Visitamos a Bienal: uma exposição de Braque muito feia, e uma belíssima de Wols; esculturas interessantes de Pesvner. E passamos noites encantadoras; para evitar os encontros, emigramos do Harry's Bar para o Ciro's, onde uma pianista alemã tocava belas melodias antigas. Divirto-me com dois jovens americanos que permanecem horas sentados lado a lado, sem abrir a boca, mas com o olhar perpetuamente iluminado, um sorriso nos lábios, como se ainda não se tivessem recuperado do espanto de estar na Terra, de ser americanos e de saber que o resto do mundo existe. Um gordo belga desbotado tentou fazer um retrato de Sartre, sem identificá-lo: era lamentável. Viera de Bruxelas em companhia de um conde homossexual, que era vítima de um desses terríveis sofrimentos amorosos frequentes entre eles: o olhar negro, vazio, fascinado por uma imagem ao longe, e retornando dificilmente à realidade quando o outro lhe dirigia a palavra.

Naquela noite, a última, estivemos no Harry's para nos despedirmos de Charmant e do escultor. Eles tomavam vinho branco com um rico armador sueco e sua mulher. Ele me enterneceu porque comprara *Os mandarins* e passara a noite inteira lendo cento e trinta e sete páginas do livro; disse-me com entusiasmo que achava aquilo "ainda melhor que... *E o vento levou*". Disse: "É verdade que sou esnobe: que mais posso ter?" Indica a sueca: "Ela detesta *Os mandarins*." Ela diz, sem nenhum constrangimento: "Sim, há política demais; eu detesto política." Aliás, acrescenta com graça: "Sou de direita. Tenho um marido, um amante legal e muito dinheiro: então sou de direita." Depois, um tanto inquieta, ao armador: "Não é verdade que tenho muito dinheiro?" Ele sacode a cabeça e ela ri: "Não? Então é a ruína." Ataca C.: "Quanto a você, é uma merda." E ele, com entusiasmo: "Sim, mas tão humana!"

Terça-feira, 1º de julho
Partida. Mas primeiro tomamos café da manhã no Rialto, no Grande Canal, lendo os jornais. De Gaulle partiu com Mollet para a "frente" argelina. O caso do professor de Perpignan que matou um aluno parece clara. Perpignan está cheia de "africanos" vindos do Marrocos e da Tunísia, radi-

calmente fascistas, e que constituíram uma espécie de "Comitê de Salvação Pública" contra os professores que fizeram greve em maio e, em geral, contra todos os professores de esquerda. Os Amiel eram de esquerda, e lhes tornavam sistematicamente a vida impossível: na sala de aula, com desordens, e em casa com bombas deixadas na caixa do correio; haviam-no ameaçado seriamente de morte. Alguns dias antes, como alguns alunos viessem provocar distúrbios em sua porta, ele atirara para o ar. Desta vez houve sob suas janelas uma desordem pior do que a habitual: ele atirou. E agora, no pátio do liceu, os professores brigam entre si, fascistas contra antifascistas. Bianca me falara da tensão, mesmo em Paris, entre alunos e professores, nos liceus "bem", como o Pasteur, o Janson etc.

Parada em Ferrare. Chegada às seis horas em Ravenne. É agradável, no cair da noite, mas não há nada de mais barulhento que essas cidadezinhas italianas com suas motos e vespas. Já faz seis anos desde que estive aqui, que dirigi pela primeira vez durante toda viagem, que acabava de conhecer Lanzmann.

Quarta-feira, 2 de julho
Como é bela Spoleto, com suas ruas todas em rampas e escadas, e os pequenos seixos das calçadas. Há grandes lanternas penduradas nas fachadas negras, e tanta sombra que as aranhas pensam que estão num sótão, e tecem imensas teias entre os fios telegráficos. O hotel dá para uma pequena praça irregularmente pavimentada, cercada de vegetação, onde lamuria-se uma pequena fonte, e que parece um jardim particular. O perfume das tílias em flor mistura-se a um vago odor de curtume e de incenso. Em torno estão as colinas secas, e o azul longínquo da Itália.

Não fui rever os mosaicos de Ravena; não tinha vontade, e não me sinto mais investida de uma missão: em viagem, só faço aquilo que me agrada. Agradava-me rever Urbino, onde almoçamos e tomamos café sob as arcadas. O garçom perguntou a Sartre: "O senhor é francês? É escritor? O senhor é Jean-Paul Sartre?" Pretendeu tê-lo reconhecido "através dos jornais". Mas, um minuto depois, três jovens professores italianos vinham pedir autógrafo a Sartre: foram eles que o identificaram.

Em Spoleto, vende-se *La tortura*, de Alleg. Nas paredes, cartazes: De Gaulle *il dittatore*, Mollet *il traditore*, Pflimlin *il codardo*. E o comentário:

"Aí está aonde leva o anticomunismo: ao fascismo... Cuidado com o Papa!" Maravilhoso céu azul, e o prazer de reencontrar a Itália: Veneza não é a Itália.

À noite passeio com Sartre nessas ruas que recendem a tisana. As grandes lanternas estão acesas.

Sexta-feira, 4 de julho
Ontem, vimos as ruas: o Domo e a soberba ponte de altas arcadas que transpõe um vale estreito e pouco profundo; por que essa ponte? Diante do hotel, os garçons dispõem mesas e lampiões, pintam de roxo as arquibancadas, para não sei que festa. Partimos para Roma: vê-se a vinte quilômetros de distância São Pedro e o monte Mario.

Chovia, e aproveitei mal a tarde, apesar do prazer de estar hospedada na praça da Rotonda, no hotel Senado. Dormindo uma hora à tarde, justo antes de despertar sou tomada de angústia: teremos então setenta anos, e morreremos, é verdade, é certo, não é um pesadelo! Como se a vida acordada fosse um sonho demasiado azul, de onde se tivesse apagado a morte, e como se eu atingisse no sono o âmago da verdade.

Hoje, belíssima, muito azul, a felicidade de estar por muito tempo em Roma me é retomada, assim como o desejo de escrever. E escrevo. Longa carta de Lanzmann, dividido entre seu amor pelos coreanos e o tédio da viagem em delegação.

De Gaulle retorna da Argélia. Ele não recebeu o Comitê de Salvação Pública: estão furiosos, em Argel. Mas o equívoco prossegue, o símbolo e a logomaquia. Um artigo de Mauriac no *Le Littéraire*, no qual ele exalta De Gaulle e fala, com uma afeição amarga, de Malraux, apaixonado pelo poder, a quem se deu "um ministério para roer".

Sartre, feliz em Roma, põe-se a escrever sua peça com prazer. Ainda não li nada; parece que, em Paris, Simone Berriau começa a se preocupar.

Quando tenho vontade de escrever, agora, volto ao meu livro; quando a vontade me deixa, até mesmo este diário me entedia. Não sei muito bem se ele terá sua chance.

Terça-feira, 8 de julho
Grandes manchetes nos jornais: "Soustelle substitui Malraux." Os socialistas unem-se cada vez mais. Mollet continua firme.

Não, neste momento nada tenho a dizer neste diário. Roma está sem turistas, não muito quente, ideal. Mesmo ritmo do ano passado. Por volta de dez horas, café da manhã demorado na praça, sempre cheia de maltrapilhos, com seus chapéus moles; trabalho até duas ou três horas; comemos um sanduíche num terraço, passeamos um pouco. Recomeçamos a trabalhar às cinco. Jantamos no Pancracio, com espaguetes à carbonara e Barolo. E tomamos uísque um pouco além da conta na praça Santi Apostoli, ou na praça Del Popolo. E tudo isso é tão familiar, tão feliz, que as palavras não têm mais razão de ser.

Sexta-feira, 11 de julho
E talvez seja também por outras razões que não tenho nada a dizer. Sim, Roma é uma felicidade, e meu trabalho, embora um tanto entediante, interessa-me, e o de Sartre é difícil, mas o absorve. Só que há a França. Bebendo o último uísque, na rua Francesco Crispi, e olhando as dançarinas do *dancing* vizinho (e a prostituta divertida, toda de rosa e tão feminina, uma noite, e no dia seguinte de jeans, e fascinada pelos sapatos de Sartre), confessamo-nos que não estávamos alegres. Fingimos viver docemente, em paz, mas na verdade os dias não têm sabor.

Bela tempestade ontem em Roma, e à noite a Via Veneto, ainda toda molhada, estava quase deserta. Não gosto tanto assim de Fellini; mas é impossível não ver a Via Veneto através das imagens de *Noites de Cabíria*.

Florenne falava amistosamente no *Monde* sobre os trechos publicados na *Temps Modernes* da "moça bem-comportada". Eu gostaria muito que esse livro agradasse, e isso me ajudaria a escrever o seguinte.

Os socialistas pediram a De Gaulle para suprimir os Comitês da Argélia; como dizia o *Corriere della Sera*, é muito significativo, e sem nenhuma importância. Silêncio, resignação da imprensa francesa. O *Express* e o *Observateur* assinalam com desespero essa deformação e a ascensão quase insidiosa e tranquila, fatal, de tudo o que detestamos.

Domingo, 13 de julho
"Antes da invenção do vidro, era impossível ter talento fora das regiões onde cresce a oliveira." Eis um tipo de consideração que me encanta. Li os Sauvy com paixão; e agora leio os Fourastié, que me divertem muito. Ele

também me perturba, com seu lado Mme Express-tecnocrata. Horrível visão tecnocrata do homem; o avesso de seu otimismo é o *organization man*. Essas cidades terciárias, onde Le Corbusier, Francastel, Fourastié etc. gostariam de fazer com que as pessoas vivessem, são exatamente as *suburbs*, os bairros residenciais americanos; isso me causa arrepios. Espaço, luz, ar, ordem — muito bem —, mas o que chamam eles de "harmonia?" Será que o "homem" (que homem?) não necessita de agressividade em torno de si, assim como de calma, resistência, imprevisto, e de sentir ao seu redor que o mundo não é uma grande horta? Será preciso mesmo escolher entre pardieiros e loteamentos de luxo?

Que belo dia! Almoçamos no Tor del Carbone, bem perto da Via Appia. Ciprestes, araucárias e tijolos, sob um céu pálido, e essa estrada que não acaba mais porque, mesmo de carro, o olhar a mede tal como era quando percorrida a cavalo ou a pé, até a distante Pompeia: ereta entre os ciprestes retos, ela sugere uma terra plana e sem limite. Eu a amei hoje quase com a mesma emoção de vinte e cinco anos atrás.

Esta noite as pessoas vão dançar em Paris, com os mais belos fogos de artifício, as maiores orquestras já vistas em muitos anos. E era irrisório, no ano passado, um governo socialista proibindo os bailes de 14 de julho. Mas essa "renovação nacional" que se celebra amanhã é repugnante. Eu gostava tanto dos 14 de julho! Não acontecerá nada? Estou contente por não estar em Paris. Teria trincado os dentes todas essas noites.

Como é agradável! Através da estreita rua, e a janela do meu banheiro enquadra exatamente a janela do meu vizinho da frente, que, por sua vez, enquadra uma tela de televisão; ele está sentado, sozinho numa cadeira, e vejo perfeitamente o que ele olha. Esta noite, uma mulher de vestido de bolas medita sozinha, sobre o fundo branco; depois, ela diz uma palavra, e aplaudem. É um programa de auditório com prêmios, do qual fazem relatos apaixonados todos os dias, nos jornais; na Itália é realmente um esporte nacional.

A tempestade descarregou a atmosfera, e o alívio está também em mim, sem causa. Tanto pior para os bailes de 14 de julho; ainda há pouco eu estava na praça Navona, havia o céu azul-escuro das noites romanas, acima das casas vermelho-escuras, com as claraboias iluminadas, e toda aquela gente que perambulava, e era a perfeição do momento. Esta noite, de novo, a vida morde-me o coração.

Terça-feira, 15 de julho
Doravante o 14 de julho será também a festa nacional do Iraque: Revolução em Bagdá! Eis o pacto de Bagdá em migalhas, uma vez que o Iraque apoia a "República árabe". Nasser no sétimo céu, e os insurretos de Beirute também. Suponho que a FLN se rejubila.

Entretanto houve desfile nos Champs-Élysées. De Gaulle não assistiu porque na tribuna ele só teria o terceiro lugar: sempre esse sentido agudo da "grandeza"! Malraux falou, na praça de L'Hôtel-de-Ville, mas à guisa de "povo de Paris" havia combatentes muçulmanos e franceses, reunidos por ordem. Único episódio interessante: alguns jovens soldados argelinos, trazidos à força a Paris, para simbolizar a confraternização, passando diante da tribuna, em vez de saudarem Cotym, tiraram de dentro das camisas bandeirolas verdes e brancas e agitaram-nas com gestos de desafio. À noite, houve onze pessoas liquidadas pelos argelinos, entre as quais seis muçulmanos colaboracionistas.

Outra longa carta de Lanzmann. Diz que não há um só coreano que não seja viúvo ou órfão; ao contarem suas histórias, muitos choram. Os americanos aniquilaram cidades e aldeias por simples prazer, e são profundamente odiados. Em todas as peças, em todos os filmes, eles representam os "vilões", com narizes de papelão, em meio a vaias que nada têm de convencional. Lanzmann viu o desfile, muito mais duro e militar (diz Gatti, que assistiu aos dois) do que o de 1º de outubro na China. Ainda estão enrijecidos na guerra; a singularidade do país é esse pano de fundo da guerra.

Sartre recebeu visitas ontem à noite. Eu fui ao cinema: filme americano ruim, sobre os malefícios do jornalismo. Apresentavam-se trechos de *Glória feita de sangue*. Parece bom, e eu quase não tenho coragem de ir vê-lo. O presente é bastante desagradável para que eu ainda vá me repugnar com os fuzilamentos de 1914-1918 e a canalhice militar. Como dizia Georges Bataille: "Eu me martirizo quando me apraz."

Ao tomar o café da manhã com Sartre, encontro os Merleau-Ponty, esfuziantes, pois estavam de partida para Nápoles. Uma pequena italiana muito intimidada plantou-se diante da nossa mesa e me disse grandes amabilidades; isso causa sempre prazer. (Em que medida? etc. É um dos pontos a elucidar no meu próximo livro.)

Se eu me parecesse com esse famoso homem de letras de que fala Fourastié, a quem o ruído dos patins de duas crianças impede de trabalhar, seria bem infeliz. Esta praça é a mais barulhenta de Roma: vespas, motos, carros que freiam bruscamente, rangendo, buzinas apesar da proibição, ruídos de lataria, gritos, tudo. Mas isso não me incomoda. As romanas ficam desfiguradas com esses vestidos tipo camisa, ainda mais agressivos à noite, na Via Veneto, do que quando usados de manhã pelas donas de casa do bairro. Um desencadeamento de sadismo pederástico entre os grandes costureiros.

Leio o Jones, sobre Freud; a espantosa e curiosa dosagem de consciência e leviandade, de ingenuidade e de sagacidade nesse "aventureiro". Sua cocaína matou radicalmente um sujeito (sem falar dos outros), e a história de Flish é horrível. Ele tinha "sentimento de culpa", mas era culpado. Admirável história de Breuer. Ele trata de Anna O. (ou antes, como diria Camille, ela "se trata nele", pois foi ela quem inventou a catarse). Ele se apaixona por ela sem confessar a si próprio; mas sua mulher percebe. Ele decide parar o tratamento e avisa Anna, que aliás está quase curada; na noite da ruptura, chamam-no; ela está de novo muito mal: representa histericamente um parto; Breuer compreende, pega o chapéu, foge para Veneza com sua mulher, e lhe faz um filho — uma filha que se mata sessenta anos mais tarde em Nova York. Anna, contudo, foi a primeira assistente social da Europa; salvou uma porção de crianças judias dos pogroms da década de 1900.

Quarta-feira, 16 de julho
Em 25 de maio, iniciei este livro com alegria; agora, trabalho com dificuldade, e tenho certas dúvidas; talvez faça calor demais: 36°; e fiz, num impulso, quatrocentas páginas de uma horrível confusão; isso mata o prazer. Seria preciso que, a partir desses materiais que vou ainda acumular durante um mês, tirando-os da minha cabeça, eu recuperasse, em Paris, um pouco do interesse por mim mesma, um pouco do entusiasmo. Ainda não faço a menor ideia de qual será o tom deste livro, nem seu plano.

Os americanos invadiram o Líbano, diz o *Paese Sera*; "desembarcaram" no Líbano, diz *Il Messagero*. Nuanças.

Os jovens muçulmanos com estandartes da FLN foram detidos; eram quatro, dizem. Segundo o *Monde*, gritavam: "Abaixo a Argélia francesa!" Os franceses abateram Bellounis,[172] acusado de ter liquidado quatrocentos de seus homens; os italianos dizem que os franceses abateram Bellounis e os quatrocentos homens.

Jones não explica bem a neurose particular de Freud, nem como ele se livrou dela. Talvez estivesse constrangido pela existência da filha, mas há questões que não coloca: as relações de Freud com a mulher, por exemplo. Diz-se logo que eram "excelentes"; mas as depressões, as enxaquecas de Freud estão ligadas diretamente à sua vida doméstica. Afinal de contas, Freud era um homem muito ativo: amava apaixonadamente as viagens. Monógamo, sim; mas exatamente por quê? Jones evita a questão. Em compensação, o que ele descreve em detalhe, e muito bem, é o trabalho de Freud, ao mesmo tempo tão diferente do trabalho desenvolvido por um filósofo, e do desenvolvido por um cientista. O momento mais comovente é aquele em que ele descobre seu erro sobre a histeria: acreditara que todas as suas pacientes haviam sido "seduzidas" pelos pais, e expôs essa tese a seus colegas, em meio à reprovação geral; e refletiu que não podia haver tantos pais incestuosos, que o seu próprio pai não o fora, embora duas de suas irmãs apresentassem perturbações histéricas; compreendeu que suas pacientes tinham inventado tudo. Que desmentido! Que choque! Mal ousou continuar exercendo a profissão, e durante muito tempo não ganhou mais um tostão. E contudo escreve a Fleisse, dizendo que tem a impressão de uma vitória, mais do que de uma derrota: essa mentira unânime lhe pareceu carregada de sentido, e abriu um novo caminho. Com efeito, foi a partir daí que Freud descobriu a sexualidade infantil. "Sou um aventureiro, um conquistador, e não um cientista", dizia ele, por vezes, com pena. É comovente ver essas noções que se haviam tornado tão escolásticas, mecânicas — a transferência, por exemplo —, revelarem-se numa experiência tão viva. A primeira vez em que uma doente lançou os braços em torno do pescoço de Freud, ele se lembrou da história de Breuer, e pressentiu a transferência. Faz numa carta uma descrição maravilhosa da praça Colonna, e dos italianos: hospedava-se no hotel Milano. Nas suas fotos, o rosto, com a idade, torna-se cada vez mais intenso, além de cada vez mais fechado, e sobretudo triste.

---

[172] Bellounis estabelecera contato com a França por conta do MNA, e organizara contra a ALN um "Exército Popular da Libertação".

Joan luta contra sua tendência à idolatria, procurando as fraquezas de seus "heróis"; mas ao contrário, quando se toma de início um "herói" por um homem, chega-se a admirá-lo a partir de suas fraquezas superadas.

Reli este diário, e me diverti. Eu deveria continuá-lo, mas seria preciso cuidar mais dele. O que é evidente sempre passa em silêncio: por exemplo, nossas reações depois da execução de Nagy.

Por que há coisas que desejo dizer, e outras que quero amortalhar? Porque são preciosas demais (sagradas, talvez) para a literatura. Como se só a morte, só o esquecimento estivessem à altura de certas realidades.

Se ao menos eu pudesse escrever depois de ter bebido; ou ficar um pouco animada quando escrevo! Deveria haver aí uma união!

Chuva, chuva romana; é bonito, através das persianas, à meia-noite, com o estrondo do trovão e o grande ruído da água. As tempestades combinam com Roma. Abri minhas persianas; cataratas caem do céu, do Domo do Panteão, dos telhados, das calhas. Há três silhuetas negras, minúsculas, hirtas, com a mancha branca das camisas, sob as colunatas repentinamente imensas do Panteão; movem-se agora a passos lentos sobre o adro preto e branco, enquanto à sua volta se desencadeiam a água e os relâmpagos. É belo. A rua transforma-se numa torrente, um pedaço de papel mergulha no turbilhão, vacila e vai esmagar-se contra um muro. Quando o relâmpago reluz, rosários de strass brilhantes abatem-se sobre a calçada. Um forte odor de terra, de repente, nessa cidade de pedra. Os carros vão deixando sulcos, como se fossem barcos. Mas subitamente não há mais carros, e a luz elétrica, fora, acaba de apagar-se. Pessoas tentam sair da Sacristia; o garçom abriu um guarda-chuva, e um táxi arranca rugindo. E sempre esses homens sozinhos, insólitos e tranquilos, bem pequenos e que mal se movem, pretos e brancos sobre as lajes pretas e brancas.

Bonança. Uma tabuleta ilumina-se de novo: *Pizzeria*. Últimos estrondos. Um homem rosa e azul passa correndo. É uma hora da manhã.

Sexta-feira, 17 de julho

Toda vez que começo um novo livro, tenho a impressão de que é um empreendimento titânico, impossível. Esqueço como se faz o trabalho, como se passa dos rascunhos sem forma à escrita; parece-me que este projeto está perdido, que jamais conseguirei chegar ao fim. E depois o livro se faz, bem ou mal: é só uma questão de tempo.

Domingo, 17 de agosto — Paris
Decididamente, tenho bom gênio. Gostei dessas férias, e de qualquer modo é um prazer encontrar-me de novo em Paris, sentada diante da minha escrivaninha, nesta peça invadida pelas lembranças do Extremo Oriente, que Lanzmann espalhou, aos montes, sobre os divãs descobertos. Passados seis anos, é a primeira vez que não viajo de férias com ele, por causa da Coreia. Mas estou envelhecendo. Muito claramente, meu desejo de correr as estradas empana-se, o de trabalhar aumenta, começo a sentir aquela urgência da qual Sartre tem tanta consciência. Como fazia calor na Itália! Os braços colavam na mesa, e as palavras grudavam-se às células do cérebro, sem descer até a caneta. Aqui, é um frescor, quase demasiado, e tenho diante de mim ao menos onze meses ininterruptos; poderá parecer muito, mas no momento isto me encoraja. E Lanzmann me diz que agradam bastante os fragmentos publicados das minhas *Memórias*, e isso também me encoraja.

Foi por causa do calor que durante um mês eu não mantive este diário: é preciso escrevê-lo rápido, com uma alegria na mão que corre sobre o papel. Eu podia forçar-me a trabalhar — já redigi umas sessenta páginas, o que, para mim, é considerável —, mas não me restava entusiasmo para outra coisa. A partir dessa primeira manhã em Paris, recomeço a escrevê-lo.

Talvez também não houvesse grande coisa a dizer sobre Capri. Naquele ano, tínhamos quartos deslumbrantes nesse hotel de la Pineta, que eu havia notado no ano passado, quando respirava a fumaça das cozinhas do La Palma. Havia uma vasta peça ladrilhada, que parecia fresca, embora não o fosse, um grande terraço com espreguiçadeiras, cadeiras, mesas; via-se o mar, pinheiros, o monte Solario, e durante uma semana tivemos os mais belos luares. Eu gostava do canto dos galos, de manhã. A ilha tinha um agradável cheiro de mato, mas em certos lugares flutuava um perfume por demais açucarado de morangos esmagados. Café da manhã com Sartre no Salotto, com leitura dos jornais, trabalho de onze e meia até cerca de três horas; passeio sob forte calor, com uma parada para comer um pouco; na Metromania havia um delicioso bolo, e que bela vista! De novo, trabalho até nove horas. E longas noites olhando as pessoas na praça, bebendo uísque. O lado "turista" era infelizmente acentuado pelos lampiões pendurados acima do Salotto.

Teremos sentido tão intensamente este ano as fraquezas de Capri porque estávamos menos alegres? A situação da França nos repugnava, mas era um nojo tão lânguido, que nem mesmo tive mais vontade de falar dela. E depois, no ano passado Sartre escrevia sobre Tintoretto com alegria. Ao passo que sua peça custa a deslanchar; neste momento, ele não está com disposição de escrever "ficção". Só o faz porque assumiu compromissos.

Vimos os Clouzot, e jantamos duas vezes com Moravia, muito divertido, sereno e amistoso; em vez de abordar ideias gerais, falou dele, da Itália, e falava bem. A propósito de seu acidente, confessou com uma simplicidade que desarma: "Ah! Estou sempre sofrendo acidentes, dirijo muito mal, sou nervoso demais e quero andar depressa; certa vez, no caminho de Spoleto para Roma, não havia ninguém na estrada, eu ia a cento e quarenta, tudo corria bem; mas de repente..." Em Roma, ele confundira a marcha a ré com a primeira, e acuara duas camponesas contra uma parede; dois dias antes, quase arremessara contra um caminhão o imenso e custoso Cadillac de uma princesa, e freara tão bruscamente que o carro se incendiara "dentro das rodas". Ele admite que Carlo Levi é mais prudente: "Mas para sair do estacionamento é obrigado a chamar o vigia: não sabe dar marcha a ré. E nunca passa de quarenta por hora."[173] É muito engraçado quando o fazemos falar de seus confrades. Diz que todos esses escritores que vêm do interior têm algo a dizer sobre suas regiões; é uma coisa local, e depois esvaziam-se: ao passo que ele tem Roma inteira (isto é, a Itália e o homem). Com que rapidez ele trabalha! Escreve durante duas ou três horas pela manhã, nunca mais, e faz duas novelas por mês e um romance a cada dois ou três anos! Nós lhe falamos de seus primeiros livros. Ele conta um pouco de sua vida, aos pouquinhos, muito gentilmente. Teve uma doença óssea, dos nove aos dezesseis anos; quase não estudou, escreveu *Os indiferentes* aos vinte anos; o livro teve na Itália sucesso maior do que qualquer outro livro no passado, e nos anos seguintes. Durante seis anos sentiu-se vazio; nada fez. Depois, escreveu *Ambições frustradas*; o romance não obteve na Itália sequer uma

---

[173] Pouco mais tarde, em Roma, Carlo Levi dizia a Sartre: "Moravia? Mas são muito mais acidentes do que ele diz. Todo dia tem um. São pequenos, é verdade. Não aparecem nos jornais. O que não funciona é a relação psicomotora, a ligação entre a cabeça e o braço. Ele não sabe, quer engatar a primeira e sai de marcha a ré."

linha de crítica, por causa do fascismo: era literatura decadente, e, avançando pouco a pouco, proibiram-no de assinar as crônicas que mandava para jornais, e depois de escrevê-las. Tinha dinheiro de família, e assim pôde fugir do fascismo viajando: para a China, para a França, para a América. Passou vários anos em Capri com a mulher, Elsa Morante. Fala dela com muita consideração, considera seus livros os melhores romances italianos da atualidade, mas parece assustado quando digo que gostaria bastante de conhecê-la. Aborrece-se porque ela se cerca apenas de homossexuais. Calcula que em Roma 80% dos homens dormiram com homens. Fala disso com uma espécie de inveja, porque as aventuras lhes são tão fáceis, e porque eles têm uma gulodice tão alegre; cita uma frase de P., amigo de Morante: "Quantas pessoas há na Terra?" "Mais de dois bilhões." "Isso dá mais de um bilhão de homens com os quais não dormirei!" Ele conta também com graça, como todos os italianos, histórias sobre a Igreja. Esse papa tem realmente ambição de se tornar santo, um santo canonizado; os cardeais oram por ele: "Que o Senhor abra os olhos do nosso Santo Padre — ou então que Ele os feche."

Prazer de escrever pelo prazer de escrever: escrevo qualquer coisa. Quando voltávamos ao hotel, encontrávamos a qualquer hora aquele rapazinho pálido, de quinze anos, que um dia uma hóspede mandara abotoar seu corpete; ele estava sempre ali, de manhã e à noite. Certo dia, perguntei-lhe: "Você não dorme nunca?" "Às vezes", respondeu-me, sem amargor nem ironia, num tom absolutamente *matter of fact*. No dia seguinte, interroguei-o: "Quanto tempo dormiu esta noite?" "Quatro horas." "E durante o dia?" "Uma hora." "Não é muito." "É a vida, senhora." Ele deve estar contente por comer e estar bem-vestido: é um privilegiado. Mais desolador ainda, talvez, o caso do garçom de camisa de malha listrada, que serve no Capranica; na terceira noite em que fomos lá ele disse a Sartre, titubeando: "Fábrica?...eu... trabalhar..." Queria trabalhar numa fábrica, na França. Sua profissão não lhe agradava. "Serviço não bonito, esta noite", disse uma vez, com tristeza; jamais seu serviço era bonito; uma vez, no entanto, iluminou-se: "Oh! esta noite a conta está muito bonita."

Houve a viagem-relâmpago de Lanzmann, e seiscentos milhões de chineses, sem contar os coreanos, invadindo a pequena ilha de Capri. Acompanhei-o a Nápoles, onde o aeroporto civil estava guardado por um exército de militares americanos, porque estava coberto de caças americanos com destino ao Líbano. Depois, volto, com Sartre, pelas novas estradas Nápoles-Roma, à beira-mar; na Domiciana, os pinheiros e o verde etrusco nos deram a ambos, de repente, a impressão de termos sido projetados em plena Antiguidade. Noitada em Roma com os Merleau-Ponty, que encontramos na praça do Panteão. Depois, Pisa. Os Pisano do museu: a dançarina sem cabeça, e a mulher que se esconde por trás do vestido; dir-se-ia que o mármore imergiu num vulcão, a matéria é trágica e o movimento espantoso.

Retorno, com Sartre, até Pisa, onde ele espera Michelle. Inferno da estrada Pisa-Gênova. E na manhã de 15 de agosto, na *cammionale* até Turim, inferno. Depois, o prazer de dirigir, sobretudo ontem; Bourg-Paris em cinco horas e meia.

Sinal de velhice: a angústia de todas as partidas, de todas as separações. E a tristeza de todas as lembranças porque eu as sinto condenadas à morte.

Quarta-feira, 24 de agosto
Trabalho. Mergulhei durante duas tardes, na Biblioteca Nacional, em velhos exemplares da NRF e de *Marianne*: é espantoso encontrar-se antes dos acontecimentos que agora pertencem ao passado. Desejo cada vez mais escrever sobre a velhice. Inveja dessa juventude tão mais avançada que nós, em parte graças a nós. Como éramos malnutridos, então! Como era rudimentar tudo o que nos explicavam em filosofia, em economia etc. Impressão (muito injusta) de tempo perdido pela humanidade às minhas custas. E é duro guardar com relação à nossa vida e ao nosso trabalho uma dimensão de futuro, quando nos sentimos já enterrados por todos aqueles que virão depois.

Na noite de anteontem, a FLN fez uma série de atentados espetaculosos: depósitos de gasolina incendiados em Marseille, tiras mortos em Paris. Dacar e Guiné vaiaram De Gaulle. Leio Duverger e *O conflito do século*, de Sternberg, que me diverte como um romance policial. Primeiro dia de bom tempo, depois da chuva e do frio; o tempo está quente, dourado, um pouco outonal e suntuoso.

O Comitê de Resistência contra o Fascismo organiza uma grande contramanifestação para o dia 4 de setembro: o que acontecerá? Lanzmann, que participa muito da organização, diz-me que a campanha de preparação está muito bem conduzida. Ele falou em muitas reuniões, em Paris e no interior.

Segunda-feira, 1º de setembro
Telefonema de Sartre. Viu Servan-Schreiber em Roma. Fará três artigos no *Express*, nos dias 11, 18 e 25.

Quinta-feira, 4 de setembro
Esta manhã tem um sabor vagamente sinistro: Sartre ainda na Itália, Lanzmann que não voltou de Montargis, onde falou ontem à noite: Paris me parece vazia. Os operários batem fortemente na parede; impossível dormir depois das oito horas, e é difícil trabalhar; Aliás, estou nervosa demais. Céu azul, leve, com nuvens douradas sobre as folhagens que amarelam; e outono entre as tumbas do cemitério Montparnasse. Estou angustiada pensando nesta tarde. Não é medo (embora talvez este esteja presente), mas a angústia do fracasso; temo ter que engolir uma hora dessa repugnante cerimônia, sem nenhum resultado. Sim, estão ressuscitando Pétain: vão condecorar com a Legião de Honra cem operários de elite, e Malraux vai explicar que De Gaulle aceitou o desafio da esquerda, e que ousa falar na praça da République. Passei lá anteontem à noite, com Lanzmann. Está tudo arrumado de tal maneira — com tribunas que se encherão de convidados, de tiras, de antigos combatentes etc. — que o público ficará a quilômetros, e sequer será ouvido. Ontem à noite, pelo informativo, a chefia de polícia anunciava que era proibido levar cartazes. No Comitê nos deram papéis amarelos, com um "não" em cima. Devíamos apresentá-los quando De Gaulle aparecesse. Aliás, as orientações variam com os comitês. O de Évelyne só aparecerá às cinco horas, e não às quatro, e mostrará logo suas bandeirolas, o que é idiota. Confia-se na improvisação. De qualquer modo, com todos os tiras que haverá na multidão (até o *Paris-Presse* admitia, com um sorriso), não creio que se tenha muita oportunidade de contestar essas paradas, essas mascaradas que me embrulham o estômago de asco.

Uma jovem telefonara fazia dois dias, para me "contatar". Fui portanto ao comitê da minha seção. Era lamentável e tocante. Cometi o erro de chegar às nove horas: ninguém. Praguejando, a zeladora me entregou uma chave, mas preferi esperar sentada num banco. Uma mulher jovem chegou meia hora depois, e me fez entrar num grande ateliê deserto, no fundo de um pátio. Pouco a pouco, outras mulheres chegaram; éramos oito ao todo, e nenhum homem. Discussões ociosas; entretanto, admiro a dedicação delas.

Não iam dormir antes da meia-noite, e três delas ofereceram-se para colar cartazes e distribuir panfletos entre seis e sete da manhã; e têm filhos e uma profissão. Noite suave, com muita gente nas ruas, e neon.

Os africanos do norte não têm mais direito de circular à noite. Em Athis-Mons, os tiras atiraram em italianos que tomaram por africanos do norte.

9 de setembro
No dia 4 de setembro eu me enganava quando previa um completo fiasco. Na praça de Saint-Germain-des-Prés, à uma hora, esbarro com Genet: caímos nos braços um do outro, almoçamos juntos num terraço. Ele me fala com entusiasmo da Grécia e de Homero, e fala muito bem de Rembrandt; havia trechos do seu Rembrandt no *Express*, mas eram recortes: o que ele diz é muito melhor. Também ele reconstrói o tipo à sua imagem, quando diz que passou da soberba à bondade porque não queria nenhuma tela entre o mundo e ele: aliás, é uma bela ideia. Fala-me amavelmente dos fragmentos que leu das minhas *Memórias*: "Isso lhe dá densidade." Lança-se numa apologia apaixonada do terrorismo da FLN, mas tento em vão arrastá-lo para a praça da République.

Bost resolveu usar sua cruz de guerra, e Lanzmann ostenta sua medalha da Resistência. Chego com ele, pouco antes das quatro, às barreiras que separam os convidados do público, na rua Turbigo; lá, os tiras controlam os cartões de entrada. Ao ver a disposição das barreiras, pensamos logo: "É uma armadilha." Subimos para o liceu Turgot, onde estava marcado o meu encontro: ninguém; ao longo da calçada, carros cheios de CRS, mulheres feias e muito arrumadas passavam diante deles brandindo atrevidamente seu salvo-conduto: sentiam-se gente de elite.

Compreendi que a rua estava fechada; que os outros não chegariam ao liceu, e saí daquele beco. Já a trezentos metros havia um primeiro cordão de policiais. L. foi encontrar-se em Saint-Maur com os dirigentes do Comitê de Resistência,[174] e eu esperei o Comitê do 6º no metrô Réaumur, onde ele devia reunir-se, segundo Évelyne. Com efeito, vi chegarem Évelyne, os Adamov etc. Agora as pessoas afluíam, em bandos, em multidão, em massa. Recuperamos a esperança; agrupamo-nos no metrô Arts-et-Métiers, bem perto da primeira barreira de tiras. Um sujeito que queria passar insultou-

---

[174] Que coordenava todos os comitês seccionais.

-os; eles esbofetearam-no, a multidão berrou e inundou-os de papeizinhos: *Não*. A coragem de certos manifestantes tirou-me o fôlego. Alguém disse com voz negligente: "Eles vão atirar, estão colocando as luvas", e nós recuamos um pouco, de maneira a poder tomar ruas transversais. As pessoas continuavam a chegar, em massa, mas todos levavam um choque ao ver a extensão das barreiras. Adamov disse, aborrecido: "Vamos tentar em outro lugar!" Eu achava que devíamos ficar, sem nos dispersar, e fazer frente às tribunas em número tão grande quanto possível; creio que tinha razão e que seria preferível isso a se deixar espancar; a impaciência de Adamov nos foi salutar. Começamos a rodar em torno da République, procurando em vão um meio de nos aproximarmos. Corria o boato de que grupos se haviam dirigido à praça da Nation, mas convenci o meu a voltar para manifestar-se diante das tribunas, no Arts-et-Métiers. Cruzamos com outros cortejos, que iam para onde? Não sabiam. Diziam uns aos outros: "Ali está fechado." "Lá também." Finalmente encontramo-nos na rua Bretagne, e, em meio a aplausos, algumas pessoas agitaram bandeirolas, pequenos cartazes, tabuletas e balõezinhos com a palavra *Não*. Gritou-se "Abaixo De Gaulle", ao ritmo das manifestações estudantis, e Adamov disse, com irritação: "É alegre demais, isso não convém." Cachos de balões subiam ao céu, bem acima da tribuna, e muitos *Não* flutuavam no ar. Encontramos Scipion e o pai de Lanzmann; estava chegando da rua Turbigo; as pessoas que tinham conseguido passar em grande número haviam sido apanhadas como ratos: começaram a manifestar quando Berthoin tomou a palavra, a tal ponto que não se ouviu seu discurso; então a polícia atacou pela frente e pela retaguarda: não havia nenhuma saída e a multidão foi selvagemente espancada. Enquanto Scipion contava, Adamov teve sede, e entramos todos num bistrô; de repente, do lado de fora, começou a investida: policiais atiravam. (Um tiroteio já começara antes, e nós nos havíamos refugiado sob um portão; a porteira deixava entrar todo mundo, e dizia: "Se eles vierem, fechem o portão.") Mulheres ensanguentadas entraram no bistrô, uma calma e a outra aos gritos, realmente aturdida: nós a deitamos num banco da sala dos fundos. Uma loura tinha os cabelos empapados de sangue; homens ensanguentados passavam na rua. Évelyne derramou três lágrimas de emoção, e alguém lhe disse severamente: "Não vá desmaiar!" Saímos e recomeçamos nossa manifestação. Ao longo de toda a rua Bretagne havia feira, e os comerciantes pareciam estar do nosso lado. A multidão era muito simpática; dura, muito arrogante e alegre; era a mais viva das manifestações a que assisti: não lícita, como o grande cortejo-enterro da République, nem hesitante como o domingo da posse; era séria e para alguns perigosa. A mulher de V. estava pálida ao chegar às cinco horas, verde às cinco e quinze, em vômitos às cinco e meia; seu marido apoiava-lhe a cabeça no muro, e a animava carinhosamente: "Está doente", disse um amigo; e outro retificou: "Está com medo." E acrescentou, compreensivo: "É sempre assim." Perguntei por que ela não ficava em casa: "Ah! Ela fica com tanto remorso, que este a torna ainda mais doente do que o medo." Deixaram-na em um café da rua des Archives.

Por volta das sete e meia resolvemos nos retirar. O pai de Lanzmann nos levou em seu carro, passamos novamente pelo cruzamento Arts-et-Métiers: o chão estava coberto de *Não*; na rua Beaubourg haviam arrancado paralelepípedos; nos bulevares, grupos discutiam. Estivemos em casa de Bost. Ele participara da manifestação com Serge. Jantamos todos na casa de Marie-Claire, contando como fora o dia e analisando o artigo de Germaine Tillon, que Bost, Lanzmann e eu considerávamos uma porcaria.

No dia seguinte, infâmia da imprensa. De qualquer modo havia alguma força nas "centenas de manifestantes" do *Figaro*. A Chefatura de Polícia anunciava cento e cinquenta mil pessoas, havia seis mil convidados, quatro mil basbaques, estrangeiros ou mesmo gaullistas disfarçados; éramos portanto cento e quarenta mil. (Quando dei o número a Sartre por telefone, ele ficou decepcionado; em Roma os jornais falavam de duzentos e cinquenta mil manifestantes.) Na rua Beaubourg, houve tiros: quatro feridos a bala. *L'Humanité* e *Libération* publicam relatos que conferem exatamente com o que Lanzmann escreveu para o jornal do Comitê de Resistência: pena que ninguém os leu, salvo as pessoas que tinham a mesma opinião. Mesmo assim, através das artimanhas do *France-Soir*, algumas verdades apareceram; e houve as cartas publicadas pelo *Monde* no dia seguinte; e o tom do *Paris-Presse* não é triunfante. Confessam que não se estabeleceu certo "contato" entre De Gaulle e o público. Ouvimos seu discurso, na casa de Marie-Claire: não ao vivo, mas retransmitido meia hora depois, para que se pudesse apagar o rumor dos *Não*; voz e discurso de um velho muito pouco vigoroso. A pérola do dia, citada por vários jornais: "Seis jornalistas suecos foram violentamente espancados, levados ao posto policial, e novamente surrados. Seus protestos acabaram chegando à embaixada: soltaram-nos, dizendo: 'Desculpem-nos, nós os tomamos por holandeses.' Outro jornalista disse: 'Eu sou americano', um policial deu-lhe um murro no olho, dizendo: '*Go home!*'"

M. estava entre os convidados; mesmo lá, nem todos haviam aplaudido, e se ouviam escandalosamente os *Não*. Os diplomatas estrangeiros olhavam atentos o espancamento no fim da rua. Durante o discurso de De Gaulle, as pessoas viravam a todo momento a cabeça para o lado da multidão, e de vez em quando corria o boato: "Eles romperam as barreiras." Então aqueles senhores tinham todos o mesmo reflexo: tiravam os cintos para usá-los como arma. Trucagem radical de *Actualités*, do rádio, da televisão. Mesmo assim, De Gaulle renuncia à sua grande turnê de propaganda; só irá, até o dia 28, a algumas pequenas cidades, e mesmo assim se limitará a entrar em contato com os "poderes constituídos".

Um detalhe entre outros, sobre a propaganda. Encontro novamente em casa um aviso de penhora. Escrevo ao cobrador: "De acordo, marque o dia." Ele me responde: "Se pretende pagar em novembro, suspendo a penhora." E fico sabendo que os contadores receberam a recomendação "confidencial" de não cobrarem os impostos com brutalidade, e de não executarem as penhoras. Coisas para adular os contribuintes.

Domingo, 14 de setembro

É um outono suntuoso. Ontem, às oito e meia da manhã, eu tinha a impressão de me encontrar de novo em Pequim: era a mesma ternura dourada do céu e do ar, e eu esperava um carro que devia levar-me a uma reunião maçante; tratava-se de uma conferência para professores protestantes, em Bièvre; eu tinha aceitado, na perspectiva do referendo, para arrancar deles alguns não. Era bonito, o velho solar cambaio, num grande parque coberto de relva crespa. Os assistentes pareciam simpáticos; muitos pastores, entre os quais Mathiot, que acaba de passar seis meses em cana por ter ajudado um FLN a fugir para a Suíça. Falei sobre o engajamento dos intelectuais; discutiu-se um pouco, e eles pareciam concordar. Mas fiquei decepcionada no carro ao voltar; a mulher de cabelos brancos pensava como eu; mas as duas outras, a psiquiatra e a doutora, tinham medo dos paraquedistas e dos comunistas: diziam que, afinal de contas, De Gaulle era De Gaulle; à esquerda, só há Mendès, e é uma personalidade tão odiosa! Todas essas pessoas que se estrangulam assim, com as próprias mãos, não são fascistas: mas têm um tremendo pavor do comunismo!

À noite, Lanzmann me levou para jantar no Vanne Rouge. Encontrei-me de novo em Paris, tão sonolenta e ao mesmo tempo tão nervosa, que nem mesmo pude ir beber um trago do Dôme: voltei para casa e fui dormir. Esta manhã ainda me sinto tensa. Será que vai recomeçar tudo, como em maio? Tenho medo. Tenho medo de ficar assim angustiada até o dia 28. E depois? Não consigo imaginar esse mês de outubro.

Voltou-me o prazer de manter este diário, em parte porque neste estado de tensão qualquer outro trabalho me é difícil. Estava simpática a reunião do "Comitê de Ligação" do 14º, na sexta-feira à noite. Saí a pé para a rua do Château; era doce e poético andar pela rua Froidevaux, passar diante do hotel Mistral e diante do Les Trois Mousquetaires. Mergulhei tanto no meu passado, nesses últimos tempos, que neste momento ele é uma dimensão da minha vida. A pequena sala, que deve ser um plantão da CGT, estava cheia. Jusquin pediu que me sentasse à escrivaninha. Eu estava ao lado de Francotte, senador e antigo conselheiro municipal comunista, o tipo consumado do velho político astucioso de esquerda. Ele me disse: "Ah! *Os mandarins*! Gostei..." E zombeteiro: "É exatamente a mesma situação, o mesmo problema: conosco, ou contra nós..." Respondi-lhe: "Sim, e a mesma solução: somos obrigados a trabalhar com vocês." Então ele disse, num tom inimitável: "É que... o que é que vocês querem? Às vezes a gente se engana, comete erros: quem não os comete? Mas no fundo estamos com a verdade." Jusquin não expôs mal a situação, mas — Deus meu! — por que aquele otimismo? Por que dizer que "a vitória dos *não* está garantida", quando o problema é saber se haverá um pouco mais de *não* do que votos comunistas? Pediram-me artigos para o jornalzinho do bairro, e também aceitei um encontro com estudantes da Cidade Universitária. Depois, mandaram-me um recado: "Que prazer em revê-la etc." Era F. d'Eaubonne, que eu não via há muito tempo. Levei-a ao Trois Mousquetaires, onde comi alguma coisa. Ocupava-se de *Travail et Culture*, mas houve dissensões políticas, e ela se retirou. Escreveu ainda em *Europe*, e é leitora de originais na Julliard.

Sartre volta amanhã; disse-me pelo telefone que está muito cansado. O artigo que enviou — fiz alguns cortes com SS — ressente-se disso; é pouco inspirado. Mas era preciso que o escrevesse.

Excelente conferência de Mendès-France. Lanzmann esteve presente e, curiosamente, Genet também. Diz-se que Mauriac parecia comovido, mas isso não o impediu de repetir senilmente no seu bloco de anotações: "Mesmo assim, há De Gaulle; há De Gaulle." Ele se acusa — com muita razão, e eu temo por ele — de ter procurado durante toda a vida o lamentável tipo de isolamento que o *sleeping-car* acarreta.

16 de setembro
Fui encontrar Sartre ontem, na estação de Lyon, sob a chuva, e passamos o dia conversando. Ele está muito cansado. Eu continuo a "militar". Redação de cartazes, colóquios, artigos. Lanzmann está completamente absorvido pela campanha eleitoral. Em sua conferência de Montargis, diante de duzentos e cinquenta professores, ele falara em "violação das consciências". Z., comunista, disse-lhe: "Você não devia ter pronunciado essa palavra: havia mulheres."

Quarta-feira, 23 de setembro
Vivi numa loucura até esta manhã. Sartre teve uma crise de fígado justamente no domingo, quando ia começar seu novo artigo para o *Express*. Estava tão esgotado, febril e apático, no domingo à tarde, que parecia impossível que se recuperasse; e como ficara aborrecido com o fato de seu primeiro artigo ter sido um pouco insípido, irritava-o a ideia de acontecer o mesmo com este. Trabalhou vinte e oito horas seguidas, sem dormir e quase sem parar; dormiu um pouco, na noite de domingo para segunda, mas quando o deixei, segunda-feira às onze horas da noite, exausto, retomou o trabalho e continuou até as onze horas da manhã; parecia surdo e cego ontem à tarde; perguntava-me como iria aguentar-se em pé durante o comício. E parece que falou muito bem. Só foi deitar-se à meia-noite e meia. Nesse meio-tempo, na segunda-feira à noite, encontrei Lanzmann às voltas com seu artigo sobre a China: passou a noite e todo o dia seguinte escrevendo-o — e ficou muito bom. Eu, no entanto, passei a noite de segunda-feira fazendo cortes no artigo de Sartre — trabalho ingrato e bastante cansativo, quando há urgência. Enfim o *Express* chegou à casa de Sartre; o artigo está realmente excelente e quase não se percebem os retoques.

Não sei se é o nervosismo ou o trabalho, mas estou sempre com a pressão alta; sinto-o na nuca, nos olhos, nos ouvidos, nas têmporas, e isso torna o trabalho difícil. Escrevi os artigos prometidos; é uma loucura o tempo que me toma o menor trabalho de jornal. Mesmo assim, bem ou mal, retomei meu livro, a partir do primeiro capítulo.

Ontem de manhã, um trapista bateu à minha porta: Pierre Mabille. Trazia-me cadernos de Zaza, para me ajudar a completar minhas *Memórias*. Nada de interessante; as cartas dela dizem tudo.

Almoço esta manhã com Badiou, o normalista; ele me fala do partido socialista, da "ocupação" de Toulouse pelos paraquedistas no dia 14 de julho; eles empurravam as pessoas nas calçadas, bebiam nos cafés, recusavam-se a pagar e obrigavam as mulheres a dançar. Os capitães gritavam ao microfone: "Vamos, rapazes, façam-nas dançar. Vocês valem muito mais do que esses gigolôs civis." Mas isso não fazia propaganda antigaullista: ao contrário, as pessoas pensavam: De Gaulle nos salvará disso. Badiou me disse que seu pai estivera seriamente em perigo no dia 27 de maio, quando antigos adeptos de Tunísia — Marrocos, numerosos em Toulouse, quiseram fazer um putsch nacionalista. Falamos sobre a Argélia, naturalmente. E sobre o referendo. Ele está extremamente pessimista.

Todos esperam o domingo: 60 ou 70%? Apostamos em 65 a 68%: talvez 68%. Depois será a campanha eleitoral, que se anuncia mal.

As torturas continuam cada vez maiores e na própria metrópole. Todos os dias, tiroteio entre policiais e africanos do norte.

Sábado, 27 de setembro
Sim, faz-me bem sair da concha; no ano passado, muitas vezes eu lamentei viver confinada demais. Gostei bastante da noite de ontem. Não que eu tivesse tirado dela a pequena satisfação pessoal que experimentara durante minha conferência na Sorbonne, diante de seiscentas pessoas vindas por minha causa, e que me haviam acolhido tão calorosamente; mas também eu sou "uma verdadeira democrata", e é esse tipo de contato que me toca mais, quando se goza da simpatia coletiva.

Preparei umas quatro palavras de introdução, num bistrô na rua D'Alésia, e depois entrei na escola. Mais ou menos duas mil e quatrocentas pessoas, metade na sala, abafadas de calor, e metade tremendo de frio, no pátio. "A mais bela reunião de toda a campanha", disse Stibbe. Piedosamente, Jusquin pretendia que só havia um terço de comunistas;

mas, mesmo invertendo a proporção, um terço de não comunistas, lado a lado com os comunistas, não era tão mau. Junto à tribuna, velhos senhores — um barbudo, e alguns calvos — mostravam-se muito agitados. Havia um comício da UFD a cerca de cem metros, na Prefeitura do 14º, e não os haviam avisado de que esse outro estava ocorrendo; pessoalmente, cada qual estava pouco ligando, mas era preciso respeitar a susceptibilidade dos outros etc. Em suma, decidiu-se que se enviariam mutuamente delegações. Depois, meu copresidente tomou a palavra, eu falei brevemente, e os oradores desfilaram: Madaule, Gisèle Halimi, muito convincente; ela falava sem estardalhaço, em tom de bate-papo, mas apaixonado, com pequenos gestos e um entusiasmo sorridente; fizera um comício na véspera em Toulouse, passara o dia num trem, e no dia seguinte ia pedir um indulto ao presidente da República. Tem filhos e uma profissão que deve pôr à prova os nervos e o coração, além de ser uma mulher superativa para quem eu tiro meu chapéu. Simpatizamos uma com a outra, e trocamos endereços. Houve depois um número encantador de Yves Robert, acompanhado de Danièle Delorme, fresca como uma flor, num *tailleur* amarelo da última moda; deveriam utilizar mais essa "gente do espetáculo"; foi muito divertido. Surpreendente intervenção de um advogado que até anteontem era gaullista de esquerda, polido, cuidado, tipo "sujeito de futuro", radicalmente diferente de toda a assistência, e fazendo malabarismos com palavras incompreensíveis: conta que na quinta-feira, no comício Pleyel, os aplausos desencadeados abafavam a voz de Soustelle. Gritavam: "Morte aos comunistas!" e Soustelle os encorajava. "Vão matá-lo", gritou alguém. (As pessoas intervinham, como no guinhol, com "Sim! Não! Bravo!" Era simpático a valer.) O advogado concluiu com um grande gesto retórico: "Vi aquela sala e estou vendo esta: e já fiz minha escolha!" Aplaudiram-no, cada qual sentindo-se pessoalmente escolhido. Depois foi a vez de D'Astier, clássico; um comunista lendo (como eles fazem sempre), sem saltar uma só palavra, e sem qualquer inflexão de voz, um longo memorial; Stibbe, que comenta com precisão a constituição. Todos os outros oradores suavam; quanto a ele, quando me estendeu a mão, esta estava gelada. Houve um episódio burlesco; um UFD, delegado do outro comício, frisou pesadamente as divergências entre a UFD e as pessoas ali presentes; mas regozijou-se com "essas existências paralelas que iam encontrar-se para dizer não". Enquanto o copresidente reivindicava dinheiro, anunciaram que Bourdet estava na sala; ovação: "A tribuna!" Mas ele se recusou a falar. Vinha do comício da UFD, onde só havia, ao que parece, noventa e três pessoas. Eu gostava bastante das caras das pessoas e de suas reações. Havia uma mulher muita miserável, quase mendiga, que trouxera duas crianças: uma menininha morena, que tinha a cabeça à Modigliani, sob os cabelos negros cortados em forma de cuia; um menininho de dez anos que ria, aplaudia e parecia encantado.

À saída, estudantes, pessoas muito gentis e um cego com a mulher: ele leu *Os mandarins* em braile, dirige uma biblioteca braile, fez uma antologia premiada pela Academia, e gostaria que eu patrocinasse sua revista de poetas cegos: já conta com Fernand Gregh e Duhamel! Eu me esquivo. Na grande cervejaria, encontro C. Chonez, F. d'Eaubonne, Renée Saurel. Numa mesa vizinha, H. Parmelin, O. Wormser, Pignon; em outra mesa, os UFD: Stibbe, Bourdet, Halimi; enviávamos delegações de mesa em mesa; o clima era muito alegre, e eu fiquei até uma e meia da manhã. Todos falam muito bem do artigo de Sartre.

Hoje, trabalho; o primeiro capítulo toma forma. Não é impossível que o livro esteja terminado em dois anos.

Terça-feira saem os livros da Gallimard. Lembro-me dessa espécie de angústia com relação a *Os mandarins*, diante da ideia de todos os olhares que iriam percorrer páginas onde eu colocara tanto de mim mesma. Desta vez, é diferente, coloquei-me a distância; críticas e leitores não me perturbam. Mas sinto um mal-estar — quase remorso — ao pensar em todos aqueles de quem falei, e que ficarão furiosos.

Um belo outono, quente, dourado, umbroso e ensolarado; mas as agressões começam, mais ou menos em toda parte, na França.

Última conversa com um motorista de táxi; ele observa que Paris está cheia neste sábado por causa da votação: "E como irão votar?", pergunto. "Ora, minha senhora, é evidente: votarão na honestidade... Esse homem é honesto: se não fosse, fique certa de que os partidos o teriam insultado... Não, não o vejo como ditador; e depois, ora: vamos eleger os deputados, e teremos direito de falar... Em todo caso, é preciso que as coisas mudem, não pode ser pior do que o que havia antes... É preciso ter confiança."

Domingo, 28 de setembro
Referendo.

Segunda-feira, 29 de setembro
Muito bem! Provamos o gosto da derrota, e este era amargo. Era um lindo dia dourado, leve, as pessoas iam votar com um sorriso, as seções eleitorais pareciam quase vazias apesar da enorme participação, sem dúvida porque tudo estava muito bem-organizado. Votei de manhã, almocei com minha irmã, acompanhei Sartre à rua Mabillon; o sujeito da seção disse-lhe, sorrindo: "Esta manhã vieram fotógrafos que perguntaram a que horas o senhor votaria." Passeamos com vagar e nos sentamos num terraço perto de Saint-Michel: sentíamo-nos desmobilizados, vazios; não estávamos muito ansiosos: entre 62% e 68%, o resultado parecia certo, segundo o próprio governo, segundo os comunistas, e segundo o bom senso. Encontramos Boubal, que disse com convicção: "Ah! Era bom o tempo da ocupação!", e se queixou de que no Flore só havia homossexuais. Depois, trabalhamos e jantamos no La Palette. Sartre sempre um pouco cansado. Arranquei dele a promessa de ir consultar o médico. Lanzmann chegou por volta de meia-noite, já arrasado, sem querer demonstrar muito, porque Sartre o acusa muitas vezes de pessimismo. Os resultados apurados eram consternadores: mais de 80%. Sartre foi dormir. Passamos no *France-Soir*, fervilhante de atividade: já haviam apurado todo o interior, com exceção de Marseille, e isso dava mais de 80%. Voltamos para casa abatidos e recomeçamos, como no dia 13 de maio, a ronda de telefonemas. Primeiro Péju, que tinha uma quantidade de números precisos, deprimentes. No *Humanité*, Lanzmann encontrou T., e perguntou: "Mas os comunistas traíram: como é possível?" E o outro respondeu sombriamente: "Leia o artigo do seu amigo Sartre." Eu comecei a chorar, nunca pensei que fosse ficar tão abalada; ainda tenho vontade de chorar, esta manhã. É terrível estar contra todo um país, o nosso: já nos sentimos no exílio. Telefonamos ao pai de L.; ele disse que nos Champs-Élysées estavam todos os ativistas fascistas, que exultavam. A alegria deles é quase tão dura de suportar quanto a decepção dos que estão do nosso lado. Houve um instante de falsa esperança: segundo *Europe 1*, as últimas notícias davam somente 72%. Mas era um erro: Paris votara sim na proporção de 77%. Há muitos, uma enorme quantidade,

que não sabem o que fazem, que são como o meu motorista do outro dia: é preciso mesmo mudar, é preciso perseverar. Só que é irreversível; até perceberem que a esperança não está onde pensam, quantos anos se passarão? E então? Ao telefone, Lanzmann perguntou a um encarregado de informações como ele votara; votara sim. "Votou mal", disse Lanzmann. Também eu, ligando para os assinantes ausentes, perguntei: "Está contente com os resultados?" "Por que me pergunta isso?", perguntou o sujeito, num tom inquieto. "Para saber." "Já fui muito insultado, há pouco", disse-me ele. "Foi porque votou sim?" "Sim", respondeu. "Ah! É que realmente é uma pena", concluí, desligando. Ele não estava certo de ter razão: mas de qualquer modo era um sim.

Pesadelos durante a noite inteira. Sinto-me em frangalhos.

Quando comprei o *France-Soir* e o *Libération* e os abri, na praça Denfert-Rochereau, lembrei-me da guerra, quando eu abria os jornais e caía em pranto: "Os alemães entraram na Bélgica." Desta vez eu estava preparada; mas senti quase a mesma angústia. Como o *Libération* estava sombrio! Parece que o *Humanité* também, mas não havia mais exemplares. Telefonei. Sartre não esperava por isso. Quanto a mim, tenho a morte na alma.

Foi o meu departamento, o Corrèze, o que melhor votou! Essa pobre região de urzes e castanheiros já era radical na minha infância.

As pessoas têm horror do Parlamento. Sartre revela em seu artigo que os deputados são olhados como "preguiçosos" e responsáveis por uma espécie de rebelião contra o executivo. Há outras coisas, ainda. Primeiro, velhos ranços de escândalos: Panamá, Oustric, Stavisky; nenhum acontecera durante a quarta sessão (a casa das piastras era outra coisa); mas as pessoas conservaram a ideia de que na Câmara é tudo franco-maçonaria, intrigas, propinas e golpes baixos. A questão é que eles não querem ser governados por iguais: pensam muito mal deles porque pensam mal de si próprios e de seus vizinhos mais próximos. É "humano" gostar do dinheiro e servir aos próprios interesses. Mas quando somos humanos como os outros, não somos capazes de governá-los. As pessoas pedem, então, o não humano, o sobre-humano, o Grande Homem que será "honesto" porque ele, sim, está "acima dessas coisas".

Derrota sinistra porque não é a derrota de um partido, de uma ideia, mas a condenação, feita por 80% dos franceses, de tudo aquilo em que acreditávamos e tudo o que desejávamos para a França. Uma negação deles mesmos, um enorme suicídio coletivo.

Quarta-feira, 1º de outubro
Dia obscurecido pelo referendo e pela doença de Sartre, que está com dor de cabeça, que não quer ir ao médico antes de sábado, e que me deixa aflita. Tenho pesadelos, e me sinto mal durante o dia todo.

À noite, jantei com Han Suyin, muito sedutora. Encontrei-a de novo no Pont-Royal: *tailleur* claro, alta, magra, o rosto mal revelando a origem asiática, bela para os quarenta anos. A filha, de pai chinês, é nitidamente asiática: não sabe uma palavra de francês, e deve ter-se entediado bastante. Jantamos em casa de Beulemans. Han Suyin é interessante. Resolveu muito jovem assumir sua condição de mestiça: optou por não escolher; sente-se tão ocidental quanto asiática, diz ela; mas todo o seu coração está na Ásia. Vive em Cingapura e, de nove horas da manhã às cinco da tarde, diariamente, trata de mulheres chinesas (é ginecologista); depois volta de carro para casa e escreve. Desde 1952, vai todos os anos à China; admira enormemente os dirigentes e os funcionários: são santos, diz. Conta-me que em Cingapura e mesmo em Cantão, apesar do regime, ainda há comunidades de mulheres (cerca de trinta mil em Cantão) que são oficialmente lésbicas, casam-se entre e si e adotam crianças. Podem sair da comunidade e desposar um homem. Então, cortam os cabelos. Têm sua deusa, suas cerimônias etc. Ela diz que o puritanismo chinês é sufocante, e que no início os russos causaram escândalo porque tentavam flertar com as chinesas. Pensa que, pelo menos durante cinco anos, a situação continuará a ser dura para os intelectuais chineses.

Quinta-feira, 2 de outubro
Dias sombrios. A leitura do *Express* é deprimente: um número de derrota aceita, e de diversão. O *Observateur* mantém-se melhor. Sartre almoçou com Simone Berriau; bendita seja, pois conseguiu meter-lhe medo: ele vai logo ao médico, e eu o acompanho; satisfação mitigada: ela o ameaçou de hemiplegia e de enfarte; ele parece terrivelmente cansado; entope-se sucessivamente de optalidon, de beladenal e de corydrane; tem vertigens, e incessantes dores de cabeça.

Jantar no La Coupole com Gisèle Halimi. Passando de um assunto a outro, ela me conta sua vida. Ah! A sorte das mulheres ainda não está decidida... Ela me conta o processo de Philippeville: nenhum hoteleiro quis hospedá-la, nem a qualquer de seus companheiros; foi preciso que os advogados da cidade os acolhessem em suas casas. O promotor pedira nove condenações à morte: o tribunal condenou quatorze, isto é, todos os acusados (apanhados ao acaso, depois do motim, provavelmente todos inocentes), salvo um delator. O processo, aliás, foi anulado, e será reaberto esses dias em Argel.

Segunda-feira, 6 de outubro
Sartre foi ao médico. Passa um pouco melhor, embora continuem as dores de cabeça.

Choveu tanto, que nas avenidas de Paris as árvores ainda estão verdejantes. Dir-se-ia que ainda não chegou o outono.

O futuro não tem perspectiva. Sentimo-nos desempregados, desmobilizados e desconcertados.

Terça-feira, 14
Realmente, dias péssimos. Naquele avião que perdera um motor, a seis horas de Shannon, era assim: um medo constante, com breves tréguas, e o despertar do medo. A mesma coisa com Sartre. Em certos momentos ele parece melhor; ou, como ontem, embrulha as palavras, anda com dificuldade, sua escrita e sua ortografia são de enlouquecer, e eu enlouqueço. O ventrículo esquerdo está muito cansado, diz o médico. Seria preciso um verdadeiro repouso que ele não fará. Nossa morte está em nós, não como a semente no fruto, como o sentido de nossa vida; em nós, sim, mas estranha, inimiga, terrível. Nada mais conta. Meu livro, as críticas, a literatura, as cartas, as pessoas que me falam dessas coisas, tudo o que me teria causado prazer, radicalmente anulado. Nem mesmo tenho mais coragem de manter este diário.

Terça-feira, 21
Dias horríveis. Sobretudo sábado, quando estive no médico. Domingo, ontem: um longo pesadelo abafado!

Terça-feira, 28 de outubro
Saída deste pesadelo, desta doença. É preciso que já se esteja muito embotado pela velhice para suportá-la.
Creio que vou parar este diário.

Com efeito, parei. Pus as folhas numa pasta, sobre a qual escrevi, impulsivamente: *Diário de uma derrota*. E nunca mais toquei nelas.

***

O que se passara durante aqueles dias horríveis foi que Sartre escapara por um triz de um ataque. Fazia muito tempo que ele submetia sua saúde a uma dura prova, menos pela sobrecarga que se impunha ao querer realizar o "pleno emprego" de si mesmo, do que pela tensão que se instalara nele. Pensar contra si mesmo é bem bonito, é fecundo, mas a longo prazo arrasa; exigindo demais da cabeça, ele também danificara os nervos. A redação de *L'Imaginaire*, outrora, causara-lhe perturbações bastante graves; para terminar *La Critique*, realizara um esforço muito mais atlético. Mas sobretudo a derrota da esquerda, a ascensão de De Gaulle, com tudo o que ele encarnava, haviam-no abalado muito. Em Roma, sempre se entupindo de corydrane, ele trabalhara numa peça; eu a conhecia por alto, e em Pisa, antes de deixá-lo, ele me mostrara o primeiro ato. Fora, fazia quarenta graus, mas no seu quarto ele regulara o aparelho de ar-condicionado de maneira a transformá-lo numa geleira. Li tremendo de frio um texto cheio de promessas, mas que não se sustentava. "É Suderman", disse-lhe. Ele concordou. Ia recomeçar, mas faltava-lhe tempo, e mais uma vez ele se comprometera imprudentemente. O medo de estragar uma obra que era muito importante para ele contribuía para irritá-lo e agitá-lo. Enfim, quando regressou a Paris, foi acometido de uma séria crise de fígado. As vinte e oito horas de trabalho ininterrupto, seguidas à noite de um comício, como anotei no meu diário, o haviam exaurido. Arrasado pelas dores de cabeça, com a voz pastosa, embrulhando as palavras, a caligrafia e a ortografia distorcidas, tinha vertigens e perda do equilíbrio. Almoçando em casa de Simone Berriau, pousara deliberadamente o copo a cinquenta centímetros da mesa: ela tomara imediatamente o telefone e marcara uma consulta para ele com o professor Moreau. Esperando-o durante a consulta, num bistrô vizinho, eu pensava que ele fosse sair de lá numa padiola. Voltou a pé, e me mostrou a receita: alguns remédios, não fumar nem beber mais, repousar. Ele obedeceu mais ou menos, mas continuou a trabalhar. As dores de cabeça persistiam. Ele, outrora tão vivo e decidido, andava com o pescoço duro, os membros entorpecidos; o rosto inchado e hirto, a fala e os gestos incertos. Seu humor também se tornara insólito: uma bonomia intercalada de surtos de violência. O médico ficara impressionado com seu ar de paciência, pois lhe prometera imediatamente: "Vou devolver-lhe a agressividade." Entretanto, quando eu o via em seu escritório, crispado, arranhando o papel com a pena desorientada, os olhos velados de sono, dizia-lhe: "Descanse." Ele me respondia com uma violência sem precedente. Por vezes, cedia. "Cinco minutos, sim", dizia. Deitava-se então e, vencido, adormecia por duas ou três horas. "Está cansado, hoje", disse-me sua mãe, certa tarde, quando cheguei antes dele. "Está cansado?", perguntei-lhe, quando chegou. "Não", ele respondeu, instalando-se em seu escritório. Insisti: "Garanto-lhe que estou muito bem". Sorriu: "Cada um tem suas destilações..." "O que quer dizer?" "Você sabe muito bem: as escapulidas do coração." E se pôs a traçar sinais incríveis. Fingi trabalhar, esperando vê-lo desabar de um momento para outro. Tinha um encontro marcado na manhã seguinte com uma amiga; consegui que desmarcasse com um bilhete; ele se corrigiu quatro vezes ao escrevê-lo, e quando ela o recebeu, caiu em pranto: as palavras acavalavam-se, disformes e incoerentes. Fui procurar o médico: "Não vou esconder-lhe", disse-me ele. "Quando o vi entrar no consultório, pensei: este homem vai ter um ataque." E acrescentou: "É um grande emotivo. Está esgotado intelectualmente, mas sobretudo afetivamente. Precisa de tranquilidade moral. Que trabalhe um pouco, se faz questão, mas de modo algum deve lutar contra o relógio: do contrário, não lhe dou seis meses de vida." Tranquilidade moral, na França, hoje! E ele desejava terminar sua peça antes de dois meses! Fui logo procurar Simone Berriau; ela concordou em adiar para o outono seguinte *Sequestrados de Altona*. Não falara com Sartre sobre essas providências; quando lhe contei, algumas horas mais tarde, ele me ouviu com uma sorridente indiferença: eu teria preferido que ele se zangasse. Durante algum tempo trabalhou apenas em pequenas doses; depois restabeleceu-se lentamente. O mais penoso para mim, durante essa crise, foi a solidão à qual sua doença me condenava:

não podia partilhar com ele as preocupações de que ele era objeto. Fiquei marcada pela lembrança daquele período, sobretudo daquele dia em que "as escapulidas do coração" haviam erguido um mistério entre nós. Em 1954, a morte se tornara para mim uma presença íntima, mas daquele momento em diante ela me possuiu.

Esse poder tinha um nome: velhice. Em meados de novembro, jantamos no La Pallete com os Leiris; depois do nosso último encontro, ele havia tomado uma dose mortal de barbitúricos, e só haviam conseguido salvá-lo com uma operação delicada, e um longo tratamento. Sartre e ele eram dois sobreviventes. Falamos de soníferos, de drogas, de calmantes e de estimulantes que Leiris usava; perguntei-lhe qual era precisamente o efeito deles: "Bem", disse-me ele, "isso descontraria". E como eu insistisse: "A gente tem as mesmas contrariedades de antes; só que elas não nos contrariam mais." Enquanto ele se entendia com Sartre sobre as diferenças entre estimulante e tranquilizante, pensei: "Pronto, passamos para o outro lado: o dos velhos." Pouco mais tarde, conversando com um amigo muito antigo, Herbaud, eu disse que, afinal de contas, não tínhamos mais nada a esperar senão a nossa morte e a dos que nos eram próximos. Quem irá primeiro? Quem sobreviverá? Eis agora as perguntas que eu fazia ao futuro: "Vamos, vamos", disse-me ele. "Ainda não chegamos lá: você sempre esteve adiantada para a sua idade." No entanto, eu não me enganava...

O último elo que me mantinha longe do meu verdadeiro estado partiu-se: minhas relações com Lanzmann romperam-se. Era normal, era fatal e mesmo, tanto para um como para o outro, pensando bem, era desejável; mas o momento de reflexão ainda não chegara. A ação do tempo sempre me desconcertou: tomo tudo por definitivo, e assim o trabalho da separação foi difícil para mim; aliás, para ele também, embora a iniciativa tenha vindo dele. Eu não estava certa de que conseguiríamos salvar o passado, pelo qual eu tinha muito apreço para que a ideia de renegá-lo não me fosse odiosa. Foi com o coração melancólico que terminei esse ano deprimente.

Capítulo X

Desde o mês de maio, rajadas de palavras abatiam-se sobre a França; o claro vocábulo "mentiras" nem mesmo lhes convinha: eram *lecta*, sem relação positiva ou negativa com a realidade, ruídos produzidos no ar por um sopro humano. Equipes especializadas interpretavam-nas. Traduziam por "oferta generosa" a expressão "paz dos bravos", que para os argelinos significava capitulação.

A imprensa acomodou-se. As eleições na Argélia foram uma farsa, e na França uma vitória para os UNR, que, com os eleitos muçulmanos impostos, formaram um bloco de duzentos e sessenta deputados gaullistas. Os comunistas perderam terreno. Muita gente que até ali se situava à esquerda escolheu o que chamava "o realismo". Um caso surpreendente foi o de Serge Mallet, um sindicalista que, no início de 1958, falara a Sartre, com bastante inteligência, sobre as novas táticas patronais, e sobre as dificuldades que estas criavam nos sindicatos; procurava então, no quadro da luta de classes, um meio de superá-las. O longo estudo no qual retomou por escrito essa exposição espantou Sartre por sua inabilidade: Mallet corrigiu-se rapidamente. Mandou para a *Temps Modernes* e para vários jornais de esquerda artigos excelentes nos quais analisava o neocapitalismo, e descrevia as condições atuais do trabalho no campo e nas fábricas. Conheci-o no La Coupole, no momento do referendo, e ele me surpreendeu: sabia, de fonte segura, que um enviado de De Gaulle se encontrava em Túnis, negociando; a paz seria assinada em dois dias. Revi-o algumas semanas depois: descreveu as manobras dos jovens patrões para atomizar a classe operária, culpou os sindicalistas que se obstinavam em posições ultrapassadas, e eu percebi então que, sob a aparente intenção de adaptar a vanguarda operária às invenções do neocapitalismo, ele chegava à colaboração de classes. Aliava-se a esse economismo que era o filé-mignon do regime. A *Temps Modernes* não aceitou mais nenhum artigo teórico dele.

Os resultados do referendo acabaram de apartar-me do meu país. Acabaram-se as viagens na França. Eu não tinha nenhum desejo de conhecer Tavant, Saint-Savin, e outros lugares que ignorava; o presente me estragava o passado. Desde então vivi na humilhação o orgulho dos outonos, e na amargura a suavidade do verão nascente. Acontece ainda a beleza de uma paisagem me emocionar, mas é como um amor traído, como um sorriso que mente. Toda noite, quando eu me deitava, temia o sono, que era atravessado por pesadelos, e ao despertar sentia frio.

"O período dos combates terminou", declarou De Gaulle, em Tuggurt. No entanto, estes jamais haviam sido tão sérios. Challe alcançou sucessos militares, destruiu os katiba. Mas suas ofensivas psicológicas fracassaram, e ele não conquistou as populações. No início da primavera de 1959, foi-nos revelada uma faceta ainda pouco conhecida dessa guerra exterminadora: os campos de concentração. Sabia-se que, a partir de novembro de 1957, a operação chamada "reagrupamento" começara a ampliar-se. Uma vez que a ALN — a despeito da propaganda oficial — estava no povo "como um peixe n'água", era preciso tirar a água: esvaziar as mechta e os aduares, queimar as terras e reunir os camponeses, sob o controle do exército, por trás do arame farpado. O método foi aplicado em larga escala. Em 12 de março de 1959, o *Monde* fez uma alusão rápida à existência desses centros. Em abril, o secretário-geral do Socorro Católico, monsenhor Rodhain, promoveu um inquérito do qual divulgou certas conclusões em *La Croix*: "Descobri que se tratava de mais de um milhão de seres humanos, em geral mulheres e crianças... Uma proporção considerável, sobretudo entre as crianças, passa fome. Vi, e dou meu testemunho." Ele calculava em mais de um milhão e quinhentos mil o número de reagrupados.[175] Alguns deles — vira com seus

---

[175] Foi também a cifra indicada por Paillat — *Dossier secret de l'Algérie* —, geralmente pouco sensível ao sofrimento das populações muçulmanas: "De maio de 1958 a julho de 1960, o número de pessoas transferidas passou de quatrocentos e sessenta mil para um milhão quinhentos e treze mil, e não para de aumentar." O título do parágrafo: "A grande lástima dos centros de reagrupamento" — e tudo o que se segue confirma que ele fala dos campos de concentração. E ele também sublinha, apoiando-se num relatório do general Parlange, a "deplorável condição material".

próprios olhos — estavam reduzidos a comer capim. A tuberculose fazia devastações. As pessoas estavam tão debilitadas que nem os medicamentos surtiam efeito. No dia 15 de abril foi divulgado um relatório ainda mais deprimente, endereçado oficialmente ao M. Delouvrier. Ressaltava que mais de um milhão de camponeses reagrupados viviam em condições "extremamente precárias".[176] Em média, havia quinhentas e cinquenta crianças por grupo de mil pessoas, e desse número morria uma a cada dois dias; como muitas mulheres e velhos também não resistiam, pode-se contar que os campos de concentração fizeram em três anos mais de um milhão de mortos.[177]

Delouvrier proibiu a criação de novos centros. Não foi atendido, e o número de reagrupados só fez aumentar. Em julho, Pierre Macaigne publicava no *Le Figaro* o relato de sua visita ao campo de Bessombourg: "Amontoados, entregues à própria sorte, quinze pessoas por tenda, desde 1957, esses desgraçados vivem ali uma promiscuidade humana indescritível. Em Bessombourg vivem mil e oitocentas crianças... atualmente a população é nutrida unicamente com semolina. Cada um dos reagrupados recebe cerca de cento e vinte gramas de semolina por dia... Oferecem leite duas vezes por semana: meio litro por criança... Nenhuma distribuição de alimentos com gordura foi feita nos últimos oito meses. Nenhuma distribuição de grão-de-bico há um ano... Nenhuma distribuição de sabão há um ano..."

---

[176] O relatório constatava: "Todo deslocamento de população acarreta uma amputação sempre sensível, por vezes total, dos meios de subsistência dos interessados." Perdiam pelo menos um terço de seus recursos, obrigados a abandonarem suas cabras, suas galinhas, e seus pequenos campos; na melhor das hipóteses, encontravam algumas terras para trabalhar, mas, como havia muito poucos homens — todos estavam no maquis, na prisão, ou mortos —, não conseguiam suprir as necessidades das mulheres, das crianças e dos velhos que compunham a quase totalidade do reagrupamento. Na verdade, esses um milhão e quinhentas mil pessoas deslocadas viviam de um auxílio cuja insuficiência era aterradora. "A situação sanitária é, em termos gerais, deplorável. Quando um reagrupamento atinge mil pessoas, morre ali mais ou menos uma criança a cada dois dias." A situação sanitária — prosseguiam os relatores — está ligada ao nível de vida: "Num dos casos mais trágicos encontrados, um relatório médico esclarece que o estado fisiológico da população é tal que os medicamentos não agem mais." E sob a rubrica "nível de vida", constatam: "É nesse domínio que a situação dos reagrupados é mais trágica, e a situação sanitária é apenas a consequência... O desaparecimento quase total da criação de animais é uma característica comum dos reagrupamentos, e com isso o leite, os ovos e a carne são praticamente excluídos do regime alimentar dos reagrupados... As rações distribuídas a título de assistência são muito deficientes; num dos casos observados, elas se limitavam a onze quilos mensais de cevada por adulto, o que é pouco quando há crianças muito novas. O mais grave, no caso, é a ausência total de regularidade no fornecimento... É absolutamente necessário proporcionar meios de subsistência a essas populações, para evitar que a experiência termine em catástrofe." Os reagrupamentos atingiam quase sempre mil pessoas, por vezes seis mil.

[177] Esta é também a cifra dada pelos argelinos.

Por meio de relatos de jovens soldados ou de jornalistas que viram na Tunísia argelinos arrancados de campos fronteiriços, fiquei sabendo de outros detalhes: os estupros sistematicamente organizados — mantendo-se os homens afastados do campo, ou reunidos num canto, enquanto os soldados se aproveitavam; os cães atiçados contra os velhos por prazer; as torturas. Tais como eram, esses relatórios já deviam perturbar as pessoas. Monsenhor Feltin e o pastor Boegner fizeram a denúncia, e se indignaram: mal foram ouvidos. A imprensa calava-se. A Cruz Vermelha francesa, orientada há dois anos pela Cruz Vermelha internacional para ocupar-se dos reagrupados, não se mexia. Em compensação, quando inundações fizeram em Madagascar cem mil desabrigados, o governo, preocupado em demonstrar as vantagens que a ilha trazia por pertencer à Comunidade, lançou uma campanha, e os franceses apressaram-se em provar que eram "formidáveis".[178] É preferível comover-se com uma catástrofe natural do que com crimes dos quais se é cúmplice.

Havia outros campos, de internamento, de trânsito, de triagem, onde homens eram encerrados por decisão arbitrária da polícia ou do exército; eram torturados física e psicologicamente, muitas vezes até a morte ou a loucura. Abdallah S. conta no *Express* como, entre pancadas e suplícios, obrigavam-no a renegar a FLN, e a declarar amor pela França com palavras saídas do coração. Campos dessa espécie também existiam na França; Larzac: ontem era o nome de um planalto que eu atravessara alegremente na minha juventude, a pé ou de bicicleta: agora era o nome de um inferno. As pessoas da região, apesar das precauções, conheciam-no. Todos os franceses sabiam que se havia aberto em seu solo campos parecidos com os da Sibéria, que haviam denunciado com estardalhaço: ninguém protestava. Camus não levantava a menor objeção, ele, que pouco tempo antes mostrara-se tão enojado com a indiferença do proletariado francês pelos campos de concentração russos.

Quanto à tortura, em março de 1958 De Gaulle, solicitado a condená-la publicamente, deixara escapar do alto de sua grandeza que ela estava ligada ao "sistema", e que desapareceria com ele: "Não se tortura mais", afirmara Malraux depois do 13 de maio. Ora, a tortura conquistara a própria França.

---

[178] No início de seu relatório, monsenhor Rodhain observa: "Um sinistro da natureza em Madagascar e um sinistro de homens na Argélia... Aqui, cem mil desabrigados e lá um milhão de refugiados... O público está apaixonado por Madagascar... Pelo refugiados da Argélia ninguém se move."

Em outubro, o cardeal Gerlier, para defender os padres acusados em Lyon de terem ajudado a FLN, invocou as torturas sofridas pelos muçulmanos nos comissariados da cidade. Num comissariado de Versailles, um argelino "interrogado" enforcou-se nas grades da janela. A *Témoignage Chrétien* e a *Temps Modernes* publicaram queixas de estudantes argelinos atrozmente "inquiridos" em dezembro pela DST. Em fevereiro, durante o processo contra os argelinos que haviam atirado em Soustelle, um acusado apontou um dos policiais que enchiam a sala, o comissário Belœil: "Este homem me torturou." O comissário eclipsou-se e não foi interrogado. Na Argélia a tortura era um fato admitido. "Outrora", disse-me Gisèle Halimi, "quando eu afirmava: 'As confissões do meu cliente foram arrancadas sob tortura', o presidente batia na mesa: 'A senhora está insultando o exército francês.' Agora, ele se limita a responder: 'No entanto, eu as considero verídicas.'" Uns trinta padres jovens, abalados por sua experiência argelina, escreveram a seus bispos, e um capelão militar condenou publicamente a tortura. Mas a reforma da justiça, instaurando em março o sigilo dos processos, facilitava sequestros e sevícias. Em junho, em *La Gangrène*, os estudantes torturados em dezembro — Boumaza, Khebaili, Souami, Fancis, Belhadj — falaram. Apresentavam queixa contra o M. Wybot, que assistira pessoalmente a várias sessões. Apreendeu-se o livro de atas, e o caso foi abafado.

Em março, preparava-se um comício contra a tortura na Mutualité. Eu estava preparando minha intervenção, quando o comissário do meu bairro veio avisar-me que o comício fora proibido. Falou polidamente; depois, mostrando uma fita de crepe na lapela: "Eu, senhora, perdi um filho na Argélia." "É do interesse de todos nós terminar com essa guerra", respondi. Sua voz tornou-se ameaçadora: "Só desejo uma coisa: ir lá e liquidar alguns deles." Eu não gostaria de ser interrogada por ele. À tarde realizou-se uma conferência de imprensa. Conseguimos organizar mais tarde duas ou três reuniões. Um público numeroso assistiu, no cemitério Montparnasse, ao enterro de Ouled Aoudia, abatido por um policial, pouco antes do processo dos estudantes argelinos presos por terem reconstituído a UGEMA, e em cuja defesa ele atuaria. No fim do ano escolar, foi organizada uma "quinzena de ação pela paz na Argélia". Essas manifestações não eram inúteis, mas tão insuficientes, que um número crescente de jovens e adultos optavam pela ilegalidade.

Depois da brecada de junho de 1956, não houve mais entre os jovens oposição aberta e coletiva contra a guerra. Alguns comitês de jovens, mais ou menos clandestinos, protestavam ainda, mas só com palavras. Em setembro de 1958, recebi o primeiro número mimeografado, anônimo, de uma publicação — *Vérité pour...*, limitada, de início, às análises econômicas e políticas, mas que logo pregou a deserção e a ajuda à FLN. Era dirigida por Francis Jeanson, que tentava assim superar uma dificuldade: "A de tornar pública uma ação que devia por hipótese permanecer clandestina."[179] Na mesma época criou-se o movimento Jovem Resistência.

Meus amigos e eu havíamos evoluído muito a respeito da questão do apoio à FLN. Revimos Jeanson, achávamos convincentes as razões pelas quais ele justificava politicamente a sua ação. A esquerda francesa só podia retomar posições revolucionárias ligando-se à FLN. "Estão atirando nas costas dos soldados franceses", disseram-lhe. Essa censura me fazia pensar no sofisma dos alemães acusando os maquisards[180] de impedir o retorno dos prisioneiros. Eram os militares profissionais e o governo que matavam os jovens franceses, ao prolongar a guerra. A vida dos muçulmanos não valia, a meu ver, menos que a vida dos meus compatriotas: a enorme desproporção entre as perdas francesas e o número de adversários massacrados tornava repugnante a chantagem do sangue francês.[181] Como a esquerda fracassara em conduzir na legalidade um combate eficaz, se quisesse permanecer fiel a suas convicções anticolonialistas de quebrar toda cumplicidade com essa guerra, não restava outra saída senão a ação clandestina. Eu admirava aqueles que a realizavam. Só que ela exigia um engajamento total, e eu estaria trapaceando se me pretendesse capaz disso: não sou uma mulher de ação; minha razão de viver é escrever; para sacrificá-la, seria preciso que eu me acreditasse indispensável em outro lugar. Não era absolutamente o caso. Contentei-me em prestar serviços quando me pedissem; alguns dos meus amigos fizeram mais.

Malraux expulsava da Comédie Française Labiche e Feydeau; cobriu de discursos elevados os entendimentos da casa Philips, que tivera a ideia, para

---

[179] *Notre guerre*, de Francis Jeanson.
[180] Os participantes da Resistência aos alemães, durante a Segunda Guerra Mundial. (N.T.)
[181] Mais tarde Jeanson revelou que, graças às suas ligações com a Federação da França, pôde, em diversas ocasiões, influenciar e salvar vidas francesas.

desespero dos gregos, de explorar comercialmente a Acrópole, apresentando ali o espetáculo *Son et lumière*. "Desde que os nazistas puseram os pés na Acrópole, nunca conhecemos semelhante humilhação", lia-se no dia seguinte num jornal grego, e no entanto conservador. A França continuava a se degradar. A universidade estava na miséria e o governo dispunha-se a subvencionar as escolas livres. O antissovietismo da burguesia persistia. Os cientistas soviéticos anunciaram, ao lançar o primeiro *lunik*, que ele passaria a certa distância da lua: a imprensa insinuou que ele não conseguira atingi-la. O caso Pasternak foi um ganho inesperado. É verdade que a União dos Escritores Soviéticos mostrou-se sectária e inábil ao insultar e excluir Pasternak; mas enfim deixaram-no viver em paz em sua datcha; e os acadêmicos suecos comportaram-se como provocadores quando atribuíram o prêmio a um romance russo que se distanciava do comunismo, e que eles consideravam como contrarrevolucionário; obrigavam a União, que até ali fechara os olhos, a intervir. Pasternak é um grande poeta; mas não consegui ler *Doutor Jivago*; o autor nada me informava sobre um mundo diante do qual ele parecia ter-se feito deliberadamente cego e surdo, envolvendo-o numa bruma na qual ele próprio se dissolvia. Para engolir esse paralelepípedo de brumas compactas, é preciso que a burguesia se tenha apoiado num poderoso fanatismo. Este lhe inspirou mais tarde uma paixão não menos absurda pelo Tibet, do qual ignorava tudo, mas se revoltara contra a dominação chinesa: o Dalai Lama tornou-se a encarnação dos valores ocidentais e da liberdade. Mais ainda que a URSS, ela odiava a China. Ao voltar de Pequim, Lanzmann me falara muito da experiência das comunas. Parece que teve êxito desigual, segundo as regiões e as condições; mas era uma interessante tentativa de descentralizar a indústria e ligá-la intimamente à agricultura. Acusaram-na de arruinar a família, oprimir os indivíduos, e só se deu ênfase aos fracassos.

Recebi com certo prazer a notícia da morte do papa e de Foster Dulles. O caso de Chipre foi resolvido a favor dos cipriotas. Mas a mais espantosa vitória revolucionária foi a que os rebeldes de Sierra Maestra arrebataram em Cuba. No início do inverno, descendo das montanhas, marchavam para o oeste; Batista fugia, o irmão de Castro e suas tropas entravam em delírio em Havana, onde Fidel Castro era triunfalmente acolhido em 9 de janeiro. Descobriram-se no campo, em subterrâneos, grandes depósitos de cadáveres: mais de vinte mil pessoas haviam sido torturadas e mortas, e aldeias dizimadas pela aviação. O povo exigia represálias; para satisfazê-lo e contê-lo, Castro abriu um processo público que teve como resultado cento e vinte condenações à morte. Os jornais franceses apresentaram como um crime esse expurgo necessário. O *Match* publicou fotos dos condenados abraçando suas mulheres e filhos, mas evidentemente sem mostrar os cadáveres de suas vítimas, sem dizer o número, sem sequer mencioná-las. Castro foi bem acolhido em Washington; mas quando deu andamento à reforma agrária, e quando descobriram naquele Robin Hood um verdadeiro revolucionário, os americanos — que haviam queimado os Rosemberg, suspeitos de espionagem em tempos de paz — indignaram-se por ele ter mandado fuzilar criminosos de guerra. Castro tinha o apoio de todo o povo cubano; quando pediu demissão, em julho, para terminar o conflito que o opunha ao presidente da República, Urrutia, um milhão de camponeses se reuniram em Havana: entrechocando seus facões, num barulho ensurdecedor, exigiram que ele permanecesse à frente do país; e que Urrutia partisse — o que este fez. Dorticós o substituiu.

***

Durante as férias eu me decidira, como vimos, a continuar minha autobiografia; hesitei durante longo tempo diante dessa resolução; parecia-me pretensioso falar tanto de mim. Sartre me encorajava. Eu perguntava a todos aqueles que encontrava se estavam de acordo: estavam. Minha pergunta perdia o sentido à medida que o livro avançava. Confrontei minhas lembranças com as de Sartre, de Olga, de Bost; fui à Biblioteca Nacional para recolocar minha vida em seu quadro histórico. Durante horas, lendo velhos jornais, ligava-me a um presente carregado de um futuro incerto, e transformado num passado há muito tempo ultrapassado: era desconcertante. Por vezes eu me entregava tão inteiramente a ele, que o tempo oscilava. Saindo daquele pátio, imutável desde os meus vinte anos, eu não sabia mais em que ano aterrissava. Percorria o jornal da tarde com a impressão de que a continuação já se encontrava nas prateleiras, ao alcance de minhas mãos.

Eu estava estimulada pelo sucesso de minhas *Memórias*. Esse sucesso, uma vez Sartre fora de perigo, me tocava mais intimamente do que qualquer outro. De manhã, quando me levantava, e quando voltava para casa para dormir, havia sempre sob a minha porta cartas que me arrancavam da minha melancolia. Fantasmas surgiram do passado, alguns irritados, outros benévolos; companheiros que eu tratara bastante mal sorriam das inabilidades de sua juventude; amigos dos quais eu falara com simpatia se zangavam. Antigas alunas no Curso Désir aprovaram o quadro que eu traçara da nossa educação; outras protestaram. Uma senhora ameaçou-me de processo. A família Mabille me foi grata por ter ressuscitado Zaza. Deram-me sobre sua morte detalhes que eu ignorava, e também sobre as relações de seus pais com Pradelle, cujas reticências pude entender muito melhor. Era romanesca essa descoberta do meu passado a partir do relato que eu havia feito dele. Mergulhei de novo naquela época ao reler cartas e cadernos de Zaza, e foi como se ela morresse pela segunda vez. Nunca mais me apareceu de novo em sonho. De um modo geral, desde que foi publicada e lida, a história da minha infância e da minha juventude desligou-se inteiramente de mim.

Em outubro a equipe da *Temps Modernes* reuniu-se no Lipp para almoçar e festejar a volta de Pouillon, recentemente dedicado à etnografia, e que passara o verão perto do lago Chade, com os Corbo. Insensível ao calor, ele só fora incomodado pelas moscas que o cobriam da cabeça aos pés toda vez que se lavava diante da tenda. Alimentara-se alegremente com as broas de milho que amassavam para ele todas as manhãs. Não tinha outra ocupação a não ser falar com os nativos, através de um intérprete. Parecia-me que, em seu lugar, eu ficaria morta de tédio: "Todas as manhãs", disse-lhe eu, "eu me perguntaria com angústia: que vou fazer até a noite?". "Então nunca vá lá!", respondeu ele, impulsivamente. Infelizmente, recolhera poucas informações; a vida dos Corbo era das mais rudes: "Eles perderam contato com o arco e flecha", explicou-nos Pouillon. "Tiveram-no e depois perderam-no; é pior do que nunca o terem descoberto: nunca mais o encontrarão!" Algumas tribos vizinhas o utilizavam, mas para quê?, diziam eles. Naquelas condições, nenhuma invenção moderna, nem os carros, nem os aviões os deslumbravam: para quê? De vez em quando, matavam a pedradas alguns pássaros e os comiam. Possuíam gado, mas este pastava em campos distantes, e representava apenas uma fortuna fictícia. Eram as mulheres que lavravam a terra, e assim eram todos polígamos, salvo um idiota, celibatário, que vivia de caridade, e um velho de melhor situação que os outros, e que explicou a Pouillon: "Eu não preciso ter mais de uma mulher: sou rico." Suas tradições pareciam tão rudimentares quanto seus costumes; para perpetuá-las, era preciso um encontro entre um velho inteligente e uma criança curiosa: isso acontecia raramente; muitas dessas tradições tinham caído no esquecimento. Eles viviam sem religião, sem cerimônias, ou quase. A voz de Pouillon vibrava de entusiasmo: aquelas pessoas escapavam da necessidade recusando todas as necessidades; e no despojamento encontravam a abundância. Ficamos com medo de que ele se naturalizasse corbo.

Fora do círculo dos meus íntimos, eu só gostava de conversar com as pessoas a sós, o que muitas vezes permite queimar a etapa das banalidades mundanas; eu lamentava nunca ter conseguido ultrapassá-la durante meus raros encontros com Françoise Sagan. Gostava bastante do seu humor leve, da sua vontade de nunca dizer mentiras e de nunca representar; sempre que a deixava, dizia a mim mesma que na próxima vez conversaríamos melhor; mas isso nunca aconteceu, não sei muito bem por quê. Como ela gosta das elipses, das alusões e dos subentendidos, e nunca termina suas frases, parecia-me pedante ir até o fim das minhas, mas não achava natural quebrá-las, e afinal não encontrava mais nada para dizer. Ela me intimidava como me intimidam as crianças e certos adolescentes, e todas as pessoas que se utilizam da linguagem de maneira diferente da minha. Suponho que eu, por minha vez, deixava-a pouco à vontade. Encontramo-nos novamente numa noite de verão, num terraço do bulevar Montparnasse; trocamos algumas palavras; ela demonstrava, como de costume, graça e espírito, e eu não desejava outra coisa senão ficar a sós com ela. Mas disse-me logo que alguns amigos nos esperavam no Épi Club. Estavam lá Jacques Chazot, Paola de Saint-Just, Nicole Berger e alguns outros. Sagan bebeu em silêncio. Chazot contou histórias de Marie-Chantal, e surpreendia-me pensar que outrora nada era mais normal para mim do que ficar sentada à noite numa boate, diante de um copo de uísque: sentia-me tão deslocada! É verdade que eu estava cercada de estranhos, e que estes sabiam tanto quanto eu o que eu viera fazer entre eles.

Eu lia um pouco. *La Semaine sainte*, de Aragon, entediou-me quase tanto quanto *Doutor Jivago*; uma vez compreendido o seu intento e apreciado o seu virtuosismo, não vi motivo para ir até o fim dessa estudiosa alegoria; gostava mais da voz de Aragon, direta e despida, tal como a ouvimos às vezes em *Le Roman inachevé*, ou em *Elsa*; ele me tocava quando falava da juventude e de suas miragens, de suas ambições, das cinzas da glória, da vida que passa e nos mata. A *Zazie*, que conquistou o grande público, eu preferia outros livros de Queneau, do *Chiendent* ao *Saint-Glinglin*. Mas mergulhava com prazer na densidade de *Lolita*. Nabokov contestava com humor inquietante as límpidas racionalizações do sexo, da emoção, do indivíduo — necessárias ao mundo da organização. Apesar da inabilidade pretensiosa do prólogo e do esgotamento final; fiquei presa à história. Rougemont, que fala bem tolamente da Europa, mas não tão mal do sexo, louvou Nabokov por ter inventado uma imagem nova do amor-maldição; e é verdade que na época de Coccinelle e dos bailados róseos, o amor não arrasta mais ninguém para a condenação; ao passo que, no primeiro olhar que lançou sobre Lolita, Humbert entra no inferno. Com *La Révocation de l'Édit de Nantes*, Klossowski escrevera, em estilo nobre, um romance de um erotismo barroco e profundo. Em geral, nos livros eróticos, os personagens são reduzidos a uma única dimensão; suas depravações não bastam para reanimar corpos que o autor cortou do mundo, e portanto privou-os do seu sangue. Mas a heroína de Klossowski, uma parlamentar radical-socialista e condecorada, vivia; quando, em subterrâneos dignos de *Mystères de Paris*, ele a entregava a flagelações, acreditava-se em seu júbilo masoquista. Ele não tratava melhor aqueles que apostavam no céu do que aqueles que zombavam deste; em todos, as distorções da sexualidade marcavam a incapacidade dos burgueses de hoje de assumir seus corpos, e portanto de ser homens.

Era geralmente à tarde, antes de trabalhar, que eu lia. À noite, na cama, acontecia-me percorrer um dos romances que me são enviados pelos serviços de divulgação; ao cabo de dez minutos, apagava a luz. Uma noite, contudo, não apaguei. O livro era de uma desconhecida, e começava sem brilho; uma mocinha bem-comportada encontrava um rapaz desnorteado, salvava-o de um suicídio, e os dois iam amar-se: é banal; esse livro não era. Inquietante, ambíguo, o amor deles punha em questão o próprio amor. A ingênua falava como uma mulher rica de experiência, e com um tom e uma voz que me prenderam até a última página, apesar de certas concessões. É um prazer raro ser atingida de improviso por um livro que ninguém ainda mencionou. Christiane Rochefort: quem era? Fiquei sabendo pouco mais tarde, quando o julgamento do público concordou com o meu.

Projetou-se em Paris a versão completa de *Ivã, o Terrível*. A primeira parte era um pouco pretensiosa; a segunda, desencadeada, lírica, épica, inspirada, superava talvez tudo o que eu jamais vira numa tela. Tendo o Comitê Central condenado a obra, em setembro de 1946, Eisenstein escreveu a Stalin, que o recebeu e assistiu ao filme na sala de projeção do Kremlin; Stalin mantivera o rosto impassível e se retirara sem dizer palavra, contou-nos Ehrenburg. Eisenstein fora autorizado a rodar uma terceira parte, que teria fundido com a segunda: mas já estava muito doente, e morreu dois anos mais tarde.

Fazia tempo que Bost elogiava um filme que vira em projeção privada, e que rompia com as rotinas do cinema francês: *Le Beau Serge*. Assim que passou numa sala pública, fui vê-lo. Representado por desconhecidos, mostrava um vilarejo do centro da França com tanta fidelidade que as imagens me pareciam recordações; Chabrol contava a vida sem alegria de seus habitantes e suas desgraças, sem jamais assumir uma atitude de superioridade. Em *Les Cousins*, não reencontrei essa inclinação à simpatia, nem o frescor da verdade; mas ali também o tom era novo. Em *Les Quatre cent coups*, Truffaut falava mal dos adultos, mas muito bem da infância. A modéstia de recursos não permitia aos diretores da *nouvelle vague* os custosos processos de fabricação de seus antecessores: eles sacudiram as velhas poeiras.

Em maio, Lanzmann levou-me certa noite para ver Josephine Baker ensaiar no Olympia; em cenários incompletos, atores em trajes de passeio acotovelavam-se com outros seminus, ou em fantasias antigas; apreciei aquela desordem, a agitação dos técnicos, o mau humor dos responsáveis, os efeitos insólitos produzidos pelo encontro de artifícios suntuosos com a insipidez cotidiana. Mas, ao me lembrar da Josephine de minha juventude, repeti para mim mesma o verso de Aragon: "O que foi que passou? A vida..." Ela se defendia com um heroísmo que forçava uma apreciação favorável; por isso mesmo me parecia ainda mais indecente olhá-la. Eu descobria em seu rosto o mal que roía o meu.

Pouco tempo antes — exatamente dez anos depois que os médicos lhe disseram: "Você ainda tem dez anos de vida" —, Boris Vian morreu de irritação e de uma crise cardíaca, durante uma projeção privada do filme *Cuspirei em teu túmulo*. Chegando à casa de Sartre, no início da tarde, abri o *Monde* e li a notícia. Eu o vira pela última vez no *Trois Baudets*. Bebemos juntos: ele não mudara desde nossa primeira conversa. Eu tivera muita afeição por ele. No entanto, foi só alguns dias mais tarde, ao ver no *Match* a foto de um caixão coberto de pano, que me dei conta: sob este pano está Vian. E compreendi que, se nada em mim se revoltava, era porque eu já estava habituada à minha própria morte.

Passei um mês em Roma com Sartre. Ele estava se sentindo melhor, estava bem. Terminava sua peça. Refizera o primeiro ato, e escrevera os quadros seguintes, que me agradavam muito. Uma noite ele me deu o manuscrito do primeiro ato, que li na pequena praça Santo Eustáquio: um conselho de família reunira-se para julgar Franz; cada qual explicava seu ponto de vista, voltava-se a Suderman. Quando uma obra de Sartre me decepciona, tento primeiro pensar que estou errada, e me irrito quando ela me dá cada vez mais razão. Ele estava de muito mau humor quando o encontrei de novo, e lhe contei meu desapontamento. Não se perturbou muito. Sua primeira ideia fora um tête-à-tête entre o pai e o filho, e não sabia muito bem por que mudara. Retomou-a e, desta vez, a cena me pareceu a melhor de uma peça que eu colocava acima de todas as que ele já escrevera.

Por sua vez, ele me fez severas críticas sobre a primeira versão do meu livro: eu já disse que, quando não o satisfaço, ele também não me poupa. Era preciso recomeçar tudo. Mas ele concluiu que, para seu gosto, esse livro seria mais interessante que as *Memórias*, e trabalhei com prazer renovado. Nas horas quentes, deitada em minha cama, eu lia: *Le vaudou*, de Métraux, *Soleil hopi*, essa espantosa autobiografia de um índio que descobre sua dupla ligação com a civilização americana e com as tradições de sua aldeia; reencontrei em *Le Planétarium* os pequeno-burgueses paranoicos de Nathalie Sarraute. Descobri de novo *Les Confessions*, de Rousseau.

Sartre me deixou em Milão; eu marcara encontro com Lanzmann, uma semana mais tarde. Instalei-me em Bellagio, um tanto intimidada com esse tête-à-tête comigo mesma, porque perdera o hábito: os dias me pareceram curtos demais. Tomava café da manhã à beira do lago, folheando os jornais italianos; trabalhava diante da janela aberta, com o olhar encantado com a calma paisagem da água e das colinas; à tarde, lia o *Mozart* de Massin, que eu arrancara de Sartre antes que ele o terminasse: ele o achava excelente; era um livro tão rico e apaixonante, que eu tinha dificuldade de largá-lo para recomeçar a trabalhar. Retomava-o depois do jantar, bebendo grapa em um terraço. Depois caminhava, sob a lua. Passei dez dias em Menton, com

Lanzmann. Ele leu meu manuscrito e me deu bons conselhos. Nossas vidas se separavam, mas o passado foi conservado intacto na amizade. Quando o conhecera, eu ainda não estava madura para a velhice: ele me escondera a aproximação dela. Agora encontrei-a já instalada em mim. Restavam-me forças para detestá-la, mas não mais para me desesperar com a sua chegada.

***

Durante o verão, Malraux fez uma viagem publicitária ao Brasil. Opunham-lhe a atitude política de Sartre; acusou-o, em discursos oficiais, de jamais ter resistido, e até mesmo de ter colaborado ao fazer representar suas peças durante a ocupação. Nunca se vira antes um ministro da Cultura insultar no estrangeiro um escritor do seu país. Por outro lado, ele pretendeu que, durante os três meses em que dirigira a Informação, a tortura fora suspensa; o que não era gentil com o M. Frey, observou-se.

Em julho, a Cruz Vermelha assinalara que um número crescente de muçulmanos desaparecia, como "desaparecera" Audin. Vergès e Zavrian se haviam instalado em 10 de agosto em Aletti, para receber as argelinas cujos maridos, filhos e irmãos se haviam evaporado do mesmo modo: elas afluíram. Expulsos, os dois advogados tinham, no entanto, recolhido cento e setenta e cinco depoimentos que foram publicados na *Temps Modernes* de setembro e de outubro, assim como no *Express*. Se não havia cadáveres, não havia provas, responderam as pessoas interessadas em negar esses assassinatos. *La France Catholique* explicou apressadamente que não se podia afirmar que Audin tivesse sido torturado e estrangulado porque ele não estava ali para testemunhar, e que os suplícios sofridos por Alleg não deviam tê-lo maltratado tanto, já que ele sobrevivera. Quando, em agosto, o sindicalista Aissat Idir morreu no hospital em consequência das queimaduras que sofrera, abriu-se um inquérito: internado no campo de Bitraria, ele acordara certa noite de janeiro com o colchão em chamas. Apesar dos protestos insistentes que, pela primeira vez, a imprensa, e em particular o *Monde*, publicou, concluiu-se que ele se queimara sozinho, por imprudência.

Em 16 de setembro, De Gaulle lançou a palavra "autodeterminação". Consentiu em novembro em incluir o GPRA[182] entre os "interlocutores válidos"; os complôs e os reagrupamentos fascistas multiplicaram-se; entretanto, os pacificadores perseguiam na Argélia as devastações de terras e das populações. Um comunicado oficial do exército registra que trezentos e trinta e quatro mil quinhentos e quarenta e dois muçulmanos foram encerrados em campos de reagrupamento entre junho e setembro.[183] Em novembro, foi publicado no *Express* o testemunho de Farrugia, um ex-deportado, sobre o campo de concentração de Berrouaghia,[184] que era justamente um campo de extermínio. Existiam outros. A Cruz Vermelha Internacional fez inquéritos nos centros de reagrupamento, de triagem, de internação, de albergamento, entre 15 de outubro e 27 de novembro, e reuniu, numa síntese de cerca de trezentas páginas, oitenta e dois relatórios; estes eram tão arrasadores para a França, que após negociações com o governo ela liberou apenas alguns excertos, dos quais o *Monde* divulgou certas conclusões. Mas o texto completo circulou clandestinamente. O *Observateur* lembrou a prudência com que a Cruz Vermelha Internacional falara dos campos nazistas: seus investigadores não haviam visto com os próprios olhos as câmaras de gás; os oficiais lhes haviam afirmado que as encomendas enviadas aos deportados lhes eram fielmente distribuídas etc. Evidentemente, desta vez também se tinha feito tudo para ludibriá-la, e ela mais ou menos se prestara a isso. Entretanto, embora eu fosse corajosa, tive dificuldade de continuar essa leitura até o fim.

O *Témoignage Chrétien* e depois o *Monde* divulgaram em dezembro o relatório de um padre, oficial da reserva, sobre as instruções dadas em agosto

---

[182] Gouvernement Provisoire de la République Argéline (Governo Provisório da República Argelina). (N.T.)

[183] Em *Réforme*, em 14 de novembro de 1959, o pastor Beaumont publicou notas de viagem, tomadas entre 14 e 29 de outubro: "Em muitos centros de reagrupamento, a ração média corresponde, calculada em calorias, a um quarto ou um terço do mínimo vital." O número de reagrupados havia aumentado em 30% desde o mês de março, e os campos de concentração certamente não seriam suprimidos antes do fim da guerra. Em geral, cada pessoa tinha direito a 160g de trigo duro, ou seja, setecentas calorias por dia; mas, em um dos casos encontrados, a quantidade de trigo concedida baixava para 90g por dia, ou seja, quatrocentas calorias. Num outro caso extremo, na fazenda Michel, de cada mil crianças, quinhentas morreram. O pastor Beaumont vira com os próprios olhos, num campo "normal", crianças mortas ou agonizantes de fome; "crianças cujas tíbias e perônios se destacavam sob a pele, crianças completamente raquíticas, acometidas de malária, para as quais não havia quinina, e que tremiam de febre jogadas no chão, sem coberta".

[184] Confirmava a descrição feita em julho pelo *El Moudjahid*; dois mil e quinhentos prisioneiros estavam ali encerrados: homens considerados particularmente perigosos, e "intelectuais"; brutalizavam-nos, torturavam-nos, espancavam-nos, assassinavam-nos; muitos enlouqueciam, e outros se matavam.

de 1958 ao "centro de treinamento para a guerra subversiva", do campo Jeanne d'Arc "O capitão L... nos deu cinco pontos, de maneira precisa, com as objeções e as respostas. 1º: É preciso que a tortura seja limpa; 2º: que ela não ocorra na presença de jovens; 3º: que não ocorra na presença de sádicos; 4º: que seja feita por um oficial ou por alguém responsável; 5º: e sobretudo que seja humana, isto é, que cesse assim que o sujeito fale; e sobretudo que não deixe vestígios. Mediante o que — conclusão —, você tem direito a água e eletricidade."

Esse relatório passou mais ou menos despercebido. Os franceses flutuavam numa indiferença em que as palavras saber e ignorar se equivaliam, de tal maneira que nenhuma revelação significava qualquer informação. A Comissão Audin demonstrou que Audin fora estrangulado. A opinião pública mal teve notícia do caso, e não desejava saber mais.

Após dias de barricadas, De Gaulle fez votar os plenos poderes. A atmosfera tornava-se cada dia menos respirável. Nas encruzilhadas, diante dos distritos policiais, viam-se tiras armados de metralhadoras, com o olhar vigilante; se alguém se aproximava à noite para pedir informação, apontavam a arma: na noite de São Silvestre, em Gennevilliers, um deles matou um rapaz de dezessete anos, que voltava de uma festa de Réveillon. Ao voltar para casa de carro às duas horas da manhã, em alta velocidade, Bost foi interceptado por um carro de polícia. Teve que parar e mostrar seus documentos; profissão: jornalista. "Um intelectual!", disse o policial, com ódio. Enquanto o ameaçava com sua metralhadora, outros revistaram a mala. Não se podia andar cem metros sem ver africanos do norte embarcados em carros de polícia. Passando em frente à chefatura de Polícia, vi um deles, ensanguentado, deitado numa maca. Um domingo, percorri de carro com Lanzmann a rua de La Chapelle: tiras protegidos por coletes à prova de balas, metralhadoras na mão, revistavam homens colados às paredes, com os braços levantados: argelinos bem barbeados e penteados, usando seus mais belos ternos; para eles também era domingo; mãos mergulhavam em seus bolsos, exibindo sua pobre intimidade: um maço de cigarros, um lenço. Desisti de passear em Paris.

No entanto, era certo que a Argélia obteria sua independência: toda a África estava de acordo. Quando a Guiné respondeu corajosamente não ao referendo, em 28 de setembro de 1958, a França rompeu com ela; mas não rompeu com as outras nações que, um ano mais tarde, fingiram engajar-se no mesmo caminho.[185] A Bélgica, para evitar uma revolução no Congo, e salvaguardar seus interesses econômicos, descolonizava a toda velocidade. As últimas colônias inglesas haviam recebido a garantia de que seriam logo emancipadas. Durante o verão, em Monróvia, as jovens nações africanas haviam manifestado solidariedade à Argélia.

As coisas estavam menos sombrias no resto do mundo do que entre nós. Sob certos aspectos, a tensão entre os blocos subsistia: na Alemanha Ocidental sobretudo, fanaticamente anticomunista, e onde renascia o antissemitismo, cruzes gamadas apareceram sobre as sinagogas na noite de Natal. Mas a viagem de Khruchtchev a Washington e a viagem que Eisenhower deveria fazer a Moscou eram acontecimentos sem precedentes. O Lunik 2 e o Lunik 3 confirmavam a superioridade espacial da URSS: era uma garantia de paz.

***

Assim como se aconselha os passageiros de um avião acidentado a tomarem logo um outro, o velho Mirande, após o fracasso de *Nékrassov*, exortara Sartre: "Escreva logo uma nova peça; se não fizer isso, está perdido, nunca mais irá ousar." Embora deixando passar vários anos, Sartre ousara. Eu gostava tanto de *Sequestrados de Altona* que reencontrei minhas ilusões de antanho: uma obra bem-sucedida transfigura e justifica a vida de seu autor; Sartre contudo, talvez por causa das circunstâncias em que a iniciara, jamais gostou dessa peça. Vera Korène montou-a no Renaissance e, de volta a Paris, assisti a quase todos os ensaios, muitas vezes maravilhada, muitas vezes decepcionada. Senti um prazer sem reservas na tarde em que Reggiani, corrigindo-se de ensaio em ensaio com um rigor sutil, gravou o monólogo final, que eu achava tão belo; era tranquilizador dizer-se que nenhuma de suas inflexões se modificaria. Pois os atores passavam por altos e baixos; nos cenários e nos figurinos, nem tudo me satisfazia e as mudanças faziam com que o espetáculo demorasse demais. Ajudei Sartre e fazer alguns cortes, encorajei-o a recusar outros que a direção exigia. Vera Korène e Simone

---

[185] Na verdade, salvo o Mali, elas não se voltaram contra a exploração colonialista, e os autênticos revolucionários continuaram a luta. Na República dos Camarões ela foi e continua a ser sangrenta.

Berriau, sua sócia, profetizavam catástrofes; cabalas, querelas, tempestades — eu estava habituada. Mas desta vez a cartada era séria. Nunca vira Sartre interrogar-se tão ansiosamente sobre a acolhida que teria. Entre duas sessões de trabalho percorríamos o bulevar, sob um céu amarelo, e a inquietude tomava conta de mim: "Mesmo que seja um fracasso, você terá escrito a sua melhor peça", dizia-lhe eu; talvez, mas que desastre para os atores que haviam comprometido sua temporada! Quanto a ele, ficaria desencantado com o teatro. Pensei também nos inimigos que declaravam há anos que ele estava acabado, e que se apressariam com prazer em enterrá-lo. Já corriam boatos maldosos quando foi preciso adiar a primeira apresentação porque nem as intérpretes nem os maquinistas estavam prontos. Finalmente, a estreia; de pé, no fundo da plateia, observei a assistência; sufocava-se na sala malventilada: isso não ajudava a acompanhar um texto de riquezas difíceis. Decididamente eu lamentava que Reggiani não tivesse rasgado, como estava indicado, seu uniforme belo demais. Outras imperfeições de repente me cegavam. Mais comovida do que nunca com a revelação pública de uma obra que me tocava até a medula, suando e transida de angústia, encostei-me a uma coluna, pensando que ia desmaiar. Ao fim do espetáculo, aplaudiram com tanto entusiasmo, que senti a partida ganha. Mesmo assim, estava agitada quando, algumas noites depois, o pano subiu diante do público hostil dos ensaios gerais. Passeei com Sartre pelo bulevar, um edifício ardia em chamas e paramos para olhar os bombeiros lutarem contra o incêndio. Entrei num camarote, em outro, assistindo ao espetáculo aos pedaços, e constatando que, como sempre acontece, o elenco representava menos bem do que nas outras noites. No intervalo, Vera Korène e seus amigos se desmancharam em lamentações sobre a duração da peça: isso não levantava o moral dos atores, meio mortos de medo. Depois que desceu a cortina amigos espalharam-se nos camarins dos atores, nas escadas e nos corredores. Eles gostavam da peça, mas queixavam-se de terem ouvido mal o texto e de terem sentido calor demais. Eu tinha os nervos em frangalhos quando me vi no primeiro andar do Falstaff, onde Sartre convidara seus intérpretes e algumas pessoas íntimas para cear. Estávamos todos inquietos. Sartre resignara-se a novos cortes, mas com pesar, e eu sentia que ele estava atormentado. Esvaziou um copo, dois copos; outrora eu nunca pensava em contá-los, quanto mais ele bebia, mais engraçado ficava: isso era antigamente, encheu um terceiro copo, eu quis impedi-lo e ele riu, sem obedecer; então as lembranças do último inverno abateram-se sobre mim — as destilações, as escapadas do coração — e, com a ajuda do uísque, fui tomada de tal pânico, que caí em pranto; imediatamente, Sartre pousou o copo. Em meio à agitação geral, o incidente passou quase despercebido.

Sartre suprimiu ou cortou cenas, aliviando a representação em cerca de meia hora. E sem ter lido qualquer crítica, voou para a Irlanda, onde Huston o esperava para rever com ele o roteiro sobre Freud. Na quinta-feira, assim que acordei, fui comprar diários e semanários, e os percorri num terraço, ao sol: era uma bela manhã de outubro. Quase todos os críticos achavam, como eu, que *Sequestrados* superava as outras peças de Sartre. Enviei-lhe logo um telegrama e os artigos.

Quando ele voltou, dez dias mais tarde, o sucesso de *Sequestrados* estava garantido. Com o coração leve, contou-me sua temporada na Irlanda. Huston o recebera, de smoking vermelho à porta de sua casa; era uma construção imensa, ainda inacabada, cheia de objetos de arte caros e extravagantes, e circundada de prados tão vastos, que se levava horas para atravessá-los a pé: de manhã, Huston percorria-os a cavalo; acontecia-lhe cair de vez em quando. Convidava pessoas de todo tipo e de repente largava-as no meio de uma conversa que Sartre se esforçava em vão para continuar: tivera assim que entreter um bispo anglicano, um marajá, um eminente especialista em caça à raposa, e nenhum deles sabia francês. Com todos os seus dias tomados por discussões com Reinhart e Huston, ele viu pouco a Irlanda, mas saboreou a graça fúnebre do país. Achava ingrato o ofício de roteirista.

Tentei pela primeira vez uma experiência nessa área. Cayatte me propôs trabalhar com ele num filme sobre o divórcio; eu não tinha nenhuma vontade de escrever sobre "os problemas do casal", mas conhecia-os bem: recebera tantas cartas, ouvira tantas histórias; a ideia de utilizar esse saber num roteiro me tentou. Duas coisas me incomodavam. O cinema não permite a mesma franqueza que a literatura; impossível evocar a guerra da Argélia, e portanto situar meus heróis em seu contexto social; mas, a meu ver, a sua aventura, assim desligada das circunstâncias, não tinha verdade: conseguiria eu interessar-me? Por outro lado, Cayatte desejava que tanto a versão da mulher quanto a do homem sobre o conflito que os opunha fossem apresentadas em dois relatos independentes. Objetei que a vida de um casal constitui uma história de dupla face, e não duas histórias. Ele insistiu. Mas acabou reconhecendo, ao ler meu script, que essa divisão o prejudicava. Fundi as duas partes. Teria sido melhor refazer tudo, mas eu estava presa aos meus personagens e às intrigas nas quais os comprometera; minha imaginação perdera a liberdade. Logo compreendi que, apesar da nossa boa vontade comum, havia um mal-entendido entre mim e Cayatte; penso que ele se dirigiu a mim porque me atribuem gosto pelos "romances de tese"; ora, eu já disse que não os aprecio. No meu roteiro evitei demonstrar o que quer que fosse, todos os episódios eram ambíguos, e as ligações múltiplas e nebulosas. Cayatte teria ou não razão em achá-lo confuso? Segundo ele, faltava o "achado" que surpreende o público e garante o sucesso; eu teria preferido cativar o público insidiosamente com um tom, um estilo, como fez por exemplo Bresson em *Les Dames du Bois de Boulogne*, onde se nota um despojamento tão intenso. Enfim, bem: Cayatte sabia o que queria, e não era o que eu lhe oferecia. Compreendi muito bem que descartasse o meu projeto.

Durante as poucas semanas em que me ocupei desse roteiro, não interrompi a revisão do meu livro. Estimulada pela aprovação, e mais ainda pelas críticas de Sartre, Bost e Lanzmann, eu cortava, acrescentava, corrigia, rasgava, recomeçava, sonhava, decidia. Para mim é um período privilegiado quando escapo enfim à vertigem das folhas em branco, sem que minha liberdade esteja ainda presa nas páginas escritas. Passei também horas lendo e relendo o manuscrito da *Crítica da razão dialética*; debati-me às apalpadelas através de obscuros túneis, mas, à saída, sentia-me muitas vezes transportada por um prazer que me rejuvenescia vinte anos. *Sequestrados* e a *Crítica* resgatavam para mim o marasmo e os medos do outono precedente. Através de Sartre e por minha própria conta, a aventura de escrever reencontrava o gosto da exaltação.

Passar horas, meses e anos falando com pessoas que não conhecemos: atividade estranha. Felizmente, o acaso de vez em quando me dá um pequeno presente. No verão de 1955, em Bayonne, entrei numa livraria: "Há um livro que me agrada", dizia uma jovem; "é duro, é especial, mas eu gosto: *Os mandarins*". Sinto prazer em ver, em carne e osso, leitores que me apreciam. Encontro também certa satisfação em deparar com aqueles que me detestam. Num outro verão, eu almoçava num hotel dos Pireneus com Lanzmann;

alguns espanhóis e uma francesa casada com um deles, chamado Carlo, comiam numa mesa vizinha; ela falou de sua criadagem: "Tenho um motorista, é cômodo: *isso* leva as crianças para passear." Melancólica e narcisista, ela analisou as sutilezas de seu coração: "Gosto de tudo aquilo que não se parece comigo." Depois, sua voz elevou-se: "Uma louca, uma anormal, um livro ignóbil..." Tratava-se de O segundo sexo e de mim. Saímos antes deles, e, ao entrar no carro, entreguei a um garçom um cartão postal assinado: "À Mme Carlo, que tem o bom gosto de apreciar o que não se parece com ela."

Desde a publicação de O segundo sexo recebo muitas cartas. Há algumas supérfluas: caçadores de autógrafos, esnobes, tagarelas, curiosos. Algumas me insultam: não fico zangada. As injúrias de um antissemita que se assina, espirituosamente, Merdocu, judeu romeno, ou de uma *pied-noir* que me acusa de coprofagia e descreve meus festins, só podem divertir-me. As de um tenente "Argélia francesa", que me deseja doze balas no corpo, confirmam a ideia que tenho dos militares. Outras cartas azedas, invejosas ou irritadas ajudam-me a compreender as resistências que meus livros encontram. A maioria dos meus correspondentes me declaram sua simpatia, confiam-me suas dificuldades, pedem conselhos ou esclarecimentos: encorajam-me, e por vezes enriquecem minha experiência. Durante a guerra da Argélia, jovens soldados que sentiam necessidade de se abrir com alguém fizeram-me partilhar sua vivência. Pedem-me muitas vezes para ler manuscritos, e eu aceito sempre.

Entre as pessoas que desejam encontrar-me, muitas são indiscretas. "Gostaria de conversar com a senhora para conhecer suas ideias sobre a mulher", pede-me uma jovem. "Leia O segundo sexo." "Não tenho tempo de ler." "Eu não tenho tempo de conversar." Mas recebo de bom grado estudantes dos dois sexos. Há alguns que conhecem bem os livros de Sartre ou os meus, e que desejam esclarecimentos, uma discussão: para mim é uma oportunidade, enquanto os atendo, de ficar sabendo o que os jovens pensam e sabem, o que eles querem e como vivem. Acho reconfortante o convívio com moças cuja existência ainda não está comprometida. Tive uma agradável surpresa ao ver entrar no meu apartamento uma beldade loura de vinte anos, quando esperava receber, a julgar por suas cartas, uma mãe de família oprimida. Franco-canadense, sufocada pela família, por seu meio e por seu país, depois de ter avançado muito nos estudos ela ganhara, num concurso, uma bolsa para vir estudar direção teatral em Paris. Algumas recomendações, seu físico e sua inteligência ajudaram-na a fazer muito rapidamente relações nos meios teatrais parisienses; frequentava vários cursos; acompanhava ensaios: assistiu diariamente aos ensaios de *Tête d'Or*. Contava-me suas impressões: nada escapava ao seu olhar crítico e alegre. Difíceis problemas pessoais não a impediam de se preocupar seriamente com aqueles que agitavam o mundo. Senti sua falta quando ela voltou para o Canadá. Muito diferente, Jacqueline O. conseguira, também ela, libertar-se de um meio sufocante, e superar graves angústias interiores; eu admirava sua coragem; aos vinte anos, professora na Suíça, preparava-se para diplomar-se, trabalhava arduamente em novelas, escrevia em jornais, militava pelo socialismo, pelo voto das mulheres e pela independência delas; morena e roliça, suas longas unhas verdes ou violeta e seus brincos exagerados faziam um contraste interessante com sua atitude estudada. Mais tarde ela se despediria da Europa e partiria como professora para o Mali, onde vive bem.

Tive também muita amizade por um jovem marselhês que há anos, através de cartas, me oferecia a sua. Depois de uma adolescência difícil, fora marinheiro, depois lavador de pratos num restaurante em Londres, e ainda não sei mais o quê: "Sou um desadaptado clássico", disse-me, com modéstia, na primeira vez em que veio à minha casa. Tinha uma cara fechada, a que um sorriso desajeitado conferia um ar infantil. Era contra a sociedade, contra os adultos, contra tudo. Trabalhando para ganhar a vida, dera um jeito de estudar e passar nos exames. De seu anarquismo hesitante, passara a um engajamento extremo, e mesmo perigoso. Repreendia-me frequentemente. Quando foi publicada *A longa marcha*, livro menos vivo que *L'Amérique au jour le jour*, perguntou-me inquieto, fazendo com a mão um gesto que representava uma degringolada: "A senhora vai continuar assim?"

Mulheres jovens, sobretudo, vêm procurar-me. Muitas delas, aos trinta anos, sentem-se acuadas por uma situação — marido, filhos, trabalho — que se criou com a sua cumplicidade, e contudo a contragosto: resolvem a situação com maior ou menor sorte. Muitas vezes tentam escrever. Discutem comigo seus problemas. Algumas me fazem confidências extravagantes. Encontrei duas ou três vezes, a propósito de um manuscrito medíocre, a Mme C., de uns trinta anos, confortavelmente casada e mãe de duas crianças, que me pôs a par de sua vida conjugal: ela era frígida; seu marido consolava-se com sua melhor amiga, Denise, e ambos faziam farras. "Por quê? Que é que você ganha com isso?", perguntara ela a Denise. "Uma extraordinária cumplicidade; e depois, a ternura", respondeu. Certa manhã, a Mme C. me telefonou: precisava ver-me imediatamente. Bateu à minha porta à tarde, e começou a contar. Ávida de conhecer a cumplicidade e a ternura, acompanhara de carro seu marido e Denise ao Bois de Boulogne, pela avenida das Acácias, onde, segundo me contou, os farristas se convidam de um carro para o outro. C., o marido, escolheu dois calhambeques onde só havia machos. "Vocês não vão se aborrecer, meninas", disse ele, trazendo para o apartamento deles dois homens, e depois quatro outros: mecânicos, garagistas, encantados com a oportunidade. Beberam muito. O marido contentara-se em olhar. Assim que os convidados saíram, ele se aproximou de Denise e murmurou palavras doces: a ternura era para ela! Desespero, cena; Denise foi embora: "Você estragou tudo!", gritou C., que se retirou, batendo a porta. Ela correu atrás dele, cada qual tomou seu próprio carro e rodaram, um atrás do outro, em grande velocidade. No meio das Halles, ele parou e ela bateu com o carro. Esquecera seus documentos: policiais prenderam-na na delegacia até que o marido os trouxesse. Voltaram para casa e viram chegar, ameaçadores, dois dos visitantes noturnos: um dos outros quatro lhes havia roubado as carteiras. Esgotada, ela se deitara na cama, recordando suas atribulações: "E de repente", disse-me, "senti algo que jamais sentira..."

Por que fizera questão de me contar tudo aquilo? Em todo caso, o fato me deu um curioso apanhado dos costumes parisienses. Certa noite, Olga, Bost, Lanzmann e eu passamos de carro pela avenida das Acácias. Os carros rodavam lentamente, ultrapassavam-se, esperavam-se; trocavam-se sorrisos. As hierarquias sociais eram respeitosas. Carros de luxo seguiam carros de luxo; os carros pequenos aglomeravam-se entre si. Entramos no jogo, e logo havia atrás de nós um 403 e um Aronde. Bost acelerou, e deixamos os carros para trás, conscientes de ter faltado a todas as regras do *savoir-vivre*. Quanto à Mme C., perdi-a de vista.

Todo escritor um pouco conhecido recebe cartas de gente meio louca; respondendo-lhes, eu não ajudaria a eles nem a mim; por isso, abstenho-me. Mas às vezes eles insistem. Certa manhã, em Roma, recebi um telegrama — em inglês — da Filadélfia: "Procuro em vão encontrá-la há quinze dias. Telefonarei terça-feira meio-dia. *Love*. Lucy." Essa pessoa parecia conhecer-

-me, e até bastante bem: quem seria? A voz ao telefone me falou em tom íntimo; em inglês, àquela distância, foi-me um tanto ininteligível. "Desculpe", disse eu, "mas quando nos encontramos? Não consigo situá-la..." Houve um longo silêncio: "Não consegue situar-me!" Desligaram. Pensei com desprazer que Lucy encontrara em Paris alguém que se fizera passar por mim. Ela telefonou novamente, à tarde. "Mme De Beauvoir", disse-me, em tom cerimonioso, "estarei em Paris no dia 17 de dezembro, e gostaria de discutir com a senhora sobre o existencialismo." "Mas com prazer", respondi, desligando: eu compreendera. Soube depois que, para conseguir meu endereço, Lucy telefonara antes ao meu editor americano, e depois, por indicação deste, a Ellen Wright, em Paris. Começaram a chegar cartas: três ou quatro por semana. Lucy possuía uma loja de antiguidades, ia vender seu negócio para vir viver comigo, ia comprar um mantô novo, descrevia-me a minha alegria quando ela batesse à minha porta! "Há um mal-entendido", escrevi-lhe várias vezes. Então eu recebia um telegrama ou uma carta, em tom formal: "Poderia conceder-me uma entrevista para discutir *La morale de l'ambiguïté*?" Nesse meio-tempo, fui avisada de que havia na alfândega encomendas cujo porte eu deveria pagar: um busto de Nefertite, um "anel de noivado" no valor de cinquenta mil francos. Mandei devolver tudo ao remetente. Escrevi novamente: "Não venha." Lucy, então, telefonou para Ellen Wright: "Devo ir, ou não?" "Não", respondeu Ellen. Recebi uma última carta: "Vendi minha loja, estou sem recursos, e agora você me rejeita! Deu-me uma lição, mas sou má aluna: não a compreendi. Nem mesmo posso censurá-la, de tal modo se resguardou." Um mês mais tarde, entregaram-me um pacote que vinha de Filadélfia: cuidadosamente embalada, uma travessa de cadeira.

***

Em 1958, contra a guerra da Argélia, contra as ameaças fascistas, estávamos muito próximos dos comunistas franceses. Sartre interviera no Movimento da Paz, pedindo que este lutasse pela independência da Argélia, assim como lutara pela independência do Vietnã. Em abril, com Servan-Schreiber, ele se reunira com comunistas no hotel Moderne visando à criação de comitês antifascistas. A partir de maio, militáramos lado a lado. Através de Guttuso, que ele revira na primavera de 1958, retomara contato com os comunistas italianos. Em 1959, Aragon lhe transmitira um convite de Orlova, que fazia o papel de Lizzie na *Prostituta respeitosa*, e de seu marido, Alexandrov. Não pensou que pudesse aceitá-la, mas quando a embaixada soviética nos convidou para um jantar, comparecemos. Estavam lá Maurois e Aragon, que se dispunham a escrever paralelamente a história dos EUA e a da URSS, Elsa Triolet, os Claude Gallimard, os Julliard, Dutourd, que evitou apertar nossas mãos, poupando-nos a sua. Eu estava à esquerda de Vinogradov, que se mostrava radiante porque se esperava para breve a vinda de Khruchtchev a Paris; meu outro vizinho era Leonid Leonov; eu lera, vinte anos antes, *Os texugos*; mas ele quase não falava francês. Conseguiu dizer-me: "A filosofia acabou... A equação de Einstein torna toda filosofia inútil." Elsa Triolet estava sentada à minha frente, entre o embaixador e Sartre; seus cabelos estavam grisalhos, os olhos continuavam muito azuis, e ela conservava um lindo sorriso que contrastava com a amargura de seu rosto. Como se falasse de descobertas que permitiam rejuvenescer os velhos e prolongar a vida, ela disse, impulsivamente: "Ah, não! A vida já dura demais; já estou chegando ao fim, não me obriguem a voltar atrás." Tínhamos um traço em comum, como me dissera Camus em 1946: o horror de envelhecer. Certo dia, aludindo ao começo de *Le Cheval roux* — onde a narradora é tão drasticamente desfigurada por uma explosão atômica que dissimula os traumas sob uma meia —, Sartre perguntara-lhe como ela tivera coragem de se imaginar com aquele rosto pavoroso. "Mas basta olhar-me no espelho", respondeu. No momento eu dissera a mim mesma: "Ela se engana: uma mulher velha não é uma mulher feia. É uma mulher velha." Aos olhos dos outros, pode ser; mas para si mesma, passado um certo limite, o espelho reflete uma mulher desfigurada. Agora eu a compreendia. Depois do jantar, encontrei-me num canto da sala com Maurois. Eu esperava que ele me falasse de Virginia Woolf, que conhecera; mas a conversa não teve sequência.

Em outubro, Lanzmann me falou de um livro que lhe parecia muito bom: *O último justo*. Eu duvidava. Depois de tantas narrativas verídicas, depois de *O III Reich e os judeus*, de Poliakoff, o que esperar de uma ficção? Abri o livro certa noite e não consegui largá-lo. Quando, depois, o romance se tornou célebre e foi discutido, recusei muitas críticas que lhe foram dirigidas. Mesmo assim, na segunda leitura, fiz algumas restrições: defeitos na escrita; uma religiosidade que emerge sob hábeis camuflagens. Talvez também a autenticidade da obra se alie a uma astúcia exagerada; mas, enfim, a literatura é isso; como diz Cocteau: um grito escrito.

    Lanzmann foi apresentado a Schwartz-Bart, e este nos convidou, numa tarde de domingo. Schwartz-Bart estava vestido como proletário, mas era a cabeça de um intelectual que emergia do pulôver de gola rulê; o olhar inquieto, a boca sensível e ambígua, falava voluvelmente, com voz ciciante, apenas perceptível. Absolutamente indiferente aos valores mundanos — dinheiro, distinções, privilégios, renome —, não parecia contudo aborrecido com o interesse que suscitava: "No momento não estou trabalhando, portanto as entrevistas e o resto não me incomodam: isso faz parte do ofício." Escrevera seu livro da melhor maneira possível durante quatro anos: parecia-lhe coerente fazer o que fosse necessário para que o lessem. Mesmo assim, à indiscrição de certos jornalistas respondera taxativo: nada tinha de cordeiro; se professava a não violência, era — pareceu-me — porque naquele momento esta representava para ele a arma mais oportuna e mais agressiva; o que não o impedia de apreciá-la sinceramente. Acreditava na natureza humana, e pensava que esta era boa; desejava que a sociedade se contentasse com o que chamava "o mínimo humano", em vez de correr atrás do progresso; em suma, inclinava-se mais para o ideal do santo do que para o ideal do revolucionário. Lanzmann e eu não concordávamos com ele em certos pontos, mas ele não aceitava bem uma discussão. Espontâneo, caloroso, dava a princípio a impressão de distensão e abandono; depois percebia-se que, ajustando exatamente suas ideias às suas emoções, construíra para si um sistema de defesa quase inexpugnável; não modificaria em uma só polegada as suas posições, a menos que remanejasse totalmente a sua relação com o mundo. Percebemos depois que ele não nos dissera nada além do que iria revelar à imprensa e à televisão; era normal, mas isso desmentia a ilusão de confiante intimidade que ele criava com seu desembaraço. Mesmo reduzido a uma versão um pouco oficial, o relato de seus aprendizados era apaixonante; tinha uma inteligência rápida, um encanto feito de doçura e de orgulho, de aspereza e de paciência, de sinceridade e de reticências; em vez das duas horas que eu previra, permaneci seis. Quando revi Schwartz-Bart, foi, ainda dessa vez, com Lanzmann, no La Coupole; o sucesso de seu livro, disputado pelos júris do Femina e do Goncourt, desagradara a escritores judaizantes pouco conhecidos; estes inspiraram a Parinaud, que cobiçava a láurea do Goncourt para um escritor da sua linha, um artigo que, graças ao comentário feito sobre ele por Bernard Franck no *Observateur*, divertiu toda Paris. Acusavam Schwartz-Bart de erros anódinos e, o que era mais grave, de plágio; na primeira parte de seu romance, efetivamente, umas dez linhas reproduziam de maneira muito próxima uma passagem de uma antiga crônica; não era coisa grave. Esse início era uma imitação; para plagiar textos, é preciso que estes tenham penetrado em nós: certas frases incrustam-se na nossa memória, a tal ponto que acabamos por pensar que são nossas; eu passara por essa experiência quando escrevi *Todos os homens são mortais*. Mas, como eu pressentira, se Schwartz-Bart se resguardava com tanto cuidado, era porque estava vulnerável; essa cabala o perturbara. Sentou-se à minha frente, fremindo de calma: "Acabou, não me preocupo mais", disse; "passei a noite refletindo, calmamente. Pouco me importa o prêmio; dinheiro, já ganhei bastante. O que é terrível é perder a honra: mas vou recuperá-la. Vou desaparecer durante quatro anos; voltarei com um novo livro; e verão que sou realmente um escritor." Asseguramos-lhe que os Goncourt não se deixariam enganar, e que nenhum de seus leitores duvidaria de que ele fosse o autor de seu livro. Ele mal escutava: "Prefiro preparar-me para o pior; é o meu método; preparo-me com precisão, aceito, e não temo mais nada."

Depois do Goncourt, prematuramente concedido, para ódio das senhoras do Femina, recebi em casa Lanzmann e Schwartz-Bart. Fiquei surpresa ao vê-lo entrar, e tive vontade de rir: estava disfarçado; usava uma longa capa verde, um chapéu também verde, abas abaixadas, e óculos pretos: "Estou acuado", disse, agitado. "As pessoas me abordam nos cafés, pedem-me autógrafo, chamam-me de Senhor Schwartz. Senhor! Imaginem só!" Ele compreendia com sincero pavor que a fama isola e mutila. E se inquietava com as obrigações que ela impõe; quantas cartas recebia! Confidências, confissões, agradecimentos, queixas, pedidos; parecia-lhe que devia ir visitar cada um de seus correspondentes; sentia-se responsável aos olhos de toda a comunidade judaica. Havia um pouco de complacência em seu desvario, e tive vontade de garantir-lhe que dali a alguns meses ele poderia passear com toda tranquilidade nas ruas. Mas, enfim, não se passa tão rapidamente da obscuridade à glória, da miséria à opulência, sem se perturbar com isso. Quer fazer com esses milhões que lhe caíam sobre a cabeça? Havia gente à sua volta que precisava de ajuda, mas modesta, e essas pessoas eram poucas.

Quanto a ele, nada desejava. Comprar um apartamento não, evidentemente. Um carro? não saberia dirigi-lo: "Não tenho sonhos", disse-nos; hesitou: "Sim, um, pequeno: uma motocicleta, para passear pelos arredores aos domingos." Acrescentou, com meio sorriso: "E depois, roda-se facilmente com uma motocicleta, é cômodo." Sugerimos uma vitrola, discos: três discos lhe bastavam: "Eu poderia ouvir indefinidamente a Sétima sinfonia; não vejo vantagem em comprar cinquenta discos." Tinha sincera antipatia pelo luxo, e enormes escrúpulos com relação ao dinheiro, pois confrontava o preço das coisas com o salário dos operários; tomara um táxi para vir à minha casa: isso representava duas horas de trabalho para um servente. Eu o compreendia porque o dinheiro, desde que eu passara a possuí-lo, trouxera-me problemas cuja solução eu não encontrara. Ele falou também de seus projetos. Um romance sobre a condição dos negros; sensível à opressão sofrida pelas mulheres, tomaria como heroína uma mulher de cor. Eu me perguntava se ele conseguiria fazê-la viver de maneira tão convincente como o conseguira com Ernie. Em todo caso, ele ia partir para a Martinica.

Só fui revê-lo um ano mais tarde, quando voltou para assinar o Manifesto dos 121. Não havia cedido às facilidades da fama, nem às do dinheiro, embora o usasse com mais naturalidade, e embora o ascetismo não fosse mais o seu ideal — nem para ele, nem para a humanidade. Seus amigos da Martinica o haviam convertido à violência revolucionária: lera com total aprovação, na *Temps Modernes*, o primeiro capítulo de *Os condenados da Terra*, onde Fanon mostra que os oprimidos só têm esse caminho para conquistar sua humanidade. Interiormente mais livre que outrora, mais aberto, pareceu-me que tinha também os pés mais bem plantados na terra. Provava com suas mudanças que preferia a verdade do mundo às suas próprias opiniões, e o risco ao conforto das certezas.

Estava eu sozinha em casa de Sartre, certa tarde de janeiro, quando o telefonou tocou: "Camus morreu há pouco, num desastre de automóvel" — disse-me Lanzmann. Ele voltava do sul com um amigo, o carro batera numa árvore, e ele morrera instantaneamente. Pousei o fone, a garganta apertada, os lábios trêmulos: "Não vou começar a chorar", disse a mim mesma. "Ele não era mais nada para mim." Fiquei de pé, junto à janela, olhando a noite cair sobre Saint-Germain-des-Prés, tão incapaz de me acalmar quanto de mergulhar numa tristeza verdadeira. Sartre também ficou emocionado, e durante toda a noite, com Bost, falamos de Camus. Antes de me deitar, tomei beladenal; desde que Sartre se curara, eu não o usava mais, e devia ter dormido; mas não preguei os olhos. Levantei-me, vestida de qualquer maneira, e fui caminhar pela noite. Não era do homem de cinquenta anos que eu tinha saudade; não era daquele justo sem justiça, de arrogância desconfiada e rigorosamente mascarada, que rasgara meu coração ao consentir nos crimes da França; era o companheiro dos anos de esperança, cujo rosto despojado brincava e ria tão bem, o jovem escritor ambicioso, louco pela vida, por seus prazeres, por seus triunfos, pelo companheirismo, pela amizade, pelo amor e pela felicidade. A morte o ressuscitava; para ele, o tempo não mais existia, o ontem não tinha mais verdade que o anteontem; Camus, tal como eu o amara, surgia na noite, no mesmo instante reencontrado e dolorosamente perdido. Sempre que morre um homem, morre uma criança, um adolescente, um jovem: cada um chora aquele que lhe foi caro. Caía uma chuva fina e fria; na avenida Orléans, mendigos dormiam nas soleiras das portas, encolhidos e transidos de frio. Tudo me dilacerava: aquela miséria, aquela infelicidade, aquela cidade, o mundo, e a vida, e a morte.

Ao despertar, pensei: "Ele não vê esta manhã." Não era a primeira vez que eu me dizia isso; mas cada vez é a primeira. Lembro-me de que Cayatte chegou, discutimos o roteiro; essa conversa não passava de um simulacro; longe de ter deixado o mundo, Camus, pela violência do acontecimento que o golpeara, tornara-se o centro desse mundo, e eu não enxergava mais, a não ser através dos seus olhos extintos; eu passara para o lado onde não há nada, e constatava, estúpida e desolada, as coisas que continuariam a existir, quando eu não mais estivesse aqui; durante todo o dia oscilei à beira da impossível experiência: tocar o avesso da minha própria ausência.

Naquela noite, eu programara rever *Cidadão Kane*; cheguei ao cinema muito cedo e me sentei no café que ficava em frente, na avenida do Opéra. Pessoas liam os jornais, indiferentes à manchete da primeira página e à foto que me cegava. Eu pensava na mulher que amava Camus, no suplício de encontrar em todas as esquinas aquele rosto público, que parecia pertencer a todos tanto quanto a ela, e que não tinha mais boca para dizer-lhe o contrário. Isso me parecia um refinamento, fanfarras que clamam os quatro ventos nosso desespero secreto. Michel Gallimard ficara gravemente ferido; ele estivera ligado às nossas festas, em 1944 e 1945; também ele morreu.

Vian, Camus, Michel: a série dos mortos começara, e continuaria até a minha, que viria inevitavelmente, cedo demais ou tarde demais.

Naquele inverno, tornei a explorar uma área que negligenciara há muito tempo: a música. Dera a minha vitrola, e não ia mais a concertos. Minha jovem amiga canadense, que assistira aos concertos do Domaine Musical, me animara a ir a um deles: era bem perto da casa de Sartre, no Odéon, e ela se encarregaria de comprar as entradas. Eu tinha medo de não entender nada. Mas Sartre teve a curiosidade de experimentar. O fato é que nos sentimos perdidos. Por que zombavam? Por que aplaudiam? Wahl, Merleau-Ponty e Lefèvre-Pontalis, que vimos no intervalo, também não entendiam nada, mas isso não parecia incomodá-los. Sartre ficou irritado com esse atraso. Comprei uma vitrola e discos, enriquecendo minha coleção a cada mês. Sartre me ajudava a descobrir as séries. Webern ocupou-nos durante todo o inverno; achei sua música tão densa quanto uma escultura de Giacometti: nenhum excesso, nem uma nota supérflua. Eu retrocedia no passado; a música como um todo me interessava. Passava meus momentos livres junto ao toca-discos. Duas ou três noites por semana, instalava-me no meu sofá, com um copo de uísque, e escutava, durante três ou quatro horas. Isso ainda me acontece com frequência. A música é muito mais importante para mim agora do que em qualquer outro período da minha vida.

Perguntei-me por quê; certamente, a primeira razão é material: a existência do microssulco, a qualidade das gravações. Os antigos discos eram difíceis de classificar e de manipular; a audição era por demais interrompida para que se pudessem conseguir ao mesmo tempo concentração e abandono. Hoje, as paradas coincidem quase sempre com divisões naturais, e combinam com o ritmo da atenção. Muitas obras são editadas, o que permite compor programas variados e ricos. As circunstâncias também contaram: quase não vou mais ao cinema nem ao teatro, fico em casa; evidentemente, eu poderia ler; mas quando chega a noite, já estou farta das palavras; estou cansada deste mundo em que vivo, e que volto a encontrar nos livros. Os romances inventam um outro, mas parecido com este, e geralmente mais insípido. A música me introduz num outro universo, onde reina a necessidade, e cuja substância — o som — me é fisicamente agradável. É um universo de inocência — pelo menos até o século XIX — porque o homem está ausente dele: quando ouço Lassus, ou Pergolesi, a própria noção de mal deixa de existir: isso repousa. Além disso, era enorme a minha ignorância em música. Esta me trouxe o que as outras artes agora me recusam: o choque de grandes obras ainda virgens para mim. Descobri Monteverdi, Schultz, Pérotin, Machaut, Josquin des Prés, Victoria. Aprendi a conhecer melhor os músicos que já apreciava. Meus livros amontoaram-se ao acaso na minha biblioteca, e nada são, para mim; mas gosto de olhar, austeras ou risonhas, as lombadas multicores que abrigam sob seus matizes tumultos e harmonias. Foi através da música que nestes últimos anos a arte se misturou familiarmente à minha vida; foi através dela que senti emoções violentas, que experimentei seu poder e sua verdade, e também seus limites e fraudes.

***

Muitas vezes, aos domingos, passeando com Sartre pelo cais, por trás do Panthéon, em Ménilmontant, lamentávamos que a idade tivesse empanado nossa curiosidade; pois nos propunham grandes viagens. De passagem por Paris, Franqui, o diretor do maior jornal cubano, *Revolución*, veio à minha casa com alguns amigos, dos quais um falava francês. Cabelos e bigodes negros, muito espanhol; ele me disse com autoridade que era nosso dever ir ver com nossos próprios olhos uma revolução em marcha. Nutríamos grande simpatia por Castro; no entanto, o convite de Franqui, feito também a Sartre, nos deixou quase indiferentes. Brasileiros nos convidavam para irmos no verão e nossa reação não era mais entusiasmada. "Pergunto-me", disse-me Sartre, "se não é o cansaço de nossos corpos que nos detêm, mais do que um cansaço moral". Essa explicação lhe parecia mais verdadeira e mais otimista que a outra, e certamente o medo de que ele se esgotasse sufocava meus desejos. Havia uma outra razão para nossa apatia: a guerra da Argélia nos bloqueava o horizonte. Contudo, o resto do mundo existia, e não devíamos desinteressar-nos dele. Franqui estava certo: a experiência cubana nos dizia respeito. Uma visita ao Brasil nos esclareceria sobre os problemas dos países subdesenvolvidos; Amado e outros homens de esquerda a desejavam porque pensavam que, através de conferências e artigos, Sartre lhes poderia ser útil. Permanecer surdos a esses convites, mutilar nossa curiosidade, encolher-nos na desgraça francesa, era uma espécie de demissão. Sartre foi o primeiro a sacudir nossa inércia.

Quando decolamos, em meados de fevereiro, estava tensa a situação entre Cuba e os EUA, cujo embaixador voltara para Washington. Também o embaixador da Espanha deixara Havana, depois de ter irrompido, completamente bêbado, nos estúdios da televisão que, segundo ele, insultava Franco. As ligações de Cuba com a URSS estreitavam-se; Mikoyan acabava de ser recebido por Castro. Era uma bela manhã de fevereiro; eu via desenrolar-se abaixo de mim o desenho preciso e as cores simples de um mapa geográfico; o Gironda dos atlas estendia suas águas barrentas de Bordeaux ao oceano verdejante; a neve cobria os Pireneus docemente inclinados para o mar já primaveril; já se avizinhava Madri, até aquele momento tão distante. Sartre, que havia trinta anos não punha os pés ali, reencontrou a cidade sem alegria. Por volta de três horas da tarde, todas as lojas estavam fechadas, chovia, e os raros transeuntes pareceram-lhe malvestidos e insípidos. "Não se encontra nenhum prazer em imaginar o que essa gente tem na cabeça", disse-me ele, no Café da Gran Via, onde bebíamos manzanilla. No dia seguinte, reviu os Goya e os Velásquez do Prado. E partimos para Havana. No avião, deciframos como pudemos jornais cubanos, e eu tive um sono perturbado. Ao acordar, vi um mar inteiramente novo, ilhas, depois a costa e uma planície verde, onde se erguiam palmeiras.

Confusão da chegada: as têmporas ainda doídas, os ouvidos zumbindo, com o sol que de repente queima, as flores, os cumprimentos, as perguntas feitas ("Que pensa da Revolução Cubana?", perguntou um jornalista a Sartre. "Vim para sabê-lo", respondeu ele) e todos aqueles rostos jamais vistos. Um carro nos leva por uma larga estrada, entre palmeiras e grandes flores; explicam-me, de passagem, locais, monumentos, e eu mal ouço, só vejo o mar selvagem à minha esquerda; sinto sono, calor, tenho vontade de tomar um banho, e eis-me sentada num primeiro andar, que dá para uma praça de pedra cinzenta, diante de uma igreja belíssima; servem-me um daiquiri, tão voluptuoso quanto nas descrições de Sartre, e as vozes continuam a explicar e perguntar. Elas se multiplicam, enquanto, depois de uma breve trégua, almoçamos num restaurante que imita luxuosamente a rusticidade dos *bohíos*. Daqui a alguns dias, darei nomes a esses sorrisos, terei simpatias e aversões; por enquanto, não faço distinção entre todas essas bocas que me interrogam sobre a pintura abstrata, a Argélia, a literatura engajada na França, na América, o existencialismo. Essa algazarra me agradaria se eu estivesse livre do enorme cansaço que a defasagem das horas agrava.

    No dia seguinte, o cansaço desaparecera. Depois de Madri, depois de Paris, a alegria explodia como um milagre sob o céu azul, na suavidade sombria da noite. Sartre disse minuciosamente em sua reportagem "Furacão sobre Cuba" o que a revolução trouxera ao povo cubano. Assistir à luta de seis milhões de homens contra a opressão, a fome, os pardieiros, o desemprego, o analfabetismo, compreender seus mecanismos, descobrir suas perspectivas, foi uma experiência apaixonante. As discussões, as visitas, as sessões de informação só raramente assumiram aspecto oficial; nossos guias, nosso intérprete; Arcocha, logo se tornaram amigos; após alguns instantes formais, a nossa viagem de três dias com Castro se passou na familiaridade. Mergulhando com ele no calor das multidões, reencontramos uma alegria há muito perdida. Amei as simples e largas paisagens cubanas: o verde tenro das plantações de cana casa-se com o verde profundo das palmeiras que coroam altos caules de prata lisa; um dos meus espantos foi ver vacas pastarem ao pé dessas árvores cuja imagem, para mim, estava ligada ao deserto. Amei Santiago com suas multidões negras, e Trinidad, austeramente embalsamada em seu passado colonial, e no entanto fresca com toda a exuberância de suas flores. Amei Havana. O Vedado, onde nos hospedamos, tinha todas as seduções de uma rica cidade capitalista: largas avenidas, longos carros americanos, elegantes arranha-céus, e, à noite, as festas do neon. As janelas do meu quarto davam para um parque que descia para o mar: eu divisava ao longe a velha Havana, cuja ponta era furiosamente batida por altas ondas. Pela manhã, bebia com Sartre um café muito preto, quase amargo, comia abacaxis tenros e suculentos, e depois, enquanto ele escrevia um prefácio para *Aden-Arabia*, de Nizan, que Maspero desejava reeditar, eu deixava o frescor do ar-condicionado; ia ler no gramado, respirando o odor da relva e do oceano; à noite, ao sair do hall refrigerado, recebia no rosto a umidade da noite, seu odor de estufa quente de flores em delíquio. Sartre conhecia um pouco a velha Havana; mostrou-me suas ruas atravancadas e obsoletas, suas arcadas, suas praças onde pessoas sentadas em bancos sonhavam à espanhola, seus cafés-mercearias de esquina, amplamente abertos sobre a rua. Jantávamos ali sozinhos, ou com amigos: quando eu entrava num restaurante, uma capa de frescor caía sobre meus ombros. Muitas vezes sentávamo-nos no Ciro's, outrora frequentado por Hemingway. Certa noite, ceamos num balcão do Mercado: tomamos uma sopa chinesa com o poeta Baragagno, o fotógrafo Korda e sua mulher, manequim e miliciana, em meio a um forte odor de legumes e peixes. Todos os dias apareciam nos jornais fotos de Sartre em companhia de Guevara, de Jimenez, de Castro; quando ele falou na televisão, todo mundo o reconhecia: "Sartre, é Sartre!", gritavam os motoristas de táxi, quando passávamos. Homens e mulheres o detinham; antes, ignoravam tudo sobre ele, e até mesmo seu nome; suas efusões dirigiam-se ao homem que Castro lhes apontava como seu amigo, e elas nos faziam avaliar a popularidade do líder.

Era Carnaval. Nas noites de domingo, companhias de amadores apresentavam nas ruas em júbilo espetáculos preparados durante o ano inteiro; fantasias, música, mímica, danças, acrobacias: o gosto, as invenções e a virtuosidade daqueles comparsas nos maravilharam: dois balés, dançados por negros, reproduziam cerimônias camponesas, mágicas e esfuziantes; o segundo parecia, à primeira vista, reservado às mulheres: maquiados e usando cabeleiras, os homens também usavam saias coloridas: as saias de renda e os xales de suas avós distantes. Até a madrugada, com um bando de amigos, misturamo-nos ao alegre delírio de uma multidão ainda embriagada com sua vitória. Vimos também, no teatro, cerimônias negras, bastante próximas das cerimônias da África, apesar de certas influências católicas; o diretor convidara várias irmandades para oficiar, por uma noite, no palco; elas não representavam: viviam realmente um momento de sua vida religiosa. Muitos espectadores espantavam-me por terem pago para assistir aos ritos familiares; alguns se irritavam por não terem sido escolhidos, e criticavam os executantes: eu sei fazer bem melhor, murmuravam eles. Quando desceu a cortina, vimos nos bastidores as dançarinas, que mal haviam saído de seus transes. Essa passagem do jogo ritual ao espetáculo marcava ao mesmo tempo o respeito dos cubanos por suas tradições africanas e seu desejo de arrancá-las da clandestinidade.

No dia 5 de março, almoçávamos ao ar livre, numa espécie de rancho nos arredores de Havana, com Oltuski, o ministro das Comunicações, muito jovem, e dois colegas dele, quando ouvimos um grande ruído; o ministro do Interior foi chamado ao telefone. *La Coubre* acabara de ir pelos ares; os estivadores, todos negros, foram mortos. Num dia brumoso, de pé na tribuna onde estava Castro, assistimos, tremendo, aos funerais. As carretas desfilaram, seguidas pelas famílias em pranto: dir-se-ia carros de carnaval funebremente metamorfoseados, e os comparsas. Depois, Castro falou durante duas horas. Quinhentas mil pessoas escutavam, graves e tensas, convencidas — com razão, pensávamos — de que a sabotagem se devia, senão à América, pelo menos a americanos.

Os cortejos e as festas de domingo à noite foram suspensas. Iniciou-se uma campanha para reunir fundos que permitissem comprar armas. No Prado — aquele longo terraço largo e cheio de sombra, na orla da velha cidade —, mulheres jovens vendiam sucos de frutas e guloseimas, em benefício do Estado; vedetes dançavam ou cantavam nas praças, e recolhiam dinheiro; belas moças, com suas fantasias de carnaval; precedidas por músicos; esmolavam nas ruas.

"É a lua de mel da Revolução", dizia-me Sartre. Nenhum aparato, nenhuma burocracia, mas uma relação direta entre dirigentes e povo, e uma efervescência de esperanças um pouco desordenadas. Isso não duraria sempre, mas era reconfortante. Pela primeira vez em nossa vida éramos testemunhas de uma felicidade que fora conquistada pela violência; nossas experiências anteriores, sobretudo a guerra da Argélia, só nos haviam revelado a violência sob sua imagem negativa: a rejeição do opressor. Aqui, os "rebeldes", o povo que os havia apoiado, os milicianos que talvez fossem lutar em breve, todos irradiavam alegria. Recuperei um prazer de viver que eu pensava comprometido para sempre. Este foi contrariado pelas notícias que nos chegavam da França; Lanzmann nos enviou cartas abarrotadas de recortes de jornais: a polícia prendera vários membros da rede dirigida por Francis Jeanson, que conseguira escapar. Os comentários da imprensa provocavam náusea. Os homens teriam sido comprados; quanto às "parisienses" da rede, cujas fotos o *Paris-Presse* publicava na primeira página, teriam sido seduzidas pelos belos machos que lhes teriam sido enviados pela FLN. Dinheiro e sexo: impossível para os meus compatriotas atribuir outras molas às condutas humanas.

Foi portanto sem alegria que nos dispusemos a voltar para a França. Até Nova York viajamos com Chanderli, que representava o GPRA na ONU a título de observador, e que havíamos encontrado uma vez em Havana.

Roliço, jovial, trazia para os filhos chapéus de camponeses de palha franjada que punha na cabeça, rindo.

Eu nunca estivera em Nova York com Sartre. Aterrissagem às duas horas da tarde, partida para Londres às dez, era pouco tempo. E eis que um adido cubano nos anunciou que organizara um coquetel de imprensa no Waldorf, às quatro horas! Senti que ainda estava longe da serena resignação do declínio. Sartre declarou que não estaríamos livres antes das seis. De táxi, a pé, novamente de táxi, a pé, percorremos a cidade. Era domingo e fazia frio: depois do tumulto colorido de Havana, com seu céu azul, suas multidões apaixonadas, ela nos pareceu morna e quase pobre; os transeuntes estavam malvestidos, e pareciam aborrecer-se; havia novos arranha-céus, de uma elegância ousada, mas muitos bairros haviam sido reconstruídos no estilo dos nossos H.L.M.[186] O contraste que, em 1947, opunha o luxo americano à miséria europeia não mais existia, e eu não via mais os Estados Unidos com o mesmo olhar; eram ainda o país mais próspero do planeta, mas não mais aquele que forjava o futuro; as pessoas com as quais eu cruzava não pertenciam à vanguarda da humanidade, mas à sua sociedade esclerosada pela "organização", intoxicada por mentiras, e que a cortina de dólares cortava do mundo: tal como Paris em 1945, Nova York me parecia uma Babilônia decaída. É certo que a maneira como eu a atravessei contribuiu para apagá-la. Faltava tempo para despertar o passado, para esboçar um futuro. Quando saímos do Sherry Netherland, onde havíamos reencontrado o verdadeiro gosto do martíni, reconheci de repente o Central Park, Manhattan, cuja beleza era reanimada pela noite: mas já era hora de irmos para o Waldorf.

Havia muita gente: Sauvage, do *Figaro*, malevolente; jornalistas franceses e americanos, e também o velho e divertido Waldo Frank, e meu amigo Harold Rosenberg, que colaborava ainda de vez em quando na *Temps Modernes*, e outros que simpatizavam com a revolução cubana. Para ser autenticamente de esquerda, nos Estados Unidos, é preciso muita personalidade, independência e espírito aberto: senti um grande impulso de amizade para com aqueles homens e mulheres solitários e corajosos.

***

---

[186] Habitations à Loyer Moyen: quarteirões habitacionais populares. (N.T.)

Depois do verão de 1951, eu continuara a me corresponder com Algren. Falava-lhe de Paris, da minha vida; ele me dizia que seu segundo casamento com A. não ia melhor que o primeiro, que a América estava mudando, e que ele não se sentia mais em casa. Com o tempo, estabeleceu-se um silêncio entre nós. De vez em quando eu ouvia boatos sobre ele, sempre extravagantes. Rasgara contratos fabulosos, assinara acordos desastrosos, perdera fortunas no pôquer; certa manhã de inverno, caíra num buraco d'água: só sua cabeça ficara de fora, e ele quase morrera em pé, gelado; marcara encontro com uma agente literária num bordel de Filadélfia, que se incendiara, e ele fugira pela janela; pouco depois, a agente dera um tiro na cabeça. Em 1956, a tradução de *Os mandarins* foi publicada nos Estados Unidos, ao mesmo tempo que seu último romance; os jornalistas o crivaram de perguntas a meu respeito, e ele os repeliu com uma grosseria que parecia visar a mim; não me incomodei: eu conhecia seu mau gênio. Entretanto, quando Lanzmann me disse, certa noite: "Algren vai telefonar daqui a pouco, de Chicago: já foi dado um aviso", compreendi que ele desejava explicar-se. Eu estava angustiada diante da ideia de ouvir aquela voz que viria de tão longe: cinco anos, mais de seis mil quilômetros. Ele não ligou: também tivera medo. Um dia enviei-lhe um bilhete, e ele respondeu. Recomeçamos a nos escrever, com grandes intervalos. Ele se divorciara, e vivia de novo em Chicago, num apartamento: enormes edifícios elevavam-se agora no lugar da velha casa de Wabansia. Ele esperava vagamente conseguir um passaporte, e vir a Paris. "Sim", escrevi-lhe uma vez, "eu gostaria muito de revê-lo antes de morrer." Ao ler essas palavras, ele pensou de repente que não tínhamos muito mais tempo de vida. Em novembro de 1959, uma carta me anunciou que lhe haviam finalmente devolvido a liberdade de viajar, que ele desembarcaria em Londres no início de março e que, dez dias mais tarde, aterrissaria em Orly. Respondi que só estaria em Paris por volta do dia 20, mas ele podia instalar-se na minha casa.

Eu estava emocionada e um pouco inquieta quando bati à minha porta; não ouvi nada; e, no entanto, eu telegrafara. Insisti: Algren abriu: "É você?", perguntou-me, surpreso; Bost, que o recebera no aeroporto com Olga, garantira-lhe que nenhum avião chegaria de Nova York antes do dia seguinte. Algren tinha os olhos nus: substituíra os óculos por lentes de contato que não soubera usar, e decidira que podia prescindir delas; a não ser por esse detalhe, não me pareceu mudado; foi reencontrando antigas fotografias que percebi que ele envelhecera; no primeiro momento, quarenta anos, ou cinquenta, ou trinta — vi apenas que era ele. Disse-me mais tarde que para ele também foram necessários vários dias para que descobrisse que o tempo me marcara. Não ficamos surpresos de nos reencontrarmos de chofre, depois dos anos de separação e dos verões perturbados de 1950 e 1951, tão próximos como nos mais belos dias de 1949.

Algren chegava de Dublin; contou-me sua temporada nos vapores da Irlanda, entre bebedores de cerveja inspirados; mergulhado num embrutecimento etílico, Brendan Behan, cujas obras ele apreciava muito, concedera-lhe apenas alguns grunhidos. Falou-me de Chicago, dos amigos antigos, de amigos novos, também eles drogados, rufiões, ladrões; suportava menos que nunca a arrogância das pessoas de bem; a sociedade tinha sempre razão, e suas vítimas eram tratadas como culpadas: essa era uma das mudanças que Algren menos perdoava à América. Todas as manhãs, a raiva o despertava: "Exploraram-me, enganaram-me, traíram-me." Haviam-lhe prometido um mundo e ele se encontrava num outro, que contrariava todas as suas convicções e todos os seus desejos. Vociferava até a noite. "Outrora eu vivia na América", disse-me. "Agora, vivo num território ocupado pelos americanos."

No entanto, esse país onde — assim como eu, no meu — ele se sentia em exílio estava entranhado nele; Chicago ressuscitava no meu estúdio; como era seu costume lá, ele usava calças de veludo cotelê, casacos gastos, e na rua um boné; pousara numa das escrivaninhas sua máquina de escrever elétrica, e maços de papel amarelo; os móveis e o chão estavam cobertos de latas de conserva, de engenhocas, de produtos, livros e jornais americanos. Eu lia todas as manhãs o *New York Herald*; ouvíamos discos que ele trouxera: Bessie Smith, Charlie Parker, Mahalia Jackson, Big Bronzy; nada de *cool*, isso não o tocava; frequentemente americanos que vinham a Paris como turistas batiam à porta: ele os levava para passear, mostrava-lhes o museu Grévin. Vi somente seu amigo Studd, que trabalhava como freelancer para a rádio de Chicago; concedi-lhe uma entrevista sobre Cuba que me valeu, quando foi transmitida, algumas cartas calorosas. Algren ligou-se a compatriotas que moravam no prédio; através deles, encontrou outros, entre os quais James Jones: eles formavam em Paris uma colônia fechada, apartados da França, cuja língua nem mesmo falavam, e dos EUA que haviam deixado, indiferentes à política, mas marcados por suas origens. Ele preferia seus furores cotidianos a esse desenraizamento.

Eu vivia muito mais retirada do que em 1949, e tinha menos pessoas para lhe apresentar. Depois dos Bost ele reencontrou Sartre, Michelle; apresentei-lhe Lanzmann, Monique Lange, habituada a cicceronear em Paris os autores estrangeiros da editora Gallimard, e seu amigo Juan Goytisolo. Ele surpreendia nossos visitantes acendendo, graças a uma pilha escondida no bolso, uma pequena lâmpada vermelha presa no meio de uma gravata borboleta.

Nos primeiros tempos, sobretudo, fiz com ele longas caminhadas através de Paris. Fomos em peregrinação à rua Bûcherie: eu não tinha mais nenhuma ligação com a velha casa que iam demolir. Jacques Lanzmann saíra de lá, Olga e Bost mudaram-se, assim como a costureira e seu marido; Betty Stern falecera e a pequena zeladora morrera num desastre de automóvel. Só restavam do meu passado Nora Stern e seus cães. Voltamos ao mercado das pulgas e ao Museu do Homem. Bost nos levou a passear de carro. Algren tomara emprestada — ai de mim! — uma máquina fotográfica e, como outrora, usava-a sem cerimônia, como antigamente. A rua Saint-Denis e suas putas o encantavam: pela janela metralhou um grupo parado à porta de um hotel; o sinal fechou e o carro parou: as mulheres começaram a xingá-lo e pensei que fossem escarrar-lhe no rosto. Recomecei a frequentar os restaurantes. Algren gostava muito do Akvavit, na rua Saint-Benoît, por causa das garrafas envoltas numa espécie de regalo de gelo, de onde corria um álcool límpido; divertia-se no Baobab, onde serviam "frango grande feiticeiro", e ananases flambados com um fundo de música africana. Íamos tomar sopa de cebola nas Halles, e bifes regados a Beaujolais em vários bistrôs. Certa noite, jantamos num bateau-mouche, vendo deslizar diante de nós o cais, com seus mendigos e namorados.

Ele estava farto dos filmes americanos, e não sabia francês: fomos pouco ao cinema. Levei-o para ver *Le Trou*, de Becker, certa de que essa silenciosa história de evasão lhe interessaria; gostou mais do que eu de *L'Amérique insolite*, de Reichenbach, talvez porque não tivesse compreendido o comentário, que me estragou as imagens. Apesar das inabilidades, *Come back Africa* nos arrebatou a ambos; era um filme de circunstância; fora decretado estado de emergência na África do Sul, em consequência de motins que haviam custado, oficialmente, cinquenta e quatro mortos e cento e noventa e cinco feridos à população negra.

Empenhei-me em inventar passeios nos quais Algren tivesse prazer: eu mesma senti esse prazer ao andar como estrangeira através das noites de Paris. Ouvimos no Olympia Amália Rodrigues, tão bela em seu vestido negro, e oferecendo ao público, com a sedução de sua voz, um recital de flamencos e de fados. No Catalans, bebendo sangria, ouvimos outros flamencos e vimos excelentes dançarinos. Como ele gostava de cerejas em aguardente e de velhas canções francesas, fomos ao Lapin Agile, embora a clientela e o repertório estivessem lamentavelmente degradados; fomos ainda ao Abbaye, onde melodias francesas alternavam-se com folclore americano. No Ecluse, revi, depois de muitos anos, Harold, que apresentava novas montagens muito bem-sucedidas. Olga e Bost nos acompanharam ao Crazy Horse Saloon; Algren achou a arte do *striptease* muito mais refinada em Paris do que em Chicago.

A noite mais inesquecível foi organizada por Monique Lange e Goytisolo. Depois de um jantar no Baobab, Monique propôs que fôssemos beber no Fiacre. Decididamente eu vivia à margem do século, pois fiquei um pouco perturbada com aquela multidão de rapazes e homens mais ou menos jovens, que tagarelavam e se acariciavam, com mãos que deslizavam sem cerimônia sob os pulôveres de angorá; sufocava-se, e assim que esvaziamos nossos copos, saímos; um adolescente que Monique conhecia apontou para mim: "Que é que ela vem fazer aqui?" "Mas isso lhe interessa." "Ah! Então ela está a nosso favor?", perguntou, muito contente. Algren estava muito mais espantado do que eu.

No Carrousel, encantado com as primeiras provocadoras, sentiu-se tão ludibriado ao saber que eles pertenciam ao sexo masculino, que quase se irritou. No Elle et Lui; perdeu inteiramente a cabeça: havia ali homens e mulheres vestidos de homens; ele não sabia mais a que sexo dirigir-se.

Monique fez com que ele fosse convidado ao Formentor, onde se reuniam editores e escritores de diversos países para criar um prêmio internacional. Eu o deixei partir sozinho e, dez dias depois, tomei o avião para Madri, onde ele me esperava com Goytisolo. Era início de maio, e o tempo estava lindo. Algren divertira-se muito, porque encontrara pessoas de todo tipo. Barcelona o conquistara; ele passara três dias subindo nos telhados, circulando no bairro chinês e no porto. Enquanto isso, em Madri, Goytisolo esgotara-se em gestões para libertar seu irmão Luís, encarcerado fazia algumas semanas, em consequência de uma viagem à Tchecoslováquia, e muito doente. Numa velha taberna de paredes pintadas, passamos uma noite interessante com jovens intelectuais que nos falaram dos esforços e das dificuldades da oposição; observaram-me que os livros de Sartre eram proibidos, mas que os de Camus exibiam-se nas vitrines das livrarias.

Madri aborreceu Algren, e eu voei com ele para Sevilha; árvores em flor, de um violeta brilhante, cortavam a secura de suas ruas. Em Triana, em *dancings* miseráveis, sob tetos decorados de guirlandas de papel, ouvimos todas as noites os soluços roucos dos flamencos. Reencontramos em Málaga Goytisolo e seu amigo V., um fotógrafo que nos levou de carro a Torres Molinos. Goytisolo conhecia muitas histórias sobre os homossexuais e as senhoras de sociedade que povoam a temporada de verão. Dormimos num pequeno porto cujas casas caiadas e cobertas de telhas vistosas espalhavam-se de alto a baixo numa colina: "Quanto mais estragado por dentro, mais pintam de branco as paredes externas", disse-nos Goytisolo, quando passeávamos, de manhã. Com efeito: encontrávamos nas ruas crianças nuas, e entrevíamos interiores sórdidos. No alto do vilarejo, Algren tirou fotos: "Sim, para vocês é pitoresco", resmungou uma mulher, "mas quando se tem que descer e subir o dia inteiro!" Todas as fontes se encontravam ao pé do outeiro. De repente, quando, no dia seguinte, em Almería, Algren decidiu fotografar o bairro dos trogloditas, não o acompanhei; Goytisolo partiu por conta própria, para rever lugares e pessoas, e eu subi com V. para o alto de Alcabaza, espantada por ter negligenciado por duas vezes, ao atravessar a cidade, aqueles jardins e terraços, com suas flores violentas, seus cactos eriçados, escamosos, irregulares. V. fotografava também, mas com uma teleobjetiva, as penedias esburacadas, a população miserável que ia e vinha nos atalhos quase verticais. Li *A colmeia*, de Cela, um excelente livro, em meio à alegria do sol matinal e das amizades. Depois, foi a admirável estrada de Granada, através de terras vermelhas, ocre, cinzentas e túmidas. Passei três dias no Alhambra com Algren. A Espanha, em seu coração, ganhava disparado da Itália.

A permanência de Algren devia ser de cinco a seis meses, e eu não desejava afastar-me por tanto tempo da minha vida habitual. Continuei a trabalhar em casa de manhã, e à tarde em casa de Sartre, com quem passava várias noites por semana. Algren tinha artigos para escrever, não lhe faltavam amigos, e ele ama a solidão: esse arranjo lhe convinha.

Alguns dias depois de nossa volta de Cuba, Sartre e eu assistimos à recepção dada por Khruchtchev na embaixada soviética. Que grã-finismo! As senhoras gaullistas usavam espantosos chapéus com fitas, plumas, rendas, flores, e vestidos decotados, cobertos de berloques, de uma custosa não simplicidade; sem preconceito, as progressistas faziam melhor figura, sem chapéu e usando discretos *tailleurs*. Quanto à Nina Khruchtchev, seu sorriso plácido e seu vestido negro desqualificavam a própria noção de elegância. Debré discursou. Todos se apressavam para ver Khruchtchev: ele passou pela multidão e apertou as mãos. Sartre faltara a uma reunião de escritores e jornalistas, onde o teria visto mais longamente. Khruchtchev devia encontrar Eisenhower em breve, em Paris: pombas voejavam por cima das taças de champanhe.[187]

A *Crítica da razão dialética* foi publicada: violentamente criticada pela direita, pelos comunistas e pelos etnógrafos, teve a aprovação dos filósofos. O livro de Nizan, *Aden-Arabie*, e o prefácio de Sartre foram também muito bem recebidos. Em Havana, Sartre muitas vezes se aborrecera por ter que escrever esse texto, enquanto tantas outras coisas o ocupavam; mas o confronto de sua própria juventude com a juventude dos cubanos de hoje lhe fora útil: seu prefácio impressionou particularmente as moças e os rapazes de vinte anos. Os jovens o amavam; constatei isso uma vez mais na noite em que ele falou na Sorbonne sobre teatro. Provocou tantos aplausos quanto um maestro e, à saída, os estudantes o escoltaram em massa até um táxi; tanto quanto ao escritor, a simpatia deles se dirigia ao homem e a suas opções políticas. Exaustivo como de costume, ele empreendera sobre Cuba uma obra enorme, que ultrapassava muito os limites da reportagem que propusera ao *France-Soir*. Lanzmann ajudou-o a extrair dali alguns artigos. Ele continuou esse trabalho até nossa partida para o Brasil.

Ao voltar da Espanha, entreguei à Gallimard meu livro, para o qual ainda não encontrara título, e cujo início entreguei à *Temps Modernes*, sob o título um pouco comprometedor de *Suite* (Continuação). Desejava continuá-lo, e

---

[187] Pouco tempo depois, o caso do U2 acarretou o fracasso da conferência de cúpula — que Khruchtchev talvez também tenha tido outras razões para recusar.

fui à Biblioteca Nacional para refrescar minhas lembranças dos anos 1944-48. Eu contara esse período nos *Mandarins*: eu pensava que é projetando uma experiência no imaginário que apreendemos com mais clareza o seu significado. Mas eu lamentava que o romance sempre fracassasse ao expressar sua contingência: as imitações que pode oferecer são logo retomadas pela necessidade. Numa autobiografia, ao contrário, os acontecimentos se apresentam em sua gratuidade, seus acasos, suas combinações por vezes absurdas, tal qual se passaram: essa fidelidade faz compreender melhor do que a mais hábil transposição como as coisas acontecem a sério aos homens. O perigo é que, através dessa caprichosa profusão, o leitor possa não distinguir nenhuma imagem clara — apenas um amontoado confuso de coisas. Assim como é impossível ao físico definir ao mesmo tempo a posição de um corpúsculo e o comprimento da onda que lhe está ligada, o escritor não tem meios para contar simultaneamente os fatos de uma vida e seu significado. Nenhum desses dois aspectos da realidade é mais verdadeiro que o outro. *Os mandarins*, portanto, não me dispensavam de prosseguir essas memórias, que aliás iriam estender-se até bem mais longe.

Fazia muito tempo que eu me interessava pelo esforço da doutora Weil--Hallé para difundir na França o uso dos contraceptivos. Tendo recebido muitas confidências, eu conhecia o drama das gestações involuntárias e dos abortos. "Para a mulher, a liberdade começa no ventre", escrevera-me uma correspondente. Eu estava de acordo, e a atitude dos comunistas me irritara quando, quatro anos antes, a doutora Weil-Hallé, Derogy, Colette Audry e algumas outras anunciaram uma campanha em favor do controle da natalidade. Thorez acusou-as de malthusianismo: queriam enfraquecer o proletariado privando-o de filhos. Uma delegação de mulheres tentou discutir com Jeannette Vermeersch: Colette Audry ainda tinha os olhos arregalados quando me contou a entrevista. Para evocar as belezas da concepção, Jeannette Vermeersch encontrou expressões dignas de Pétain: "Vocês querem despoetizar o amor!", acrescentou pouco mais tarde, num repente de praticidade: "Os jovens operários, vocês sabem, fazem isso nos corredores, entre duas portas..." Na verdade, são na maioria mulheres casadas que a ausência de anticoncepcionais conduz ao aborto. Com um otimismo digno daquele que hoje inspira Louis Armand, os comunistas evocavam, contra o planejamento familiar, a prosperidade que a França poderia conhecer, e que lhe permitiria alimentar setenta milhões de habitantes: as desgraças íntimas das operárias de hoje, isso não existia. Escrevi um breve prefácio para o livro da Mme Weil-Hallé sobre o *Planejamento familiar* e outro para *La Grande peur d'aimer*. Quando esta obra foi publicada, assisti à reunião de imprensa que ela deu na nova sede da editora Julliard. Estavam presentes umas cem pessoas: psicanalistas, médicos, especialistas mais ou menos autorizados do coração humano. A doutora Weil-Hallé, de vestido branco, loura, fria, virginal, expôs com voz musical as vantagens do pessário; quinquagenárias perguntaram com inquietude se o uso não era prejudicial ao romantismo amoroso. O vocabulário empregado era dos mais edificantes. Falava-se não de controle da natalidade, mas de maternidade feliz; não de contracepção, mas de ortogênese. Ao ouvir a palavra "aborto", cobria-se o rosto; quanto ao sexo, não estava em lugar algum.

Por volta do fim de abril, Francis Jeanson reuniu em plena Paris os correspondentes dos principais jornais estrangeiros; Georges Arnaud estava presente, e publicou um relatório no *Paris-Presse*; o jornal não foi incomodado, mas prenderam Arnaud em 27 de abril por "não denúncia de criminoso". Entretanto, embora confundido pelo Comitê Audin durante o processo que este movera em Lille contra *La Voix du Nord*, o capitão Charbonnier recebia a Legião de Honra. Preparava-se em Argel, juntamente com o processo de Alleg, o processo de Audin "em fuga". Foi nesse momento que se instalou no 13º *arrondissement* corpos supletivos muçulmanos: os harkis;[188] em meus passeios com Algren, cruzei muitas vezes com esses homens de azul, pagos para traírem seus irmãos.

Certa manhã, no fim de maio, Gisèle Halimi me telefonou e me pediu com urgência uma entrevista: encontrei-a no terraço ensolarado do Oriental, na avenida Orléans. Ela voltava de Argel, onde fora defender uma argelina, em 18 de maio. Autorizada a permanecer lá apenas a partir do dia 16, obtivera uma revisão do processo, agora marcado para 17 de junho. A moça lhe dissera que a haviam torturado; magra, desfigurada, visivelmente traumatizada, trazia vestígios de queimaduras e citava testemunhas. Gisèle Halimi a encorajara a apresentar queixa e a pedir um inquérito que necessitava de um outro adiamento: poderia eu encarregar-me de escrever um artigo para

---

[188] Palavra árabe derivada de harka (movimento); nome dado aos militares que servem numa milícia supletiva. (N.T.)

reivindicar esse adiamento? Sim, claro. Eu me limitava, ou quase, a reproduzir o relatório de Djamila, e mandei levar meu artigo ao *Monde*. O M. Gauthier me telefonou: "Sabe, temos muito más informações sobre Djamila Boupacha!", disse-me, como se eu lhe tivesse pedido para contratá-la. "Um alto funcionário, muito bem informado, nos garante que pesam sobre ela graves suspeitas", acrescentou. "Isso não justifica que lhe tenham enfiado uma garrafa onde o senhor sabe", respondi-lhe. "Não, evidentemente..." Pediu-me, então, que substituísse a palavra "vagina", usada por Djamila, pela palavra "ventre": "Para o caso de adolescentes lerem o artigo", esclareceu. "Eles poderiam pedir explicações a seus pais... Não teriam eles outra pergunta a fazer?", perguntei a mim mesma. Beuve-Méry achava chocante, disse ainda o M. Gauthier, que eu tivesse escrito: "Djamila era virgem"; ele desejava uma perífrase. Recusei. Eles imprimiram essas três palavras entre parênteses.

Recebi, no *Monde*, quatorze cartas de simpatia, e três furiosas: "Todo mundo sabe que as histórias de torturas são uma das peças rituais do arsenal dos advogados da FLN; mas se por acaso entre elas há algumas verdadeiras, tudo o que se pode dizer é que é uma das formas da justiça imanente", escreveu-me uma *pied-noir* recolhida em Paris. Outras cartas amistosas chegaram-me: "Não, não nos habituamos ao escândalo: mas não somos informados!", dizia-me um dos meus correspondentes. E uma outra, transtornada: "Meu marido e eu pensávamos que, depois de De Gaulle, não se torturava mais." Constituímos uma Comissão de Defesa de Djamila Boupacha. Foram dirigidos telegramas ao presidente da República, pedindo o adiamento do processo. Um artigo de Françoise Sagan no *Express* apoiou essa campanha. O *Monde* foi apreendido em Argel por causa do meu artigo, e também por uma página sobre o caso Audin. "Quatrocentos mil francos de prejuízo, a cada vez!", disse-me ao telefone o M. Gauthier, com a voz carregada de censuras.

Em 12 de junho devia ocorrer na Mutualité um congresso "para a paz na Argélia", que foi proibido. O processo de Georges Arnaud realizou-se em 17 de junho; Sartre era testemunha; cheguei cedo e esperei muito, à porta do quartel de Reuilly, com Péju, Lanzmann, Évelyne e a mulher de Arnaud; ele se felicitava, disse-nos ela, por essa permanência na prisão, que lhe permitira conversar com os detentos argelinos. Sentei-me nas primeiras filas; a sala estava cheia; uma sala bem parisiense, onde toda a *intelligentsia* de esquerda marcara encontro. Via-se ali uma das vedetes do caso Lacaze, o doutor Lacour, com sua noiva, uma negra linda, que era secretária de Vergès. Arnaud falou muito bem, sem buscar efeitos, sem demagogia. Algumas testemunhas limitaram-se a defendê-lo num plano profissional: muitas, ajudadas pelas perguntas dos advogados, apoiaram seu requisitório. Através de Arnaud, o processo visava aos intelectuais em geral, e Maspero nos fez rir ao se apresentar desafiadoramente: "Sou um intelectual, orgulhoso de ser intelectual, de uma velha família de intelectuais, três gerações de intelectuais." O calor era sufocante naquela sala superlotada e, pouco depois do testemunho de Sartre, saí com ele. Arnaud foi condenado — estava na ordem natural das coisas —, mas com sursis. Foi libertado naquela mesma noite.

Um jornalista me contara, durante o julgamento, que o processo de Djamila acabava de ser adiado: Gisèle Halimi acabava de ser mandada de volta a Argel pelas autoridades, e o tribunal, conhecendo o rumor provocado pelo caso, não ousara julgar a moça na ausência de sua advogada. Tratava-se agora de perseguir os torturadores; se levada adiante, a instrução teria automaticamente concluído por um "improcedente": era preciso obter a destituição dos tribunais de Argel, que só Michelet, ministro da Justiça, estava habilitado a requerer ao supremo Tribunal.

Uma delegação, composta por Germaine Tillon, Anise Postel-Vinay, ambas ex-deportadas, Gisèle Halimi e eu, foi procurá-la em 25 de junho. As conversas de Melun se iniciavam e, apesar da distância que separava o ponto de vista de De Gaulle da visão do GPRA, aqueles senhores do regime consideravam que a guerra, com seus horrores, já era coisa do passado. Assim eu expliquei a mim mesma a atitude do ministro da Justiça: nervoso, esquivo, nem mesmo se deu ao trabalho de contestar os fatos que lhe expúnhamos: "A família Boupacha foi muito sacrificada", disse Germaine Tillon. "Todas o foram!", respondeu ele, em tom brusco e consternado, como se constatasse uma fatalidade na qual o governo não tivera nenhuma participação; não pôs em dúvida as torturas sofridas por Djamila: vira outras! Hesitava apenas quanto à decisão a tomar. "Pedirei a opinião do M. Patin. Falem com ele. Farei o que ele me aconselhar: é uma questão de consciência", ousou acrescentar. Acompanhando-nos até a porta, disse-me com ar atormentado: "É terrível essa gangrena que nos vem do nazismo. Ela invade tudo, apodrece tudo, e não se consegue contê-la. A pancada é normal: não há polícia sem pancada; mas a tortura!... Tento fazer com que compreendam: há um limite que não deve ser ultrapassado..." Levantou os ombros para indicar sua impotência: "É uma gangrena!", repetiu. Recuperou-se: "Felizmente, tudo isso vai acabar!", concluiu, com ardor; não fiquei orgulhosa de ter que lhe apertar a mão.

À tarde, acompanhadas pelo M. Postel-Vinay, fomos ao escritório do M. Patin. Gisèle Halimi contou essa entrevista,[189] que me impressionou demais para que eu não volte ao assunto. Calvo, olhos saltados, olhar indeciso por trás dos óculos, ele tinha nos lábios um sorriso infinitamente superior e um pouco cansado do senhor que ninguém passa para trás. Estava sentado diante de seu assistente, o M. Damour, que não pronunciou três frases: ele opinava quando Patin falava. Germaine Tillon atacou: ela conhecera muito de perto numerosos casos de tortura, e nunca uma queixa acarretara sanções; era por isso que, desta vez, decidira que era bom dirigir-se à opinião pública. Patin virou-se para mim: eu cometera um delito divulgando a queixa de Djamila. "E a senhora não relatou os fatos com exatidão", censurou-me. "Foram soldados comandados por um capitão que revistaram a casa, e não uma escória." "Falei de harkis, de inspetores de polícia, e de guardas; é o senhor que os está chamando de escória." Fizeram-me sinais para que me acalmasse, e compreendi que levaria vantagem se me abrisse o menos possível. "Sua Djamila me deu má impressão", continuou ele. "Ela não gosta da França..." E como Gisèle Halimi citasse as palavras do velho Boupacha que, apesar das torturas, conservava uma confiança ingênua na França, ele levantou os ombros: "É um covarde, um palhaço..." E acrescentou: "Esses oficiais que vocês atacam são tão gentis... Outro dia, eu almoçava com um jovem tenente; pois bem!, na vida civil ele é engenheiro agrônomo", disse ele, como se a agronomia pusesse o homem acima de qualquer suspeita: "Um artigo como o seu os magoa muito", acrescentou, olhando-me com reprovação. Germaine Tillon lembrou de novo que jamais se aplicara publicamente uma sanção a um militar: no entanto, o número de civis muçulmanos massacrados era infinitamente mais elevado que o das vítimas europeias. Ele apontou para uma pilha de dossiês: "Eu sei", disse, "eu sei". Como eu gostaria que os céticos tivessem visto aquele gesto, de certo modo

---

[189] *Djamila Boupacha.*

reconciliador, do presidente da Comissão de Salvaguarda! Violações, mortes, torturas, tudo estava inscrito ali, ele o admitia; e parecia perguntar: que posso fazer? "Vejam bem: Argel é uma grande cidade; a polícia não é suficiente para manter a ordem; os militares se encarregam de suprir a falta: mas são noviços... Levam-se os suspeitos dos distritos; à noite, os oficiais voltam para casa; então os detentos permanecem ali, com uma ralé que muitas vezes vai longe demais..." Dessa vez eram os soldados do contingente que ele chamava de ralé. Anise Postel-Vinay indignou-se: "Os alemães jamais deixavam os detentos nas mãos dos soldados: havia sempre um oficial." (Na verdade, também na Argélia as sessões de tortura sempre foram dirigidas por um ou vários oficiais: isso não significava nenhuma melhora.) Irritado, ele explodiu: "Compreendam, se não déssemos um pouco de autonomia aos militares, não seria mais possível sair nas ruas de Argel. Em outras palavras, o senhor está justificando a tortura!", protestou Gisèle Halimi. Ele se perturbou: "Não me faça dizer isso!" Ela disse que achava escandaloso que o advogado não tivesse o direito de assistir seu cliente durante o inquérito. "Ora, convenhamos", disse ele, com um sorriso cético, "se fosse exigido um advogado, não haveria inquérito: os suspeitos seriam liquidados na surdina, com uma bala na cabeça: nós os protegemos." Eu mal podia acreditar no que ouvia: Patin confessava espontaneamente que seus caros oficiais sem mácula não hesitariam — não haviam hesitado — em assassinar os adversários que uma justiça justa poderia subtrair ao seu ódio. Voltamos a Djamila. "Que foi que ela lhe disse, exatamente, a propósito da garrafa?", perguntou ele a Gisèle Halimi, com um ar ligeiramente licencioso. Gisèle lhe contou, e ele sacudiu a cabeça: "Foi isso, foi isso!" Sorriu com finura: "Eu temia que eles a tivessem feito sentar-se sobre uma garrafa, como faziam na Indochina com os viets." (Quem seriam eles, senão os caros oficiais de mãos limpas?) "Os intestinos são então perfurados, e a pessoa morre. Mas não foi isso o que aconteceu..." Murmúrios diversos. Ele acrescentou: "Vocês sustentam que ela era virgem. Mas, afinal, temos fotos dela, tiradas em seu quarto: está entre dois soldados da ALN, de armas na mão, e está segurando uma metralhadora." E daí?, ela sempre proclamou que militava na ALN, e isso não põe em dúvida a sua virgindade, dissemos. "De qualquer modo, para uma moça é meio escabroso", respondeu ele; depois queixou-se: "Quando a interroguei na prisão em Argel, ela não quis falar comigo." "Evidentemente:

tem bons motivos para desconfiar dos franceses e da polícia." "Mas eu! Será que pareço um policial?" Respondemos cortesmente: "Aos olhos de uma prisioneira muçulmana, nem mais nem menos que qualquer outro." "Então é de desesperar: para que servimos?" O olhar do M. Patin procurou o de seu assistente: "Para que servimos nós, M. Damour?" "Quando o senhor a reviu, Djamila lhe propôs visitar os centros de triagem de El-Biar e de Hussein--Dey: e o senhor não compareceu", disse Gisèle Halimi. "Como! Nem pensem nisso! Eu seria expulso!" A voz de Patin encheu-se de terror e indignação: "E poderiam até prender-me!" Pensou um pouco: "Vocês não percebem! Esses interrogatórios são fatigantes. E me custam caro. Não é, M. Damour? Não nos reembolsam de todas as nossas despesas: sai tudo do nosso bolso." Ele tocara um ponto sensível: o M. Damour animou-se: "Sua Djamila custou-nos vinte e cinco mil francos", disse-nos, com reprovação. "Enfim! chegamos ao fim de todos esses dramas!", concluiu o M. Patin. Ele ainda teceu algumas considerações sobre a psicologia de Djamila: "Ela se toma por uma Joana d'Arc!" "Quando tínhamos vinte anos, em 1940, éramos muitas a nos considerarmos Joana d'Arc", disse Anise Postel-Vinay. "Sim, senhora", respondeu Patin, "mas a senhora era francesa!" À noite, quando contei esse diálogo a Sartre e Bost, eles ficaram, como eu, atônitos com tanta franqueza. Devemos ter deixado transparecer nossa repulsa, pois Patin disse a Vidal-Naquet: "A Comissão Audin me é muito mais simpática que a Comissão Boupacha, com a qual me entendi muito mal." Pouco tempo depois, os juízes argelinos propuseram veladamente uma transação: que Djamila se deixasse examinar por um especialista que a declararia louca e irresponsável; seria libertada e ao mesmo tempo sua queixa perderia o crédito, concluindo-se pela improcedência. Ela recusou. No fim de julho transferiram-na para Fresnes, e um juiz de Caen foi encarregado do inquérito.

As conversações de Melun fracassaram; mas os jovens não admitiam a mesma inércia da qual, em 1956, a fraqueza dos adultos havia atirado os que os haviam precedido. A UNEF reconheceu a UGEMA: o ministro da Educação cortara-lhe as verbas. Uma manifestação não violenta ocorreu em Vincennes, onde vegetavam argelinos arbitrariamente internados: recusávamos seu princípio, mas o método era eficaz. O número de insubmissos aumentava. Encontramos certa tarde, na rua Jacob, Rose Masson, dilacerada entre a angústia e o orgulho; seu filho mais velho, Diego, fora preso em Annemasse, quando ajudava convocados a transpor a fronteira; no interrogatório ele reivindicou altivamente suas responsabilidades; nascido de mãe israelita, exilado durante a infância nos Estados Unidos, ele jurara nunca transigir com o racismo. Sua prima, Laurence Bataille, acusada de esconder armas e de transportar de carro um importante membro da FLN também fora presa. Em *Esprit*, Jean le Meur, preso, expôs as razões que um cristão tem para desobedecer. Um romance, *Le Déserteur*, assinado por Maurienne, explicava por que certos convocados preferiam o exílio a essa guerra. Foi sob a pressão desses jovens rebeldes que Blanchot, Nadeau e alguns outros tomaram a iniciativa de um manifesto em que intelectuais reconheceriam o direito à insubmissão; Sartre o assinou, assinou como toda a equipe da *Temps Modernes*. Os comunistas nos opunham um texto truncado de Lenin: combate-se a guerra participando dela; esse texto não se aplica às guerras coloniais em lugar algum — nem nos quartéis, nem na Argélia — e, além disso, eles não haviam criado qualquer agitação antimilitarista. Juntos, Servan-Schreiber e Thorez nos condenavam em nome da "ação das massas": mas na época as massas estavam de férias. Evidentemente, apenas uma minoria restrita tomaria o caminho da ilegalidade, respaldando-a, e assim comprometendo a nós mesmos, esperávamos radicalizar uma esquerda deploravelmente "respeitosa", segundo a expressão de Péju; e pensávamos que essa ação de vanguarda poderia ter várias repercussões.

Minha irmã expôs na galeria Syntheses seus últimos quadros, que achei muito bonitos. Encontrei em seu vernissage Marie Le Hardouin, transtornada pela execução de Chessman, sobre quem escrevia um livro. A guerra da Argélia mobilizava minhas emoções — que aliás já se tinham esgotado —, mas eu a compreendia. Em Marseille, onde passei alguns dias com Algren, nós nos perguntávamos sobre o futuro de seu país. Em Seul, os estudantes haviam expulsado Sygman Rhee; no Japão, tinham-se manifestado violentamente contra Hagerthy. Che Guevara predissera aos EUA: "Vocês vão perder todo o planeta" — e a profecia se tornava verdade. Para mudar a política americana, Algren não contava nem com Nixon, nem com Kennedy: "Qualquer que seja o vencedor", disse-me, "meu único consolo será o fato de o outro ter perdido."

Pouco mais tarde, parti com ele por duas semanas: ele desejava ver Istambul e a Grécia. A viagem a jato, que comprimia em algumas horas grandes fragmentos do meu passado, maltratou-me até a angústia: pareceu-me que eu estava morta, e pensei sobrevoar minha vida do alto do céu. O lago de Genebra: eu o vira pela primeira vez em 1946, com Sartre. Era espantoso avistar ao mesmo tempo Milão e Turim, separadas por cento e sessenta quilômetros de autoestrada que eu percorrera com impaciência tantas vezes. E já descobria Gênova, a estrada que beira a costa e que nos levara — Sartre e eu — de Roma a Milão: almoçávamos em Grosseto, na Bucca San Lorenzo... De repente, acordei Algren, que dormitava ao meu lado; estávamos passando sobre Capri, invisível, e a luz era tão límpida que, a doze mil metros de altitude, distinguíamos com precisão os contornos de Ischia; reconheci Forio e o promontório rochoso onde um fiacre nos conduzira; Algren mostrava-me, escapando de uma greta, filetes de vapor que na verdade não eram outra coisa senão a fumaça do seu próprio cigarro, e ria da minha credulidade. Depois foi a vez de Amalfi, as Galli, essa costa onde se sobrepunham tantas lembranças, e o sul, de um mar a outro. A noite caía sobre Corfu. Dei um salto no passado, até a ponte de Cairo City, quando apareceram as costas da Grécia, suas ilhas, e o canal de Corinto. Enquanto seguíamos para Istambul através de um céu de púrpura e enxofre, eu sentia uma dor no coração ao lembrar o quanto eu já fora cheia de vida, e o mundo novo. Naquele momento, contudo, sentia-me feliz: mas do outro lado de uma linha que eu nunca mais voltaria a atravessar.

Istambul à noite nos pareceu deserta. Pela manhã regurgitava. Ônibus, carros, carrinhos de mão, carros puxados por cavalos, bicicletas, mensageiros, transeuntes; o trânsito era tão denso na ponte Eminomu, que mal se podia atravessá-la, correndo perigo de vida; ao longo do cais comprimiam-se flotilhas: vapores, barcos, barcaças, lanchões. As sirenes uivavam, as chaminés soluçavam: na calçada, táxis superlotados avançavam, derrapavam, paravam num gemido de descargas soltando estalidos; as latarias entrechocavam-se; gritos, assobios, uma enorme confusão ressoava em nossas cabeças, aturdidas pela violência do sol. Este batia forte, e no entanto nenhum reflexo manchava as águas enegrecidas do Corno de Ouro, atravancadas de velhas embarcações de madeira apodrecida, encerradas em hangares. No coração da velha Istambul escalamos ruas mortas, orladas de casas de madeira mais ou menos despencadas, e outras nas quais havia lojinhas e oficinas; engraxates acocorados diante de seus apetrechos olhavam-nos com ar hostil; olharam-me do mesmo jeito no miserável bistrô de mesas de madeira, onde tomamos café, detestariam eles os americanos ou os turistas? Sequer uma mulher na sala; quase nenhuma nas ruas; apenas rostos de homens, e nenhum deles sorria. O bazar coberto, mergulhado numa luz cinzenta, deu-me a impressão de uma imensa quinquilharia; nos poeirentos mercados ao ar livre, tudo era feio: os utensílios, os tecidos e as imagens populares. Uma coisa despertou nossa curiosidade: a abundância de balanças automáticas e o número de pessoas, muitas vezes miseráveis, que sacrificavam uma moeda para se pesar. Onde estávamos? Essas multidões, pululantes e inteiramente masculinas, indicavam o Oriente e o Islã: mas não encontrávamos ali nem as cores da África, nem o pitoresco chinês. Sentíamo-nos no limiar de campos desfavorecidos, e de uma insípida Idade Média. O interior da igreja de Santa Sofia e a Mesquita Azul corresponderam à minha expectativa; apreciei pequenas mesquitas, mais íntimas e vivas, com seus pátios e suas fontes, em torno das quais voejavam pombos; mas quase nada subsistia dos séculos submersos. Bizâncio, Constantinopla, Istambul; a cidade não cumpria as promessas desses nomes: salvo à hora em que suas cúpulas e seus finos minaretes pontudos se recortavam, no alto da colina, à luz do crepúsculo: então, seu sangrento e suntuoso passado transparecia através de sua beleza.

Gostaríamos de ter conhecido turcos. Algumas semanas antes, um golpe de estado militar expulsara Menderes; houvera na cidade motins dos quais os estudantes participaram: que pensariam eles agora, o que estariam fazendo? O turismo social não deixa de ter inconvenientes, mas nossa solidão os tinha mais. Aborrecidos por não termos acesso a outra coisa além de cenários, partimos ao cabo de três dias.

Atenas, por comparação, pareceu-nos feminina e quase voluptuosa; passamos uma semana em Creta: paisagens admiráveis, algumas ruínas emocionantes, sobretudo as de Phaestos. E depois voltamos a Paris, e chegou o momento de nos separarmos. Nuvem alguma, durante aqueles cinco meses, toldara nosso entendimento. Eu não me desesperava, como outrora, à ideia de que nossa história não tivesse futuro: também nós não o tínhamos; ela não me parecia barrada, mas antes acabada, salva da destruição como se já estivéssemos mortos. Os tempos antigos não me inspiravam nem mesmo aquela nostalgia onde ainda se demora uma esperança. Algren me contou que, ao fim de um passeio, seus passos o haviam levado maquinalmente para a rua Bûcherie: "Como se meu corpo não tivesse renunciado ao passado", disse-me ele, com saudade na voz: "Era tão melhor assim, o passado?", perguntei-lhe. "Aos quarenta anos eu não sabia que tinha quarenta anos: tudo começava!", respondeu-me impulsivamente. Sim, eu me lembrava. Mas já fazia um bom tempo que eu soubera da notícia; tinha uma idade, uma idade avançada. Pela maneira como nos havíamos reencontrado, havíamos apagado dez anos, mas a serenidade das despedidas me fez voltar à minha verdadeira condição: eu estava velha.

**

Nossa visita a Havana nos dera novas razões para ir ao Brasil. O futuro da ilha jogava-se em grande parte na América Latina, onde se delineavam correntes castristas: Sartre propunha-se a falar de Cuba aos brasileiros. Tínhamos visto uma revolução triunfante. Para compreender o Terceiro Mundo, era-nos necessário conhecer um país subdesenvolvido, semicolonizado, onde as forças revolucionárias estavam ainda, talvez por longo tempo, acorrentadas. Os brasileiros que encontramos convenceram Sartre de que, combatendo no país deles a propaganda de Malraux, ele serviria eficazmente à Argélia e à esquerda francesa: sua insistência provocou nossa decisão.

Essa viagem só durou dois meses; se a relato em detalhes, irão reprovar-me provavelmente por quebrar a linha da minha narrativa. Mas o Brasil é um país tão atraente e tão pouco conhecido na França que eu lamentaria não fazer meus leitores compartilharem integralmente a experiência que tive: aqueles a quem essa reportagem entediar podem saltá-la.

Antes de voarmos para Recife, onde se realizava um congresso de críticos, fomos convidados para jantar em casa do M. Dias, um pintor que tivera a gentileza de se ocupar das nossas passagens e de nossos vistos. Quadros agradáveis — obras suas — decoravam um apartamento onde era servida uma refeição quente à moda do seu país, que julguei muito mais civilizada que a nossa: todos podiam mover-se e mudar de interlocutor. Havia belas mulheres bem-arrumadas e intelectuais, dos quais muitos haviam estado na prisão no tempo de Vargas: entre outros, o pintor Di Cavalcanti, corpulento e alegre sob sua espessa cabeleira branca. Conversamos com Freyre que, em *Casa-grande e senzala*, descreveu os costumes no Nordeste brasileiro durante o período colonialista; ele me deu um livro ilustrado sobre Ouro Preto. Falou-se muito de Brasília; embora admirando as concepções de Lucio Costa e os edifícios de Niemeyer, a maioria lamentava que Kubitschek tivesse enterrado fortunas nessa cidade abstrata, onde ninguém desejaria viver: "Apesar disso", disse Di Cavalcanti, "na capela do palácio presidencial há agora um pequeno buquê de flores feitas de conchas: enfim, um pouco de mau gosto! Enfim um sinal de vida! Já é um começo."

E de novo, em meados de agosto, voei através das solidões do céu. Sob meus pés fazem-se e se desfazem calçadas, praias, oceanos, ilhas, montanhas e abismos que vejo com meus próprios olhos e que não existem. Nada muda: nem o clima, nem os odores, nem a multiforme melancolia das nuvens, e de repente, sem me ter movido, eis que me encontro alhures. Parto de novo, com o coração rompido por uma estranha fadiga, a rodar assim em torno da terra que também roda, estendendo suas luzes, apagando-se depressa demais, enquanto meu relógio perde a conta das horas. Vi a fita escura do Tejo, o aeroporto de Lisboa; através do alto-falante, uma voz chamou os passageiros para Elisabethville; olhei com curiosidade aqueles homens e mulheres que se dirigiam ao seu avião — para que destino? Pouco mais tarde desembarquei num país úmido e negro. Homens escuros, vestidos de branco, azafamavam-se sem ruído entre as mesas; Dacar, a África, o enorme continente onde o Congo sangrava; avistei soldados de shorts, com capacetes azuis: a ONU acabava de se decidir pela intervenção em Catanga.

Nasceu uma manhã, e com ela um mar verde, escolhos e uma costa orlada de espuma branca. Recife: rios, canais, pontes, ruas retilíneas, colinas, uma igreja portuguesa sobre um monte, palmeiras. Ainda as bacias, as pontes, a igreja; ainda, ainda; viramos, e um pequeno avião voa em torno de nós. "Não estão conseguindo fazer descer o trem de aterrissagem", disse-me Sartre. Pensei: "Vão conseguir." Nada de mal podia acontecer naquela hora, sob aquele céu, no limiar de um continente novo. Ao cabo de uma meia hora, apareceram as rodas e o avião pousou: ambulâncias e carros de bombeiros amontoavam-se no aeroporto. O aparato militar que nos escoltava devia transmitir ordens ao piloto, em caso de aterrissagem forçada.

Sartre não se sentia bem; sofria de herpes-zóster, devido ao excesso de trabalho e a um persistente descontentamento. Eu mesma vacilei ao receber no rosto o ar livre e o sol. Havia muitas mãos estendidas, flores, jornalistas, fotógrafos, mulheres de braços nus, homens vestidos de branco, o rosto de Jorge Amado. Polícia, alfândega; como em Havana, o cansaço me aturdia quando um carro nos conduziu ao centro da cidade: primeiro a um hotel, diante de um cais, depois a um restaurante fresco e alegre. Tomei minha primeira batida:[190] uma mistura de aguardente de cana — cachaça — e limão. Entre mim e esses desconhecidos era um primeiro laço aquele gosto novo, para eles familiar; conheci também o sabor do maracujá — a fruta da paixão —, cujo suco, de uma rica coloração amarela, enchia as garrafas. Notei em todas as mesas garrafas cheias de farinha: era mandioca, com a qual se salpicam os pratos. Era difícil adivinhar quem nos agradaria, quem nos desagradaria, quem iríamos rever, onde e quando: o congresso atraíra gente de todos os estados do Brasil. Compreendemos com satisfação que Amado, que viera especialmente para nos receber, iria servir-nos de guia pelo menos durante um mês.

Passamos alguns instantes no congresso, e Amado nos levou com um grupo para descansarmos na fazenda de um amigo. Esta confirmava as descrições que eu lera no livro de Freyre: embaixo, as habitações dos trabalhadores, a moenda, onde se mói a cana, uma capela ao longe; na colina, uma casa. O proprietário pintava, e seus quadros enchiam de luz a residência; o jardim levemente inclinado, com suas árvores, suas sombras, suas flores, a ondulante paisagem de cana-de-açúcar, palmeiras e bananeiras, pareceram-me um paraíso tão voluptuoso que por um instante acariciei o mais aberrante dos sonhos: enfiar-me na pele de um proprietário rural. O amigo de Amado e sua família estavam ausentes; tive uma primeira amostra da hospitalidade brasileira: todo mundo achava normal instalar-se na varanda e pedir que servissem bebidas. Amado encheu meu copo de suco de caju amarelo-pálido: ele pensava, como eu, que se conhece um país em grande parte pela boca. A seu pedido, amigos nos convidaram para comer o prato mais típico do Nordeste, a feijoada: para o caboclo, um caldo de feijão preto, mas para o gastrônomo burguês uma espécie de rico *cassoulet*.

---

[190] A autora utilizou essa palavra em português, com destaque em itálico. Optamos por manter, retirando apenas o destaque. (N.E.)

Eu lera no livro de Freyre que as moças do Nordeste casavam-se outrora aos treze anos, em todo o esplendor de sua beleza que, aos quinze anos, começava a empanar-se. Um professor me apresentou sua filha, muito bonita, muito pintada, olhos de brasa; uma rosa vermelha num busto desabrochado: quatorze anos. Nunca encontrei adolescentes: eram crianças, ou mulheres feitas. Estas, no entanto, fanavam-se com menos rapidez do que suas antepassadas; aos vinte e seis e vinte e quatro anos, Lucia e Cristina T. irradiavam juventude. A despeito dos costumes patriarcais do Nordeste, elas tinham liberdades; Lucia lecionava, e Cristina, desde a morte do pai, dirigia nos arredores de Recife um hotel de luxo, pertencente à família; ambas faziam um pouco de jornalismo, e viajavam. Foram elas que nos levaram a passear de carro através de Recife.

Vimos Olinda, a primeira cidade do país a ser construída — trezentos anos antes de Brasília — segundo o traçado de um arquiteto; Mauricio de Nassau que, entre 1630 e 1654, governou a região, na época sob o domínio da Holanda, mandou construí-la por Pieter Post, e depois decorá-la por uma equipe de pintores e escultores. A cidade fica localizada numa elevação, a seis quilômetros de Recife, e conservou intactas muitas de suas velhas casas. Quando os holandeses foram expulsos, artistas portugueses ali construíram igrejas sobriamente barrocas: através do odor indolente dos trópicos, reencontrei as escadas, os pórticos, as fachadas que me haviam encantado na seca terra portuguesa. Descemos para uma praia sem começo nem fim: como eu amei a indolência dos altos coqueiros face ao tumulto imperioso do oceano! Sobre a água luziam, muito brancas, as velas triangulares das jangadas: balsas com mastros, feitas de cinco ou seis troncos de árvores unidos por cavilhas de madeira; quando o tempo está calmo elas enfrentam o mar, mas não resistem às tempestades: a cada ano, muitos pescadores não voltam. Experimentamos água de coco, sob um quiosque; aspira-se por um canudo que atravessa a casca: era morna e insípida.

Recife também tem belas igrejas barrocas; janelas de sacadas trabalhadas lhe dão uma aparência frívola e encantadora. No mercado, grupos cercavam os contadores de histórias; alguns improvisavam, cantando; outros liam em brochuras canhestramente ilustradas; paravam antes do fim; para conhecê-lo, era preciso comprar o livro. No centro da cidade, havia praças antigas plantadas de árvores frondosas, rios, lojas, vendedores ambulantes; mas, assim que nos afastávamos deles, nas secas ruas retilíneas de muros descascados, de terra batida, só encontrávamos decadência e desolação. "Em Recife, há um mendigo sob cada palmeira", dissera-me Bost. Não; naquele ano chovera, e os camponeses dos arredores tinham raízes para roer; mas no período de seca eles invadem a cidade. São vinte milhões que agonizam cronicamente num árido polígono do tamanho da França. Cristina nos mostrou, na orla da cidade, uma zona onde se amontoava em barracos de madeira uma população desprovida de tudo. Ela nos falou das ligas camponesas que, sob o impulso de Julião, deputado socialista e advogado em Recife, tentava reunir os camponeses e promover uma reforma agrária: vários de seus amigos faziam parte dela. "Quando comecei a me ocupar do hotel", disse-nos Cristina, "eu era ainda muito jovem, e quis mostrar-me madura: faria os empregados trabalharem o máximo possível, pagando-lhes o mínimo possível. Depois, vi como eles viviam..." Católica devota, as desigualdades sociais a revoltavam. Nas manhãs de domingo, ela velejava, no clube mais seleto da cidade; e disputava corridas com paixão; mas discutia com outros sócios e em geral com todas as pessoas do seu meio. No bairro residencial de Recife, dirigia seu carro muito depressa, e assustava os pedestres de propósito: "É preciso lembrar-lhes que são mortais", dizia rindo.

Em consequência dessas combinações em que os brasileiros são mestres, acabamos tendo quatro passagens de avião para nós dois; Amado fez com que Lucia e Cristina as aproveitassem. Ele passara a juventude na Bahia, onde tivemos outro guia além dele: um jovem professor de etnografia, Vivaldo, um mestiço com físico de jogador de futebol. Zélia Amado veio nos encontrar; chegou com uma noite de atraso; um avião capotara no aeroporto, e o dela não pudera aterrissar. Formávamos um grupo de sete pessoas que falavam francês e se sentiam bem juntas. Para nos locomover, dispúnhamos de uma espécie de micro-ônibus e de um motorista. Sartre estava melhor; as obrigações se limitaram a uma conferência e dois almoços oficiais. Passamos uma semana muito alegre.

Salvador compõe-se de duas cidades, ligadas entre si por elevadores e funiculares: uma que se alonga até o mar e outra debruçada no alto de uma rocha. Era lá que se encontrava o hotel, muito moderno, grande e de linhas elegantes. Do meu quarto, no bar imenso de paredes de vidro, cheio de plantas verdes e de pássaros, onde tomávamos batidas, via-se, sob um céu sempre agitado, "a baía de Todos os Santos" com seus recifes, suas praias, seus coqueiros serenos, as barcas, suas velas em forma de trapézio; breves ondas agitavam o oceano. Amado nos mostrou as ruas comerciais da Cidade Alta. Na porta da Universidade, lia-se: "Filosofia em greve": os estudantes e o reitor não estavam se entendendo. Igrejas por toda parte. Uma das mais conhecidas é a obra de artistas espanhóis; nem uma polegada de pedra lisa: conchas, rodilhas, volutas, rendas. As fachadas portuguesas são sóbrias; no interior, entretanto, a riqueza leva a melhor sobre o bom gosto: revestimento de ouro cinzelado e rebuscado, relevos e pingentes, pássaros, palmas e demônios escondendo-se, como numa charada, entre os relevos das paredes e dos tetos; as sacristias exibem cômodas de jacarandá ou cabiúna, faianças de Delft, azulejos portugueses, porcelanas, ourivesaria, santos de cera em tamanho natural, dignos do museu Grévin: macilentos, marcados de cicatrizes, crispados de dor ou de êxtase sob suas perucas de cabelos naturais; e Cristos chicoteados, feridos, cravados de espinhos, cujas chagas sangram pelas longas fitas vermelhas. Faziam-me pensar nos fetiches de Bobo-Diulasso.

As velhas ruas onde Amado passou sua infância, estreitas, retilíneas, precipitam-se ab-ruptamente para o mar; ao lado encontra-se o bairro das "mulheres da vida". Entramos em bazares cheios de mercadorias confusas: as paredes e os tetos semeados de borboletas brilhantes, recortadas de capas de revistas. O carro desceu as rampas escarpadas e nos deixou no porto, perto do mercado coberto; a não ser pela higiene, lembra o mercado de Pequim; nos estreitos corredores vendem-se comidas grosseiras, salgados, couros, tecidos, roupas de baixo, latarias; mas também uma extraordinária profusão de objetos de arte popular, sobrevivência de uma cultura antiga e matizada de várias culturas. Amado comprou para nós e para ele colares, pulseiras de grãos coloridos, cerâmicas, figurinhas de terracota, bonecas de rostos negros, vestidas com os tradicionais adornos baianos, Exus de ferro fundido — espíritos mais maliciosos do que malignos que, de forquilha na mão, evocam nossos diabos —, instrumentos musicais, uma quantidade de ninharias; explicou-nos o sentido dos amuletos, imagens, ervas, tambores, joias, ligadas às cerimônias religiosas. Os cestos transbordavam, ao ar livre, até as bacias onde se balançavam uma flotilha de saveiros: seus cascos se tocavam, os mastros uniam-se como as árvores de uma densa floresta;

os vendedores ambulantes vendiam roletes de cana-de-açúcar descascada, que são mastigados e cuspidos depois de se chupar o suco, bolos de coco, bolinhos de feijão, jarras, ânforas, mais cerâmica — belas ou horríveis —, bananas e outras frutas; os eflúvios do óleo de coco misturavam-se a um odor de salmoura; nos barcos ou em terra firme, ia e vinha uma multidão de homens e mulheres cuja pele, do chocolate ao branco, passava por todos os matizes do moreno. Passamos por uma barbearia onde se faziam apostas para o jogo do bicho, espécie de loteria que, como o futebol, constitui o divertimento favorito no Brasil. No primeiro andar, uma negra mantém um botequim de aspecto banal, mas célebre; na parede, uma imagem de Iemanjá, a deusa do mar; num pote, "espadas de Ogum", folhas de cacto em forma de lâminas, muito difundidas na França, e rigorosamente necessárias à proteção das casas brasileiras. Sartre não tocou nos guisados cheios de gordura — cor de vermelhão, coral, pistache — que eu provava com prudência; a frigideira de siri me conquistou.

    Alguns dias mais tarde, vimos, à saída da cidade, um outro mercado. "Os brasileiros não vão levá-los lá", dissera-me uma francesa. Mas Amado nos levava a toda parte. Chovera, e patinhávamos na lama; salvo cerâmicas muito bonitas, os cestos refletiam a miséria dos compradores: na Bahia também a fome rondava, sobretudo nos lugares que Amado chamava de "bairros de invasão", porque as pessoas lá se haviam instalado como posseiras. Uma dessas construções ficava sobre uma laguna: tinham certeza de que ninguém iria reclamar aquele terreno; passarelas oscilantes ligavam à terra casebres construídos sobre estacas, e isso me lembrava o "bairro sobre a água" de Canton, mas aqui os habitantes viviam no abandono, sem nenhuma higiene. Outros pobres arrabaldes espalhavam-se sobre colinas verdes, entre bananeiras de folhas recortadas; fios telegráficos os atravessavam, cemitérios das pipas com as quais se divertiam as crianças; a terra marrom e gorda exalava um odor de campo; eram quase aldeias, conservando as tradições e as ligações orgânicas das comunidades rurais.

    O fato é que a população da Bahia, 70% negra — foi a região da cana-de-açúcar e da escravidão —, participa de uma intensa vida coletiva. Os ritos africanos nagôs são ali perpetuados, dissimulados por prudência por trás da liturgia católica, até fundir-se com ela, à maneira do vodu haitiano, numa religião sincrética, o candomblé. É um conjunto complexo de crenças e de práticas, que comporta numerosas variantes, uma vez que os candomblés não estão hierarquizados em Igreja. O livro de Roger Bastide, *Les Religions africaines au Brésil*, acabava de ser publicado, e eu o li. Existe um Deus supremo, pai do Céu e da Terra, cercado de espíritos — os orixás — que correspondem a alguns dos nossos santos; Oxalá está próximo de Jesus, Iemanjá da Virgem Maria, Ogum de são Jorge, Xangô de são Jerônimo, Omolu de são Lázaro. Exu, mais semelhante ao antigo Hermes do que ao nosso demônio, serve de intermediário travesso entre os homens e os "encantados". Estes residem na África, mas seu poder se estende até muito longe. Todo indivíduo pertence a um orixá (os sacerdotes lhe revelam seu nome) que o protege se ele lhe faz as oferendas e os sacrifícios exigidos. Certos privilegiados que se submeteram aos ritos bastante longos e complicados da iniciação são chamados a servir de "cavalo" ao seu deus: fazem com que este baixe em seus corpos através de cerimônias que são — como para os católicos a descida de Deus na hóstia — o momento culminante do candomblé.

Em Recife haviam organizado para nós uma noite em que negros fantasiados de índios dançaram bailados muito sofisticados; mas não conseguíramos ver Xangô. Na Bahia, as festas religiosas são quase cotidianas, e toda a intelectualidade se interessa por ela. Amado, iniciado desde a juventude, é um dos mais altos dignitários do candomblé; Vivaldo pertence a uma categoria mais modesta, mas conhece todas as "mães de santo" e os babalaôs (adivinhos, meio sacerdotes, meio feiticeiros) da cidade. Ele nos introduziu em cerimônias não espetaculosas, mas autênticas. Por duas vezes o carro nos levou, à noite, através daquelas montanhas-russas que são os subúrbios da Bahia, até casas longínquas, onde rufavam tambores. Todas as vezes a mãe de santo nos fez entrar primeiro na cozinha, onde uma mulher preparava comidas profanas e sagradas, e depois no quarto onde se erguia o altar: em meio a uma misteriosa desordem fetichista — fitas com cores dos deuses, oferendas, pedras, jarras —, os orixás são representados por estátuas grosseiras: são Jorge e seu dragão, são Jerônimo, são Cosme e são Damião (os gêmeos de múltiplos e importantes poderes), são Lázaro etc. Num pátio cercado de paliçadas comprimiam-se negros — sobretudo mulheres —, membros da confraria e outros que vinham como convidados; alguns brancos: um pintor, que muitas vezes se inspira naquelas danças, um jornalista do Rio — Rubem Braga —, o francês Pierre Verger, grande iniciado segundo nos disseram, e o homem que melhor conhece os arcanos do candomblé. Alguns homens batiam nos tambores sagrados, e outros tocavam instrumentos desconhecidos. A mãe de santo misturou-se à dança das filhas de santo: iniciadas que já haviam sido "cavalgadas" por seus guias durante cerimônias análogas; umas eram muito moças, outras muito velhas; usavam seus mais belos adornos, longas saias de algodão, corpetes bordados, turbantes — e também joias e amuletos; rodopiavam em passo ritmado, oscilante, por vezes brusco, mas tranquilo; a maioria ria e gracejava. De repente, um rosto se transformava; o olhar se fechava; após um tempo mais ou menos longo de concentração ansiosa, ou por vezes instantaneamente, tremores agitavam o corpo da mulher e ela cambaleava; como para ampará-la, os iniciados — Amado, Vivaldo, entre outros — estendiam-lhe as mãos. Uma das servas do santo — uma iniciada, mas a quem está recusada a graça da visita divina — acalmava a possessa com uma pressão, um abraço, desatava-lhe o turbante, tirava-lhe os sapatos (para devolvê-la à sua condição de africana) e arrastava-a para o interior da casa. Em todas as sessões, todas as dançarinas caíam em transe, assim como dois ou três convidados que eram levados com os outros. As filhas de santo voltavam, vestidas com suntuosos trajes litúrgicos que correspondiam a seus santos, trazendo nas mãos emblemas, entre os quais uma espécie de espanador, cujos penachos faziam rodar; a solenidade de seus gestos e a gravidade de seus rostos indicavam que um deus as habitava. Retomavam sua dança, cada qual intensamente entregue a seu êxtase, mas integrada aos movimentos do grupo. Sartre me falara do frenesi dos vodus; aqui, a disciplina coletiva controlava as manifestações individuais; estas, em algumas dançarinas, atingiam uma grande violência, mas sem nunca isolá-las de suas companheiras. Durante uma das festas, uma jovem negra estava terminando o ciclo de sua iniciação. Com a cabeça raspada, vestida de branco, tremia ligeiramente, com o olhar fixo no invisível, ao mesmo tempo presente e distante, como meu pai em sua agonia. No fim, entrou em transe, partiu e voltou transfigurada por uma alegria misteriosa.

Fiz a pergunta clássica: "Como se explicam esses transes?" Só a mãe de santo tem o direito de simulá-los, para facilitar a descida dos orixás: e me pareceu que uma das duas usou realmente dessa permissão. Todos os observadores estão de acordo em afirmar que as outras não trapaceiam, e eu não tinha dúvidas disso: tanto para elas quanto para o espectador, sua metamorfose era uma surpresa; elas também não pareciam neuróticas nem drogadas: as velhas, sobretudo, irônicas e alegres, chegavam ao candomblé com todo o seu bom senso cotidiano. E então? Vivaldo, muito claramente, e Pierre Verger, com menos franqueza, falaram de intervenção do sobrenatural. Amado e todos os outros confessavam-se ignorantes. O certo é que esses fatos nada têm de patológico, mas são de ordem cultural; encontramos experiências análogas em todos os lugares onde indivíduos estão divididos entre duas civilizações. Obrigados a se dobrarem ao mundo ocidental, os negros da Bahia, outrora escravos, hoje explorados, sofrem uma opressão que chega a lhes tirar a posse de si mesmos; para se defenderem, não lhes basta conservar seus costumes, suas tradições, suas crenças: eles cultivam as técnicas que os ajudam a se arrancar, através do êxtase, da personagem mentirosa na qual foram aprisionados; no instante em que parecem perder-se é que se reencontram: eles são possuídos, sim, mas por sua própria verdade. O candomblé, se não transforma os seres humanos em deuses, ao menos, através da cumplicidade de espíritos imaginários, restitui a humanidade a homens rebaixados à categoria de rebanho. O catolicismo lança os pobres de joelhos diante de Deus e de seus sacerdotes. Pelo candomblé, ao contrário, eles experimentam essa soberania que todo homem deveria poder reivindicar. Nem todos atingem o êxtase, mesmo entre aqueles que a iniciação predispõe a isso: mas já basta que alguns o experimentem, para salvá-los todos da abjeção. O momento supremo de sua vida individual — quando, de vendedora de bolos ou de lavadora de pratos, ela se transforma em Ogum ou em Iemanjá — é também aquele em que a filha de santo integra-se mais estreitamente em sua comunidade. Poucas sociedades oferecem a seus membros oportunidades semelhantes: realizar sua ligação com todos, não na banalidade cotidiana, mas através daquilo que se experimenta de mais íntimo e mais precioso. O pitoresco do candomblé é comedido e bastante monótono; se os intelectuais progressistas lhe dão tanta atenção, é porque — esperando as mudanças às quais aspiram — ele mantém nos deserdados o sentimento de sua dignidade.

Após ter descido e subido estradas ab-ruptas — felizmente, Zélia possuía um poderoso amuleto contra acidente —, paramos, certa manhã, à porta, guardada por um Exu, do mais antigo, mais amplo e mais célebre candomblé da Bahia. Esse santuário, sobre o qual reina a mais venerada das mães de santo, é, na Bahia, o que Monserrat é na Espanha: só que esta religião, aqui, serve aos pobres e não aos ricos; o chão de terra batida substitui o mármore, a terracota a ourivesaria, e alguns tambores fazem as vezes de grandes órgãos. Situado numa colina, o recinto encerra casinhas onde os neófitos vivem durante o período de iniciação, e para onde voltam, em certas circunstâncias, as filhas e as servas dos santos; há uma grande sala de danças, construída — como nossas igrejas — segundo as regras de uma simbologia complicada; na construção principal, aloja-se a mãe de santo: num altar estão reunidas — em imagens de gesso de mau gosto — as divindades das cidades; as divindades dos campos têm suas capelas do lado de fora: estão dispostas de maneira a lembrar a localização dos templos no continente original, pois cada candomblé é um microcosmo da África. Depois de dar uma olhada nesses oratórios — dos quais alguns se perdem na paisagem, a uma distância bastante grande —, retornamos à casa da mãe de santo: diante de sua porta, ciscavam sem alegria duas galinhas destinadas a um sacrifício. Os Amado pertencem ao seu candomblé; chamando-a à parte, acertaram com ela a questão de suas obrigações, que nunca deixaram de cumprir. Avisada de nossa visita, ela envergara seu mais belo traje: saias e anáguas, xales, colares, joias. Era viva, tagarela e maliciosa; queixou-se de Clouzot, que tentara violar-lhe os segredos, fez um elogio inflamado a Pierre Verger, que lhe trouxera da África diversos objetos: suas relações com os orixás fortificaram-se com isso. Ela própria estivera na África, e penso ter compreendido que, tendo que escolher entre os deuses de suas duas linhas, ela optara pelo culto nagô. Falava um pouco de nagô: a posse da língua africana é necessária para a relação com os santos. Enquanto na cozinha uma jovem nos servia alguns alimentos, a mãe de santo consultou seus búzios para saber de que espírito dependíamos: Sartre era Oxalá, e eu Oxum. Avistáramos na estrada, de quando em quando, galinhas degoladas perto de árvores; contamos-lhe isso: tratava-se certamente de malefícios que ela censurou. "Trabalho para o bem, e nunca para o mal", declarou. São os feiticeiros que, com a ajuda do "cão" — o diabo —, tornam as pessoas doentes, arruinam-nas, matam-nas. Mães de santo, pais de santo e babalaôs intercedem pela felicidade dos homens. Conversamos durante muito tempo. Em detalhe, a junção do candomblé com o catolicismo muitas vezes tem resultados extravagantes; mas no conjunto o fetichismo rústico integrado pelo cristianismo combina muito bem com as sobrevivências do fetichismo africano; e os baianos sentem-se tão à vontade na igreja de São Francisco quanto em seus terreiros.

É sobretudo na igreja do Senhor do Bonfim que se desenrolam cerimônias pagano-cristãs, em que o sangue de galinha convive com o incenso. Fizemos um belo e longo passeio para vê-la, seguindo a costa de cortes complicados, avistando na passagem o velho forte de Montserrat, e a capela cujo adro avança para o mar. A igreja ergue-se no alto de uma grande praça: diante do pórtico vendem-se rosários e colares rituais, crucifixos e amuletos, imagens do Sagrado Coração e de Iemanjá, avançando sobre as ondas, com os longos cabelos soltos. A sacristia contém uma coleção de impressionantes ex-votos: gessos e muletas, fotografias, pinturas, modelos de órgãos que o Senhor curou.

Nas ruas da Bahia, à noite, pratica-se ainda, entre os rapazes de má conduta, a antiga savate francesa;[191] quando prendem navalhas no tornozelo, a prática torna-se mortal. Inspirou uma dança à qual assisti, numa espécie de taberna, no meio de um "bairro de invasão", e num outro dia no centro da Bahia, numa sala decorada com guirlandas, bandeiras e serpentinas multicores. Cada dançarino faz seu parceiro voar e o joga por terra, ameaçando-lhe o rosto com o pé, mas evitando atingi-lo. Há uma grande variedade de fugas e de ataques. Músicos acompanham esse combate sem armas. Campeão e professor, um velho negro magro, muito baixo, de ar matreiro, fez uma exibição impressionante.

O pai de Amado fora plantador de cacau: aos dezenove anos, em sua primeira narrativa, *Cacau*, Jorge descreveu a condição de seus trabalhadores agrícolas. Mais tarde, em *Terras do sem-fim*, pintou a coragem e os crimes dos primeiros conquistadores da floresta, os "coronéis", que exerciam o direito de vida e morte sobre os rebanhos de escravos, e acertavam suas querelas a tiros. Em *São Jorge dos Ilhéus*, evoca a geração que lhes sucedeu: especuladores e exploradores que respeitavam as aparências de legalidade. Em seu livro *Gabriela cravo e canela*, que naquele ano fazia um enorme sucesso, Amado descrevia ainda Ilhéus, o porto do cacau. Desejou levar-nos para conhecê-lo.

Sobrevoamos uma movediça paisagem de colinas e florestas cheias de água. À noite, chovia sobre Itabuna, que não nos pareceu menos insípida

---

[191] Capoeira. (N.T.)

ao sol da manhã. Para conhecer um país, Amado pensava que é preciso primeiro saber o que se come lá; levou-nos ao mercado; feijão-mulatinho, mandioca, arroz de má qualidade, abóboras, batatas-doces, tijolos de açúcar escuro[192] parecidos com sabão preto, carne de boi seca ao sol: nada fresco; no lombo de burricos, ânforas revestidas de palha; no chão, cordames, cantis de pele de cabra; ao ar livre respirava-se um odor de velho celeiro. As pessoas — mestiços de índios e portugueses, com muito pouco ou nenhum sangue negro — tinham rostos cansados. O solo é rico, mas monopolizado por alguns privilegiados; o fumo e o cacau não deixam espaço para a cultura de alimentos. Amado e algumas pessoas importantes nos acompanharam a uma fazenda-modelo, segundo nos disseram. Seguimos um rio caudaloso, através de um lindo campo. A casa do proprietário erguia-se sobre uma elevação, no meio de um jardim. Como a grande maioria dos proprietários rurais, ele gostava mais de morar no Rio do que em sua propriedade. Foi o administrador que nos recebeu. Com um sorriso nos lábios, conduziu-nos ao lugar — mais parecido com um estábulo do que com uma aldeia — onde se alojavam os trabalhadores. Nem água, nem luz, nem aquecimento, nem móveis: muros cercando um quadrado de terra batida; alguns caixotes. Os quartos alinhavam-se em torno de um pátio onde se arrastavam crianças nuas, de ventre inchado, e mulheres esfarrapadas; os homens de pele e cabelos escuros olhavam para nós, com os facões nas mãos e o ódio nos olhos. Em Cuba eles tinham essa pele, esses cabelos, esses facões, e seus olhos fixos em Castro reluziam de amor. Num corredor, presa por percevejos, uma escarnecedora imagem publicitária representava uma elegante viajante descendo de um carro-leito: não vi qualquer outro ornamento. Nos telhados, as castanhas de cacau secavam ao sol, produzindo um cheiro fermentado e adocicado, se misturava a outros odores inomináveis. Passando por um atalho lamacento chegamos à mata onde crescem os frutos de ouro: os arbustos que os carregam precisam da sombra de altas copas, e de terra úmida e macia, que enlame nossos sapatos. Amado colheu um fruto e quebrou a casca: branca, um pouco viscosa, a amêndoa lembrava muito longe o gosto do chocolate. Ao voltarem perguntei-lhe por que nos haviam falado de "fazenda-modelo": "Suponho que um médico passa por aqui de vez em quando; que o poço de água fica a média de um quilômetro; que a chuva

---

[192] Aparentemente, a autora se refere à rapadura. (N.T.)

não atravessa os telhados." De qualquer modo, acrescentou ele, "comparados aos camponeses do sertão, estes homens são privilegiados: eles comem".

Ao longo do rio, entre florestas, através de um campo onde parecia que poderíamos ter sido felizes, chegamos a Ilhéus. Fardos de cacau amontoavam-se nos entrepostos; homens, na maioria negros, transportavam-nos para os barcos atracados na enseada tranquila, separada do oceano por uma entrada, e cujas águas tinham a mesma tonalidade verde-tenro das palmeiras, suavizadas pela noite. Organizados, sindicalizados, os estivadores trabalham duro, mas ganham bem; via-se por seus músculos, por seu ar de saúde, pela boca que sabia rir e cantar que comiam bem. Ao largo de Ilhéus, o oceano é tão revolto, que as grandes embarcações não podem aproximar-se; avistamos duas delas ao longe, esperando sua carga. Em *Gabriela*, Amado reivindicou para Ilhéus um porto moderno; no Brasil, é tal o seu prestígio que as obras começaram: fustigados pelo vento e pelas brumas, fomos até a extremidade do paredão que estavam construindo.

Um outro recurso da região é o gado. Partimos certa manhã para Feira de Santana, a uma centena de quilômetros da Bahia: era dia de feira. Uma densa multidão acotovelava-se ao longo de quilômetros, músicos fantasiados de cangaceiros faziam todo o barulho que podiam, com seus violões e suas gargantas; vendiam-se bolos, doces de frutas, cocadas, guloseimas; mas essa ilusão de alegria dissipava-se rapidamente; o mercado era quase tão miserável quanto Itabuna; não havia arte popular, a não ser medíocres figurinhas de barro. Bahia estava muito longe; refluía para ali a desolação dos campos, onde viver é extenuar-se sobrevivendo; não havia lugar para o supérfluo. Na orla da cidade, imensos rebanhos de bois estavam reunidos em currais, onde os vaqueiros galopavam levantando poeira. Para se defender dos cactos e dos espinhos do mato, cobrem-se de couro, desde o chapéu até a ponta das botas. Seus rebanhos não lhes pertencem; têm uma pequena participação na criação dos bois, quase não rende nada, por causa da seca e das epidemias. No chão, espalhavam-se chapéus, sapatos, calças, casacos, luvas, cintos, aventais de couro, de uma bela cor rosada, mas de cheiro repugnante.

Faltava — pois Amado é sistemático — informar-nos sobre o fumo. "Cachoeira fica a uma hora daqui", disse-nos o professor em cuja casa almoçamos. Foram necessárias três horas para chegar ao fim da estrada cheia de barrancos, e as sacudidelas despertavam dolorosamente o herpes-zóster de Sartre; avistamos dois ou três casebres isolados junto aos quais cresciam pés de fumo. A cidade estendia-se, tranquila, dos dois lados de um rio; perambulamos por ali, vendo velhas casas e velhas igrejas. Depois entramos num galpão mal iluminado, onde mulheres extenuadas amassavam com os pés nus folhas de fumo; ao odor acre das plantas mortas juntava-se o cheiro das privadas, onde mantos de imundície decompunham-se ao sol, e eu tinha a impressão de um inferno onde as mulheres eram condenadas a pisotear seus excrementos. À saída, elas se precipitaram para mergulhar os pés num filete de água lamacenta: não havia lavatórios nem torneiras, e no entanto a alguns passos dali corria um rio. Muitas operárias usavam colares sagrados. "Ah!", disse Vivaldo a uma delas. "Você é filha de Oxum?" Interrogou-a sobre os candomblés de Cachoeira. Ele nos disse depois que ela, a princípio hesitante, iluminou-se quando compreendeu que ele próprio era um iniciado. Compreendi plenamente o milagre operado pelos candomblés quando vi a abjeção em que essas mulheres eram mantidas.

Uma última excursão nos levou, certa manhã, ao fundo da baía, a cidade do petróleo. Um dos orgulhos do Brasil é que o petróleo está hoje nacionalizado. Pressionado por uma violenta corrente antiamericana, Vargas criou em 1953 o monopólio estatal da Petrobras: nenhum capital estrangeiro poderia, daí em diante, ser investido na exploração do petróleo, o que significou um golpe para as companhias petrolíferas americanas. Um ano mais tarde, o clã "americano" levou Vargas ao suicídio, mas o monopólio permaneceu. A Petrobras contrata por vezes técnicos estrangeiros, mas não há uma só jazida que não lhe pertença. Uma refinaria gigante estende-se à beira-mar: nós a contemplamos do alto da elevação onde está construída a cidade operária, muito confortável. Comparado aos camponeses, o proletariado constitui no Brasil uma aristocracia, e os operários da Petrobras situam-se no seu topo. Vimos também na floresta um britador cujo trépano perfurava a terra até quatro quilômetros de profundidade.

Essas visitas nos faziam conhecer fisicamente a terra brasileira, os recortes de suas costas, a cor de suas florestas. Ao mesmo tempo, nossos amigos nos esclareceram sobre sua situação política, que no início tivemos dificuldade de entender.

Estava-se em pleno período eleitoral. O Brasil se preparava para escolher seu presidente. Além disso, o Rio, destituído de sua categoria de capital em benefício de Brasília, constituída doravante o estado da Guanabara, cujo governador e cujos representantes era preciso agora escolher. Três homens disputavam a presidência. Ademar — a quem se atribuía o lema "Roubo, mas faço" — não tinha a menor chance; assim, a batalha se travava entre Jânio e o marechal Lott; Jânio era o candidato da direita; uma vez no poder, ele favoreceria os interesses do grande capital; no entanto, dirigira a Cuba e aos argelinos declarações de amizade. Cristina estava decidida a votar nele; usava sapatos decorados com seu emblema — uma vassourinha: ele prometia pôr fim à corrupção. "Ele vai instalar uma outra equipe de aproveitadores", dizia Lucia. "Ele apoia Cuba e a Argélia; fará alguma coisa pelos camponeses", dizia Cristina. "É um histérico; promete, mas não vai cumprir", respondia a irmã. Ela votaria em Lott, como Amado e toda a esquerda. Nacionalista e antiamericano, Lott garantia que iria lutar pela independência econômica do Brasil. Era apoiado por Kubitschek — a quem a Constituição impedia de se candidatar à reeleição, mas cujo prestígio era grande — e pelos comunistas; infelizmente, Lott era um militar muito carola e, em política externa, reacionário: tomara partido contra Cuba. Seus próprios partidários espalhavam sobre sua burrice anedotas tão inquietantes quanto cômicas. Impedido por uma doença de participar de um exercício de manobra, ele resolveu reproduzi-la em sua casa: partiu, com o ordenança, para uma marcha de quarenta quilômetros em torno do jardim. Ao cabo de vinte quilômetros, pararam. O soldado sentiu sede, e percebeu que esquecera o cantil; quis ir buscá-lo, e Lott o deteve: "Está a vinte quilômetros daqui", disse. Durante seis semanas, bandeirolas, cartazes, discos, carros com alto-falantes louvaram ruidosamente os méritos dos dois candidatos; soltaram-se fogos em sua honra.

Acompanhávamos essa companhia nos jornais que, por analogia com o espanhol, compreendíamos mais ou menos. Li a maioria dos ensaios sobre o Brasil, escritos em francês, ou traduzidos; através das traduções francesas, pude ter uma ideia da sua literatura.

Despedimo-nos das irmãs T. e de Vivaldo: ele esperava febrilmente a chegada de um professor africano que ia ensinar-lhe o nagô. Quando deixamos a Bahia, risonha e molhada, com seu lodo amarelo, suas multidões negras, suas igrejas onde os Cristos são fetiches, os altares onde santos de gesso representam deuses africanos, seus mercados, seu folclore, seus feitiços rústicos, sabíamos que íamos mudar de universo. Três horas de avião. O solo eriçou-se de montanhas denteadas, de "dedos de Deus", de picos sem vegetação, de "pães de açúcar"; descobri uma baía semeada de inúmeras ilhotas e tão vasta que meu olhar não conseguia abarcá-la por completo. Rio. Um caminho populoso e feio, avenidas superpovoadas, onde flutuavam bandeirolas eleitorais, e um túnel levaram-nos ao nosso hotel, em Copacabana.

A beleza de Copacabana é tão simples, que nos cartões-postais não a percebemos: foi preciso algum tempo para que ela penetrasse em mim. Abria minha janela no sexto andar; entrava no meu quarto um vapor quente, com um fresco odor de iodo e sal, e o marulho das grandes ondas. A linha dos altos edifícios abraça, em seis quilômetros de extensão, a curva doce da vasta praia onde morre o oceano; no meio, uma avenida rigorosamente lisa: nada atrapalha o encontro das fachadas verticais com a areia plana; o despojamento da arquitetura harmoniza-se com a nudez do solo e da água. Uma única mancha de cor, na brancura da praia: pipas de aluguel, vermelhas e amarelas, com manchas pretas. Era inverno, e só se percebiam raras silhuetas, paradas ou em movimento, entre a calçada e o mar. De manhã cedo, passam as empregadas do bairro; depois, por volta das oito horas, os empregados, as pessoas que trabalham durante o dia; e finalmente os ociosos e as crianças. Poucos tomam banho: as ondas são fortes demais; há enseadas e praias mais protegidas em outros lugares; em Copacabana as pessoas molham os pés, estendem-se ao sol e jogam futebol. Era difícil pensar que essa solidão indolente, que o esplendor bruto do oceano e dos rochedos pertenciam a uma grande cidade compacta e febril. À noite, uma bruma com cheiro de estufa peneirava as luzes dos edifícios e o neon dos cartazes: e nada mais no mundo se poderia desejar, além dessa cintilação a dessa fresca umidade.

Copacabana abriga trezentos mil habitantes, na maioria da alta e pequena burguesia; era agradável passear entre seus belos edifícios, frequentemente construídos sobre pilotis, no estilo de Le Corbusier. O bairro morre junto a uma rocha cortada por algumas ruas, mas que geralmente se atravessa por túneis. Por toda a cidade do Rio há morros e pães de açúcar que interceptam suas ruas, e que são atravessados subterraneamente por avenidas.

Esses montes são cobertos de vegetação, e a floresta invade a cidade, sitiada também pelo oceano: nenhuma outra grande cidade pertence tão integralmente à natureza. Um passeio de carro pelo Rio é uma sequência de escaladas e de curvas, de quedas imprevistas, de descidas íngremes, com bruscas e magníficas descobertas sobre os rochedos da costa, com seu colar de praias. Do Corcovado, a setecentos metros de altitude, onde se cravou um Cristo de trinta metros de altura, fica-se deslumbrado com essa paisagem urbana e selvagem.

A cidade só está construída em elevações nos melhores bairros; estende-se até locais tão distantes, que os motoristas a dividiram em duas zonas: os táxis da zona norte não penetram na zona sul, e vice-versa. Atravessamos algumas vezes os feios aglomerados operários da zona norte, mas só conhecemos familiarmente a zona sul. A avenida Presidente Vargas nos desencorajava por sua largura, mas passeávamos sempre pela avenida Rio Branco; muitos transeuntes nas calçadas, ruas atravancadas, lojas, quiosques, cartazes, bares abertos para a rua onde brilhavam máquinas de café e recipientes cheios de suco de abacaxi, de laranja, de caju e de maracujá; bandeirolas e slogans: aquela animação parecia alegria, mas as pessoas tinham um ar triste. À direita e à esquerda, as ruas interditadas aos carros estavam entupidas de gente; depois, os próprios pedestres se faziam raros e as grandes lojas davam lugar a minguadas lojinhas; em pleno coração da cidade flanávamos por lugares que pareciam aldeias obsoletas. Mais de uma vez tomamos um bonde, cuja lentidão e cujas paradas nos agradavam. Vimos os edifícios construídos pelos jovens arquitetos brasileiros: o Museu de Arte Moderna e o conjunto habitacional de Afonso Reidy, os edifícios de Rino Levi, os de Niemeyer e de Costa, ambos alunos de Le Corbusier, com quem construíram o Ministério da Educação; as obras dos dois eram mais elegantes que as do professor. De Portugal restavam poucos traços. Esqueci o nome daquele largo decorado de azulejos que é um grande pátio com uma única saída, longe dos ruídos da cidade, cercado de casas coloniais e de jardins de árvores exuberantes. Um dos nossos lugares prediletos era a praça de embarque: emparelham-se vapores em direção às ilhas da baía; lanchas e barcas transportam pessoas, carros e mercadorias para Niterói que, com seus duzentos mil habitantes e seus arranha-céus, parece ser, do outro lado, uma gêmea desafortunada do Rio. Os barcos circulam sobrecarregados e, com frequência, um jornal anuncia que trinta ou cinquenta passageiros afogaram-se. É grande o movimento de táxis e bondes; vendedores ambulantes e lojas vendem comidas e bebidas. Ali perto estendem-se os grandes mercados que cheiram a legume fresco, a abacaxi e também peixe e carne velha. Do primeiro andar de um restaurante vê-se a baía com suas embarcações, a terra e seu tráfego. Num domingo, seguindo por uma melancólica avenida cortada por um canal, observamos ao longe homens de camisas cor-de-rosa, amarelas e sobretudo verdes (é a cor predileta dos brasileiros). Eles riam e conversavam com mulheres debruçadas às pencas nas janelas de grandes casas baixas. Através de portas entreabertas podiam-se ver, sentadas em escadas, belas mulatas vestidas com roupas de banho. Nada de clandestino; às claras, em plena tarde, dir-se-ia uma festa de aldeia.

À noite, o Rio resplandecia: colares, cordões, correntes, cintos de pedrarias enrolavam-se em torno de sua carne escura. Preferi ainda, nas fumaças cinza-azuladas do crepúsculo, as pequenas ruas com suas lojinhas fechadas. Há no Rio algo de cansado e fanado (as calçadas de mosaico preto e branco estão esburacadas, o asfalto incha, as paredes são descascadas, as ruas são sujas) que o sol e a multidão ocultam. Nos bairros populares, entregues à noite e ao silêncio pairam fantasmas e saudades.

Dos três milhões de habitantes do Rio, setecentos mil vivem nas favelas; os camponeses famintos que vêm, frequentemente de muito longe, tentar a vida na cidade amontoam-se nos terrenos que os proprietários deixam abandonados: pântanos e outeiros rochosos; quando acabam de construir uma choça com tábuas, papelão e pedaços de zinco, as autoridades não se acham mais no direito de expulsá-los. No próprio coração do Rio, sobre os morros ab-ruptos, as favelas pululam. Um agente de turismo sugerira pintá-las para disfarçar sua miséria: o projeto, já em execução, fora abandonado, mas alguns barracos têm cores berrantes; a distância, empoleirados nos morros mais altos, dominando a cidade e o oceano, alguns desses bairros parecem aldeias felizes. Os brasileiros não gostam de mostrar suas favelas. Entretanto, Teresa Carneiro, que havíamos conhecido em Paris, nos fez visitar uma. Era uma aglomeração de quatro mil almas, na maioria negros, espalhada em um morro de mais de cem metros de altitude, em Copacabana. Miséria, sujeira, doenças, a favela assemelhava-se a todas as outras; mas tinha uma particularidade: uma religiosa, que chamavam de irmã Renée, morava lá. Filha de um cônsul francês, abalada na juventude com os sofrimentos do povo espanhol, tomara o hábito e trabalhara na linha dos sacerdotes operários. Haviam-na aconselhado a vir para o Rio. "Invadira", com o consentimento do proprietário, um pedaço de terra onde os homens da favela tinham-na ajudado a arrumar um dispensário e uma escola. Loura, rosada, maçãs do rosto salientes, quase bela, usava uma blusa azul de enfermeira. Surpreendeu-nos por sua inteligência, sua cultura e seu bom senso materialista. "Vamos falar de Deus com essas pessoas quando elas tiverem água... Primeiro os esgotos, depois a moral." Defendia a causa dos favelados: "Acusam-nos de uma enormidade de crimes; acho que, nas condições em que eles vivem, até cometem bem poucos." Mostrou-nos, à beira-mar, o clube onde a juventude dourada jogava tênis e se pavoneava ao sol: "Eu, com a raiva que sinto, já teria descido para degolá-los. Mas os favelados, coitados, não comem o suficiente, e é por isso que não reagem." Havia em sua mesa um grande livro sobre a maconha: homens e mulheres intoxicavam-se com drogas que os lançavam em profundo delírio. No sábado à noite, em vários barracos, celebravam-se macumbas, muito diferentes dos tranquilos candomblés da Bahia; nesse subproletariado, apartado de suas tradições rurais, o transe era uma aventura individual, e não coletiva; durante seus transes, os iniciados queimavam-se, feriam-se, por vezes gravemente; no domingo de manhã, Renée tratava deles. Ela dizia que eles conheciam remédios mágicos: vira cortes profundos, que cicatrizavam uma hora depois. "Há qualquer coisa na religião deles", afirmava, sem se perturbar com isso, pois provavelmente pensava que são múltiplos os caminhos que levam a Deus. Administrava a favela segundo métodos muito próximos daqueles que vira aplicarem na China: convencera a população de que ela própria deveria trabalhar para seu bem-estar. Homens haviam traçado e cimentado caminhos, e cavavam uma espécie de esgoto; ela os ajudava a roubar eletricidade da cidade; ao mesmo tempo, agia junto à Prefeitura para obtê-la legalmente, e também para ter água e esgoto de verdade. Algumas mulheres do lugar ajudavam-na, e ela tentava formar substitutas. Uma minoria branca bastante importante convivia com os negros, e ela combatia o racismo entre eles. Tinha seus problemas. O lugar era superpovoado; a Prefeitura e o bom senso impediam que se aceitassem novos moradores; ela os repelia. "Mas isso não é caridade", dizia. "Recusar um teto às pessoas não é bom." Durante o mês de férias que lhe era concedido por seus superiores, ela pretendia ocupar-se dos índios da Amazônia: "É preciso passar férias inteligentes", disse-nos, com um sorriso. Direta, espontânea, sem sombra de egocentrismo, desarmava todas as críticas que se podem dirigir às senhoras que trabalham em obras sociais e às irmãs de caridade: não olhava as pessoas às quais servia com os olhos da sociedade ou de Deus, mas antes a sociedade e Deus com os olhos delas.

Zélia sabia dirigir, e Cristina, que viera ao Rio com a mãe, tinha carro; elas nos mostraram os arredores: a estrada selvagem aberta na rocha que prolonga as praias; nos flancos da Tijuca, a mil metros de altura, a floresta pujante e densa que hoje ocupa o lugar de plantações de café extintas. Os Amado nos levaram a Petrópolis, na montanha; no verão, quando o calor no Rio é sufocante, eles alugam quartos num imenso hotel que devia ser um cassino: o jogo foi proibido, e os salões desertos enfileiram-se. Vimos a casa onde Stefan Zweig se matou. Num outro dia, tomamos com Zélia um barco para a ilha de Paquetá, onde demos uma volta de charrete; o velho carro harmonizava-se com as belas residências decadentes, com os jardins abandonados e com o odor antigo dos eucaliptos.

À noite, jantávamos num dos terraços da Atlântica, atentos à cintilação das luzes, ao murmúrio das ondas, à tépida e úmida carícia do ar. Muitas vezes almoçávamos em churrascarias. Diante das brasas erguem-se espetos de ferro, fixados verticalmente no solo, nos quais estão enfiados quartos de porco, de carneiro, de boi: é assim que, no sul, os gaúchos assam a carne. O churrasco é servido num aparato que mantém o espeto na posição horizontal; em nenhum outro lugar do mundo comi carne tão suculenta; os europeus apreciam pouco a farinha de mandioca que a acompanha; frita, bem temperada, achei a mandioca deliciosa; o cheio de lenha queimada embalsamava o ar.

No Brasil, o mais modesto hotel-restaurante intitula-se boate; em Copacabana também há muitas boates, no sentido que damos a essa palavra, mas os Amado as ignoravam. Fomos apenas a esses bares escuros que chamam de "inferninhos" porque, num ambiente de álcool e de música, ali se desenrolam idílios mais ou menos venais. Foi ali que Graham Greene, vindo ao Rio para um congresso do Pen Clube, passou, solitário, o melhor do seu tempo, fugindo às discussões literárias.

Sentíramos uma simpatia imediata por Jorge e Zélia; no Rio, tornamo-nos íntimos: não pensávamos, na nossa idade, tendo vista já desfazerem-se tantos laços, conhecer ainda a alegria de uma amizade nova. Filha de um comunista morto por policiais, e ela própria comunista, Zélia encontrara Jorge durante uma campanha eleitoral; ele a conquistara, a duras penas, de um marido que ela nem amava mais; fazia quinze anos que formavam um casal feliz e cheio de vida. Zélia devia à sua origem italiana uma naturalidade e um frescor juvenis; tinha caráter e calor, um olhar profundo e uma conversa viva; achei sua presença fundamental, e é uma das raras mulheres com as quais eu ria. Em Jorge também a sobriedade e a paixão se equilibravam: por trás de sua ponderação, sentiam-se grandes tumultos dominados. Ele era sensível àquilo que chamava de "coisinhas boas da vida": as comidas, as paisagens, o encanto das mulheres, a conversa e o riso. Preocupado com os outros, sempre pronto a compreendê-los e a ajudá-los, tinha decididas aversões e muita ironia. Solidamente e enraizado na terra brasileira, gozava ali de uma situação privilegiada: no momento em que um país trabalha para superar suas divisões, ele atribui honras de heróis aos escritores e artistas que refletem a unidade nacional à qual aspira. Todos os que sabiam ler, no Brasil, conheciam *Gabriela*, e em nenhum outro país vi qualquer autor gozar de tamanha popularidade. Tão à vontade num "bairro de invasão" como na casa de um milionário, ele podia introduzir-nos tanto na casa do presidente Kubitschek quanto no terreiro da "mãe de santo".

Quando jovem, estivera na prisão, durante o governo Vargas. Mais tarde, com a interdição do PC, exilara-se com Zélia. Passaram dois ou três anos na Tchecoslováquia, numa época difícil. Conheceram Paris, Itália, Viena, Helsinque, Moscou, Paquistão, Índia, China, e não sei mais que outros lugares. Nos congressos e nas viagens, ele muitas vezes juntava-se ao poeta cubano Nicolás Guillén, e ao chileno Pablo Neruda; para matar o tédio das visitas oficiais, pregava suas peças. Ao assistir a uma ópera em Pequim, entre Guillén e um intérprete, retransmitiu a Guillén uma versão que escandalizou o poeta, por sua obscenidade. Alguns dias depois, eles tiveram uma discussão com escritores chineses sobre teatro. "Não compreendo", disse Guillén, indignado, "que vocês respeitem as tradições a ponto de conservar cenas pornográficas nas peças que apresentam ao povo." Os chineses pareceram atônitos; Amado abafava o riso, e Guillén compreendeu, de repente: "Ah!

Você!", disse, sem rir. Em Viena, Amado enviava telegramas a Neruda: "Ao maior poeta da América Latina" — para fazer raiva a Guillén. No entanto, confiou a este último uma carta, forjada por ele próprio, na qual uma admiradora se oferecia a Neruda. No café da manhã, Neruda leu a carta para os dois, depois tornou-se sombrio: "Que tola! Esqueceu de me dar seu telefone!". Zélia e ele sabiam um sem-número de histórias sobre uma enormidade de gente.

Ela fazia cursos na Aliança Francesa e falava muito bem francês. Jorge exprimia-se com menos correção, mas correntemente, como a maioria dos brasileiros que encontramos. Tinham em comum alguns "brasilianismos"; em vez de *individu, homme, bonhomme, type*,[193] Amado dizia *monsieur*.[194] "*Ce monsieur-là a une tête qui ne me revient pas... je crois que c'est un sale monsieur.*"[195] Para nos anunciar nossos encontros (*rendez-vous*), dizia: "Vocês têm três compromissos (*compromis*) esta tarde"; havia aí uma sutileza que nos agradava demais para que a corrigíssemos.

Os Amado moravam a dois minutos do nosso hotel, num grande apartamento com piso de lajotas e envidraçado, cheio de livros; as estantes estavam cobertas de objetos de arte popular: de todos os cantos do mundo eles haviam trazido vasos, jarras, brinquedos, caixas, bonecas, estatuetas, barras, cerâmicas, instrumentos de música, máscaras, espelhos, bordados, joias. Um pássaro de cor suave voava em liberdade pelo estúdio. Tinham um filho e uma filha de cerca de doze e oito anos. O filho, João, solicitado pelo jornal da escola a entrevistar Sartre, recusou-se durante muito tempo: "Ele diz que não tem mais nada a dizer à juventude", objetava.[196] Uma amiga francesa morava com eles, e o irmão de Jorge, um jornalista, aparecia sempre. Para nós, foi um lar. Quase toda noite, tomávamos batidas de maracujá, de caju, de limão e de hortelã. Às vezes, jantávamos lá ou, se saíamos, eles nos acompanhavam. Jorge organizava nossos encontros, defendia-nos dos importunos com uma paciência obstinada, que irritou mais de um; um jornalista que não foi atendido acusou-o de nos sequestrar. Os almoços oficiais com universitários, escritores e jornalistas realizavam-se à beira da baía; o local era tão belo e a comida tão boa, que eu quase não me aborrecia.

---

[193] Indivíduo, homem, sujeito, tipo. (N.T.)
[194] Senhor. (N.T.)
[195] "Esse senhor tem uma cara que não me agrada... acho que não é boa coisa." (N.T.)
[196] Aludindo ao prefácio de *Aden-Arabie*.

O *Última Hora* publicou "Furacão sobre Cuba". Rubem Braga e um amigo seu — católico de esquerda — decidiram editá-la. Discutimos o assunto com eles. Revimos Di Cavalcanti. Através da Tijuca, estradas cheias de curvas nos conduziram à casa de Niemeyer: ele morava nas alturas, numa mansão, obra sua, que mais parecia uma escultura abstrata do que uma casa; um telhado cobria o terraço, o estúdio era inteiramente aberto para o céu. Ele nos ofereceu um gim-tônica, e conversamos como se nos conhecêssemos há muito tempo. Construir uma cidade pedaço por pedaço é para um arquiteto uma sorte extraordinária; ele era grato a Kubitschek por lhe ter oferecido essa oportunidade, e por tê-lo apoiado contra tudo e contra todos. Mas ele era comunista — assim como Costa, que concebera o plano da nova capital —, e colocava para si mesmo questões sobre as quais pretendia falar-nos mais longamente em Brasília. Afora Villa-Lobos, quase não conhecíamos a música brasileira. As "escolas de samba", onde se prepara o Carnaval, ainda não estavam abertas. Amado nos fez ouvir discos. Convidou um compositor que cantou, acompanhando-se ao violão. O autor da peça *Orfeu do Carnaval* organizou para nós uma noite de música. (Ele não gostava de modo algum do filme que, segundo ele, o traíra: todos os brasileiros que encontrei censuravam Marcel Camus por ter dado uma imagem fácil e mentirosa do país.) Encontramos em casa desse brasileiro um grupo de rapazes e moças da bossa nova que tocaram piano e violão e cantaram, num estilo tão discreto que, numa comparação, faz o mais *cool* dos jazz parecer ardente. Sartre me disse ao sair que, na presença das moças, sentia o mesmo constrangimento que Algren, no Carrousel, diante dos travestis. Olhava com prazer o rosto agradável, os generosos contornos de uma mulher, e descobria que estava observando uma garota de treze anos!

Passamos uma noite na casa de Josué de Castro, de quem seus inimigos diziam, com muita injustiça: "A fome o alimenta bem." Ele era tão interessante quanto seus livros, e engraçado. Jovens tecnocratas falaram-nos da economia brasileira; depois, conversamos à vontade; entre outras coisas, sobre os acidentes de todo tipo, tão frequentes no Brasil. Os bondes do Rio circulam sobrecarregados de pencas humanas, e uma simples sacudidela basta para atirá-las fora do comboio: "E isso não é nada, perto dos trens de subúrbio", disse-nos Amado; muitas vezes os viajantes caem sobre os trilhos, ferem-se e morrem. Castro e Amado, que, no entanto, haviam dado várias vezes a volta ao mundo, confessavam que nos aviões brasileiros morriam de medo,[197] e Niemeyer, disseram eles, para ir de Brasília ao Rio, o que lhe acontece com frequência, faz dezoito horas de carro, em vez de voar durante uma hora. Pouco provido de rodovias e estradas de ferro, o Brasil tem a rede aérea mais desenvolvida do mundo, depois dos EUA, mas um equipamento muito insuficiente. Esse país — e esta é a razão de um traço marcante entre os brasileiros, o blefe — vive muito acima de seus meios; já tem um pé no futuro: indústrias prósperas, cidades modernas, petróleo em abundância; mas entra nesse futuro com os pobres instrumentos legados pelo passado: velhos barcos, velhas caminhonetes, velhas caranguejolas, estradas esburacadas, laboratórios, técnicos e quadros insuficientes; assim, acaba sempre tendo problemas. Além disso, como em todos os países vassalos de um imperialismo estrangeiro — Cuba antes de Castro, a China antes de Mao —, no Brasil grassa a corrupção; face a um povo de insondável miséria e sem defesa, os ricos formam uma espécie de máfia, que só pensa em encher os bolsos, e o mais rápido possível; construções, transportes, vacinas, alimentos e as mais elementares normas de segurança não são respeitados. Os brasileiros mal conseguiram reduzir os riscos que qualquer empreendimento comportava no século passado, ao passo que todas as suas operações se multiplicaram desmesuradamente em todos os planos[198] — homens, material, espaço. Incêndios nas favelas, edifícios que desmoronam, barcos que afundam, caminhões carregados de camponeses que despencam em fossos, alguma coisa nesses desastres me lembrava a Itália, em proporções gigantescas; na Itália, espera-se que os operários morram para que haja preocupação quanto às condições em que eles trabalham: mas, de qualquer modo, existe a preocupação; no Brasil, não: a mão de obra é superabundante, e as vidas humanas não valem um tostão.

No fim da noite chegou Prestes. Eu lera o livro que Amado escrevera sobre ele. Capitão em 1924, ligou-se, com seu batalhão, a uma revolução paulista que fracassou; durante seis anos, com uma coluna de mil e quinhentos homens, percorreu o Brasil, perseguido pela polícia e pregando a revolta. Durante essa primeira "longa marcha", converteu-se ao comunismo. Em

---

[197] Dois anos mais tarde, no verão de 1962, Castro estava com a filha e o neto de alguns meses no avião e este, ao decolar no Rio, precipitou-se no mar. A criança morreu afogada.
[198] O drama das vacinas de Fortaleza e o incêndio monstruoso do circo de Niterói ilustraram depois o que eu disse acima.

1935, tentou sublevar o exército contra Vargas, e foi condenado a quarenta e seis anos e oito meses de prisão. Sua mulher, de origem alemã, teve os seios cortados pelos "camisas-verdes", e foi entregue aos alemães: morreu num campo de concentração. Em 1945, depois da partida de Vargas, ele foi libertado e tomou a frente do Partido Comunista Brasileiro, na época o mais considerável do continente. O Partido foi dissolvido em 1947 por Dutra, e Prestes refugiou-se na clandestinidade. Mas em 1955, tendo apoiado com os votos comunistas o candidato nacionalista, Kubitschek, pode, desde então, viver a descoberto. A situação dos comunistas é curiosa: o Partido continua proibido; mas, em nome da liberdade individual, qualquer um tem o direito de ser comunista, e de se reunir com pessoas da mesma opinião. Prestes não se parecia mais com o jovem e belo "cavaleiro da esperança" dos tempos heroicos. Numa longa exposição dogmática, ele atacou as ligas camponesas e pregou a moderação: o Brasil se tornaria um país socialista, contanto que não fizesse nada para isso. Ele falava nas praças públicas a favor de Lott, o candidato do governo, por quem meus amigos sentiam cada vez mais repulsa. "Votarei nele, mas ele vai prender-me", dizia Amado. Por que os comunistas não propunham um homem que, sem o declarar abertamente, pudesse representá-los? Em número bastante pequeno, não faziam questão de contar quantos eram. A batalha eleitoral só dizia respeito à metade da população: os analfabetos não votam, e os camponeses não sabem ler nem escrever. Os brasileiros, no entanto, dizem-se democratas, e até certo ponto isso é verdade; ignoram o orgulho; patrões e empregados vivem, superficialmente, em pé de igualdade; em Itabuna, quando o administrador de uma fazenda nos ofereceu um drinque, o motorista que nos levava bebeu no salão conosco. A separação se dá num nível mais baixo; os administradores não tratam os trabalhadores das plantações como iguais, nem mesmo como homens. Até certo ponto, também, os brasileiros recusam o racismo. Quase todos têm sangue judeu, porque a maioria dos portugueses que emigraram para a América do sul eram judeus; quase todos têm sangue negro. No entanto, constatei nos meios burgueses um antissemitismo bastante forte. E nunca vimos nos salões, nas universidades nem nos nossos auditórios um rosto chocolate ou café com leite.[199] Sartre fez com franqueza uma observação sobre isso, durante uma conferência em São Paulo, e depois reconsiderou-a:

---

[199] Vivaldo foi a única exceção; estávamos na Bahia, e ele tinha a pele muito clara, apesar de ser mestiço.

havia um negro na sala; mas era um técnico da televisão. Admite-se que a segregação seja econômica; mas o fato é que os descendentes dos escravos permaneceram todos proletários; e, nas favelas, os brancos pobres sentem-se superiores aos negros.

Isso não impede que os brasileiros estejam ligados às suas tradições africanas. Todos aqueles que encontrei sofriam a influência dos cultos nagôs. Se não estavam, como Vivaldo, convencidos da existência dos santos, pelo menos acreditavam em seus poderes. Quando a mãe de santo nos revelou o nome de nossos protetores, Amado nos garantiu que uma consulta feita por outra sacerdotisa daria os mesmos resultados. Grande dignitário do candomblé, ele observava todos os seus preceitos. Rejeitando um prato de feijão-branco, disse a Sartre: "Meu santo me proíbe isso; você é Oxalá; tudo o que é branco lhe é permitido." Ele sorria; mas certamente preferia ceder a superstições a correr o risco de zombar delas. Sartre interrogou Zélia, filha das cidades, racionalista e positiva: embora não acreditasse no sobrenatural, ela hesitava em não acreditar. O pai de Amado sofria de câncer, e pensava que um espírito maligno o torturava. Zélia convocou um espírita; todo o pessoal da casa participou da sessão de exorcismo, e a arrumadeira caiu em transe; as dores do velho desapareceram; toda vez que voltavam, o espírito as expulsava. "Que pensar?", dizia Zélia. Ela usava habitualmente o colar sagrado com as cores do seu santo. Um pequeno fato nos pareceu significativo. Alguém dera a Sartre um amuleto que lhe garantia a proteção de Oxalá. Após um jantar em casa de um jornalista, os convivas felicitaram a cozinheira. Zélia lhe disse, indicando Sartre: "Ele tem o mesmo santo que você." Sartre mostrou seu amuleto: a cozinheira pensou que ele lhe estava fazendo um presente e pegou o talismã, agradecendo. No dia seguinte, o jornalista telefonou para Amado: Sartre não estaria arrependido daquele presente irrefletido? Não gostaria que fosse devolvido?

Zélia nos contou que, certa manhã, um amigo, O., que desejava ser deputado, pediu-lhe que o levasse com a mulher antes do amanhecer ao Alto da Tijuca. Obedecendo às prescreves de um babalaô, desceram do carro e tiraram dele uma cesta com uma dúzia de ovos, que começaram a passar no corpo, jogando-os em seguida num barranco. À noite, deveriam distribuir esmolas; percorreram a cidade para encontrar um mendigo, e acabaram por acordar um vagabundo deitado num banco. O. não foi eleito. Apareceu de novo durante nossa estada no Rio, e organizou uma cerimônia de umbanda à qual Amado nos propôs assistir. O carro de Zélia atravessou o Rio atrás da caminhonete eleitoral de O., coberta de panfletos de propaganda: Vote em O. O pequeno João Amado estava no carro, e gritava ao alto-falante: "Vote em O. Vote em Sartre, em Amado. Não vote em O." A caminhonete dava voltas para apanhar aqui e ali cabos eleitorais. Levamos duas horas para chegar à zona norte; erramos em subúrbios distantes antes de encontrar um jardim onde bandeirolas anunciavam o comício que O. iria fazer no fim da tarde. O mato cercava a grande casa rústica onde uma mãe de santo criava uma dúzia de filhos adotivos; eles dormiam amontoados nas camas e brincavam sob as árvores. Muito negra, gordíssima, magnificamente vestida, ela nos fez admirar um altar semelhante aos da Bahia, e em certos aspectos muito mais rico. A imensa mesa onde devíamos almoçar ainda estava vazia. Na cozinha e no jardim, mulheres ativavam-se em torno dos fogões. Estávamos desmaiando de fome quando, por volta de três horas, serviu-se enfim o arroz de camarão e o porco frito — suculentos, mas um pouco estragados por um pomposo discurso de O. Como tínhamos compromissos no Rio, escapulimos no meio do banquete. Mais uma vez, O. foi derrotado nas eleições.

A esquerda brasileira pretendia estabelecer estreitas relações econômicas com as jovens nações da África negra. Reprovava Kubitschek por sua visita a Salazar: os brasileiros conheceram a ditadura e a detestam; o colonialismo lhes causa repugnância. Os exilados portugueses que encontramos, democratas em Portugal, tinham uma atitude fascista com relação à África: desejavam que a revolta dos angolanos fosse reprimida. Os brasileiros, que conquistaram sua independência há apenas cento e quarenta anos, tomam sempre partido a favor dos povos que a reivindicam. Foi por isso que Sartre despertou neles um entusiasmo tão grande quando falou da Argélia e de Cuba; sobretudo de Cuba. A revolução castrista lhes dizia respeito diretamente; eles também viviam sob o domínio dos EUA, e o problema da reforma agrária os preocupava.

Em Recife, para grande alívio do cônsul da França, um homem gordo e cordial, Sartre falou da Argélia sem atacar de frente o governo. Na Bahia ele também foi moderado. Quando a Universidade do Rio — marcando assim seu liberalismo — abriu-lhe um anfiteatro para que ele desse uma entrevista à imprensa, Sartre decidiu falar abertamente. Respondeu sem rodeios às perguntas que lhe fizeram sobre De Gaulle e sobre Malraux. Toda a imprensa noticiou esse diálogo e, desde então, no Rio e em São Paulo, diários e semanários publicaram em cada número fotos de Sartre e comentários detalhados de suas atividades. Houve enorme afluência à conferência que ele fez na Universidade, e também à conferência que foi organizada por jovens tecnocratas sobre o sistema colonial; ela se realizou no Centro de Estudos e a sala foi pequena demais para conter o público que se amontoava nos balcões e nos jardins. A audiência e o orador suavam em bicas — a tal ponto que a camisa de Sartre ficou manchada do azul de seu casaco que desbotara, quando ele conseguiu escapar dos aplausos. Rubem Braga fez a proeza de publicar "Furacão sobre Cuba" antes da nossa partida, e Sartre aceitou, por solidariedade a Cuba, autografar publicamente seu livro; pelo mesmo motivo, e apesar dos meus escrúpulos, sentei-me ao lado dele num hall brilhantemente decorado, diante de uma mesa cheia de volumes recém-impressos, e assinei também. Um dos compradores, para agradar a Sartre, ofereceu-lhe um retrato de De Gaulle que ele próprio pintara e moldurara. Na Universidade, falei — não por gosto, mas porque me pediram — sobre a condição da mulher.

A colônia francesa nos manifestou uma hostilidade inequívoca. Não só Sartre expunha — em conferência, artigos, entrevistas no rádio e na televisão etc. — seus pontos de vista sobre a Argélia e sobre De Gaulle, como também foi visitar o representante do GPRA, que morava em Copacabana com a mulher, uma francesa que fora professora na Argélia. Vimos em sua casa números falsos do *El Moudjahid* adulterados pelo serviço de inteligência do exército francês. Eles julgavam muito importante o trabalho que Sartre estava realizando em prol de sua causa.[200]

Nossa permanência no Rio foi interrompida durante mais ou menos uma semana, passada em São Paulo, que ficava a uma hora de distância, de avião. "Vocês não preferem uma boa noite tranquila, num trem noturno?", sugeriu Amado. Acabou resignando-se de boa vontade. A chegada, havia

---

[200] Quando Ben Kheddah visitou o Brasil, no outono de 1961, ficou impressionado com os serviços que Sartre prestara à causa argelina. Contou a Lanzmann e a Fanon que, quando aterrissou, as autoridades quiseram interceptá-lo: estudantes que haviam ido em massa acolhê-lo fizeram-no sair em triunfo do aeroporto. E logo falaram de Sartre.

uma multidão no aeroporto, sobretudo jovens que levavam cartazes: Cuba sim, Yankee não, e que aclamaram Sartre e Castro. Fomos recebidos de braços abertos pela "Sociedade Sartre", por estudantes, e por professores muito jovens.

A cidade não é bonita, mas transborda de vida. É um dos berços do Brasil: os jesuítas ali se instalaram em meados do século XVI, e de lá partiram os bandeirantes para conquistar o interior. É também a cidade mais moderna: largas artérias, viadutos, altos edifícios, uma multidão atarefada, trânsito intenso, uma profusão de pequenas lojas e ricos magazines. De 1900 a 1960, passara de oitenta mil para três milhões e meio de habitantes, e ainda não acabara de se construir: havia por toda parte prédios inacabados. Observamos, entretanto, que os pedreiros trabalhavam lentamente e, em certas obras, simplesmente não trabalhavam: a enorme inflação a que o país fora arrastado acarretava uma recessão; muitos empreendimentos eram abandonados. Levaram-nos para um passeio no bairro italiano, que não apresentava um caráter próprio, e no japonês, muito característico; seus habitantes são quase todos japoneses; lojas vendem artigos japoneses, os restaurantes servem especialidades japonesas à moda japonesa. Há uma zona residencial muito rica: jardins floridos, casas de estilo colonial, mansões ultramodernas. Há também favelas; falava-se muito do diário mantido por uma negra, Carolina, que descrevia com rudeza, no dia a dia, a vida de sua favela: um jovem repórter a descobrira por acaso, e o livro seria um best-seller.[201] Observamos nas ruas populosas muitos cartazes que louvavam os méritos da doutrina espírita, ou que anunciavam sessões espíritas. Fui até Santos; era domingo, e o porto dormia. O passeio à beira-mar, com suas palmeiras, suas praias, seus quiosques, seus carrinhos de criança, fez voltar à minha memória a beleza de Copacabana.

Mais industrializada, intelectualmente São Paulo também levava vantagem sobre o Rio em animação. Entrevistas à imprensa, televisão, encontros, discussões com jovens sociólogos e jovens economistas, autógrafos, almoços com escritores, visita ao Museu com um grupo de pintores que nos viam — que provação! — olhar seus quadros: não paramos. Quanto mais os conhecíamos, mais simpatia tínhamos pelos intelectuais brasileiros. Conscientes de pertencerem a um país que cresce, e do qual depende o

---

[201] Posteriormente foi traduzido para o francês com o título *Le Dépotoir*.

futuro de toda a América Latina, seus trabalhos eram para eles ações em que engajavam suas vidas; sua curiosidade era vasta e exigente; em geral muito cultos, de espírito ágil, era proveitoso e agradável conversar com eles. Tinham uma profunda preocupação com os problemas sociais. Com as favelas espalhadas em suas cidades, os brasileiros não podem esquecer a miséria, que os fere em seu orgulho nacional; ela contesta seus sentimentos democráticos: mesmo à direita, preocupam-se com ela e procuram combatê-la.[202] A ala progressista da burguesia e os intelectuais são levados a tomar posições revolucionárias. Ficamos impressionados com um fato que se repete em toda a América Latina; grandes proprietários, industriais riquíssimos, são comunistas; só o socialismo, pensam eles, pode libertar seu país do imperialismo dos EUA, e salvar a massa de seus compatriotas de uma degradação que recai sobre eles. É claro que são exceções, e os intelectuais desempenham um papel reduzido. Não se deveria concluir que a revolução é para amanhã.

O *Última Hora* promoveu certa manhã um encontro entre Sartre e dirigentes sindicais. Nem todos responderam à mesma coisa às perguntas que ele fez; mas dessa conversa destacaram-se alguns fatos precisos que outros depois confirmaram. Os operários brasileiros mal acabam de emergir da condição de camponeses: foram camponeses, ou seus pais o haviam sido; como seu nível de vida é consideravelmente mais alto que o do campo, eles se sentem privilegiados. Seus interesses em nada são solidários com os interesses dos famintos do Nordeste, nem mesmo com os dos diaristas do sul. Alguns são bastante conscientes de pertencerem a uma classe explorada; mas todos julgam que hoje se impõe uma certa colaboração com o grande capital. A atitude deste último é ambígua. Deseja apropriar-se dos recursos do Brasil, que atualmente estão em grande parte na dependência de empresas americanas; mas, para se desenvolver, ele tem necessidade de ajuda financeira dos EUA; combate o imperialismo americano, ao mesmo tempo que o favorece. Na medida em que visa industrializar o país e torná-lo economicamente independente, os proletários veem nos sucessos do grande capital uma promessa de prosperidade: este é o sentido do apoio

---

[202] Evidentemente, a imensa maioria dos privilegiados obstina-se, antes de tudo, em defender seus privilégios, e são em grande parte responsáveis pela miséria. Pelo menos não têm com relação a esta a mesma indiferença que se vê em outros países. O *Estado de S. Paulo*, que é de direita, publicou durante a nossa estada em São Paulo um importantíssimo estudo sobre as favelas da cidade.

dado pelos comunistas a Kubitschek e depois a Lott. Abstração feita de sua subordinação a América, a situação do Brasil lembra a da Itália, invertendo-se o norte e o sul, mas é mais trágica por causa do subdesenvolvimento e da extensão do território. A unidade nacional prejudica o norte, pois os grandes proprietários dessa região investem seus lucros nas indústrias do sul, o que impede que o norte se desenvolva. Fadados à fome, os camponeses estão em estado revolucionário; mas a dispersão, a inanição e a ignorância não favorecem neles o aparecimento de uma consciência de classe, e eles não têm poder sobre quase nada; o proletariado é consciente e tem meios práticos para lutar: mas sua situação não é revolucionária. Quanto à pequena burguesia, em Cuba a falta de mercados ergueu-a contra Batista; no Brasil, a industrialização autoriza suas esperanças, e ela aceita a ordem estabelecida. Nossos interlocutores estimavam que tão cedo o socialismo não teria oportunidade no Brasil.

Falei novamente sobre as mulheres numa sala florida e perfumada, diante de senhoras paramentadas, que pensavam o contrário do que eu dizia; mas uma jovem advogada me agradeceu em nome das mulheres que trabalham. A condição das mulheres brasileiras é difícil de definir. Varia segundo a região. No Nordeste, uma moça — mesmo que viva numa favela — não tem qualquer possibilidade de se casar se não for virgem; é rigidamente vigiada pelos que a cercam. As grandes cidades industriais do sul são muito mais liberais. No Brasil o divórcio não existe. Mas se um homem e uma mulher, sendo um deles casado, decidem viver juntos, anunciam isso nos jornais. São considerados nos meios mais puritanos como um casal legítimo, e seus filhos têm direito ao nome e à herança do pai. Está tudo muito bem, mas o preço disso é que, ao deixar seu lar, a mãe perde todo o direito sobre os filhos. E quando um homem morre, só a primeira esposa é legatária: a companheira que partilhou sua vida sem contrato oficial não recebe um cruzeiro sequer.

Sartre fez uma conferência literária e outra sobre o colonialismo numa sala de teatro de seiscentos lugares; quando chegamos, já estava lotada, e mais de quatrocentas pessoas empurravam-se diante das portas defendidas por policiais; ouviam-se seus gritos impacientes, enquanto Sartre começava a falar. De repente, vencendo a barreira, atiraram-se na sala, sentaram-se no chão e se colaram às paredes, em meio a aplausos. Dois franceses pediram a palavra para defender a "Argélia francesa"; dir-se-ia cúmplices encarregados por Sartre de ridicularizar seus adversários; um deles, aliás, era um semilouco notório. Um professor e um padre francês garantiram a Sartre a sua solidariedade.

No Brasil, tenta-se descentralizar o ensino superior. Acabava de ser criada uma universidade em Araraquara, cidade de oitenta mil habitantes, a algumas horas de São Paulo. O professor L., querendo promover-se, tanto fez que Sartre acabou por aceitar ir lá para falar de dialética diante dos filósofos, e do colonialismo com os estudantes. Partimos ao cair da noite, e, segundo as disposições de Amado, pernoitamos na fazenda de M., diretor de *O Estado de S. Paulo*. É um jornal de direita, mas muito diferente dos nossos: eu já disse que ele fazia uma campanha contra a miséria das favelas; gente de esquerda escrevia para ele; fazia considerável propaganda de Sartre e de suas conferências. Como "liberal" que se opunha ao dirigismo de Vargas, M. estivera preso com Amado, e os dois conservavam relações cordiais. Repórteres nos fotografaram por conta do jornal. Durante o jantar, M. nos falou do problema negro. "Não somos de modo algum racistas", explicou ele; "só que — é culpa nossa — não conseguimos elevar o negro ao nosso nível intelectual e moral. Assim, forçosamente ele permanece na posição mais baixa da escala social." No outro lado da mesa, seus três filhos trincavam os dentes: eles provavelmente teriam exprimido as mesmas ideias, mas com mais habilidade. O pai, espantosamente vigoroso, apesar da idade avançada, atacou as mulheres que fumam: o fumo exasperava, segundo ele, as neuroses próprias do nosso sexo. Sua mulher, que parecia ter os nervos bem no lugar, conduziu-nos aos grandes quartos antigos que haviam preparado para nós.

Ao despertar, fiquei deslumbrada com o esplendor das árvores, da relva, das quaresmas, dos hibiscos, das buganvílias amarelas, laranja, rosa e violeta. Visitamos a plantação: o café arrancado, queimado e atirado ao mar, aquele escândalo abstrato de 1928, eram aquelas plantas verde-escuras que cobriam planaltos; a semente esbranquiçada de seus pequenos frutos quase não tinha sabor. Vasta e monótona, mas agradavelmente semeada de vales, com grandes árvores no horizonte, a paisagem parecia feliz, sob o céu leve. Mas Amado nos descrevera o rude trabalho da colheita; este dura apenas algumas semanas, durante as quais os trabalhadores agrícolas são alojados pelo proprietário; por vezes ele os conserva até o ano seguinte, mas se resolve diminuir a mão de obra, ou renová-la, está no seu direito: eles vão procurar emprego em outro lugar. Na parte baixa do parque dos M., num dos lados do pátio onde secavam os grãos de café, uma sala de aula abrigava umas vinte crianças: no ano seguinte, a maior parte delas provavelmente estaria a quilômetros dali, teriam dificuldade de aprender a ler. As casas dos diaristas eram mais decentes do que as pocilgas de Itabuna, mas muito pobres.

Em Araraquara, Sartre engoliu alguns sanduíches, e por volta de duas horas entrou no anfiteatro cheio de bandeirolas: "Viva Cuba! Viva Sartre! Você falou dos bohíos: agora fale das favelas." Os estudantes discutiram com Sartre sobre a possibilidade, no Brasil, de uma revolução análoga à de Castro. Sartre lhes fez perguntas sobre as ligas camponesas, falou-lhes sobre a necessidade de uma reforma agrária. "Dir-se-ia que são todos revolucionários!", disse eu a Amado, com quem passeei pouco mais tarde, no deserto de um domingo, enquanto Sartre revisava notas: "Quando eles se tornarem médicos e advogados, isso passará", respondeu ele. "Não irão reivindicar mais nada além de um capitalismo nacional, independente dos EUA. A sorte dos camponeses não mudará." Quando chegávamos à casa do professor L., vimos aparecerem carros, caminhões, caminhonetes, ônibus: uma enorme multidão que voltava de um jogo de futebol; os brasileiros são fanáticos por esse esporte.

Sartre falou sobre a dialética. Partimos tarde; jantamos numa churrascaria, e já era noite alta quando deixamos a estrada principal para nos dirigirmos de novo à fazenda de M., onde íamos pernoitar novamente; o motorista se perdeu nos caminhos de terra que passam entre as plantações. Enfim divisamos uma luzinha ao longe: guiamo-nos por ela, perdendo-a, reencontrando-a, dando voltas sem conseguir atingi-la. Só às duas horas da manhã o carro parou ao pé da escadaria: as lâmpadas estavam acesas, as portas abertas; fomos para os nossos quartos. Mais um exemplo dessa hospitalidade brasileira que foi um dos encantos de nossa viagem. Quando saí de manhã encontrei no corredor Amado, que ria porque não gostava do professor L.: "Esse pobre senhor quase teve um enfarte!", disse-me. Abrindo o jornal, L. lera uma manchete: "Sartre prega a revolução." Soltara um gemido: "Sou um homem acabado!"

Sartre tornara-se muito popular entre os jovens. Duas ou três vezes, em São Paulo, conseguimos passar a noite sozinhos. A rudeza da cidade abrandava-se, os pedestres andavam com menos rapidez, um negro passava cantando; depois do tumulto do dia, saboreávamos essa calma sonhadora. Muitas vezes paravam carros: "Podemos levá-los a algum lugar?"

No Rio, em todas as esquinas, estudantes nos abordavam. "O que pensa a seu respeito, M. Sartre?", perguntou uma jovem, ao fim de uma conferência: "Não sei", respondeu ele, rindo. "Nunca me encontrei." "Oh! Que pena para o senhor!", disse ela, com entusiasmo. Um representante do governo francês esteve no Rio ao mesmo tempo que nós; houve um coquetel em sua homenagem; um amigo brasileiro, ligeiramente bêbado, segundo seu próprio relato, chamou-o à parte: "A França não é o senhor: é Jean-Paul Sartre." O funcionário sorriu; já que o Brasil celebrava Sartre, teria sido inábil privar a França dessa honraria: "São dois aspectos da França", disse ele. Os intelectuais brasileiros eram gratos a Sartre por encarnar o outro aspecto. O Rio nos outorgou o título de "cidadãos honorários". Nossos diplomas nos foram entregues durante uma breve recepção.

Tínhamos dificuldade de conseguir jornais franceses; mas, através de cartas e telefonemas, nossos amigos nos informavam sobre o que se passava na França. O processo Jeanson abriu-se em 7 de setembro; os advogados desejavam a presença de Sartre; mas ele assumira compromissos com os brasileiros, e não queria abandonar a ação que desenvolvia entre eles em benefício da Argélia. Achou que uma carta teria tanto peso quanto um testemunho oral. Do Rio a Paris, a correspondência não chega rápido, e até mesmo arrisca-se a se extraviar no caminho. Por telefone, Sartre expôs longamente a Lanzmann e a Péju o que desejava declarar diante do tribunal, e encarregou-os de redigir o texto, que foi lido em 22 de setembro:

"Encontrando-me na impossibilidade de comparecer à audiência do tribunal militar, o que lamento profundamente, faço questão de me explicar de maneira bastante detalhada sobre o objeto do meu precedente telegrama. É pouco, efetivamente, afirmar minha 'solidariedade total' com os acusados: mas é preciso também dizer por quê. Não creio jamais ter encontrado Hélène Cuénat, mas conheço bastante bem, através de Francis Jeanson, as condições nas quais trabalhava a 'rede de apoio', cujo processo se abre hoje. Lembro que Jeanson esteve por longo tempo entre meus colaboradores, e se nem sempre estivemos de acordo, como é normal, em todo caso o problema argelino nos uniu. Acompanhei dia após dia seus esforços, que foram os da esquerda francesa, para encontrar uma solução para esse problema através de meios legais. E foi só diante do fracasso desses esforços, diante da evidente impotência dessa esquerda, que ele se decidiu a entrar na ação clandestina, para levar um apoio concreto ao povo argelino, em luta por sua independência.

"Mas convém aqui dissipar um equívoco: a solidariedade praticada com os combatentes argelinos não lhe era apenas ditada por nobres princípios ou pela vontade geral de combater a opressão onde quer que ela se manifeste; ela procedia de uma análise política da situação na própria França. A independência da Argélia, na verdade, está conquistada. Irá efetivar-se dentro de um ano, ou dentro de cinco anos, de acordo com a França ou contra ela, depois de um referendo, ou pela internacionalização do conflito — ignoro-o —, mas já é um fato, e o próprio general De Gaulle, levado ao poder pelos paladinos da Argélia francesa, vê-se hoje obrigado a reconhecer: 'Argelinos, a Argélia é sua.'

"Assim, repito, essa independência é certa. O que não é certo é o futuro da democracia na França. Pois a guerra da Argélia apodreceu este país. A progressiva diminuição das liberdades, o desaparecimento da vida política, a generalização da tortura, a insurreição permanente do poder militar contra o poder civil, marcam uma evolução que podemos, sem exagero, qualificar de fascista. Diante dessa evolução, a esquerda é impotente, e continuará a sê-lo se não aceitar unir seus esforços à única força que hoje luta contra o inimigo comum das liberdades argelinas e das liberdades francesas. E essa força é a FLN.

"Foi a essa conclusão que chegou Francis Jeanson, e foi a ela que eu mesmo cheguei. E creio poder dizer que hoje são cada vez mais numerosos os franceses, sobretudo entre os jovens, que decidiram traduzi-la em atos. Temos uma melhor visão das coisas quando entramos em contato com a opinião estrangeira, como fato neste momento na América Latina. Aqueles que a imprensa de direita acusa de 'traição', e que uma certa esquerda hesita em defender, como seria necessário, são amplamente considerados, no estrangeiro, como a esperança da França de amanhã, e sua honra de hoje. Não se passa um dia sem que me perguntem sobre eles, sobre o que fazem, o que sentem; os jornais estão prontos a abrir-lhes suas colunas. Os representantes dos movimentos de refratários da Jovem Resistência são convidados para congressos. E a declaração sobre o direito à insubmissão na guerra da Argélia, à qual dei minha assinatura, pelo mesmo motivo que cento e vinte outros universitários, escritores, artistas e jornalistas, foi saudada como um despertar da inteligência francesa.

"Em suma, a meu ver é importante apreender bem dois pontos de vista que irão desculpar-me por formulá-los um tanto superficialmente, mas num tal depoimento é difícil ir ao fundo das coisas.

"Por um lado, os franceses que ajudam a FLN não estão apenas impelidos por sentimentos generosos para com um povo oprimido, e também não se colocam a serviço de uma causa estrangeira: trabalham por eles mesmos, por sua liberdade e seu futuro. Trabalham pela instauração de uma verdadeira democracia na França. Por outro lado, não estão isolados, mas beneficiam-se de auxílios cada vez mais numerosos, de uma simpatia ativa ou passiva, que não cessa de crescer. Estiveram na vanguarda de um movimento que terá talvez despertado a esquerda, atolada numa lamentável prudência. Terá preparado melhor a inevitável prova de força com o exército, adiada desde maio de 1958.

"Para mim, evidentemente, é difícil imaginar, distante como estou, as perguntas que o tribunal militar poderia fazer-me. Suponho, entretanto, que uma delas teria por objeto a entrevista que concedi a Francis Jeanson para seu boletim *Vérité pour*, e a isso responderei sem rodeios. Não me lembro mais da data exata, nem dos termos precisos dessa entrevista. Mas poderão encontrá-los com facilidade, se esse texto figurar no dossiê.

"Em compensação, o que sei é que Jeanson veio procurar-me como animador da 'rede de auxílio' e desse boletim clandestino que era o seu órgão, e eu o recebi com pleno conhecimento de causa. Revi-o depois, duas ou três vezes. Não me escondeu o que fazia, e eu o aprovei inteiramente.

"Não penso que haja, nesse âmbito das tarefas nobres e das tarefas vulgares, atividades reservadas aos intelectuais e outras indignas deles. Os professores da Sorbonne, durante a Resistência, não hesitavam em transmitir mensagens e estabelecer ligações. Se Jeanson me tivesse pedido para carregar maletas, ou hospedar militantes argelinos, e se eu pudesse fazê-lo sem risco para eles, eu o teria feito sem hesitação.

"É preciso, creio, que as coisas sejam ditas: pois aproxima-se o momento em que cada um deverá assumir suas responsabilidades. Ora, mesmo aqueles que estão mais engajados na ação política ainda hesitam, por não sei que respeito à legalidade formal, em ultrapassar certos limites. São os jovens, ao contrário, apoiados pelos intelectuais, que, como na Coreia, na Turquia, no Japão, começam a desfazer as mistificações das quais somos vítimas. Daí a excepcional importância deste processo. Pela primeira vez, a despeito de todos os obstáculos, de todos os preconceitos, de todas as prudências, argelinos e franceses, fraternalmente unidos por um combate comum, encontram-se juntos no banco dos réus.

"É em vão que se esforçam por separá-los. É em vão também que se tenta apresentar esses franceses como transviados, desesperados ou românticos. Começamos a ficar fartos das falsas indulgências e das 'explicações psicológicas'. É importante dizer muito claramente que esses homens e essas mulheres não estão sós, que centenas de outros já se revezam com eles, e que milhares estão prontos a acompanhá-los. Um destino contrário separou-nos provisoriamente de nós, mas ouso dizer que eles estão nesse banco como nossos representantes. O que eles representam é o futuro da França, e o poder efêmero que se prepara para julgá-los já não representa mais nada."

Toda a imprensa francesa considerou esse testemunho como um desafio que o governo tinha a obrigação de contestar. O M. Battesi, deputado do departamento de Seine-et-Marne, num documento escrito, pediu diligências contra ele. "Sartre", escreveu P.H. Simon, "coloca o governo na alternativa de poupá-lo, isto é, de se mostrar fraco, ou de atingi-lo, isto é, de se enfraquecer entrando em conflito com uma inteligência considerável." Por outro lado, a propósito do Manifesto dos 121, que o *Express* e o *Humanité* desaprovavam, fora aberto um inquérito contra X. Em 8 de setembro, o *Paris-Presse* ostentava na primeira página a manchete: "Jean-Paul Sartre, Simone Signoret e cem outros arriscam-se a cinco anos de prisão." A embaixada francesa no Rio apregoava que ao voltar a Paris Sartre seria preso. O governo anunciou que daquele momento em diante o incitamento à insubmissão acarretaria de um a três anos de prisão; seria mais severamente punido se viesse de um funcionário. Quando deixamos o Rio, vários signatários haviam sido acusados: entre outros, Daniel Guérin, Lanzmann, Marguerite Duras, Antelme, Claude Roy. Durante um banquete, o M. Terrenoire, na época ministro da Informação, declarara: Sartre substituiu Maurras, e é uma ditadura anárquica e suicida que pretende impor-se a uma *intelligentsia* transviada e decadente." Páginas inteiras dos jornais eram dedicadas à rede Jeanson, aos "121" em geral, e a Sartre em particular. Choviam insultos e ameaças.

***

Com Amado, seu irmão e Zélia, aterrissamos uma manhã em Belo Horizonte, capital do Estado de Minas Gerais, que outrora transbordara de ouro e diamantes. Niemeyer prometera enviar-nos de Brasília uma caminhonete com motorista: ninguém; a viagem começava mal. Enfim, o carro apareceu, dirigido por um homem bigodudo. Vimos, à beira de um lago azul, uma capela de Niemeyer e, na cidade, outra de suas obras — um belíssimo edifício que parece mover-se quando se anda em torno dele.

Passamos a tarde em Sabará, outrora povoada por exploradores de ouro; no Museu do Ouro, velha casa de estilo colonial, onde se pesava e se guardava o ouro, amostras, pepitas, instrumentos, esboços e panoramas ressuscitavam o passado. Com suas ruas estreitas, seus telhados de telha, Sabará assemelhava-se a uma aldeia da Europa. Em suas igrejas, de molduras rebuscadas, paredes vermelhas e azuis, observamos com surpresa que, nos afrescos, Deus, os anjos e os santos tinham os olhos amendoados: os pintores portugueses tinham estado em Macau.

Já havíamos visto obras menores do Aleijadinho, esse escravo de mãos roídas pela lepra, que é o maior escultor e o maior arquiteto do Brasil colonial. Subimos a rua central de Congonhas, muito estreita, cheia de detritos, de inválidos, de crianças de olhos famintos, até o terrapleno onde se ergue uma igreja que ele edificou, e doze estátuas de profetas, talhadas em pedra-sabão; muitas são belíssimas, em sua rudeza inspirada, e o conjunto impressiona. Desse adro até a base da colina, em quiosque de vidro, personagens de gesso, de tamanho maior que o natural, representam as cenas da Paixão: de cores berrantes, realistas e teatrais, eles provam que o Aleijadinho era prolífero, mas nem sempre tinha discernimento. Em Ouro Preto, sentimos seu gênio: fora ele quem concebera aquelas admiráveis fachadas, o jogo sabiamente equilibrado de suas curvas, onde a luz cai em armadilhas, e a diversidade de seus desenhos.

Chegamos ao cair da noite à capital do ouro preto. O hotel onde dormimos era uma obra da juventude de Niemeyer: naquela época ele gostava tanto de escadas, que as colocara em todos os quartos. Pela manhã, vislumbrei abaixo da minha sacada telhados de um vermelho desbotado, ruas tortuosas, jardins, terraços, aqui e ali a mancha viva de janelas amarelas ou azuis e, à volta, colinas cobertas por uma vegetação lustrosa; escadas subiam em direção a longínquas igrejas; um ar suave e leve, que recendia a campo, acariciava meus pulmões. Partimos a pé. De igreja em igreja, de praça em praça, descemos e subimos ruas e escadas, atravessamos pontes antigas; entre as velhas casas pintadas, mostraram-nos aquela em que fora preso Tiradentes, que conspirou em 1788 contra a dominação portuguesa: no Rio, ergue-se uma estátua na praça onde foi enforcado e esquartejado. Na praça principal de Ouro Preto, há um museu dedicado aos Inconfidentes, dos quais ele era o chefe. Lastimei deixar Ouro Preto: é um lugar onde eu gostaria de permanecer por muito tempo.

Na manhã seguinte, em Belo Horizonte, novamente esperamos muito tempo pelo motorista. No caminho, compreendemos a razão de seus atrasos: a mala do carro estava cheia de relógios e joias, que ele pretendia revender nas cidades onde íamos parar. Explicou a Amado que acumulava a função de motorista com a de policial, que lhe proporcionava contatos proveitosos com gente que exercia um ofício muito importante no Brasil: os contrabandistas. Ele lhes confiscava ou comprava a preço baixo mercadorias que os habitantes de Brasília, isolados do mundo, compravam a preços altíssimos. Descrevia suas tramoias com uma inocência tipicamente brasileira, disse-nos Amado, encantado.

Rodamos durante toda a manhã por uma estrada infinitamente reta, através do cerrado: matagais, arbustos espinhosos, árvores retorcidas, sem uma folha verde ou flor, a não ser de vez em quando, insólitos, enormes cachos roxos balançando-se entre galhos desnudos. Durante horas não vimos sequer uma aldeia, uma casa, mas apenas, por duas ou três vezes, um desses "animais ferozes" de que falou La Bruyère: descalço, esfarrapado, descarnado, um camponês. Apesar da resistência do motorista-tira, que não achava lugar propício para o seu comércio, paramos para almoçar, em pleno deserto, na cidade artificial que a construção de um açude fez surgir à margem do São Francisco. Operários, engenheiros, técnicos com suas famílias, cerca de quinze mil pessoas vivem nessas barracas, pousadas sobre pedregulhos e cercadas de arame farpado. Para entrar, tivemos que mostrar nossas carteiras de identidade. Um encarregado escoltou-nos, e nos fez visitar a colossal represa, ainda não terminada, que permitiria irrigar a região. Depois de almoçar na barraca que servia de restaurante, retomamos nossa monótona estrada. A cidade onde paramos à noite possuía aeroporto, mas era desprovida de eletricidade; passeamos depois do jantar, em ruas negras que tinham um cheiro de campo, e onde se empurravam, tateando, pessoas que voltavam de uma reunião eleitoral; de vez em quando brilhavam as lâmpadas de acetileno ou as velas de um botequim; bebemos cachaça, enquanto estouravam alguns fogos, sem entusiasmo. Durante mais um dia inteiro ainda, foi o mesmo mato e a mesma solidão; à noite, enfim, chegamos a Brasília.

"Uma maquete em tamanho natural", anotei. Lamentei ficar sabendo que concordava com Lacerda: "Uma exposição de arquitetura em tamanho natural." É essa falta de humanidade que logo salta aos olhos. A avenida principal, de cento e sessenta metros de largura e cerca de trinta quilômetros de extensão, faz uma curva tão suave que parece retilínea; todas as outras artérias lhe são paralelas, ou a cortam em ângulo reto, e cruzamentos ou trevos evitam qualquer perigo de colisão. Só se pode circular de carro. E, aliás, que interesse haveria em circular pelas quadras e superquadras de seis a oito andares, construídas sobre pilotis, e cujas variações superficiais não atenuam a sua elegante monotonia? Está previsto um bairro reservado aos pedestres, que imitará o emaranhado das *calles* venezianas: será preciso tomar um carro para ir andar, a dez quilômetros. Mas a rua, esse local de encontro entre moradores e transeuntes, lojas e residências, veículos e pedestres — sempre imprevista, graças a essa mistura caprichosa —, a rua, tão cativante em Chicago como em Roma, em Londres como em Pequim, na Bahia como no Rio, por vezes deserta e sonhadora, mas cujo próprio silêncio é cheio de vida, a rua, em Brasília, não existe e nunca existirá. Cada conjunto habitacional — quinze mil pessoas — possui sua igreja, sua escola, suas lojas, seus campos de esporte. Niemeyer perguntou-se diante de nós, com tristeza: "Pode-se fazer uma arquitetura socialista num país que não o é?"; e ele próprio respondeu: "Evidentemente, não." A segregação social é mais radical em Brasília do que em qualquer outra cidade, pois há "blocos" luxuosos, outros medíocres, outros modestíssimos: seus habitantes não se misturam; crianças ricas não se sentam com as pobres nos bancos escolares;

nem no mercado, nem na igreja, a esposa do alto funcionário chega a roçar a mulher do simples empregado. Como nos *suburbs* americanos, essas comunidades só concedem a seus membros um mínimo de privacidade: como cada um é igual a todos, nada há a ocultar a quem quer que seja. Brasília assemelha-se àquela cidade de cristal que Zamiatine imaginou em *Nous autres*: as fachadas são todas de vidro, e as pessoas não sentem necessidade de puxar as cortinas; à noite, a largura das avenidas permite ver, de alto a baixo, a vida das famílias nos cômodos iluminados. Certas alas residenciais, onde se alinham casas baixas, são chamadas de "televisão de candango": através das janelas do térreo, os operários de camisas vermelhas de terra contemplam os ricos que jantam, leem o jornal ou assistem à sua própria televisão. Dizem que existem empregados e secretários que adoram Brasília. Mas os ministros guardam a nostalgia do Rio, e Kubitschek teve que ameaçar demiti-los para obrigá-los a se instalarem na nova capital. Minúsculos aviões a jato lhes permitem pular de uma cidade para a outra em uma hora.

Entretanto, na Praça dos Três Poderes, todos os monumentos construídos por Niemeyer são belos: o Palácio do Governo, o Supremo Tribunal, os dois arranha-céus onde funcionam as repartições, as semiesferas invertidas que abrigam a Câmara dos Deputados e o Senado, a Catedral em forma de coroa de espinhos: tudo se harmoniza e se equilibra com sutis assimetrias e francos contrastes que enchem a vista. Niemeyer nos fez observar que os *brise-soleil*, tão importantes nos edifícios brasileiros modernos, desempenham o mesmo papel que outrora desempenhavam as volutas da arte barroca: resguardam da luz, evitando habilmente a linha reta. Ele nos explicou os problemas que teve de resolver para realizar certas proezas: o movimento, na horizontal, de um *brise-soleil* suspenso no ar espanta todos os visitantes. Graças a suas extravagâncias comedidas, naqueles palácios para funcionários, escapa-se — enfim! — ao funcional.

Muito longe, pelo menos a dez quilômetros, ergueu-se o Palácio da Alvorada, onde reside o presidente, e ladeado de uma capela em espiral, perfeita. Reflete-se num lago onde duas ninfas de bronze ocupam-se em se pentear: conta-se que representam as filhas de Kubitschek, arrancando os cabelos porque foram obrigadas a vir para Brasília. Quando rodávamos por uma pista, através do mato, o prefeito, que nos acompanhava naquele dia, disse, em tom animado: "Ah, aí está a embaixada da França!" Virei-

-me; num cartaz, lia-se: embaixada da França; outros cartazes indicavam outras embaixadas.

O Brasília Palace, a um quilômetro do Palácio da Alvorada, também é obra de Niemeyer, e bonito, mas dentro dele sufoca-se; e que exílio! Mesmo de carro, comprar um vidro de tinta ou um batom era uma expedição penosa, por causa do calor e da poeira. O vento e o sol resistem às decisões dos construtores. Por toda parte, turbilhões de terra incandescente os desdenham. Na Praça dos Três Poderes, seriam necessários rios de dinheiro para recobrir de asfalto a terra vermelha. Os homens tiraram do deserto a mais arbitrária das metrópoles; o deserto irá retomá-la, se algum dia a obstinação deles enfraquecer; o deserto a cerca, ameaçador. O lago artificial não refresca o olhar: essa placa de água azul parece o reflexo terrestre do céu em fogo.

Amado e Niemeyer nos levaram a Kubitschek; tivemos com ele, em seu gabinete, uma breve conversa formal. Ele considera Brasília como sua obra pessoal. Na Praça dos Três Poderes encontra-se um museu, de autoria de Niemeyer, consagrado à história da nova capital. Dir-se-ia uma escultura abstrata; é simples, inesperado e belíssimo; infelizmente, de uma das paredes surge, verde e em tamanho maior que o natural, a cabeça de Juscelino; embaixo estão gravados elogios rasgados que ele inspirou. Aos domingos, as pessoas vão em peregrinação — aonde iriam?, em torno de Brasília não existe absolutamente nada — à casa de madeira onde ele passava breves temporadas na época em que as obras apenas começavam; visitam-na, bebem alguma coisa no café que fica à sombra de algumas árvores, e contemplam a estátua que tem no pedestal a inscrição O Fundador, seguida do relato de seus feitos.

Quando se necessita de uma passagem de avião, de um medicamento ou de qualquer outra coisa, é necessário percorrer uns vinte quilômetros para chegar à "cidade livre", onde a construção não está regulamentada. Assim que foram traçados os planos de Brasília, construíram-se às pressas barracas de madeira que se transformavam em lojas, hotéis, restaurantes, agências e habitações. Dir-se-ia uma cidade do faroeste, mas, em vez de cavalos e charretes, eram carros, caminhonetes e caminhões que sulcavam as ruas vermelhas, num ruído ensurdecedor; as lojas irradiam músicas estrepitosas, os carros de publicidade berram slogans. Nas calçadas, uma multidão; pisam em nossos pés, a poeira avermelha nossos sapatos, entra nos ouvidos, irrita as narinas, arranha os olhos; o sol nos castiga: no entanto, sentimo-nos felizes, porque nos reencontramos na terra dos homens. Frequentemente há incêndios; com a secura, a maderia inflama-se rapidamente; pouco antes da nossa chegada, um quarteirão inteiro ardera; não houve vítimas, mas por toda parte viam-se escombros, destroços, móveis enegrecidos, sucata, colchões rasgados. Esquecíamos aquela tristeza vendo os candangos na rua, batendo nos ombros um do outro, e rindo. Eles não riam em Brasília. De dia, trabalhavam; à noite, por vezes, perambulavam com um ar melancólico por aquele mundo que construíam e que não era para eles.

Para compreendê-los, eu precisava lembrar-me dos bichos humanos encontrados na estrada, dos pardieiros de Recife, e de tudo quanto sabia do Nordeste. Acabara de ler *Seara vermelha*, onde Amado narra um antigo êxodo através da caatinga; naquela época, os camponeses atingidos pela fome — os flagelados — partiam a pé para o sul, e bem poucos sobreviviam. Agora, amontoam-se em caminhões que são chamados de "paus de arara". Abarrotados, levados por um motorista que exagera na cachaça, muitas vezes capotam, e os jornais noticiam discretamente umas vinte ou trinta mortes. Por vezes, disseram-me que foi o que aconteceu em Brasília, quando um empreiteiro tem necessidade de mão de obra, paga ao motorista uma pequena quantia por cada recruta. Uma vez na obra, os homens não têm alternativa senão aceitar os salários e as condições de vida que lhes são impostos. Os operários de Brasília amontoavam-se em "cidades-satélites", favelas gigantes, a vinte ou trinta quilômetros de seu trabalho. Observei que os motoristas dos caminhões que os transportavam pela cidade tratavam-nos com uma incrível brutalidade: não diminuíam a marcha nas paradas, e os candangos tinham que saltar do caminhão em movimento, e muitas vezes caíam no chão; disseram-me que às vezes feriam-se e até morriam.[203]

Ouvi inúmeras discussões sobre Brasília. Há cerca de cem anos os dirigentes do Brasil pensam em transportar a capital para o interior, e esse projeto sempre foi popular. Sim, mas Brasília não ocupa o verdadeiro centro do país: no limiar de imensas extensões inexploradas, é um posto da "última fronteira". E passará muito tempo até que esses matos sejam recuperados pela civilização. Um agrônomo alemão a quem se perguntou sobre a possi-

---

[203] As cidades-satélites deviam ser demolidas quando a capital estivesse pronta. Mas os operários, em vez de retornar ao campo, preferiram tentar a vida em Brasília, e elas subsistem.

bilidade de cultivá-los, respondeu: "Muito bem. Mas seria preciso importar milhares de buldôzeres, caminhões, tratores. E depois, toneladas de adubo... E terra, também." Não existe nenhum recurso agrícola, mineral, nem industrial em torno de Brasília. A cidade se arrisca a permanecer durante muito tempo um subúrbio distante de São Paulo e do Rio, tendo por ligação uma única estrada — a que havíamos percorrido — e aviões. Kubitschek nos disse justamente que a existência de Brasília obriga a criar uma rede rodoviária que unificará o país: começou-se a construir através da floresta virgem a estrada que ligará Belém a Brasília. Os adversários respondem que as obras já custaram em cruzeiros e em vidas humanas um preço que nenhuma vantagem prática compensara: a estrada só irá facilitar a passagem do contrabando de Belém — carros americanos, perfumes etc. — para São Paulo e Rio. O fato é que o Nordeste não tem necessidade de escoadouros, pois não produz quase nada; ao contrário, corre o risco de que seu pobre artesanato — a manufatura de sapatos, por exemplo — seja arruinado pelo afluxo das mercadorias paulistas. Os capitais tragados por Brasília poderiam ter servido para dotar o Nordeste de uma rede local de estradas, para irrigá-la e para implantar indústrias. Amado reconhecia que Brasília era um mito: mas dizia que Kubitschek só conseguira adesões, créditos e sacrifícios porque se apoiava num mito; a nação teria recusado tudo isso a empreendimentos mais racionais, mas menos fascinantes. Talvez. Guardo a impressão de ter visto nascer um monstro cujo coração e cujos pulmões funcionam artificialmente graças a processos de custo mirabolante. Em todo caso, se Brasília sobreviver, a especulação vai apoderar-se dela. Os terrenos que beiram o lago e que deviam, na concepção de Lúcio Costa, permanecer propriedade pública, já começaram a ser entregues pela municipalidade e compradores particulares. Está aí mais uma das contradições brasileiras: a cidade número um desse país capitalista foi planejada por arquitetos ligados ao socialismo. Eles fizeram belas obras e construíram um grande sonho, mas não podiam ganhar.

Eu desejava ver índios. Amado nos disse que se podia encontrá-los a cerca de oitocentos quilômetros, numa ilha fluvial imensa e quase deserta, onde Kubitschek acabava de fundar uma nova cidade, a mais ocidental do Brasil. O administrador da ilha nos convidou a visitá-la. Amado, que decididamente não gostava muito de avião, ficou em Brasília. Seu irmão e Zélia embarcaram conosco no pequeno aparelho posto à nossa disposição;

estávamos sozinhos com o piloto e um comissário. Sobrevoamos cerrados de um verde-escuro cambiante, ainda virgens. Ao cabo de duas horas, o rio apareceu, estreitando entre seus braços gigantes uma ilha cujo fim não se distinguia. "Os índios estarão no aeroporto", disse o piloto, rindo. Não estava brincando. Pudemos vê-los ao longe, quase nus, penas na cabeça, arcos na mão, com os cabelos duros emoldurando os rostos pintados de vermelho e preto. "Querem ir até eles, ou preferem que venham a vocês?", perguntaram-nos, quando saímos da cabine. Fomos até eles. Saudaram--nos com gritos desprovidos de convicção. Atrás deles estavam mulheres vestidas com os farrapos cotidianos, filhos nos braços, aparência abatida. Sentíamo-nos terrivelmente constrangidos com aquela palhaçada e com nosso papel idiota. Troca de sorrisos, apertos de mão; eles nos deram — como lhes fora prescrito — armas, flechas, diademas de penas, que tivemos que colocar na cabeça. Depois, sob um calor infernal, visitamos sua aldeia: num cercado de bambu, grandes tendas cheias de mulheres e crianças, deitadas no chão, ou em redes. Protegidos pelo governo, os índios pescam, cultivam alguns pedaços de terra, fabricam, com o barro, bonecos e vasos que são vendidos em seu benefício, ou que eles dão de presente aos visitantes — os quais, em troca, doam à fundação uma quantia em dinheiro. Trouxemos taças de terracota, decoradas com motivos negros e vermelhos, e bonequinhos: mulheres sentadas ou em pé, ninando os filhos ou trabalhando. Na sombra das tendas, notei pobres papagaios depenados: haviam tirado de suas costas os adornos que nos ofereceram. Lavados de sua cerimoniosa maquiagem, alguns homens tinham a aparência robusta e serena; as mulheres, embora tivessem, segundo nos disseram, muita influência na comunidade, pareciam degeneradas. Arrancados de sua condição natural, sem serem assimilados como os das "reservas" do Novo México, aqueles índios levavam uma vida tão artificial quanto a dos animais de um zoo. O piloto propusera levar-nos para ver uma tribo menos domesticada, num local que ficava a uma hora de avião: eu esperava que pudéssemos ir, depois de um rápido almoço.

Um jipe nos transportou ao centro — cantina, dormitório, dispensário — onde moravam as pessoas da fundação. Havia um jovem médico que desprezava cegamente os índios, e dois barbudos que, amando-os, despre-zavam muito lucidamente os outros brancos. Recentemente, quase tinham sido massacrados por uma tribo de Mato Grosso, mas isso em nada mudara seus sentimentos. Poderiam ter-nos informado sobre essa aldeia, mas como detestavam os turistas que vêm olhar homens como se fossem animais curiosos, viraram-nos as costas com uma indelicadeza muito simpática. Ficamos sentados na varanda, olhando o perigoso Mato Grosso, do outro lado do grande rio que corria num nível mais baixo. Finalmente ouvimos o roncar de um avião: o governador e o abastecimento. O administrador cumprimentou-nos, esvaziou uma garrafa de cerveja sem oferecer a ninguém, e se deitou numa rede. Começaram a amontoar, em jipes e em barcos a motor, mesas, cadeiras, caixas de louça, víveres: íamos comer na nova cidade de Kubitschek, a quilômetros dali. Quando? Eu tinha fome, sede e calor, e aquela expedição me parecia idiota. Um antigo cacique veio fumar seu cachimbo perto de nós, e falou conosco em português. Alguém nos contou que, quando fora indicado como cacique, um primo seu disputara com ele essa honra, e fora queixar-se a Vargas, que viera visitar a aldeia. "Que ganhe o melhor", dissera o presidente, sugerindo que lutassem. O primo venceu. Censurou-se muito Vargas por ter posto em discussão a decisão da tribo. Por volta de três horas tomamos uma canoa. O sol martelava-me a cabeça, e o próprio rio lançava chamas. Um dos barbudos banhava-se perto do embarcadouro, com precaução, pois as águas são infestadas de pequenos peixes carnívoros de dentes ágeis. Não se juntou ao nosso grupo. "Onde está a cidade?", perguntei. Mostraram-me um hotel destinado ao turismo, mas que ainda não estava mobiliado. Belo exemplo do blefe brasileiro! O lugar era importante: praias de areia branca, o rio cor de aço, e o infinito dos planaltos cobertos de mato, sob um céu metálico. Mas que nudez tórrida! Refugiamo-nos na casa, entre as estacas — o único local com sombra —, e, enquanto mulheres punham a mesa, o médico pôs para tocar discos de Carlos Gardel. Zélia arrancou das mãos do administrador uma garrafa de cerveja, e bebemos. Enfim foi servido o arroz de camarão; eu estava tão faminta que não tinha mais fome. Sartre esforçava-se por conversar: "*Trèèès intéressant*", respondia ao que o administrador dizia. "O hotel certamente irá atrair jovens casais em lua de mel." "*Trèèès intéressant.*" Chegou mesmo a fazer perguntas: "Haverá aviões para trazê-los?" Seu excesso de boa vontade desencadeou em Zélia um tal ataque de riso, que ela saiu da mesa, fingindo ir admirar um arbusto de flores felpudas; um dos convivas precipitou-se para indicar-lhe o toalete.

Não se cogitou mais de ir ver a outra aldeia; aliás, também administrada por brancos, ela não nos forneceria maiores informações. As únicas tribos interessantes são inacessíveis e perigosas. Muitos marginais escondem-se na região, usam armas e se divertem em matar os "selvagens": as autoridades mandaram executar um desses assassinos diante dos índios; mas isso não bastou para tranquilizá-los; quando avistam um branco, atacam.

Eram seis horas quando o barco nos trouxe de volta ao centro. O médico ficara no hotel, com o jipe. "Se não partirmos imediatamente, teremos que passar a noite aqui", disse o piloto. O aeroporto de Brasília não é iluminado à noite, e é proibido aterrissar nele após o pôr do sol. Sartre deu um salto: "Vamos a pé!" Apesar da nossa carga de objetos de barro, percorremos a pé o quilômetro que nos separava do aeroporto. Já estávamos instalados, as hélices já rodavam, quando o médico apareceu, completamente bêbado, agitando os braços. Içaram-no, ele caiu deitado e adormeceu. Suspiramos de alívio quando nos vimos reunidos, os quatro.

Poucos dias depois, os Amado partiram para o Rio. Eu estava comovida ao deixá-los. Íamos subir novamente para o norte, e partiríamos de Manaus para Havana: fôramos convidados para ir lá, e as passagens deviam estar à nossa espera numa agência; caso contrário, tomaríamos um avião em Recife para voltar a Paris. Depois de seis semanas de tão bom relacionamento, era difícil imaginar que só os reveríamos muitos anos depois; ou talvez nunca mais.

O reitor de Fortaleza, que encontráramos em Recife, fizera-nos um convite. Tão perto do equador, era espantoso o frescor do vento; que prazer reencontrar o movimento do mar e uma verdadeira cidade! Ali estavam novamente as jangadas de velas brancas, um mercado coberto cheio de odores fortes, de estreitas ruas comerciais — tecidos, sapatos, roupas, farmácias —, praças caprichosas, jardins cercados, quiosques e uma efervescência humana. Sartre deu uma conferência, houve um almoço oficial num clube à beira-mar e um coquetel nos jardins da reitoria, onde o coral dos estudantes cantou músicas folclóricas. Mas restaram-nos longos lazeres. Sentávamo-nos à noite sob as folhagens luzidias de um jardim, no terraço de um café-restaurante onde soldados vinham beber com jovens putas; pescavam-nas na zona dos bordéis, que ficava próxima: um pedaço da fervilhante favela que se esmagava contra o mar; nos botequins muito abertos e nas aleias, homens e mulheres riam e conversavam, aproximados, além da venalidade do seu comércio, pela pobreza comum. Certo dia, ao cair da noite, atravessei um outro pedaço da favela: aqueles crepúsculos eram emocionantes pela rapidez; mal a luz da tarde esmaecia, já o horizonte flamejava, e já era noite. As jangadas encalhadas na praia pareciam grandes pássaros mortos; homens e mulheres, que tinham vindo a pé ou no lombo de burros, compravam o peixe trazido pelos pescadores; quase não falavam e, na suavidade do dia agonizante, aquele silencioso intercâmbio entre deserdados tinha a simplicidade das trocas primitivas. Quando voltei pelo mesmo caminho, lamparinas luziam nos barracos da favela.

No pequeno café do jardim, um disco tocava repetidamente uma música que louvava Jânio. Este último desembarcou certa tarde em nosso hotel, com sua comitiva. Foi uma loucura, à noite. Bandos de jovens percorriam as ruas berrando e dançando, com vassouras na mão. Uma hora antes do seu discurso, a grande praça estava coberta de pessoas armadas de vassouras. Alto-falantes, fogos, gritos e risos. A vitória de Jânio parecia certa, e Sartre até gostaria de encontrá-lo: mas nossos amigos, que votavam em Lott com a morte na alma, ficariam constrangidos.

Depois de tanto ouvir falar, desejávamos ver a caatinga — a floresta branca. Um professor nos confiou ao chefe da polícia local, que falava francês e possuía terras na região. Quinquagenário, calvo, ele comentou como amador o *Cyrano*, de Rostand, enquanto saíamos da cidade. A princípio a paisagem foi dominada por altas palmeiras espinhosas — as carnaúbas; com seus troncos, fabricam-se cercas e paredes, cobrem-se tetos com suas fibras, comem-se seus frutos e seu miolo; e sobretudo recolhe-se a cera que protege suas folhas contra a seca, impedindo-as de respirar, exportando-a para a fabricação de filmes, discos, velas e fósforos. Pertencem a grandes proprietários que se opõem, segundo ouvi dizer, à irrigação da região. Logo desapareceram; só se viram arbustos mirrados, lenhosos e espinhosos, de insípidas folhas acinzentadas; e cactos: em forma de círios, candelabros com múltiplos braços, alcachofras gigantes, raquetes, polvos, rosetas, ouriços--do-mar. Foi nessa ingrata natureza que floresceram os iluminados e os cangaceiros, que punham sua esperança em Deus, ou sua confiança nas armas para transformar a sua interminável agonia em vida humana. Santos e bandidos extinguiram-se. Para combater a fome, agora só se conta com os açudes, onde se armazena a água das chuvas: a maioria secou. Vimos um, do tamanho de um lago, onde homens vinham com burricos encher pequenos tonéis que levavam, muitas vezes para muito longe; graças a essa reserva, seria possível fertilizar numa vasta região um solo que, uma vez molhado, produz: mas nenhum sistema de canalização fora esboçado. Economistas pretendem que todo programa de irrigação do "polígono" é utópico; a única solução seria transportar a população para o sul. Outros acham que, com bastante dinheiro, seria possível tornar essa zona cultivável; outros pensam que, desde já, a condição dos camponeses seria mais suportável se eles explorassem a terra por conta própria, e segundo suas necessidades; mas uma verdadeira reforma agrária exige uma revolução, bem improvável.[204] Provavelmente por muito tempo ainda, as crianças do polígono continuarão a comer, na falta de alimento, a terra que, nutrindo-as, causa a sua morte. O policial, entretanto, queixava-se de que no Brasil tudo andava depressa demais; tinha-se abolido prematuramente a escravidão, e agora pretendia-se prematuramente despertar e instruir os camponeses. Uma pane interrompeu suas considerações. Demos alguns passos, na vã esperança de nos abrigarmos à sombra de uma casa: o sol me esfolava.

Consertando o carro, passamos por um casal que levava pela mão um menininho vestido de franciscano; mais adiante, uma família descansava numa vala, sob uma lona. A festa de são Francisco estava próxima e, naquele dia, uma imensa peregrinação invadiu a pequena cidade onde paramos. Os batedores de carteira entram em ação durante a festa, e nosso policial acabava de garantir que o serviço de policiamento estava em ordem. Almoçamos num albergue protegido pela sombra; a proprietária não aceitou um tostão; o mesmo aconteceu com a dona do café onde bebemos alguma coisa, no caminho de volta: a amizade do chefe de polícia bem que valia alguns presentinhos.

Na rua, vendiam-se horríveis imagens do santuário dedicado a são Francisco; ele era tão feio quanto elas. Mas o galpão dos ex-votos era ainda mais extraordinário que a sacristia do Senhor do Bonfim. No meio, amontoavam-se objetos de madeira que todo ano são queimados numa fogueira:

---

[204] Desde 1960, as ligas camponesas desenvolveram-se muito; os camponeses procederam à ocupação de terras, e começaram a se organizar.

bonecas feiticeiras, braços, pernas, pés, mãos, cabeças, sexos, muletas; o monte chegava quase ao teto. Nas paredes, fotos, desenhos e pinturas representavam os acidentes dos quais o fiel escapara, ou as doenças curadas por são Francisco: úlceras, chagas, tumores, lupas, bócios, pústulas, dartros, aleijões, deformações. Os órgãos ou membros doentes eram representados em gesso ou em cera: fígados, rins e inúmeros sexos; o tempo fizera mofar e apodrecer esses simulacros: chegava a dar nojo ter um corpo.

Ao voltarmos, na clemência da tarde, a caatinga parecia menos implacável. Atravessamos uma aldeia onde bandeirolas, guirlandas e cestos anunciavam uma festa; passamos por velhos carros apinhados de jovens, e por bandos em marcha; os rapazes usavam vistosas camisas verdes, e as moças vestidas de cores vivas; elas traziam os sapatos nas mãos, para não sujá-los e para descansar os pés.

Sartre não estava com muita vontade de ir à Amazônia, onde ninguém nos convidara. Mas Bost fizera recentemente, na *Temps Modernes*, uma descrição de Manaus que despertara minha curiosidade; Alejo Carpentier e Lévi-Strauss a tinham reavivado. "Sim, vocês devem ir à Amazônia", dissera-me Cristina T., "as pessoas têm uma outra maneira de se entediar". Assim, aterrissamos uma noite em Belém. Era novo e agradável não sermos esperados, mas não havia táxis, e na sufocante umidade do aeroporto sentimo-nos um pouco desamparados. Acabamos por encontrar um, que nos levou ao hotel. Os quartos eram estufas; no bar com ar-condicionado, tremíamos de frio. Mal saíamos, um calor úmido envolvia-nos languidamente, cortando-nos a respiração. Agora só tínhamos dinheiro francês; o hotel o recusou, assim como o banco ao qual me dirigi; indicaram-me um outro, o único que aceitava trocar moeda estrangeira: dólares americanos, exclusivamente. Que fazer? Discuti em inglês com o funcionário, que acabou por telefonar a um conhecido seu. Era um vendedor de curiosidades — serpentes empalhadas, adornos de plumas, cerâmica indígena —, que me comprou francos pela metade do seu valor. Indaguei sobre um avião para Manaus: não havia lugar antes de três dias. Parece muito tempo, quando o clima e as circunstâncias impedem qualquer atividade. No entanto, guardei uma boa lembrança de Belém. Nos cais do Amazonas, no mercado, entre os cestos amontoados uns sobre os outros, perambulavam negros, estrangeiros, contrabandistas, aventureiros, toda espécie de pessoas que se divertiam, enchendo também as tabernas. A foz do rio, de trezentos e cinquenta quilômetros de largura, encerra uma ilha maior que a Suíça, cuja vegetação úmida podíamos distinguir, muito além das águas maciças. A velha cidade portuguesa quase intacta: igrejas, casas em estilo colonial, praças plantadas de árvores frondosas e decoradas de azulejos. Longe do centro, em grandes avenidas que na verdade eram terrenos baldios, palhoças banhavam-se na exuberância das bananeiras; palmeiras projetavam-se, soberbas, para o céu turvo; do limo amarelado emergia um odor de estufa, de verdura agonizante e de terra arada. Diante do hotel estendiam-se jardins; num quiosque exoticamente decorado, tomávamos sorvetes exóticos, vendo passar os reluzentes carros americanos introduzidos por contrabando, enquanto no Rio e em São Paulo eles quase não eram encontrados. É tal a reputação de Belém, que São Paulo envia para lá perfumes que são vendidos como importados clandestinamente de Paris. Durante o dia inteiro, alto-falantes ambulantes exortavam os eleitores a votarem em Jânio, e à noite estouravam mil fogos. Em compensação, o dia das eleições foi muito calmo.

Certa manhã, no bar do hotel, um jornalista abordou Sartre: "Fui eu o primeiro a anunciar sua morte", disse. Alguns anos antes, durante uma considerável bebedeira, ele telegrafara a seu jornal, comunicando que Sartre acabava de morrer num desastre de automóvel, nos arredores de Belém. Um jornalista parisiense batera à porta da rua Bonaparte, e perguntara à mãe de Sartre se ele estava no Brasil, naquele momento. "Não", disse ela, "ele está aqui." "Ah, bem! É porque estão anunciando que ele sofreu lá um acidente de automóvel..." Ela pensara que fosse desmaiar; abrira a porta do escritório para certificar-se de que Sartre estava lá. Essa fantasia valera a seu autor uma certa notoriedade. "Não vá morrer num desastre de avião, pois desta vez ninguém acreditaria em mim..."

Sobrevoei o Amazonas e a infinita rede de seus afluentes, através do verde infinito de suas florestas, ao mesmo tempo encantada e despeitada, pois sabia que não voltaria a ver nada daquelas coisas. Todo mês parte um avião de Manaus para reabastecer os armazéns longínquos, onde os índios vão comprar víveres: mas não íamos visitar suas aldeias e, de qualquer maneira, não cogitávamos permanecer mais de três ou quatro dias em Manaus. Haviam-me dito que era um lugar surpreendente. Transformada em opulenta capital no fim do século XIX, graças à invenção da borracha, arruinou-se em poucos meses quando, a partir de 1913, as sementes roubadas pelo inglês Wickam deram origem a inigualáveis plantações de seringueiras no Ceilão e em Java. Quase todos os habitantes abandonaram a cidade, sobrando apenas uma carcaça, que logo começou a se decompor; a implantação de pequenas indústrias trouxe uma população de cento e setenta mil almas que, por entre os vestígios de um esplendor extinto, vegetam entre a floresta impenetrável e o rio Negro, a única via de acesso, excetuando o avião.

Do hotel Amazonas, um belo edifício prismático, construído há poucos anos, veem-se estreitos rios, esmagados por uma abóbada de verdura, por onde deslizam barcas carregadas de turistas risonhos, que empunham fuzis. Reproduzidas em prospectos, essas imagens atraíram, há cerca de dez anos, jovens ricos de São Paulo, que vieram gozar dos prazeres da caça, da pesca e do mistério. Voltaram sem nada ter visto e sem dar um tiro sequer, e clamaram seu desapontamento. O hotel estava quase deserto. Ao contrário do que acontecera em Belém, ficávamos gelados nos quartos e transpirávamos no bar e no restaurante. Quando estávamos fora, virávamos farrapos gosmentos. Às seis horas, quando o sol se extinguia como uma vela, uma nova onda de calor subia do solo, tão densa quanto a noite, que nenhuma luz penetrava: não havia eletricidade em Manaus (em todo caso, o hotel possuía gerador). A saliva secava em nossas bocas, e era impossível comer. As ricas moradas de outrora — mármore importado da Itália, pedra talhada — haviam-se arruinado sem graça, e o mato as invadia; só o porto tinha vida, com seus barcos carregados de passageiros e de mercadorias, suas docas flutuantes, suas casinhas que avançavam para a água, e o correr do rio negro.

Tampouco em Manaus, nenhum banco se encarregava dessa perigosa especulação: trocar francos; mas um velho joalheiro alsaciano nos forneceu cruzeiros ao câmbio normal, e sem problemas. Seu amigo, o agente consular, outro velho francês estabelecido havia cinquenta anos na Amazônia e muito acolhedor, nos fez percorrer de carro a estrada que atravessa a floresta, por alguns quilômetros. A Tijuca tinha muito mais atrativos; aqui, sabíamos que estávamos cercados por um oceano de clorofila, mas só víamos duas cortinas de árvores; não tínhamos a impressão de estar num lugar especial. A excursão do dia seguinte nos deixou ainda mais desambientados. A Amazônia deposita hoje suas esperanças no petróleo, e a Petrobras faz prospecções. Num barco da Companhia, com o cônsul e um técnico suíço, descemos o rio: suas vagas castanhas com reflexos avermelhados separam-se do Amazonas branco por uma linha tão nítida que parece traçada à mão sobre um terreno sólido. Pescadores sentados em barcos lançavam suas redes nas águas onde pululam peixes carnívoros. Subimos um rio até acampamentos flutuantes onde estavam os refeitórios e dormitórios dos operários e técnicos do petróleo; compartilhamos sua refeição; depois, num caminhão descoberto, agredidos pelo sol, chegamos a uma torre; de cada lado do caminho e em torno da clareira, a hermética espessura dos bosques detinha nosso olhar. Estávamos longe dos glaucos mistérios evocados por Alejo Carpentier. Voltei para o hotel extenuada. Pela manhã, o cônsul nos fez admirar o mais absurdo dos florões de Manaus: o teatro, todo de mármore, encimado por uma cúpula policroma, onde dançaram e cantaram os mais famosos artistas do mundo. Eu não me aguentava mais em pé, a terra tinha febre, eu estava banhada no suor dela e no meu próprio suor, sentindo-me também febril. Deitei-me. "Vamos partir, de qualquer maneira?", perguntou-me Sartre. Sim! Ah, sim! Ao aspecto sinistro da cidade e ao meu cansaço juntava-se a angústia de nos sentirmos isolados do mundo. Não havíamos encontrado passagens para Cuba, e não conseguíramos comunicação com o Rio. Tentávamos em vão trocar telegramas com os Amado. No Brasil, só funciona bem o serviço telegráfico americano, cuja rede não se estende até Manaus: um telegrama do Rio leva uma semana para chegar, disse-nos a cônsul, se chegar. Estavam acontecendo coisas em Paris; a companhia telefônica comunicou-me uma ligação pela qual esperei duas horas: a voz de Lanzmann estalava ao longe, dizendo-me para não voltar à França enquanto não recebesse carta sua; ele não me ouvia, e sua voz extinguiu-se no meio de uma palavra. Eu tinha pressa de voltar a Recife e a Paris. O cônsul nos acompanhou à noite ao aeroporto, comentando as eleições. A apuração dos votos exige semanas, de tal modo o país é vasto e mal aparelhado: mas Jânio já disparara tanto, que sua vitória estava assegurada. O governo de Manaus, entretanto, votara em Lott: era de esquerda, e honesto. "Há duas espécies de governadores", explicou o cônsul, "os maus, que põem todo o dinheiro no bolso e nada fazem; e os bons, que põem dinheiro no bolso e fazem alguma coisa."

Dezoito horas de viagem; aterrissávamos a cada duas horas, e eu sufocava nos pequenos aeroportos. Quando chegamos, por volta de oito horas da noite, o fiscal de Alfândega pretendeu revistar nossas bagagens: qualquer um que chegue da Amazônia é suspeito de contrabando. A irritação de Sartre e a intervenção de Cristina T., que viera buscar-nos, nos liberaram. Apesar do meu cansaço, acompanhei os dois ao restaurante, pois no Nordeste é indecoroso um homem sair sozinho com uma moça. Pelo mesmo motivo, participei no dia seguinte do passeio planejado por Cristina. Estávamos felizes por revê-la. Havia em suas revoltas tanta profundidade quanto entusiasmo, e uma grande generosidade: não as dirigia contra o conformismo — para ela constrangedor — do seu meio, mas contra a injustiça. A palavra "comunista" assustava-a; Cristina chegara há suas posições atuais através de numerosos preconceitos: e era isso que garantia a sua sinceridade e sua solidez. Além disso, transbordava de vida, era alegre e bem-humorada, com um fundo de melancolia, pois sentia-se muito só. Mas eu realmente me sentia muito mal. Arrastei-me pelos lúgubres mercados dos lúgubres vilarejos cuja miséria ela queria mostrar-nos. Durante dois meses eu amara o Brasil; ainda o amo, através das minhas recordações: mas naquele momento, de repente, senti-me inteiramente farta da seca, da fome e de toda aquela angústia.

Durante toda a noite ardi em febre — a tal ponto que de manhã cometi a imprudência de pedir um médico. Um amigo do dr. T. — irmão de Lúcia e Cristina — diagnosticou: tifo; mas o delas se curava em alguns dias. Uma injeção de penicilina fez baixar minha febre. Mesmo assim, ele fez com que me internassem no hospital de doenças tropicais.

Nunca esquecerei aqueles dias, com seu gosto infernal de eternidade. Eu tinha um quarto só para mim, com banheiro, e enfermeiras muito gentis. Mas estava justamente bastante forte e bastante enfraquecida para que esse retiro me parecesse insuportável. Tarde da noite, os doentes e o pessoal do hospital tagarelavam; a cada quarto de hora soava o carrilhão de um relógio; quase tive uma crise de nervos, no primeiro dia, quando me acordaram de madrugada, pois mal acabara de fechar os olhos. Depois habituei-me ao barulho; desde as cinco horas eu me sentava na cama e pensava desfalecer a ideia de todo aquele dia que teria de atravessar. Tinha preocupações. À noite, Sartre engolia melancolicamente um ou dois uísques no bar do hotel, e ia deitar-se às dez horas; para dormir, entupia-se de gardenal. O farmacêutico brasileiro não exige receita: "Em comprimidos, ou injetável?" — é a única coisa que pergunta. (Pois os brasileiros tomam injeções — de penicilina, ou de qualquer outra coisa — com uma facilidade espantosa.) Mesmo assim, aconteceu-lhe acordar às duas horas da manhã e se aborrecer tanto, que foi barbear-se. Ao sair da cama, pela manhã, cambaleava à minha cabeceira, e um dia em que me injetavam soro, quase derrubou o aparelho. Desde o outono de 1958, ao menor alarme, a morte me atormenta: eu esperava Sartre e o deixava com medo; e os romances policiais em inglês que ele comprava para mim na única livraria da cidade quase não serviam para me distrair, pois eu já lera quase todos.

Além do mais, a carta anunciada por Lanzmann não chegava; e não tínhamos jornais franceses. A embaixada, no Rio, fazia correr, cada vez com mais insistência, o boato de que Sartre iria para a cadeia ao voltar. A colônia francesa em Recife insinuava que minha doença era diplomática, e que estávamos com medo de voltar. Na verdade, tínhamos pressa de ser acusados, como nossos amigos. Eu detestava sentir-me prisioneira naquele hospital, comendo implacavelmente, de manhã e de noite, a mesma canja de galinha. Da minha cama, avistava coqueiros erguidos para o céu de um azul muito claro; via canaviais, bambus, verduras um pouco murchas e, no horizonte, a cidade; debruçava-me à janela e olhava palhoças e mulheres que se ativavam em torno de pequenos fogareiros. Houve algumas chuvas, violentas e breves, e muitas vezes um vento pesado e lento. Enfeitiçada por essa paisagem demasiado calma, por seu silêncio úmido, eu me sentia vítima de um feitiço: jamais partiria dali. Na paz dissimulada de uma madrugada em que o mundo ainda dormia, vi um jovem negro escalando descalço o tronco de um coqueiro: jogou cocos no chão; ágil, gracioso, tão perto e tão longe de mim, sua presença e a minha puseram-me lágrimas nos olhos. As noites eram belas, com as luzes verdes e vermelhas de Recife ao longe, mas eu sentia um aperto na garganta ao pensar em mais essa noite a vencer, em pesadelos a afastar e no outro dia que eu teria de recomeçar.

A eternidade durou sete dias. Recebi a carta de Lanzmann. O processo de Jeanson terminara em 4 de outubro, com um veredicto odioso. As acusações contra os "121" — cuja lista alongara-se muito — continuavam a chover. Os signatários não tinham mais direito de se apresentar no rádio, na televisão, nem mesmo de ter seus nomes citados no decorrer dos programas. Vidal-Naquet fora suspenso, Barrat preso. Em Metz, num discurso, Debré denunciara os "121" e suas "agitações ao mesmo tempo medíocres e horríveis". Em 1º de outubro, realizaram investigações e prisões na *Temps Modernes*, na *Esprit*, na *Vérité et Liberté*; Domenach, Péju e vários outros haviam sido retidos durante horas pela polícia. O número de outubro da *Temps Modernes* fora apreendido. Durante uma manifestação, sobre a qual a imprensa falara muito, cinco mil antigos combatentes haviam desfilado nos Champs-Élysées, gritando: "Fuzilem Sartre." Em nome de todos os amigos, Lanzmann nos pedia que ficássemos em Barcelona, onde viriam nos pôr a par da situação.

Eu disse ao médico que desejava partir: ele objetou que eu estava com tifo, e que o hotel me recusaria. As irmãs T. que, com a família, moravam naquele momento numa casa de praia, ofereceram-me sua casa de Recife. Passei três dias num quarto à antiga, que um aparelho de ar-condicionado, primitivo e barulhento, mal conseguia refrescar: o verão anunciava-se, e por trás das vidraças o calor me sitiava. De manhã cedo, as primas das T., que moravam numa casa em frente, mandavam trazer-me o café da manhã. Certa vez, fiquei espantada ao ouvir a voz de Sartre, às seis horas, vinda do jardim. Ele se entediava tanto por não conseguir mais dormir, que se levantara. O jovem dr. T. veio examinar-me, certa noite; estava demorando, e eu disse a suas irmãs e a Sartre que fossem jantar sem o esperar; elas recusaram: não se pode deixar um homem sozinho com uma mulher, mesmo com a minha idade, numa casa. Elas não partilhavam esses preconceitos, mas na rua inteira primos as vigiavam. O doutor autorizou-me a pôr o nariz do lado de fora. Ao cabo de quinze minutos de caminhada por ruas onde o ar me pareceu espesso como um xarope, com Sartre vacilando ao meu lado, desabei, meio desfalecida, no terraço de um café; desmaiei dois dias mais tarde, no Rio, no primeiro almoço em companhia dos Amado, numa churrascaria que nos era familiar.

O encarregado de negócios cubano, desistindo de conseguir alcançar--nos por telefone, fora a Recife: Havana insistia para que ali passássemos alguns dias; a única maneira de ir até lá era descer de novo até o Rio, a mil e seiscentos quilômetros. O prazer de rever os Amado e Copacabana me foi estragado pelo cansaço; além disso, eu sentia saudade da minha terra, embora Lanzmann me tivesse repetido ao telefone que os ultras queriam a cabeça de Sartre.

Na noite de nossa partida para Cuba, um vendaval varria o aeroporto; molhava as palmeiras que ficavam em vasos, no hall de entrada, e fazia rodopiarem os papéis. Durante horas, bestificados, sonolentos, esperamos que acalmasse. Finalmente, embarcamos. Os motores cuspiam fogo demais; era uma dessas noites em que o pior parece inevitável; quando aterrissamos em Belém, em meio a trevas pegajosas, o absurdo de me encontrar de novo ali confirmou meu pressentimento: aquele continente era uma armadilha da qual não escaparíamos. Só serenei quando descobri, de manhã, um planalto estrangulado entre uma penedia e um mar azul-turquesa: Caracas estava a nossos pés. Pousamos. Tomando café no bufê, contemplei, cintilante, com todas as suas vigias refletindo ao sol, o avião que nos arrancaria, dali a uma ou duas horas, daquelas terras de miséria: uma velha passava entre as mesas, recolhia pedaços de pão, ossos de costeletas, restos de clara de ovo, embrulhando-os num papel para dar de presente à família. Estudantes pediram que Sartre se detivesse por alguns dias em Caracas: eles nos eram simpáticos, e havia agitação na Venezuela. (Houve uma manifestação de estudantes naquela tarde mesmo, e poucos dias depois a polícia matou vários.) Mas éramos esperados em Cuba, e estávamos impacientes por voltar lá.

Um funcionário do aeroporto aproximou-se: "Tem passagem de volta? Sua passagem para Paris? Não? Então não podem partir. Ordens de Havana." "Mas somos convidados", disse Sartre. "Provem." Não tínhamos mais um tostão no bolso para pagar passagens de volta, e nenhum documento oficial. O reluzente avião ia decolar sem nós! Sartre telefonou à embaixada cubana e enfrentou os funcionários do aeroporto com uma fúria que acabou por vencer. No último minuto, deixaram-nos subir. Jamais iríamos compreender as razões desse contratempo: os cubanos não tomavam nenhuma medida contra a imigração.

Enfim, a costa ficou para trás! Enfim! Sobrevoamos a Jamaica, e até parecia que, com um breve voo, alcançáramos a Inglaterra: gramados verdejantes, mansões ladeadas de piscinas. Sartre, que já estivera ali, disse-me que não havia no mundo colônia mais sinistra. E logo chegamos a Havana, onde nos esperavam nossos amigos — menos Franqui e Arcocha, que naquele momento estavam em Moscou — e músicos fantasiados, que dedilhavam guitarras.

Havana mudara; não havia mais boates, nem jogo, nem turistas americanos; no hotel Nacional, meio vazio, milicianos muito jovens, rapazes e moças, realizavam um congresso. Por toda parte, nas ruas, nos telhados, milicianos faziam exercícios. Sabia-se, por diplomatas guatemaltecos, que tropas de imigrados cubanos e de mercenários americanos se exercitavam na Guatemala. Tentariam tomar a ilha e, em nome de um governo fantoche, chamariam os EUA em seu auxílio. Diante dessas ameaças, Cuba endurecia; a "lua de mel da revolução" terminara.

Oltuski não era mais ministro. Trabalhava no Instituto que Guevara acabava de criar para a industrialização do país, o qual nos fez visitar. Os dirigentes não nos ocultaram suas dificuldades: careciam de quadros; certos engenheiros trabalhavam, cada um, no planejamento de três ou quatro indústrias diferentes; e, no entanto, os capitais destinados à renovação de fábricas não puderam ser empregados em sua totalidade.

Visitamos, perto de Havana, uma manufatura de tecidos: uma instalação já antiga, com oficinas bem-arrumadas, cercada de árvores e de relva, com confortáveis casas para o pessoal de nível superior e para os operários. O parque estava em festa: os operários com suas mulheres, decotadas e enfeitadas, seus filhos, vendedores de sorvetes e balas. De um quiosque, no meio do gramado, Sartre falou de sua amizade por Cuba. Interrogaram-no sobre a França, e por sua vez ele fez perguntas: que vantagens os trabalhadores da manufatura haviam tirado da mudança de regime? Alguns operários iam responder: um dirigente sindicalista os deteve, e respondeu em seu lugar.

Durante nosso encontro com os intelectuais, Rafael e Guillén, que em abril não haviam aberto a boca, falaram muito alto. A propósito da poesia, Guillén declarou: "Considero toda busca formal como contrarrevolucionária." Exigiam a submissão às regras do realismo socialista. Alguns escritores nos disseram em particular que, a despeito de si mesmos, eles começavam a fazer uma autocrítica, e cada um se perguntava: "Serei realmente um revolucionário?"

Menos alegria, menos liberdade; mas, sob certos aspectos, grandes progressos. A cooperativa que visitamos apresentava um enorme avanço sobre todas as que víramos antes. Cultivava sobretudo arroz, mas com métodos intensivos, embora tivesse recuperado terrenos onde cresciam tomates e diversos legumes. Os camponeses estavam acabando de construir uma aldeia, com a ajuda de pedreiros vindos da cidade: casas confortáveis, um cinema, escolas, campos de esporte. Uma loja do Estado vendia quase a preço de custo os produtos de primeira necessidade. Uma fábrica de calçados e uma outra, de conservas de tomates, trabalhavam diretamente para a cooperativa; realizava-se assim, em escala modesta, aquilo a que as comunas chinesas visaram: uma ligação da agricultura com a indústria. Os camponeses pareciam mais ligados do que nunca ao regime, mas estavam febris. A aldeia ficava perto do local onde se previa um desembarque. O chefe da cooperativa, excitadíssimo, de revólver no cinto, disse-nos que esperava com impaciência o momento de lutar.

Na noite que precedeu nossa partida, Sartre deu uma entrevista coletiva; justamente quando ia iniciá-la, um jornalista nosso amigo cochichou-lhe que estavam desembarcando tropas na região de Santiago. Nem por isso Sartre deixou de declarar à imprensa escrita, de rádio e de televisão, que não acreditava numa intervenção imediata da América; estavam em pleno período eleitoral, e o Partido Republicano não ia comprometer as possibilidades de Nixon, assumindo a responsabilidade de uma aventura incerta. Fomos cear com os jornalistas do *Revolución*, no bar-restaurante do antigo Hilton, que se tornara Habana Libre. Era lúgubre aquele amplo local deserto, cuja decoração lembrava a Polinésia. A todo instante nossos amigos se levantavam da mesa e telefonavam: a notícia da invasão confirmava-se. "Nós a repeliremos", diziam eles, com voz sombria. No dia seguinte, o boato foi desmentido: mas era apenas um adiamento, pensavam todos os cubanos.

Não víramos Castro. Fomos visitar Dorticós no dia de nossa partida; era aniversário da morte de Camilo Cienfuegos, quase tão idolatrado quanto Castro, cujo avião, um ano antes, caíra no mar. Cortejos de estudantes, de operários, de funcionários, de mulheres e de crianças desfilavam nas ruas levando ramos de flores e coroas que jogavam ao mar. Enquanto conversávamos com o presidente, Jimenez telefonava à secretária de Castro: ele se encontrava nos arredores de Havana, e nos pedia para esperá-lo. Impossível: eram seis horas, e o avião decolava às oito. Jimenez conduziu-nos ao hotel, e subimos para buscar nossas malas; para descer, apertamos o botão do elevador: este chegou, a porta se abriu e Castro precipitou-se, seguido de quatro barbudos e de Edith Depestre. Nada perdera de sua alegria, nem de seu calor. Embarcou-nos em seu carro. O que víramos? O que não víramos? A circulação estava difícil: cortejos bloqueavam as ruas, e a multidão parava o carro, aos gritos de "Fidel! Fidel!" "Vou mostrar-lhes a Cidade Universitária", disse Castro, quando enfim saímos de Havana. Murmurei: "Mas o avião decola às oito horas..." "Ele esperará!" O maior quartel de Havana fora transformado num conjunto de pavilhões, de construções e de campos de esporte. Demos uma rápida olhada em tudo, e depois, a pretexto de encurtar caminho, o motorista nos fez passar por obscuras estradas de terra, cortadas por barrancos: o avião já decolou, dizia a mim mesma. No aeroporto, levantaram-se barreiras, e o carro nos deixou junto ao avião, que estava sendo revisado por mecânicos: ainda iam demorar muito. Ignorando os avisos, Castro mastigava seu grande charuto a alguns metros dos motores. "O desembarque é certo", disse-nos ele. "Mas também é certo que os rechaçaremos. E se vocês ouvirem dizer que fui morto, não acreditem."

Ele partiu. Jimenez, Edith, Otero, Oltuski e outros amigos nos levaram para jantar no bufê. O aeroporto estava cheio de pessoas que nos olharam sem amizade: "Estão esperando o avião para Miami e não voltarão." Suas roupas revelavam sua classe. Quando o alto-falante chamou: "Passageiros para Miami", precipitaram-se para a saída.

Decolamos. Houve uma aterrissagem nas Bermudas; eu previa mais uma nos Açores: demorou. "Chegamos!", pensei, quando avistei o continente. Mas aquelas ilhas não acabavam mais. E me pareceu reconhecer a cor da terra, seu relevo, seus recortes, e o verde daquele rio: o Tejo; era a Espanha, com a crosta nevada das sierras; chegáramos a Madri em quatorze horas, mas o dia já terminava. Outro avião nos transportou até Barcelona.

Marcáramos encontro com nossos amigos no hotel Cólon; o que eu conhecera outrora não existia mais, disseram-nos os jornalistas que nos abocanharam à chegada. Mas outro com o mesmo nome, muito agradável, fora aberto junto à catedral. Ali encontramos na manhã seguinte Bost e Pouillon. Eles nos contaram minuciosamente o que se passara desde setembro. O processo Jeanson e o manifesto dos "121" haviam levado as juventudes comunistas, as juventudes socialistas, os sindicatos, o PC e o PSU a ações contra a guerra. Sindicalistas e universitários haviam lançado um apelo por "uma paz negociada". Os sindicatos haviam apoiado a manifestação organizada em 27 de outubro pela UNEF, que fora um enorme sucesso, apesar do tumulto e da pancadaria. As sanções aplicadas aos "121" haviam provocado uma quantidade de protestos. Os atores da televisão haviam entrado em greve em solidariedade a Évelyne, expulsa de um programa. Entretanto, haviam demitido Schwartz de sua cátedra na Escola Politécnica; os professores haviam sido suspensos, assim como Pouillon e Pingaud, secretários-redatores da Assembleia. O marechal Juin fizera assinar um manifesto contra "os professores de traição". A União Nacional dos Combatentes exigia "sanções impiedosas contra os inconscientes, e sobretudo contra os traidores". O Comitê Central UNR estigmatizava a ação dos "pretensos intelectuais". A União Nacional dos Oficiais da Reserva pedia que se tomassem medidas. A lista dos "121" estava afixada em todas as salas de oficiais etc. Sartre era o mais visado. Seu testemunho lhe valera ódios apaixonados. Por telefone, Lanzmann, retido em Paris, pediu-nos, assim como seus amigos, que voltássemos de carro: se tomássemos um avião, Sartre seria acolhido ruidosamente no aeroporto, haveria tumulto, ele certamente iria responder aos jornalistas de uma tal maneira que a polícia o prenderia. Penso hoje que teria sido melhor dar aos "121" toda a publicidade possível; mas nós ouvimos nossos amigos, cuja solicitude compreendo, pois é leviano temer pouco por outrem. Passeamos em Barcelona, que Sartre não reviu com mais prazer do que Madri; quanto a mim, sentia-me feliz nos Ramblas. Contemplamos a catedral extravagante e para sempre inacabada de Gaudi; subimos ao Tibidabo, visitamos o Museu de Arte Catalã e, no dia seguinte à tarde, dirigimo-nos para a fronteira.

 Fazia dois meses que a imprensa insultava Sartre tão copiosamente — traidor, antifrancês etc. — que pensávamos sermos muito mal recebidos na França. A noite caíra quando chegamos à Alfândega. Bost levou os quatro passaportes à polícia e voltou. O comissário queria ver-nos: em tom de desculpa, explicou-nos que devia prevenir Paris sobre a nossa passagem. Mandou um de seus subordinados comprar jornais para nós, ofereceu-nos pacotes de cigarros e charutos — provavelmente confiscados de turistas — e, despedindo-se, pediu que assinássemos seu livro de ouro. Recomendou que nos apresentássemos à polícia assim que chegássemos. Passamos a noite em Béziers. Depois de tantos esplendores estrangeiros, emocionei--me de manhã, ao reencontrar, sob um céu azul pálido, a ternura dourada dos plátanos, as vinhas avermelhadas pelo outono e, em vez de barracos espalhados em terrenos baldios, aldeias de verdade. Poderia eu, algum dia, voltar a amar esse país?

Em Paris, nosso primeiro cuidado foi o de nos fazer incriminar; tomamos como advogado Roland Dumas, que defendera os acusados do processo Jeanson, e que se encarregou das providências necessárias. Os policiais levaram a polidez a ponto de vir à minha casa: o mais jovem, arrogante e constrangido, ao datilografar nossos depoimentos feriu o dedo, que sangrou sobre as teclas. O comissário M. ajudou-nos a redigir nossas declarações e a diversificá-las. A obstinação dos "121" em se comprometer o mais possível espantara-o, no início; agora, ele sorria. "Com isso, fiquem tranquilos, vão obter a sua incriminação", concluiu ele, em tom encorajador. Mas não. Na véspera do dia em que nos convocara, o juiz ficou doente. Um novo encontro foi marcado; no último instante, foi novamente adiado *sine die*, sob o absurdo pretexto de que o tribunal guardava o processo que nos dizia respeito. Anunciou-se que a série de incriminações estava fechada. Sempre cioso de sua grandeza, o poder achava bom privar funcionários de seu pão, mas não aparecer aos olhos do mundo como perseguidor de escritores conhecidos. Esperava também quebrar a união dos "121" poupando uns e mantendo suspensa uma ameaça sobre a cabeça de outros.

Para enfrentar esse jogo, Sartre convocou uma reunião de imprensa; diante de uns trinta jornalistas franceses e estrangeiros reunidos no meu apartamento, explicou-se sobre o manifesto e expôs a situação atual. Thierry Maulnier, sentado no tapete, quis fazer uma pergunta: "Eu não gostaria de deformar seu pensamento..." "Seria a primeira vez que o senhor teria esse escrúpulo", respondeu Sartre. A imprensa reproduziu apenas sumariamente suas declarações. E o incidente foi encerrado.

Capítulo XI

Pelo abominável processo das barricadas, o regime favorecia o reagrupamento dos fascistas; mas a juventude se movimentara, e pensávamos que ela fosse agir. Em dezembro, a bandeira verde e branca flutuou sobre a Casbah, multidões aclamaram Abbas,[205] e a verdade explodiu aos olhos do mundo inteiro: por trás do silêncio e das farsas às quais a força as havia condenado, as massas argelinas, unânimes, exigiam sua independência; para a FLN, era um triunfo político que tornava mais próxima a hora da vitória.

A *força da idade* saiu, com um sucesso que me teria provocado muita satisfação quando eu era apenas uma estreante. Na verdade, quando me disseram na Gallimard, em novembro, que quarenta mil exemplares haviam sido vendidos antes do lançamento, tive uma sensação desagradável: estaria eu transformada num desses fabricantes de *best-sellers* que têm um público certo, sem que seja levado em consideração o valor de suas obras? Muitos críticos me asseguraram que eu acabava de escrever o meu melhor livro; havia algo de inquietante nesse veredicto: devia eu, como sugeriam alguns, queimar tudo o que fizera antes? Sobretudo, eu convertia os elogios em exigências; pensava que tinha a obrigação de continuar a merecer as cartas que me enviavam, e que me tocavam. O último volume de recordações me dava trabalho, e eu me dizia com melancolia que no máximo ele se igualaria ao precedente, sem ter o mesmo viço. Apesar de tudo, venceu a satisfação. Eu temia ter traído as coisas que mais prezava: meus leitores as haviam compreendido. As *Memórias de uma moça bem-comportada* haviam agradado

---

[205] Pagaram caro por isso: a FLN comunicou à ONU a existência de milhares de vítimas.

a muita gente, mas de maneira equívoca; eu supunha que os que gostavam de *A força da idade* estavam do meu lado.

Eu me adaptava sem pesar à austeridade dos meus dias. Fazia muito tempo que vivíamos recolhidos: paramos inteiramente de sair. A clientela dos restaurantes muitas vezes demonstrava hostilidade para conosco, e não suportávamos mais o seu contato. Passamos nossas noites comuns no meu apartamento, jantando uma fatia de presunto, conversando e ouvindo discos; ouvia-os durante horas, quando ficava sozinha em casa. Não saía mais à noite, a não ser com Lanzmann ou com Olga. Esse retiro reforçava nossas ligações como nosso pequeno grupo de amigos. A equipe da *Temps Modernes*, enriquecida com dois novos membros, Gorz e Pingaud, reunia-se na minha casa duas manhãs por mês. Gorz era o primeiro a chegar: "Não posso impedir de ser pontual", dizia. Menos numerosas que no passado, nossas discussões eram mais acirradas. Animada por uma festa a que Sartre e eu comparecemos, em casa de Monique Lange, com Florence Malraux, Goytisolo, Serge Lafaurie, organizei um Réveillon. Não o havia programado, mas nossos amigos eram naturalmente participantes: pelo menos um membro em cada um dos casais que convidei assinara o Manifesto dos "121". Eu preparara discos de jazz, mas não foram usados: ficamos conversando.

Houve ainda um jantar na embaixada soviética. Eu estava sentada ao lado de Mauriac, que eu estava encontrando pela primeira vez; Sartre me dissera que ele era mordaz e engraçado; mas a idade o teria apagado, ou a gaullatria o teria extenuado? Procurei-o, e não encontrei ninguém. Sartre conversou com Aragon, a quem aconselhou ir a Cuba. "Estamos velhos demais", disse Aragon; "Ora!", disse Sartre, "você não é tão mais velho que eu." "Que idade você tem?" "Cinquenta e cinco anos." "Isso começa aos cinquenta e cinco anos", disse Aragon, com um ar feiticeiro. Elsa contou com graça que, em consequência de várias perturbações, tivera que mandar pôr nos olhos lágrimas artificiais. A festa era em homenagem a Galina Nicolaieva, autora de *O engenheiro Bakhirev*, em seu livro ela falava, de maneira viva e romanesca, de um assunto pouco e maltratado no Ocidente; o trabalho. Eu a vi muito ligeiramente, mas nós a convidamos para vir à minha casa com o marido. Acometida de uma grave doença do coração, Nicolaieva teve uma crise no dia marcado, e o marido veio sozinho, com um intérprete. Cumprimentou-nos solenemente, dando a impressão, do princípio ao fim do encontro, de ter por trás de si toda uma delegação. Disse-nos que os escritores russos ficariam felizes de nos receber em Moscou: Sartre disse que iríamos com prazer.

André Masson assinara o Manifesto dos "121". Admirávamos suas obras e encontrávamos um grande encanto em seu rosto e em suas conversas, matreiras e ingênuas. Velho anarquista, os excessos de seu "apolitismo" nos haviam afastado dele. A prisão de Diego abriu-lhe os olhos. Rose passava o tempo todo ajudando os detentos argelinos e suas famílias. Eu a vi em diversas oportunidades, e jantamos em seu apartamento da rua Sainte-Anne: uma vez só com eles, e outra com Boulez, também signatário do manifesto. Masson usava barba; contou histórias deliciosas dos belos tempos do surrealismo. De Boulez, conhecíamos e apreciávamos *Le Marteau sans maître*, e o primeiro *Structure*; não tínhamos ido ouvir *Pli selon pli*, por medo de não entender nada numa única audição; Através do livro de Goléa e das narrativas de Masson, ele nos agradava muito. Um jovem compositor alemão, ao executar uma de suas obras durante um concerto dirigido por Boulez, foi vaiado pelo público, e fugiu transtornado, ao fim da peça. Boulez o trouxe de volta ao palco, à força: "Seus assobios provam que vocês não entenderam nada: ele vai recomeçar." O compositor bisou, e a sala ouviu em silêncio. O rosto de Boulez combinava com o que eu sabia a seu respeito. Trabalhava em Baden-Baden, pois achava o nível dos músicos alemães muito superior ao dos franceses. Fiz-lhe perguntas. Ele nos explicou como se reconstitui a música antiga, como se faz uma gravação: não de uma só vez, como eu pensava, mas por pequenos trechos; juntam-se os fragmentos da fita de gravação, como se monta um filme. São necessárias várias horas para chegar à gravação final de cinco a dez minutos de música: o menor erro, um ruído importuno, que passariam despercebidos num concerto, tornam-se insuportáveis, se repetidos em cada audição. É por isso que os discos ficam caros: exigem um trabalho considerável. O processo utilizado permite artifícios: um virtuose pode tocar ao mesmo tempo, em sonatas de Bach, a parte do piano e a do violino. Boulez falou do seu trabalho de maestro: disse-nos que os executantes só conhecem da peça um certo aspecto, diferente para cada um, segundo seu lugar, o instrumento que toca e os que o cercam: o triângulo não ouve a mesma sinfonia que o primeiro violino. Se for perturbada a ordem que lhes é habitual, ficam completamente desnorteados.

Houve uma reunião da Comissão Boupacha pouco antes do referendo de janeiro de 1961. Avistei Anne Philipe, circunspecta e comovente, e a cara engraçada, de cabelos curtos, de Françoise Mallet-Joris; Laurent Schwartz parecia muito mais jovem do que eu imaginava; reconfortava-me poder olhar todas aquelas pessoas com simpatia: a simpatia tornara-se tão rara! De repente, ouviram-se ruídos, gritos, e quase toda a assistência correu para as janelas; membros do PSU deliberavam, numa sala do térreo, sobre a resposta a ser dada ao referendo. Dois deles entraram ab-ruptamente: "Os fascistas estão nos atacando, venham ajudar-nos." Schwartz levantou-se, mãos imperiosas detiveram-no, alguns jovens desceram. Houve correria nas escadas, dois tiras abriram a porta e perguntaram pela presidente: "Os senhores nos vão devolvê-la", disse alguém, gentilmente. Eles queriam saber se dois militantes do PSU, presos depois de um tumulto, pertenciam à Comissão: não desfiz o álibi deles. Troca de gentilezas: à saída, membros do serviço de segurança me escoltaram, assim como a Claudine Chonez, até o carro dela.

Alguns estudantes me pediram que fosse à Cidade Universitária de Antony para explicar por que se devia responder "não" ao referendo. Eu não conhecia aqueles grandes edifícios onde moram, creio, quatro mil jovens, e onde se pode viver durante semanas, como num transatlântico, sem que nada falte. A sede principal estava atapetada de slogans — VOTEM NÃO — PAZ NA ARGÉLIA — e de fotografias que mostravam as atrocidades francesas; a mesa era toda de esquerda, e os estudantes de direita mantinham-se muito tranquilos. Tomei um lugar com Arnault, comunista, e Chéramy, ex-trotskista, numa grande sala cheia de estudantes e decorada com bandeirolas: VOTEM NÃO. Aplaudiram vivamente, na minha pessoa, as posições tomadas pelos "121". Insisti sobre a ausência, na Argélia, de uma Terceira Força, e sobre a repugnância que De Gaulle sentia em tratar com os camponeses. Arnaud e eu sustentávamos pontos de vista diferentes sobre a insubmissão, mas sem marcar muito nossas dissensões, embora me irritasse o seu otimismo de encomenda: ele sabia muito bem que nem no exército nem nas fábricas o "povo francês" confraternizava com os argelinos. À saída, conversei com os estudantes: estávamos de acordo em tudo.

Pouco mais tarde, estudantes belgas que pertenciam à Esquerda — a extrema esquerda do partido socialista belga — lembraram-me a promessa que me haviam arrancado, um ano antes, de fazer uma conferência em Bruxelas.

Seu jornal lutara contra a guerra da Argélia; muitos deles ajudavam clandestinamente os argelinos, abrigavam-nos, faziam-nos atravessar a fronteira; concordaram quando eu os preveni de que, com o título "O intelectual e o poder", na verdade eu falaria sobre a Argélia.

Fico sempre tensa quando me vejo diante de um auditório; temo não estar à altura da sua expectativa, nem dos meus objetivos. Falo depressa demais, amedrontada com o longo silêncio que preciso preencher, e com a quantidade de coisas a dizer em tempo tão curto. Dessa vez, senti um profundo mal-estar. Tratava-se daquilo a que se chama "uma grande conferência", à qual haviam comparecido, por ociosidade, esnobismo ou curiosidade, pessoas que nada tinham em comum comigo: grandes burgueses e até mesmo ministros. E tive logo a impressão de que, de um modo ou de outro, cada um já tinha sua opinião formada. À saída, um comunista censurou-me por não ser comunista, um insubmisso por não ter desonrado os que se submetiam. Várias pessoas lamentavam que eu não tivesse abordado os problemas do Congo: eu aludira a eles, mas não me sentia qualificada para analisá-los. Mais do que com essas críticas, fiquei deprimida com a recepção que se seguiu à conferência. As pessoas me diziam, com sorrisos brilhantes: "Não concordo com a senhora, politicamente; mas seu livro me agradou tanto!" "Espero que o próximo a desagrade", disse eu a uma delas. É verdade que, em *A força da idade*, eu me distanciava um pouco das minhas atitudes passadas; mesmo assim, manifestava ali claramente minha repulsa pelas instituições e pelas ideologias burguesas; eu não poderia obter a aprovação dos que estavam ligados a eles. Lallemand, advogado proibido de exercer a profissão na França por causa do apoio aos argelinos, consolou-me: "É o paradoxo deles; incorporam toda a cultura. Engolem Sartre, engolem você; mas logo são obrigados a digerir teus ataques: isso ajuda à sua decomposição ideológica."

Passei três dias interessantes. Revi o museu, sozinha e com bastante vagar; Lallemand me levou a passear em Bruxelas. Jantei com a equipe de *La Gauche*, que me informou sobre o Congo; fiz, para uma plateia restrita e politizada, uma conferência sobre Cuba. Depois, Lallemand levou-me a Mons, e promoveu um encontro meu com uns quinze sindicalistas que me explicaram o sentido das greves feitas por um milhão de trabalhadores, durante trinta e dois dias. O nível de vida dos operários belgas era relativamente elevado; muitos iam aos comícios de carro; haviam lutado para consolidar essa conquista, para não pagar as despesas da descolonização, e sobretudo para impor uma nova política econômica: na Europa, era a primeira greve geral que visava à reorganização da economia em base socialista. Julgavam de diversas maneiras a personalidade de Renard, que fora ao mesmo tempo o fermento e o freio dessa ação; mas todos acusavam os parlamentares socialistas de lhes terem roubado sua vitória; fora em parte contra o conservadorismo de seus dirigentes que haviam travado esse combate.

Convidada por esses parlamentares que os grevistas consideravam traidores, dei, na Prefeitura, a mesma conferência que fizera em Bruxelas, com menos constrangimento, pois a assistência situava-se francamente à esquerda. Depois, jantei com meus anfitriões: "Eis seus verdadeiros adversários", dissera-me Lallemand; "aqueles que não integram: eles não a leem. Zombam da cultura: essa é a força deles." Diante de um pato com pêssegos, fizemos-lhe perguntas embaraçosas. Por que haviam interrompido a greve, no auge do entusiasmo?, perguntei-lhes: "Porque teríamos chegado a uma revolução, e nós somos reformistas." "E o que pensam as bases?" "Reagem muito mal", respondeu placidamente M.; seus companheiros contaram, às gargalhadas, como ele fora vaiado por vinte mil grevistas. Um deles veio em seu auxílio: "Sabe como são as massas: é preciso saber manobrá-las…" "Como!", disse eu, "você, um socialista, despreza as massas?" Olhares escandalizados voltaram-se para ele: "Você disse que desprezava as massas?" C. falou, em tom desolado, da imprensa francesa. "Compreendi que a união das esquerdas era impossível quando ouvi Daniel Mayer falar com tanto ódio…" Temi que ele dissesse: "dos comunistas", mas ele completou: "de Guy Mollet". "Mas ele bem que tem razão", disse eu. "Guy Mollet é um homem honesto", disse C. Alguns convivas murmuraram. "Ele é honesto." "Nunca tocou em dinheiro", disse C., em tom deslumbrado. Eu nunca frequentara políticos profissionais, e a futilidade daquela mesa me deixou atônita. "A única coisa que lhes interessa é a sua reeleição", disse-me Lallemand no dia seguinte, quando veio buscar-me de madrugada para me mostrar Mons e os arredores, antes que eu tomasse o trem de volta. Na cidade de persianas fechadas, a luz emprestava às pedras o rosado da catedral de Strasbourg. Vi a prisão de Verlaine, o lugar onde vivera Van Gogh, os vestígios da mineração, com os monturos abandonados recobertos por uma vegetação já espessa: no meio da planície, uma paisagem ab-rupta de colinas artificiais. O fechamento das minas não podia ser evitado; o revoltante é que os mineiros é que pagaram o custo da operação; nas vilas de operários só moravam pensionistas. Normalmente, aliás, depois de quarenta anos, ninguém ali trabalhava mais, disse-me Lallemand: a silicose era agravada pelo uso do martelo elétrico; ele me descreveu os estranhos rostos dos homens de pálpebras incrustadas de sílica.

Participei da venda em benefício do CNE. Os comunistas haviam censurado a ação dos "121"; ao nos dirigirmos em grupo para o Palácio dos Esportes, demonstraríamos que havia solidariedade entre eles e nós: era um modo de comprometê-los, por bem ou por mal. Na verdade, ficamos dispersos, cada qual encurralado atrás do seu balcão. Alto-falantes arrotavam Bach com demasiada insistência. Eu me sentia mais próxima daquele público do que dos meus ouvintes de Bruxelas; mas estava ocupada demais em dar autógrafos para entrar em contato com ele. Meu constrangimento não se atenuou. Meu livro agradara por causa de um otimismo do qual eu agora estava bem distante. Os movimentos de resistência não haviam atingido a amplitude que esperávamos. Recaíamos no nosso isolamento.

Fui com Sartre à exposição de Dubuffet, que de certa maneira tínhamos ignorado em 1947. Os quadros de sua última fase nos arrancavam da rotina da percepção cotidiana: propunham uma visão planetária do mundo. Um marciano descobriria paisagens e rostos, em sua materialidade nua, de variações indefinidas e minuciosas, mas despojadas de todo sentido humano. À saída, eu não conseguia mais ver de outra maneira as formas das pessoas: uma massa opaca, sobre a qual se indicava uma rede superficial de linhas.

Encontrei várias vezes, e com vivo prazer, Christiane de Rochefort. Eu apreciava muito *Les Petits enfants du siècle*. Para descrever com pertinente crueldade o mundo da alienação, ela inventara uma voz e um tom que — melhor do que sua evocação aplicada de uma família comunista — sugeriam a possibilidade de um mundo diferente. Esse livro escandalizara menos que o primeiro, mas mesmo assim fora aspergido com virtuosa merda. "Eu passei por isso", disse-lhe eu. "Deve ter sido mais constrangedor para você", respondeu-me ela, com simpatia, "porque eu sou uma vagabunda." Perto dela, realmente, eu tinha consciência das minhas origens burguesas; Christiane era uma mulher do povo, e já tinha visto de tudo; tinha audácias, uma verve e uma liberdade que eu invejava. Naquele momento, não estava escrevendo: "Não posso interessar-me pelas minhas historinhas, numa hora dessas!"

Eu a compreendia. O assassinato de Lumumba, as últimas imagens que vimos dele, as fotografias de sua mulher ostentando o luto de cabeça raspada, seios nus... diante disso, que romance poderia sustentar-se? Tanto quanto os casos de Kasavubu e Tschombé, esse assassinato maculava a América, a ONU, a Bélgica, todo o Ocidente, e também os que cercavam Lumumba. Serge Michel, que fora assessor de imprensa de Lumumba, disse a Lanzmann: "Todos o traíam, até mesmo seus parentes. Ele não queria acreditar. E depois, pensava que lhe bastaria sair à rua e falar às massas para se safar de todos os complôs. Odiava a violência. Foi por isso que morreu." Lanzmann teve essa conversa em Túnis, onde fora com Péju para representar a *Temps Modernes* na conferência anticolonialista. Conversaram com Ferhat Abbas que, durante toda a entrevista, ficou brincando com a sobrinha, sentada no seu colo. "Ele pensou que fôssemos gente da *Esprit*", disse-me Lanzmann. "Que querem vocês? Esses comunistas dão pão às pessoas, e isso é bom", disse; "mas o homem não vive só de pão; quanto a nós, somos muçulmanos, cremos em Deus, queremos também elevar os espíritos; é preciso alimentar o espírito." Evidentemente, ele só tinha então um papel decorativo na revolução. Era isso que nos havia dito um líder FLN: "Abbas está velho, sessenta anos. Existe a geração dos sessenta anos, a dos quarenta, a dos vinte. É bom ter um antepassado para ficar à testa da revolução. Mas não é ele que comanda, não será ele que comandará." Entre os chefes conhecidos, dizia-se que havia duas tendências: a dos políticos, de tipo clássico, prontos a aceitar uma colaboração com a França, isto é, a suspensão da revolução; e outra, apoiada pelos guerrilheiros e pelas bases, que exigia a reforma agrária e o socialismo. "E se nos sabotarem a vitória, voltaremos para as montanhas", diziam certos líderes que desejavam levar a guerra até o fim, com a ajuda dos chineses, se necessário.

Entre os que se opunham a uma paz de acomodação estava Fanon, autor de *Peaux noires, Masques blancs* e de *L'An V de la Révolution algérienne*. Médico psiquiatra originário da Martinica, ligado à FLN, Fanon fizera em Acra, contra as teses pacifistas de N'Kruma, um discurso aplaudido, sobre a necessidade e o valor da violência. A *Temps Modernes* havia publicado um impressionante artigo seu sobre o mesmo tema. Através de seus livros e do que sabíamos dele, parecia-nos uma das personalidades mais notáveis daquele tempo. Lanzmann teve um choque ao vê-lo acamado e sua mulher aos prantos, ao sair de seu quarto: estava com leucemia; segundo os médicos, não tinha mais de um ano de vida. "Falemos de outra coisa", disse logo. Fez perguntas sobre Sartre, cuja filosofia o marcara; ficara apaixonado pela *Crítica da razão dialética*, particularmente pelas análises da fraternidade-terror. Os acontecimentos da África Negra o dilaceravam. Como muitos revolucionários africanos, ele sonhara com uma África unida e livre da exploração. Depois, em Acra, percebera que, antes de chegar à fraternidade, os negros iam matar-se uns aos outros. O assassinato de Lumumba o transtornara. Ele mesmo, durante uma de suas viagens à África, escapara por um triz de um atentado.

Especulava-se muito, naquele momento — uma vez que De Gaulle abandonara a "prévia de Melun" —, sobre as concessões que os argelinos estariam dispostos a fazer. No que dizia respeito à independência da Argélia e à sua integridade territorial, eles não transigiriam. Mas iria sua vitória desembocar no socialismo? Achávamos que sim.

Seis detentas da prisão de Roquette evadiram-se: uma bela proeza, bem tramada, e que deveria ter ajudado as mulheres a se livrarem de seus complexos de inferioridade. Vi com Sartre a exposição de Lapoujade. A propósito dele, Sartre escrevera um estudo sobre a pintura engajada; gostei de suas telas. A primavera surgiu, incrivelmente suave: 23° em março — desde 1880 não se via isso, diziam os jornais. O céu estava tão azul que, diante da janela aberta, eu sentia vontade de escrever para não dizer nada, assim como teria cantado se tivesse voz. "Tenho coisas para mostrar a você", disse Lanzmann, certa noite. Levou-me para jantar nos arredores de Paris, num vilarejo adormecido que recendia a campo; e, de repente, o inferno ressurgiu na terra. Marie-Claude Radziewski lhe passara um dossiê sobre maus-tratos infligidos pelos harkis a muçulmanos que lhes eram entregues pela DST, nos porões da Goutte-d'Or: pancadas, queimaduras, empalações em garrafas, enforcamentos, estrangulamentos. As torturas eram entrecortadas por pressão psicológica. Sobre essas coisas Lanzmann escreveu um artigo para a *Temps Modernes*, e publicou o dossiê das queixas. Uma estudante me contou que vira com seus próprios olhos, na rua de la Goutte-d'Or, homens ensanguentados que os harkis arrastavam de uma casa para outra. As pessoas do bairro ouviam gritos a noite inteira. "Por quê? Por quê? Por quê?": esse grito indefinidamente repetido por um pequeno argelino de quinze anos, que vira sua família inteira ser torturada,[206] dilacerava-me os tímpanos e a garganta. Como eram benignas as revoltas em que me lançavam outrora a condição humana e a ideia abstrata da morte! Contra a fatalidade podemos debater-nos convulsivamente, mas ela desencoraja o ódio. E ao menos o escândalo permanecia fora de mim. Hoje, eu me tornara escândalo aos meus próprios olhos. Por quê? Por quê? Por que deveria eu acordar toda manhã na dor e na raiva, atingida até a medula por um mal em que eu não consentia, e que não tinha nenhum meio de impedir? De qualquer modo, a velhice é uma provação: a menos merecida, pensava Kant, e a mais imprevista, dizia Trotski; mas eu não podia suportar que ela fizesse cair na desonra uma existência que até então me contentava. "Infligem-me uma velhice horrível!", dizia a mim mesma. A morte parece ainda mais inaceitável quando a vida perdeu sua nobreza; eu não parava mais de pensar nisso: na minha morte, na de Sartre. Ao abrir os olhos todas as manhãs, dizia ao mesmo tempo: "Vamos morrer." E: "Este mundo é horrível." Eu tinha pesadelos todas as noites. Havia um que voltava tantas vezes, que anotei uma versão:

"Esta noite, um sonho de extrema violência. Estou com Sartre neste apartamento: a vitrola repousa sob sua capa. De repente, música, sem que eu tenha me mexido. Há um disco no prato, que gira. Mexo no botão interruptor: impossível fazer parar, ele gira cada vez mais rápido, a agulha não pode seguir, o braço adquire posições extraordinárias, o interior da vitrola ronca como uma caldeira, veem-se formas parecidas com chamas, e o brilho do disco negro, enlouquecido; de início, a ideia de que a vitrola vai quebrar, uma angústia limitada, que depois se torna imensa: tudo vai explodir; uma rebelião mágica, incompreensível, uma desordem completa. Tenho medo, estou apavorada; penso em chamar um especialista. Penso lembrar-me de que ele viera; mas fui eu que, afinal, pensei em desligar a vitrola, e tinha medo ao tocar na tomada; o aparelho parou. Que devastação! O braço reduzido a uma haste torcida, a agulha e o disco reduzidos a pó, o prato já danificado, os acessórios aniquilados e a doença continuando a amadurecer no interior da máquina." No momento do despertar, quando o recapitulei, esse sonho tinha para mim um sentido evidente: a força indócil e misteriosa era a força do tempo e das coisas; devastava meu corpo (aquele miserável resto de braço

---

[206] Relatado por Benoît Rey, num livro excelente e terrível: *Les Égorgeurs*.

retorcido), mutilava, ameaçava de um aniquilamento radical o meu passado, a minha vida, e tudo o que eu era.

"O homem é elástico":[207] isso é a sua sorte e a sua vergonha. Por cima das minhas recusas, das minhas repulsas, eu me dedicava às minhas ocupações, tinha meus prazeres; raramente sem perturbação. A Ópera de Berlim apresentou Moisés e Aarão, de Schoenberg; fui duas vezes: uma com Olga e outra com Sartre. Foi penoso para mim ouvir a "Marselhesa" antes da abertura, na presença de Malraux, que reinava num camarote florido. O hino combinava bem demais com o *Deutschland Uber Alles*, entoado logo depois; e eu tentava em vão esquecer, à minha volta, aquela plateia inimiga, da qual mais uma vez eu me tornava cúmplice.

Sartre partiu para Milão para receber o prêmio Omonia, que os italianos lhe concediam por sua luta contra a guerra da Argélia. No ano anterior esse prêmio fora dado a Alleg, e por isso Sartre o aceitara, embora não gostasse muito de cerimônias. Deixei logo Paris, transportando para um hotel dos arredores o meu trabalho, livros, minha vitrola e um transistor. Naquele período de luto, os dias tranquilos sobressaíram. Eu era a única hóspede. Sentava-me ao sol no parque, onde algumas árvores verdejavam; a maioria ainda recortava no céu negras rendas, e flocos brancos enfeitavam a ponta de seus ramos; patos deslizavam na água do lago, ou fornicavam com violência nas bordas. Pela primeira vez em minha vida, ouvi rouxinóis cantarem à noite, produzindo um som tão delicioso quanto as músicas de Haendel e Scarlatti. Acima dessa paz passavam, com um zumbido ensurdecedor, grandes jatos brancos. As luzes de Paris brilhavam no horizonte. Os jatos e pássaros, o neon e o odor de relva: por alguns momentos parecia-me novamente importante contar no papel o que fora naquele século a terra dos homens (aquela terra onde, nos porões da Goutte-d'Or...).

Eu sugerira a Sartre, que estava cansado de Paris, que partíssemos para Antibes. Para ali descemos com Bost, passando por Vaison, tão alegre, pelo cume do Ventoux, onde soprava um vento forte, almoçando num jardim acima de Manosque; durante as paradas, eu me obstinava no jogo de fósforos, que ficara na moda depois de *O ano passado em Marienbad*, até que aprendi o segredo. Ao chegarmos, ficamos sabendo da tentativa da invasão de Cuba. As notícias, inquietantes em si mesmas, estavam tão exatamente

---

[207] Sartre, *Saint Genet*.

de acordo com os planos dos emigrados — tais como os cubanos os haviam exposto —, que pareciam mais um reflexo de suas esperanças do que acontecimentos reais. E realmente não tinham posto o pé na ilha de Los Pinos, e seu chefe não pudera desembarcar em lugar algum. Logo acusaram-se mutuamente, e se voltaram contra os americanos, que começaram a se interrogar sobre o valor de seu serviço de informação. Qualquer um podia ir a Cuba e se inteirar da situação. Só mesmo um Allan Dulles poderia imaginar que os camponeses iam cair nos braços dos filhos de proprietários, e dos mercenários que vinham retomar-lhes as terras. O ridículo dessa aventura descartava por longo tempo o risco de uma intervenção americana. Nossa temporada, portanto, começava bem. Do terraço do hotel, olhávamos o mar, as muralhas, as montanhas; todas as noites dávamos a volta ao cabo para ver brilharem as luzes da costa; fomos em peregrinação à vila da Mme Lemaire, agora cercada de altas construções e transformada em clínica. Em Biot, visitamos o museu Léger.

Quando se anunciaram novas negociações, os ultras haviam feito explodir bombas de plástico em locais públicos; puseram duas na casa do prefeito de Evian, que foi morto: a Organização do Exército Secreto acabava de nascer. Os generais Salan, Challe, Jouhaud e Zeller tomaram o poder em Argel; em toda a Argélia, a maioria dos oficiais superiores aliavam-se a eles. Só se conseguiriam manter se a curto prazo fosse bem-sucedido um *putsch* na França.

Na noite de domingo eu estava dormindo, depois de ouvir no meu transistor Turandot, no qual cantava a Tebaldi, quando o telefone tocou: era Sartre: "Vou até aí." Acabavam de telefonar-lhe de Paris, onde os paraquedistas eram esperados a qualquer momento. Debré suplicava aos parisienses que os detivessem a socos; tinham posto ônibus atravessados nas pontes para barrá-los: esse detalhe parecia particularmente inquietante por sua incongruência. Procuramos novas informações no meu rádio, mas em vão. Acabei dormindo de novo. De manhã, os paraquedistas não tinham desembarcado; à tarde, em toda a França, doze milhões de trabalhadores entraram em greve. Na noite seguinte, todos os golpistas tinham fugido, ou estavam presos. O golpe fracassara em grande parte graças à atitude da tropa; incitados à desobediência, no dia 23 à tarde, pelo discurso de De Gaulle, temendo ficar isolados da França e mantidos indefinidamente sob as armas — alguns também por convicção política —, os soldados se haviam oposto aos oficiais facciosos pela passividade ou por meio da violência.

No início do inverno, Richard Wright sucumbira bruscamente a um ataque do coração. Eu descobrira Nova York com ele, guardava dele uma série de imagens preciosas que num instante o nada me arrebatou. Em Antibes, um telefonema me comunicou a morte de Merleau-Ponty: também ele sucumbira a uma parada do coração. "Essa história que está me acontecendo não é mais a minha", pensei. Certamente eu não imaginava mais que a contava à minha maneira, mas acreditava ainda contribuir para construí-la; na verdade, ela me escapava. Eu assistia, impotente, ao jogo de forças estranhas: a história, o tempo, a morte. Essa fatalidade nem mesmo me deixava o consolo de chorar. Eu esgotara remorsos e revoltas, estava vencida, larguei tudo. Hostil àquela sociedade à qual pertencia, banida do futuro pela idade, despojada fibra por fibra do passado, reduzi-me à minha presença nua. Que gelo!

***

Giacometti expôs suas grandes estátuas em marcha e quadros no museu Maeght. Para mim é sempre uma felicidade e um ligeiro escândalo ver suas obras, arrancadas da sombra emplastrada do seu ateliê e dispostas entre paredes bem espanadas, com muito espaço à volta. Assisti em sessão privada a *O ano passado em Marienbad*, inferior às suas ambições, e *Viridiana*, de Buñuel, tão ardente que aceitei seus exageros e seus aspectos obsoletos. Fui ver alguns outros filmes; fora isso, eu lia e escrevia. Sartre refugiava-se no trabalho, com tanto frenesi que não o controlava mais: escrevia uma segunda versão do seu Tintoretto, sem nem mesmo ter tido tempo de reler a primeira.

Enfurecidos com a abertura das negociações de Evian — destinadas, entretanto, ao fracasso pelas pretensões da França quanto ao Saara —, os ativistas faziam explodir bombas de plástico entre os homens de esquerda e da UNR. Como um atentado destruíra os escritórios do *Observateur*, Sartre comentou o fato em uma entrevista e recebeu cartas de ameaças. Bourdet nos mostrou uma que lhe anunciava a iminente liquidação dos "121"; era possível que o apartamento de Sartre estivesse visado. Ele instalou a mãe no hotel e veio acampar na minha casa.

Lanzmann voltou da Tunísia, onde passara vários dias na fronteira, diante das barragens, nas unidades da ALN e no Estado-Maior de Boumedienne. Ver-se transportado em três horas de Paris à guerrilha, dormir no chão ao lado dos combatentes argelinos, partilhar sua vida fora uma experiência impressionante, da qual ele me falou longamente. Visitara também uma aldeia de reagrupados que o exército arrancara de um campo próximo da fronteira, conseguindo fazê-los transpor a barreira. O que me contou sobre eles não era novidade; mas vira com seus próprios olhos o velho com os ombros dilacerados pelos cães, as mulheres desvairadas de ódio, as crianças...

Em julho, os Masson nos transmitiam um convite de Ait Ahmed, que se encontrava na enfermaria de Fresnes. Seguimos uma aleia ladeada de pavilhões diante dos quais estavam estacionados carros: as mulheres dos golpistas vinham ver os maridos; introduziam-nas logo, ao passo que às argelinas se impunham horas de espera. A advogada, Michelle Beauvilard, nos fez passar por uma primeira porta; polícia, documentos; pouco adiante, mais polícia, outro controle. Como ministro, Ait Ahmed tinha direito a uma cela bem-arrumada e a um regime de exceção. Preferia Fresnes a Turquant porque ali ele tinha contato com seus compatriotas e podia prestar-lhes serviços. Enquanto nos falava das populações exterminadas, dos rebanhos aniquilados, da terra queimada, dois homens entraram: um deles era um frágil velho de olhos ardentes e doces num rosto marcado de cicatrizes: Boumaza, trinta e um anos. "A prisão e os maus-tratos haviam feito dele um velho." Esse clichê podia portanto ser uma verdade: as torturas, a greve de fome — a água cortada pelos cuidados do M. Michelet — haviam-no arrasado. Falou-nos com uma amizade que me confundiu de vergonha. "De qualquer modo, a culpa não é minha", dizia a mim mesma. Mas voltava sempre ao mesmo refrão: eu era francesa.

Em 3 de julho, uma greve geral custou aos argelinos, segundo a imprensa francesa, dezoito mortos e noventa e um feridos. A França confessou oitenta muçulmanos mortos e duzentos e sessenta e seis feridos na noite da "jornada nacional"[208] de 5 de julho: segundo Yazid, o número de vítimas elevava-se a várias centenas. Apesar dos numerosos testemunhos que o arrasavam, absolveram o ativista Thomas, acusado de ter liquidado deliberadamente

---

[208] Organizada contra o projeto de separação que a França estudava, após o fracasso de Evian.

um *raton*.[209] Todos os dias, em Argel, atentados com bombas devastavam as lojas muçulmanas.

Em meados de julho, almoçamos no La Coupole com Wright Mills e um amigo seu. *White Collar*, de Mills, abrira caminho aos estudos sobre a sociedade americana de hoje. A *Temps Modernes* havia publicado trechos de outro livro seu, *The Power Elite*. Olhos vivos, barbudo, disse-me alegremente: "Temos os mesmos inimigos", citando-me certos críticos americanos que não gostavam de mim. A América o enojava tanto que ele se instalou na Inglaterra. Seu amigo, casado, pai de família, não tinha o direito de voltar aos EUA porque permanecera em Cuba após o rompimento das relações diplomáticas entre Havana e Washington; sua mulher fora privada do passaporte porque visitara a China; os dois só podiam encontrar-se no México ou no Canadá.

Wright Mills era muito estimado em Cuba, onde permanecera bastante tempo: tentava tornar o país conhecido de seus compatriotas através de um livro. Assim como nós, perguntava-se o que estaria ocorrendo lá naquele momento. Admite-se que o Partido Comunista fornecia ao regime o aparelho que lhe faltava; infelizmente havia em suas fileiras uma corja, liderada por Aníbal Escalante — que nos parecera, em fevereiro de 1960, um pomposo imbecil —, cujo sectarismo e oportunismo poderiam desviar a revolução castrista. O jornal de Rafael, *Hoy*, estava sobrepujando o *Revolución*, ameaçado de desaparecer ou de cair nas mãos de outra equipe.

Íamos novamente passar o verão em Roma; isso nos faria descansar da França, e eu esperava que Sartre trabalhasse um pouco menos. Ele estava escrevendo um artigo sobre Merleau-Ponty, e se entupia de corydrane a tal ponto que à noite estava surdo. Certa tarde em que, como sempre, eu ia encontrá-lo em sua casa, toquei durante cinco minutos a campainha. Sentada num degrau da escada, esperando a volta de sua mãe, pensei que ele tivesse tido um ataque. Quando entrei em seu escritório, vi que estava muito bem: simplesmente não ouvira a campainha.

Na manhã de nossa partida, estávamos acabando de fechar as malas quando, às sete e meia, o telefone tocou. Era a mãe de Sartre: havia estourado uma bomba no hall de entrada do 42 da rua Bonaparte: os estragos foram poucos.

---

[209] Ratão: injúria racista, dirigida aos africanos do norte. (N.T.)

***

Como Sartre fora conquistado em Havana pelo frescor artificial do Nacional, reservamos em Roma dois quartos que se comunicavam, dotados de ar--condicionado. O aparelho funcionava mal; mas o hotel erguia-se sobre um platô, na orla da cidade, onde a temperatura era um pouco menos cruel do que no centro. Através da janela envidraçada diante da qual trabalhava, eu olhava o Tibre nos arredores da ponte Milvio em 1960. A paisagem ainda era meio campestre: o rio verde onde deslizavam canoas, uma relva amarelecida marcada por largas veredas, bosques de pinheiros, e ao longe colinas e os montes Albanos; mas bairros novos começavam a ser construídos e, por analogia com velhas imagens de Paris, de Amsterdã e de Saragoça, era fácil projetar ali casas, avenidas, cais, parapeitos e pontes. A meus pés passava o pequeno trem de Viterbo, entre piscinas de um azul pálido. Bem embaixo da minha janela, do outro lado da rua, havia um tiro ao pombo. Eu não via os atiradores, mas por vezes um falso pássaro escapava de um alçapão, e estourava um tiro. Ao lado, uma família cultivava uma horta: ao acordar de manhã, eu respirava um cheiro de ervas queimadas.

 Levantando tarde, escutávamos no meu transistor um pouco de *bel canto* antes de descer para tomar café e ler os jornais. Trabalhávamos e depois, em alguns minutos, chegávamos de carro ao centro de Roma, onde passeávamos. Mais algumas horas de trabalho e íamos jantar nos recantos que apreciávamos, muitas vezes na praça Santa Maria do Trastevere, atentos aos efeitos da água e ao ouro descorado dos mosaicos; sob a folhagem de uma cobertura vacilava uma chama laranja; uma Vespa surgia na esquina de uma rua: presa ao guidom, uma penca gigante de balões multicores. Tomávamos um último drinque perto do nosso hotel, no terraço plantado de árvores que domina a planície. Abaixo de nós, guirlandas luminosas serpenteavam entre orifícios de sombra, onde por vezes se esgueirava o reflexo de um sinal vermelho; faróis cavavam sulcos brilhantes no negrume das colinas; a vibração terrestre das cigarras respondia obstinadamente às estrelas que cintilavam contra o veludo frio do céu. O artifício e a natureza, exaltando-se e negando-se reciprocamente, davam-me a impressão de não estar em lugar nenhum: ou talvez numa estação interplanetária.

Meu livro quase não avançava, e a atualidade nos perseguia. As conversações de Lugrin fracassavam. Em Metz, em meio à indiferença geral, os paraquedistas faziam uma "limpeza": quatro mortos e dezoito feridos. E aconteceu a carnificina de Bizerte. Eu tinha dificuldade de me interessar por mim mesma e pelo meu passado. Sartre não fazia mais nada. Líamos livros que nos informavam sobre o mundo, e muitos romances policiais.

Fanon pedira a Sartre um prefácio para *Os condenados da terra*, cujo manuscrito lhe enviara por Lanzmann. Sartre percebera em Cuba a verdade daquilo que Fanon dizia: o oprimido sorve na violência a sua humanidade. Concordava com o livro: um manifesto do Terceiro Mundo extremado, íntegro, incendiário, mas também complexo e sutil; aceitou com prazer prefaciá-lo. Ficamos muito felizes quando Fanon, que ia tratar de reumatismo no norte da Itália, anunciou-nos sua visita. Fui esperá-lo no aeroporto com Lanzmann, que chegara na véspera. Dois anos antes, ferido na fronteira marroquina, haviam-no enviado a Roma para se tratar; um assassino profissional conseguira penetrar no hospital e chegara ao seu quarto; por sorte ele vira de manhã no jornal que sua presença fora noticiada, e se mudara o mais secretamente possível para outro andar. Certamente essa lembrança o atormentava quando desembarcou. Nós o avistamos antes que ele nos visse: sentava, levantava, sentava de novo, trocava dinheiro, pegava as bagagens, com gestos bruscos, o rosto agitado e o olhar à espreita. No carro, falou febrilmente: dali a quarenta e oito horas o exército francês invadiria a Tunísia, e o sangue correria aos borbotões. Encontramos Sartre para almoçar: a conversa durou até as duas da manhã; eu a interrompi o mais polidamente possível, explicando que Sartre precisava de sono. Fanon ficou ofendido: "Não gosto das pessoas que se poupam", disse a Lanzmann, que se manteve acordado até oito horas da manhã. Como os cubanos, os revolucionários argelinos não dormiam mais de quatro horas por noite. Fanon tinha muita coisa para dizer a Sartre e perguntas a lhe fazer. "Eu pagaria vinte mil francos para falar com Sartre da manhã à noite durante quinze dias", disse ele a Lanzmann, rindo. Sexta-feira, sábado, domingo, até tomar o trem para Albano, conversamos sem parar. E também quando ele passou de novo por Roma, dez dias mais tarde, antes de voar para Túnis. Dotado de inteligência aguda, extremamente vivo, demonstrando um humor sombrio, explicava, fazia comédia, interpelava, imitava, contava: tornava presente tudo o que evocava.

Na juventude, pensara poder superar com sua cultura e seu valor a segregação racial; queria ser francês: durante a guerra deixara a Martinica para combater. Estudando medicina em Lyon, compreendera que, aos olhos de um francês, um negro era sempre um negro, e assumira agressivamente a cor de sua pele. Um de seus bons companheiros, revendo com ele o programa dos exames, exclamou: "Trabalhamos mesmo como ne…" "Diga logo, meu velho, diga", disse Fanon. "Como negros." E durante meses os dois não se falaram mais. Um examinador perguntou-lhe: "E você, de onde é?… Ah! A Martinica: belo país…" E paternalmente: "Sobre o que quer que o interrogue?" "Enfiei a mão na urna e tirei uma pergunta", contou Fanon. "Ele me deu cinco, quando eu merecia nove. Mas me chamou de 'senhor'." Fizera os cursos de filosofia de Merleau-Ponty sem abordá-lo: achava-o distante.

Casou-se com uma francesa e foi nomeado diretor do hospital psiquiátrico de Blida: era a integração com a qual sonhara na juventude. Quando estourou a guerra da Argélia, sentiu-se esquartejado; não desejava renunciar a um status conquistado com dificuldade; no entanto, todos os colonizados eram seus irmãos; na causa dos argelinos ele reconhecia a sua. Durante um ano, serviu à revolução sem abandonar seu posto. Hospedou, em casa e no hospital, líderes dos maquis, distribuiu-lhes medicamentos, ensinou os combatentes a tratar dos feridos, formou equipes de enfermeiros muçulmanos. Oito em cada dez atentados falhavam porque os "terroristas", aterrorizados, faziam-se logo identificar ou então erravam o golpe. "Isso não pode mais acontecer", disse Fanon. Era preciso formar os Fidayines; com a aquiescência dos responsáveis, encarregou-se disso; ensinou-os a controlar as próprias reações no momento de colocar uma bomba ou de lançar uma granada; e também a atitude psicológica e física que poderia ajudá-los a resistir melhor à tortura. Ao sair dessas lições, ia tratar de um comissário de polícia francês que estava com esgotamento nervoso por ter sido "interrogado": essa contradição tornou-se insuportável para ele. Em plena batalha de Argel, esse funcionário francês enviou a Lacoste uma carta de demissão na qual rompia com a França e se declarava argelino.

Após uma curta temporada na França, em casa de Francis Jeanson, foi para Túnis, onde se tornou editorialista político do *El Moudjahid*: escreveu contra a esquerda francesa o artigo que a magoou. Dois anos depois o GPRA o enviou como embaixador em Acra; fez inúmeras viagens através da África, levando a todos os levantes anticolonialistas o apoio da Argélia. Muito ligado a Roberto Holden, dirigente do UPA, persuadiu o GPRA a instruir combatentes angolanos nos maquis de ALN. Seu principal objetivo era levar os povos africanos a tomarem consciência de sua solidariedade mútua; mas sabia que eles não iriam superar com facilidade seus contrastes culturais e seus particularismos. Em Túnis, os olhares que surpreendia nas ruas não o deixavam ignorar sua cor. Acompanhou os delegados de um país negro — Mali ou Guiné — a uma sessão de cinema para a qual o ministro da Informação os havia convidado. No intervalo, foi projetado um filme publicitário: canibais dançavam em torno de um branco amarrado a um poste, que salvava a própria pele distribuindo-lhes sorvetes. "Está fazendo muito calor nesta sala", disseram os delegados, retirando-se em seguida. Fanon censurou o ministro tunisiano: "Oh! Vocês, os africanos, são tão suscetíveis!", respondeu ele. Na Guiné, nesse meio-tempo, repugnava a seus amigos manter conversas importantes diante de sua mulher, uma branca. Descreveu-nos também seu embargo durante uma noite em que levou uma delegação de argelinos a um espetáculo que o governo da Guiné organizara para eles; belas negras dançavam, com os seios à mostra. "Elas têm seios, e os mostram", disse Fanon; mas os austeros camponeses argelinos interrogaram-no, escandalizados: "São mulheres decentes? E esse país é socialista?"

Foi em Gana que caiu doente, e o médico diagnosticou nele um excesso de glóbulos brancos. Continuou a trabalhar e a viajar. Ao voltar de Túnis, sua mulher, assustada com sua magreza, obrigou-o a procurar um médico: estava com leucemia. Várias vezes, depois disso, pensara que havia chegado a sua hora. Durante uma ou duas semanas perdera a visão; às vezes tinha a impressão de "mergulhar no colchão" como um peso morto. Haviam-no enviado à URSS, onde especialistas confirmaram o diagnóstico. Aconselharam-no a ir tratar-se nos EUA; disse-nos, porém, que lhe repugnava ir a esse país de linchadores. Por momentos negava sua doença e fazia projetos como se ainda tivesse anos pela frente. Mas a morte o perseguia. Assim se explicavam, em grande parte, sua impaciência, sua loquacidade e também o catastrofismo que me impressionara desde as suas primeiras palavras. Satisfeito com as decisões tomadas pelo CNRA em Trípoli e com a nomeação de Ben Khedda, acreditava na vitória próxima, mas a que preço! "As cidades irão sublevar-

-se: haverá quinhentos mil mortos", disse ele, uma vez. E outra vez: "Um milhão." Acrescentava que os dias seguintes seriam "terríveis".

Essa complacência com o pior traduzia também sérias dificuldades consigo mesmo. Partidário da violência, esta lhe causava horror; seus traumas alteravam-se quando ele evocava as mutilações infligidas pelos belgas aos congoleses, e pelos portugueses aos angolanos — os lábios perfurados e presos em cadeados, os rostos achatados a golpes de palmatória —, mas também quando falava das "contraviolências" dos negros e dos duros acertos de contas que a revolução argelina implicara. Atribuía essa repugnância à sua condição de intelectual: tudo o que escrevera contra os intelectuais, escrevera-o contra si mesmo. Suas origens agravavam seus conflitos; a Martinica não estava amadurecida para um levante: o que se ganhava na África serviria para as Antilhas; de qualquer modo, sentia-se que ele ficava constrangido por não militar em seu país natal, e mais ainda por não ter sangue argelino. "Acima de tudo, eu não gostaria de ser um revolucionário profissional", disse-nos com ansiedade; teoricamente, não havia motivo para que servisse a revolução aqui ou ali; mas — e é por isso que sua história era patética — desejava apaixonadamente enraizar-se. Reafirmava sem tréguas o seu compromisso: o povo argelino era o seu povo; a dificuldade era que, entre os dirigentes, ninguém, nem grupo algum o representava de maneira incontestável; sobre as dissensões, as intrigas, as liquidações e as oposições que mais tarde iriam provocar tantas agitações, Fanon sabia muito mais do que podia dizer. Esses segredos sombrios, e talvez também hesitações pessoais, davam às suas palavras um tom enigmático, obscuramente prático e atormentado.

Do futuro e do presente, defendia-se valorizando suas ações passadas de um modo que nos surpreendeu, pois a considerável importância delas tornava inútil essa valorização. "Tenho na memória duas mortes que não me perdoo: a de Abbane e a de Lumumba", dizia; se os tivesse obrigado a seguir seus conselhos, eles teriam salvo a própria pele. Muitas vezes falava como se o GPRA fosse ele só. "Talvez eu seja parafrênico", admitiu espontaneamente. E a propósito de uma observação de Sartre, explicou-se sobre seu egocentrismo: um colonizado devia ter constante preocupação com suas atitudes e com sua aparência; tudo o atacava: impossível esquecer por um instante sequer de se defender. Na Itália, por exemplo, era sempre sua mulher que reservava os quartos de hotel: a ele não teriam aceito, por medo de desagradar os hóspedes americanos ou, mais vagamente, de causar problemas. Ao voltar de Abano, contou-nos que uma camareira lhe perguntara, depois de observá-la durante vários dias: "Será verdade o que dizem? Vocês odeiam os brancos?" E ele concluiu, num tom irritado: "O fundo da questão é que vocês, brancos, têm um horror fisiológico dos negros."

Essa convicção não simplificava relações difíceis, sob certos aspectos. Quando Fanon discutia com Sartre sobre problemas de filosofia, ou sobre seu próprio caso, mostrava-se aberto e à vontade. Lembro-me de uma conversa numa *trattoria* da Via Appia: ele não compreendia por que o leváramos lá; sob seu ponto de vista, o passado da Europa não tinha nenhum valor; mas Sartre o interrogou sobre sua experiência de psiquiatra, e ele se animou. Ficara muito decepcionado com a psiquiatria russa; condenava a internação e desejava que se tratassem os doentes mentais sem tirá-los do seu ambiente; dava grande importância aos fatores econômicos e sociais na formação das psicoses, e sonhava estabelecer ligações entre a psicoterapia e a educação cívica dos pacientes. "Todos os comissários políticos deviam ser ao mesmo tempo psiquiatras", dizia. Descreveu vários casos curiosos, entre os quais o de um homossexual que, à medida que sua psicose se agravava, refugiava-se num nível social inferior, como se tivesse consciência de que anomalias visíveis no alto da escala social confundem-se embaixo com os distúrbios provenientes da miséria; reduzido, ao fim de sua evolução, a uma semidemência, vivia então nas colônias, vagabundo entre os vagabundos: nesse estágio de desintegração social, quase não se notava a sua decomposição mental.

Fanon, no entanto, não esquecia que Sartre era francês, censurando-o por não expiar suficientemente essa culpa: "Temos direitos sobre você. Como pôde continuar a viver normalmente, a escrever?" Exigia dele, ora que inventasse uma ação eficaz, ora que escolhesse o martírio. Vivia num mundo diferente do nosso: imaginava que Sartre teria transtornado a opinião pública declarando que renunciava a escrever até o fim da guerra. Ou, então, que fizesse com que o prendessem: provocaria um escândalo nacional. Não conseguíamos desenganá-lo. Dava-nos como exemplo Yveton, que, na hora da morte, declarara: "Sou argelino." Quanto a Sartre, dizia-se inteiramente solidário com os argelinos, mas francês.

Nossas conversas foram sempre de extremo interesse, graças à sua riqueza de informações, seu poder de evocação, a rapidez e a audácia do seu pensamento. Por amizade e também pelo futuro da Argélia e da África, desejávamos que a doença lhe concedesse um longo sursis. Era uma pessoa excepcional. Quando eu apertava sua mão febril, pensava tocar a paixão que o queimava. Ele comunicava esse fogo; perto dele a vida parecia uma aventura trágica, muitas vezes horrível, mas de um valor infinito.

Depois de sua partida, Sartre começou a escrever um prefácio para *Os condenados da terra*, mas sem pressa; estava aborrecido com a luta que há dois meses mantinha às cegas contra o relógio, contra a morte. "Vou recompor-me", dizia-me. Eu também, pouco a pouco, recuperava a tranquilidade. Pude interessar-me pelas notícias que não diziam respeito à Argélia. Ao tomar café da manhã na praça das Musas, vimos no jornal de um vizinho, ocupando toda a primeira página, uma enorme manchete: Titov girava em torno da Terra. Pouco mais tarde, acompanhamos os acontecimentos do Brasil: agora esse país existia para nós; Quadros, Lacerda, Jango eram pessoas vivas; os nomes de Brasília e Rio evocavam imagens precisas. Perguntávamos a nós mesmos: "O que pensam os Amado? O que fazem Lúcia e Cristina?" Jânio confirmava a opinião de nossos amigos: "Belo programa; mas ele não terá audácia para aplicá-lo." Ficamos felizes com o fracasso do golpe militar, pelo Brasil e pela França: o sucesso poderia encorajar os nossos generais.

O prêmio Viareggio, esse ano elevado por Olivetti a quatro milhões, foi atribuído a Moravia, o que suscitou na imprensa italiana malícias injustas, mas saborosas; ele não estava em Roma, não o vimos. Encontramos Carlo Levi. Jantamos no Trastevere com os Alicata e Bandinelli, que se mostrou tão simpático quanto em 1946. Falou-se de um colóquio que o Instituto Gramsci desejava organizar na primavera, entre os marxistas italianos e Sartre, sobre a subjetividade, e dos problemas que as novas táticas capitalistas faziam surgir na França e na Itália.

Fizemos alguns passeios nos arredores de Roma. Desde 1933, eu não revia a vila de Adriano. Não me lembrava dos tijolos e dos ciprestes que me haviam encantado: e eram realmente maravilhosas as ruínas fanadas pelo sol, o verde-escuro dos pinheiros e dos ciprestes que desbotavam no céu azul. Por uma estrada que acabava de ser aberta subimos até Cervera, uma aldeia negra e altiva que, a mil metros de altitude, domina a planície do

Lácio. Revimos Nettuno e Anzio, onde ficamos intrigados com uma galera vermelha pousada sobre o mar azul: era a galera de Cleópatra no filme que estavam rodando a dura penas, com Liz Taylor. De Frascati subimos para Tusculum; o panorama não devia ter mudado muito desde os tempos antigos: os montes Albanos e suas aldeias, o Lácio e o sítio de Roma, ao longe. Sentada perto de Sartre entre as ruínas do teatrinho, reencontrei por um instante o sabor das felicidades passadas. Pouco a pouco Roma me apaziguara; meus sonhos à noite eram calmos. Eu dizia a mim mesma, e dizia a Sartre: "Se temos que viver mais vinte anos, procuremos ter prazer nisso." Não podemos ficar presentes no mundo sem nos esgotarmos em emoções que não servem a ninguém?

Sem dúvida, não. À política de "desligamento"[210] a OAS respondeu com um atentado contra De Gaulle — o que pouco me perturbou — e com apelos ao assassinato. Como pensar com tranquilidade nos massacres de Orã e de Argel, nos muçulmanos maltratados até a morte, queimados vivos em seus carros? As férias romanas não passaram de uma trégua: eu ia reencontrar Paris e minha vida tais como as havia deixado.

Sartre, que se aborrece em longas viagens de carro, ficou em Roma, de onde voltaria de avião, enquanto eu subi de novo para o norte com Lanzmann, que voltara para me acompanhar. Lanzmann fazia visitas frequentes a Fresnes: os detentos argelinos estavam convencidos de que logo se chegaria a um acordo. Ele me pôs a par do projeto de evasão de Boumaza; todos os dias um eletricista — preso por crime comum — trabalhava no alto de uma escada apoiada na face interna do muro da prisão; um guarda vigiava; numa daquelas manhãs o eletricista ficaria doente; Boumaza tomaria seu lugar e um preso comum substituiria o guarda: o guarda ambulante, habituado àquelas silhuetas, nada perceberia; no momento propício, os dois cúmplices saltariam para o lado de fora do muro, onde um carro os esperaria.

Deixei Lanzmann em Zurique e fui à casa de minha irmã, que mora num vilarejo nos arredores de Strasbourg; a casa recendia a fogo de lenha; Lionel, que viaja muito por profissão, trouxera do Daomé tapeçarias que decoravam agradavelmente o ateliê. Mais ousados e inspirados que outrora, os últimos quadros de minha irmã superavam de longe as suas obras anteriores;

---

[210] De Gaulle acabara por reconhecer, em 5 de setembro, "o caráter argelino" do Saara.

contemplei-os longamente, conversamos e passamos um dia despreocupado. Na manhã seguinte, parti com ela para um passeio na Floresta Negra, e parei em Strasbourg, de onde telefonei a Lanzmann; ele me contou com raiva os espancamentos do Arco do Triunfo; os tiras esperavam os argelinos nas saídas do metrô, faziam-nos parar com os braços erguidos e batiam; ele vira com seus próprios olhos quebrarem caras e fraturarem crânios; para se proteger, os argelinos cobriam a cabeça com as mãos: quebravam-nas; encontravam-se cadáveres enforcados nas árvores do Bois de Boulogne e outros, desfigurados e mutilados, no Sena. Lanzmann e Péju já haviam tomado a iniciativa de um apelo, convidando os franceses a não mais se contentarem com protestos morais, mas a "se oporem *in loco* à repetição de tais violências". Éramos apenas cento e sessenta a assiná-lo;[211] respeitosas, as equipes do *Express* (com duas exceções) e do *Observateur* se tinham esquivado. Belo retorno à mãe pátria!, dizia a mim mesma, enquanto rodávamos por entre pinheiros em estradas orladas de neve. Impossível adormecer naquela noite; permaneci muito tempo sozinha ao pé do fogo, reencontrando, como num estribilho por demais conhecido, o horror, e o desespero que me queimavam os olhos. No dia seguinte, com minha irmã e Lionel, revi Riquewihr e Ribeauvillé; as aldeias e os vinhedos estavam tão bonitos quanto outrora; comemos faisão com uvas, mas eu não suportava mais o pitoresco, a gastronomia, as velhas tradições, e todo esse passado que nos conduzira ali. À tarde ouvi o rádio: realizando seu plano ponto por ponto, Boumaza evadira-se. Mas depois ouvi a entrevista de Frey e suas tranquilas mentiras: dois mortos, embora já se tivessem contado mais de cinquenta. Dez mil argelinos estavam presos do Vel d'Hiv, como outrora os judeus em Drancy. Novamente eu detestava tudo, este país, eu mesma e o mundo. E me dizia que as mais belas coisas — e contudo eu as amei, e delas vivi —, afinal de contas, não são tão belas assim; chega-se rapidamente ao teto; só o mal atinge o infinito; poderiam ter feito explodir a Acrópole de Roma e todo o planeta, e eu não teria levantado um dedo para impedi-lo.

No domingo seguinte, no início da tarde, cheguei a Paris, deserta, lúgubre e cheia de tiras. Meus amigos me disseram que haviam sido encontrados mais de quinze enforcados no Bois de Boulogne, e que diariamente pescavam no Sena novos cadáveres. Eles gostariam de fazer alguma coisa; mas o

---

[211] Ao fim de uma semana, éramos duzentos e vinte e nove.

quê? Viviam-se dias de ditadura policial: jornais apreendidos, agrupamentos proibidos. Nem os partidos nem os sindicatos haviam tido tempo de passar à ação. Em 18 de outubro, alguns pequenos grupos, alguns isolados, tinham decidido fazer uma manifestação, custasse o que custasse. O Comitê do 6º chamara seus membros a se manifestarem. Apenas um pequeno número comparecera. Lanzmann e Pouillon haviam provocado os tiras e foram presos. Évelyne tentara em vão segui-los. Os policiais os tinham empurrado: "Ah! Esses mulherzinhas! Nada dizem quando policiais são mortos, mas se são os *ratons*, ficam indignados." Durante toda a noite conversei com uns e outros. Às cinco da manhã, no Falstaff, onde eu me encontrava com Olga e Bost, estourou uma briga entre fregueses e os garçons; estes arrastaram para fora um homem inanimado, cuja mulher berrava: "Vamos fazer você perder seu emprego, somos *pieds-noirs*..."

Sartre voltou no dia seguinte, e eu retomei pé naquela Paris de outono e de sangue. Lanzmann passou um dia em Nanterre: homens feridos, desfigurados, mutilados; tiveram que amputar as mãos daqueles cujos pulsos estavam quebrados; mulheres choravam seus maridos desaparecidos... Para nossa surpresa, vários jornais denunciaram "as brutalidades policiais"; dir-se-ia que certos membros do governo eram hostis a Papon e encorajavam essas divulgações. Depois, numerosos leitores, indignados com o que tinham visto, escreveram ao *Monde* e até mesmo ao *Figaro*: quando lhes esfregavam sangue no nariz, as pessoas acabavam reagindo. Na Câmara, durante uma sessão que Pouillon nos descreveu, Claudius Petit disse a Frey: "Sabemos agora o que significava ser alemão durante o nazismo!"; suas palavras caíram num silêncio de morte. Fazia mais de cinco anos que Marrou evocara Buchenwald e a Gestapo; durante anos os franceses tinham aceitado as mesmas cumplicidades que os alemães sob o regime nazista; o tardio mal-estar que alguns sentiam por isso não me reconciliava com eles.

Em 1º de novembro, a Federação da França proibiu aos argelinos demonstrações que pudessem servir de pretexto a novos massacres. Nesse Estado policial em que a França se transformara agora, a esquerda não tinha quase nenhuma possibilidade de ação. Schwartz e Sartre convidaram os intelectuais para uma manifestação silenciosa na praça Maubert. Numa bela manhã fria e ensolarada, encontramo-nos na praça Cluny. Rose e André Masson estavam, lá, roídos de inquietação porque, em todas as prisões da

França, os detentos argelinos e seus "irmãos" franceses começavam uma greve de fome. Reconheci muitos outros rostos enquanto caminhávamos em direção à estátua de Etienne Dolet, junto à qual estavam reunidas cerca de mil e duzentas pessoas.

Um cordão policial nos deteve perto da saída do metrô. Schwartz negociou, e o comissário, que evidentemente recebera ordem de evitar confusões, aceitou deixar-nos permanecer ali por dez minutos, em silêncio. Houve uma breve proposta de discurso: Sartre explicou o sentido da manifestação. Fotógrafos fotografaram; Schwartz e Sartre murmuraram algumas palavras num microfone. Ao fim de cinco minutos, o comissário ordenou: "Circulem." Houve protestos. Chauvin, um PSU desordeiro, gritou: "Atirem, mas atirem logo!" O tira (à paisana) deu de ombros, como se nunca tivesse visto um policial atirar. Alguém sugeriu: "Vamos sentar-nos" — e o comissário levantou para o céu os olhos exasperados. Bloqueado o bulevar, a imprensa alertada, não ganharíamos nada mais infligindo-nos horas de xadrez, e nos dispersamos. Com Pouillon, Pontalis, Bost, Lanzmann e Évelyne, dirigi-me para a rua Lagrange. "Obrigada por ter vindo", disse-me uma senhora ao passar, o que me deixou pensativa. De repente, ouvi um barulho de explosão atrás de mim, e alguém gritou: "Ah, esses salafrários!" Avistei, na praça Maubert, coisas escuras caindo em cima da multidão. Voltamos para a praça. Mas a bomba de plástico, ao ar livre, não passa de uma bombinha; janelas se tinham despedaçado e duas pessoas foram atingidas pelos estilhaços (entre elas o filho do meu primo Jacques, que passava por ali). Encontrei Olga que, tendo chegado atrasada, não conseguira chegar à praça Maubert; na esquina, e também na praça Médicis, havia pessoas sentadas na calçada, e haviam prendido algumas. Com Sartre e um grupo que encontrei no Balzar, fomos almoçar num restaurante do bulevar Saint-Michel. O rádio noticiava nossa manifestação: durante a refeição, descreveu-a três vezes.

À tarde, cerca de mil e duzentos PSU haviam marcado astuciosamente um encontro na fila de um cinema, na praça Clichy; puderam reunir-se sem ser perturbados. Levando bandeiras e repetindo palavras de ordem, desceram até o Rex, e Depreux depositou ramos de flores no lugar onde dois muçulmanos haviam sido mortos.

Ao meio-dia, entretanto, embora afirmando que "tudo está calmo na Argélia", o rádio anunciava quarenta mortos. À noite, no Europa nº 1, o delegado do governo contou que a população argelina não se mexera, que provocadores haviam atirado no serviço de policiamento, fazendo três vítimas: e que havia setenta e seis mortos do lado dos muçulmanos! Jornalistas acrescentaram que tinham ouvido tiros, e que não lhes tinha sido permitido aproximar-se: mais uma carnificina. Em Orã não acontecera nada. E, em certos bairros muçulmanos, aquele aniversário era uma verdadeira festa: o rádio transmitia gritos alegres e cantos.

Ninguém duvidava de que a independência estivesse próxima. Negociações estavam em andamento, e toda a imprensa falava no assunto. De Gaulle era impelido à paz pela FLN, pela opinião pública e pelo fato de a guerra perturbar sua política de grandeza. Quando ele anunciou em Bastia "o último quarto de hora", pareceu-nos que, pela primeira vez, essas palavras correspondiam a uma realidade. Mas antes que Ben Khedda se instalasse em Argel, os fascistas nos fariam passar por maus momentos. Precisávamos organizar-nos.

Na URSS, com o relatório do 22º Congresso, a desestalinização acabava de transpor uma segunda etapa.[212] No PC francês, alguns intelectuais, entre os quais Vigier, desejavam uma aproximação com a esquerda não comunista; ele propôs a Sartre assinar e fazer assinar um panfleto dirigido contra o racismo: seria o ponto de partida para uma manifestação, e a base de uma organização antifascista. Mas logo surgiram dificuldades. Sartre e nossos amigos desejavam afirmar com atos sua solidariedade com a revolução argelina; para demolir a OAS, pensavam que era preciso investir contra o governo, que objetivamente era cúmplice dela. Os comunistas, preocupados em "reter o que une e rejeitar o que divide", desejavam limitar o movimento à luta contra a OAS. Sartre achou que era preciso superar essas dissensões: sem os comunistas, não se podia fazer nada. Não se podia fazer nada com eles, profetizavam Lanzmann, Péju e Pouillon. Finalmente, na falta de coisa melhor, decidiram fazer uma tentativa, e apoiaram Sartre, que contribuiu, com Schwartz e Vigier, para a criação de uma "Liga para a União Antifascista".

Os atentados haviam recomeçado, muito mais sérios do que antes das férias. Sartre quis alugar um quarto num hotel, mas o diretor recusou: man-

---

[212] Khruchtchev opusera-se à Albânia e à China e atacara de novo Stalin, cujos despojos foram retirados do mausoléu, assim como as coroas e guirlandas que o ornavam (entre as quais a que fora depositada por Chu En-Lai oito dias antes). Haviam-no enterrado entre os túmulos encostados às muralhas do Kremlin, e Khruchtchev sugerira que fosse erigido um monumento "Às vítimas do arbítrio".

dara pintar de novo sua fachada. Foi preciso usar de astúcia. Claude Faux — que há anos substituía Cau junto a Sartre — alugou em seu nome, no bulevar Saint-Germain, um apartamento mobiliado onde nós nos instalamos; o prédio ainda estava em construção, não havia luz na escada entupida de entulho onde, das oito horas da manhã às seis da tarde, operários batiam pregos; pelas janelas, que davam para a estreita rua Saint-Guillaume, não entrava sol: a toda hora éramos obrigados a acender a luz. Eu conhecera habitações ruins, mas nenhuma tão deprimente.

Escrevi um prefácio para o livro de Gisèle Halimi sobre Djamila Boupacha; o general Ailleret e o ministro Mesmer haviam sido pressionados a entravar abertamente a ação da Justiça; queríamos mostrar as armadilhas que fora preciso desarmar para chegar a isso. Por outro lado, Gisèle Halimi teve a ideia, aprovada por especialistas tais como Hauriou e Duverger, de processar Ailleret e Mesmer perante os tribunais; evidentemente, não conseguiríamos fazer com que fossem incriminados, mas nos parecia útil, na época, pôr em evidência suas responsabilidades: não prevíamos a tranquila ostentação com que os tribunais militares iam, em breve, encarregar-se de nos substituir, nem a série de revelações que iriam confirmar seus veredictos, em meio à diferença geral. O Comitê compreendia um certo número de gaullistas de esquerda que pretendiam lutar contra a tortura acantonando-se no plano moral. Eles espernearam, uma parte da comissão demitiu-se e uma outra foi eleita.

Uma manifestação-surpresa contra o fascismo e o racismo foi programada para o dia 18 de novembro; foram essencialmente as juventudes comunistas que a organizaram. Só poderia ser bem-sucedida se se pudesse burlar a vigilância dos tiras: o local de encontro foi mantido de tal forma em segredo que, quando nossa Liga se reuniu diante do Paramount, ninguém sabia para onde ir. Dezenas de carros de polícia estavam estacionados na praça Saint--Germain-des-Prés, e a Rive Gauche estava em estado de sítio. Vigier nos deu a senha: Strasbourg-Saint-Denis. "Vão de metrô", aconselhou-nos; desci os degraus com Sartre, Lanzmann, Adamov e Masson, que dizia, confuso: "Sei que não é bom, que não é democrático, mas eu nunca soube tomar o metrô." (Em Nova York ele usava, costurada por dentro do casaco, uma etiqueta com seu endereço, que ele mostrava aos motoristas de táxi...) Com seu boné, o blusão de couro preto, os olhos claros, parecia surgir, novo e espantado, do fundo de uma velha era anarquista; havia muitos jovens no metrô. A alguns passos de nós, no corredor da saída, três rapazes de quinze anos discutiam: "Sinto-me muito nervoso; eu me controlo, mas estou muito nervoso", dizia um deles. A multidão das noites de sábado enchia as calçadas, e me parece que ela ia afogar os grupos que esperavam, espalhados aqui e ali. "Você vai ver", disse Lanzmann, "em um minuto, de repente, a coisa pega". E naquele instante surgiu um cortejo trazendo um cartaz: Paz na Argélia, em torno do qual centenas de pessoas já se aglutinavam; outras chegavam, de todos os lados; corremos e nos alinhamos atrás da inscrição, à frente do desfile. Tomei o braço de Sartre e o de um desconhecido, constatando com surpresa que, diante de nós, a perder de vista, o bulevar se estendia, deserto. (Era uma via de mão única; atrás de nós, o cortejo bloqueava o trânsito; em todas as ruas transversais, carros oportunamente enguiçados no meio da rua criavam engarrafamentos que impediam os carros de polícia de passar.) Invadimos também as calçadas; parecia até que Paris nos pertencia. Nas janelas — com exceção das do *Humanité*, alegremente ruidosas —, rostos inexpressivos; ao longo de todo o percurso, muitos repórteres e fotógrafos. Enquanto caminhávamos, repetíamos pausadamente: Paz na Argélia — Solidariedade com os argelinos — Libertem Ben Bella — OAS assassinos; e mais raramente: Unidade e ação — Salan na forca. Ao passar diante do museu Grévin, algumas pessoas gritaram: Charlot no museu, e passando diante de um paraquedista: Paraquedista na fábrica; ouvi também, duas ou três vezes, Charlot na forca. Mas o slogan Paz na Argélia abafava todos os outros. Havia uma grande alegria naquela multidão em marcha, espantada com a sua liberdade. E como eu me sentia bem! A solidão é uma morte e, reencontrando o calor dos contatos humanos, eu ressuscitava. Chegamos a Richelieu-Drouot; quando íamos entrar no bulevar Haussmann, houve um tumulto e uma debandada: os tiras começaram a bater; uma quantidade de gente enfurnou-se numa rua, à direita; Lanzmann, Sartre e eu os seguimos, viramos à esquerda, entramos num bistrô, que fechou rapidamente as portas atrás de nós. "Está com medo!", disse Lanzmann. "Ah! não quero que me quebrem tudo", disse o patrão. "A tabacaria da esquina, outro dia, quis fazer--se de esperta, ficou aberta e os tiras chegaram: dois milhões de prejuízo." Acrescentou, dirigindo-se a Sartre, com um meio sorriso: "O senhor vai escrever um romance sobre tudo isso, e vai me pôr nele, mas isso de nada me adiantará... Tenho três filhos e não faço política, a política: são interesses superiores." Sua mão desenhou no ar montes de ouro: "Enormes interesses: é demais para nós." Instantes depois, voltamos ao cruzamento; havia grandes manchas de sangue na esquina da rua, e carros de polícia no bulevar; os manifestantes acabavam de ir embora. Voltamos de táxi, e o telefone logo tocou; Gisèle Halimi e Faux, que se encontravam no mesmo lugar que nós, haviam sido espancados; viram um manifestante com o rosto arrancado, outro desmaiado, com o crânio fraturado; os tiras estavam armados de cassetetes especiais, enormes; tinham espancado por prazer, pois a multidão se teria dispersado à primeira intimação, já satisfeita de ter ocupado a rua por tanto tempo. Entretanto, algumas fileiras atrás de nós, Évelyne, Péju, os Adamov, Olga e Bost não tinham sabido nada desse encontro; haviam alcançado a estação de Saint-Lazare pelo bulevar des Italiens e pela rua Tronchet, sem encontrar a polícia; os manifestantes — que eram então cerca de oito mil — separaram-se a uma palavra de ordem dos organizadores. Quando desci para comprar o jantar, ouvi rumores, os carros estavam bloqueados no bulevar Saint-Germain: ainda havia manifestações para os lados do Odeón, e soubemos mais tarde que houvera tumultos no Quartier Latin. Fora uma bela jornada, que encorajava a esperança.

Foi uma breve chama. Um drama longínquo acabou de obscurecer para mim esse sombrio outono. No início de outubro, Fanon tivera uma recaída, e seus amigos o haviam enviado aos EUA, para se tratar: apesar de sua repugnância, aceitara. Detivera-se em Roma, e Sartre passara algumas horas no seu quarto de hotel, em companhia de Bulahruf, o representante do GPRA na Itália. Fanon jazia estirado no leito, tão esgotado que não abriu a boca durante todo o encontro; com o rosto crispado, mexia-se sem parar, reduzido a uma passividade contra a qual seu corpo todo se revoltava.

Quando voltei a Paris, Lanzmann mostrou-me cartas e telegramas da mulher de Fanon. Este acreditara que, enquanto membro do GPRA, seria calorosamente recebido em Washington: haviam-no abandonado durante dez dias, sozinho, sem cuidados, num quarto de hotel. Ela fora encontrá-lo, com o filho de seis anos. Transportado enfim para o hospital, Fanon acabava de ser operado; tinham trocado todo o seu sangue, esperavam que o choque despertasse sua medula; mas não havia esperança de cura: na melhor das hipóteses, ele sobreviveria um ano. Ela escreveu novamente, telefonou: a seis mil quilômetros de distância, acompanhamos no dia a dia essa agonia. O livro de Fanon saiu, e houve artigos que o cobriram de elogios; sua mulher leu-lhe os do *Express* e os do *Obsevateur*. "Não é isso que vai devolver-me a minha medula", disse. Uma noite, às duas horas, ela telefonou a Lanzmann: "Franz morreu"; ele sucumbira a uma pneumonia dupla. Através da sobriedade de suas cartas, sentia-se que ela estava desesperada, e Lanzmann, embora a conhecesse pouco, tomou o avião para Washington. Voltou alguns dias depois, aturdido e abalado. Fanon vivera a própria morte minuto por minuto, recusando-a selvagemente; sua sombria agressividade libertara-se em seus delírios de moribundo; detestava os americanos, esses racistas, e desconfiava de todo o pessoal do hospital; ao despertar na última manhã, dissera à mulher, traindo suas obsessões: "Esta noite, eles me puseram na máquina de lavar..." Um dia em que lhe faziam uma transfusão, o filho entrara em seu quarto; tubos ligavam-no a balões de plástico, uns cheios de glóbulos brancos e plaquetas; a criança saíra gritando: "Bandidos! Cortaram meu pai em pedaços." Nas ruas de Washington, ele agitava com ar provocador a bandeira verde e branca. Os argelinos enviaram um avião especial para trazer o corpo de Fanon para Túnis. Enterraram-no na Argélia, num cemitério da ALN: pela primeira vez em plena guerra, os argelinos fizeram funerais com honras nacionais a um dos seus. Durante uma ou duas semanas, nas ruas de Paris, encontrei por toda parte a foto de Fanon: nos quiosques, na capa de *Jeune Afrique*, na vitrine da livraria Maspero, mais jovem, mais calmo do que eu o vira, e mais belo. Sua morte pesava muito, porque ele a carregara com toda a intensidade de sua vida.

Como tinha ficado combinado em setembro, Sartre foi convidado pelo Instituto Gramsci; ficou alguns dias em Roma e fez um comício sobre a Argélia, na presença de Bulahruf. Como os italianos não têm mais colônias, são todos anticolonialistas, o aplaudiram ardorosamente. Mesmo assim houve alguns fascistas — heróis, disse-me Sartre — que lançaram panfletos — Sartre é o nada, e não o ser — e vaiaram. Todos se voltaram, prestes a se atirarem sobre eles, e o presidente disse, com voz calma: "Deixem que os vizinhos cuidem disso." Mesmo assim, Guttoso avançou; mas os infelizes já despencavam de cabeça pelas escadas: transportaram metade deles para o hospital, e o resto para a cadeia. A imprensa francesa contou que Sartre fora bombardeado com ovos podres, e publicou uma foto em que ele era visto ao lado de Bulahruf. Ao voltar, recebeu de Orã cartas ameaçadoras.

Em 19 de dezembro, houve ainda uma manifestação anti-OAS, proibida no último instante. Mesmo assim, comparecemos ao nosso encontro, diante da estátua de Musset; eram as mesmas caras do Balzar, no dia 1º de novembro, e do dia 18 de novembro diante do Paramount: nós todos nos conhecíamos, parecia um coquetel literário. Dessa vez, a partida do cortejo fora marcada para o bulevar Henri-IV; tomei o metrô com Sartre, Lanzmann e Godemant, cujo apartamento explodira alguns dias antes: sua mulher encontrava-se lá, e ainda estava traumatizada. O bulevar estava apinhado de gente, mas barrado, do lado da Bastilha, por um cordão de polícia. Não compreendi exatamente o que se passou — era muito "batalha de Waterloo": uma manifestação da qual só se percebem fragmentos; desembocamos na rua Saint-Antoine, do outro lado das barreiras. Bourdet, que parecia muito alegre, sob um espantoso chapéu pontudo, tomou o braço de Sartre antes de desaparecer no vasto cortejo que desfilava em ordem, ocupando a rua e a calçada; à frente, algumas fileiras diante de nós, caminhavam conselheiros gerais e municipais, levando cartazes; carros de polícia, guardas enfileirados ao longo das calçadas nos viram passar sem se mexer. De repente, no metrô Saint-Paul, fomos envolvidos por um enorme tumulto; a multidão diante de mim recuava: por trás, continuava a avançar, gritando: "Não recuem!" Eu sufocava, oscilava, meu sapato direito saiu do pé, e dezenas de pés o esmagaram; temendo cair e ser pisoteada, agarrada ao braço de Sartre, que eu não queria largar, o que atrapalhava meus movimentos, senti-me empalidecer; Lanzmann, mais alto que nós, respirava melhor: ajudou-nos a alcançar uma rua transversal, onde aliás quase não se podia andar, pois muitas pessoas ali se haviam refugiado. Sentei-me com Sartre num pequeno café da praça des Vosges. Felizmente Bianca trouxe-me uma meia de lã, pois capenguei durante uma hora antes que encontrássemos um táxi, cujo motorista nos disse, mal-humorado: "Estão bloqueando todas as ruas." Naquela noite, os telefonemas eram menos alegres do que no mês passado. Alguns amigos haviam rodado em torno da praça da Bastilha, e foram sufocados com gás lacrimogêneo; houvera brigas em Réaumur-Sébastopol: o filho de Pouillon, um não violento, derrubara um carro de polícia com alguns companheiros, e dera pauladas num policial. Bianca tomara o metrô em Saint-Paul; na plataforma, na estação seguinte, um rapaz debatia-se contra um CRS que o empurrava para um vagão: "Perdi meus óculos! Deixe-me encontrar meus óculos!" O CRS começara a bater nele; uns quinze sujeitos desceram do metrô, gritando: "Assassino!"; o policial estendera-se num banco, com os sapatos para a frente, e outros CRS chegaram para ajudá-lo. Vários passageiros queriam descer e participar do tumulto, mas o condutor fechara as portas. Como Bianca tentasse abri-las, um homem com esquis no ombro a detivera: "De que adiantaria?", disse, com uma voz do outro mundo. No dia seguinte, soubemos que a polícia avançara bruscamente contra a frente do cortejo, atacando as pessoas importantes que levavam cartazes. Houvera feridos graves, mulheres pisoteadas, enquanto aquele desfile pacífico era uma manifestação contra os inimigos do regime. "Da próxima vez, teremos que nos armar", concluía Bourdet em seu artigo.

O regime fazia o jogo da OAS e, salvo uma pequena minoria, o país aceitava o regime. Negociava-se, mas os massacres e as torturas continuavam: "Meu primeiro movimento não é mais protestar como outrora, nem mesmo gritar", escrevia Mauriac, "pois isso acontece sob a presidência do general De Gaulle".

Nosso único recurso era o trabalho, Sartre retomara o estudo sobre Flaubert, esboçado alguns anos antes, e escrevia com uma aplicação obstinada. Participou na Mutualité, com Vigier, Garaudy, Hippolyte, de um debate sobre a dialética da natureza, que pareceu encantar os seis mil ouvintes. Mas, em vinte minutos, só podia dar de seu pensamento um resumo sumário, e eu teria preferido que ele se abstivesse. Quanto a mim, chegava aos 1957-60, e a história dessa época, abominável, parecia demais com este inverno abominável. Eu não estava com disposição para festejar o Réveillon. Fiquei enfurnada na minha lúgubre moradia. Na noite de 31 de dezembro, De Gaulle falou, e desliguei o rádio dois minutos depois, exasperada com aquele narcisismo neurótico, com aquele vazio grandiloquente. Por volta da meia-noite, ouvi um concerto de buzinas: carros corriam às centenas, fazendo um enorme barulho, pelo bulevar Saint-Germain; pensei que estivesse acontecendo alguma coisa; mas não, era a alegria absurda por ser festa de são Silvestre e por se possuir um carro. Tomei beladenal para não mais ouvir aquela alegria inimiga, a alegria dos franceses, assassinos e carrascos. Como eu gostaria daquelas noites, no bulevar Montparnasse, no brilho das luzes, dos risos e dos gritos; como eu gostaria das multidões e de suas festas, quando tinha vinte anos, quando tinha trinta anos.

No início de janeiro, jantamos com os Giacometti, que fomos buscar em casa. Ele estava sentado, com os óculos no nariz, diante de um cavalete, trabalhando num belíssimo retrato de Annette, em cinza e preto; nas paredes havia outros retratos em cinza e preto; espantei-me com uma mancha vermelha na paleta; Giacometti riu, e me mostrou o chão: quatro sinais vermelhos indicavam o lugar da cadeira onde o modelo devia sentar-se. Como de costume, as estátuas, envoltas em panos molhados, intrigavam-me. Outrora, Giacometti esculpia a figura humana em sua generalidade; fazia dez anos que procurava individualizar, e nunca estava satisfeito. Descobriu um dos bustos, e tive diante dos olhos, tão densa e tão necessária quanto suas antigas obras, a cabeça de Annette. O êxito era tão evidente, e portanto aparentemente tão simples, que se perguntava: "Por que ele precisou de dez anos?" Ele admitiu que não estava descontente. Durante um momento pareceu-me de novo importante criar alguma coisa, fosse com gesso ou com palavras.

Li as *Cartas à Mme Z*, do escritor polonês Brandys; e, em manuscritos, *Derrière la baignoire*, de Colette Audry, e *Le Vieillissement*, de Gorz. Obras muito diferentes, mas as três livres e diretas; lançavam-me no âmago de uma experiência estranha, que me fazia descansar de mim mesma, embora me falassem de tudo o que me interessava.

Certa noite, às duas da manhã, fui despertada por um ruído violento e abafado; encontrei Sartre na sacada: "Pronto, eles nos descobriram", disse. Subia uma fumaça da rua Saint-Guillaume, tábuas haviam sido projetadas na rua, ouvia-se no silêncio a música leve de um xilofone: estilhaços de vidro despencavam. Ninguém se mexia. Ao cabo de dez minutos, a casa da frente iluminou-se; homens e mulheres apareceram de roupão, munidos de vassouras, sozinhos, e limparam suas sacadas cheias de destroços; nem uma troca de palavras: justapostos, sobrepostos, eles faziam os mesmos gestos e se ignoravam. Apareceram porteiros usando pijama por baixo dos casacos. Enfim chegaram carros de polícia e de bombeiros. Enfiei uma roupa e desci: a camisaria da esquina era só estilhaços. Um guarda interpelou-me e me seguiu até a porta do apartamento: vendo que eu o abria, não me pediu documentos, mas eu ficara assustada. Teriam visado a camisaria? Curiosa coincidência; não, tratava-se de nós mesmos; mas então a OAS estava estranhamente bem informada. No dia seguinte, às dez da manhã, Claude Faux veio ver-nos, consternado: sem dúvida alguma a bomba de plástico era destinada a nós. Lanzmann telefonou. A mesma coisa. Pensávamos que íamos ser obrigados a mudar-nos; tremíamos de frio porque o aquecimento fora cortado; estávamos abatidos. Ficamos aliviados ao saber que o atentado fora dirigido contra Romoli, um *pied-noir* que se recusara a coletar fundos para a OAS. Em sua vitrine, um enorme cartaz anunciava: loja atingida por bomba, as vendas continuam. Em todos os andares do prédio que ficava em frente havia vidraceiros, e viam-se os locatários vaguearem em seus apartamentos, continuando sempre isolados em meio à sua aventura coletiva.

Passaram-se três dias; por volta das onze da noite, Faux telefonou; o *Libération* acabava de avisar que o 42 da rua Bonaparte fora pelos ares. Achamos a coincidência intrigante; mas quando Faux bateu à porta, uma hora depois, não estava rindo: "Desta vez eles queriam a sua pele." Ele dissera ao guarda que vigiava a casa: "Sou o secretário, tenho as chaves." "Não há necessidade de chaves!" A bomba fora colocada acima da casa de Sartre; os dois apartamentos do quinto andar foram arrasados, assim como os quartos do sexto; o de Sartre pouco sofrera, mas a porta fora arrancada e o armário normando que se encontrava no patamar volatilizara-se; a partir do terceiro andar, a escada tombava no vácuo, a parede desmoronara. Évelyne telefonara dizendo que, passando por ali de carro, ouvira a explosão; misturara-se às pessoas reunidas diante do prédio, não muito curiosas: "Se ele tivesse o senso da publicidade, desceria para dar autógrafos", dissera um rapaz. O atentado era uma resposta ao comício que Sartre fizera em Roma. No dia seguinte, fui com Bost verificar os estragos; um locatário do edifício, um quinquagenário abastado, gritou por trás de mim, quando eu atravessava o pátio cheio de escombros: "É nisso que dá fazer política que importuna os outros!"

Subimos pela escada de serviço, cruzando com locatários com malas na mão; o armário desaparecido, a escada a céu aberto: por mais que eu já soubesse, não acreditava no que via; no apartamento, papéis espalhavam-se no chão, as portas estavam arrancadas, as paredes, o teto e o soalho estavam cobertos por uma espécie de fuligem: Sartre jamais poderia reinstalar-se ali, era como um pedaço do meu passado que sumia. Sartre recebeu muitas cartas e telegramas de solidariedade, assim como telefonemas transmitidos por

Faux. Sob suas janelas, amigos manifestaram-se: OAS assassinos. No restaurante, um freguês aproximou-se, com a mão estendida. "Bravo, M. Sartre!"

Poucos dias depois, Sartre descera de manhã para comprar jornais, quando bateram à porta: "Chefatura de Polícia", disse-me um homem gordo, mostrando-me seu distintivo. "Estou procurando uma personalidade… Um escritor…" "Quem?" "Talvez eu lhe diga mais tarde… ele mora nesta casa, mas como não há porteiro… A senhora mora sozinha?" "Sim." Ele não se decidia a sair. Ouvi passos no patamar. "De que escritor se trata?" "Do M. Jean-Paul Sartre." "Pois bem! Ei-lo!", disse eu, vendo Sartre aproximar-se. "Pediram proteção para o M. Jean-Paul Sartre", explicou o policial. Tratava-se de uma iniciativa do M. Papon; ele garantia de maneira curiosa proteção a certas "personalidades"; durante todo o dia haveria um guarda diante do prédio; e Sartre o avisaria à noite quando voltasse definitivamente: o guarda iria embora. "Mas isso só servirá para chamar atenção sobre mim", disse Sartre. "Com efeito", disse o enviado da Chefatura; "os terroristas trabalham à noite. Aliás", acrescentou com bonomia, "não vêm com uma maleta: basta um pacotinho no bolso, ninguém vê nada". Concluiu despedindo-se: "Se o senhor se mudar, avise ao guarda"; e em tom de conivência: "Mas não precisa dizer-lhe aonde vai." Dali em diante, então, houve dois guardas diante da nossa porta: tagarelavam com os colegas que, a vinte metros dali, protegiam Frédéric Dupont.

Não era de estranhar que a polícia conhecesse nosso endereço: os pintores, arquitetos e operários que trabalhavam na escada, e também o corretor imobiliário sabiam quem éramos nós; quando souberam, os proprietários quiseram expulsar-nos. Admitamos que a polícia nos manifestava realmente muita solicitude. Na manhã que se seguiu à noite dos dezoito atentados, dois tiras à paisana ainda vieram visitar-nos: chamavam Sartre de "Mestre", e lhe deram o telefone da delegacia à qual ele devia pedir socorro, em caso de perigo. Comentaram a prisão de dois jovens de Saint-Cyr, surpreendidos ao colocar uma bomba de plástico: "Rapazes de família! Não se entende mais nada!"

Os rapazes de família trabalhavam duro na Argélia, reinava o terror: roubos de armas, extorsões, assaltos a bancos, tiroteios, assassinatos, bombas. Em Bône, um edifício mulçumano explodiu. Em Paris, ouviam-se quase diariamente ruídos de explosões. Uma bomba, no Quai d'Orsay, fez um morto e cinquenta e cinco feridos. Entretanto, o tribunal militar de Reuilly absolvia três oficiais que admitiam ter torturado uma mulçumana até a morte: essa imunidade causou certo mal-estar na imprensa.

Almoçamos em casa dos Masson com Diego e o abade Corre, que acabavam de sair da prisão. Eles se readaptavam com dificuldade à solidão burguesa: perdiam de uma só vez seiscentos amigos. "O complicado é ver as pessoas", dizia Diego. "É preciso escrever, telefonar, marcar encontro. Lá, bastava empurrar uma porta!"

No mesmo dia em que havíamos deixado o bulevar Saint-Germain, Romoli foi vítima da segunda bomba: os locatários da casa da frente tiveram novamente suas vidraças quebradas, e alguns deles beiraram uma crise de nervos. O corretor nos arranjara um apartamento no Quai Blériot, num imenso quartel (onde se escondiam, como mais tarde soubemos, dois assassinos da OAS); era caro, grande, com grandes janelas que davam para o Sena. Quando eu acordava, um sol vivo e pálido inundava o soalho; pela janela entrava um odor de campo, e enquanto eu trabalhava tinha algo para olhar: as ramagens negras dos plátanos deixavam transparecer, na outra margem, fachadas geométricas, como num quadro de Buffet; à noite, a água cintilava, muito negra, alongando-se, espalhando-se, quebrando, recompondo luzes marulhantes. A neve veio, imaculada, sobre os lanchões imóveis, sobre as ribanceiras abandonadas ao meio-dia; o sol fazia-a resplandecer, e o cinzento do rio brilhava sob a carícia das gaivotas. Da cozinha, onde geralmente fazíamos nossas refeições, avistávamos um grande "espaço verde", que servia também de estacionamento. Ali, via-se viverem o homem e a mulher da "organização", tais como a França, depois da América, os modela: ele partia para o trabalho, ela ia comprar comida de manhã, ela levava o cão para passear (o marido levava-o à noite), e à tarde saía com as crianças. No domingo, ele lustrava o carro, e a família ia à missa ou a um piquenique.

A maioria dos jornalistas, políticos, escritores e universitários de esquerda haviam sido vítimas de atentados. No dia seguinte ao do lançamento do livro sobre Djamila Boupacha — que eu acabara assinando com Gisèle Halimi para partilhar a responsabilidade —, passei em casa para pegar minha correspondência; os porteiros não haviam pregado os olhos: tinham recebido um telefonema: "Cuidado! Cuidado! Simone de Beauvoir vai pelos ares esta noite!" Antigo FTP, o porteiro era de esquerda e sua mulher também; eu sabia que eles fariam tudo para me proteger, mas preferia que pudessem dormir nas noites seguintes. A polícia recusou-se a ajudá-los; as empresas privadas de vigilância limitavam-se a fazer rondas de vez em quando. Durante cinco dias, todas as minhas diligências foram vãs; enfim, o FUA mandou alguns estudantes passarem as noites na minha casa; entre eles estava Benoît Rey, a quem o porteiro emprestou certa vez uma chave inglesa. Como ele andava de lá para cá diante do prédio, os guardas o levaram para a cadeia, por porte de arma; seu editor Lindon fez com que o soltassem ao cabo de cinco horas, mas ele foi processado.[213]

Meus jovens vigias, pendurados às janelas, espreitando à porta, viram muitas vezes carros suspeitos, à noite; foi certamente graças a eles que a casa foi poupada. Certa noite, Évelyne dormia em seu apartamento da rua Jacob, quando ouviu um estouro. "Decididamente, estou sempre sonhando com bombas de plástico", disse a si mesma. Gritaram na rua: OAS assassinos. De pijama sob o mantô, ela correu e misturou-se a um punhado de pessoas — entre as quais vários antiquários da rua Jacob — que se manifestavam diante do Seuil danificado. O comissário do bairro aproximou-se: "Calem-se, há pessoas dormindo, há doentes, vão acordá-los." Poucos dias depois, Pozner foi gravemente ferido; fraturas no crânio, perda de memória; operaram-no várias vezes e ele levou meses para se restabelecer.

Sartre e Lanzmann dedicavam muito tempo à preparação das sessões da Liga. Com Schwartz e muitos outros, propunham combater a indiferença do país e sua tendência para a direita com uma ação de massa e radical. Os comunistas não concordavam. Teimavam em dirigir a luta exclusivamente contra a OAS. Temiam que a Liga entrasse em contato com os comitês de bairro, e não assumisse uma importância política: queriam limitar o recrutamento apenas aos intelectuais. Sartre recusava-se a se deixar encerrar num gueto. Não encontrava entre os comunistas "abertos" o apoio com que contara: "Você vai nos fazer brigar com o partido", diziam eles; era imediatamente considerado um elemento de contenção. Pensou em pedir desligamento.

Em 8 de fevereiro, almoço com Schwartz e Panigel, discutindo esses problemas; fui encontrá-los no café. Uma manifestação anti-OAS ia realizar-se à tarde, para protestar contra o atentado que custara um olho à pequena

---

[213] De qualquer modo, em junho o tribunal absolveu-o.

Delphine Renard. Como fora decidida apenas na véspera, nenhum de nós compareceu. Na manhã seguinte, Lanzmann telefonou: cinco mortos na Bastilha, dos quais uma criança de dezesseis anos, e vários feridos graves. Durante o dia, testemunhas contaram o massacre. "Só há comunistas, avancem", gritou um oficial graduado, no momento em que os manifestantes se dispersavam; os policiais avançaram; as pessoas tinham-se enfurnado nas escadas do metrô Charonne: os tiras lançaram sobre elas grades tiradas da base das árvores. O garoto fora estrangulado. Um tira dissera a um companheiro seu, que caíra em pranto: "Seu amigo está morto: você está bem melhor agora." Um grande número de jornais publicou relatos detalhados dessa matança; entretanto, a direita retomou com entusiasmo o slogan lançando pelo governo: "A multidão sufocou a si mesma."

Os sindicatos decidiram fazer do enterro uma manifestação maciça, e o governo foi obrigado a consentir. Alguns membros da Liga, entre os quais estávamos nós, tinham encontro marcado às nove horas na Bolsa do Trabalho, onde estavam expostos os catafalcos. Os táxis seriam raros. (Eu falara com uma motorista que me disse: "Amanhã vou ficar em casa." "Não vai ao enterro?" "Oh, não! Nada de multidão comigo! Uma vez meu marido me levou à quermesse nas Étoiles: nunca mais!") Lanzmann devia vir buscar-nos às oito e meia. Da cozinha, desde as oito horas, viam-se passar, na avenida Versailles, em procissão cerrada, enormes coroas de flores vermelhas pousadas sobre o teto dos automóveis. Lanzmann chegou tarde, de táxi, pois seu carro enguiçara. Havia muitos engarrafamentos, e que o motorista nos deixou diante da saída de uma estação do metrô. Eram dez horas quando descemos na République: a partir daquele momento, os meios de transporte não funcionaram mais; todos os trabalhadores parisienses faziam greve. Uma imensa multidão apertava-se nas calçadas, por trás das barreiras; grupos numerosos, carregados de coroas vermelhas, dirigiam-se para a Bolsa do Trabalho. Entramos na sala onde esperavam as delegações; chamaram-nas: muitos comunistas e, proporcionalmente, também PSUS; não havia delegação socialista. Tomamos posição no cortejo, muito atrás dos carros. Na praça, milhares de pessoas esperavam, pacientes e graves, o momento de se juntarem ao desfile. No bulevar du Temple, subi num refúgio: avistei os carros cobertos de flores vermelhas, o bulevar preto e vermelho, com grandes espaços solenes entre os canteiros móveis de homens e flores; atrás de mim, interminável, a multidão; era mais numerosa do que em Pequim, no dia 1º de outubro: pelo menos setecentas mil pessoas. Quando os sindicatos estão de acordo, as pessoas marcham.

O governo fizera correr sangue para dispersar cinquenta mil manifestantes: era obrigado a deixar setecentos mil desfilarem na cidade em greve. Silenciosas, disciplinadas, aquelas massas lhe demonstravam que não usavam sua liberdade para pôr Paris em chamas e em sangue e que, se a polícia não as espancasse, ninguém seria sufocado nem pisoteado. Militantes garantiam, durante todo o percurso, um serviço impecável de manutenção da ordem. Num lampejo de tempestade, um vento forte fustigava as árvores, negras sob o céu negro; caía neve derretida, que nos gelava os pés; caminhávamos transidos de frio, aquecidos por aquela enorme presença à nossa volta. Eu esperava que ela representasse um consolo para os parentes das vítimas, que desse um sentido ao seu luto. Para os mortos, essa apoteose era tão abrupta quanto a própria morte. Um "belo enterro": em geral, toda uma vida o preparou tão bem que, de certa maneira, o defunto está presente. Neste caso, não. Mesmo desse avesso da sua ausência eles estavam ausentes.

Quando chegamos diante do Père-Lachaise, o céu ficou azul. Alguns homens estavam pendurados no muro do cemitério, outros nos túmulos. Imóveis, escutamos a "Marcha fúnebre" de Beethoven. O vento brincava nos galhos negros, como para tornar mais dramático aquele instante. Meu Deus! Eu detestara tanto os franceses! Essa fraternidade reencontrada me perturbava. Por que tão tarde? Dominique Wallon, em nome da UNEF, depois um secretário da CTFC falaram, lembrando os massacres de 17 de outubro, acusando o governo dos assassinatos de 8 de fevereiro. Todos pareciam aprovar aqueles discursos, e eu me perguntei: se o PC e os sindicatos tivessem mobilizado as bases contra a guerra da Argélia, não teriam elas seguido sua orientação? Sem dúvida só se poderiam culpar as circunstâncias, as estruturas, as engrenagens e a separação dos níveis sociais; mas com toda certeza havia ali boas vontades que se manifestavam naquela manhã, e que haviam sido desperdiçadas. Eu não sabia se essa evidência me reconfortava ou me desolava.

Atravessamos o cemitério. Victor Leduc tinha na testa uma constelação de esparadrapo: fora espancado em 8 de fevereiro. Caminhava-se entre mármores onde se inscreviam grandes nomes burgueses; mulheres seminuas tocavam alaúde, ou estendiam para o céu braços chorosos. Perto do Muro dos Federados paramos, à beira de um imenso tapete de flores brancas e vermelhas. Desfilaram pessoas até a hora do fechamento, no fim da tarde. Não podendo minimizar o acontecimento, os jornais resolveram reconhecer sua importância, mas creditaram-no ao governo, como se os assassinos de Charonne tivessem sido matadores da OAS, e não leais servidores do regime.

As sessões realizaram-se no domingo, na Grange-aux-Belles. A sessão da tarde fora tumultuada. Num ponto, Sartre e seus amigos haviam cedido aos comunistas: o resultado de seus entendimentos foi que o movimento passou a chamar-se: "Frente de ação e coordenação dos universitários e intelectuais para uma união antifascista."[214] Mas conseguiram que, no texto publicado no fim do dia, a FAC proclamasse sua solidariedade com os argelinos e afirmasse sua resolução de lutar ao mesmo tempo contra o regime e contra a OAS. Alguns dias depois, houve uma reunião à qual assisti. Numa sala enfumaçada, superaquecida, onde deviam caber trinta pessoas e onde se amontoavam oitenta, discutiu-se de novo durante três horas sobre a definição da Frente. Nada de preciso ficou decidido sobre as ações a serem encaradas. Nem naquele dia, nem nos que se seguiram.

Negociava-se a paz. "A paz a qualquer preço, sobre a qual escarramos", escrevia a Lanzmann um de seus amigos argelinos. No domingo 18, à tarde, num canto de jornal, lemos que fora assinada; não sentimos a menor alegria. Ainda íamos ter que enfrentar o exército e os *pieds-noirs*. E a vitória dos argelinos não apagava esses sete anos de atrocidades francesas, repentinamente exibidas em plena luz. Um dos torturadores absolvidos pelo tribunal de Reuilly, Sanchez, indignado porque queriam tirar-lhe a cátedra de professor, declarava: "Através de mim, da tortura que querem atingir!" Todas as pessoas da aldeia o apoiavam: "E daí? Na guerra, sempre se tortura..." Agora os franceses sabiam, e isso não mudava nada, porque eles sempre souberam. Repetiam-lhes: "Vocês são como os alemães durante o nazismo!" E eles respondiam — ouvi com meus próprios ouvidos, e era esse o sentimento geral: "Sim, pobres alemães: agora percebemos que não era culpa deles." E, no entanto, aquele enterro? É que o egoísmo coletivo não depende da psicologia, mas da política. Nas vítimas de 8 de fevereiro, os parisienses reconheciam os seus.

---

[214] Abreviadamente, FAC.

Sartre aceitara fazer em Bruxelas um comício sobre a Argélia e sobre o fascismo. Bost nos levou de carro. Como há na Bélgica, além dos grupos belgas de extrema direita, muitos fascistas franceses, as precauções eram úteis. O principal organizador, um homem de trinta e cinco anos que chamavam de Jean, fizera argelinos passarem a fronteira durante anos: habituado a regras estritas de segurança, aplicou-as a Sartre. Só no instante da partida e em linguagem convencionada ele indicou nosso itinerário por telefone. Em Rocroi, Sartre entrou com Lallemand e L., um jovem comunista moreno, num carro belga, cercado por carros cheios de militantes armados. Um jovem comunista louro tomou o lugar de Sartre entre Bost e eu. "A situação é muito desagradável neste momento", disse. "Vocês compreendem, há a unidade de ação: então isso provoca uma porção de divergências." Paramos na casa de Jean para uma breve entrevista na televisão, e andamos em zigue-zague durante uma meia hora pela cidade, antes de ir jantar em casa dos L. Eles haviam convidado diversos representantes da esquerda belga e o burgomestre que, a despeito de certas pressões, concordara em que o comício se realizasse na sua comuna. Durante a refeição, Jean deixou a mesa; logo depois chegou a empregada, apavorada: "O senhor caiu no banheiro!" Ele desmaiara e abrira a cabeça na banheira. "Comportei-me como uma mulherzinha", disse-nos ele no dia seguinte, confuso. Na verdade seus amigos o consideravam um herói; os riscos corridos — a cada passagem os argelinos estavam decididos a vender caro a própria pele —, as responsabilidades assumidas, o haviam esgotado. Dormimos em casa de Lallemand; ao descer para tomar o café da manhã, ficamos sabendo que nossos jovens guarda-costas haviam passado a noite no vestíbulo: depositaram suas armas numa jardineira.

A conferência realizou-se à noite, no sexto andar de um edifício, numa sala que continha seis mil ouvintes; havia um grande aparato policial em torno da quadra, nas garagens e à volta de toda a tribuna: o chefe de polícia declarou-se impressionado com a lógica de Sartre. Este fez uma exposição alentada, mas austera; achava difícil falar aos belgas, demasiado bem esclarecidos para que ele se limitasse a informá-los, mas com os quais ele não tinha as mesmas cumplicidades que tinha com um público francês: muitos o censuravam — como a mim no ano passado — por não ter abordado os problemas deles. Lallemand situava-se à esquerda do PSB; era preciso manter a balança equilibrada: depois de mil idas e vindas, mil artifícios, fomos passar a noite na casa de um militante comunista. Durante a ceia, falou-se dos inúmeros atentados dos quais os esquerdistas belgas haviam sido vítimas. O professor G. nos contou que sua mulher recebera um pacote análogo ao que matara um colega seu: um exemplar "preparado" do *Pacification*; sentindo um cheiro suspeito, pusera o livro no meio do jardim.

No dia seguinte, nossos amigos nos escoltaram até a fronteira, pelo vale do Meuse, que já recendia a primavera. Ao nos deixar, o jovem L. perguntou a Bost: "Que é que você tem como arma? " "Nada", disse Bost. "Mas então você deve achar que somos loucos...", disse L., confuso com a leviandade francesa, mas um pouco perturbado. Na verdade, estávamos comovidos ao ver que levavam tão a sério o seu senso de responsabilidade.

De novo eu me fechava. No velho Saint-Germain-des-Prés nos chegavam, através de Bost, ecos aflitivos. Por causa de uma herança, Rolland aderira ao gaullismo: agora tinha bens. Scipion o seguira. Anne-Marie Cazalis divertira-se durante muito tempo em borboletear da direita para a esquerda; seu casamento a obrigara a fazer uma escolha à qual as circunstâncias davam peso: seus amigos de esquerda não a procuravam mais. Nosso passado acabava de se distanciar. Quando Pouillon e Pingaud perderam o salário por terem assinado o Manifesto dos 121, os colegas fizeram uma coleta em seu benefício; Pagniez não deu nada. A Mme Lemaire, que não víamos há muito tempo, telefonou à mãe de Sartre pouco depois da explosão no 42 da rua Bonaparte: não falou do atentado. "Vocês sabem, eu sou Argélia francesa", disse ela. Mesmo assim veio jantar conosco no Quai Blériot: "Espero que não haja bombas", disse, rindo. Foi a única alusão. A conversa arrastou-se.

Eu detestava o bairro onde morava, e acontecia-me passar três dias seguidos sem por o nariz do lado de fora. Não ouvia mais música, estava tensa demais. Lia, mas poucos romances. A literatura, tanto a minha quanto a dos outros, me repugnava por sua insignificância. Tantas coisas aconteceram desde 1945, e ela não expressou quase nada. As gerações que quiserem conhecer-nos terão que consultar as obras de sociologia, as estatísticas, ou simplesmente os jornais. Especialmente as ideias preconcebidas daquilo que se chama *Nouveau Roman* afligem-se. Sartre previra a volta daquilo que chamava de "literatura de consumo": a literatura de uma sociedade que perdeu a influência sobre o futuro. Ele descrevia em 1947: "A literatura da produção[215]

---

[215] O que se chamou "literatura engajada".

que se anuncia não fará esquecer a literatura de consumo, sua antítese... Talvez mesmo vá logo desaparecer: a geração que nos segue parece hesitante. E ainda que essa literatura da práxis consiga instalar-se, ela passará, como a da *exis*, e talvez a história dessas próximas décadas registre a alternância de uma e de outra. Isso significará que os homens terão perdido definitivamente uma outra Revolução, de importância infinitamente mais considerável."[216] Sobre a literatura de consumo, dizia ainda: "Não se toca o universo: engole-o todo cru pelos olhos." A literatura de *exis* é a literatura de Nathalie Sarraute: retomando por conta própria o velho psicologismo francês, ela descreve com talento a atitude paranoica da burguesia, como se esta constituísse a imutável natureza do homem. Por outro lado, a escola do Olhar propõe-se a engolir o universo totalmente cru pelos olhos; mais radicalmente que o naturalismo do século XIX, expulsa o homem do universo. A obra de arte deve manter-se de pé, sozinha, no meio de um conjunto de objetos destituídos de significado. A ideia da obra-coisa perseguiu os pintores, os escultores e os poetas da geração que me precedeu; Marcel Duchamp levou-a ao extremo; os grandes criadores — Picasso, Giacometti — superaram-na. Quanto às teorias "objetais", a metafísica que elas implicam significa um tal retrocesso com relação às ideologias modernas, que é impossível que os escritores que as sustentam realmente acreditem nelas. Pouco importam as falhas de um sistema, se as buscas que ele inspira são fecundas em si mesmas: os impressionistas e os cubistas tinham noções falsas sobre a percepção. Mas na escola do Olhar as justificações e as invenções coincidem: a Revolução frustrou-se, o futuro esquiva-se, o país afunda no apolitismo, o homem estaciona; caso se fale dele, será como de um objeto; ou mesmo, seguindo a tendência dos economistas e dos tecnocratas, ele será eliminado em benefício dos objetos; de qualquer modo, ele é privado de sua dimensão histórica. Aí está o ponto comum de Sarraute e Robbe-Grillet; ela confunde verdade e psicologia, enquanto ele recusa a interioridade; ela reduz a exterioridade à aparência, isto é, a uma falsa aparência; para ele, a aparência é tudo, é proibido ultrapassá-la: nos dois casos, o mundo dos empreendimentos, das lutas, da necessidade, do trabalho, o mundo real volatiliza-se. Essa escamoteação é encontrada através de todas as variedades do *Nouveau Roman*. Ora, escolhendo nada dizer, mascara-se através de contorções formais a ausência de conteúdo, imitando o estilo de

---

[216] *O que é literatura?*

Faulkner e Joyce, que haviam inventado meios inéditos de ler alguma coisa nova. Ora aposta-se no eterno: explora-se o coração humano ou o complexo espaço-tempo. Ou então a literatura toma-se a si própria como objeto: Butor insiste na inadequação espacial e temporal da narrativa e da realidade. Ou descrevem-se coisas em sua presença supostamente imediata.[217] De qualquer modo viram-se as costas aos homens. Robbe-Grillet, Sarraute e Butor nos interessam na medida em que não conseguem deixar de se colocar em seus livros com sua esquizofrenia, suas obsessões, suas manias, sua relação pessoal com as coisas, com as pessoas e com o tempo. Mas, no conjunto, uma das constantes dessa literatura é o tédio; ela tira da vida o sal e o fogo: o impulso para o futuro. Sartre definia a literatura como uma festa: fúnebre ou alegre, mas uma festa; estamos muito longe disso! É um universo morto o que constroem os discípulos da nova escola. (Nada em comum com Beckett, que faz decompor-se diante de nós o universo vivo.) E é um universo fictício, ao qual eles mesmos não podem integrar-se, já que vivem. A consequência é que neles o homem dissocia-se do autor; eles votam, assinam manifestos, tomam partido: em geral contra a exploração, contra os privilégios e a injustiça. Depois retornam à antiga torre de marfim. "Quando me sento à minha escrivaninha", disse Nathalie Sarraute em Moscou, "deixo lá fora a política, os acontecimentos, o mundo: torno-me outra pessoa". Como é possível não se colocar integralmente nesse ato que é o mais importante para o escritor — o ato de escrever? Essa mutilação da escrita e de si mesmo, esses recursos aos fantasmas do absoluto, testemunham um derrotismo justificado pela nossa decadência. A França, outrora sujeito, não é mais que um objeto da história: seus romancistas refletem essa degradação.

* * *

Em Argel houve cento e quatro explosões numa só noite. Perguntava-se se o exército não ia descambar para o lado dos *pieds-noirs*. Certa manhã, ao tomar um táxi, ouvi no rádio que um carro-bomba explodira em Issy-les--Moulineaux, diante do local onde devia abrir-se o Congresso do Movimento

---

[217] Essa perspectiva conduz às vezes, nos epígonos de Robbe-Grillet, a um estilo muito feio; na falta de um sujeito, eles são obrigados a animar os objetos e caem nas estereotipias de um velho academismo: a ponte *salta*, moitas *afastam-se* etc.

da Paz: mortos, feridos. Testemunhas relataram o fato. Não havia um dia que não fosse envenenado.

A FAC fez um comício na Mutualité. No início da reunião, um telefonema avisou aos organizadores que uma bomba ia explodir: o golpe era clássico. Sartre falou de modo muito mais veemente do que em Bruxelas. Mas pouca gente comparecera: duas mil, quando se podia contar com seis mil. A conclusão do cessar-fogo acelerava a despolitização dos franceses; além disso, o PC continuava a ver a FAC com maus olhos, e os comunistas que dele faziam parte tinham preparado a reunião sem muito cuidado. Afinal, tanto Sartre quanto Lanzmann tinham razão: não se teria podido fazer nada sem os comunistas, não se pudera fazer nada com eles. Esse fracasso entristecia a ambos.

O referendo de 8 de abril demonstrou que quase todo mundo, na França, desejava agora a liquidação da guerra da Argélia; mas ela se operava nas piores condições. Depois do tiroteio de Isly e do fechamento de Bab-el-Ued, ficou clara para os *pieds-noirs* que eles tinham perdido; sabotaram sistematicamente um país já devastado e se entregaram a massacres ainda mais horríveis do que a própria guerra; a OAS bombardeava com morteiros os bairros mulçumanos, lançava sobre eles um caminhão em chamas; metralhava os desempregados diante da agência de emprego, assassinava empregadas. Todas as manhãs eu abria o jornal angustiada: o que mais vou ficar sabendo? Nos primeiros tempos, a imprensa dava a esses crimes a honra da primeira página; os mulçumanos iam reagir; tinha-se medo. Depois admirou-se com alívio a disciplina deles: comportavam-se mesmo muito bem! Deixaram-se logo de lado os acidentes de carro, os vinte ou trinta mulçumanos (número oficial) abatidos todos os dias em Argel e em Orã. Os prisioneiros metralhados nas prisões e os feridos liquidados nos hospitais davam ensejo a uma indignação morna e hipócrita. Só quando os *pieds-noirs* se atiraram sobre a França, disputando habitações e trabalho com os autóctones, foi que se tornaram impopulares: viu-se nascer, no momento exato para substituir o antigo, um novo racismo entre pessoas da mesma raça, como se fosse sempre necessário haver um Outro odioso para nos garantir nossa própria inocência. Como se o exército e os governos que tinham conduzido essa guerra não fossem constituídos de franceses da França, como se o país inteiro não a tivesse endossado! A cada dia confirmavam-se as cumplicidades:

os torturadores eram anistiados, mas não os desertores, os insubmissos, os membros da rede de apoio. Jouhaud, condenado à morte, não era executado; Salan salvava a própria pele: só fuzilavam comparsas; durante os processos, preocupavam-se apenas com a lealdade dos acusados, e com a sinceridade do seu chauvinismo: os argelinos mortos não contavam. Nunca a guerra da Argélia me foi tão odiosa quanto durante aquelas semanas em que, em sua agonia, ela proclamou sua verdade.

Durante todo o ano ficáramos preocupados com o que acontecia em Cuba. Parecia que lá Aníbal Escalante ditava as leis. Embora o bloqueio e os graves erros tivessem acarretado uma queda no nível de vida, não existia oposição séria; entretanto, a polícia estabelecera preventivamente o terror. Pequenos proprietários privados foram forçados a entrar em cooperativas. A maioria de nossos amigos penava com essa mudança. Oltuski perdera seu cargo. O *Revolución* agonizava: descontava-se do salário dos operários o valor de uma assinatura do *Hoy*, e eles não compravam outro jornal. Um escritor homossexual que conhecíamos fora exibido nas ruas de Havana com outros homossexuais: traziam nas costas um P[218] e foram encarcerados. Todas essas informações nos chegavam aos poucos, e sem explicações. Não se compreendia por que o PC cubano condenava o "desvio polonês", alinhava-se com a China e a Albânia, e adotava os métodos stalinistas. E sobretudo causava espanto o fato de Castro permitir isso. Sem dúvida ele ficara desconcertado com certos fracassos: o INRA[219] fora muito prejudicado. Sentira necessidade de um aparelho, e decidira confiar no único que existia, o PC. Mas, diante dos erros cometidos, por que não retomara o controle da situação?

Foi o que fez. Pronunciou em 26 de março um discurso no qual atacou Escalante e todos os escalantezinhos que tinham começado a pulular. Expulsou-o de Cuba. Empenhou-se em reparar os erros daqueles últimos meses. Destruiu as cooperativas criadas pela coação. Chamou de volta Oltuski e sua equipe. O *Revolución* recuperou sua importância. No decorrer de nossa viagem a Moscou, encontramos Oltuski e Arcocha: não havia mais regime policial, nem sectarismo, disseram-nos. Comunistas participavam do governo, as relações de Cuba com a URSS eram excelentes; mas Castro

---

[218] Provavelmente redução de "pédérastie". (N.E.)
[219] Instituto Nacional da Reforma Agrária. (N.T.)

era novamente o senhor. Apesar das dificuldades devidas ao bloqueio e à ausência de quadros, sentiam-se reviver.

***

A União dos Escritores Soviéticos nos convidara para ir a Moscou. No âmbito que nos interessava mais diretamente, a cultura, o 20º e o 22º Congressos tinham dado frutos; as viagens de Evtuchenko eram a confirmação disso, e mais ainda a presença em Paris de estudantes enviados pelas universidades russas. Eu encontrara uma georgiana que há um ano trabalhava com toda a liberdade numa tese sobre Sartre: havia realmente algo novo sob o sol soviético.

Três horas de voo, e em 1º de junho aterrissamos num aeroporto cercado de pinheiros e bétulas. Reencontrei a praça Vermelha, o Kremlin, o Moscova, a rua Gorki, a velha Moscou, as rendas de suas isbás, o dédalo de seus pátios e jardins, suas praças tranquilas onde homens jogam xadrez. As mulheres estavam vestidas mais alegremente do que em 1955, e as vitrines — apesar de uma grande penúria — mais atraentes. A publicidade informativa fizera progressos: nas paredes havia painéis, muitas vezes inspirados em desenhos de Maiakóvski, e divertidos; e também fotografias tiradas dos filmes que estavam sendo exibidos. À noite, acendiam-se anúncios de neon. A rua era agradável; muita animação, mas sem atropelo nem pressa; grande afã, mas também lazer, juventude, risos; na rua um trânsito bastante intenso, sobretudo de caminhões e caminhonetes. Os bairros novos, contudo, são enfadonhos como nossos H.L.M., apesar da abundância de árvores: estas cercam a cidade, que conta atualmente oito milhões de habitantes.

Reencontramos velhos conhecidos — Simonov, Fedin, Surkov, Olga P., Korneitchuk, a mulher de Ehrenburg (ele não estava na URSS) — e conhecemos gente nova. Lena Zonina, secretária da seção francesa da União dos Escritores, e também crítica, servia-nos de intérprete; conhecia bem nossos livros, escrevera artigos sobre *Os mandarins* e sobre *Sequestrados de Altona*, e se tornou logo nossa amiga. O secretário da seção italiana, George Breitbourd, que falava bem francês, substituiu-a algumas vezes. Ficávamos espantados por nos entendermos tão bem com eles.

Tínhamos decidido limitar-nos a encontros com intelectuais: escritores, críticos, cineastas, teatrólogos, arquitetos. E tivemos a impressão de assistir, depois de uma austera Idade Média, ao início de um Renascimento.

Início árduo e tempestuoso; travava-se uma luta entre inovadores e conformistas. A maioria dos jovens alinhava-se com os primeiros; mas também havia homens de idade: Paustovsky, Ehrenburg, cujas *Memórias* eram acolhidas avidamente pelos estudantes; em contrapartida, certos jovens eram oportunistas e sectários. Não importa: num plano geral, tratava-se de um conflito de gerações. "O que há de mais notável entre nós hoje é a juventude", disseram todos os nossos amigos; mas muita gente gostaria de lhe pôr o cabresto. "Para esses jovens é tudo tão fácil!", disse-nos um quinquagenário que, no entanto, gostava muito deles. Compreendíamos aquela amargura. Os filhos censuravam obscuramente seus pais por terem suportado o stalinismo: o que teriam feito, em seu lugar? Era preciso viver: vivia-se. Com contradições, com cessões, dilaceramentos, covardias: mas também por vezes com fidelidades, generosidades e audácias que exigiam mais coragem do que aquela que um soviético de vinte e cinco anos jamais tivera oportunidade de manifestar. Nunca é justo assumir ares de superioridade com pessoas cujas dificuldades não se partilhou. Entretanto, os jovens tinham razão de querer que a desestalinização não permanecesse negativa, e que lhes fosse permitido abrir novos caminhos. Não voltavam de modo algum aos valores burgueses; lutavam contra as sobrevivências do stalinismo; depois de tantas mentiras, exigiam a verdade; pensavam que a arte e o pensamento revolucionário precisam de liberdade.

Num ponto haviam ganho: a poesia. Só vimos ligeiramente Evtuchenko, mas estivemos muitas vezes com Voznessenski, mais recente e quase tão popular quanto ele, embora sua obra seja mais difícil. Nós o encontramos por acaso, na plataforma da estação, na noite em que partíamos para Kiev; muito jovem, muito rosado, a boca risonha, os olhos límpidos, usando um esquisito barrete azul, falou-me em inglês, com uma agradável espontaneidade. Quando voltamos, propôs que assistíssemos a uma discussão sobre seus poemas na biblioteca de seu bairro; tinha o hábito dos recitais, tradicionais na Rússia, que, muitas vezes, reúnem, ao ar livre ou em salas, milhares de ouvintes; dessa vez tratava-se de uma reunião mais restrita — quatrocentas ou quinhentas pessoas —, mas na qual pediam-lhe que se explicasse por causa de uma crítica rigorosa contra ele, publicada na *Gazeta Literária*. Estava com medo: "São inimigos", sussurrou-nos, enquanto tomava lugar diante da assistência. De pé, com os olhos semicerrados, declamou seus poemas, cuja tradução Lena Zonina nos sussurrava. Foi aplaudido calorosamente. Uma jovem levantou-se. Ouvira pela primeira vez as obras de Voznessenski na praça Maiakóvski; o rapaz que as recitava e os indivíduos que as ouviam lhe haviam parecido suspeitos, e diziam coisas horríveis sobre as mulheres; ela voltara para casa transtornada, não jantara, chorara, seus pais se inquietaram: houve murmúrios e risos enquanto ela descrevia complacentemente sua virtuosa inquietação. Hoje, concluiu, era diferente; o que acabava de ouvir agradara-lhe. Professores primários e estudantes manifestaram admiração por Voznessenski: "Será boa poesia? A Poesia que permanece? Pouco ligamos: é a nossa poesia, a poesia da nossa geração", disse um. "A primeira leitura", disse uma médica, "não entendi nada, era muito hermético. Depois percebi que, justamente por causa disso, imagens e versos tinham ficado na minha memória, e eu os repetia muitas vezes para mim mesma. Reli várias vezes Voznessenski, e gostei cada vez mais dele. Então pergunto, e gostaria que me respondessem: poetas como ele, pintores como Picasso, estarão certos por não desejarem que os compreendamos logo? Eles nos obrigam a um esforço que nos enriquece. Mas, por outro lado, isso nos toma tempo; e quando se trabalha dez horas por dia, o tempo é precioso". A opinião geral foi que não se devia censurar um artista por ser difícil: "Quando leio uma revista da minha especialidade, tenho que fazê-la várias vezes", disse um engenheiro; "por que os poetas não podem exigir o mesmo de nós?" Uma professora primária, de cerca de quarenta anos, levantou-se e começou a ler uma longa dissertação: censurava Voznessenski por sua falta de clareza; seus alunos, de uns doze anos, não entendiam nada. (Protestos, risos.) Ele usava palavras herméticas, tais como quimera (risos, vaias). Falava em cor de mata-borrão, quando há mata-borrões de várias cores. Em meio a um burburinho irônico e furioso, ela continuou imperturbavelmente seu requisitório. "E ela ensina literatura aos nossos filhos! É uma vergonha!", gritaram adolescentes. Quando terminou, um jovem asiático tomou a palavra; fazia, no Instituto Gorki, cursos de criação literária por correspondência, e conhecia Voznessenski de cor: "Vocês estão errados ao insultar esta mulher", disse, com bondade. "Ela tem direito a toda nossa compaixão." Todos os jovens que vimos depois veneravam Voznessenski: "Somos especialistas", explicaram-nos físicos e técnicos. "Ele fala em nosso nome, e ao lê-lo sentimo-nos homens completos." Ele mesmo nos disse: "A poesia é a forma que a prece toma nos países socialistas." Críticos atacam os jovens poetas, burocratas os maltratam, mas para impedi-los de se expressarem à vontade, seria preciso voltar aos métodos stalinistas: primeiro, proibir essas reuniões a que Voznessenski chamava "meus concertos". Na verdade, eles não sofrem muitas pressões.[220] Viajam. Foram em grupo aos EUA, onde se entenderam muito bem com os beatniks. Seus livros são editados em centenas de milhares de exemplares.

Os prosadores, não tendo relação direta com seus leitores, dependem das editoras e das revistas, cuja liberdade é limitada pelo temor de desagradar ao público, por um lado, e às autoridades, por outro. A equipe de *Novy Mir* é a mais audaciosa; em outros lugares, vence a prudência. Sempre que se quer imprimir novelas e romances de características originais, é preciso lutar. Certos críticos têm dificuldade em fazer com que sejam aceitos artigos de acordo com seu pensamento: pedem-lhes que o disfarcem, atenuem, ou mutilem; eles cedem ou recusam, usam de astúcia, esforçando-se pacientemente para quebrar as resistências: a longo prazo essa política compensa. Hoje, são editados artigos e ensaios que, alguns anos antes, jamais teriam aparecido.

O público tem sede de novidade; na época da nossa estada, acabavam de traduzir a obra completa de Remarque — por quê? — e a de Saint-Exupéry: eram devoradas. "Traduzam Camus, Sagan, Sartre, tudo", reclamavam os jovens. Discutindo com a equipe de *Littérature Étrangère,* Sartre suscitou um frêmito de prazer ao lançar o nome de Kafka; o outro grupo arrepiou-se: "Ele foi incorporado pelos intelectuais burgueses." "Cabe a vocês retomá-lo", disse Sartre. Mesmo assim, a revista ia publicar um romance de Kafka. Brecht, de quem, como eu já disse, desconfiavam na URSS, começa a penetrar. Vimos em Leningrado uma versão de *A alma boa de Tsé-Suan*, montada no estilo realista de Stanislavski; o efeito era deplorável: o texto desconcertava o grande público, e a encenação chocava os brechtianos. Mas Yutchkevitch ia apresentar a peça em Moscou. Seria graças à influência de Brecht que *O dragão*, de Schwartz, era representado com tanta liberdade e inventividade? Dirigida contra o fascismo, mas proibida em 1944, logo após a primeira

---

[220] Depois dessa viagem, sabe-se que as coisas mudaram muito.

representação, porque o dragão evocava tanto Stalin quanto Hitler, essa comédia acabava de ser reapresentada em Leningrado, com grande sucesso.

O cinema italiano[221] seduz o público. Os conformistas temem que, sob sua influência, os jovens diretores rompam com a tradição nacional. Mas nenhum outro filme me faz sentir a guerra, tal coma a URSS a viveu, como *A infância de Ivã*. "Mais que a história de uma criança, é a história de toda uma juventude", dissera-nos George Breitbourd. A mãe morta diante dele, a aldeia em chamas: Ivã ficou meio louco; seus sonhos têm o frescor de seus dez anos; desperto, é tomado pelo ódio e pelo desejo de matar; é encantador, patético, tocante e heroico, mas um monstro. Desaparece durante uma missão que lhe confiaram contra a vontade dos oficiais. Em Berlim, no tumulto da vitória, um oficial encontra uma ficha com seu nome e sua fotografia: enforcado. A beleza e a novidade desse fim é que Tarkovski mostra ao mesmo tempo a grandeza do triunfo arrebatado pela URSS e o caráter irrecuperável do escândalo: o assassinato de uma criança. Tarkovski tem vinte e seis anos. Seu filme suscitou violentas hostilidades: mas foi enviado a Veneza, onde recebeu o Leão de Ouro. Também se atacou muito o filme de Yutchkevitch, inspirado em *Banhos*, de Maiakóvski, e no qual ele misturou desenhos animados, marionetes e documentários: entretanto, na sua audaciosa originalidade, é uma obra que só poderia nascer na URSS. Num cinema de bairro, vimos *E se fosse amor?*, dirigido contra "o espírito pequeno-burguês" das cidades-jardins. Duas "crianças do século", um colegial e uma colegial, amam-se com um amor inocente; as perseguições de seus pais e de seus vizinhos, os mexericos, as calúnias lançam-nos num tal desatino que acabam por dormir juntos; lamentavelmente são descobertos, pois a moça tenta matar-se, e depois parte para muito longe. Um filme medíocre, mas que dava um novo tom: uma crítica áspera, sem herói positivo nem desfecho feliz.

"Em escultura e pintura, somos provincianos", disse-nos um amigo. Ele abria uma exceção para Neizvestni, cujo ateliê visitamos com ele: uma sala de teto alto mas estreita, e tão cheia de esculturas que ninguém se mexia lá dentro. Uma escadinha muito íngreme dava acesso a um quarto exíguo. Neizvestni quer exprimir o "homem robotizado" de hoje, o que o levou a invenções de formas bastante ousadas: o Estado lhe fez algumas encomendas. Os jovens pintores são muito desfavorecidos; quase não conhecem a arte

---

[221] *Noites de Cabíria* e *Rocco e seus irmãos*.

ocidental, partem do zero ou quase, e o sistema desconfia de suas pesquisas, já que Khruchtchev não gosta dos abstratos nem da arte moderna em geral.[222] Os não conformistas trabalham numa semiclandestinidade, e só expõem em círculos fechados. Vendem, mas sua vida é difícil. Fomos à casa de dois deles: moravam em apartamentos comunitários, numa única peça que não era grande, e que lhes servia ao mesmo tempo de ateliê e quarto. No entanto, em Moscou e Leningrado estão expostas, há alguns anos, belíssimas coleções de impressionistas, de Van Gogh, de Gauguin e de Matisse. Picasso recebeu o prêmio Lenin; publicou-se um livro sobre ele com reproduções de seus quadros; no Ermitage, uma sala lhe é dedicada.[223] Diante de a *Mulher e o leque*, onde a figura humana é tratada como um objeto, os visitantes parecem chocados, muito mais do que diante das telas cubistas onde se indicam naturezas-mortas. Repetiram-me os comentários de um guia, que dirigia uma conferência-passeio; ele falou com respeito dos Picassos da fase azul, e depois, indicando o resto da sala: "Está aí um pintor que, em vez de progredir, só fez regredir." Diante dos Gauguin, declarou: "Infelizmente, todas as cores são falsas." A diretora da seção francesa do Ermitage, contudo, mostrou-nos várias obras modernas adquiridas pelo Museu, e das quais falava de maneira mais esclarecida.

Porque detestam que se "deforme" a figura humana, os russos — em todos os outros domínios tão ansiosos por reivindicar seu passado — não fazem justiça a seus primitivos. Rublov iguala-se a Giotto e a Duccio; diante dos ícones, Matisse (que neles se inspirou) chorou de admiração: apenas uma centena está exposta, embora encham salas imensas. Foi preciso lutar para criar um museu Rubloiv, onde estão reunidas obras originais e reproduções do mestre e de seus discípulos. Tarkovski gostaria de rodar um filme sobre ele: há fortes oposições. Evidentemente, é difícil reivindicar ao mesmo tempo Rubloiv e Repin. O mundo oficial escolheu Repin.

O público também se apaixona pela pintura. Na manhã em que fomos ao Ermitage era feriado, as pessoas brigavam diante da porta, uma moça tivera todos os botões do casaco arrancados: Lena Zonina pediu a um administrador que nos introduzisse por uma entrada privativa. Nas bilheterias

---

[222] O caso de Manège, em dezembro, mostrou bem isso: Neizvestni foi obrigado a fazer sua autocrítica. Vi na televisão de Moscou um programa que ridicularizava suas obras.
[223] Em janeiro de 1963 havia duas.

das exposições há tanto tumulto, que se apela à polícia para que mantenha a ordem. Quando um livreiro anunciou o lançamento de um livro sobre o impressionismo ou sobre Miró, desde as cinco da manhã havia fila diante de sua loja: em uma hora, todos os exemplares foram vendidos. A pressão será bastante eficaz para arrancar novas concessões?[224]

Para os arquitetos, a situação é bem melhor. Khruchtchev interessa-se pela arquitetura, e ama a simplicidade. Aprovou em Kiev o monumento ao soldado desconhecido, que escandalizava a maioria dos notáveis por sua simplicidade. O Palácio dos Pioneiros acabava de ser construído, num estilo que lembra o de Niemeyer; os pensionistas de uma casa de repouso, do outro lado do vale, escreveram cartas de protesto: aquele horror lhes estragava a paisagem. Mas o Palácio agrada a Khruchtchev: limitaram-se a transmitir as cartas aos arquitetos. Estes nos disseram, contritos: "Nós também temos na consciência colunatas plantadas em quartos andares." Acabou-se com aquela feiura ostentatória, cara a Stalin; os bairros novos são insípidos, mas construídos com uma preocupação de economia. O mais belo dos novos edifícios é o Palácio do Congresso: "Não deveriam tê-lo colocado no interior do Kremlin", diziam alguns dos nossos amigos. "Mas naquele recinto onde a Idade Média vive em boa vizinhança com os séculos XVIII e XIX, por que o século XX não teria lugar?", respondiam outros. Os soviéticos discutiram muito o assunto, de viva voz e nos jornais. Quanto a mim, achei belíssimo o reflexo das velhas cúpulas douradas nos espelhos cintilantes do palácio. Outra obra moderna, de uma sóbria e engenhosa elegância, é a Casa da Juventude; quando tomávamos chá no hall, com a mulher de Simonov,[225] que trabalha num Instituto de Arte Aplicada e que é crítica de arte, ela observou que os móveis e a louça destoavam naquele ambiente. Nada mais difícil do que encontrar nas lojas de Moscou um prato, uma xícara, uma cadeira que seja bonita; não será fácil acabar com a predileção dos moscovitas pelos laçarotes, pelas fitas preguedadas, pelas cinzeladuras, molduras, incrustações e excessos de enfeites. "Mas fazemos um grande esforço", dizia ela. "Procuramos executar belos objetos e difundir o bom gosto."

---

[224] Desde dezembro de 1962, fica-se tentado a dar uma resposta pessimista. Entretanto, o endurecimento do lado oficial parece indicar que, do outro lado, apesar das negações arrancadas, a resistência é muito forte.
[225] Sua segunda mulher. Ele se divorciou e casou-se de novo.

Quando Sartre visitou uma sala de aula, em 1954, pronunciara o nome de Dostoievski: "Por que se interessa por ele?", perguntara, com certa agressividade, uma colegial de doze anos. Agora liam-no e amavam-no. Ficamos impressionados com a maneira como nos falaram de Pastemak. Evtuchenko declarara na Inglaterra: "Na minha opinião, é um excelente poeta." Muita gente censurou-lhe essa lítotes; todo mundo na URSS o considera um dos maiores poetas russos, diziam. "Sua morte nos obriga a escrever", disse Voznessenski. "Antes, era inútil: ele era a poesia." Quando visitamos Fedin, no carro emprestado pela União dos Escritores, o motorista parou diante de uma casa cercada de árvores: "A datcha de Pastemak!", disse ele, com devoção. Mesmo o mundo oficial não o ataca mais. Se sua antiga amante foi mandada para um campo de concentração,[226] foi porque se entregara ao tráfico de divisas.

A questão dos campos de concentração era abordada sem reticências: "Toda noite, durante um ano, meu pai sentava-se em sua poltrona, com o olhar fixo, esperando que viessem prendê-lo; todos os seus companheiros tinham sido fuzilados, e ele jamais compreendeu o que o salvou", disse-me uma jovem. "Meu pai ficou seis anos num campo", disse-me uma professora primária; "no entanto, na noite em que morreu Stalin, eu chorei". "Fui mandado para o campo em 1942 por humanitarismo", disse-nos um professor, "porque eu não queria que fuzilassem os prisioneiros de guerra. Passei cinco anos lá". Contaram-nos que muitos detentos aprovavam o princípio dos campos: achavam que tinham razão de jogar ali seus vizinhos: eles mesmos haviam sido vítimas de um erro que não condenava o sistema. Ao que parece, até 1936 os campos eram realmente centros de reeducação: trabalho moderado, regime liberal, teatros, bibliotecas, conversas, relações familiares, quase amistosas, entre os dirigentes e os detentos. A partir de 1936, a pena máxima passou a ser, como antes, de dez anos, mas o prisioneiro tinha ou não direito de corresponder-se com sua família: a segunda cláusula significava que ele fora fuzilado; o regime penitenciário tornou-se tão abominável que muitos deportados morriam; depois de 1944 também, mas não se fuzilou mais. Sobre a vida nos campos ninguém nos deu detalhes, quer por repugnância, quer por ignorância, quer pelo fato de ter havido ordem de silêncio quanto a esse assunto. Contaram-nos apenas anedotas: deportado,

---

[226] Agora só se internam ali os presos comuns.

um especialista em Puchkin revelou que havia descoberto os últimos cantos de Eugênio Oneguin; seus papéis se haviam extraviado, mas sua excelente memória lhe permitiria, se lhe dessem tempo para tanto, reconstituir o texto; lançou-se ao trabalho e foi estimulado, pois Puchkin parecia ter pressentido a estética jdanoviana: nacionalismo, heroísmo, otimismo, nada faltava; terminada a obra, continuou a gozar de um regime de favor, de tal modo os stalinistas estavam felizes por descobrirem um Puchkin exatamente como desejavam. Outros conhecedores denunciaram a impostura; tiveram que se calar até o dia em que os prisioneiros foram libertados e o crítico confessou que inventara tudo. A volta dos deportados suscitara dramas, práticos, morais ou sentimentais. Vitor Nekrassov publicara um romance sobre a difícil readaptação de um deles. Antigos detentos dos campos de concentração haviam escrito ou estavam escrevendo suas lembranças, na esperança de um dia vê-las publicadas.

Não nos recebiam absolutamente como haviam recebido Sartre em 1954. Nada de banquetes, nem de brindes pomposos, nada de propaganda: as pessoas nos convidavam para suas casas em pequenos grupos; concordando com eles, ou deles discordando, discutíamos no nosso próprio terreno. Jantamos na datcha de Simonov com um escritor de cerca de cinquenta anos, Doroch, fixado em Moscou, mas que passa longas temporadas no campo, em Rostov; ele alugou um quartinho numa isbá. Gosta dos camponeses, interessa-se pela vida deles e a descreve em seus livros sem esconder suas dificuldades, suas rudezas, nem disfarçar os erros cometidos pelas pessoas que dirigem a agricultura. Num carro emprestado pela União dos Escritores, levou-nos para passar dois dias em Rostov. Sua mulher nos acompanhava; professora de física e cozinheira competente, ela levava na mala do carro comida para dois dias. Rostov, a duzentos quilômetros de Moscou, é o berço da Rússia: hoje é uma grande aldeia de vinte e cinco mil habitantes, à beira de um lago, dominada por um Kremlin mais antigo que o de Moscou, mais rústico e belíssimo. O arquiteto que o restaura acampava numa das torres redondas da muralha; pretendíamos fazer as refeições na casa dele; ele iria mostrar-nos os monumentos, e Doroch nos faria encontrar alguns dos camponeses que conhece. Mas no caminho ele nos prevenira: "Esses senhores de Iaroslavl[227] têm suas ideias sobre o que interessa a escritores franceses." Atravessamos

---

[227] É a grande cidade da qual Rostov depende, a cerca de trinta quilômetros, às margens do Volga.

uma das portas do Kremlin e saltamos do carro: três homens com chapéus de palha avançaram em nossa direção e nos cumprimentaram secamente; eram dois dirigentes do soviete regional e o chefe da propaganda. Subiram à torre conosco e partilharam nossa refeição. Pelas estreitas janelas, avistavam-se as águas sedosas e a planície; a sala redonda era encantadora, o arquiteto também, mas a presença dos três funcionários nos aborrecia. Seguiram-nos enquanto visitávamos as igrejas de cúpulas azuis, douradas, de ardósia, lisas ou escamadas. Os afrescos que decoram as capelas são mais serenos que os das nossas: o inferno quase não é evocado. Depois, devíamos visitar um colcós; retardaram a partida até o fim da tarde: quando chegamos, os camponeses já haviam voltado para suas casas, com exceção de uma mulher que se demorara no estábulo e que era a melhor ordenhadora do lugar. Poderíamos visitar sua isbá? Não, justamente naquela tarde ela havia lavado sua roupa. Fizeram-nos rodar em torno de um campo de feijão: Khruchtchev acabava de recomendar essa cultura, e o chefe do colcós já tomara a iniciativa dois anos antes! Doroch afastara-se e dava pontapés em torrões de terra. Nossos guias nos levaram à casa do chefe de equipe: no interior, parecia mais com a casa de um pequeno-burguês pobre do que com a de um camponês de fazenda francesa. Embora o proprietário fosse inscrito no Partido, havia uma chama acesa diante de um ícone. Ao sair, perguntei: "Há muitos camponeses que praticam a religião?" "Todos são livres", respondeu-me o propagandista. Ele eludia todas as perguntas. Para nos explicar "a mentalidade camponesa", citou uma frase conhecida de Lenin, acompanhando-a de uma série de lugares-comuns. Durante o jantar, Sartre atacou. No dia seguinte, queríamos ver camponeses, sozinhos com Doroch; entre escritores, meia palavra basta; ele saberia fazer com que falassem de um modo que nos interessaria. Os funcionários nada responderam. Lena Zonina, Sartre e eu fomos levados para Iaroslavl, onde tinham reservado quartos para nós, e na manhã seguinte quiseram levar-nos para visitar uma fábrica de calçados. Recusamos. O chefe de propaganda nos mostrou as margens do Volga, a casa onde Natacha encontra o príncipe André moribundo, velhas igrejas: era um agradável passeio, mas ele nos levou de volta a Rostov duas horas mais tarde do que ficara combinado com Doroch; e estava bem decidido a nos escoltar durante todo o dia. Desistimos. Depois do almoço, partimos de novo para Moscou. Durante o trajeto de volta e em Moscou, onde voltamos a vê-la, Doroch nos falou longamente dos problemas humanos que surgem no campo: a condição das mulheres; as aspirações dos jovens, as relações entre operários e camponeses, a atrações das cidades, o que deveria ser feito e o que se fez para reter nas aldeias a nova geração que nem mesmo a mecanização consegue prender à terra, o conflito entre aqueles que querem transformar radicalmente a condição rural e os que desejam a manutenção de certas tradições.

Viajando de trem durante uma noite, fomos a Leningrado: uma das mais belas cidades do mundo. Catarina II teve um lampejo de gênio quando encarregou Rastrelli de importar para as margens do Neva o barroco italiano, que combina tão bem, na luz nórdica, com os vermelhos, os azuis e os verdes que aqui reveste. Como Roma, Leningrado é feiticeira: sobretudo a imensa praça onde brilham as janelas do palácio de Inverno. Minha memória sobrepunha à sua misteriosa majestade imagens em preto e branco dos "dez dias que abalaram o mundo", e das revoltas que os anunciaram. Uma multidão atarefada subia e descia a avenida Nevsky: eu me lembrava, numa fotografia, da rua e das calçadas cheias de cadáveres e feridos. No meio daquela ponte sobre o Neva, via uma carruagem: a ponte levantava; cavalo e carro despencavam no silêncio dos filmes de outrora. Smolny. O Almirantado. A fortaleza Pedro e Paulo. Que ressonância tiveram essas palavras quando eu as lera pela primeira vez, por volta dos meus vinte anos! De dia, era na cidade de Lenin que eu passeava (e desse outro, que não é mencionado).

Depois vinha, em plena claridade, a noite. "As noites brancas de São Petersburgo": na Noruega, na Finlândia, eu pensara pressenti-las; mas na magia do sol noturno é preciso este cenário onde o passado se petrificou, e que é visitado por espectros.

Jantamos na casa do escritor Guerman com sua família e Kheilfitz, o diretor de *A dama do cachorrinho*. Sabíamos que ele só escapara à deportação escondendo-se, e em grande parte graças a Ehrenburg. "Nem uma só vez escrevi o nome de Stalin", disse-nos, enquanto enchia nossos pratos de raviólis siberianos. Falamos de cinema, de teatro; ele contou lembranças sobre Meyerhold. A mulher de Kheilfitz e seu filho de uns vinte anos chegaram ao café; acabavam de ver *Rocco e seus irmãos*: ela estava comovida e encantada. O jovem Kheilfitz e os filhos de Guerman compararam os méritos de Voznessenski e de Evtuchenko. Kheilfitz preferia o primeiro, e os filhos de Guerman o segundo. Sartre teve uma longa discussão com a Mme Kheilfitz sobre as relações dos filhos com os pais: referiu-se a certas ideias de Freud que ela combateu com ardor. À meia-noite, descemos todos juntos para o Campo de Marte: no odor verde da madrugada, namorados beijavam-se nos bancos, jovens tocavam violão, bandos de meninos e meninas passavam rindo.

Dois dias mais tarde, nós os reencontramos num restaurante, por volta de onze horas, saindo do teatro. Levaram-nos de carro para ver o bairro de Dostoievski, sob o sol pálido: sua casa, a morada de Rogojin, o pátio da usurária morta por Raskolnikov, o canal onde ele jogou o machado. Avistamos, de passagem, a janela do quarto onde Essenin se matou. Mostraram-nos a mais antiga morada de Pedro, o Grande, os primeiros canais. No subúrbio, no lugar onde Puchkin se bateu em duelo e foi mortalmente ferido, bebemos vodca em sua memória.

Como antes da guerra, há quatro milhões de habitantes em Leningrado; mas quase todos são recém-chegados: durante o cerco, a fome fez três milhões e meio de vítimas, porque as fábricas de víveres arderam nos primeiros dias. Um velho professor descreveu a Sartre as ruas geladas, cheias de cadáveres que os transeuntes nem mesmo olhavam; só se pensava em levar para casa a tigela de sopa sem cair de fraqueza: quem caísse não teria força para se levantar; e se alguém estendesse a mão, de nada adiantaria: iria cair também.

Os russos continuam a gabar as belezas de Kiev; a catedral de Santa Sofia, que o poeta ucraniano Bajan nos fez visitar, merece a fama que tem. Mas os bairros do centro — a metade da cidade — foram pulverizados pelos alemães; Stalin mandou destruir uma das mais famosas igrejas e reconstruir Kiev no estilo que lhe era caro: arcadas e colunatas, a grande avenida é um colossal pesadelo. Na Ucrânia também, todas as pessoas são obcecadas pelas recordações de guerra. Kiev estava em cinzas quando Bajan voltou para lá, e os raros transeuntes lhe pareciam fantasmas; reconheceu o rosto de um amigo: os dois ficaram olhando-se durante um longo instante, sem palavras, sem acreditar nos próprios olhos. Os nazistas, que desejavam aniquilar a cultura eslava, incendiaram deliberadamente o mosteiro de Avra, célebre local de peregrinações; numa colina, acima do Dnieper, resta um pedaço de muro pintado, uma cúpula cujo ouro foi enegrecido pelas chamas, destroços calcinados. Eu ainda tinha nos olhos as imagens da *Infância de Ivã* e, sob os campos de morangos, onde colcosianas colhiam cestos de frutas, enormes e deliciosas, via terras devastadas.

Almoçamos com Korneitchuk e sua mulher, Wanda Wassileska, em sua datcha nos arredores de Kiev: um jardim florido de tulipas descia até a beira do lago. Ele desejava muito que Sartre estivesse presente ao Congresso de Paz, que ia realizar-se em Moscou, e que ali falasse da cultura. Também Ehrenburg, por intermédio de sua mulher, Surkov, e Fedin insistiam para que Sartre participasse do Congresso; desejavam sua colaboração para organizar um colóquio entre intelectuais do mundo inteiro. Hiena de caneta, inimigo dos homens, cantor da lama, coveiro, vendido. Quando saía dessas entrevistas, Sartre lembrava-se e ria.

Em Moscou, estávamos hospedados no hotel de Pequim, um desses bolos de festa espalhados aqui e ali na cidade, que têm a pretensão de se harmonizar com as torres do Kremlin. Mas permanecíamos ali o menos possível. Preferíamos fazer fila com os moscovitas à porta dos restaurantes e dos cafés. Por vezes, jantávamos no clube dos escritores, ou no clube do teatro. Os lugares públicos fecham às onze horas da noite, salvo os restaurantes de alguns grandes hotéis onde se pode comer, beber e dançar até meia-noite e meia; entretanto, as ruas permanecem animadas por muito tempo: as pessoas se visitam. Ainda moram mal, 80% vivem em apartamentos comunitários; mas o esforço de construção continua, e o interior das novas habitações é agradável. George Breitbourd morava num apartamento de um cômodo bem grande, num bloco reservado aos intelectuais: era muito claro, com banheiro e cozinha, e faria inveja a muitos franceses celibatários do mesmo nível profissional que o seu. Na velha Moscou, é preciso atravessar pátios mais ou menos sórdidos, subir escadas arrebentadas ou tomar elevadores que parecem guindastes: mas os apartamentos dos escritores e dos diretores de teatro que nos convidaram — evidentemente privilegiados — eram bastante grandes e muitas vezes elegantes. Os meios de transporte são cômodos. Poucos táxis, muitos ônibus, uma importante rede metropolitana com escadas rolantes na maioria das estações. Entretanto, os dias dos moscovitas são cansativos, por causa da escassez de mercadorias; é preciso correr às lojas, fazer filas; e mesmo assim não se encontra tudo o que se quer.

É que a URSS — seus dirigentes não o dissimulam — enfrenta graves dificuldades econômicas; a agricultura sempre funcionou mal; nos últimos tempos, denunciaram-se numerosos delitos de corrupção e de prevaricação: equivalentes socialistas das nossas fraudes, malversações e escândalos financeiros. São rigorosamente reprimidos, aplicando-se a pena de morte nos casos muito graves. Sem dúvida essa pobreza é o preço pago pelos ganhos espaciais. Irá ela diminuir, ou agravar-se? Sobre isso, estudos e estatísticas informam melhor do que uma viagem de três semanas. Mas esta nos foi proveitosa. Desde o início da guerra fria tínhamos optado pela URSS; desde que ela segue uma política de paz e se desestaliniza, não nos limitamos a preferi-la: sua causa e suas oportunidades são nossas. Nossa permanência transformou essa ligação numa amizade viva; uma verdade é rica à medida que se tornou verdade; estaríamos errados se considerássemos modestas as conquistas dos intelectuais russos: elas abarcam tudo o que deixaram para trás. As contradições de sua experiência — a herança recusada do passado stalinista, entre outras —, obrigando-os a pensar por si mesmos, dão a eles uma profundidade excepcional nesta época de condicionamento ao exterior. Sente-se nas pessoas, particularmente nos jovens, um desejo apaixonado de conhecer e de compreender: cinema, teatro, balés, poesia, concertos, as entradas esgotam-se com dias de antecedência; os museus e as exposições recusam visitantes; os livros esgotam-se assim que são lançados. Por toda parte discute-se, debate-se. No mundo tecnocrático que o Ocidente quer impôr-nos, só contam o instrumento e a organização, meios de atingir outros meios que não revelam nenhum fim. Na URSS, o homem está se construindo, e mesmo que isso não se realize sem dificuldade, se há golpes duros, recuos, erros, todas as coisas que o cercam, tudo o que lhe acontece é carregado de significação.

No caminho de volta, paramos na Polônia. Varsóvia, o gueto: ruínas, ossuários, um deserto de cinzas. E eu via uma grande cidade nova, com largas avenidas, parques, obras e, aqui e ali, sem justificativa, uma casa meio desmoronada. Do gueto só restam um pedaço de muro e um mirante, no meio de terrenos baldios disfarçados em verdes gramados, e edifícios elegantes. O velho bairro foi muito bem reconstruído: a praça do mercado, a catedral, as ruazinhas de casas baixas e coloridas. O resto da cidade — feia aqui, bonita ali, segundo a época em que foi reconstruída — não tem coesão, nem personalidade, nem alma: é uma magnífica vitória sobre a morte, mas dir-se-ia que a vida ainda hesita em instalar-se ali. Industrial, populosa, vetusta, suja. Praga, do outro lado do Vístula — onde os exércitos russos se detiveram, e que escapou à destruição —, tranquilizava-me, porque o curso do tempo não foi ali interrompido.

Lissowski, comunista, que fala tão bem francês quanto polonês, levou-nos para passear em seu carrinho. O vazio das ruas nos impressionou. Mas são animadas e, ao menos no centro, alegres: mulheres esguias, bem maquiadas; vitrines cuidadas; os objetos usuais, os móveis, a decoração dos restaurantes e dos cafés são bonitos. Às dez da noite, os lugares públicos fecham: os beberrões adiantaram a hora do pileque: desde nove horas da noite encontramos muitos deles. Há menos desigualdade entre os salários do que na URSS, mas o padrão de vida é muito baixo. A comida não custa quase nada; em compensação, o preço das roupas é exorbitante: um par de sapatos custa um quarto do salário médio mensal. As habitações são gratuitas, mas muito difíceis de conseguir: Varsóvia está fechada, ninguém tem direito de se instalar ali, pois grande parte dos habitantes amontoam-se em pardieiros. Os arquitetos hesitam: puseram um banheiro em cada apartamento; por falta de hábito, muitos locatários não os utilizam; não seria melhor suprimi-los e aumentar o número de habitações? Mas então prejudica-se o futuro: os habitantes de Varsóvia só aprenderão higiene se tiver meios ao seu alcance. Será melhor pensar primeiro nas necessidades imediatas, ou preocupar-se com a geração vindoura? Prevaleceu a segunda opção.

Vimos Cracóvia, velhusca, provinciana, atraente: a Universidade, o gabinete do dr. Fausto, seus alambiques e a marca do pé de Mefistófeles; a catedral, no meio do mercado, com sua alta e bela torre de onde, de hora em hora, toca uma trombeta para os quatro cantos do horizonte; o castelo real, o gabinete de trabalho e a sala de projeção que Frank, o carrasco da Polônia, mandara instalar para si. Avistamos Nova Huta, o imenso conjunto, a cidade operária, um belo mosteiro cisterciense, uma comovente igreja de madeira, plantada no meio de um prado. Voltamos de carro para Varsóvia: por trezentos quilômetros a estrada ondula entre prados, campos de cereais verde tenro, casas camponesas de telhados de colmo, pintadas de amarelo ou azul. Apenas propriedades particulares: "o outubro polonês" consagrou o fracasso da coletivização. Muitas vezes passávamos por grupos de camponesas vestidas com traje tradicional: capas e saias de cores vivas, lenços amarrados sob o queixo; acompanhadas de crianças que seguravam círios, voltavam de alguma cerimônia religiosa. No campo, a religião tem grande peso. Mostraram-nos um espantoso documentário, cuja filmagem o clero permitiu, com a condição de que se comprometessem a não acrescentar qualquer comentário: uma via-sacra que é representada todos os anos numa aldeia, e à qual assiste uma multidão vinda de todos os cantos do país; o Cristo, carregando a cruz, galga uma colina, penando, resfolegando, suando e tropeçando; cai com uma convicção e uma arte tão extraordinárias que essa queda é um acontecimento real; alguns homens o seguem, titubeando sob o peso de pedras com que machucam os ombros; mulheres olham, perdidas de êxtase, em lágrimas, quase gritando; e o clero se enquadra, com seus belos cantos disciplinados, nesse frenesi masoquista. Comovente pela questão que coloca, revoltante pela resposta que dá, esse filme não é projetado publicamente. Nas cidades há 60% de fiéis — disse-nos um amigo; outros estimavam que esse número era inteiramente falso. A catedral de Varsóvia estava cheia no domingo de manhã: mas os habitantes do velho bairro são de origem burguesa; os operários não vão à igreja, pelo menos não os homens. O que permanece vivo é o antissemitismo: numa das bocas de bronze do monumento, aliás horrível, erigido em memória dos judeus do gueto, alguém enfiara uma ponta de cigarro.

O jornal *Política* nos fez encontrar jornalistas que recentemente haviam participado de uma pesquisa sobre os conselhos operários, e o presidente de um deles: estão enfraquecendo. Exigem tempo demais dos operários que em geral, por falta de competência, deixam os engenheiros e o pessoal da direção tomarem todas as decisões. Provavelmente vão desaparecer.

Eu conhecia bastante bem a cultura polonesa do pós-guerra; vi a maioria dos filmes poloneses projetados na França, entre os quais *Cinzas e diamantes*, que tem o frescor e a sinceridade procurados pela *nouvelle vague*, e que além disso tem um significado. Tínhamos lido e publicado na *Temps Modernes*, desde 1956, muitos textos poloneses. Reciprocamente, a maioria das peças de Sartre foram representadas na Polônia, e os livros dele e os meus foram traduzidos. Quase todos os escritores falam francês. Conhecêramos muitos deles em Paris: as relações foram das mais fáceis. Nunca tínhamos visto Brandys, de quem publicáramos a *Defesa de Granada*, *A mãe dos reis*, as *Cartas à Mme Z.*: caloroso sob uma aparência distante, tão sensível quanto inteligente, tinha da literatura a mesma concepção que nós. Passamos bastante tempo com Jan Kott, o tradutor do teatro de Sartre, e de quem a coleção de *Temps Modernes* ia publicar um livro notável sobre "Shakespeare, nosso contemporâneo". O combate travado na URSS pró e contra a liberdade da cultura é poupado aos intelectuais poloneses. Eles estão a par do que se faz no Ocidente, escrevem e pintam mais ou menos o que querem. Mas estão dilacerados; pertencem a um país menos adiantado que a URSS no caminho do socialismo, e onde subsistem forças reacionárias: a religião, o antissemitismo, um campesinato ligado à propriedade privada; hostis à ideia de reduzi-las pela coação, sofrem com esses atrasos. Relativamente pouco numerosos, pouco industrializados, a sorte dos poloneses está ligada ao destino da Rússia; entretanto, ideológica e politicamente de acordo com ela, tem muitas razões, antigas e mais recentes, para não trazê-la no coração. Os escritores são muito sensíveis a esse mal-estar, que alguns exprimiram admiravelmente.

***

Ficáramos sabendo em Moscou dos acordos entre o GPRA e a OAS: estando-lhe garantida a anistia, o exército secreto sustava os atentados; na verdade, ele capitulava. Logo produziu-se entre os *pieds-noirs* uma reviravolta radical: todos os que permaneciam na Argélia votaram sim no dia da autodeterminação.

Em 5 de julho, os argelinos festejaram sua independência; convidaram seus amigos franceses e autoridades de diversos países para irem ao hotel Continental no fim da tarde. Perguntamos ao porteiro onde se realizava a reunião: "A reunião argelina? Foi cancelada", respondeu ele, num tom triunfante. Na rua adjacente, uma centena de pessoas — as que encontrávamos em todas as manifestações — marcava passo sob um céu gelado; embaixadores tinham vindo e voltado. Dizia-se que o hotel recebera ameaças da OAS; ou então a Chefatura de Polícia recusara a proteção que a direção julgava necessária. Qualquer que fosse o pretexto, estávamos enojados com essa última molecagem francesa. Estávamos ali, conversando uns com os outros, desamparados, enquanto na esquina tiras de capacete murmuravam: "O que estamos esperando para bater?" Com Sartre e um pequeno grupo, dirigimo-nos à sede dos estudantes africanos, no bulevar Saint-Michel. Havia muita gente, e fumaça; sufocava-se na pequena sala superlotada; sobre um estrado, belas argelinas, vestidas de branco e verde, cantavam, acompanhadas por uma pequena orquestra. Aquela alegria não era sem nuvens: graves dissensões haviam estourado entre os dirigentes argelinos. Eles acabariam por acertar-se. Mas para nós, franceses, a situação em que deixávamos a Argélia não autorizava a alegria. Fazia sete anos que desejávamos essa vitória: ela chegava muito tarde para nos consolar do preço que custara.

Parti de férias e voltei; estou de novo instalada na minha casa, um outono azul e frio entra no meu apartamento. Pela primeira vez em anos encontrei nas ruas de Paris trabalhadores argelinos que sorriam. O céu está menos pesado. Uma página foi virada, e posso tentar fazer um balanço.

Epílogo

Uma coisa realmente deu certo na minha vida: meu relacionamento com Sartre. Em mais de trinta anos, só dormimos separados uma noite. Essa longa união não atenuou o interesse que mantemos em nossas conversas: uma amiga[228] observou que cada um de nós ouve sempre o outro com grande atenção. Entretanto, tão assiduamente criticamos, corrigimos, sustentamos reciprocamente nossos pensamentos, que eles nos são todos comuns. Carregamos dentro de nós um estoque indiviso de lembranças, conhecimentos, imagens; para apreender o mundo, dispomos dos mesmos instrumentos, dos mesmos esquemas, das mesmas chaves: muitas vezes um acaba a frase começada pelo outro; se nos fazem uma pergunta, acontece-nos formularmos juntos respostas idênticas. A partir de uma palavra, de uma sensação, de uma sombra, percorremos um mesmo caminho interior, e desembocamos simultaneamente em uma conclusão — uma lembrança, uma associação — inteiramente inesperada para um terceiro. Não nos espantamos mais por nos encontrarmos em nossas próprias invenções; recentemente li reflexões anotadas por Sartre por volta de 1952, e que eu ignorava: descobri ali passagens que se encontram, quase palavra por palavra, nas minhas memórias, escritas quase dez anos depois. Nossos temperamentos, nossas orientações, nossas escolhas anteriores permanecem diferentes, e nossas obras assemelham-se pouco. Mas nascem num mesmo terreno.

Essa concordância iria contradizer — como me censuraram — a moral de *O segundo sexo*: reivindico a emancipação das mulheres, e nunca conheci

---

[228] Maria Rosa Oliver, em entrevista que deu a um jornal argentino.

a solidão. As duas palavras não são sinônimas; mas antes de me explicar, eu gostaria de descartar algumas tolices.

Houve quem dissesse que Sartre escrevia meus livros. Alguém, que até gostava de mim, aconselhou-me, logo depois que recebi o prêmio Goncourt: "Se você der entrevistas, esclareça bem que *Os mandarins* é obra sua; você sabe o que dizem: que é Sartre quem guia sua mão..." Pretendeu-se também que ele fizera a minha carreira: sua intervenção limitou-se a apresentar a Brice Parain dois manuscritos meus, dos quais um, aliás, foi recusado. Continuemos. Disseram na minha cara que Colette tinha conseguido fazer sucesso "indo para a cama": nossa sociedade faz muita questão de manter minhas semelhantes em sua condição de seres secundários, reflexos, joguetes ou vampiros do grande sexo masculino.

Com muito mais razão todas as minhas convicções me teriam sido insufladas por Sartre. "Com um outro, ela teria sido mística", escreveu Jean Guitton; e, muito recentemente, um crítico, belga, se não me engano, sonhava: "Se ela tivesse encontrado Brasillach!" Numa folha intitulada *Tribune des Assurances*, li: "Se em vez de aluna de Sartre ela tivesse ficado sob a orientação de algum teólogo, teria sido uma deísta apaixonada." Reencontro, a cinquenta anos de distância, a velha ideia do meu pai: "A mulher é aquilo que o marido faz dela." Enganava-se bastante; não mudou um só fio de cabelo da jovem devota moldada pelo convento dos Oiseaux. Mesmo a enorme personalidade de Jaurès dobrara-se ante à piedosa obstinação de sua esposa. Uma juventude pesa, resiste: tal como eu era aos vinte anos, como poderia ter sucumbido à influência de um crente, ou de um fascista? É que admitimos entre nós que a mulher pensa com o útero: ora, que cachorrada! Encontrei Brasillach e sua corja: eles me horrorizavam. Eu só poderia ligar-me a um homem hostil a tudo o que eu detestava: a direita, os bem-pensantes, a religião. Não foi por acaso que escolhi Sartre: pois, afinal, eu o escolhi. Segui-o com alegria porque ele me arrastava pelos caminhos que eu desejava percorrer; mais tarde sempre discutimos juntos a nossa rota. Lembro-me de que, em 1940, ao receber a última carta de Brumath, apressada e um tanto vaga, uma frase, à primeira leitura, amedrontou-me: Sartre não iria pactuar? Durante aquele segundo em que esse temor me possuiu, senti no meu enrijecimento, na minha dor, que, se eu não conseguisse convencê-lo, iria viver dali em diante contra ele.

É verdade que filosoficamente e politicamente as iniciativas vieram dele. Parece que certas jovens ficaram decepcionadas com isso: eu teria aceitado o papel "relativo" do qual eu as aconselho a se evadirem. Não. Sartre é ideologicamente criador, e eu não; pressionado por isso mesmo a fazer opções políticas, ele aprofundou as razões disso, mais do que eu estava interessada em fazê-lo: seria recusando-me a admitir essas superioridades que eu teria traído minha liberdade; teria ficado obstinada na atitude de desafio e má-fé gerada pela luta dos sexos, que é o contrário da honestidade intelectual. Perservei minha independência, pois jamais descarreguei minhas responsabilidades sobre Sartre: não aderi a nenhuma ideia nem a qualquer resolução sem tê-la criticado e retomado por minha própria conta. Minhas emoções me vieram de um contato direto com o mundo. Minha obra pessoal exigiu de mim buscas, decisões, perseverança, lutas, trabalho. Sartre me ajudou, e eu também o ajudei. Não vivi através dele.

Na verdade, essa acusação faz parte do arsenal que meus adversários usaram contra mim. Pois minha história pública é a história dos meus livros, dos meus sucessos, meus fracassos; e também a história dos ataques contra os quais tive que lutar.

Na França, se você escreve, ser mulher é dar varas para que te açoitem. Sobretudo na idade que eu tinha quando comecei a ser publicada. A uma mocinha concedem uma indulgência licenciosa. A uma velha fazem reverências. Mas, perdido o primeiro frescor, sem ter ainda atingido a pátina da antiguidade, ouse falar: que matilha! Se você for de direita, se se inclina com graça diante da superioridade dos machos, se insolentemente não diz nada, irão poupá-la. Eu sou de esquerda, tentei dizer coisas: entre outras, que as mulheres não são estropiadas de nascença.

"Você venceu: fez os inimigos que convém", dizia-me, na primavera de 1960, Nelson Algren. Sim; as ofensas de *Rivarol*, de *Preuves*, de *Carrefour* e de Jacques Laurent alegravam-me. O mal é que a maledicência se espalha. As calúnias encontram logo eco, senão nos corações, ao menos nas bocas! Sem dúvida é uma dessas formas de descontentamento que todos mais ou menos sentimos por sermos apenas o que somos. Embora capazes de compreender, preferimos depreciar. Os escritores são particularmente vítimas dessa influência perniciosa; o público os consagra, sabendo muito bem que são pessoas como quaisquer outras, e têm raiva deles por essa contradição; todos os sinais que demonstram sua humanidade são invocados como carga contra eles. Um crítico americano, aliás benevolente, escreveu que, em *A força da idade*, apesar dos meus esforços, eu tinha feito Sartre descer do seu pedestal: que pedestal? Pelo menos ele concluía que, se Sartre perdia um pouco do seu prestígio, apreciavam-no mais. Geralmente o público, se descobre que você não é sobre-humano, rebaixa-o a uma categoria inferior à espécie: um monstro. Especialmente entre 1945 e 1952, nós incitávamos às distorções, porque resistíamos às classificações: de esquerda, mas não comunistas, e até mesmo muito malvistos pelo PC, não éramos "boêmios"; censuravam-me por morar em hotel, e a Sartre por viver com a mãe; entretanto, recusávamos os ambientes burgueses, não frequentávamos "a sociedade", tínhamos dinheiro, mas não um padrão de vida elevado. Intimamente ligados, mas não submetidos um ao outro, essa ausência de referências desconcertava e irritava. Fiquei impressionada, por exemplo, pelo fato de o *Samedi-Soir* indignar-se com o preço que pagáramos por uma corrida de táxi, de Bu Saada a Djelfa: fazer cinquenta quilômetros num carro alugado representa um luxo menor do que possuir um carro. No entanto, nunca ninguém me censurou, mais tarde, por ter comprado um Aronde: é uma despesa clássica, que entra nas normas burguesas.

O que contribui para deformar a imagem dos escritores é o número de mitômanos que nos fazem intervir em suas histórias. Numa certa época, minha irmã encontrava muita gente, e era apresentada com o nome do marido: ficava surpresa quando a conversa girava sobre mim. "Conheço-a muito bem... é uma grande amiga... jantei com ela justamente na semana passada": tratava-se de pessoas que eu jamais vira. Os comentários choviam. Ela ouvia sorrindo uma senhora que lhe confiava: "É uma desbocada! Tem conversas de caserna!" Certa vez, em Nova York, Fernando e Stépha me disseram, em tom de reprovação: "Por que nos esconde que está casada com Sartre?" Neguei, e eles riram: "Vamos! Nosso amigo Sauvage foi testemunha do seu casamento: ele mesmo nos contou." Tive que lhes mostrar meu passaporte para convencê-los. Por volta de 1949, France Roche publicou um boato no *France-Dimanche*: havíamos comprado, Sartre e eu, uma propriedade que se chamava La Berle, e graváramos corações numa árvore. Sartre enviou um desmentido que ela não publicou, dizendo a um amigo: "Mas eu soube disso por Z., que tomou chá com eles, no seu jardim." Lembro-me também daquela jovem que me abordou timidamente no Deux Magots: "Desculpe incomodá-la, mas sou grande amiga de Bertrand G." Olhei-a com ar interrogativo, e ela percebeu espantada: "Bertrand G., com quem a senhora almoça toda semana." Fiquei desolada por ela, e disse apressadamente: "Sem dúvida a senhora está me confundindo com minha irmã, que é pintora, que se chama Hélène de Beauvoir: deve ser um amigo dela..." "Não", disse a jovem, "não era sua irmã. Estou entendendo! Desculpe..." Partiu desconcertada, tão brutalmente esclarecida, que eu me sentia quase culpada. Evidentemente o mitômano só interessa se relata fatos extraordinários — um casamento clandestino — ou detalhes picantes. Ouvem-no com prazer: o público gosta de mexericos. Há maníacos para os quais um fato é provado se for visto por um buraco de fechadura. Vejo desculpas para esse defeito: as narrativas e os retratos oficiais transpiram mentira; imagina-se que a verdade tem seus arcanos, seus iniciados e seus canais. Nossos adversários exploram essa credulidade.

Forjaram de mim duas imagens. Sou uma louca, uma semilouca, uma excêntrica. (Os jornais do Rio relatavam, com surpresa: "Esperávamos uma excêntrica; ficamos decepcionados ao encontrar uma mulher vestida como qualquer outra.") Tenho os costumes mais devassos; uma comunista contava em 1945 que em Rouen, na minha juventude, viram-me dançar nua sobre tonéis; pratiquei todos os vícios com assiduidade, minha vida é um carnaval etc.

Sapato baixo, coque puxado, sou uma chefe escoteira, uma *patronnesse*, uma professora primária (no sentido pejorativo que a direita dá a essa palavra). Passo minha vida nos livros, e diante da minha mesa de trabalho, puro cérebro. "Ela não vive", ouvi uma jovem jornalista dizer. "Eu, se fosse convidada para as segundas-feiras da Mme T., ia correndo." A revista *Elle*, propondo a suas leitoras vários tipos de mulher, inscrevera sob a minha foto: "Vida exclusivamente intelectual."

Nada impede de conciliar os dois retratos. Pode-se ser uma desavergonhada cerebral, uma *patronnesse* viciada; o que importa é me apresentar como uma anormal. Se meus censores querem dizer que não me pareço com eles, fazem-me um elogio. O fato é que sou uma escritora: uma mulher escritora não é uma dona de casa que escreve, mas alguém cuja vida inteira é dominada pela escrita. Essa vida vale qualquer outra. Tem suas razões, sua ordem, seus fins, que é preciso não entender para julgá-la extravagante. Será que a minha foi realmente ascética, puramente cerebral? Meu Deus! Não me parece que meus contemporâneos se divirtam muito mais do que eu nesta terra, nem que a sua experiência seja mais vasta. Em todo caso, voltando-me para o meu passado, não invejo ninguém.

Na minha juventude, exercitei-me para não ligar para a opinião dos outros. Além disso, Sartre e sólidas amizades me protegiam. Mesmo assim, eu não suportava certos cochichos, certos olhares. No Deux Magots, por exemplo, os risinhos de Mauriac e dos jovens que o acompanhavam. Durante muitos anos detestei mostrar-me em público: não ia mais ao café, evitava as pré-estreias e todas as noitadas tipicamente parisienses. Essa reserva estava de acordo com a pouca inclinação que eu tinha pela publicidade: nunca fui à televisão, nunca falei de mim no rádio, quase nunca dei entrevista. Já disse as razões pelas quais aceitei o Goncourt, mas mesmo naquele momento eu me esquivei de qualquer exibição. Não queria dever meus êxitos a intervenções exteriores, mas pura e simplesmente ao meu trabalho. E sabia que, quanto mais a imprensa falasse de mim, mais eu seria desfigurada: escrevi estas memórias em grande parte para restabelecer a verdade, e muitos leitores me disseram que na verdade tinham antes as ideias mais falsas sobre mim. Conservo inimigos: o contrário me inquietaria. Mas, com o tempo, meus livros perderam seu sabor de escândalo; a idade — ai de mim! — conferiu-me uma certa respeitabilidade; e sobretudo conquistei um público que acredita em mim quando lhe falo. Atualmente, os maus aspectos da notoriedade me são poupados.

No início eu só experimentara os prazeres da notoriedade, e depois eles sempre prevaleceram sobre os inconvenientes. Ela me deu o que eu desejava: que gostassem dos meus livros, e que gostassem de mim através deles; que as pessoas me ouvissem, e que eu pudesse ajudá-las mostrando-lhes o mundo tal como eu o via. Desde *A convidada*, conheci essas alegrias. Não evitei entregar-me a miragens, nem ignorei a vaidade: ela surge assim que sorrimos à nossa imagem, assim que estremecemos ao ruído do próprio nome. Pelo menos, nunca me fiz de importante.

Sempre absorvi bem os fracassos; eles não passavam de perdas, não obstruíam meu caminho. Meus sucessos me deram, até esses últimos anos, prazeres sem reticências; mais do que aos elogios dos críticos profissionais, eu atribuía valor aos sufrágios dos leitores: as cartas recebidas, frases surpreendidas no ar, traços de uma influência, de uma ação. Desde as *Memórias de uma moça bem-comportada*, e sobretudo desde *A força da idade*, minha relação com o público tornou-se muito ambígua porque a guerra da Argélia levou ao auge o horror que minha classe me inspira. Não devemos esperar atingir um público popular, se lhe desagradamos: só somos editados numa coleção barata se a edição comum foi bem vendida. Portanto, bem ou mal, é aos burgueses que nos dirigimos. Aliás, há alguns dentre eles que fogem à sua classe ou que, pelo menos, esforçam-se para isso: intelectuais, jovens; com esses eu me entendo. Mas sinto mal-estar se a burguesia, em seu conjunto, me acolhe bem. Muitas leitoras apreciaram nas *Memórias de uma moça bem-comportada* descrição de um ambiente que reconheciam, sem se interessar pelo esforço que eu fizera para evadir-me dele. Quanto a *A força da idade*, muitas vezes trinquei os dentes quando me felicitavam: "É fundamental, é dinâmico, é otimista" — num momento em que minha repulsa era de tal ordem, que eu preferia estar morta a viver.

Sou sensível às censuras e aos elogios. Entretanto, quando aprofundo um pouco mais minhas reflexões sobre mim mesma, encontro, no que diz respeito ao nível do meu êxito, uma indiferença bastante grande. Outrora, como já disse, eu evitava avaliar-me; hoje, não sei mais que padrão utilizar: deve-se tomar como referência o público, os críticos, alguns juízes escolhidos, uma convicção íntima, o ruído, o silêncio? E o que é que se avalia? A fama ou a qualidade, a influência ou o talento? E ainda: o que significam essas palavras? Mesmo essas perguntas e as respostas que lhes podem ser dadas me parecem ociosas. Meu desprendimento é mais radical; ele tem suas raízes numa infância dedicada ao absoluto: fiquei convencida do vazio dos sucessos terrestres. A aprendizagem do mundo fortaleceu esse desdém; descobri nesse mundo uma desgraça por demais imensa para me preocupar muito com o meu lugar, e com os direitos que eu possa ou não ter de ocupá-lo.

Apesar desse fundo de desencanto, desfeita qualquer ideia de dever, de missão e de salvação, não sabendo mais para quem e para que escrevo, essa atividade me é mais do que nunca necessária: não penso mais que ela "justifique", mas sem ela eu iria sentir-me mortalmente injustificada. Há dias tão belos que temos vontade de brilhar como o sol, isto é, de salpicar a terra com palavras; há horas tão negras, que não resta outra esperança senão o grito que gostaríamos de lançar. De onde vem, tanto aos cinquenta e cinco anos quanto aos vinte, esse extraordinário poder do Verbo? Eu digo: "Nada teve lugar senão o lugar" ou "Um e um fazem um: que mal-entendido!", e sobe à minha garganta uma chama cujo ardor me exalta. Sem dúvida as palavras, universais, eternas, presença de todos em cada um, são o único transcendente que eu reconheço e que me comove; elas vibram na minha boca e através delas eu me comunico com a humanidade. Arrancam ao instante e à sua contingência as lágrimas, a noite, a própria morte, transfigurando-as. Talvez hoje meu mais profundo desejo seja de que se repitam em silêncio certas palavras que terei ligado entre si.

Há vantagens evidentes em ser um escritor conhecido; não mais as maçantes tarefas caseiras, mas um trabalho desejado, encontros, viagens, uma influência mais direta sobre os acontecimentos. O apoio dos intelectuais franceses é procurado por um grande número de estrangeiros que discordam de seus governos; muitas vezes também pedem-nos para tornar evidente a nossa solidariedade com nações amigas. Ficamos todos um pouco oprimidos com os manifestos, protestos, resoluções, declarações, apelos e mensagens que temos de redigir ou assinar. Impossível participar de todos os comitês, congressos, colóquios, comícios e jornadas para os quais somos convidados. Mas, em troca do tempo que lhes concedemos, as pessoas que nos solicitam nos informam de maneira mais minuciosa, mais exata, e sobretudo mais viva que qualquer jornal, sobre o que acontece em seus países: em Cuba, na Guiné, nas Antilhas, na Venezuela, no Peru, nos Camarões, em Angola, na África do Sul. Por mais modesta que seja minha contribuição para suas lutas, ela me dá a impressão de atuar na história. Na falta de relações mundanas, tenho ligações com o conjunto do mundo. Um velho amigo me disse, em tom de censura: "Você vive num convento." Pode ser: mas passo muitas horas no parlatório.

Entretanto, foi com ansiedade e nostalgia que vi a celebridade abater-se sobre Sartre, e minha notoriedade nascer. A despreocupação perdeu-se no dia em que nos tornamos pessoas conhecidas, e que foi preciso levar em consideração essa objetividade; perdera-se o lado aventureiro de nossas antigas viagens; tivemos que renunciar aos caprichos, aos passeios ociosos. Para defender nossa vida privada, tivemos que erguer barreiras — deixar o hotel, os cafés —, e essa separação pesou-me, a mim que gostava tanto de misturar-me a todos. Vejo muita gente: mas a maioria não me fala mais como a uma pessoa qualquer, minhas relações com essa gente falsearam-me. "Sartre só frequenta as pessoas que frequentam Sartre", disse Claude Roy. A expressão pode aplicar-se a mim. Arrisco-me a não compreendê-las tão bem porque não compartilho inteiramente o seu destino. Essa diferença vem da própria notoriedade e das facilidades materiais que ela proporciona.

Economicamente, sou uma privilegiada. Desde 1954, meus livros me rendem muito dinheiro; comprei um carro em 1952, e em 1955 um apartamento. Não saio, não recebo; fiel às repugnâncias dos meus vinte anos, não gosto dos lugares de luxo; visto-me sem ostentação, às vezes como muito bem, e geralmente muito pouco; mas, com relação a tudo isso — só meu capricho decide —, não me privo de nada. Algumas pessoas que me criticam censuram-me essa abastança: gente de direita, é claro; a esquerda nunca censura a fortuna de um homem de esquerda, mesmo que seja um bilionário;[229] fica-lhe grata por ser ele de esquerda. A ideologia marxista nada tem a ver com a moral evangélica, não exige do indivíduo o ascetismo, nem o despojamento: para dizer a verdade, está pouco ligando para a vida privada. A direita está tão convencida da legitimidade de suas pretensões que seus adversários só podem justificar-se a seus olhos pelo martírio; além disso, são os interesses econômicos que lhe ditam suas opções, e ela não aceita bem que as duas coisas possam estar dissociadas: um comunista que tem dinheiro não poderia, em sua opinião, ser sincero. Enfim, e sobretudo, a direita usa todos os meios, quando se trata de atacar as pessoas de esquerda. É a história do moleiro, com seu filho e o burro. Um comendador, que aliás esforçava-se por ser imparcial, escreveu, depois de ler *A força da idade*, que eu tinha predileção pelos "lugares suspeitos" porque durante a guerra, por falta de recursos, morei em hotéis sórdidos: o que não diriam se eu morasse hoje numa espelunca! Um mantô confortável é uma concessão à burguesia: uma aparência descuidada seria considerada como afetação ou indecência. Irão acusar-nos ou de jogar dinheiro fora, ou de sermos avarentos. Não pensem que existe um justo meio-termo: iriam batizá-lo, por exemplo, de mesquinharia. A única solução é seguir a própria inspiração e deixar falar.

Isso não significa que eu me acomode alegremente à minha situação. O mal-estar que senti por volta de 1946 não se dissipou. Sei que sou uma

---

[229] Há bilionários de esquerda na América do Sul.

aproveitadora, em primeiro lugar pela cultura que recebi e pelas possibilidades que ela me ofereceu. Não exploro ninguém diretamente; mas as pessoas que compram meus livros são todas beneficiárias de uma economia baseada na exploração. Sou cúmplice dos privilegiados e comprometida por eles: foi por isso que vivi a guerra da Argélia como um drama pessoal. Quando se vive num mundo injusto, é inútil esperar purificar-se da injustiça por algum processo; o necessário seria mudar o mundo, e para isso não tenho poder. Sofrer com essas contradições de nada adianta; esquecê-las é mentir a si mesmo. Nesse ponto, também, à falta de solução, deixo-me levar por meus humores. Mas a consequência da minha atitude é um isolamento bem grande; minha condição objetiva isola-me do proletariado, e o modo como a vivo objetivamente me opõe à burguesia. Esse relativo retiro me convém, pois tenho sempre pouco tempo; mas ele me priva de certo calor — que reencontrei com tanta alegria, nestes últimos anos, nas manifestações — e (a que é mais grave para mim) limita minha experiência.

A essas mutilações, que são o reverso das minhas oportunidades, acrescenta-se uma outra para a qual não encontro nenhuma compensação. O que me aconteceu de mais irreparável desde 1944 foi que — como Zazie — envelheci. Isto significa muitas coisas. E, em primeiro lugar, que o mundo à minha volta mudou: encolheu e diminuiu. Não esqueço mais que a superfície da Terra é finita, finito o número de seus habitantes, das essências vegetais, das espécies animais e também o dos quadros, dos livros, dos monumentos que aí estão. Cada elemento explica-se por este conjunto, e só remete a ele: sua riqueza também é limitada. Quando jovens, Sartre e eu encontrávamos muitas vezes "individualidades acima da nossa" — isto é, que resistiam à análise, retendo aos nossos olhos um pouco do maravilhoso da infância. Esse núcleo de mistério dissolveu-se: o pitoresco morreu, os loucos não me parecem mais sagrados, as multidões não me embriagam mais; não vejo mais na juventude, outrora fascinante, senão o prelúdio da maturidade. A realidade ainda me interessa, mas sua presença não me apaixona mais. É certo que a beleza permanece; embora não me traga mais nenhuma revelação assombrosa, embora a maioria de seus segredos já se tenham desvendado, de vez em quando ela ainda detém o tempo. Muitas vezes, também, eu a detesto. Na noite de um massacre, eu ouvia um andante de Beethoven, e parei o disco, com raiva: havia ali toda a dor do mundo, mas tão magnificamente dominada e sublimada, que parecia justificada. Quase todas as belas obras foram criadas por privilegiados que, mesmo que tenham sofrido, tiveram a possibilidade de se explicar com seus sofrimentos: disfarçam o escândalo da desgraça nua.[230] Numa outra noite de massacre — houve muitas —, desejei que se aniquilassem todas essas belezas mentirosas. Hoje, afastou-se o horror. Posso ouvir Beethoven. Mas nem ele nem ninguém poderá me dar mais aquela impressão que às vezes eu tinha de atingir um absoluto.

Pois agora conheço a verdade da condição humana: dois terços da humanidade passam fome. Dois terços da minha espécie são constituídos por larvas demasiado fracas para a revolta, que do nascimento à morte arrastam um desespero crepuscular. Desde a minha juventude, voltam aos meus sonhos objetos inertes na aparência, mas nos quais mora um sofrimento; os ponteiros de um relógio põem-se a galopar, movidos não mais por um mecanismo, mas por um distúrbio orgânico, oculto e medonho; um pedal de madeira sangra sob o machado e, de um momento para outro, um ser ignobilmente mutilado vai aparecer sob a carapaça lenhosa. Reencontro acordada esse pesadelo, quando evoco os esqueletos animados de Calcutá, ou esses pequenos odres com cara de gente: crianças subnutridas. Só nesses momentos toco de leve o infinito: é a ausência de tudo, e ela é consciente. Eles morrerão, e nada mais terá existido. O nada me assusta menos que o absoluto da desgraça.

Não tenho mais muita vontade de viajar por esta terra esvaziada de suas maravilhas: não se espera nada, quando não se espera tudo. Mas eu bem gostaria de saber a continuação da nossa história. Os jovens são futuros adultos, mas eu me interesso por eles; o futuro está em suas mãos, e se em seus projetos reconheço os meus, parece-me que minha vida se prolonga para além do meu túmulo. Sinto-me bem na companhia deles; entretanto, o reconforto que me trazem é ambíguo: perpetuando este mundo, roubam-no de mim. Micenas será deles, assim como a Provença, Rembrandt e as praças romanas. Que superioridade estar vivo! Todos os olhares que pousaram sobre a Acrópole antes do meu parecem-me obsoletos. Nesses olhos de vinte anos já me vejo morta e empalhada.

---

[230] A arte popular, certas obras que eu chamaria de "selvagem" são uma exceção: ouvi, por exemplo, o canto de um rabino sobre os mortos de Auschwitz, e o canto de uma criança judia contando um *pogrom*; nada de tranquilizador nessas vozes destruídas. No entanto, mesmo nesses casos, o recurso a uma comunicação tende a ultrapassar o escândalo em que consiste, por definição, o irrecuperável absoluto do mal.

Que vejo? Envelhecer é definir-se e reduzir-se. Debati-me contra os rótulos; mas não pude impedir que os anos me aprisionassem. Habitarei por muito tempo esse cenário onde minha vida se instalou; permanecerei fiel às amizades antigas; meu estoque de lembranças permanecerá mesmo que se enriqueça um pouco. Escrevi certos livros, não outros. Quanto a isso, alguma coisa me desconcerta. Vivi voltada para a futuro, e agora recapitulo meu passado: dir-se-ia que o presente foi escamoteado. Durante anos pensei que minha obra estivesse à minha frente, e de repente vejo que está atrás de mim: em nenhum momento ela aconteceu. Isso parece com o que em matemática chamamos de corte, esse número que não tem lugar em nenhuma das duas séries que separa. Pelo menos uma vez aprendi a utilizar a minha ciência; esqueci muita coisa, e com o que sobrou não vejo o que fazer. Rememorando minha história, encontro-me sempre aquém ou além de uma coisa que nunca se realizou. Só meus sentimentos foram vividos como uma plenitude.

Apesar de tudo, o escritor tem a oportunidade de escapar à petrificação, nos momentos em que escreve. Cada novo livro é uma estreia. Duvido, desanimo, o trabalho dos anos passados é abolido, meus rascunhos são tão informes que me parece impossível continuar o empreendimento: até o instante — imperceptível, e também aí há um corte — em que se tornou impossível não terminá-lo. Cada página, cada frase exige uma invenção nova, uma decisão sem precedente. A criação é aventura, é juventude e liberdade.

Mas, assim que deixo minha mesa de trabalho, o tempo escoado acumula-se atrás de mim. Tenho outras coisas em que pensar; bruscamente esbarro na minha idade. Esta mulher ultramadura e minha contemporânea: reconheço este rosto de moça contido numa pele velha. Um senhor idoso, que se parece com um dos meus tios-avós, diz-me sorrindo que já brincamos juntos no jardim do Luxemburgo. "A senhora me lembra minha mãe", diz-me uma mulher de uns trinta anos. Em todas as esquinas a verdade me assalta, e custo a entender por que astúcia ela me atinge de fora, quando é dentro de mim que ela mora.

A velhice: de longe é tomada por uma instituição; mas são pessoas jovens que de repente se veem velhas. Um dia, eu disse a mim mesma: "Tenho quarenta anos!" Quando despertei desse espanto, estava com cinquenta. O estupor que se apoderou de mim na época não se dissipou.

Não consigo acreditar. Quando leio impresso: Simone de Beauvoir, falam-me de uma mulher jovem que sou eu. Muitas vezes, quando estou dormindo, sonho que tenho cinquenta e quatro anos, que abro os olhos e tenho trinta: "Que pesadelo horrível eu tive!", diz a si mesma a jovem mulher falsamente despertada. Por vezes também, antes que eu volte à realidade, um animal gigantesco senta-se no meu peito: "É verdade! É o pesadelo de ter mais de cinquenta anos que é verdadeiro!" Como pode aquilo que não tem forma nem substância — o tempo — esmagar-me com um peso grande que me faz parar de respirar? Como pode aquilo que não existe — o futuro — calcular-se tão implacavelmente? Meu 72º aniversário está tão próximo quanto o dia tão próximo da libertação.

Para me convencer disso, basta plantar-me diante do espelho. Aos quarenta anos, um dia, pensei: "No fundo do espelho a velhice espreita; e é fatal, ela me pegará." Ela me pegou. Muitas vezes para, espantada, diante desta coisa incrível que me serve de rosto. Compreendo a Castiglione, que quebrara todos os espelhos. Parecia-me que eu me preocupava pouco com minha aparência. As pessoas que comem bem e que têm saúde esquecem o estômago; assim também eu esquecia meu rosto enquanto podia olhar para ele sem desprazer: ele não me preocupava. Agora me preocupa. Detesto a minha imagem: papos em cima e embaixo dos olhos, rosto muito cheio, e esse ar de tristeza provocado pelas rugas em torno da boca. Talvez as pessoas que me encontram vejam simplesmente uma quinquagenária que não está nem bem nem mal: tem a idade que tem. Mas eu vejo minha cara velha, onde se instalou uma varíola da qual jamais me curarei.

Esta também me infecta o coração. Perdi aquele poder que tinha de separar as trevas da luz, conseguindo obter, à custa de alguns furacões, céus radiosos. Minhas revoltas são desencorajadas pela iminência do meu fim, e pela fatalidade das degradações; mas também minhas venturas empalideceram. A morte não é mais, bem ao longe, uma aventura brutal; ela persegue meu sono; desperta, sinto sua sombra entre mim e o mundo; ela já começou. Eis o que eu não previa: isto começa cedo e corrói. Talvez ela se complete sem muita dor, quando tudo já me tiver deixado, de tal modo que esta presença à qual eu não queria renunciar, a minha, não seja mais presença de nada, não seja mais nada, e se deixe varrer com indiferença. Um a um, os laços que me prendiam à terra são roídos, rompem-se, vão romper-se.

Sim, chegou o momento de dizer: nunca mais! Não sou eu que me desligo das minhas antigas venturas, são elas que se desligam de mim: os caminhos montanhosos recusam meus pés. Nunca mais cairei, embriagada de cansaço, no odor do feno; nunca mais deslizarei solitária na neve das manhãs. Nunca mais um homem. Agora, tanto quanto meu corpo, minha imaginação conformou-se. Apesar de tudo, é estranho, por seu caráter definitivo, gela-me o sangue. O que me desola, bem mais do que essas privações, é não mais encontrar em mim desejos novos: eles fenecem antes de nascer, nesse tempo rarefeito que doravante é o meu. Outrora os dias escoavam-se sem pressa, eu andava mais depressa que eles, meus projetos me arrebatavam. Agora, as horas demasiado curtas levam-me a toda velocidade para o túmulo. Evito pensar nisso: daqui a dez anos, daqui a um ano. As lembranças extenuam-se, os mitos se desfazem, os projetos abortam no embrião: estou aqui, e as coisas estão aqui. Se esse silêncio for durar, como me parece longo o meu breve futuro!

E quantas ameaças ele encerra! A única coisa ao mesmo tempo nova e importante que me pode acontecer é a desgraça. Ou verei Sartre morrer, ou morrerei antes dele. É terrível não poder estar presente para consolar uma pessoa da dor que lhe causamos por deixá-la; é terrível essa pessoa nos abandonar e calar-se. A não ser na mais improvável das possibilidades, um desses dois destinos será o meu. Por vezes desejo acabar logo com tudo, para abreviar essa angústia.

Entretanto, detesto aniquilar-me, tanto quanto outrora. Penso com melancolia em todos os livros lidos, nos lugares visitados, no saber acumulado, e que não mais existirá. Toda a música, toda a pintura, toda a cultura, tantos lugares: de repente, mais nada. Não é uma iguaria, ninguém se alimentará dela. Na melhor das hipóteses, se me ler, o leitor pensará como ela viu coisas! Mas esse conjunto único, a experiência que foi minha, com sua ordem e seus acasos — a Ópera de Pequim, as arenas de Huelva, o candomblé da Bahia, as dunas de El-Ued, a avenida Wabansia, as auroras da Provença, Tirinto, Castro falando a quinhentos mil cubanos, um céu de enxofre acima de um mar de nuvens, a faia púrpura, as noites brancas de Leningrado, os sinos da Liberação, uma lua alaranjada sobre o Pireu, um sol vermelho subindo no deserto, Torcello, Roma, todas essas coisas de que falei e outras sobre as quais nada disse — em lugar nenhum isso ressuscitará. Se ao menos tudo isso tivesse enriquecido a terra; se tivesse gerado... o quê? Uma colina? Um foguete? Mas não. Nada terá acontecido. Revejo a cerca de aveleiras que o vento sacudia, e as promessas com as quais eu enlouquecia meu coração quando contemplava aquela mina de ouro a meus pés: uma vida inteira para viver. Elas foram cumpridas. Entretanto, lançando um olhar incrédulo sobre aquela crédula adolescente, avalio com estupor até que ponto fui lograda.

Junho de 1960 — março de 1963

Conheça os títulos da Biblioteca Áurea

A bíblia da humanidade — Michelet
A Casa Soturna — Charles Dickens
A festa ao ar livre e outras histórias — Katherine Mansfield
A força das coisas — Simone de Beauvoir
A interpretação dos sonhos — Sigmund Freud
A velhice — Simone de Beauvoir
As confissões — Jean-Jacques Rousseau
Código dos homens honestos — Honoré de Balzac
Iniciação à Estética — Ariano Suassuna
Jane Eyre — Charlotte Brontë
Jean Santeuil — Marcel Proust
Notas autobiográficas — Albert Einstein
O abismo — Charles Dickens e Wilkie Collins
O homem sem qualidades — Robert Musil
O jovem Törless — Robert Musil
O tempo, esse grande escultor — Marguerite Yourcenar
O último dos moicanos — James Fenimore Cooper
O vermelho e o negro — Stendhal
Os três mosqueteiros — Alexandre Dumas
Todos os homens são mortais — Simone de Beauvoir
Um amor — Dino Buzzati
Um teto todo seu — Virginia Woolf

Direção editorial
Daniele Cajueiro

Editora responsável
Ana Carla Sousa

Produção editorial
Adriana Torres
Laiane Flores
Juliana Borel

Revisão
Raquel Correa

Capa
Rafael Nobre

Diagramação
Futura
Weslley Jhonatha

Este livro foi impresso em 2021
para a Nova Fronteira.